Mein Dank für die tatkräftige Unterstützung geht an
Ingrid, Christine und Thomas.

Lateinisches Sprichwort vom römischen Dichter Horaz:
„Sapere aude"

Interpretation von Immanuel Kant:
„Habe Mut, dich deines eigenen Verstandes zu bedienen!"

Wolfgang Armin Strauch

Scribent

Sapere aude

Polit-Thriller

 tredition

© 2023 Wolfgang Armin Strauch

ISBN Softcover: 978-3-347-90145-2
ISBN Hardcover: 978-3-347-90148-3
ISBN E-Book: 978-3-347-90149-0

Druck und Distribution im Auftrag des Autors:
tredition GmbH
An der Strusbek 10
22926 Ahrensburg, Germany

Das Werk, einschließlich seiner Teile, ist urheberrechtlich geschützt. Für die Inhalte ist der Autor verantwortlich. Jede Verwertung ist ohne seine Zustimmung unzulässig. Die Publikation und Verbreitung erfolgen im Auftrag des Autors, zu erreichen unter:

tredition GmbH,
Abteilung "Impressumservice",
An der Strusbek 10
22926 Ahrensburg, Germany.

Inhaltsverzeichnis

Der Brand 7
Steins Drohung 24
Die Flucht 38
Französische Worte 45
Emigranten 52
Das Geheimnis 57
Die Fälschung 64
Wilson vom MI6 71
Die Auktion 84
Tod in Zaragoza 89
Polnische Helfer 110
Fotos von Stein 126
Der alte Ring 138
Zurück nach Argentinien 145
Nazis in Buenos Aires 152
Mossad 174
Aktion Reisebüro 183
Steins Verhaftung 205
Abschied von Annette 208
Der Auftrag 210
Die Auswertung 227

Spuren in Rom	246
Berliner Luft	284
Adrians Bilder	292
Carlos Tod	307
Das Testament	319
Der Tempel	339
Die Wewelsburg	350
Der Putsch	367
Der Mord am General	403
Die Uhr zeigte 13.52 Uhr	410
Die Aktion	416
Jerusalem	441
Der Anschlag	450
Neue Sichten	458
Besuch aus Deutschland	469
Die Analyse	486
Das Gemälde	492
Offene Fragen	506
Die Symbole der Uhr	519
Luises Bruder	525
Liebe, Macht und Lügen	531
Die Kassette	552
Zusammenkunft in Buenos Aires	564
Adrians Vermächtnis	565

Complutensische Polyglotte	567
Das geheime Wissen des Alcántaraorden	573
Das Vermächtnis der Ordensbrüder	580
Das Schuldanerkenntnis	583
Adrians Grabmal	585
Mord und Erbe	594
Geometrie und Glauben	595
Die Erben der Reliquie	598
Geheimnisse der Bilder	600
Analyse der Reliquie	610
Brief einer Mutter	611
Maria Magdalena	632
Die Tafel	637
Die verschwundenen Symbole	648
Dreiecke und Kreuze	650
Der Schlussstein	663
Das Herz	687
Was danach geschah	694
Nachwort	695
Angaben zum Autor	696

Der Brand

1914. Leuven in Belgien. Friedrich Stein hatte die übliche Studienzeit schon zwei Jahre überschritten. Statt zu lernen, trieb er sich lieber mit Freunden aus der Burschenschaft herum, die sich von ihm aushalten ließen. Sie bedankten sich mit Schmeicheleien, die sein Ego bedienten. Er legte großen Wert auf sein Äußeres. Sein Anzug war aus feinem Zwirn. Regelmäßig zog er an seiner Uhrkette, um dafür zu sorgen, dass jeder den goldenen Zeitmesser zu Gesicht bekam.

Mit Sicherheit war er nicht dumm. Gern sprach er über Themen, von denen seine Kommilitonen keine Ahnung hatten, ging aber fachlichen Diskussionen aus dem Weg. Wenn er merkte, dass sich jemand mit der Materie besser auskannte, wechselte er schnell das Thema, um über etwas anderes zu schwafeln. Schließlich fand er nur noch bei den Erstsemestern empfängliche Zuhörer. Sein Gesicht war eher durchschnittlich, wenn man von seinem Bart absah, den er wie Kaiser Wilhelm II. gezwirbelt hatte. Er war kein Frauentyp, da seine schmierige Art abstoßend wirkte. So blieb ihm nichts weiter übrig, als anrüchige Etablissements aufzusuchen und dort sein Geld zu verjubeln.

Dummerweise missfiel dieser Lebensstil seinen Eltern. Erst als er bei einer Razzia aufgegriffen wurde und die örtliche Polizei den Rektor anrief, wurde er kleinlaut. Sein Vater kam mit dem Automobil aus Berlin, um im letzten Moment die Exmatrikulation abzuwenden. Von ihm bekam er ein Ultimatum. Sollte er sein Studium in diesem Jahr nicht mehr abschließen, würden ihm seine Eltern den Geldhahn zudrehen. Anfang Juli 1914 war er mit der Abschlussarbeit schon spät dran. In der Not ging er zu François Gaspard, der bereits mehrfach Arbeiten für ihn gefertigt hatte, und bat um Unterstützung.

Sein Professor hatte ihm drei Wochen Gnadenfrist für die Abgabe eingeräumt. Das Problem war nur, dass er noch keine Zeile geschrieben hatte. Für ein Geschichtsthema waren 21 Tage mehr als eng. So verfiel er auf den Plan, ein möglichst unbekanntes Buch als Thema zu wählen. Der Professor würde bei ihm kaum Interesse haben, alles nachzulesen, wenn es nur langweilig genug wäre.

Die Situation von François Gaspard war völlig anders: Das wenige Geld des Stipendiums reichte vorn und hinten nicht. In der bisherigen Studienzeit besuchte er nicht ein einziges Mal eine Kneipe. Sich mit Mädchen zu verabreden, verbot sich von selbst, da er ihnen nicht einmal ein Bier ausgeben konnte. Das hieß aber nicht, dass er keine Kontakte hatte. Glücklicherweise hatte er eine Arbeit im Archiv der Universität ergattert, die ihm über die größte Not hinweghalf. Sein Sprachtalent hatte sich herumgesprochen. Dadurch konnte er gelegentlich etwas Geld mit Korrekturarbeiten verdienen. Er liebte Bücher und nutzte jede freie Minute zum Lesen. Allerdings wollte er sein Studium möglichst schnell abschließen, um den Eltern nicht auf der Tasche zu liegen.

Friedrich Stein wusste von seiner Not. Er bot ihm Geld für ein geeignetes Buch. François zögerte, da die Ausleihe historischer Bücher nur mit Sondergenehmigung erlaubt war. Außerdem schien ihm die Vorgabe „irgendein altes langweiliges Buch" zu schwammig, um zielgerichtet danach zu suchen. Letztendlich entschloss er sich, Stein in das Archiv mitzunehmen, damit er sich selbst ein Buch aussuchen konnte.

Sie gingen bis in das hinterste Ende der Bücherregale. Obwohl schon überall das neue Lipman-Regalsystem aufgebaut war, stand in einer Nische ein altes Regal. Es hatte sich offensichtlich nicht gelohnt, für die achtzig Zentimeter eine Sonderanfertigung zu beauftragen. So hatte man es an seinem Platz gelassen. Wahllos zog Stein ein dickes Buch aus der Ablage. Vermutlich hatte der Wälzer wie ein Schlussstein fungiert. Zwei Bretter gaben nach und befreiten sich von ihrer Last. Wie Dominosteine schlugen Bücher aneinander, um krachend auf dem Fußboden zu landen. Staub wirbelte auf. Spinnengewebe schwebten durch den Gang. Nur mit Mühe gelang es den beiden Studenten, ein Brett wieder in die Halterung zu bringen und es mit den alten Schriften zu füllen. Das andere hing windschief im Regal und konnte nicht bewegt werden. Voller Panik ruckelten sie daran, bis sie merkten, dass es mit der darüber liegenden Etage verbunden war. Ein Spalt verriet, dass sich dahinter ein Hohlraum befand. Sorgfältig entfernten sie die verklemmten Schriften und zogen mit leichter Gewalt das Brett heraus. Die Trennwand ließ sich jetzt entfernen. Eine ganze Reihe Bücher wurde sichtbar. François versuchte, die Zwischenwand an ihren alten Fleck zu schieben. Es gelang ihm nicht. Der Inhalt hatte sich völlig verkeilt.

Sie entschlossen sich, die Fächer zu räumen und neu zu befüllen. Um Platz zu schaffen, nahmen sie einen Stapel Bücher, lose Schriften und einen Karton heraus. Alles schafften sie in den Vorraum. Hier sortierten sie es der Größe nach und schoben die unförmigen Papierstapel in das Fach. Letztendlich war nur noch ein Buch übrig, das sich nicht mehr hineinpressen ließ.

„Das nehme ich für meine Arbeit", sagte Stein.

François sah ihn entgeistert an.

„Wollen wir nicht erst einmal alles in Ordnung bringen?"

Stein hatte aber das Buch schon unter seinem Arm und meinte: „Deswegen sind wir doch hier. Den Rest kannst du allein erledigen."

François hielt ihn fest und sagte: „Ich muss es noch in das Nachweisbuch eintragen."

„Scribent I. Band" schrieb er in die Zeile. Um den Autor zu ermitteln, blätterte er die ersten Seiten durch. Das Buch war vollständig mit der Hand geschrieben. Ein Urheber war nicht festzustellen. Im Einband fand sich ein Brief mit einer unleserlichen Schrift. Auf ihm war ein Siegelabdruck mit einem Wappen zu erkennen. François ergänzte die Eintragung im Nachweisbuch: „Enthält Brief mit unbekanntem Siegel". Dann unterschrieb Stein und ließ François allein, der sich daran machte, die Bücher einzusortieren.

François war sich mittlerweile sicher, dass er einen schweren Fehler begangen hatte. Obwohl auf den ersten Blick das alte Regal so aussah, wie sie es vorgefunden hatten, plagten ihn Gewissensbisse.

In der Nacht schlief er unruhig. Schließlich ging er eine Stunde früher zum Archiv. Der Hauptarchivar Quentin Mertens war schon da.

„Ich muss Ihnen etwas ganz Schlimmes beichten."

Beim Erzählen kamen ihm die Tränen. Bestimmt war er seine Arbeit los. Vielleicht verwies man ihn sogar der Universität.

Mertens sah ihn strafend an. Dann holte er das Ausleihbuch.

„Es war ein schwerer Fehler. Du kannst dir nicht vorstellen, was Ihr getan habt. Aber auch ich habe Schuld."

Er riss die Seite mit dem Ausleihvermerk heraus.

„Die Geschichte muss unbedingt unter uns bleiben!"

Ungläubig sah François seinen Vorgesetzten an. Mertens zog ihn in die Regalreihen.

„Das Buch hat nie existiert! Versprich mir, dass du mit niemandem darüber redest."

„Ja. Aber warum?"

„Frage nicht. Hole bitte den Wagen. Wir müssen aufräumen."

Zielstrebig ging Mertens zum Regal mit dem Geheimfach. Er räumte die erste Reihe aus und zog die Zwischenwand heraus. Sie brachten den versteckten Inhalt in den Vorraum. Auf einem Blatt Papier dokumentierte Mertens alles und steckte anschließend den Zettel in seine Tasche.

„Gibt es eine Chance, dass wir das Buch und den Brief von Stein wieder zurückbekommen?"

François überlegte: „Er muss ja noch seine Arbeit schreiben. Vielleicht bittet er mich um Unterstützung."

„Gehe zu ihm, ehe er jemand anderen damit beauftragt. Ich helfe dir bei der Arbeit."

François brauchte sich nicht bemühen, denn Stein stand bereits vor der Archivtür, als er nach Hause gehen wollte. Er hielt ihm das Buch hin.

„Eine Monatsmiete, wenn du die Arbeit für mich schreibst."

„In Ordnung. Wie soll der Titel lauten?"

„Der ist mir egal. Hauptsache, es geht um Geschichte. Ja, und eine Kurzfassung vom Inhalt brauche ich natürlich auch."

Stein übergab das Buch und ging pfeifend davon.

François stürzte zum Archivar, der sich das Buch ansah.

„Was ist mit dem Brief?"

„Das weiß ich nicht. Er hat ihn mir nicht gegeben."

„Oh mein Gott. Das Buch war unwichtig. Nur der Brief war von Wert. Ich kann nur hoffen, dass Stein die Schrift nicht entziffern kann."

François sah Mertens besorgt an.

„Soll ich ihn danach fragen?"

„Auf keinen Fall. Wenn du mit der Arbeit fertig bist, hast du einen Grund. Jetzt würde die Nachfrage nur Aufmerksamkeit erregen."

François öffnete das Buch. „Was ist daran so wichtig?"

„Du wirst schnell erkennen, wer der Urheber des Buches ist. Dann verstehst du es. Gegenüber Stein behauptest du, dass sich der Verfasser nicht ermitteln ließ. Wenn du mit der Arbeit fertig bist, sprechen wir alles durch. Ich bezweifle, dass sein Professor Interesse daran hat. Wenn es doch passieren sollte, fehlt vom Buch jede Spur. Dann hat Stein ein Problem. Ich entferne es, wie die anderen Bücher aus dem alten Regal."

Mertens sah ihm fest in die Augen. François nickte nur.

* * *

Es war seltsam. Das Buch trug einen Vermerk, wonach es nicht vernichtet werden darf. Darunter klebte ein Papiersiegel, das mit einer unleserlichen Unterschrift beglaubigt war. Der Verfasser hatte leere Rückseiten von Flugblättern für die Vorbereitung von Vorlesungen genutzt. Die Tinte der Schrift war teilweise verblasst. Man konnte aber erkennen, dass es sich um mathematische, linguistische und theologische Themen handelte. Zwischendurch gab es einige Vermerke über das Verhalten von Studenten.

François verglich die aufgefundenen Daten mit dem Vorlesungsverzeichnis aus dem Zeitraum von circa 1501 bis 1508. Schließlich war er sich sicher, dass es sich bei dem Verfasser um Professor Adriaen Floriszoon Boeiens, genannt Adrian von Utrecht handelt, der später zum Papst Adrian VI. gewählt wurde. Im Buch ‚Bibliotheca alcographica' aus dem Jahr 1660 fand er einen Kupferstich von Johann Theodor de Bry.

François ging mit dem Ergebnis zu Mertens. „Der Autor ist offensichtlich Adrian von Utrecht, der später Papst geworden ist. Sofern ich das beurteilen kann, gibt es kaum Unterlagen über ihn aus dieser Zeit. Wäre es nicht gut, mit der Entdeckung zum Rektor zu gehen?"

„Auf keinen Fall. Nicht ohne Grund wurden die Unterlagen versteckt. Mach dich an die Arbeit, dann tust du der Menschheit einen Gefallen."

„Warum hat jemand das Buch mit Scribent beschrieben?"

Kupferstich von Johann Theodor de Bry, aus ‚Bibliotheca Chalcographica', Frankfurt, 1650 © Sammlung W. A. Strauch

Mertens sah François an. „Es kann sein, dass es Adrian selbst war. Es würde zu ihm passen, da er bescheiden war. Schließlich sind es persönliche Notizen und keine Buchvorlagen. Der Wortstamm von Scribent stammt aus dem lateinischen Wort für ‚schreiben' und findet sich abgewandelt in vielen Sprachen wieder. Da Adrian Niederländer war, nehme ich an, dass er sich selbst abwertend als ‚Schreiberling' bezeichnete. Das Wort gibt es bis heute im Niederländischen. Es wird allerdings in der Umgangssprache kaum benutzt.

Letztendlich glaube ich aber, dass es dem Zweck diente, die Bücher zu verstecken. Kein Mensch such nach einem Autor, der sich Schreiberling nennt."

* * *

Nach zwei Wochen hatte François eine einigermaßen annehmbare Abschlussarbeit fertiggestellt. Sie trug den nichtssagenden Titel „Vorlesungsvorbereitungen zu Beginn des 16. Jahrhunderts".

Aus praktischen Gründen hatte er einige andere Quellen angegeben, um auf keinen Fall auf den wahren Urheber zu verweisen. Mertens hatte seinen Segen gegeben und François begab sich auf den Weg zu Friedrich Stein.

Er war aber nicht mehr da. Die Vermieterin sagte, dass er vor einer Woche die Wohnung gekündigt hatte.

François informierte Mertens. Der quittierte die Nachricht mit der Feststellung: „Dann hat er den Brief entziffert."

* * *

Wenige Tage später begann der Erste Weltkrieg. Vieles wurde bedeutungslos. Es ging um das nackte Überleben. Am Nachmittag des 24. August 1914 tauchte ein Fremder in der Bibliothek auf und fragte nach Büchern von Scribent.

Quentin Mertens gab vor, in der Kartei nachzusehen. Dann informierte er den verärgerten Besucher, dass der Autor nicht im Bestand sei. François war im Leseraum und wurde Zeuge des Vorfalls. Mertens legte seinen Zeigefinger auf den Mund und zog ihn hinter einen Schrank.

„Es ist ein Italiener. Seine Aussprache hat ihn verraten. Sie dürfen das Material nicht in die Hände bekommen. Kannst du mir helfen?"

Am Abend holten sie zwei schwere Kisten aus dem Keller und packten sie auf den Bollerwagen des Hausmeisters und transportierten alles quer durch die Stadt zu einem alten Lagerhaus.

„T. Plummer" stand verwaschen über der Hofeinfahrt. Am Tor empfing sie ein grauhaariger Mann mit einem zerfurchten Gesicht. Im Gegensatz dazu hatte er ausgesprochen filigrane Finger. „Thomas Plummer", stellte er sich vor. Mertens bemerkte seine Unruhe.

„Du kannst ihm vertrauen", sagte Mertens.

Plummer öffnete einen Flügel des Tores. Sie schoben den Wagen hindurch und versteckten die Bücherkisten in einem Lagerraum hinter einem Berg alter Kartons.

„Das kann aber nicht hierbleiben", meinte Plummer.

„Ich habe Egon schon angerufen. Er wird sich bei dir melden."

Plummer nickte. Dann sah er François an: „Du bist jetzt Teil eines Geheimnisses. Frage nicht, worum es dabei geht. Je weniger du weißt, umso besser ist es für dich."

Mertens bat François, ihn nach Hause zu begleiten.

Die Wohnung machte einen aufgeräumten Eindruck. Sie gingen in seine Bibliothek. Die Wände waren mit rötlichem Holz getäfelt. Schwere Möbel dominierten den Raum. Ein unförmiges Regal, das bis zur Decke reichte, beherbergte Unmengen alter Bücher. Der Hausherr machte sich am Schreibtisch zu schaffen und hielt plötzlich eine unauffällige Metalldose in der Hand.

„Würdest du sie bitte für einige Zeit aufbewahren?"

„Was ist das?", fragte François und sah sich die Weißblechdose näher an. „Schnupftabak?"

„Nein. Darin ist ein Ring. Falls mir etwas passiert, schalte bitte in der Wochenendausgabe der Zeitung ‚Le Soir' eine Anzeige. Hier ist Geld. Ich schreibe dir den Text auf."

Mertens schrieb auf einen Zeitungsrand: „Das Buch ist aufgeschlagen. Lesezirkel Leuven."

„Eine Woche später wird in der Zeitung eine Anzeige stehen, in der die Restauration von alten Büchern angeboten wird. Dahinter wird eine Telefonnummer angegeben sein. Vertausche beim Anrufen die Reihenfolge der letzten drei Ziffern. Verabrede ein Treffen und übergebe den Ring. Das ist alles."

François ging mit gemischten Gefühlen nach Hause. Dort öffnete er die Metalldose. In ihm lag ein in Watte eingepackter verschmutzter Ring. Es sah aus, als hätte jemand ihn in Wachs gelegt, an dem sich Staub festgesetzt hatte. Als er etwas daran rieb, sah er, dass der Ring aus Gold war und einen dunkelblauen Stein trug. Sorgfältig legte er das Schmuckstück wieder in die Dose.

***

In der Nacht war Gewehrfeuer zu hören. Obwohl die Stadt kampflos übergeben wurde, rannten deutsche Soldaten durch die Straßen und schossen um sich. Am 25. August 1914 um halb zwölf wurde Feuer in der Universitätsbibliothek gelegt. Die Flammen fraßen sich durch Jahrhunderte von Büchern. Die Feuerwehr hatte keine Chance. Bürger versammelten sich in sicherer Entfernung und sahen voller Traurigkeit und Wut dem Schauspiel zu. François wurde von seiner Vermieterin davon informiert. Er machte sich auf den Weg. Die Flammen loderten hoch über dem Dach. Das Gelände war durch Feuerwehr, Polizei und deutsche Soldaten abgesperrt. Er fragte einen Feuerwehrmann, ob es Verletzte gab. Der verwies ihn an einen Offizier.

„Es ist nicht ausgeschlossen. Wir kommen an die Brandnester kaum heran. Außerdem hat es eine Schießerei gegeben. Einige Leute haben wir medizinisch versorgt und nach Hause geschickt."

* * *

Am nächsten Morgen fand François den Archivar Mertens leblos in einer Querstraße. Verdreckt von Ruß lag er neben dem Bollerwagen. Mit viel Mühe zog er ihn auf die Ladefläche. Dabei riss er sein Hemd auf. Der Hals hatte blutunterlaufene Male und auf seiner Brust sah er kreisrunde Wunden, als hätte man Zigaretten auf ihr ausgedrückt. Ihm fiel auf, dass er eine Anstecknadel mit Zirkel und Winkelmaß trug.

Deutsche Soldaten bewachten die rauchenden Trümmer. François überlegte, ob er um Unterstützung bitten sollte, doch verwarf schnell den Gedanken.

„Vielleicht hat einer von ihnen die Verletzungen verursacht", dachte er bei sich.

Eigentlich wollte er den Leichnam zu Mertens Wohnung bringen. Als er in die Straße einbog, sah er, dass vom Haus nur noch rauchende Trümmer übrig waren. In seiner Not fuhr er den Wagen mit den sterblichen Überresten zwei Kilometer weiter bis zum Friedhof. Er nannte einem Diakon den Namen und die Adresse des Verstorbenen. Leichenträger übernahmen den Verblichenen und legten ihn auf einer Wiese ab. Sicherheitshalber durchsuchten sie die Taschen. Sie waren leer.

Auf dem Hauptweg hatte sich eine Schlange mit Menschen gebildet, die nach Angehörigen suchten. François wollte Antworten und ging deshalb zu Plummer, der vor seinem Haus auf einer Bank saß. Langsam hob der den Kopf und fragte ohne Begrüßung: „Ist er tot?"

François nickte. „Man hat ihn gefoltert."

Der Mann schaute traurig auf seine Hände.

„Er hat nichts gesagt. Sonst wären sie längst hier."

Sie gingen ins Haus. François dachte, dass Plummer jetzt über die Deutschen schimpfen würde. Stattdessen holte er eine Flasche Wein aus dem Keller und stellte zwei silberne Becher auf den Tisch. Sie trugen Zeichen der Freimaurer und die Aufschrift „Les Disciples de Salomon".

Statt eine Erklärung zum Tod seines Freundes abzugeben, sagte der Mann: „Barbaren". Schweigend tranken sie Wein und gaben sich ihrer Trauer hin.

***

Zwei Tage später ging François zum Friedhof. Er wollte wissen, wann die Beisetzung stattfindet. Der Diakon sah auf einer Liste nach. Tatsächlich hatte sich ein Angehöriger gefunden, der eine Beisetzungsfeier vereinbart hatte. Auf dem Friedhof sah man zahllose offene Gräber. Die Geistlichen waren überlastet. Hinterbliebene warteten darauf, ihre Familienangehörigen zu bestatten. In ihren Gewändern wirkten die Geistlichen wie bunte Punkte zwischen schwarz gekleideten Männern und Frauen. Sie gingen von Grab zu Grab, um den Verstorbenen das letzte Geleit zu geben.

François hatte nach langem Suchen die Grabstelle gefunden. Auf einem Holzkreuz hatte man Mertens` Namen eingebrannt. Frauen und Männer standen mit dünnen Blumensträußen neben dem Sarg, den man auf den Aushub gestellt hatte. Sie warteten auf den Geistlichen. Die Anwesenden musterten François und nickten ihm zu. Ein etwas beleibter, grauhaariger Mann fragte: „Haben Sie ihn zum Friedhof gebracht?"

François nickte. Der Mann stellte sich als Bruder des Archivars vor und bedankte sich. Eine alte Frau schluchze laut. Es war Mertens` Mutter. François fühlte sich unwohl, weil er die Anwesenden nicht kannte. Er sah nach dem Diakon, der gerade sein Gebet an einem Nachbargrab mit lautem „Amen" beendet hatte und darauf wartete, dass der Sarg in die Grube hinabgelassen wurde. Ein Stück weiter sah er einen Mann, der nicht hierher passte. Ohne es näher bestimmen zu können, spürte François, dass er ein Fremdkörper war. Er hatte eine Melone auf und blickte zu oft zur Trauergemeinde. Dann erkannte ihn François. Es war der Fremde, der in der Bibliothek nach den Büchern von Scribent gefragt hatte. Unauffällig stieß er Mertens Bruder an.

„Kennen Sie den Mann neben der Skulptur?"

„Nein. Wer ist das?"

François legte schnell den Zeigefinger auf die Lippen: „Psst!"

Der Diakon kam und leierte seine Rede herunter, die er schon so oft von sich gegeben hatte. Das Mitgefühl schien ihm dabei abhandengekommen zu sein, denn er hatte Mühe, sich den Namen des Verstorbenen zu merken. So unterbrach er an den dafür vorgesehenen Stellen kurz, um auf einen Zettel zu sehen. François sah regelmäßig zu dem Fremden, der sich nach einer Weile entfernte.

François wurde von Mertens` Bruder zum Leichenschmaus eingeladen. Er hieß Martin und war Besitzer einer Apotheke. Die Trauergäste saßen an einem langen, ovalen Tisch. Er stellte François offiziell bei den Anwesenden vor. Es wurde auf den Archivar angestoßen und Episoden aus seinem Leben erzählt.

Vor dem Abendessen fragte Martin, wer der Fremde gewesen sei. François schilderte den Vorfall in der Bibliothek, sagte aber nicht, dass er geholfen hatte, die Bücher wegzuschaffen. Martin wurde bleich. Er wollte noch etwas fragen, zögerte aber. Dann sagte er: „Der Scribent schreibt die Sünden auf, damit der Herr sie nicht vergisst."

Er kannte offensichtlich das Geheimnis. François flüsterte ihm zu: „Aber was passiert, wenn das Geschriebene verbrennt?"

„Dann war alles umsonst. Ich glaube, ich zeige dir mal meinen Apfelbaum."

Martin zog ihn aus dem Zimmer. Im Garten fragte er: „Was ist passiert?"

„Dein Bruder hat mir verboten, darüber zu sprechen."

„Das glaube ich dir. Ich möchte nur wissen, ob alles verbrannt ist."

„Nein. Der Herr wollte es nicht und hat einen Engel geschickt."

Er wurde ungeduldig: „Hieß der Engel Thomas Plummer?"

„Ja."

Martin schien zu verzweifeln: „Thomas ist tot. Man hat ihn in Brüssel tot aufgefunden. Er wurde gefoltert. Man hat ihm die Augen ausgebrannt."

François wurde übel: „Thomas Plummer?"

„Ja. Ich habe vorhin mit seiner Mutter telefoniert. Wir haben einen großen Verlust erlitten. Damit meine ich nicht nur Thomas."

François sagte: „Vielleicht ist noch Hoffnung. Ich kenne das Versteck."

Dankbar sah ihn Martin an: „Dann müssen wir uns beeilen."

Er informierte die Familie, holte seine Limousine aus der Garage und ließ sich den Weg zeigen. Am Ziel angekommen, stellten sie das Auto in einer Seitenstraße ab und gingen in das Lagerhaus. Mit etwas Mühe fanden sie die beiden Kisten hinter den alten Kartons. Als sie auf dem Weg nach oben waren, erschreckte sie lautes Getöse. Fremde durchsuchten das Haus. Türen wurden eingeschlagen. Glas ging zu Bruch.

Martin und François flüchteten in den Keller, schlüpften durch ein Kellerfenster und landeten auf dem Hof des Hauses. Glücklicherweise war das große Eingangstor nur durch einen Riegel gesichert. Auf der Straße gingen sie betont langsam. Sie hatten bereits die Seitenstraße erreicht, als eine Gruppe deutscher Soldaten auf sie zukam.

„Kontrolle!", rief ein Offizier. Er ließ sich die Papiere zeigen. Dann zeigte er auf die Kisten. Martin öffnete sie bereitwillig.

„Nur alte Bücher", sagte er auf Deutsch.

Man ließ sie gehen.

Martin startete das Auto: „Ich wäre fast gestorben vor Angst. Jetzt aber weg."

Als sie am Haus von Thomas Plummer vorbeifuhren, sahen sie einen Mann. Es war der Fremde vom Friedhof. Sie fuhren zum Bahnhof und gaben die beiden Kisten als Gepäck auf.

Zurück in der Wohnung zeigte Martin François eine Nadel der Freimaurer, die unter dem Revers seiner Jacke versteckt war. Er zog sie heraus und gab sie François. „Wir sind in deiner Schuld."

Der fragte: „Kannst du mir sagen, was es mit den Büchern auf sich hat?"

„Es ist besser, das Geheimnis nicht zu kennen."

Am nächsten Tag ging François zur Zeitung und gab eine Anzeige auf. Wie angekündigt fand er in der darauffolgenden Woche eine Annonce mit einer Telefonnummer, die er anrief und ein Treffen vereinbarte. Zum festgelegten Zeitpunkt ging er in den Park. Die Bank war etwas abgelegen, hatte aber den Vorteil, dass sie nur von einer Seite einsehbar war, da rechts und links neben ihr hohe Sträucher standen. Ein alter Mann fütterte ein paar Spatzen. Er sah gelegentlich auf eine goldene Uhr, die er aus seiner Weste hervorzog. Die Augen kontrollierten die wenigen Spaziergänger.

Als er François von Weitem sah, zündete er sich eine Zigarre an, lehnte sich zufrieden zurück und warf den Spatzen die restlichen Brotkrumen zu. François setzte sich zu ihm. Statt einer Begrüßung fragte der Alte: „Quentin ist tot?"

François schaute auf den Boden: „Ich habe ihn gefunden und zum Friedhof gebracht. Er sah schrecklich aus. Noch einen Tag vorher hat er mich gebeten, im Falle seines Todes Kontakt zu Ihnen aufzunehmen und den Ring zu übergeben. Sonst hat er nichts gesagt."

Er nahm die Metalldose aus der Tasche und reichte sie dem Mann. François spürte dessen Aufregung, als er den Ring aus dem Behältnis nahm und betrachtete.

„Vielen Dank. Sie können sich nicht vorstellen, wie wichtig dieser letzte Dienst für Quentin war."

„Ich hätte gern mehr getan. Doch jetzt ist er tot. Gegenstände haben nur für Lebende einen Wert."

Der Alte nickte. „Aber manchmal sorgen Sie dafür, dass andere überleben. Ich werde jedenfalls nicht vergessen, was Sie getan haben. Bitte nehmen Sie diese kleine Aufmerksamkeit an. Es ist das Mindeste, dass ich für Sie tun kann."

Es waren fünf Goldmünzen zu je 20 Francs. François war sich nicht schlüssig, ob es richtig war, das Geld anzunehmen.

Der Alte stand auf. „In Notzeiten ist es gut, Gold zu besitzen."

François blieb noch einen Moment sitzen. Die Münzen werden reichen, um die ausstehende Miete zu bezahlen. Mindestens eine wollte er aber als Erinnerung behalten.

* * *

Der Krieg hinterließ in Belgien tiefe Wunden. Allein im August 1914 starben 5000 Zivilisten. Battice, Herve, Visé und Diant wurden in Schutt und Asche gelegt. In Leuven verloren 200 Menschen ihr Leben. Hunger und Not herrschte. Hunderttausende Belgier flohen in die Niederlande. Unter ihnen war François Gaspard, der kurz zuvor erfahren hatte, dass seine Eltern an Typhus gestorben waren.

In Utrecht hielt er sich bis zum Kriegsende mit Gelegenheitsarbeiten über Wasser. Im Dezember 1918 ging er nach Leuven zurück. Ab Januar 1919 führte er sein Geschichtsstudium weiter, das er im Jahr 1922 abschließen konnte. Im selben Jahr heiratete er Juliane Broustine, die an der Universität als Sekretärin arbeitete. Am 30. Januar 1924 wurde Julien geboren.

Mithilfe der USA wurde die Universitätsbibliothek Leuven neu aufgebaut. Die Regale füllten sich. Der Versailler Vertrag hatte Deutschland verpflichtet, die vernichteten Bestände der Bibliothek zu ersetzen. François kümmerte sich jetzt um historische Bücher und Handschriften. Die Erinnerungen an die Ereignisse von 1914 verblassten. François fühlte sich glücklich. Jeder Tag mit Juliane und seinem Sohn Julien war ein Geschenk.

Nur manchmal, wenn er sich in ein altes Buch vertieft hatte, schaute er auf und suchte mit dem Blick Quentin Mertens, bevor er sich daran erinnerte, dass er nicht mehr lebte.

Steins Drohung

Anfang Januar 1939. Leuven in Belgien. Es klingelte an der Wohnungstür. Friedrich Stein grinste: „Hallo François. Hast du den Krieg gut überstanden? Wie ich höre, bist du verheiratet und hast ein Kind."

François sah ihn an und sagte: „Ich habe kein Interesse an einem Gespräch mit dir."

„So, so. Der Hungerleider ist stolz geworden. Aber vielleicht interessiert es dich, dass ich an einem wissenschaftlichen Projekt arbeite, bei dem du in einem Monat so viel verdienst wie ein Archivar im ganzen Jahr. Der Reichsführer SS, Heinrich Himmler, hat Interesse an dir. Deutschland hat der Universität großzügig Bücher geschenkt. Da kann man etwas Unterstützung erwarten."

Empört entgegnete François: „Du bist hier nicht in Deutschland. Ich habe nicht vergessen, wie ihr in Leuven gewütet habt. Zwei Freunde habe ich verloren."

Stein wurde laut. „Mertens war selbst schuld. Er hätte sich nicht mit den falschen Leuten anlegen sollen."

Er ließ einen Augenblick vergehen.

„Wenn du dich querstellst, könnte es dir und deiner Familie so ergehen wie ihm. Es liegt bei dir."

François Schlag war präzise. Er hörte das Brechen des Nasenbeines und den dumpfen Aufschlag des Körpers. Ohne sich um Stein zu kümmern, schloss er die Tür und drehte den Schlüssel zweimal um.

François zitterte am ganzen Leib. Noch nie hatte er sich geprügelt. Seine Frau kam aus der Küche und umarmte ihn. Dann kam auch Julien. „Was war denn los?"

François stand stumm im Flur. Erst nach einigen Minuten hatte er sich gefangen.

„Tut mir leid. Aber ich habe große Angst. Angst um euch."

Juliane nahm ihn bei der Hand. Im Wohnzimmer setzte er sich auf das Sofa, das sie sich gerade erst angeschafft hatten. Sie fragte, ob sie die Polizei rufen soll.

„Nein. Die kann nicht helfen. Es ist kompliziert."

Juliane ergriff seine Hände. „Hast du etwas Verbotenes getan?"

„Nein. Ich bin nur einem Mörder begegnet."

Dann erzählte er über Friedrich Stein, Quentin Mertens, Thomas Plummer und den Ring, den er einem Unbekannten gegeben hat. Sie sollten ihn verstehen.

Er war sich nicht sicher, ob er das Richtige getan hatte. Doch wem konnte er vertrauen, wenn nicht seinen Liebsten? Sie setzten sich neben ihn. Er weinte. Julien stand auf und ging zum Fenster, denn er hatte etwas gehört. „Der Mann fährt gerade mit einem großen Mercedes weg. Er ist nicht allein. Die zwei anderen haben lautstark auf ihn eingeredet."

„Hast du etwas verstanden?", fragte François.

„Nein. Ich glaube, sie haben Deutsch gesprochen."

Die Tropfen schlugen gegen die Scheiben. Auf der Fensterbank bildete sich eine Pfütze. Das Wasser drohte den Weg auf die Dielen zu finden. Schon längst hätte er den Fensterkitt erneuern müssen. Immer wieder hatte er es verschoben. François fühlte sich schuldig. Bleierne Leere breitete sich in ihm aus. Starr saß er da, nicht in der Lage, sich zu rühren. Wie aus der Ferne hörte er seinen Namen.

Juliane schüttelte ihn. „François! François!"

Er hob den Kopf. „Ich weiß nicht, was ich tun soll."

Altklug mischte sich Julien ein: „Gibt es den Freimaurer noch?"

François hob langsam seinen Kopf. „Vielleicht. Ich habe ihn vor ein paar Jahren auf der Straße gesehen."

„Na dann. Sie sind dir etwas schuldig. Mehr als ablehnen können sie nicht. Ich begleite dich."

François war froh, dass sein selbstbewusster Sohn mitkam, denn er fühlte sich schwach und drohte jeden Moment umzufallen. Der Regen hatte nachgelassen. Ihre Hüte tief ins Gesicht geschoben, mit hochgeklappten Mantelkragen, schlichen sie wie Diebe durch die Straßen. Die Gaslaternen sprangen an. Ihr Licht war dürftig und spiegelte sich auf dem Pflaster. Sie brauchten fast eine Stunde bis in die Vorstadt. Obwohl kein Name an der Tür stand, erkannte François das Haus sofort. Skulpturen bewachten den Eingang. Statt einer Klingel befand sich ein Klopfer aus Messing an der Tür. Das Geräusch schien François so laut, dass er befürchtete, Nachbarn würden ihre Fenster öffnen, um zu sehen, wer die Ruhe stört.

Martin Mertens öffnete. Er war merklich gealtert, doch hatte er immer noch wache Augen. Er sah, dass etwas passiert sein musste.

„Kommt erst einmal rein. Ihr seid völlig nass. Schön, dass du da bist." Er musterte Julien. „Ist das dein Sohn?"

Martin gab Julien die Hand. „Er sieht dir ähnlich."

Ehe er darauf eingehen konnte, sagte François: „Ich hatte Angst, allein auf die Straße zu gehen. Es ist etwas passiert."

Martin rief: „Anne, wir haben Besuch. Mache bitte Tee."

Eine unsichtbare Stimme antwortete: „Komme gleich."

„Du hattest Glück. Wir sind gerade eben erst aus Utrecht gekommen. Beinahe hättet ihr uns verpasst."

Verlegen sagte François: „Tut mir leid, dass wir stören."

„Aber nein doch. Wir freuen uns immer über Besuch."

Martin öffnete die Tür zum Wohnzimmer. An der Wand hingen alte Gemälde. In der Ecke stand eine Uhr, die scheinbar auf ihren Eintritt gewartet hatte, da ein Gong die nächste Stunde ankündigte. Die Anrichte war voller Familienbilder. Auf einem war Quentin als Absolvent der Universität zu sehen. François nahm es in die Hand.

„Wenn ich an ihn denke, rieche ich den beißenden Rauch der verbrannten Bücher und sehe, wie er leblos und zerschunden auf dem Wagen liegt."

Nachdenklich stellte er das Bild wieder zurück. „Und jetzt taucht der Mann auf, der das alles angerichtet hat."

Martin blickte ihn erschrocken an. „Wer ist gekommen?"

„Friedrich Stein war vorhin bei mir und deutete an, dass er an Quentins Ermordung beteiligt war."

Als Martin zögerte und dabei Julien ansah, ergriff François die Hand seines Sohnes. „Ich habe meiner Familie von damals erzählt." Er sah Martin an.

François sagte: „Stein hat gefragt, ob ich ihn bei einer Forschungsarbeit für die Nazis unterstütze. Als ich abgelehnt habe, drohte er, dass es meiner Familie und mir genauso ergehen könnte wie deinem Bruder und Thomas Plummer."

„Und wie hast du darauf reagiert?"

Stolz antwortete Julien für ihn: „Er hat ihm die Nase gebrochen!"

Ein leichtes Lächeln umspielte Martins Mund, bevor er wieder ernst wurde. „Nehmt erst einmal Platz und beruhigt euch."

François unterstrich seine Worte: „Es war keine leere Drohung. In seinen Augen war so eine Kälte".

Er sah Martin fragend an. „Ich kann mir nicht erklären, warum er nach so vielen Jahren auf mich gekommen ist."

„Stein hat dich bewusst ausgesucht. Er ging davon aus, dass du erpressbar bist, weil du ihm damals das Buch gegeben hast. Nach deiner Reaktion befürchtet er, dass du das Geheimnis kennst. Wir haben durch einen Mittelsmann erfahren, dass die SS einige Belgier auf eine Suchliste haben. Allerdings ist unbekannt, wie viel die Deutschen wissen. Dummerweise ist ein Brief in ihre Hände geraten. Es ist ausgerechnet ein Schreiben, das Hinweise auf den brisanten Inhalt der Bücher gibt. Und du hast mindestens ein Buch gelesen."

Verwundert sagte François: „Aber das Buch war doch völlig belanglos. Quentin hatte mir das bestätigt und Stein hat meine Arbeit nicht bekommen."

„Das weiß Stein aber nicht. Er vermutet bestimmt, dass du in das Geheimnis eingeweiht bist. Ich denke, dass er dich gesucht, aber nicht gefunden hat, weil du dich in die Niederlande abgesetzt hattest."

„Du weißt, dass ich in den Niederlanden war?"

„Ja. Wir wollten dich damals noch einmal sprechen, weil wir wegen eines Gegenstandes besorgt waren, den Quentin im Besitz hatte. Allerdings hatte er sich später wieder angefunden."

„Ging es um den Ring? Ich habe mich genau an die Anweisung von Quentin gehalten."

Martin zog seine Schultern hoch. „Das wussten wir damals nicht. Wir befürchteten, dass er mit der Wohnung verloren ging."

François fragte: „Kann es sein, dass es Stein eigentlich um den Ring geht?"

„Ich bin mir nicht sicher, was er weiß und worum es geht. Derzeit gehe ich davon aus, dass er die Papiere wollte. Allerdings ist mir unklar, mit wem wir es zu tun haben. Die Nazis und der Vatikan suchen danach. Es kann sein, dass beide Seiten kooperieren oder Konkurrenten sind. Es ist aber auch möglich, dass Stein auf eigene Rechnung arbeitet und die Ergebnisse seiner Arbeit meistbietend verkaufen will."

Julien fragte ärgerlich: „Was ist es denn für ein großes Geheimnis, um das so viel Aufwand betrieben wird?"

„Ich kann es dir nicht verraten, da ich es selbst nicht kenne. Aber es muss bedeutsam sein. Die Nazis haben in Hamburg ein Logenhaus Stein für Stein abgetragen, weil sie hofften, dort die Lösung zu finden. Glücklicherweise wurde alles in Sicherheit gebracht. Allerdings sind mittlerweile viele unserer deutschen Freunde inhaftiert. Das gesamte Vermögen der Freimaurer wurde konfisziert. Ich kann mir vorstellen, dass die Nazis jetzt auch im Ausland suchen. Das würde zu den Aussagen von Stein passen."

Julien fragte: „Wäre es nicht einfacher, das Papier den Nazis zu überlassen, um im Gegenzug die Inhaftierten zu befreien?"

„Nein. Das wäre eine Katastrophe für die Menschheit."

Der Junge war erstaunt: „So schlimm?"

„Noch viel schlimmer, als wir uns das jemals ausdenken könnten. Der Vatikan hat uns deshalb seit Jahrhunderten verfolgt."

„Und jetzt hängt unsere Familie in dem ganzen Schlamassel." Flehend sah François ihn an. „Könnt ihr uns helfen?"

Martin legte eine Pause ein. Zwischenzeitlich war seine Frau gekommen und hatte Tee gebracht. „Ich lasse euch wohl lieber allein und backe noch ein paar Kekse."

Martin drückte seiner Frau einen Kuss auf die Wange. Dann wandte er sich seinen Gästen zu. „Danke. Wir melden uns, wenn wir Hunger haben." Seine Frau den verließ den Raum.

„Es tut mir leid, dass es dazu gekommen ist. Wir vermeiden es, Unbeteiligte in unsere Angelegenheiten hineinzuziehen. Genau deshalb haben wir die Aufnahmerituale. Jeder soll nur wissen, wofür er reif genug ist. Selbst nach Jahren kann es passieren, dass Menschen niederen Instinkten folgen. Quentin hat dich in der Not einbezogen, weil er dich für ehrlich und zuverlässig hielt. Damit sind wir bei dir in der Schuld. Ich könnte es mir einfach machen und auf die Regeln der Freimaurer verweisen. Es geht aber um mehr als ein Ritual. Die meisten Informationen sind nicht geheim. Aber die Zusammenhänge erschließen sich nicht für jeden. Es ist wie ein riesengroßes Puzzle, bei dem man keinen Anfang findet, weil die Ränder nicht zueinanderpassen. Die Natur ist chaotisch und doch hat sie eine Ordnung, auch wenn wir sie nicht immer verstehen."

François sah seinen Sohn an, der tat, als ob er alles begriffen hatte.

Bevor sein Vater antworten konnte, sagte Julien: „Ich weiß nicht, was du uns damit sagen willst. Wir wollen keine Freimaurer werden und eure Geheimnisse sind uns völlig egal. Wir sind gekommen, damit Ursachen beseitigt werden, die uns in Gefahr bringen. Nicht mehr und nicht weniger."

Martin lehnte sich zurück und schloss nachdenklich die Augen. Nach einem Augenblick öffnete er sie wieder und beugte sich vor. Mit gedämpfter Stimme sagte er: „Ich werde euch helfen, aber ich komme nicht umhin, einiges über die Freimaurer zu erzählen, damit ihr begreift, dass es bei uns um größere Dinge geht als die Interessen Einzelner. Bitte gebt mir die Gelegenheit, euch etwas in die Vergangenheit der Freimaurer zu führen. In Nachschlagewerken wird dort immer der 24. Juni 1717 als Gründungsdatum genannt, weil an diesem Tag sich die erste Großloge von England zusammengeschlossen hat. Das ist aber totaler Unsinn, denn es gab ähnliche Bruderschaften schon viel früher. In ihnen trafen sich Gelehrte, Ingenieure und Künstler. Sie sezierten Leichen, führten chemische und physikalische Experimente durch, stellten aber auch Aussagen der Kirche infrage und überschritten Grenzen.

Nur durch gegenseitiges Vertrauen und die vereinbarte Geheimhaltung konnten sie ihre Gedanken austauschen. Reiche Bürger, aber auch Adlige öffneten ihre Türen, da sie hofften, von den Ergebnissen der Forschungen zu profitieren. In Italien war es die Familie Medici. Ihr Geld verlieh ihnen Macht. Die Kirche hatte immer ein Problem, wenn die Richtigkeit ihrer Weltsicht infrage gestellt wurde. Sei es die Wahrheit der Bibel, die Planetenbahnen oder der Eigentumsanspruch auf Länder und Kronen.

Menschen, die eine abweichende Sicht hatten und Grenzen überschritten, fanden immer Mittel und Wege, sich zu organisieren. 1312 wurde der Templerorden vom französischen König, Philipp IV. mithilfe von Papst Clemens V. zerschlagen und ihr Vermögen einverleibt. Zwar wurden viele Mitglieder gefangen und umgebracht, doch in Portugal, in Spanien, in der Schweiz und in Schottland tauchten sie unter und nahmen ihre Geheimnisse mit.

In den Köpfen verbindet man mit den Freimaurern immer Steinmetze, die ihr Wissen schützen und durch ein Regelwerk Streitigkeiten verhindern wollten. Ihre Organisationsform wurde zwar zum Muster der Logen, doch waren und sind die wenigsten von uns Steinmetze. In einer Loge zu sein bedeutet, den strengen Anforderungen an Wissen, Können und Ehrbarkeit gerecht zu werden. Dieser grundsätzliche Ansatz, dass es nicht um Macht geht, führte immer wieder zu Versuchen, die Logen zu instrumentalisieren. Kaiser, Könige und vor allem die Kirche versuchten, das Netzwerk zu infiltrieren, um es für eigene Zwecke einzusetzen.

Aufklärung und Reformation veränderten die Ausrichtungen der geheimen Gesellschaften, die vor dem Problem standen, ob man als Katholik, Protestant, Jude oder Moslem vorbehaltlos mit Freimaurern anderer Konfessionen disputieren durfte. Der Austausch ohne Ansehen der Person war aber gerade ihre Stärke.

So verständigte man sich, jeden religiösen Zwang abzulegen. Stattdessen wurden Freiheit, Gleichheit, Brüderlichkeit, Toleranz und Humanität als höchste Ziele benannt. In der Loge sollte man von der Weisheit der Erfahrenen lernen und sich zu allen Fragen und Meinungen ohne Vorbehalte austauschen können.

Mit dieser Ausrichtung standen die Freimaurer im Widerspruch zum Alleinvertretungsanspruch der katholischen Kirche, da sich in den Logen Freiräume auftaten, auf die sie keinen Einfluss hatte. Das bedeutete nicht, die Religionen zu kritisieren oder den Glauben infrage zu stellen. Er wurde einfach ausgeblendet. Eine banale Begründung, wonach Gott irgendetwas so will, wurde nicht akzeptiert. Jeder Beweis musste nachprüfbar und wiederholbar sein. Das war für die Kirche Ketzerei und Blasphemie.

Der Papst belegte die Freimaurer mit dem Bann, der über Jahrhunderte bis heute immer wieder erneuert wurde. 1917 wurde das noch einmal bekräftigt. Danach ist ein Katholik durch den Eintritt in eine freimaurerische Vereinigung automatisch exkommuniziert.

Diese Festlegung ist ein Ausdruck der permanenten Angst vor Veränderungen. Spätestens mit den politischen Umstürzen in Frankreich, Russland, Deutschland und auch in Italien, als Rom zur Hauptstadt wurde und der Vatikan sein Territorium verlor, entwickelte sich eine schreiende Angst vor dem Verlust von Macht, Einfluss und Geld. Der Anspruch auf die ewige Wahrheit und die Unfehlbarkeit der Päpste schien zu wanken. Letztendlich führten sie das Desaster auch auf die Freimaurer zurück, die sich einfach nicht gängeln ließen. Mit dieser Haltung hat sich die katholische Kirche aber in eine Situation manövriert, in der sie hilflos zusehen muss, wie unabhängige Wissenschaftler ihr Weltbild mit Beweisen auseinandernehmen.

Nur um das klarzustellen: Ich habe nichts gegen den Glauben. In unserer Loge haben wir Protestanten, Juden, Moslems, Atheisten und auch Katholiken, die sich um den Papst nicht scheren. Und wir kommen alle gut klar, weil wir Menschen mit Verstand sind. Sicher habt Ihr Schauergeschichten über Rituale der Freimaurer gehört. Die meisten wurden vom Vatikan erfunden, um uns zu schaden. Stattdessen haben sie uns geholfen. Menschen sind neugierig und wollen wissen, ob es stimmt. Die strengen Aufnahmebedingungen müssen sein, weil es immer Versuche der Unterwanderung gibt. Und noch etwas ist über die Jahrhunderte geblieben. Wir bewahren geheimes Wissen, das wir nur an die zuverlässigsten Brüder weitergeben."

Julien fragte ungeduldig: „Was hat mein Vater mit den Auseinandersetzungen zwischen Freimaurern und dem Vatikan zu tun? Die

Drohung kam doch nicht aus Rom, sondern von einem Nazi. Ich habe gelesen, dass Hitler die Kirche ablehnt."

Martin kratzte sich am Kopf. „Tja. Ich kann die Frage nicht endgültig beantworten, vermute aber, dass Gefahren von beiden Seiten bestehen. Es gibt ein Zweckbündnis zwischen dem Vatikan und den Nazis. 1929 hat Papst Pius XI. die sogenannten Lateranverträge mit Mussolini abgeschlossen. Erst dadurch wurde der Vatikan zum Staat und erhielt gleichzeitig große Geld- und Vermögenswerte von Italien. Hitler schloss 1933 das Reichskonkordat mit dem Papst, das dafür sorgte, dass der Staat Kirchensteuer für die Kirche einzog. Unabhängig davon, was die Vertreter beider Seiten sagen, sprechen die Taten für sich. Der Papst sagte: ‚Mussolini wurde uns von der Vorsehung geschickt.'

In Italien verfolgten die Schwarzhemden und in Deutschland die SA und SS alle freiheitlich denkenden Kräfte. Vom ersten Tag an gehörten neben Sozialdemokraten, Gewerkschaftern und Kommunisten auch die Freimaurer zu den Opfern. Sie wurden aus allen staatlichen Ämtern ausgeschlossen und viele von ihnen eingesperrt. Wir wissen gegenwärtig nicht, ob sie noch am Leben sind.

Leider gibt es aber auch Kollaborateure. Wir versuchen, Schaden abzuwenden, doch man kann in die Menschen nicht hineinsehen. Für uns war es überraschend, dass die Existenz der Scribent-Bücher so schnell bekannt wurde, da Stein die Arbeit nicht publiziert hat. Deshalb musste mein Bruder dafür sorgen, dass sie aus dem Bestand der Bibliothek verschwanden.

Als der Unbekannte nach den Büchern fragte, war uns klar, dass er aus Rom kam. Wir konnten im Nachhinein sogar feststellen, in welchem Hotel er abgestiegen war. Heute sind wir uns sicher, dass er zu den Mördern meines Bruders und vielleicht auch von Thomas Plummer gehörte. Sein Name ist Mario Vico. Wir konnten ihn in Rom ausfindig machen und stellten Verbindungen zu den Schwarzhemden von Mussolini und zu einer Organisation fest, die sich seit 1930 Opus Dei nennt und schon 1928 vom spanischen Priester Jose

Maria Escrivá de Balaguer y Albás gegründet wurde. Das Besondere an ihr ist, dass sie direkte Verbindungen zum Papst hat und fast ausschließlich aus Laien besteht. Vieles liegt über die Organisation im Dunkeln. Bedeutsam ist aber, dass sie Organisation sehr enge Beziehungen zu General Franco unterhält. Es gibt Hinweise, dass in wichtigen Entscheidungen Escrivá selbst oder Personen aus seinem engsten Umgangskreis einbezogen werden. Mitglieder müssen ein Treueversprechen ablegen. Zu den täglichen Ritualen gehört, dass sie jeden Morgen wie ein Gebet sagen: ‚Ich werde dienen!'

Es handelt sich um Fanatiker, die für ihren Glauben Grenzen übertreten. Man kann sich fragen, ob Vico im Auftrag der Schwarzhemden oder des Vatikans handelte. Ich neige dazu, dass der Vatikan Interesse an den Büchern bekundet hat und daraufhin nach geeigneten Handlangern suchte. Ob Vico und Stein zusammenarbeiten, kann ich nicht sagen. Da Stein aber seine Drohung gegen dich gerichtet hat, solltest du sie ernst nehmen. Die SS ist für ihre Brutalität bekannt. Ich werde sehen, was wir für euch machen können. Ihr müsst wachsam sein."

Julien war mit den Antworten nicht zufrieden. „Mein Vater ist kein Freimaurer, aber durch euch in diese Situation geraten. Meinst du nicht, dass der Rat ‚wachsam zu sein' nicht ausreicht? Meine Mutter hat Angst, dass etwas passiert, und du erzählst uns von der Geschichte und ehrbaren Absichten der Freimaurer. Wir wollen einfach unser Leben zurück."

„Im Moment habe ich keine Lösung. Ich versuche aber, etwas zu organisieren. Das geht aber nicht so schnell", antwortete Mertens, dem man die Sorge ansah.

* * *

Unzufrieden und verunsichert machten sich François und Julien auf den Weg nach Hause. Unterwegs überlegten sie, was Sie erzählen sollten. Sie hofften, dass sich Martin Mertens um das Problem kümmert.

Wenige Tage später besuchte er François in seiner Wohnung und fragte ihn, ob seine Frau über den Ernst der Lage informiert hat.

François sagte: „Nein. Ich wollte Sie nicht zu sehr beunruhigen."

„Sie muss es wissen, denn es ist viel schlimmer als vermutet. Wenn du willst, spreche ich mit ihr."

François rief seine Frau und Julien.

Sie setzten sich an den Wohnzimmertisch. Martin Mertens begrüßte sie. Dann wurde sehr ernst.

„Es wird Krieg zwischen Deutschland und Polen geben. Wir haben übereinstimmende Berichte von zuverlässigen Brüdern. Sofern England und Frankreich ihren Bündnisverpflichtungen gegenüber Polen nachkommen, wird Belgien zwischen die Fronten geraten. Ich bin mir sicher, dass Hitler an der belgischen Grenze nicht haltmachen wird. Zwar ist die Armee diesmal besser gerüstet, aber gegen Deutschland wird sie nichts ausrichten können. Es gibt Nazis in Belgien, die Listen von politischen Gegnern aufgestellt haben. Friedrich Stein hat dafür gesorgt, dass du auf der Liste als Freimaurer geführt wirst. Die Gefahr ist da. Diesmal wird es nicht reichen, in die Niederlande zu flüchten, weil dort die Situation ähnlich ist. Gegenwärtig haben wir noch recht gute Verbindungen zu Vertretungen ausländischer Konsulate. Wie es in ein paar Monaten aussieht, weiß niemand."

Juliane fing an zu weinen. François hatte Mühe, Worte zu finden: „Meint ihr wirklich, dass es so schlimm kommt? Müssen wir wirklich flüchten? Ich habe gar nicht genügend Geld für einen Neuanfang."

Mertens sah sie an. „Wir haben beschlossen, die Überfahrt nach Argentinien zu bezahlen. Für den Anfang erhaltet ihr eine Beihilfe, bis ihr auf eigenen Füßen steht. Unser Kontaktmann vermittelt Arbeitsstelle und Wohnung. Das Angebot besteht aber nur eine Woche, da am nächsten Wochenende das Schiff nach Buenos Aires geht und Papiere vorher beschafft werden müssen. Was meint ihr?"

François neigte sich zu seiner Frau, die völlig aufgelöst auf dem Sessel saß. Er umarmte sie.

Julien stand auf. „Sollen wir alles für eure Geheimniskrämereien aufgeben?" Juliane zog ihn zu sich heran und umarmte ihn, als ob er noch ein kleiner Junge wäre, setzte er sich auf ihren Schoß. Schluchzend sagte er: „Ich kann kein Spanisch. Außerdem sind alle meine Freunde hier."

Martin lächelte versöhnlich: „Ich kann auch kein Spanisch. Aber du wirst es lernen. Vielleicht ist der Spuk auch schon in einem Jahr vorbei. Dann lachen wir über die Bedenken, wenn du mit einer südamerikanischen Schönheit in Leuven spazieren gehst."

Juliane wollte etwas sagen. François wartete die Antwort seiner Frau nicht ab. „Ich sehe keine andere Chance."

* * *

Der Zug ging am 11. Februar 1939 um acht Uhr. Martin Mertens hatte Pässe und eine Aufenthaltserlaubnis für Argentinien beschafft. An Verwandte und Bekannte schickte François Postkarten mit der Mitteilung, dass er ein gutes Arbeitsangebot in Paris bekommen habe. Martin versicherte ihnen, die Möbel bis zu ihrer Rückkehr sicher einzulagern oder zu verkaufen.

Nun standen sie auf dem Bahnsteig und warteten auf den Zug. Sie hatten nur das Nötigste in einem Überseekoffer und zwei großen Taschen verstaut. François hatte auf Bücher verzichtet und stattdessen Fotoalben eingepackt. Sie sollten als Heimatersatz mit auf die Reise gehen. Von Martin hatten sie sich bereits einen Abend vorher verabschiedet.

Als der Zug sie mit sich nahm, spürten sie eine tiefe Traurigkeit. Selbst Julien hatte Tränen in den Augen. Vielleicht lag es auch daran, dass er wenige Tage vorher ein Mädchen kennengelernt hatte. Obwohl er es ihr verboten hatte, war Irene zum Bahnhof gekommen. Er war ihr dankbar. So nahm er ein Stück Hoffnung mit in die Fremde.

In Antwerpen wartete ein Dienstmann. Er half ihnen, das Gepäck in ein Automobil zu bugsieren. Nach einer Fahrt quer durch die Stadt und entlang zahlloser Schiffe kamen sie endlich am Liegeplatz an. Die „Albatros" war im Vergleich zu den anderen Frachtern klein. An der Gangway wartete ein älterer Mann mit einem hellen Anzug und einem auffälligen Strohhut. Sein Lachen nahm das ganze Gesicht ein: „Willkommen in Antwerpen. Ich bin Carlos Jeronimos de Silva, Antiquitäten- und Schmuckhändler aus Buenos Aires. Ihr könnt mich gern Carlos nennen."

„Buenos Dias. Ich bin François Gaspard. Das sind meine Frau Juliane und mein Sohn Julien."

„Oh, Sie sprechen Spanisch?"

„Nur diese beiden Worte."

„Das kann geändert werden. Wir haben fast drei Wochen Zeit."

Die Flucht

Carlos war ein guter Lehrer. Sprach er in den ersten Tagen Französisch und übersetzte die wichtigsten Worte ins Spanische, ging er nach und nach dazu über, ausschließlich Spanisch zu sprechen. Er hatte ihnen ein Wörterbuch gegeben, damit sie fehlende Worte nachschlagen konnten. Da die Besatzung kein Französisch sprach, waren sie gezwungen, ihre Wünsche in der Fremdsprache zu äußern. Dabei erweiterten sie ihren Wortschatz mit den wichtigsten Schimpfwörtern, die im Wörterbuch nicht aufgeführt waren.

Während Juliane und François Gaspard die Fahrt über trauerten, war für Julien die Reise ein Abenteuer. Wissbegierig ließ er sich von den Matrosen über ihre Heimat berichten. Er sah sich für das Leben in der „Neuen Welt" gerüstet.

Argentinien empfing sie mit angenehmen Temperaturen. Die Sonne beleuchtete das bunte Panorama von Buenos Aires. Die Mannschaft stand an der Reling. Sie suchten an Land bekannte Gesichter. Eine Traube Menschen hatte sich versammelt und rief unverständliche Worte. Der Kapitän kam und sagte stolz: „Das sind meine Freunde."

Man sah ihm seine Freude an. „Ich habe noch einiges zu tun."

Uniformierte kamen an Bord und kontrollierten die Pässe. Carlos sprach mit ihnen und schob dem Offizier unauffällig einen Geldschein in die Tasche. Sie durften von Bord. Der Schrankkoffer wurde von einem Kran herabgelassen. Die Einwanderer gruppierten sich um ihn. Carlos überwachte die Entladung einiger großer Kisten. Eine Gruppe Hafenarbeiter sorgte dafür, dass alles auf Kraftwagen verladen wurde. Das Gepäck fand seinen Platz. Der Vorarbeiter ließ sich einen Lieferschein unterschreiben. Dankbar nahm er einen Dollarschein entgegen.

Carlos sah den verwunderten Blick von Julien. Statt einer Antwort sagte er: „Willkommen in Buenos Aires. Es ist schön, wieder zu Hause zu sein."

François stützte seine Frau. Sie war während der Überfahrt mehrfach seekrank geworden und fühlte sich müde und schwach.

Eine große Limousine wartete. Der Chauffeur hatte alle Türen geöffnet. Carlos sprach mit ihm einige Worte. Er setzte sich nach vorn. Die Gaspards nahmen auf der Rückbank Platz. Zügig fuhren sie durch die Straßen. Viele der Häuser schienen gerade erst gebaut worden zu sein. Zwischen ihnen reckten sich Palmen in die Höhe.

Das bunte Treiben war ungewohnt und konnte von den Augen kaum registriert werden. Es roch nach Autoabgasen und dem Duft exotischer Früchte. Lautstark boten Straßenhändler ihre Waren an. In Straßencafés saßen Leute und beobachteten vorbeiflanierende Menschen.

Es wurde ruhiger. Begrünte Zäune und hohe Mauern verdeckten die Sicht auf wuchtige Villen. Sie hielten an einem großen Tor mit stilisierten Blumen. Der Chauffeur öffnete es und fuhr über einen sorgfältig gepflasterten Weg zu einem mehrstöckigen Haus. Es fügte sich harmonisch in den Garten ein, der von hohen Bäumen umsäumt war. Eine breite Marmortreppe führte zum Eingang. Dort warteten Hausangestellte. Carlos begrüßte sie und stellte die Besucher vor. Sie gingen in einen Salon, dessen große Fenster den Blick auf den Garten freigaben.

„Wenn ich nach Hause komme, setze ich mich immer in diesen Sessel, rauche eine Zigarre und sehe aus dem Fenster. Wenn die Sonne untergeht, taucht sie den Raum in ein warmes Licht und ich fühle mich wie ein Teil von Rembrandts Gemälden. Alles ist dann voller Harmonie und man vergisst für einen Moment die hässlichen Seiten der Welt. Mein Ururgroßvater hat diesen Platz für das Haus ausgewählt. Damals war das nur ein nackter Hügel mit einem einzelnen Baum. Er gehörte zu den in Lateinamerika geborenen Offizieren, die im spanischen Heer gedient hatten und sich nach ihrer

Rückkehr für die Unabhängigkeit ihres Heimatlandes einsetzten. Als Anhänger von José de San Martín wurde er Mitglied der Freimaurerloge ‚Lautaro'."

François war erstaunt: „Ich habe von der Rolle der Freimaurer in Lateinamerika nichts gewusst. Gab es denn hier keine Repressalien gegen Angehörige der Logen?"

„Die gab es. In Spanien stand darauf Gefängnis oder sogar der Tod. Deswegen trafen sie sich im Verborgenen. Obwohl Freimaurer zu den Gründungsvätern Argentiniens gehörten, steht darüber kaum etwas in den Geschichtsbüchern. Umso mehr findet man ihre Spuren in der Verfassung. Die Abschaffung der Sklaverei, die Einführung der allgemeinen, unentgeltlichen, laizistischen und qualitativen Schulbildung und viele sozialen Errungenschaften sind Ergebnisse ihrer Arbeit. Die meisten argentinischen Präsidenten waren Freimaurer. Leider gab es aber auch schwarze Schafe, die in der Zeit der Diktatur meinten, ihre Ideale aufgeben zu müssen. Wir sind eben keine homogene Masse, sondern ein Verein von Gleichgesinnten."

Von nebenan hörte man das Klappern von Geschirr. Das Mittagessen wurde hereingebracht und Wein eingeschenkt. Carlos erhob sich.

„Wir Argentinier sind gegenüber Emigranten aufgeschlossen. Auch unsere Vorfahren waren alle als Emigranten in dieses schöne Land gekommen. Es ist die Summe der Menschen, die es ausmacht. Ich wünsche euch Glück und Erfolg. Salut."

Juliane, François und Julien standen auf und stießen mit ihren Gläsern an. „Salut."

„Nach dem Essen werde ich euch in eure Wohnung bringen."

François erhob sein Glas: „Lieber Carlos, wir können uns nicht genug bei dir bedanken. Wir stehen in deiner Schuld. Salut."

Max, der Chauffeur, hatte ein quietschgelbes Cabriolet vorgefahren. Carlos setzte sich ans Lenkrad. „Einsteigen bitte."

Julien fragte: „Darf ich vorn sitzen?"

Carlos lachte: „Klar. Solange du nicht am Lenkrad sitzt. Lasse aber erst einmal deine Eltern einsteigen. In diesem billigen Auto haben sie nur zwei Türen eingebaut."

Der Wagen setzte sich in Bewegung. Der Fahrtwind blies ihnen ins Gesicht. Es war angenehm, obwohl die Sonne langsam hinter den Hügeln verschwand.

Carlos betätigte sich als Reiseführer. Er erzählte über die Geschichte der Stadt, erklärte bedeutsame Gebäude und fuhr manchen Umweg, um möglichst nah an Sehenswürdigkeiten vorbeizukommen. Irgendwann bog er in eine der Gassen ein, die von den Hauptstraßen abgingen, und hielt an einem fünfgeschossigen Stadthaus. Carlos holte einen Schlüssel aus der Tasche und reichte ihn Juliane.

„Darf ich die Hausherrin bitten, aufzuschließen. Wir müssen in die zweite Etage rechts."

Die Eingangstür war mit bunten Scheiben versehen. Den Flur zierten Blumenornamente. In der zweiten Etage gingen zwei Türen ab. Carlos machte eine einladende Geste. „Rechts bitte."

Juliane öffnete die Tür. Sie hatte gedacht, dass die Wohnung leer ist. Doch schon im Flur erwartete sie eine Garderobe mit einem großen Spiegel. Auf einem kleinen Tisch stand eine Vase mit Blumen. Sie besichtigten die Zimmer. Mit zwei Schlafzimmern, einem Wohnzimmer, Küche und Bad war sie sogar etwas größer als ihre Wohnung in Leuven. Alles war möbliert.

„Ich hoffe, es entspricht eurem Geschmack." Sprachlos umarmte Juliane Carlos.

„Ist ja schon gut. Wenn du weiter so drückst, wird dein Mann noch eifersüchtig."

„Ich kann mich nicht genug bei dir bedanken. François, sag doch auch mal was."

Der stand im Wohnzimmer, mit einem Buch in der Hand. Er sah kurz auf. „Ach ja klar. Vielen Dank. Sogar die Bücher sind mein Geschmack."

Carlos zeigte auf das Regal. „Das ist reiner Zufall. Ich hatte die Wohnung an meinen Neffen vermietet, bevor er nach Chile gegangen ist. Übrigens ist mein Laden auch in der Nähe. Ich schlage vor, dass wir dort vorbeigehen, damit ihr wisst, wo ihr mich normalerweise findet."

Der Laden hatte zur Hauptstraße drei große Schaufenster. Sie waren mit Rollgittern gesichert. In der Auslage sah man Uhren und Schmuck. Die Exponate trugen keine Preise. Sie gingen hinein. Carlos stellte sie den Mitarbeitern vor. Nach ein paar Minuten verließen sie das Geschäft. Statt zurück zur Wohnung zu gehen, führte Carlos sie einige Schritte weiter. „Und das ist mein Antiquitätengeschäft."

Die großzügigen Räume waren mit wertvollen Möbeln, Geschirr und Gemälde geschmackvoll drapiert. In einer Ecke befand sich ein Regal mit alten Büchern. François steuerte gleich in diese Richtung. Juliane bewunderte dagegen Bilder mit Ansichten aus Venedig. „Nach Italien möchte ich auch irgendwann."

Carlos nickte wehmütig. „Es ist wirklich schön. Ich war mit meiner verstorbenen Mutter dort."

Dann drehte er sich weg. Juliane hatte aber längst gesehen, dass seine Augen feucht wurden. Um abzulenken, wechselte er das Thema. „Habt ihr euch schon Gedanken gemacht, ob Julien weiter zur Schule gehen oder gleich einen Beruf erlernen soll?"

François legte ein altes Buch aus der Hand. „Wenn es nach mir gehen würde, soll er das Abitur machen, damit er studieren kann. Aber ich weiß nicht, ob das hier geht. Er kann doch kein Spanisch."

Carlos nickte. „Ich denke, dass ich das organisieren kann. Wenn er will, kann er bis dahin im Geschäft arbeiten. Es gibt immer etwas zu transportieren. Ich sage Bescheid, dann kann er sich bei mir melden. Für dich muss ich erst noch eine Arbeit finden. Für die wenigen Bücher im Antiquariat brauche ich keinen Wissenschaftler."

Julien versprach gleich am nächsten Tag zu kommen. Carlos verabschiedete sich, denn er hatte noch einiges zu tun. Die Gaspards gingen in ihre neue Wohnung. Sie waren müde von der langen Reise. Er hatte ihnen etwas Geld gegeben, damit sie Lebensmittel kaufen konnten. Nicht weit entfernt fanden sie einen Markt. Julien nutzte seine neuen Sprachkenntnisse, die er aber mit allerlei Gesten ergänzen musste.

Als sie beim Abendbrot am Tisch saßen, bemerkte François: „Wir haben es doch relativ gut getroffen. Wer weiß, vielleicht können wir schon in einigen Monaten wieder nach Belgien zurückkehren."

In diesem Moment wusste ihr Mann, dass es nicht gut war, das Thema anzusprechen. Juliane war zu müde, um zu reagieren.

Am nächsten Tag ging Julien in den Laden und kam sich dabei sehr erwachsen vor. Auch wenn er nur für Hilfsarbeiten gebraucht wurde, hielt er es für besser, als zu Hause zu sitzen. Bereits eine Woche später überraschte ihn Carlos mit der Zusage, dass er ihm einen Platz an der privaten Belgrano Day School gesichert hatte. Allerdings sei es notwendig, sein Englisch in einem Vorkurs zu ertüchtigen. Er würde das Schulgeld übernehmen, bis François einen festen Job habe. Julien bedankte sich bei Carlos, bat ihn aber, zusätzlich weiter im Geschäft arbeiten zu dürfen. Er würde gern finanziell auf eigenen Beinen stehen.

Nach dem vierwöchigen Sprachkurs besuchte er die Schule und arbeitete abends und an den Wochenenden im Antiquariat. In der Zwischenzeit hatte sich François erfolglos bei Buchhändlern beworben. Auch eine Anfrage bei der Universität scheiterte. Um nicht sinnlos die Zeit zu verbringen, erkundete er mit seiner Frau die Stadt. Dabei fanden sie in der Nähe der Wohnung einen Markt, der wesentlich preisgünstiger war als die Läden der Hauptstraße.

Da ihr Spanisch noch sehr lückenhaft war, mussten sie sich oft mit Gesten behelfen. Die Händler waren freundlich, doch blieben Missverständnisse nicht aus. Sie hatten zwar immer ein kleines Wörterbuch dabei, aber das argentinische Spanisch hatte wenig mit der Hochsprache zu tun.

Bei einer schwierigen Konversation bekamen sie unvermutet Hilfe. Eine Frau hatte gemerkt, dass sie sich untereinander auf Französisch unterhielten. Daraufhin übersetzte sie die Wünsche. Sie hieß Annette Blanche und war eine gebürtige Französin.

Juliane lud sie für den nächsten Tag zum Mittagessen ein. Frau Blanche genoss es sichtlich, in ihrer Heimatsprache zu reden, und ging auf das Angebot ein.

Französische Worte

Sie kam kurz vor 12 Uhr. Als Gastgeschenk hatte sie einen Blumenstrauß und den Roman „Le Rouge et le Noir" von Stendhal als Erstausgabe aus dem Jahr 1830 dabei. François lehnte das Geschenk ab, weil das Buch viel zu wertvoll war. Sie bestand aber darauf.

„Als mein Mann vor einem Jahr starb, hat er mir Hunderte Bücher hinterlassen. Ich möchte die Bibliothek ohnehin auflösen, um möglichst bald wieder nach Frankreich zurückzukehren. Hier hält mich nichts. Die wenigen Bekannten waren Geschäftsfreunde meines Mannes. Seit er gestorben ist, ist das Haus wie ein Grab. Der argentinisch-französische Verein ist für Frauen, die mit sich selbst beschäftigt sind und für ihre Gatten das Puttchen spielen. Manchmal gehe ich zum Hafen und sehe mir die Schiffe an, die hinausfahren. Ich fühle in diesen Momenten eine große Traurigkeit und Heimweh nach Paris, auch wenn mich dort niemand erwartet. Deswegen sind mir eure französischen Worte so viel wert."

Juliane tröstete sie. Sie vereinbarten einen Gegenbesuch in ihrem Haus. Annette versprach ein Kalbsschnitzel mit Calvados.

* * *

Das Tor des Grundstücks war mit Efeu überwuchert. Sein sattes Grün und hohe Bäume verdeckten die Sicht, wie beim Märchenschloss von Dornröschen. François drückte auf die Klingel. Man hörte das Summen eines elektrischen Türöffners. Das Haus war ein großer Bungalow. Annette sah aus dem Fenster und winkte den Besuchern zu. „Setzt euch bitte an den Pool. Ich komme gleich."

Der Bungalow hatte eine großzügige Terrasse, an die sich ein ovales Schwimmbecken anschloss. Annette hatte einen Tisch mit vier

Stühlen aufgestellt. Ein Sonnenschirm beschattete den Platz. Die Hausherrin umarmte ihre Gäste.

„Ich habe französischen Weißwein. Er ist zwar nicht der Beste, aber aus der Heimat. Eine Alternative ist Apfelsaft."

„Ich muss gestehen, dass wir keine Weinkenner sind. Ein Wein ist sicher das Richtige zum Essen. Julien wird sicher Apfelsaft trinken", meinte Juliane.

„Gut. Machst du ihn auf?" Annette war einfach zum „Du" übergegangen.

Sie erzählten von zu Hause. Es waren Erzählungen von Verlust und Sehnsucht. Sie handelten von verschiedenen Orten und Personen, doch ähnelten sie sich. Unterschiede verschwammen. Gemeinsames blieb.

Annette lieh Juliane einen Badeanzug, damit sie in den Pool springen konnte. Julien war die Situation peinlich. Er legte sich auf die Wiese und ärgerte sich, dass er keine Badehose bei sich hatte.

François besichtigte die Bibliothek. „Dein Mann hat einige Schätze angesammelt. Es wäre mir eine Freude, sie zu katalogisieren. So kannst du sie leichter verkaufen."

Annette sagte erfreut: „Das wäre mir eine große Hilfe. Vielleicht könntest du mich zur Bibliothek begleiten. Ich hatte vorgestern angerufen. Sie baten um eine Bücherliste, um sie mit dem Bestand und dem Bedarf abzugleichen."

François nickte zustimmend. „Das ist kein Problem. Ich bin kein großer Verkäufer, aber es macht einen Unterschied, ob man den Wert der Bücher kennt oder sie als Altpapier anbietet. Für mich wäre es ein Vergnügen, mein Wissen einzusetzen."

„Ich möchte dich ja nicht beleidigen. Aber ich will nicht, dass du die Arbeit umsonst machst. Ihr könnt sicher etwas Geld gebrauchen und mir tut es nicht weh."

„Du beschämst mich. Wenn ich von dir Geld nehme, dann höchstens ein Erfolgshonorar."

„Gut. Abgemacht. Sind 20 Prozent in Ordnung?"

Sie hielt François die Hand hin, damit er den Vertrag besiegelt. „Aber nur wenn wir dich zum Essen einladen können."

* * *

In den nächsten Tagen gingen sie jeden Tag zu Annette. Die beiden Frauen und Julien machten es sich am Pool bequem. François sortierte die Bücher und fertigte eine aussagekräftige Liste an. Nach knapp einer Woche war er mit der Arbeit fertig.

„Du kannst einen Termin bei der Bibliothek vereinbaren."

Annette winkte ab.

„Jetzt machst du erst einmal Pause. Die Bücher laufen nicht weg. Hast du eigentlich auch welche gefunden, die dich interessieren?"

„Manche würde ich gern lesen. Aber die kann ich mir in der Bibliothek ausleihen. Wir haben schließlich das gleiche Problem wie du. Wenn sich die Lage in Belgien beruhigt hat, kehren wir heim. Unsere Koffer waren schon bei der Herfahrt voll."

„Du kannst sie ja als Fracht verschicken."

„Ich überlege es mir."

Juliane war still geworden. Zögernd sagte sie: „Ich würde dich am liebsten mitnehmen. Jetzt habe ich eine wunderbare Freundin gefunden und soll sie gleich wieder abgeben. Bücher kann man ersetzen. Menschen nicht."

Annette war gerührt.

„Weißt du, mich treibt ja niemand. Ich kann auch so lange warten, bis ihr nach Belgien zurückkehrt. Die ganzen Jahre in Argentinien hatte mir eine Freundin gefehlt. Mir geht es, wie dir. Und du, François, bist mir auch ans Herz gewachsen. So eine Freundschaft gibt man nicht einfach so auf. Paris hin oder her."

Julien fühlte sich überflüssig. Die Erwachsenenthemen interessierten ihn nicht. Er dachte an Irene, mit der er die Stadt unsicher gemacht hätte, wenn sie hier wäre. Doch so blieben ihm nur die wenigen Zeilen aus einem Liebesbrief und ein viel zu kleines Foto. Trotz des schönen Wetters hasste er es, hier zu sein. Der Pool half ihm auch nicht darüber hinweg. Trotzdem sprang er hinein und übte sich im Schwimmen. Die körperlichen Anstrengungen halfen ihm abends beim Einschlafen, um von Irene zu träumen.

***

Es wurde ein langer Abend. Annette verabredete mit François, dass er den Termin mit der Bibliothek vereinbaren und die Verhandlungen führt. Wenige Tage später fuhren sie zur Nationalbibliothek. Es war ein imposantes Gebäude. Ganz anders als die Bibliothek in Leuven. Man fühlte sich von dicken Mauern erdrückt. Es fehlte die Leichtigkeit. Im Innern stellte François aber schnell fest, dass Fachleute am Werk waren. Die Vielfalt von Büchern, die Zuordnung der Fachgebiete und die Mehrsprachigkeit waren überraschend. Sie wurden vom Direktor der Bibliothek Gustavo Martínez Zuviría empfangen, der mit ihnen eine kleine Führung machte, nachdem er erfahren hatte, dass François in der Bibliothek in Leuven gearbeitet hatte.

„Wir haben uns auch mit einer bescheidenen Bücherspende am Wiederaufbau ihrer Bibliothek beteiligt. Es war uns ein Bedürfnis, als wir von dem Brand gehört hatten."

François war gerührt: „Ich war in den letzten Jahren damit beschäftigt, Bücher aus aller Welt zu katalogisieren. Die Unterstützung von den Kollegen hat uns bewegt."

„Darf ich fragen, warum Sie in Argentinien sind? Ist es ein Studienaufenthalt?"

François bemerkte; „Leider nein. Ich habe Belgien aus persönlichen Gründen verlassen."

„Europa ist ja in Bewegung. Aber ich will nicht weiter bohren. Sie werden schon ihre Gründe haben."

Im Zimmer des Direktors zeigte François die Liste mit Annettes Büchern. „Es ist einiges dabei, das für uns von Interesse ist. Ich werde die Übersicht meinen Mitarbeitern übergeben. Lassen Sie uns dafür ein paar Tage Zeit."

Beim Verlassen der Bibliothek war sich François sicher, einige Bücher verkaufen zu können. Eine Woche später fand er einen Brief vom Direktor in seinem Briefkasten. Er lud ihn zu einem Gespräch ein. Da er ihm ein Arbeitsangebot unterbreiten wollte, bat er, einige persönliche Unterlagen mitzubringen.

Herr Zuviría empfing ihn freundlich und übergab François die Liste, auf der fünfzig Bücher markiert waren.

„Ich denke, dass wir mit ihrer Auftraggeberin zu einer vernünftigen Übereinkunft kommen werden. Wir haben einen Gesamtpreis und Einzelpreise aufgeführt. Mich interessiert aber viel mehr, ob Sie Interesse haben, für uns zu arbeiten. Wie ich aus unserem letzten Gespräch entnommen habe, haben Sie Erfahrung mit historischer Literatur und kennen sich mit alten Sprachen aus."

„Mein Latein, Altgriechisch und Hebräisch ist relativ gut. Ich hatte sogar einige Dokumente in Aramäisch in den Händen. Meine Muttersprache ist Französisch. Die deutsche und englische Sprache beherrsche ich in Wort und Schrift. Spanisch lerne ich erst seit wenigen Wochen."

„Das ist überaus umfangreich. Wir brauchen für den Ankauf historischer Schriften einen Spezialisten. Die Bezahlung würde, wie bei einem Gutachter üblich, objektbezogen erfolgen. Es kann aber auch sein, dass daraus eine Festeinstellung entsteht. Könnten Sie sich eine solche Zusammenarbeit vorstellen?"

François überlegte. Dann sagte er: „Ich denke, dass ich auf dieser Grundlage arbeiten kann."

„Gut. Ich melde mich bei Ihnen."

Zufrieden kehrte François nach Hause zurück und berichtete seiner Frau von den Verhandlungen. Dann gingen sie zu Annette, die sich über das Angebot freute.

* * *

Am späten Nachmittag suchten sie Carlos auf. Als er hörte, mit wem François gesprochen hatte, zeigte er sich bestürzt.

„Zuviría ist ein gefährlicher Mann. Als Nationalist, radikaler Antisemit und Verehrer von General Franco wurde er von der Militärdiktatur zum Direktor ernannt. Papst Pius XI. verlieh ihm den Gregorius Orden. Er ist auch sonst eng mit dem Vatikan verbunden und ein entschiedener Gegner der Freimaurer. Wir vermuten, dass er Verbindung zu Opus Dei hat. Das ist eine Gruppe radikaler Christen. Halte dich ihm gegenüber zurück. Vielleicht hast du das Angebot bekommen, weil du aus Leuven kommst."

François zitterte. Schweiß lief ihm ins Gesicht. „Was soll ich tun?"

„Am besten nichts. Wenn Angebote kommen, sprichst du alles mit mir ab. Wir versuchen, Zuvirías Ambitionen zu überprüfen. Vielleicht ist unsere Sorge auch unbegründet."

Juliane fragte ängstlich: „Müssen wir wieder umziehen?"

„Nein. Wenn ihr verschwindet, würde es auffallen. Vielleicht können wir aus der Not eine Tugend machen. Gegenwärtig haben wir einen Informationsvorsprung."

Julien kam herein. Er spürte, dass etwas in der Luft lag. „Ist was? Habe ich etwas verpasst?"

François tat teilnahmslos. Seine Frau konnte sich aber nicht verstellen. Statt etwas zu sagen, umarmte sie ihren Sohn in einer Art, die er nicht mehr leiden konnte. Schließlich war er kein kleines Kind mehr. Julien löste sich aus der Umarmung. „Könnte mir bitte jemand sagen, was los ist!"

François sagte schließlich, dass er in der Bibliothek war und es sein könnte, dass er dabei einen Fehler gemacht hatte.

„Scheiße! Müssen wir jetzt wieder umziehen? Vielleicht zum Südpol. Ich hasse es. Das Land, die Hitze und diese blöden Freimaurer." Er rannte aus dem Zimmer und warf die Tür zu.

Emigranten

In Argentinien gab es immer mehr Emigranten. Sie trafen sich in Gaststätten, deren Inhaber die Sprache kannten, und diskutierten über die politische Lage in den Heimatländern. Carlos machte gute Geschäfte, da in Europa Antiquitäten zu günstigen Preisen auf den Markt kamen, die er in Amerika mit Gewinn verkaufen konnte. François betätigte sich als Gutachter. Aufgrund des steigenden Bedarfs kümmerte er sich für Carlos auch um die Bewertung von Kunstwerken und Schmuck.

Julien hatte sich gut in der Schule eingewöhnt. Hier lernten Söhne von Diplomaten und Wirtschaftsvertreter aus Deutschland, Großbritannien und den USA. Auch reiche Argentinier schickten ihre Kinder, um sie für ein Studium an Universitäten der USA vorzubereiten. Julien war der einzige Schüler seiner Klasse, der aus dem französischen Sprachraum kam und auch die deutsche Sprache erlernt hatte. Damit war er ein Exot. Man nannte ihn den Franzosen. Anfangs hatte er sich die Mühe gemacht, darauf hinzuweisen, dass er Belgier sei, gab es aber nach einiger Zeit auf.

Carlos hatte eine Deckadresse in Paris organisiert, über die sie Post empfangen und verschicken konnten. Bei Warenlieferungen aus Frankreich waren daher oft Briefe für sie dabei.

Juliens Freundin Irene war eine fleißige Briefschreiberin. Vier Wochen nach der Ankunft in Argentinien waren bereits zehn Briefe von ihr dabei. Sie beklagte sich, dass er nicht antwortete. Also schrieb er ihr zehn Antwortbriefe. Er beschwerte sich über die langen Postwege, beteuerte aber, dass er sie nicht vergessen hat. Carlos hatte ihm ein paar Ansichtskarten aus Paris gegeben, damit er die Legende von seinem Aufenthaltsort aufrechterhalten konnte. Er schickte ihr ein Foto. Erst als die Briefe schon unterwegs waren, fiel ihm ein, dass diese Idee nicht so gut war, denn der Fotograf hatte sich auf der Rückseite mit einem Stempel verewigt.

Im August kam dann auch ein Brief, in dem sie fragte, ob er jetzt in Buenos Aires lebt. Er gestand es ihr. Inständig bat er, das Geheimnis für sich zu behalten. Sofern er wieder in Belgien sei, würde er sich bei ihr melden und alles aufklären. Sie antwortete darauf, dass sie sich jetzt die langen Postwege erklären kann. Als Nachsatz schrieb sie, dass sie den letzten Brief sicherheitshalber verbrannt und den Aufdruck auf dem Foto unkenntlich gemacht hatte.

* * *

Am 1. September 1939 gab es große Unruhe in der Stadt. Sonderausgaben der Zeitungen berichteten, dass deutsche Truppen in Polen einmarschiert waren. Julien merkte das erste Mal, wie unterschiedlich die Berichterstattung war. Sie reichte von Begeisterung bis zu Verurteilung. Carlos hatte dringend empfohlen, sich bei politischen Äußerungen zurückzuhalten, da Teile der argentinischen Regierung offen Deutschlands Positionen unterstützten.

François wurde in der Bibliothek Zeuge, als Direktor Zuviría sich gegenüber einer Mitarbeiterin lautstark ausließ.

„Dem polnischen Judenpack wird Hitler jetzt die Leviten lesen."

Die junge Frau lief daraufhin weinend aus dem Lesesaal. Später erfuhr François, dass sie nach den Pogromen aus Deutschland geflohen war und ihre Eltern in Polen lebten.

In diesem Moment war er sich nicht mehr sicher, ob Argentinien der richtige Ort war, um vor Stein zu flüchten. Er berichtete Carlos von dem Erlebnis, der ihn noch einmal vor Zuviría warnte.

Am Nachmittag fanden sie Annette Blanche besorgt vor. Sie hatte verspätete Post von einer entfernten Cousine erhalten, die seit Jahren in Polen lebte. In dem Brief hoffte sie noch, dass es zu keinem Krieg mit Deutschland kommt. In ihrer Antwort hatte Annette angeboten, sich um eine Aufenthaltsgenehmigung zu bemühen. Der Brief würde jedoch zu spät ankommen.

Auch an Juliens Schule war der Krieg Thema Nummer eins. Clark Hopkins war seit einiger Zeit mit ihm befreundet. Als Sohn eines englischen Diplomaten befürchtete er, dass man seinen Vater nach London zurückbeordert. Andere meinten, dass Polen fern sei und daher kaum Auswirkungen auf die Weltpolitik hat.

Zeitungen schrieben über Handgreiflichkeiten zwischen Befürwortern und Kritikern Hitlers. Die Polizei wies darauf hin, dass politisch aktive Ausländer unverzüglich ausgewiesen werden. François besorgte einen Radioapparat. Von da an hörten sie regelmäßig Nachrichtensendungen.

Trotz der besorgniserregenden Meldungen ging das Leben weiter. Anfang Oktober war Polen besiegt. In den Zeitungen wurde Hitler als großer Feldherr gefeiert. Selbst einige englische Schüler zeigten Bewunderung. Clark gehörte zu den wenigen, die nicht glaubten, dass der Krieg damit zu Ende sei. Sein Vater hatte die Familie informiert, dass er nach London zurückkehren muss. Er überließ es seinem Sohn, ob er bis zum Abschluss des Abiturs in Buenos Aires bleibt oder mit ihm nach England fliegt.

Clark wollte in Argentinien bleiben. Was er seinem Vater nicht verraten hatte, war, dass er seit einiger Zeit eine Freundin hatte. Sie hieß Azucena und arbeitete in einem Café. Julien gab ihm ein Alibi, wenn sie etwas unternehmen wollten. Manchmal gingen sie auch zu dritt in eine Bar, um Tango zu tanzen. In diesen Momenten bedauerte Julien, dass Irene nicht bei ihm sein konnte. Er tröstete sich damit, dass er ihr in Belgien Tango beibringen kann, wenn er wieder dort ist. An Weihnachten bekam Julien Besuch von Clark. Er teilte ihm mit, dass sein Vater den Marschbefehl bekommen hat. Nach dem Abitur sollte er nachkommen und so lange bei einem Mitarbeiter des Konsulats wohnen. Einerseits war er traurig, dass seine Eltern ihn allein ließen, andererseits freute er sich, dass er bis dahin mit Azucena zusammen sein konnte.

Der 10. Mai 1940 war ein Freitag. François hatte sich mit Kunden verabredet und prüfte Bestandslisten. Carlos kam herein.

„Was machst du denn hier? Hast du nicht Radio gehört?"

„Nein, ich wollte Juliane nicht stören und habe mich herausgeschlichen. Warum fragst du?"

„Hitler hat Belgien, die Niederlande und Luxemburg überfallen und rückt auf Paris vor."

Carlos machte das Radio in seinem Büro an. Alle Sender berichteten über die Ereignisse in Europa.

„Geh nach Hause und beruhige Juliane und deinen Sohn!"

Als François in seine Wohnung kam, saßen seine Frau und Annette am Küchentisch. Sie hatten das Radio an und hörten einen französischen Sender. Auf dem Tisch standen zwei leere Schnapsgläser. Ohne etwas zu sagen, setzte er sich zu ihnen.

Tränen hatten die Schminke von Annette verwischt und Spuren auf ihren Wangen hinterlassen. Juliane konnte nicht weinen.

Sie sah François an und sagte: „Werden wir irgendwann wieder nach Leuven zurückkehren?"

Es war eine Frage. Aber es klang wie eine Feststellung. François wusste nicht, was er sagen sollte. Er nahm sie in den Arm. Auch Annette suchte Trost bei ihm. Gegen Mittag kam Julien nach Hause. Sein Lehrer hatte ihm freigegeben.

Clark war mit ihm in der Botschaft gewesen. Kollegen seines Vaters bedauerten Julien. Die Meldungen waren widersprüchlich. Es wurde aber angenommen, dass die Deutschen das gesamte Staatsgebiet eingenommen hatten. Der belgischen Armee gab man keine Chance. Der Botschaft fehlten aber konkrete Informationen.

Clark brachte seinen Freund deshalb nach Hause. „Wenn ich was Neues erfahre, melde ich mich."

Julien verabschiedete ihn an der Haustür. In der Wohnung hörte er die Stimme des Nachrichtensprechers, der von heldenhaften Verteidigern einer französischen Stadt berichtete. Sein Vater drehte am Senderknopf, als ob sich die Nachrichten dadurch verbessern würden. Doch überall hörte man das Gleiche. Schließlich schaltete er das Radio aus. Er holte sich eine Flasche Kognak und goss allen ein Glas ein. Dann tat er etwas, das er seit Jahren nicht mehr getan hatte. Er betete.

Am nächsten Morgen klingelte es. Clark stand vor der Tür. Julien ließ ihn ein. Annette hatte bei ihnen geschlafen und bereitete Frühstück zu. In diesem Moment kam sein Vater zurück. Er hatte von einem französischen Bäcker ein Baguette mitgebracht. Der Kaffee dampfte aus den Tassen. Juliane stellte ein zusätzliches Gedeck auf den Tisch und wünschte allen einen guten Appetit. Clark sah stumm in die Runde. Dann sagte er leise: „Die Deutschen haben die Bibliothek in Leuven zerstört. Die gesamte Innenstadt liegt in Schutt und Asche. Es gibt viele Tote."

Juliane schluchzte laut auf. François und Julien versuchten, sie zu beruhigen. Annette fragte: „Hast du etwas von Frankreich gehört?"

Clark war verunsichert, ob er weitersprechen sollte.

Sie sah ihn flehend an: „Nun sag schon. Haben sie zurückgeschlagen?"

Clark sagte: „Die Verteidigung ist an vielen Stellen zusammengebrochen."

Annette jammerte: „Wenn Paris fällt, ist es das Ende von Frankreich."

François fragte: „Und England?"

„Winston Churchill ist Premierminister geworden und hält große Reden. Passiert ist aber noch nichts."

In sich gesunken, sagte Juliane: „In Leuven wären wir vielleicht schon tot."

Das Geheimnis

Am Montag suchte François sofort Carlos auf. Das Radio spielte lateinamerikanische Musik. Ein Sprecher unterbrach die Sendung und kündigte eine Regierungserklärung an. Besorgt sah Carlos auf. „Es sieht nicht gut aus. Ich habe eben gehört, dass englische Truppen in der Nähe von Leuven stehen sollen. Wenn es einer schafft, die Deutschen aufzuhalten, ist es Churchill. Ich habe ihn in London einmal getroffen. Er ist ein überdurchschnittlich intelligenter Mann."

François sagte: „Ich sitze hier in der Sonne und in Belgien werden die Menschen abgeschlachtet. Wer weiß, ob meine Verwandten und Bekannten noch am Leben sind. Und die Bibliothek, in der ich noch vor einem Jahr Bücher einsortiert habe, existiert nicht mehr. Ich fühle mich wie ein Verräter. Sag mir, warum bin ich hier?"

Carlos lehnte sich in dem altertümlichen Sessel zurück, stand dann auf und lief langsam im Zimmer hin und her. Er setzte sich wieder, verschränkte seine Arme und sah auf die Tischplatte. Er suchte direkten Blickkontakt zu François.

„Du fragst, warum du nach Argentinien und nicht nach England, Frankreich oder Portugal gebracht wurdest? Es war nicht meine Entscheidung. Ich bekam damals kurzfristig den Auftrag ohne detaillierte Informationen. Die belgischen Freimaurer hatten darum gebeten. Ich habe schon öfter Leute ins Ausland geschleust. Während des Bürgerkriegs in Argentinien habe ich Familien nach Uruguay, Chile und in die USA gebracht. Aber bei euch wurden die Sicherheitsanforderungen sehr hoch angesetzt. Es existieren in Belgien keine Belege über die Ausreise.

Ihr habt ein Visum. Die Stempel im Pass behaupten, dass ihr mit dem Flugzeug aus Chile gekommen seid. Das Schiff, mit dem ihr gekommen seid, ist unauffindbar. Es gibt keine Mannschaft, die man befragen kann. Ich weiß nicht, warum du nach Argentinien gebracht wurdest. Das Einzige, was ich mit Bestimmtheit weiß, ist, dass du den höchsten Schutz bekommen solltest, den Freimaurer für einen

Außenstehenden vergeben können. Das bedeutet, dass du ein Geheimnis trägst, das unbedingt geschützt werden muss. Worum es sich handelt, weiß ich nicht."

„Aber ich kenne kein Geheimnis. Ich habe 1914 nur einem Freimaurer geholfen, Bücher in Sicherheit zu bringen, der später von den Deutschen umgebracht wurde. Wie soll ich ein Geheimnis bewahren, von dem ich nichts weiß."

„François. Du kannst mir glauben, dass ich ahnungslos bin. Es muss etwas Wertvolles sein. Millionen Dollar gibt niemand für nichts aus. Möglicherweise gibt es irgendein Detail, das dir im Moment nicht bewusst ist. Oder du erkennst Zusammenhänge nicht, die andere gesehen haben. Warum ist dieser Deutsche nach 25 Jahren bei dir aufgetaucht? Für mich ist das ein deutliches Indiz, dass er bei dir etwas vermutet hat. Eine Information, einen Gegenstand oder Hinweise auf Personen, die damals an der Aktion beteiligt waren. Es muss einen Grund geben, nach so vielen Jahren bei dir aufzutauchen. Du hast doch diese Arbeit für ihn geschrieben. Gab es darin irgendwelche bedeutsamen Erkenntnisse?"

„Du kannst mir glauben, dass ich mich schon wochenlang damit beschäftigt habe. Nach so langer Zeit fallen mir auch nicht mehr alle Details ein. Zudem habe ich keine Unterlagen, um das nachzuvollziehen. Theoretisch geht es nur um die Tage zwischen Entdeckung und Verstecken der Bücher. In der Arbeit für Stein sehe ich keinen Ansatz, da es darin nur um Seminarvorbereitungen ging. Außerdem kannte er den Inhalt nicht. Mathematische Gleichungen, Theologie und Vermerke zu den Studenten können nach fünfhundert Jahren keine Rolle mehr spielen. Der Professor Adriaen Floriszoon Boeiens hatte alles Mögliche notiert. Das einzig Interessante an ihm war, dass er später Papst wurde. Diese Information steht in jedem Lexikon. Für mich war das uninteressant, da mein Themengebiet griechische Geschichte war."

„Weißt du, François, manchmal vergesse ich auf dem Weg vom Garten bis zum Wohnzimmer, was ich dort wollte. Wenn ich aber zurückgehe, fällt es mir wieder ein. Du solltest dich gedanklich auf den Rückweg machen."

François war verwundert: „Was soll ich tun?"

„Ich bin mir sicher, dass du in der Bibliothek etwas über den Papst findest. Das könnte Erinnerungen wecken, die du vergessen hast. Sprich mit deiner Frau und deinen Sohn darüber. Möglicherweise hast du irgendwann etwas erwähnt. Eines solltest du aber unterlassen: Suche die Schuld nicht bei dir. So, und jetzt gehe nach Hause. Du kannst ohnehin keinen klaren Gedanken mehr fassen."

Auf dem Weg nach Hause verschwanden die depressiven Gedanken. Er hatte eine Aufgabe zu lösen. Bilder aus der Studienzeit tauchten auf. Er dachte an Professor Weiler, der an der Tafel Kästchen mit Begriffen zeichnete und mit bunten Pfeilen und Strichen verband. Am Ende seiner Seminare sah alles wie ein abstraktes Bild aus, doch waren die Schemata so einprägsam, dass er manche davon noch immer im Kopf hatte.

Juliane wunderte sich über seinen Eifer. Er hatte ein großes Stück Packpapier aus dem Schubfach genommen und es mit Reißzwecken an der Wand befestigt. Erst dachte sie, dass er damit den Frontverlauf in Belgien zeichnen wollte. Doch er malte auf der linken Seite ein Kästchen mit seinem Namen und auf der rechten „Friedrich Stein". Beide verband eine Linie, die mit Rauten unterbrochen war. Oberhalb stand ein Jahr und darunter Informationen, die im dazu einfielen.

„Was soll das werden? Wirst du senil, dass du dir alles aufschreiben musst?"

„Keine Angst, ich möchte nur verstehen, was Stein von mir will und warum die Freimaurer uns so freigiebig helfen."

Julien kam herein und beobachtete interessiert das Geschehen. Dann sagte er: „Trage auch die Freimaurer ein."

„Du hast recht."

François ergänzte die Zeichnung. Um nichts zu vergessen, zeichnete er am Blattrand eine Zeitleiste, welche die Ereignisse in Kurzform zusammenfasste. Scheinbar hatte er alles dokumentiert. Er sah es sich aus der Entfernung an. Dann malte er unter „Stein" und „Freimaurer" Kreise und benannte sie mit Motivation. Macht und Geld schrieb er in Steins Feld. Bei den Freimaurern notierte er Freiheit, Gleichheit, Brüderlichkeit, Toleranz und Humanität.

„Du hast noch etwas vergessen." Julien malte ein großes Kreuz und schrieb darunter „Vatikan" und „Opus Dei". Etwas tiefer zeichnete er ein Hakenkreuz. Die Symbole verband er mit dem Kästchen von Stein.

Schon jetzt war das Schema komplex. François überprüfte alles. Ihm fiel nichts mehr ein.

„Der Ring!", sagte Julien. „Du hast den Ring und den Mann vergessen, den du getroffen hast."

„Ja das stimmt. Die Begleitumstände waren mysteriös."

Weiterer Text vervollkommnete die Zeichnung. François überlegte, wie er den Mann nennen sollte. Dann entschied er sich für ein Fragezeichen.

„Ich kann mir nicht vorstellen, dass der Ring viel wert ist. Vermutlich war er nur ein sentimentales Erinnerungsstück. Eine Verbindung zu den Freimaurern sehe ich nicht, da er ihn sonst mit den anderen Sachen versteckt hätte."

François bewunderte sein Werk. „Man glaubt gar nicht, wie kompliziert das Leben ist."

Julien zeigte auf das Kästchen von Stein.

„Solltest du nicht auch die Inhalte der Arbeit eintragen?"

„Geht es um die Zeit, als Adrian von Utrecht an der Universität war? Oder um Papst Adrian VI.? Offen gesagt, es fehlt mir der richtige Anfang für die Suche."

„Zum Papst findest du bestimmt etwas in der Bibliothek."

„Sicher. Aber das Buch wurde in der Zeit geschrieben, als er Professor an der Universität Leuven war. Mir ist schleierhaft, warum der Text aufbewahrt wurde. Hätte ich den Brief, den Stein eingesteckt hatte, wäre das anders."

* * *

Der Leseraum der Nationalbibliothek war gut gefüllt. Eine Bibliothekarin suchte gerade Karteikarten von zurückgegebenen Büchern heraus.

„Haben Sie einen Augenblick Zeit? Meine Kollegin ist krank. Sie sehen ja, was heute los ist."

„Kein Problem. Soll ich Ihnen vielleicht etwas helfen?"

„Das wäre schön. Ich habe Sie schon öfter mit dem Direktor gesehen. Sind Sie Gutachter?"

„Der Begriff ist vielleicht etwas hoch gegriffen. Ich habe allerdings einige Handschriften und historische Bücher für die Bibliothek bewertet. Übrigens sprechen Sie ein gutes Französisch."

„Es ist ja auch meine Muttersprache."

„Meine auch. Allerdings fällt es mir nicht schwer, fremde Sprachen zu lernen. Deutsch, Latein und Englisch hatte ich schon in der Schule. Beim Studium kamen noch Altgriechisch, Hebräisch und ein wenig Aramäisch hinzu. Ich hatte mich auf Themen der griechischen Antike spezialisiert."

„Bisweilen bekommen wir jetzt Bücher von Juden herein. Das ist aber vornehmlich Literatur in Jiddisch."

„Da bin ich fehl am Platz. Das ähnelt mehr der deutschen Sprache."

„Der Direktor hat einiges über Juden bestellt. Allerdings kenne ich keinen Kunden mit Interesse dafür. Sicher hängt es mit der Politik zusammen. Er schreibt viele Artikel und ist als Schriftsteller ziemlich bekannt."

„Das habe ich gehört. Allerdings muss ich gestehen, dass ich bisher nichts von ihm gelesen habe. Soll ich Ihnen als Kollege vielleicht ein wenig bei der Einsortierung helfen?"

„Das wäre nett."

Sie schob François einen Stapel herüber. „Sie haben jetzt etwas gut bei mir."

„Wenn ich das Angebot gleich ausnutzen könnte, wäre es mir lieb. Momentan suche ich Bücher über Päpste aus dem fünfzehnten und sechzehnten Jahrhundert."

„Das ist einfach. Wir haben eine Registratur nach Autoren und Fachgebieten. Vielleicht nutzen Sie lieber Nachschlagewerke zu Päpsten. Einige haben ein Quellenverzeichnis. Ich suche sie Ihnen gleich heraus."

Nach wenigen Minuten hatte er drei voluminöse Bände vor sich. Er notierte die Quellen und verglich sie mit dem Bibliotheksbestand. Letztendlich fanden sich nur vier brauchbare Bücher. Die Bibliothekarin sah seine Enttäuschung. „Es gibt auch noch ein Verzeichnis über theologische Schriften und über noch Sekundärliteratur. Oft wird nach Büchern über den Jesuitenstaat in Paraguay gefragt. Ich suche das gern raus."

„Nein. Es geht mir eigentlich nur um Papst Adrian VI. und mögliche Querverbindungen."

„Ich glaube, dass Sie da kaum etwas finden werden. Es gibt zahlreiche Bücher über spanische Geschichte. Doch darin spielt er kaum eine Rolle. Tut mir leid. Ich hätte Ihnen gern geholfen."

Die Nachrichten aus Europa waren niederschmetternd. Der belgische König hatte am 28. Mai 1940 die Kapitulation der Armee erklärt und sich in deutsche Kriegsgefangenschaft begeben. Die englischen und französischen Truppen hatten den Vorstoß der Deutschen nicht verhindern können. Am 22. Juni 1940 kapitulierte Frankreich.

Ende Juli erhielt Carlos einen Stapel Briefe, die sich angesammelt hatten. Als François die Post abholte, informierte er ihn, dass in Belgien und in den Niederlanden brutal gegen Freimaurer vorgegangen wurde. Es sollen bereits über hundert Brüder inhaftiert worden sein. Unter ihnen war auch Martin Mertens, zu dem kein Kontakt mehr bestehe. Carlos hatte noch versucht, ein Schiff für die Flucht zu chartern, doch alle Häfen waren gesperrt.

Die meisten Briefe waren für Julien von seiner Freundin. Sie schilderte darin die Situation in Leuven. Ihre Eltern starben bei einem Feuergefecht. Sie war zu einer Tante gezogen, da ihre Wohnung ausgebrannt war. Julien fühlte sich niedergeschlagen und wütend. Da die Adresse in Paris wegen der deutschen Besetzung nicht mehr nutzbar war, hatte er keine Chance zu antworten.

Wie zum Hohn kam an diesem Tag eine Mitteilung von der Bank, dass das Geld aus dem Verkauf ihrer Möbel eingegangen sei. François konnte sich nicht freuen.

„Es ist wie ein Judaslohn!", sagte er zu Carlos.

Die Traurigkeit beherrschte alles. Selbst wenn sie zu Annette Blanche gingen und sich an den Pool setzten, kam keine Freude auf.

François hatte die wenigen Bücher über den Papst Adrian VI. gelesen und die wichtigsten Fakten zusammengetragen. Außer dass er vermutlich umgebracht wurde, fand er nichts, das nach einem Geheimnis aussah.

Die Fälschung

Der Januar war sehr heiß. Fast jeden Tag erreichte das Thermometer 35 Grad. Selbst am Meer, wo sonst ein leichter Wind das Leben erträglicher machte, war es nicht auszuhalten. Teerstraßen verflüssigten sich. Wer konnte, blieb im Haus. Die Propeller an den Decken sorgten nicht mehr für Erfrischung. Die Menschen hielten die Fensterläden geschlossen, sodass nur noch Lichtfetzen durch die winzigen Lüftungsschlitze in die Zimmer fielen.

Die Markisen vor den Schaufenstern waren heruntergekurbelt. Bereits seit 5.30 Uhr wartete Carlos in seinem Büro. Er sollte einen wichtigen Kurier aus Europa kommen, der nicht gesehen werden wollte. Erst um 6.20 Uhr war Sonnenaufgang. Die Zeit sollte reichen, um das Material entgegenzunehmen und einige Worte zu wechseln. Kurz vor sechs klopfte es. Carlos ließ den Mann ein, der wie ein Dienstbote aussah. Er hatte eine Schiebermütze ins Gesicht geschoben und trug betont unauffällige Kleidung. Das Einzige, was an dem Erscheinungsbild nicht passte, war seine steife Haltung, die an Soldaten erinnerte, die vor wichtigen Gebäuden Wache hielten. Fünf Minuten später verließ der Mann den Laden durch eine Hintertür.

Carlos hatte sich in einen kleinen Raum zurückgezogen. Er war spärlich eingerichtet. Ein winziger Schreibtisch, ein Stuhl und ein schwerer Panzerschrank waren die einzigen Einrichtungsgegenstände. Er hatte die Bürolampe angeschaltet und sah durch eine überdimensionale Lupe. Diesmal betrachtete er keine Diamanten, sondern einen Mikrofilm. Mehrfach las er den Text. Dann holte er ein Feuerzeug aus der Tasche und verbrannte das Zelluloid. Übrig blieben schwarze Flocken, die er vom Tisch blies.

Starr schaute er zur Stahltür, die zusätzlich gegen Eindringlinge schützen sollte. In diesem Moment dachte er darüber nach, wie unsinnig das war, denn sie sperrte ihn gleichzeitig ein. Er wird den Raum verlagern, damit er einen Fluchtweg hat. Diese Gedanken lenkten aber nur von dem eigentlichen Problem ab, mit dem er sich jetzt befassen musste und für das er keine Lösung kannte.

Er ging wieder in sein Büro, von dem er einen guten Überblick über das Geschäft hatte. Die Mitarbeiter kamen wegen der großen Hitze früher als üblich. Carlos hatte ihnen zugestanden, in den heißesten Stunden den Laden zu schließen, da in dieser Zeit keine Kunden zu erwarten waren.

Er war ungeduldig. Als François durch die Tür kam, rief er ihn zu sich.

„Es ist etwas Schlimmes passiert. Wir brauchen dringend deine Hilfe."

„Gerne, wenn ich helfen kann."

„Hast du dich mit dem Papst beschäftigt? Also in der Bibliothek recherchiert?"

„Ja. Aber es war nicht besonders ergiebig. Warum fragst du?"

„Wir haben eines unserer größten Geheimnisse verloren. Derzeit bist du der Einzige, der uns helfen kann, es wiederzufinden."

François schaute ungläubig. „Ich kenne doch nicht einmal mein eigenes Geheimnis. Wie soll ich da helfen, ein fremdes zu finden?"

François sah seinen Freund an. „Weil es deins ist."

„Aber ich bin noch keinen Schritt weitergekommen. Es gibt nicht einmal einen Ansatz, wo ich weiterforschen kann."

„Du bist zurzeit der Einzige, der ein Buch von Scribent in der Hand hatte und weiß, wie es aussieht. Die Bücher dürfen auf keinen Fall in die Hände der Nazis fallen. Sie suchen fieberhaft danach und auch der Vatikan hat Leute von Opus Dei in die Spur geschickt."

„Aber ich habe das Buch nicht und offen gestanden, habe ich keine Lust, mich mit diesen Leuten anzulegen. Falls ich irgendwelche Hinweise finde, werde ich es dir sagen. Momentan bin ich keinen Schritt weiter."

Carlos sagte: „Ich kann dich gut verstehen. Ich bin auch nur der Übermittler oder Vermittler eines Anliegens, das ich selbst nicht beurteilen kann. Es scheint aber wichtig zu sein, sonst hätte man nicht extra einen Kurier aus Europa geschickt. Sie wollen nach den Büchern fahnden und gleichzeitig falsche Spuren legen. Das könnte auch dein Problem lösen."

„Wie meinst du das? Soll ich loslaufen und nach den Büchern suchen?"

„Nein, auf keinen Fall. Wir brauchen dich, um eine glaubwürdige Fälschung anzufertigen. Zusätzlich benötigen wir alle möglichen Details, damit wir auf dem Kunstmarkt und in Bibliotheken nach den echten Büchern suchen können. Kannst du das für uns machen? Wir sorgen dafür, dass du alle greifbaren Unterlagen bekommst, und stellen dir einen Mann zur Verfügung, der in der Lage ist, die Fälschung herzustellen."

„Trotzdem wird das kompliziert werden. Stein hat das Buch auch in der Hand gehabt."

„Aber das ist über fünfundzwanzig Jahre her. Wir planen ein Exemplar herzustellen, das ein zweiter oder dritter Band einer Serie ist. Stein müsste es durchlesen und auf Echtheit prüfen. Während er sich damit beschäftigt, ist er abgelenkt. Aus dem Vatikan wissen wir, dass man dort nichts über das Aussehen und den Inhalt weiß. Stein hatte seinen Brief zwar zum Kauf angeboten, aber nur eine schlechte Fotokopie zur Verfügung gestellt. Sie sollen ihm dafür sehr viel Geld geboten haben. Er ist aber nicht darauf eingegangen. Wie die Verhältnisse zwischen Stein, den Nazis und dem Vatikan sind, kann nicht eingeschätzt werden. Wir vermuten, dass er sich beider Seiten bedient."

François zögerte mit der Antwort. Er senkte seinen Kopf und trommelte nervös mit seinen Fingern auf der Tischplatte.

Dann sah er auf: „Wenn ich euch helfen soll, benötige ich Bücher, Druckschriften aus Leuven sowie Kopien von Handschriften von

Adrian. Um den Inhalt glaubhaft zu gestalten, wäre es gut, einige Bücher über Theologie und Mathematik aus der Zeit zu haben. Euer Fälscher benötigt mindestens hundert leere Buchseiten, die auf der einen Seite bedruckt und auf der anderen mit der Handschrift von Adrian beschrieben werden müssen. Ich denke aber, dass er sich damit auskennen wird."

„Danke François. Ich bemühe mich, alles zu beschaffen."

„Darf Julien mir dabei helfen? Er strukturiert Informationen besser als ich. Außerdem hat er mehr Ahnung von Mathematik."

„Ich denke, dass wir das riskieren können. Hast du ihn schon eingeweiht?"

„Ja. Und ich glaube, dass es ihm wohltun wird, da er auf diesem Weg etwas gegen die Nazis tun kann. Er leidet unheimlich darunter, dass er keinen Kontakt mehr zu seiner Freundin hat."

„Und du?", fragte Carlos.

„Ohne Familie wäre ich längst wieder in Belgien. Irgendeine Waffe hätte sich gefunden, diesen Kulturbarbaren das Leben schwer zu machen."

„Glaub mir. Mit dieser Aktion dienst du der Menschheit mehr. Lass die Soldaten schießen, die können es besser. Deine Qualitäten liegen woanders."

* * *

In den folgenden Wochen sammelten sich Bücher und Broschüren bei Carlos. Er richtete im Laden einen Raum ein, in dem François ungestört arbeiten konnte. Julien half ihm bei der Auswertung. Er fühlte sich gebraucht. Das Packpapierschema hatten sie mitgebracht, um Erinnerungen aufzufrischen und nichts zu vergessen.

Zunächst sammelten sie Informationen aus der Zeit, als Adrian in Leuven war. Diese verbanden sie mit den wenigen authentischen Aussagen von ihm und über ihn. Neben Professoren aus der Zeit notierten sie Namen möglicher Schüler auf einer Liste. In einer Zeitleiste wurden die wichtigsten Ereignisse eingetragen.

Am einfachsten war es, sich fiktive Mathematikseminare auszudenken. Da Julien noch gut im Stoff stand, musste er lediglich die Sprache und die damaligen Schreibweisen anpassen. Glücklicherweise hatte Adrian alles auf Latein geschrieben, sodass sie ein altes Mathematikbuch von 1480 nutzen konnten. Er hatte den Lehrstoff nicht in vollen Sätzen ausformuliert, sondern verkürzt die Themen und einzelne Aufgaben mit Lösungen notiert. Ähnlich hatte er die theologischen Vorlesungen vorbereitet. Bibelzitate mit Quellenhinweisen entnahmen sie einigen Schriften von Erasmus von Rotterdam sowie späteren Aussagen, die überliefert waren.

Bis Ende Februar 1941 waren die textlichen Vorlagen für das Buch fertig. Es fehlten noch die Rückseiten, die aus Flugblättern der Universität oder der Stadt Leuven bestehen sollten.

Originale waren durch den Krieg nicht beschaffbar. Daher entschloss sich François, ein Deckblatt selbst zu gestalten. In einem Buch hatte er einen Text gefunden, der die Kleiderordnung in den Niederlanden betraf. Um es möglichst authentisch aussehen zu lassen, schnitten sie aus einer alten Bibel die notwendigen Worte und einzelne Buchstaben und Zahlen aus. Nach zwei Tagen war die grafische Vorlage vorbereitet. Über achtzig Bücher mussten für die Seiten ihre leeren Blätter opfern.

***

Am ersten März traf der Fälscher ein. Für François war es überraschend, dass es ein deutscher Flüchtling war. Otto hatte bis 1936 in Berlin als Restaurator gearbeitet und sich vorrangig mit

Handschriften und alten Kupferstichen beschäftigt. Als bekannt wurde, dass sein Vater Jude war, emigrierte er über Chile nach Uruguay. Sein Großvater und sein Schwiegervater waren Freimaurer. Er sagte, dass er die Aufgabe als persönliche Genugtuung verstehe. Aus dem Privatbesitz eines Sammlers hatte er zwei Fotokopien originaler Briefe mitgebracht, die Adrian an Verwandte in Utrecht geschrieben hatte. Dabei ging es um ein Haus, das er für sich bauen wollte.

Otto hatte genügend Material zum Vergleich und die Unterschrift des Urhebers. Da eine alte Druckmaschine nicht aufzutreiben war, bereitete er die Rückseiten als Kupferstich vor. Dabei sorgte er sogar für kleine Fehler, die üblicherweise auftauchten, wenn größere Auflagen gedruckt wurden und man beim Auftragen der Druckerschwärze nicht sorgsam genug war. Der Testdruck auf Packpapier sah hervorragend aus. Dann kam die Stunde der Wahrheit. In einer alten Druckerei fertigten sie fünfundneunzig Blätter.

Um sich einzuschreiben und den Schreibstil anzunehmen, schrieb Otto zunächst die Briefe immer wieder mit einer Gänsekielfeder ab. Als er zufrieden war, begann er die Vorlagen abzuschreiben. François und Julien waren davon ausgegangen, dass er Buchstabe für Buchstabe den Text übertragen würde. Stattdessen bat er Julien, jeweils einen Abschnitt zu diktieren. Wenn eine Seite fertig war, unterbrach er seine Arbeit.

„Wenn ich es abmale, erkennt man den Betrug sofort am Ansatz der Buchstaben. Außerdem schreibt kein Mensch fehlerlos. Deswegen habe ich mir erlaubt, in einigen Worten Fehler einzubauen und gegebenenfalls Korrekturen und Einfügungen über oder neben den Text zu schreiben. Manchmal habe ich sogar eine andere Feder genommen, sodass es aussieht, als ob ihm erst später etwas eingefallen sei. Ein paar Tintenkleckse habe ich auch noch spendiert."

Otto lachte schelmisch, dann suchte er aus dem Stapel alter Bücher ein möglichst abgegriffenes Exemplar heraus. „Tut mir leid, mein Freund. Ich werde dich jetzt opfern müssen."

Er ging fürsorglich mit den Büchern um. Bevor er die Seiten entfernte, achtete er darauf, dass die Färbung und Dicke des Papiers übereinstimmten.

So wie es François in Erinnerung war, verschob er den Druck der Rückseiten etwas, damit er nicht mehr zentriert war. Den Stapel Paper schob er in den vorbereiteten Einband und klebe sie mit einem seltsamen braunen Leim zusammen. Dabei achtete er darauf, dass die Blätter nicht korrekt übereinander lagen. Zwei schwere Bügeleisen dienten als Beschwerung. Am nächsten Tag war der Klebstoff fest. Statt sorgsam mit dem Werk umzugehen, blätterte er darin herum, knickte einige Blätter und verdrehte es. Auf den Buchrücken schrieb er etwas ungelenk „Scribent".

Otto wog das Buch in der Hand und sah seine Arbeit von allen Seiten an. „Jetzt fehlt noch das Finish."

Aus einer Tüte streute er Staub auf die obere Kante. Ein Rasierpinsel mit schmutzigem Wasser und Schimmel aus dem Bad perfektionierten alles. Julien begutachtete das Machwerk.

„Es sieht tatsächlich so aus, als ob es jahrelang in einem Regal gelegen hat."

François sagte: „Ich hoffe, dass du mir nicht irgendwann einmal die Geburtsurkunde von Jesus Christus unterjubelst."

Er lachte laut und holte eine Flasche Rum. Otto hatte ein Meisterstück abgeliefert.

„Wie geht es nun weiter?", fragte François.

„Das liegt jetzt nicht mehr in meiner Hand. Der Köder wird ausgeworfen und wir werden sehen, welcher Fisch ihn schlucken will."

Wilson vom MI6

Peter Cecil Wilson gehörte zu den Menschen, die auf Universitätsabschlüsse nicht viel gaben. Er hatte das Glück, von Geburt an dem englischen Adel und damit der gesellschaftlichen Oberschicht Großbritanniens anzugehören. Seine familiären Verbindungen reichten bis in höchste politische und wirtschaftliche Kreise. Nach dem Besuch der Eliteschule Eton College begann er ein Studium der Geschichte am New College der University of Oxford, das er jedoch abbrach, um in Paris und Genf die französische Sprache zu erlernen. Dem schloss er einen Aufenthalt in Hamburg an, wo er Deutsch erlernte und seiner späteren Frau begegnete.

Seine Sprachbegabung und die überdurchschnittliche Intelligenz halfen ihm, ohne Studienabschluss eine Tätigkeit im Londoner Münz-Auktionshaus „Spink & Son" zu bekommen. Dann wurde er Journalist bei der Nachrichtenagentur Reuters. Nach Stationen beim Wochenmagazin „Time and Tide" und der Sammlerzeitschrift „Connoisseur Magazine" landete er schließlich 1936 im Auktionshaus „Sotheby's". Schnell stieg er im Unternehmen auf und gehörte bereits 1938 dem Direktorium an.

Der Krieg änderte alles. Obwohl er, oder vielleicht weil er mit einer deutschen Frau verheiratet war, rekrutierte ihn die Spionageabwehr. Dem Auslandsgeheimdienst MI6 fiel er wegen seiner Sprachkenntnisse und seiner Weltgewandtheit auf. Er konnte sich gleichermaßen mit Menschen aus der High Society unterhalten, wie mit Minenarbeiter. Alle bekamen bei ihm den Eindruck, dass er sie wichtig nahm. Wie ein Chamäleon wechselte er sein Gesicht oder verharrte unauffällig auf einer Parkbank. Manche Dinge kann man nicht lernen; man muss sie in sich tragen.

Im Verlauf des Krieges wurde er in Washington, D.C. und New York City eingesetzt. Hier konzentrierte er sich auf das deutsche Spionagenetzwerk in Südamerika. Dazu gehörten auch Deutschlands Aktivitäten in Argentinien. Winston Churchill sorgte dafür, dass er

Kontakte zu wichtigen Freimaurern in Lateinamerika bekam, die es dem MI6 erleichterten, eigene Strukturen aufzubauen.

Der Befehl kam direkt von Winston Churchill. Wilson sollte bei der Suche nach verloren gegangenen Büchern aus dem sechzehnten Jahrhundert helfen. Der Auftrag erschien ihm ungewöhnlich, da er keinen Zusammenhang mit deutschen Geheimdienstaktivitäten erkennen konnte. Erst als er erfuhr, dass der Reichsführer SS, Heinrich Himmler, nach Geheimnissen der Freimaurer suchte und zu diesem Zweck ganze Häuser abtragen ließ, ahnte er, dass hinter der Aktion mehr stecken musste. Ein Hinweis, dass die Kongregation für die Glaubenslehre des Vatikans über die Organisation Opus Dei in dieser Sache Kontakte nach Berlin aufgenommen hatte, ohne Mussolini einzubeziehen, machte das Unterfangen noch verdächtiger.

Es war bekannt, dass Himmler Neigungen zu Pseudowissenschaften hatte und Forschungen, die dem Germanenkult dienten, großzügig unterstützte. Die Frage war, welche Rolle dabei die Freimaurer spielten. Wilson kannte sich nur oberflächlich mit ihrer Weltanschauung aus. Als Auktionator hatte er aber Sammler kennengelernt, die für Objekte aus dem Umfeld der Geheimloge viel Geld bezahlten. Letztendlich waren ihm die Gründe egal, da für ihn die Aufklärung deutscher Spionageaktivitäten in Lateinamerika wesentlich leichter funktionierte, seit er Kontakte zu den Freimaurern pflegte, die in jedem Land ihre Netzwerke hatten. Ihnen einen Gefallen zu tun, schien ein gutes Geschäft zu werden.

Der Zufall wollte es, dass er aus Vorkriegszeiten eine Schlüsselperson kannte. Wilson hatte Carlos Jeronimos de Silva in London bei einer Versteigerung von Sotheby's kennengelernt. Zwar war das wirtschaftliche Ergebnis der Auktion für ihn mager gewesen, doch verfolgte er den Grundsatz, jeden Geschäftskontakt zu pflegen. Er war sich sicher, dass sich seine Strategie auszahlen würde. In seinem Adressbuch befanden sich Hunderte Namen, Adressen und Telefonnummern. Sofern es sich ergab, erneuerte er die Verbindungen scheinbar uneigennützig. Letztendlich waren sie Gold wert.

Seit er für den MI6 arbeitete, hatte sich der Aufwand mehr als einmal ausgezahlt.

Wilson hatte großen Respekt vor Churchills Intelligenz. Deshalb war er sich sicher, dass der Auftrag ein dicker Fisch war. Und der war ihm ohne eigenes Zutun zugefallen, weil er für Lateinamerika zuständig war und sich ausgerechnet in der Obhut von Carlos der einzige Mensch befand, der die gesuchten Bücher identifizieren konnte.

Wilson hatte zu Carlos schon Verbindung aufgenommen, als er in Buenos Aires anlandete. Erst wollte er ihn als Agent gewinnen, merkte aber schnell, dass es nicht sinnvoll war. So traf er ihn lieber bei einem Glas Wein und unterhielt sich mit ihm über die allgemeine politische Lage.

Auch ohne sich als Mitarbeiter des MI6 vorzustellen, war es Carlos klar, wen er vor sich hatte. Dazu kannten sie sich viel zu lange. Die Informationen, die Wilson über diesen Weg an England weitergab, waren brisant, denn sie betrafen die nationalistische Geheimorganisation Grupo de Oficiales Unidos, die Verbindungen zu Nazideutschland pflegte. Mit Juan Perón gehörte ihm ein hochgestellter Offizier an, der bis 1939 Militärattaché in Berlin war und Pläne für die Vorherrschaft Argentiniens in Südamerika entwickelte. Auch nachdem er sein Büro in New York bezogen hatte, hielt Wilson losen Kontakt zu Carlos.

Jetzt sollte der MI6 etwas für die Freimaurer tun. Er hatte es der Großloge überlassen, mit Carlos alles zu besprechen. Wilson hatte nur Otto beigesteuert, der eine ausgezeichnete Arbeit abgeliefert hatte. Über ihn hatte er umfangreiche Informationen zum Inhalt der Bücher bekommen. Der belgische Sachverständige schien ebenfalls hochkarätig. Trotzdem verstand Wilson immer noch nicht, worum es eigentlich ging, und das machte ihn krank.

Warum suchte man nach handgeschriebenen Notizen des späteren Papstes Adrian VI.? Akademisches Interesse schloss er aus.

Wilson fand Gefallen an der Idee, mit den Deutschen und den Italienern ein Spiel zu beginnen, bei dem er die Regeln bestimmt. In solchen Fällen steht und fällt alles mit einer guten Legende. Sie sollte ihm Zeit verschaffen, um die Nazis vor sich herzutreiben und bei der Gelegenheit, sozusagen als Beifang, die Bücher zu finden.

Es ist einfacher, einen Jäger beim Jagen zu beobachten und ihm zum Schluss die Beute abzujagen. Hyänen lassen erst Löwen Antilopen erlegen und warten den richtigen Moment ab, um ihnen die Beute abzunehmen. Mit der Fälschung war der Köder bereit.

Wilson kannte den Kunstmarkt. Dort traf sich ein Gemisch aus Egomanen, Idealisten, leidenschaftlichen Sammlern und Geschäftemachern. Wobei das eine das andere nicht ausschloss. Deshalb kommt es immer darauf an, Ort und Zeitpunkt von Transaktionen selbst bestimmen zu können. Der größte Fehler war es, einen schnellen Erfolg zu erzwingen. Er hatte nur eine Fälschung und damit nur eine Chance, die Jäger zu finden.

Wenn er es schaffen würde, sie auf den Köder aufmerksam zu machen, hatte er die Fäden in der Hand. Selbst wenn sie die Fälschung entdeckten, waren sie aus der Deckung gekommen und leichter zu jagen. Für diesen kritischen Zeitpunkt brauchte er genügend Leute. Sofern sie die Jäger kannten, würde es ausreichen, sie in Sicherheit zu wiegen und aus der Ferne das Geschehen zu beobachten.

Er wusste, dass nichts verlockender war als ein Gerücht. In einem zweitklassigen spanischen Kunstjournal ließ er einen Artikel veröffentlichen, dass Bücher aus dem Besitz von Papst Adrian VI. aufgetaucht wären und ein Exemplar zum Verkauf stehe. Es lägen Expertisen vor, die die Echtheit bestätigten.

Einige Zeit später erschien in einem spanischen Blatt eine kurze Notiz, dass bereits ein Buch versteigert wurde. Über den Käufer und die Höhe des Kaufpreises sei Vertraulichkeit vereinbart worden. Vermittelt hätte den Verkauf das Auktionshaus Sotheby's.

Wie erwartet, erschienen daraufhin Artikel, die darauf Bezug nahmen und ausführlich zu Adrian VI. informierten. Die Spur war gelegt. Jetzt ging es darum, den Köder zu platzieren. Bei Sotheby's gingen Anfragen ein, ob mit dem Verkauf weiterer Bücher zu rechnen ist. Unter den Interessenten waren auch Friedrich Stein und zwei Institutionen aus Rom.

Wilson entschied sich für Barcelona als Operationsort. Seitdem Franco an der Macht war, gab es enge Beziehungen zu Deutschland. Die Rahmenbedingungen waren aus historischer Sicht nachvollziehbar, weil sich Adrian vor seiner Berufung als Papst in Spanien aufhielt. Außerdem gab es hier die Deutsche Handelskammer und das Generalkonsulat. Es war davon auszugehen, dass Stein diese Institutionen nutzen würde.

Spanien war nicht sein Verantwortungsbereich. Deswegen überlegte er, wie er trotzdem bei der Aktion die Fäden in der Hand behalten konnte. So kam er auf die Idee, François Gaspard als Agenten zu gewinnen, weil er sich mit den Büchern auskannte.

Otto redete es ihm aus. François Gaspard sei ein Eigenbrötler und obendrein vielleicht aus Leuven bekannt. Er schlug vor, seinen Sohn anzusprechen. Man könnte ihn als Junior Auktionator ausgeben.

Dass der sein Abitur gerade erst abgeschlossen hatte, störte Wilson nicht. Als er selbst in dem Alter war, hatte er sich schon von seinem Elternhaus abgenabelt. Julien hatte bei Carlos den Antiquitätenmarkt kennengelernt und war mit dem gefälschten Papstbuch bestens vertraut. Wenn er so gut ist, wie Otto es einschätzte, könnte er ihn ausbilden und in die Aktion einbauen. Er musste nur wollen.

François und Julien waren gerade dabei, die letzten Überreste ihrer Recherchearbeit in eine Kiste zu packen, als Carlos sie zu sich rief. Ohne lange herumzureden, erzählte er ihnen von dem Angebot an Julien, für den MI6 zu arbeiten.

„London hat bereits das Okay gegeben. Du wärst offiziell Mitarbeiter des Auktionshauses Sotheby's und könntest bei der Aktion mit dem Buch eine wichtige Rolle spielen."

François war skeptisch. „Ist das nicht gefährlich? Ich will meinen Sohn nicht ins Feuer schicken."

„Er wird in Spanien eingesetzt und nicht mit einem Gewehr an der Front stehen. Außenstehende werden ihn als neuen Mitarbeiter von Sotheby's wahrnehmen. Das bedeutet auch, dass er in dem Unternehmen ausgebildet wird. Wenn die Aktion mit dem MI6 vorbei ist, bleiben die Erfahrung und das Wissen über den Antiquitätenmarkt. Sein Ausbilder ist einer der Besten in der Branche."

Julien war begeistert. „Mich stört es schon seit Langem, dass wir hier in der Sonne liegen, während in Belgien Menschen sterben. Habe ich dort mit der Résistance zu tun?"

„Bei der Aktion wird das nicht der Fall sein. Allerdings weiß ich, dass London die Résistance unterstützt."

Juliane weinte. Sie sah aber ein, dass Julien kein kleiner Junge mehr war. Sein englischer Freund war bereits im letzten Monat abgereist, um den Wehrdienst anzutreten. Außerdem redete er ständig von seiner Freundin Irene, die in Leuven auf ihn wartete. Es war Zeit loszulassen, auch wenn es wehtat. Spanien schien ihr sicher und sie vertraute auf das Urteil von Carlos.

François unterstützte seinen Sohn, da die Wut über die Zerstörungen der Heimatstadt ihn jede Nacht einholte. Er sah die Trümmer der Bibliothek vor sich. Irgendwie kam er sich feige vor, weil er im sicheren Ausland war. Vielleicht konnte sein Sohn dazu beitragen, dass Belgien befreit wird. Julien sagte zu.

* * *

In den folgenden Tagen fertigten die beiden Männer ein Skript, in dem die bereits gewonnenen Erkenntnisse über den Papst und die Ereignisse aus Leuven detailliert vermerkt waren. François hatte es mit einer Zeichnung von dem Ring und den Umständen seiner Übergabe ergänzt. Er zeichnete ihn möglichst detailgetreu auf. Eigentlich waren ihm nur die stumpfe blaue Farbe des Steins und die zwölf Krallen, die ihn hielten, klar erinnerlich. Die Ringschiene hatte eine Verzierung, die auf beiden Seiten mit den Krallen verbunden war. Wie diese Verbindung genau aussah, wusste er nicht mehr. Das Gold war hell. So wie bei billigem Schmuck.

Den Abschied feierten sie im Haus von Annette Blanche. Sie hatten ihr gesagt, dass Julien eine Arbeit im Auktionshaus Sotheby's aufnehmen wird. Am nächsten Tag brachte ihn Carlos zum Flughafen.

* * *

Das Büro des MI6 in New York schien Wilson nicht der geeignete Ort für den Empfang des neuen Mitarbeiters zu sein. Bereits seit Monaten gab es den Verdacht, dass die Nazis das Haus beobachteten. Man hatte einige Aktivitäten von angeblichen Elektrofirmen festgestellt, die mit fadenscheinigen Begründungen in Abwasserschächten eingestiegen waren. Statt sie offensiv zu bekämpfen, hatte Wilson einige Spiele veranstaltet. Er ließ große Limousinen vorfahren, die von bösen dreinblickenden Bewachern abgesichert waren.

Die Beobachter der Gegenseite bekamen zunehmend Schwierigkeiten, ihre Transporter am Ort zu belassen, als ausgerechnet ein

Chor der Heilsarmee auftauchte und fromme Lieder sang. Sie fuhren ab und schickten einzelne Männer, die die Straße auf und ab liefen. Wilson ließ sie fotografieren. Sein Mitarbeiter für operative Maßnahmen hatte die „Heilsarmee" abgezogen und dafür einen „penetranter Bettler" eingesetzt. Nach zwei Stunden war die Straße sauber. Sicherheitshalber hatten sie im Anschluss noch einmal alle Telefonleitungen überprüft und Schwachstellen im Abwassernetz mit soliden Gittern gesichert. Trotz alledem blieb der Standort unsicher. Wilson würde ihn aufgeben müssen. Er entschied sich, Julien in einer Außenstelle zu empfangen. Das Objekt war in Woodbridge Township, dreißig Meilen südlich von New York City.

Ihm standen nur zwei Wochen zur Verfügung, um seinen Schützling mit den wichtigsten Dingen des Antiquitätenmarktes und der Geheimdienstbranche vertraut zu machen. Das war sehr wenig. Daher konzentrierte er sich auf antiquarische Bücher und einen Grundkurs konspirativen Verhaltens. In Barcelona sollte Otto ihn an die Hand nehmen. Wilson hatte ihn bewusst einbezogen. Das sparte ihm Zeit. Außerdem konnte er, falls es notwendig war, zusätzliche Dokumente erstellen. Sicherheitsleute empfingen Julien am Flughafen und brachten ihn zum Objekt. Es war von einer dichten Hecke umschlossen. Das Tor öffnete sich elektrisch.

Wilson wartete vor dem Eingang der zweistöckigen Villa. Das Auto hielt, Julien stieg aus. Vor ihm stand ein Mann mit wachen Augen.

„Ich bin Wilson und du bist also Julien Gaspard. Otto hat mir viel von dir erzählt. Ich bin dein Vorgesetzter. Wir werden die nächsten zwei Wochen zusammenarbeiten."

Er reichte Julien die Hand. Es war ein fester Griff. Wilson war überzeugt, dass man schon beim ersten Händedruck feststellen kann, mit wem man es zu tun hat. Er verachtete Leute, deren Griff an ein rohes Steak erinnerte. Juliens Handschlag war fest und definiert. Dieser junge Mann wusste, was er will. Als Otto von ihm gesprochen hatte, kamen in Wilson Erinnerungen an seine eigene Jugend zum Vorschein.

Obwohl er aus gutem Hause stammte, war er sich nicht zu fein gewesen, antike Möbel zu schleppen. Er sah es als einen Vorteil an, mit Menschen aller Schichten unvoreingenommen sprechen zu können. Ob er mit Antiquitäten handelte oder beim MI6 mit gegnerischen Agenten zu tun hatte – man musste sich anpassen und auf alles gefasst sein. Das konnte man nur eingeschränkt lernen. Es hat etwas mit sozialer Intelligenz und Empathie zu tun.

Das Urteil von Otto und die Einschätzung von Carlos ließen viel hoffen, aber letztendlich hatte er selbst zu entscheiden, ob er diesen jungen Mann in einen Einsatz schickte, der mit großen Fragezeichen versehen war. Winston Churchill hatte konkrete Erwartungen als Premierminister und als Freimaurer. Wilson wollte ihn nicht enttäuschen, obwohl er von dem eigentlichen Sinn der Aktion außergewöhnlich wenig wusste.

Es sollten antiquarische Bücher wiedergefunden werden, die ursprünglich im Besitz der Loge von Leuven waren und verloren gingen. Die Gründe, warum die Nazis und der Vatikan danach suchten, erschlossen sich ihm nicht. Einen großen materiellen Wert schloss er aus.

Für einen Geheimdienst war die Auftragslage zu ungenau. Das war in etwa so, als hätte man den Auftrag erteilt, die Welt zu retten. Es gab Millionen alter Bücher. Otto hatte ihm zum Inhalt nichts Brauchbares sagen können. Für ihn war das gefälschte Buch ein Abklatsch eines Lehrbuches, das von einem berühmten Mann stammte. Handschriften erreichten auf dem Kunstmarkt nur kaum große Gewinne. Auf keinen Fall entsprachen sie dem Aufwand, der bisher getrieben wurde. Vielleicht wusste der junge Mann aus Belgien mehr. Immerhin hatten die Freimaurer seine Familie nach Argentinien gebracht, um sie aus der Schusslinie zu bringen.

Es fiel Wilson leicht, Julien zu mögen, denn er schien wesensverwandt. Die Gründe für die Zusammenarbeit mit dem MI6 klangen etwas romantisch. Gerade so, wie ein Leser sich in die Haut seines Romanhelden hineinversetzen möchte. Er akzeptierte es, weil ihn auch immer Abenteuerlust getrieben hatte. Seit die Nazis Bomben auf London geworfen hatten und enge Freunde in den Trümmern starben, spürte er den Zwang, etwas gegen Hitler machen zu müssen. So wie Julien es für Belgien wollte.

Als sie am ersten Abend zusammensaßen und bei einem Glas Whiskey über seine Familie redeten, bekam Wilson sogar so etwas wie Heimweh. Später im Bett wälzte er sich hin und her. Dann versprach er sich, auf den jungen Mann zu achten, auch wenn dies für einen leitenden Geheimagenten illusorisch war.

Am nächsten Tag zeigte Julien das gemeinsam mit seinem Vater erarbeitete Skript zu den Ereignissen in Leuven. Es war bei den Fakten klar strukturiert und bei den offenen Thesen voller Fantasie. Auch wenn es die Gründe der Freimaurer nicht erklärte, verdichtete sich bei Wilson die Vermutung, dass es nicht um den materiellen Verlust, sondern um den Inhalt der Papiere gehen musste.

Er erinnerte sich an ein Möbelstück, das er im Geschäft eines Getreidehändlers in Paris gesehen hatte. Erst nachdem er etwas Ähnliches in einem schottischen Castle erwarb und dessen Geschichte gekannt hatte, begriff er, dass Wert immer immateriell ist. Was nutzt einem Gestrandeten ein Goldbarren, wenn er Hunger hat?

Der Episode mit dem weitergegebenen Ring maß er keine Bedeutung bei. Schließlich hätte der Archivar ihn gemeinsam mit den Büchern verstecken können. Vielleicht war es eine persönliche Geschichte, die nicht an die Öffentlichkeit gelangen sollte.

Die Beurteilung von Friedrich Stein war da schon interessanter. Wenn dieser Mann tatsächlich direkten Kontakt zu Heinrich Himmler hatte, musste es gute Gründe dafür geben. Über die Neigung des Reichsführers zu Okkultem war einiges bekannt. Es ging dabei meistens um den Nachweis der Überlegenheit der arischen Rasse. Es hieß, dass er eine Burg zu einer Kultstätte für die SS umbaut und nach den Gebeinen von König Heinrich I. gesucht hat.

Möglicherweise hatte Stein etwas herausgefunden, das in dieses Konzept passte. Schließlich war Adrian VI. der letzte deutsche Papst gewesen. Wenn man den obskuren Brief in die Hände bekommen würde, den Stein eingesteckt hatte, könnte man die Angelegenheit zielgerichtet angehen. Doch Churchill hatte ausdrücklich festgelegt, nach den Büchern und nicht nach dem Geheimnis zu suchen. Julien war das Werkzeug zur Identifizierung der Bücher. Sicher hatte er noch viel mehr von seinem Vater erfahren. Zusammenhänge erschließen sich manchmal erst, wenn man sie in einem geeigneten Umfeld stellt. Manchmal fehlt nur ein Anstoß, um Fakten wie Dominosteine nacheinander zum Umfallen zu bringen. Das Bild, das dabei entsteht, ist nicht vorhersehbar. Beim Einsatz muss es gelingen, ihn in Situationen zu bringen, die ihm helfen, Zusammenhänge zu erkennen, die sein Vater in Argentinien mit noch so vielen Büchern nicht entdecken konnte.

* * *

Die zwei Wochen waren für Julien eine Erleuchtung. Wilson erzählte aus seinem Leben und vermittelte dabei viele Kenntnisse und Erfahrungen, die nicht in Schulbüchern stehen. Er führte ihn in die Geheimdienstarbeit ein. Gleichzeitig zeigte er ihm, wie er falsche von originalen Dokumenten unterscheiden konnte. Er hatte dafür einige Fälschungen mitgebracht, die Julien untersuchen sollte. Neun von zehn Büchern identifizierte er.

„Ich gehe immer von einer Fälschung aus, wenn mir jemand ein überteuertes Buch andrehen will. Eine der besten Methoden der Betrüger ist es, einen hohen Preis zu verlangen und Expertisen vorzulegen. Gute Bücher erkennt man im Kontext mit der Zeit und den Orten der Entstehung. Hatte der Autor die Möglichkeit, das Buch zu schreiben? Warum taucht es gerade jetzt auf? Wo war es vorher? Außerdem lohnt es sich, auf den Schreibstil zu achten. Den lernt man nur, wenn man viele Bücher des Autors gelesen hat."

Julien war unsicher.

„Meinst du, dass die Fälschung von Otto gut genug ist, um Fachleute zu täuschen?"

Wilson lachte.

„Wenn wir die Aktion durchführen, ist davon auszugehen, dass unsere Gegner alles prüfen werden. Wir haben allerdings den Vorteil, dass dein Vater das Buch gelesen hat und den Hintergrund kennt. Unser Nachteil besteht darin, dass wir den Inhalt des Briefes nicht kennen. Daher habe ich Otto gebeten, noch einige Textfragmente in der Handschrift von Adrian zu fertigen. Eins sieht so aus, als ob es ein grober Entwurf für eine wichtige Rede vor dem Reichstag ist. Er hat Stichpunkte aufgeschrieben, die vom Original abweichen. Obendrein hat er einen Notizzettel geschrieben. Darin geht es darum, einen Lakaien daran zu erinnern, nicht zu viel Geld auszugeben. Schließlich hat er eine Liste mit spanischen Kirchen im Raum Barcelona gefertigt. Jede Zeile hat er mit unsinnigen Buchstabenfolgen und Symbolen versehen. Das sollte reichen, um Interesse zu wecken. Neugier und Zweifel sind ungeheure Triebfedern. Wir wollen sie in erster Linie beschäftigen."

„Und welche Rolle soll ich bei dem Spiel einnehmen?", fragte Julien.

„Du bist der unerfahrene Neuling auf dem Antiquitätenmarkt. Sie werden sich dadurch überlegen fühlen. Bei der geplanten Auktion wirst du Interessenten das Buch zeigen, ohne es aus der Hand zu geben. Fragen zur Herkunft kannst du ausweichen, indem du auf eine Schweigepflicht verweist. Zum Inhalt und dem ungefähren Entstehungsdatum gibst du Auskunft. Die beiliegenden Notizen werden nur gemeinsam mit dem Buch versteigert. Diese sollen aus dem Jahr 1523 stammen, da Adrian einige Personen erst in Rom kennengelernt haben konnte. Der Sinn der Liste sei nicht bekannt. Durch diese Taktik kommst du nicht in die Verlegenheit, dir irgendetwas ausdenken zu müssen. Die Interessenten sollen nur den Eindruck gewinnen, dass du der Schlüssel zu weiteren Dokumenten sein könntest."

Die Auktion

Julien hatte eine neue Identität bekommen. Laut dem spanischen Pass hieß er Raúl Domingo. Angeblich war er in Argentinien als Sohn eines Antiquitätenhändlers geboren und 1940 zu seiner leiblichen Mutter gezogen, die zwischenzeitlich verstorben war. Sein argentinischer Dialekt und fehlende Kenntnisse über Spanien ließen sich dadurch erklären.

Wilson hatte ihm versichert, dass der Pass echt ist. Gefälscht sei nur der Einreisestempel. Selbst die angebliche Mutter hatte existiert und besaß einen Grabstein in einem Dorf bei Barcelona. Julien musste ihn sogar besuchen und einen Kranz niederlegen. Da die Mutter im Dorf eine Fremde gewesen war, würde niemand über sie Auskunft geben können. Auf dem Kranz stand sein Deckname. Der MI6 hatte sogar den Grabstein gespendet, auf dem er mit Geburtsdatum verewigt wurde. Ein Geldschein für hundert Ave-Maria würde beim Pfarrer einen bleibenden Eindruck hinterlassen. Es war eine saubere Legende. Genauso, wie es Wilson gefiel. Julien brauchte nichts erklären. Das würden andere für ihn tun.

Der Auktionator Antonio Sánchez war Agent des MI9, des englischen Geheimdienstes, der sich um militärische Aktionen kümmerte. Wilson hatte ihn für die Aktion ausgeliehen, da der MI6 keinen geeigneten Mann hatte. Er kannte ihn flüchtig aus seiner Zeit bei Sotheby's und war von dessen aktuelle Rolle überrascht. Es war nur so ein Bauchgefühl, ohne handfeste Gründe. Wilson war sich nicht sicher, ob seine Motive finanzieller Art waren oder Opportunismus dahinterstand. Vielleicht irrte er sich auch. Schließlich hatte der MI9 seine Zuverlässigkeit mehrfach überprüft. Angeblich habe er sich bereits als Informant im spanischen Bürgerkrieg bewährt. Andererseits ist es eine andere Hausnummer, ob man seinen Nachbarn verpetzt oder den deutschen Geheimdienst betrügt.

Diesmal waren dicke Bretter zu bohren. Wilson hatte gegenüber den Leuten vom MI9 angedeutet, dass Churchill gesteigerten Wert auf den Erfolg legte. Nachdem Otto die Situation überprüft hatte, war er etwas beruhigt, bedauerte aber, nicht vor Ort sein zu können.

* * *

Julien lernte Sánchez zwei Tage vor der Auktion in Toledo kennen. Er machte ihn mit dem Ablauf und die Örtlichkeiten in Barcelona vertraut. Er war neben den Leuten vom MI9 der Einzige, der seine Aufgaben kannte. Es ging nicht anders, da Sánchez ihn als sein Mitarbeiter vorstellen sollte. Bei Sotheby's hatte man bei den Anfragen nachdrücklich dementiert, dass die britische Firma hinter der Auktion stand. Das verstärkte nur die Vermutung, dass in Barcelona ein nicht ganz sauberes Geschäft ablaufen würde. Schon der Ort warf Fragen auf. Es gab Gerüchte, dass der Verkäufer auf einer Jacht im Mittelmeer ankerte. Und jetzt tauchte dieser unbekannte Jüngling auf.

Die Auktionsfirma hatte ihre Räume nicht weit entfernt von der Baustelle der Basilika „Sagrada Família". Die Baufahrzeuge sorgten dafür, dass Automobile nicht zu schnell den Ort verlassen konnten. Der MI9 hatte vor der Tür einen Transporter gestellt, der bei Bedarf die Fahrspur blockieren konnte. Alles war für die Versteigerung vorbereitet. Im Ausstellungsraum hatten die Exponate ihren Platz bekommen. Neben Bildern und Möbeln war Schmuck und edles Geschirr zu sehen. Für das Buch von Adrian VI. und die dazugehörigen Schriftstücke hatte man eine Vitrine aufgebaut. Neben ihr stand Julien, um Auskunft zu geben. Hostessen empfingen die Kunden. Es wurde Sekt ausgeschenkt. Während sich bei Schmuckstücken und Bildern die Besucher drängelten, fragte kaum jemand nach dem Buch.

Schließlich kam ein älterer, sehr edel gekleideter Herr an den Stand und ließ sich das Buch zeigen. Julien nahm es aus der Vitrine.

Er zeigte dem Interessenten den Einband und verschiedene Seiten. Der Mann war sichtlich enttäuscht.

„Schade, dass kein Bezug zu Zaragoza oder mindestens zu Spanien erkennbar ist. Es hätte gut in meine Sammlung gepasst. Wenn Sie wieder einmal etwas von Adrian VI. anbieten, melden Sie sich bitte bei mir."

Er gab Julien eine Visitenkarte: Dr. Juan de Monroy, Zaragoza.

Eine Glocke kündigte den Beginn der Auktion an. Schnell füllten sich die Stuhlreihen. Sánchez begrüßte die Besucher.

„Vielen Dank, dass Sie unserer Einladung gefolgt sind. Ich werde heute die Auktion durchführen. Zu Beginn möchte ich Sie darauf hinweisen, dass der Verkauf der ersteigerten Exponate ausschließlich gegen Bargeld erfolgt. Neben der Landeswährung können Sie auch in Dollar und Pfund bezahlen."

Das Publikum hörte gelangweilt zu. Offensichtlich war ihnen der Ablauf bekannt. Viele blätterten in dem kleinen Katalog, der die 35 Objekte kurz vorstellte. Das Buch stand an zehnter Stelle. Sánchez stellte routiniert die Stücke vor. Zunächst wurden Vasen, Skulpturen und Geschirr aufgerufen. Das Interesse war eher mäßig. Nicht einmal die Hälfte wechselte den Besitzer. Als Schmuck angeboten wurde, gab es erste Bietergefechte.

Jetzt wurde das Buch aufgerufen. Sánchez verwies auf den großen Seltenheitswert und nannte auch den Preis, den ein ähnliches Buch erreicht hatte. Die dazugehörigen Schreiben stellte er besonders heraus. Als er den Einstandspreis aufrief, meldete sich nur Dr. de Monroy. Es blieb dabei. Nach nicht einmal einer Minute hatte das Buch seinen Besitzer gewechselt. Nachdem de Monroy es bezahlt hatte, ging er zu Julien, um es in Empfang zu nehmen.

„Ich staune. Sie hatten doch gesagt, dass es nicht in ihre Sammlung passt. Haben Sie es sich anders überlegt?"

„Ich werde es gegen ein passendes Stück tauschen."

Fast väterlich sah er Julien an. Den befielen Skrupel, weil er ihm eine Fälschung verkauft hatte.

Nach der Veranstaltung sprach er mit Sánchez.

„Ist die Aktion nun gescheitert? Aus Deutschland war offenbar niemand da."

Sánchez lachte. „Nein. Es ist gut gelaufen. Ich habe nicht erwartet, dass sich Deutsche oder Italiener auf der Auktion sehen lassen. Das hätte zu viel Aufmerksamkeit erregt und den Preis hochgetrieben. Vermutlich werden sie sich an den Käufer wenden."

Julien war erstaunt. „War Stein gar nicht das Ziel?"

Sánchez nickte. „Er soll dazu bewegt werden, hier zu suchen, damit wir Zeit gewinnen, die echten Dokumente zu finden, die sich auf keinen Fall in Spanien befinden. In den nächsten Tagen werden wir wissen, ob es uns gelungen ist."

„Und was ist mit dem Käufer? Was ist, wenn er die Täuschung bemerkt?"

„Dann wird er das Buch so schnell wie möglich verkaufen. Ein Teil der Antiquitäten sind immer Fälschungen. Sammler wissen das und richten sich darauf ein. Es kann sein, dass er das Buch mit Gewinn verkaufen kann, da es jetzt eine Geschichte hat."

„Der Käufer hat nach Dokumenten mit Bezug zu Spanien gefragt und bedauert, dass dazu nichts vorhanden war."

„Das wäre ein Ansatz, den Bedarf anzufeuern. Ich hatte vor Jahren ein altes Möbelstück, das ich zu teuer eingekauft hatte und einfach nicht verkaufen konnte. Daraufhin inserierte ich in mehreren Zeitschriften, dass ich für einen amerikanischen Kunden genau solche Möbel suche. Das Marketing reichte aus, um mein Möbelstück für den doppelten Einkaufspreis zu veräußern."

Julien sagte: „Ich würde mir die Sammlung von Dr. Juan de Monroy gern einmal ansehen. Ob der MI6 etwas dagegen hat?"

„Ich werde Wilson fragen. Schaden kann es nicht. Zaragoza liegt auf dem Weg nach Bilbao, wo wir einen Termin haben. Man möchte, dass ich dich als Kurier ausbilde. Neue Kontakte sind immer zur Absicherung von Legenden günstig."

Zwei Wochen später kam eine Nachricht, dass über die deutsche Vertretung in Barcelona beim Auktionshaus nachgefragt wurde, wer der Käufer des Buches sei. Offiziell hatte man keine Auskunft gegeben. Es sei aber davon auszugehen, dass ein Angestellter den Namen genannt hatte, da der Sammler bekannt war. Julien wurde beauftragt, unverbindlichen Kontakt zu Dr. de Monroy aufzunehmen. Er sollte feststellen, ob das Buch verkauft wurde.

Tod in Zaragoza

Julien hatte sich telefonisch angemeldet. Dr. Juan de Monroy wohnte in Zaragoza, in der Calle Mayor. Der alte Mann freute sich über den Besuch.

„Willkommen in Zaragoza. Ich hoffe, dass Sie schon Zeit hatten, die Stadt zu besichtigen. Auch wenn der Bürgerkrieg hier heftig gewütet hat, gibt es doch einige Sehenswürdigkeiten zu bewundern. Sie sollten die Kirche Santa Maria Magdalena besuchen. Sie ist nur ein paar Schritte entfernt."

„Ich habe noch nichts geplant. Mein Kollege hat mich mit dem Automobil abgesetzt. Wir werden morgen früh weiter nach Bilbao fahren."

„Dann erzähle ich Ihnen einiges über Zaragoza. Vielleicht haben Sie später einmal Zeit für einen ausgiebigen Besuch. Ich wohne seit dreißig Jahren in der Stadt und finde immer etwas Neues heraus."

Er machte eine kleine Führung durch die Villa.

„Das Haus haben wir von einem Großonkel meines Vaters geerbt, der keine Kinder hatte. Als wir es übernommen hatten, war es ziemlich heruntergekommen. Wir mussten das Dach decken und die Fundamente trockenlegen. Innen haben wir, bis auf Wasser und Strom, die Bausubstanz belassen. Selbst einen Teil der Möbel nutze ich. Meine Praxis habe ich woanders untergebracht. Dort empfange ich nur noch ein paar alte Patienten. Alle anderen hat mein Sohn übernommen. Man wird schließlich nicht jünger. Leider möchte mein Sohn das Gebäude nicht übernehmen. Es sei zu verwinkelt und verstaubt. Vielleicht können Sie später einmal das Haus und die Sammlung versteigern."

De Monroy lachte: „Allerdings erst nach meinem Tod."

Julien meinte: „Bis dahin bin ich bestimmt schon im Ruhestand."

„Jetzt übertreiben Sie mal nicht. Ich bin fünfundsiebzig und manchmal knackt es im Gebälk. Die besten Jahre sind vorbei. Als meine Frau an einem Verkehrsunfall starb, habe ich das erste Mal über den Tod nachgedacht. Wäre nicht ein Enkel bei mir für einige Zeit eingezogen, hätten mich die trüben Gedanken übermannt."

„Wohnt er noch bei Ihnen?", fragte Julien.

„Bedauerlicherweise musste er nach dem Putsch das Land verlassen. Offen gestanden, weiß ich nicht, wo er sich aufhält. Aus Paris habe ich die letzte Karte bekommen. Er hat mir geschrieben, dass er auswandern will."

Der alte Mann wurde nachdenklich. „Pedro hat meine Sammlung geliebt. Ich leide darunter, dass er nicht mehr da ist. Wenn mir einer sagt, wo er lebt, würde ich zu ihn ziehen. Mein Sohn kommt ohne mich zurecht. Ich hätte das Haus Pedro liebend gern überschrieben. Aber ich glaube nicht, dass er in nächster Zeit zurückkehrt."

Julien legte seine Hand auf die Schulter des alten Mannes.

„Ich habe meinen Großvater auch nicht kennengelernt. Das habe ich immer bedauert. Er war Antiquitätenhändler in Buenos Aires. Vater ist schon seit ein paar Jahren tot. Meine Mutter ist letztes Jahr gestorben. Ihretwegen bin ich nach Spanien gekommen, fand aber nur noch ihr Grab."

„Das tut mir leid. Dass Sie aus Südamerika kommen, ist mir sofort aufgefallen. Hat man Ihnen etwas hinterlassen?"

Julien war erstaunt. „Geerbt habe ich nichts."

„Das meine ich auch nicht. Ich habe gemerkt, wie Sie über das Buch gesprochen haben. Da war dieses Leuchten in den Augen, das man nur bei begeisterten Sammlern findet. Mein Vater hatte ein kleines Gut bei Barcelona. Er hatte es hoch beliehen, damit ich Medizin studieren konnte. Glücklicherweise erbten wir das Haus und etwas Vermögen. Vater empfand es als göttliche Fügung. Das war auch der Grund dafür, dass er alles über die Geschichte der Familie sammelte.

Er wollte seine Vorfahren ehren. Je älter ich geworden bin, desto mehr habe ich mich auch damit beschäftigt. Mein Sohn findet Geschichte verstaubt. Ich glaube aber, dass man die Vergangenheit verstehen muss, um die Zukunft zu meistern. Ich weiß, das klingt ziemlich akademisch. Ohne die Vorfahren wäre mein Vater bankrott, ich kein Arzt und mein Sohn Landarbeiter. Etwas Demut ist sicher angebracht.

Irgendwann habe ich erfahren, dass einige meiner Vorfahren Mitglieder des Alcántaraordens waren und an der Befreiung Spaniens von den Mauren teilgenommen haben. Dadurch bekam die Familiengeschichte eine neue Dimension."

Julien sagte: „Ich muss gestehen, dass ich nichts über den Orden weiß."

„Das verwundert mich nicht. Ich hatte auch keine Ahnung. In der Schule war man sparsam mit dem Thema. Kommen Sie mit. Ich zeige Ihnen meine Schätze."

Dr. de Monroy führte seinen Gast in den hinteren Teil des Gebäudes. Dann holte er einen ungewöhnlich großen Schlüssel aus der Tasche und öffnete eine schwere Tür. Ein Gang führte in ein Gewölbe. Er schaltete das Licht an.

„Das hier ist mein Reich."

Julien war beeindruckt. Zahllose Artefakte waren ausgestellt. An den Wänden hingen Gemälde, Helme, Schwerter, Lanzen und Kettenhemden. Ritterrüstungen dominierten den Raum. In Vitrinen lagen alte Münzen und historische Dokumente. Eine Fahne mit einem grünen Wappen war an der Stirnseite platziert.

„Das ist ein Banner des Alcántaraordens. Einen Großteil der Stücke fand mein Vater auf dem Dachboden des Hauses und in einer Truhe. Alfonso de Monroy war im 15. Jahrhundert Großmeister des Ordens. Unser Familienstrang ist aber verarmt. Geblieben ist nur der Name. Die Erbschaft war eine Überraschung. Vater nahm die Pflege der Geschichte sehr ernst. Nach dem Studium belohnte er mich mit einer Italienreise. Ich glaube, er wäre am liebsten selbst gefahren, um einige offene Fragen in den römischen Archiven zu klären. Aber für zwei Personen reichte das Geld nicht. Er hoffte, dass ich etwas herausfinde. In Rom fand ich in den Bibliotheken so gut wie keine Informationen mit Bezug zu Zaragoza oder zum Orden. Selbst im Archiv der deutschen Kirche, in dem der Papst Adrian VI. beigesetzt wurde, war das Ergebnis mager. Angeblich sei vom Schriftverkehr nahezu alles verloren gegangen.

Bei meinem Vater setzte sich der Gedanke fest, dass der Vatikan die Verweise über den Orden vernichtet hat. Ich fand eine einzige Zeile in einem Nachschlagewerk. Ohne Kommentar stand dort, dass der Papst den Orden 1523 der spanischen Krone unterstellt hatte."

Julien fragte. „War das gut oder schlecht?"

De Monroy wiegte den Kopf. „Der Orden war bis dahin politisch unabhängig, musste aber ständig mit der Gefahr leben, dass der Vatikan ihn wie den Templerorden zerschlägt und sich das Eigentum einverleibt. Ihre Unschuld hatte man zwar mehrfach vor Gerichten festgestellt, doch es gab immer Neider, die nach Gründen suchten, sich die Ländereien anzueignen und die verbürgten Rechte anzuzweifeln.

Zaragoza war als Dank für die Befreiung von den Mauren dem Orden übereignet worden. Bei einer Auflösung hätte der Vatikan die Stadt in Besitz nehmen können. Adrians Entscheidung führte dazu, dass der spanische König Großmeister des Ordens wurde. Den Spaniern war der eigene König lieber als ein Pontifex maximus. Sie haben diesem Mann aus den Niederlanden vertraut, weil er das absolute Gegenteil der bisherigen Päpste war."

Abschätzend fragte Julien: „Und deswegen wollten Sie das Buch von ihm?"

De Monroy nickte. „Ich hoffte, einen Bezug zu Zaragoza zu finden, doch Adrians Zeit in Leuven kann mir nicht helfen. Das ist aber nicht schlimm. Ich habe bereits einen Abnehmer für das Buch. Mir geht es um eine Legende, zu der ich seit Jahren Hinweise suche. Sie ist zwar historisch nicht belegt, es gibt jedoch Indizien. Bevor Adrian nach Rom ging, hielt er sich mehrere Wochen in Zaragoza auf. Es heißt, dass er hier Vertreter des Alcántaraorden getroffen hat.

Vielleicht wissen Sie, dass im Oktober 380 nach Christi die Synode von Zaragoza stattgefunden hat. Hauptthema war der Umgang mit den Priscillianisten. Die Gruppe aus Ávila forderte in ihrer Lehre strenge Askese für Priester und Laien, eine Erneuerung der Kirche, die Abschaffung der Sklaverei und die Gleichstellung der Geschlechter. Seine Gegner konnten sich allerdings durchsetzen. Priscillian wurde in Trier hingerichtet.

Es war das erste Mal, dass ein Kleriker durch einen anderen mit dem Tode bestraft wurde. Bis dahin war die Höchststrafe die Exkommunikation. Jetzt drohte Abweichlern Folter und Tod. Damit hatte die Kirche noch vor ihrer Anerkennung als Staatsreligion durch Kaiser Konstantin im Jahr 391 ihre Unschuld verloren."

Julien sah de Monroy skeptisch an. „Und was soll das mit Adrian zu tun haben?"

Der erhob seine Hände, als ob er etwas zu verkünden hätte.

Eindringlich sagte er: „Der Papst wollte eine grundsätzliche Änderung der Kirche. Er hat sich sogar öffentlich für die Vergehen der Kirchenvertreter entschuldigt. Sein Lebensstil stimmte in mancher Hinsicht mit Ansichten von Priscillian überein und auch der Alcántaraorden vertrat ähnliche Auffassungen. Die Schriften von Priscillian sind verschwunden und auch Adrians Schriftverkehr ist nicht auffindbar. Es gibt außerdem eine Legende, dass ihm wertvolle Reliquien übergeben wurden, die nirgends mehr auftauchten. Und dann starb der Mann unter mysteriösen Umständen. Das sind zu viele Zufälle. Meinen Sie nicht auch?"

Julien überlegte.

„Ja. Das wirft Fragen auf. Aber wenn bei einem Kriminalfall von einer Indizienkette gesprochen wird, hat diese immer einen Anfang und ein Ende. Beispielsweise kann unerfüllte Liebe zu Eifersucht und von dort zu Mord führen. Mir ist nur nicht klar, wofür Sie das alles recherchieren. An den Universitäten gibt es doch ganze Heerscharen von Historikern, die bestimmt schon jeden Stein umgedreht haben. Haben Sie darüber einmal mit einem Kirchenhistoriker gesprochen?"

„Wissen sie, ich bin Arzt. Wenn ich einen Befund habe, suche ich nach den Ursachen. Man muss kein Historiker sein, um eins und eins zusammenzuzählen. Die Artefakte, die mein Vater und ich gefunden haben, möchte ich nicht abgeben. Denn dann verschwinden sie vielleicht, so wie die Reliquien."

Julien dachte an die Geschichte seiner Familie und seinen Auftrag. Gedanklich stimmte er de Monroy zu, der in seiner Erzählung fortfuhr: „Es musste schon etwas Außergewöhnliches in Zaragoza vorgefallen sein, dass der gelehrte Theologe gegen alle Widerstände von Kaiser und Klerus handelte. Die Abbitte vor dem Reichstag war mit Sicherheit erst der Anfang eines Planes. Wussten sie, dass er enge Verbindungen mit Erasmus von Rotterdam hatte? Adrian wollte ihn angeblich nach Rom holen. Das ist auch ein Indiz dafür, dass er sich theologisch in die Richtung von Priscillian bewegte. Wenn Adrian das durchgezogen hätte, wäre der Einfluss der Kirche und der Fürsten verloren gegangen. Ich kann mir nicht vorstellen, dass er das wollte. Wer sägt schon den Ast ab, auf dem er sitzt."

Er führte Julien zu einer Vitrine mit Utensilien, die offensichtlich Rittern gehört haben. Auf einem Tuch hatte er ein zerbrochenes Relief drapiert. Es hatte Seitenlänge von circa sechzig Zentimeter.

„Das habe ich erst vor einigen Monaten gefunden, als eine Ruine beräumt wurde. Im Bürgerkrieg war eine Granate eingeschlagen und hatte das Fundament freigelegt."

Er öffnete die Vitrine und winkte Julien näher heran.

„Es ist ein Relief aus Ton mit einer Frau, die drei Kinder vor sich umarmt."

Julien sah sich den Fund genauer an. „Die Frau trägt einen Strahlenkranz wie eine Heilige. Und was sollen die Dreiecke bedeuten, die sie auf der Brust tragen?"

„Es gibt keine Heilige mit drei Kindern. Das hat mir der Pfarrer bestätigt. Die Dreiecke passen auch nirgendwohin hin. Die Darstellung war ihm völlig unbekannt. Ich hatte den Gedanken, dass sich vielleicht eine Frau besonders um Kinder gekümmert hat. Es gibt aber keine Aufzeichnungen, die meine Annahme bestätigen. Das Museum vertritt die Ansicht, dass es ein Hauszeichen sei. Allerdings wunderte man sich über die Größe. Es hätte schon ein wichtiges Gebäude sein müssen. In der Santa Maria Magdalena war gerade ein Restaurator, der Arbeiten am Turm durchführte. Ich habe ihn gefragt, ob das Relief mit der Kirche zusammenhängen könnte. Seiner Ansicht nach passt das Material nicht zu den Baustoffen, die er in der Kirche gefunden hat. Er schränkte aber ein, dass der Bau ein Sammelsurium aus Bauepochen darstellt. Allein die Fassade sei aus baulicher Sicht ein einziges Rätsel."

De Monroy kramte ein paar Bilder hervor.

„Ich habe mir die Verzierungen am Bau genauer angesehen. Es ist nichts Vergleichbares zu finden. Aber neben einigen maurischen Elementen und sehr schematischen Kreuzen fielen mir die Symbole des Ritterordens von Avis auf, bei dem die Kreuzarme lilienförmig enden. Im Original sind sie grün wie das Kreuz des Alcántaraorden. Als ich mit dem Hinweis zum Restaurator ging, sagte er mir, dass es durchaus möglich ist, dass der Ritterorden von Avis nach der Befreiung von den Mauren den Bau finanziert hat. Die heutigen Abgrenzungen zwischen den Orden waren früher nicht so deutlich, wie man meint.

Der Avisorden konzentrierte sich auf Portugal, während der Alcántaraorden in Spanien aktiv war. So wie den Santiago-Ritterorden und den Calatravaorden einigte sie der Kampf um die Befreiung der iberischen Halbinsel von den Mauren. Die Übereinstimmung der grünen Farbe sei allerdings einzigartig. Sie begründet sich darin, dass es sich um eine portugiesische Abspaltung des Calatravaordens handelte. Vielleicht hatte sich das stark verzierte Symbol noch nicht durchgesetzt. Letztendlich hatten alle Ritterorden geistige Parallelen mit den Templern. Über die Jahrhunderte verloren sie die religiösen und militärischen Inhalte. Sie wurden Verwalter und Nutznießer der Besitztümer."

Julien hörte aufmerksam zu.

„Also, ich habe keine Erfahrungen mit Archäologie. Mein Wissen fängt erst mit dem Buchdruck an. Ich verstehe nicht, was das alles mit Adrian zu tun hat."

De Monroy legte das Artefakt wieder sorgfältig in die Vitrine.

„Ich glaube, dass die verschwundenen Reliquien aus dem Jahr 40 nach Christi Geburt stammen. Zu dieser Zeit war der Apostel Jakobus der Ältere in Zaragoza. Er hatte große Probleme bei der Gewinnung neuer Anhänger für das Christentum.

Am 2. Januar des Jahres 40 nach Christus soll ihm Maria auf einer Säule erschienen sein und ihre Unterstützung zugesichert haben."

„Und was hat das mit dem Relief und mit Adrian zu tun?"

„1118 wurde mit dem Bau der Basílica del Pilar, also ‚Unserer Lieben Frau auf dem Pfeiler' begonnen. 1126 wurde aber schon die Kirche Santa Maria Magdalena erwähnt. Eine neue Kirche baut man nicht in acht Jahren. Sie existierte also vor der Basílica.

Vor einigen Jahren hat man im Baugrund Hinweise auf eine römische Straße und ein Minarett gefunden. Aus Gründen der Sparsamkeit haben die Mauren ihre Minarette auf den Grundmauern christlicher Kirchen gebaut. Später wurden sie wieder zu Kirchen umgebaut.

Es gibt aber noch ein Indiz. Die heutige ‚Calle Mayor' war früher eine Römerstraße. Und mitten auf dieser Straße steht die Kirche Santa Maria Magdalena. Sie bildet eine Insel, an der sich die Straße teilt und sich dahinter wieder vereint. Wer baut ein Haus mitten auf einer bedeutenden Straße?"

Julien sagte: „Niemand. Ich habe gelesen, dass die Römer ihre Straßen immer schnurgerade ausgerichtet haben. Sie haben sogar Berge abgetragen und Täler aufgefüllt. Das könnte bedeuten, dass ein Gebäude dort schon stand, bevor die Straße gebaut wurde."

„Genau. Und das Gebäude war bedeutsam, sonst hätten sie es entfernt. Als ich das verstanden hatte, habe ich mir den ungewöhnlichen Bau angesehen."

De Monroy holte eine Zeichnung hervor. Es war der Grundriss der Kirche.

„Der Haupteingang befindet sich am Plaza la Magdalena. Der Grundriss ist hier sechseckig und führt dann in ein Langschiff, das in drei Stufen nach außen erweitert wurde. Wenn man sich die Verlängerung wegdenkt und aus dem Sechseck ein Zwölfeck fertigt, zeigen vier Ecken in die Himmelsrichtungen.

Ich habe es ausprobiert. Eine der Streben entspricht exakt der Nord-Süd-Richtung. Da in diesem Fall zwölf Streben vorhanden wären, hätte man die Einteilungen einer Uhr. Die Zwölfstundenaufteilung gibt es schon seit den alten Ägyptern. Vielleicht war das Gebäude schon vor dem Bau der Straße ein Tempel oder diente astronomischen Zwecken und wurde später den jeweiligen Religionen angepasst. Übrigens gibt es auf der Römerstraße noch eine Kirche, die allerdings bis 1599 ein primitiver Tempel war."

„Das ist ja eine erstaunliche Geschichte", sagte Julien. „Das würde ja bedeuten, dass die Kirche Santa Maria Magdalena wesentlich bedeutsamer war als die Basílica del Pilar."

„Ja. Und wenn sie bedeutsamer war und schon existierte, als es die Marienerscheinung gab, könnte man vermuten, dass sich dort die Christen trafen. Die Kapelle mit der Säule war zu dem Zeitpunkt nicht vorhanden. Wenn ein so großes Objekt über die Jahrhunderte der Besatzung durch die Mauren aufbewahrt wurde, könnten auch zusätzliche Gegenstände in Obhut genommen worden sein. Letztendlich könnte hier 380 nach Christi die Synode von Zaragoza stattgefunden haben. Ich weiß, das sind viele Spekulationen. Aber aus welchem Grund widmeten die Befreier der Stadt die erste Kirche Maria Magdalena und auch die zweite einer Frau?"

„Das ist wirklich ungewöhnlich. Dabei ist doch der Ruf von Maria Magdalena eher zweifelhaft. War sie nicht eine Hure?"

„Nein. Das ist eine böswillige Behauptung von Papst Gregor I., der sie im Jahr 591 in die Welt setzte. Er war ein Urenkel eines Papstes. Gregor I. betonte die Vormacht Roms in der Gesamtkirche und verhielt sich gegenüber Nichtchristen intolerant. 599 gab er Order, die Heiden Sardiniens mit Gewalt zum Christentum zu zwingen.

Wenn man sein Handeln in der Reihe mit dem Convent sieht und weiß, dass trotz der Synode von Zaragoza immer noch Anhänger der Lehre von Priscillian existierten, drängt sich förmlich eine Vermutung auf. Die Verehrung von Maria Magdalena sollte zurückgedrängt werden. Sie war die Ikone eines anderen Menschenbildes. Bis heute tragen überdurchschnittlich viele Kirchen in Portugal, Spanien und Südfrankreich ihren Namen. Es heißt in der Überlieferung, dass sie über Saintes-Maries-de-la-Mer nach Südfrankreich kam und die Provence missionierte. Angeblich sei sie als Einsiedlerin in einer Höhle im Massif de la Sainte-Baume gestorben.

Wer sagt, dass sie tatsächlich dortgeblieben ist? Der Hafen von Marseille war nicht weit entfernt und selbst zu Fuß war die Strecke realisierbar. Es könnte auch sein, dass dem Apostel Jakobus nicht die Mutter Gottes erschien, sondern Maria Magdalena auftauchte und ihm bei der Missionierung half. Schließlich spielt Maria im Neuen Testament nur eine untergeordnete Rolle. Maria Magdalena taucht demgegenüber überraschend oft auf. Sie war eine Gefährtin von Jesus und interpretierte seine Texte.

In der Pistis Sophia erklärt Jesus: ‚Maria Magdalena und Johannes, der Jungfräuliche, werde alle meine Jünger und alle Menschen, die die Mysterien vom Unaussprechlichen empfangen, überragen.

Und sie werden zu meiner Rechten und zu meiner Linken sein. Und ich bin sie und sie sind ich.'

Wenn man das liest, fragt man sich, warum ausgerechnet Petrus, der Jesus verraten hat, sein Nachfolger wurde. ‚Tritt hinter mich, du Satan! Denn du hast nicht das im Sinn, was Gott will, sondern was die Menschen wollen', soll Jesus zu ihm gesagt haben, als er auf dem Weg zum Kreuz war."

Julien war beeindruckt. „Ich kenne mich mit der Bibel nicht so gut aus. Kirchenbesuche waren bei uns eher selten. Eins verstehe ich aber: Wenn jemand so drakonisch redet, meint er es ernst. So einem würde ich nie vertrauen und ihn schon gar nicht zu meinem Nachfolger erklären. Auch die Zusammenhänge mit Maria Magdalena sind mir völlig unbekannt. Wenn man die Erklärungen von Theologen weglässt, würde ich vermuten, dass Petrus die Zeit nutzte, als Maria Magdalena den Glauben im Mittelmeer verbreitete, um sich selbst an die Spitze zu stellen. Da sich der Anspruch der Päpste ausschließlich auf Petrus bezieht, wäre mit dem Wegfall seiner Person, die gesamte kirchliche Ordnung infrage gestellt. Das weiterzudenken, bedeutet sogar, dass die Krönungen von Kaisern ungültig wären. Aber eine Frau als Oberhaupt der Kirche ist doch etwas gewagt."

„Das heißt es nicht automatisch. Es ging Jesus, meiner Ansicht nach, darum, dass sie seine Lehre am besten verstanden hat und weitergeben konnte. Die Päpste wiederum sind bis heute Ergebnis undurchsichtiger Wahlen aus einem Kreis von Personen, die sich Vorteile versprechen. Oft genug wurden die Wahlen mit Geld und Macht manipuliert. Päpste, die nicht genehm waren, brachte man um. Die Person Petrus ist auch nicht unstrittig. Angeblich soll Jesus seinen Jünger Simon Petrus genannt haben. Die Quellenlage dazu ist aber mehr als mager. Die Stelle, auf die sich die Kirche bezieht, taucht nur einmal in der Bibel auf. Drei Evangelisten und die Evangelien außerhalb der Bibel wissen nichts von diesem Satz."

Julien fragte ihn direkt: „Glauben Sie an Gott oder sind Sie ein Gegner der Kirche?"

De Monroy zögerte. „Religion ist eine persönliche Sache. Wenn ich auf einer einsamen Insel sitzen würde, bräuchte ich keinen Pastor, um zu beten. Wenn man Kirche als Gemeinschaft von Menschen mit gleichen Werten versteht, bin ich nicht dagegen. Aber die Kirchengebäude haben Menschen mit ihrer Hände Arbeit geschaffen. Ich kenne keinen Fall, dass ein Kirchengebäude durch das Gebet eines Klerikers gebaut wurde. Jesus brauchte keine Kirchen für seine Verkündigungen. Wenn ich die Kirche als Institution sehe, kommen mir meine Zweifel. Ich habe in den letzten Jahren zu viel gesehen. Aber darüber will ich nicht reden. Es ist ein zu trauriges Kapitel."

Es klopfte laut an der Tür. De Monroy schien erfreut.

„Warten Sie bitte einen Augenblick. Sie können sich noch etwas umsehen."

Er verließ den Raum. Julien blieb zurück. Er fühlte sich unbeholfen in dieser Welt voller Artefakte, deren Bedeutung er nicht kannte und deren Sprache er nicht verstand. Plötzlich hörte er lautes Geschrei. Unschlüssig öffnete er die schwere Tür einen Spalt. Er sah seinen Gastgeber am Boden liegen. Ein Mann schlug ihn und trat mit schweren Stiefeln auf ihn ein. De Monroy schrie etwas Unverständliches. Ein Begleiter stand hinter dem Schläger und beobachtete das Geschehen. Obwohl Sie nur wenige Meter entfernt waren, konnte Julien ihre Gesichter im dunklen Flur nicht erkennen, denn die Eingangstür war leicht geöffnet. Helles Sonnenlicht blendete ihn. In ihm krampfte sich alles zusammen.

Er begriff: Die Männer erschlugen gerade de Monroy. Unschlüssig sah sich Julien um. Schließlich nahm er einen Knüppel, der mit eisernen Stacheln gespickt war. In die andere Hand nahm er eine von den Macheten, die an der Wand hingen.

Es gab nur eine Chance, wenn es ihm gelänge, die beiden Angreifer zu überraschen. Mit Wucht schlug er gegen die Ritterrüstungen, die mit Getöse zu Boden fielen. Dann stürzte er laut schreiend heraus. Die Männer ließen von dem alten Mann ab und flüchteten ins Freie. Monroy blutete aus einer Wunde am Kopf. Es hatte sich bereits eine große Lache gebildet. Julien sprach den verletzten Mann an. Scheinbar wollte er etwas sagen. Doch nur ein Röcheln drang aus seinem Mund.

„Hilfe!", dachte Julien. Er braucht Hilfe.

Mit einem Ruck riss er die Eingangstür auf und schrie dieses Wort hinaus auf die Straße. Passanten sahen ihn entgeistert an, gingen aber weiter. Er ergriff den Arm eines alten Mannes.

„Ich brauche Hilfe. Dr. de Monroy wurde überfallen."

Statt zu antworten, zeigte ein Finger auf die Kirche Santa Maria Magdalena. Julien rannte zur Eingangstür, die sich gerade öffnete. Festlich gekleidete Menschen kamen heraus. Eine Trauung hatte stattgefunden. Ohne lange zu warten, rief er: „Ich brauche dringend medizinische Hilfe. Dr. de Monroy ist überfallen worden und liegt im Sterben."

Ein älterer Mann trat hervor. „Ich bin Arzt. Wo ist der Verletzte?"

Julien war verwirrt und suchte nach der Richtung, aus der er gekommen war. Von hinten kam ein Pfarrer.

„Ich weiß, wo er wohnt. Kommen Sie schnell."

Am Haus hatte sich bereits eine Menschenmenge angesammelt. Leute waren hineingegangen und standen um de Monroy herum. Sie taten nichts. Der Arzt trat heran und suchte den Puls. Dann schaute er auf.

„Er ist tot!"

Der Pastor kniete nieder und betete. In sein lateinisches Gemurmel hinein fragte Julien: „Hat jemand die Polizei gerufen?"

Der Arzt sah ihn an. „Wollen Sie tagelang befragt werden und womöglich im Gefängnis verschwinden? Sie sind nicht von hier. Es ist besser, wenn Sie gehen und nicht mehr wiederkommen. Den Rest erledigen wir. Trotzdem vielen Dank für den Dienst, den Sie dem Mann erwiesen haben. Leben Sie wohl."

Verunsichert sah Julien in die Augen der Menschen und schleppte sich langsam durch ihre Reihen. Niemand hielt ihn auf.

Das Hotel befand sich nur zwei Straßen weiter. Antonio Sánchez stand an der kleinen Hotelbar, wo er sich gerade einen Drink genehmigte. Als er Julien sah, legte er einen Geldschein neben das halb volle Glas und ging mit ihm auf das Zimmer.

„Was ist passiert?" In kurzen Worten schilderte Julien die Ereignisse.

Antonio beruhigte ihn: „Wenn wir übereilt abreisen, fällt das auf. Lass uns bis morgen Nachmittag warten."

Am nächsten Tag reisten sie ab. Statt die Straße nach Norden zu nehmen, fuhren sie ein Stück in Richtung Madrid. Sánchez wollte vermeiden, dass sich jemand an ihre Fersen heftete. In Calatayud nahmen sie die Strecke über Soria und Logroño nach Pamplona. Das Hotel lag etwas außerhalb der Stadt. Zwei Tage später trafen sie ihren Kontaktmann. Es war ein Franzose, der bereits seit Jahren in Spanien lebte. Sie übergaben ihm Geld und Diamanten, die zur Finanzierung der Fluchthilfe für abgeschossene britische Piloten dienten. Auf der Rückreise nach Barcelona nahmen sie einen Piloten mit, der an einen Mitarbeiter des britischen Militärgeheimdienstes übergeben wurde.

* * *

Die Kurierfahrten wiederholte Julien in den folgenden Monaten mehrfach allein, bis er eine Nachricht von Wilson bekam, dass er nach Zaragoza fahren solle, um zu klären, ob sich das gefälschte Buch im Besitz der Familie de Monroy befindet.

Julien hatte gemischte Gefühle. Seit den Ereignissen hatte er oft geträumt, dass er mit den Eindringlingen kämpft und schließlich neben de Monroy tot am Boden liegt.

Diesmal war er vorbereitet. Er trug eine Walther PP unter seinem Jackett. Im Auto hatte er eine zweite Waffe und genügend Munition versteckt.

In Zaragoza stellte er den Wagen unweit der Santa Maria Magdalena ab und ging über einige Umwege zur Kirche. Eine angenehme Kühle empfing ihn. Die Fenster ließen trotz der Sonne kaum Tageslicht herein. Es war daher schwer, sich zu orientieren. Er setzte sich in die letzte Bankreihe. Mit gesenktem Kopf beobachtete er den Beichtstuhl. Da kein Sünder beichten wollte, kam nach einiger Zeit der Pfarrer heraus. Julien stand auf und ging auf ihn zu. Der Seelsorger bekreuzigte sich.

„Oh mein Gott. Sie sind das", sprach er leise und zog ihn zum Beichtstuhl.

„Sie waren so schnell verschwunden. Bitte setzen Sie sich hinein."

Julien entgegnete: „Ich möchte nicht beichten."

„Das ist mir klar. Aber hier können wir ungestört reden. Es ist so viel passiert."

Beide saßen nun in dem Kirchenmöbel und sahen sich durch ein Ziergitter an. Bevor Julien etwas sagen konnte, sagte der Pfarrer: „Der Sohn von Doktor de Monroy hat nach Ihnen gesucht. Er wollte sich für den selbstlosen Einsatz bedanken und wissen, was eigentlich vorgefallen war."

„Der Arzt hatte mir zur Flucht geraten, um nicht verhaftet zu werden."

„Ich weiß. Der Rat war richtig, doch ließ er uns auch etwas hilflos zurück. Offiziell hat er den Tod als Unfall dargestellt und alle Spuren beseitigt. Trotzdem kamen einige Tage später Leute von der Polizei und haben eine Hausdurchsuchung durchgeführt. Da sich keine Zeugen meldeten, ist die Untersuchung im Sande verlaufen. Sie können sich aber denken, dass sich die Familie große Vorwürfe gemacht hat, weil niemand von ihnen im Haus war, als es passiert ist. Auch ich bin traurig, denn ich habe mit Juan einen lieben Freund verloren. Ich kannte ihn seit Kindertagen. Er hat uns oft Geschichten erzählt, wenn wir krank waren und er uns behandelt hat."

Julien war erstaunt: „Ich hatte den Eindruck, dass er mit der Kirche nichts mehr zu tun haben wollte."

„Das bezieht sich nicht auf mich. Erst als sein Enkel, den er abgöttisch geliebt hat, verhaftet wurde und der Bischof nicht bereit war, ihn bei seiner Befreiung zu unterstützen, änderte sich seine Haltung zur Kirche.

Er war überzeugt, alle hätten sich gegen ihn verschworen. Aber das kann Ihnen sein Sohn verständlicher erklären als ich. Juan war noch einige Tage vor seinem Tod bei mir gewesen und zeigte sich hoffnungsvoll, den Enkel freizubekommen. Er habe in Barcelona jemand getroffen, der dafür sorgen würde. Wie das passieren sollte, sagte er nicht. Obwohl ich wusste, dass sein Enkel tot ist, habe ich ihn in der Hoffnung gelassen. Das bedaure ich zutiefst. Vielleicht wäre alles anders gelaufen."

Julien sah, dass dem Mann Tränen über das Gesicht liefen.

„Ich dachte, er sei im Ausland?"

„Das ist hier nur das Synonym dafür, wenn jemand verhaftet und in eines dieser Lager gebracht wurde, von wo niemand zurückkommt. Vielleicht kommen einmal andere Zeiten, in denen alles darüber aufgedeckt wird, aber jetzt muss man sich bei jedem Wort in Acht nehmen."

Julien konnte seinen Schmerz nachempfinden.

„Ich kannte ihn ja nur kurz. Er hatte mir die Sammlung gezeigt. Wir waren in seinem Museum und sprachen gerade über die Reliquien der Santa Maria Magdalena, die mit Papst Adrian nach Rom gelangt sind und dort verschwanden. In diesem Moment klopfte es."

„Ach ja. Die Legende von den verschwundenen Reliquien. Daran bin ich schuld. Meine Mutter war tiefgläubig und Maria Magdalena eng verbunden. Sie hat mir ständig Geschichten über die Apostelin erzählt. Wie sie mit ihrer Salbe Menschen geheilt hat und dass sie Jesus Frau war. Meine Mutter hat mich dazu bewegt, Pastor zu werden, und war besonders stolz, dass ich hier in der Santa Maria Magdalena meinen Platz gefunden habe.

Juan habe ich eine der Legenden erzählt, wonach in der Kirche jahrhundertelang eine Reliquie von ihr aufbewahrt wurde, die man ‚Marias Licht' nannte. Als ich Pfarrer wurde, habe ich in den Archiven nach Belegen dazu gesucht, aber nichts gefunden. Mein Bischof gab mir den Hinweis, dass Papst Adrian in Zaragoza gewesen war und vielleicht als Dank diese Reliquie erhalten hatte. Ob es so passierte, konnte er nicht sagen. Für mich war die Angelegenheit damit erledigt.

Dummerweise habe ich sie Juan gegenüber beiläufig erwähnt. Seitdem quälte er mich ständig, noch einmal in den alten Unterlagen nachzusehen. Das ging so lange, bis ich ihm den Zugang zu den Akten selbst ermöglicht habe. Es kam, wie zu erwarten war, nichts heraus. Jetzt behauptete er, dass der Vatikan die Reliquien unterschlagen habe. Mit dem Vorwurf wandte er sich an den Bischof, der sich postwendend bei mir meldete und mich aufforderte, Juan von weiteren Belästigungen abzuhalten.

Das gelang allerdings nicht. Soviel ich weiß, schrieb er sogar nach Rom. Fast wäre dadurch unsere Freundschaft zerbrochen. Als er zu mir kam und von der Hoffnung erzählte, dass er seinen Enkel freibekomme, wollte ich ihn nicht aus den Illusionen reißen. Hätte ich ihm die Wahrheit gesagt, würde er vielleicht noch leben."

„Dann geht es Ihnen so wie mir. Ich hätte schneller reagieren müssen. Mein Zögern hat ihm das Leben gekostet."

„Das glaube ich nicht. Als Sie die Angreifer vertrieben, war er schon tot. Man hatte ihm das Genick gebrochen. Das Blut kam aus einer Kopfwunde, die er beim Aufschlag auf den Fußboden bekam. Die Prellungen am Körper hätten den Tod nicht hervorrufen können."

Julien fragte noch einmal nach: „War es doch ein Unfall?"

„Nein. Die Ärzte hier kennen sich mit solcherart Verletzungen aus. Das war ein militärischer Griff. Dazu braucht man zwei Hände, die den Kopf ruckartig drehen. So etwas passiert nicht zufällig. Aber das kann Ihnen viel besser Juans Sohn erklären. Ich bringe Sie in seine Wohnung."

Die Männer verließen den Beichtstuhl. Der Pfarrer wies in Richtung Altar. Er bekreuzigte sich mit einem Knicks und öffnete den seitlichen Ausgang. Er führte neben dem mächtigen quadratischen Turm auf die Straße. Julien ging ein paar Schritte hinter dem Pastor, da dieser laufend gegrüßt wurde. Nach wenigen Metern bogen sie in eine Gasse ein und hielten vor einem Haus mit einem großen Messingschild. ‚Juan de Monroy - Dr. Médicos General'. Es war auffällig still.

„Er hat seine Praxis geschlossen."

Sie klingelten. Eine junge Frau öffnete. Bevor sie etwas sagen konnte, sagte der Pfarrer zu ihr: „Es ist dringend."

Sie ließ die Besucher ein und rief: „Juan. Kommst du mal?"

Der Sohn von Dr. de Monroy kam aus einem Zimmer. Er sah müde aus. Mit schleppendem Gang kam er auf sie zu und begrüßte den Pastor.

„Das ist der junge Mann, der beim Überfall auf deinen Vater Hilfe gerufen hat."

Interessiert hob der Hausherr den Kopf und ergriff Juliens Hand.

„Ich habe Sie gesucht!"

„Ich hörte davon", sagte Julien.

Sie gingen ins Wohnzimmer.

„Angelina, mach uns bitte Kaffee."

„Hochwürden, ich freue mich, dass Sie ihn gefunden haben."

„Er ist selbst gekommen und wollte sich erkundigen."

„Der Herr meint es gut mit uns."

An Julien gewandt fragte er: „Wo waren Sie so lange?"

Julien wollte antworten, doch der Pfarrer sprang ihm bei.

„Er war im Land unterwegs. Dr. Mendoza hatte ihm geraten, die Stadt zu verlassen. Ich glaube, er will Ihnen nur sein Beileid aussprechen. Er hat wenig Zeit."

Julien nickte. „Am besten berichte ich, was an dem Tag passiert ist."

Chronologisch schilderte Julien die Abläufe. Er berichtete auch über die Erzählungen des Vaters, ließ aber weg, wo er ihn kennengelernt hatte.

„Das erklärt einiges. Ich nahm an, dass die Täter im Raum mit der Sammlung waren, und Sie dort mit meinem Vater in Streit geraten sind. Sie sind also nicht bis dorthin gekommen. So wie Sie es schildern, war der Mann, der hinter ihm stand, der Mörder."

Es entstand eine Pause, die Julien nicht unterbrechen wollte.

„Konnten Sie verstehen, was Sie sagten?"

„Nein. Ich nahm an, dass es ein Dialekt war oder Italienisch. Portugiesisch oder Französisch konnte es nicht sein. Das hätte ich erkannt."

„Und Deutsch?"

„Auf keinen Fall. Ich spreche selbst Deutsch und Niederländisch. Da ich in Argentinien gelebt habe, kann ich auch diese Varianten des

Spanischen ausschließen. Ich habe einfach nichts verstanden. Aber ihr Vater reagierte darauf."

De Monroy stellte fest: „Dann war es Italienisch. Er war in seiner Jugend in Rom."

„Wissen sie, worüber ich mich gewundert habe?", fuhr er fort. „Warum taucht die Polizei auf und machte eine Hausdurchsuchung? Niemand hatte sie gerufen."

Der Pfarrer spekulierte: „Vielleicht suchten sie nicht die Täter, sondern waren in ihrem Auftrag dort. Fehlt irgendetwas?"

„Wie kommen Sie darauf?"

„Ihr Vater war einige Tage vorher bei mir und sagte, dass er etwas habe, mit dem er Pedro befreien könnte. Er sagte mir aber nicht, worum es sich handelt."

De Monroy wurde blass: „Haben Sie ihm gesagt, dass Pedro tot ist?"

„Nein. Deswegen mache ich mir Vorwürfe. Er ist in eine Falle gelaufen. Doch worum ging es dabei?"

„Er hatte ein Buch ersteigert, das jetzt weg ist. Ich habe es mir noch einen Tag vorher angesehen. Es war irgendetwas Lateinisches. Auf der vorderen Seite war es mit der Hand geschrieben. Die Rückseite war ein Druck. Es war sehr alt. Ich ging nicht weiter darauf ein, weil mich seine Forschungen nicht interessieren. Ja, und noch etwas fehlt. Hochwürden, Sie können sich doch an diese Tontafel erinnern."

Julien antwortete statt dem Pfarrer: „Er hat Sie mir gezeigt, bevor ich aus dem Raum gestürzt bin. Es war eine Heilige, die Kinder an der Hand hatte".

Der Pfarrer machte ein nachdenkliches Gesicht, dann wurde er bleich und sagte: „Opus Dei! Und ich habe ihren Vater ausgelacht. Junger Mann, Sie sollten die Stadt oder besser das Land möglichst schnell verlassen. Mit denen ist nicht zu spaßen. Ich kenne sie nur vom Hörensagen. Aber alles spricht dafür, dass Opus Dei dahintersteckt. Selbst der Papst hat nur begrenzten Zugriff auf diese Extremisten. Sofern die offizielle Religion irgendwo infrage gestellt wird, tauchen sie auf. Die Inquisition ist dagegen nur ein müder Scherz."

De Monroy sah auf: „Meinen Sie wirklich, Hochwürden? Wir sind doch nicht mehr im Mittelalter."

„Ja, aber Sie wissen selbst, was hier im Land abläuft. Zaragoza steht in Madrid und beim Vatikan nicht gerade hoch im Kurs. Niemand weiß, was Franco mit wem vereinbart hat."

„Wann geht Ihr Zug?"

Julien beruhigte sie: „Ich habe ein Auto und werde umgehend abfahren."

Er stand auf und verabschiedete sich. Die beiden Männer umarmten ihn wie einen Freund. Als er das Haus verließ, sah er, dass Angelina mit dem Kaffee kam. Sie winkte ihm zu und er dachte an seine Freundin Irene, die irgendwo in Belgien auf ihn wartete.

In Barcelona fertigte er einen Bericht an, der an Wilson weitergeleitet wurde. Kurze Zeit danach bedankte sich der MI6 für die gute Arbeit. In Julien blieb ein ungutes Gefühl zurück.

* * *

Die Übergabe an den britischen Militärgeheimdienst MI9 war unspektakulär. Sein Kontaktmann befand sich in Bilbao. Noch bis Dezember 1942 blieb Julien in Spanien, dann wurde er nach Großbritannien gebracht. Er hatte großes Glück, denn wichtige Leute seiner Fluchthilfegruppe hatte man im Januar 1943 verhaftet.

Polnische Helfer

Über eine Deckadresse schrieb Julien seinen Eltern und bekam relativ schnell Antwort. Wilson hatte dafür gesorgt, dass sie über Diplomatenpost weitergeleitet wurde. Es waren mehrere Briefe seiner Eltern und eine Karte von Carlos.

In England erhielt er eine Geheimdienst- und Fallschirmjägerausbildung, um in Frankreich die Résistance zu unterstützen. Er hatte bereits den Marschbefehl, als er zu seinem Vorgesetzten gerufen wurde.

„Sie bekommen einen Sonderauftrag. In zwei Stunden fährt Sie ein Jeep nach Bletchley Park."

* * *

Es war ein typisch englisches Herrenhaus mit roten Klinkern und großen Fenstern. In der Umgebung sah man einige Baracken mit auffälligen Antennen auf den Dächern. Schwer bewaffnete Wachposten unterstrichen, dass sich hier eine wichtige Behörde befand. Julien zeigte seinen Dienstausweis.

„Wir haben Sie bereits erwartet", sagte eine uniformierte junge Frau.

Sie führte ihn in einen Beratungsraum und bat ihn, einen Augenblick zu warten. Er setzte sich auf einen der modernen Sessel, die ihm fehl am Platz erschienen.

Es dauerte nicht lange, bis sich die Tür öffnete. Wilson kam in Begleitung einer anderen jungen Frau herein.

„Willkommen in London. Das ist Alicja Prohaska von der polnischen Abteilung. Darf ich vorstellen: Das ist Julien Gaspard, ein belgischer Argentinier."

Wilson umarmte Julien, der von der Reaktion völlig überrascht war. Die junge Frau gab ihm artig die Hand und schien von der herzlichen Begrüßung erstaunt.

Wilson ging zu einem Schrank, der sich als Hausbar entpuppte, und entnahm ihm eine Flasche und drei Gläser.

„Ich habe den Rum extra für solche Gelegenheiten mitgebracht. Alicja, heute dürfen Sie sich vor einem guten Schluck nicht drücken. Prost oder wie heißt es bei Ihnen?"

Die junge Frau sagte zögernd: „Twoje zdrowie".

Wilson stieß mit den beiden an. „Ist das nicht eine Überraschung? Wir haben hier in Bletchley Park extra schönes Nieselwetter bestellt."

Julien hielt es nicht mehr aus. „Warum bin ich hier?"

„Wollen wir es ihm verraten? Nun ja, ich werde mal nicht so sein."

Er zog eine Leinwand herunter. Dann schaltete er einen Projektor an. Das Bild zeigte die Konturen von Deutschland und Polen mit der aktuellen Kriegslage.

„Wir wollen dich nach Polen schicken."

„Ich kann aber kein Polnisch. Gibt es denn keine Polen, die das erledigen können?"

„Nein, nur du kannst den Auftrag erfüllen. Es geht um die Bücher. Du sollst sie identifizieren."

Julien stöhnte: „Oh Gott. Ich dachte, es wäre nach Zaragoza erledigt."

Wilson sah ihn ernst an. „Wir waren nicht untätig. Es ist jetzt eine neue Lage eingetreten. Wir haben es mit den echten Büchern zu tun und müssen unbedingt verhindern, dass sie in falsche Hände geraten."

„Sind es deutsche oder italienische Hände?"

„Vermutlich spielen sie zusammen. Die Aktion in Zaragoza hatte ihre Zusammenarbeit spürbar gestört. Doch jetzt droht ein Armageddon. Sie sind nah dran und wir haben nur wenige Tage, das Äußerste zu verhindern."

„Trotzdem kann ich immer noch nicht Polnisch."

„Ja, aber du kannst Deutsch und wir haben Alicja. Sie wird dich tatkräftig unterstützen."

Die junge Frau wurde rot.

„Sie wird dich in die Aktion einweisen und bei der Gelegenheit ein paar polnische Vokabeln mit dir pauken."

„Oh, Wilson. Ich habe immer noch Albträume vom Tod des alten Mannes in Zaragoza. Ist das wieder so eine Aktion, bei der Leute gefährdet werden, die damit nichts zu tun haben?"

„Aber Julien. Es war nicht geplant oder vorauszusehen. Churchill hat diesmal extra grünes Licht für begleitende Maßnahmen gegeben. Damit können wir uns ein paar Tage erkaufen. Die Faktenlage ist jetzt wesentlich besser und wir sind gut vorbereitet."

Alicja meldete sich: „Wir haben Unterstützer vor Ort. Sie müssen nur die Bücher identifizieren, damit der Aufwand nicht umsonst ist."

Julien wusste nichts darauf zu antworten.

Wilson ging zur Leinwand.

„Wir bekommen seit einiger Zeit Informationen, wonach wertvolle Bücher von enteigneten Bibliotheken aus allen von Deutschland besetzten Ländern nach Krakau gebracht werden. Hier wird eine neue Staatsbibliothek aufgebaut. Die Stadt befindet sich im Süden Polens, dem sogenannten ‚Generalgouvernement für die besetzten polnischen Gebiete'. Generalgouverneur ist Hans Frank, der hier seinen Sitz hat. Dadurch gibt es viel SS, Polizei und Wehrmacht in der Stadt. Das ist ein Risiko, aber gleichzeitig unser Vorteil. Für den Aufbau von deutschen Verwaltungen sind zahlreiche Spezialisten aus anderen Teilen Deutschlands vor Ort. Das bedeutet, dass Unmengen von Passierscheinen existieren. Niemand ist in der Lage, alle Menschen zu überprüfen. Daher konzentriert man sich bei der Kontrolle auf Polen.

Der Plan sieht vor, dass ihr in einem unübersichtlichen Waldgebiet dreißig Kilometer östlich auf einem Bergsee landet und durch Mitglieder einer Widerstandsgruppe in Empfang genommen werdet. Von dort bringt man euch zu einer Bahnstation. Der Zug fährt direkt ins Zentrum der Stadt.

An einem festgelegten Ort trefft ihr mit unserem Kontaktmann zusammen. Er hat einige Exemplare der Bücher, die du überprüfen sollst. Von deiner Aussage hängt ab, ob die verdächtige Lieferung durch wertlose Bücher ersetzt wird. Ihr braucht kein großes Gepäck mitzunehmen. Polnische Kräfte, die sich vor Ort auskennen, werden es erledigen. Sicherheitshalber machst du einige Fotos. Dafür bekommst du eine Minox, das ist eine kleine Kamera. Zur Unterstützung der Widerstandskämpfer vor Ort nehmt ihr zwei Behälter mit Waffen, Munition und Funkgeräte mit. Darum müsst ihr euch aber nicht kümmern.

Die Widerstandsgruppe sorgt dafür, dass ihr wohlbehalten in die Nähe von Zakopane kommt. Das ist ein bekannter Wintersportort. Dort bleibt ihr, bis ein Bergführer euch in ein abgelegenes Tal bringt. Von dort werdet ihr abgeholt.

Alicja kennt sich in der Gegend gut aus. Sie ist Polin, spricht aber ein ausgezeichnetes Deutsch mit örtlichem Dialekt. Du bist ein Wehrmachtsoffizier, der mit seiner Ehefrau ein paar Tage Urlaub in Zakopane macht und dabei die Sehenswürdigkeiten von Krakau besucht. Wir haben ein Hotelzimmer in dem Urlauberort gebucht. Wenn alles klar geht, dauert die Aktion nur wenige Tage."

Julien stöhnte: „Das sieht mir zu einfach und zu glatt aus. Habt ihr wenigstens auch Alternativpläne ausgearbeitet?"

Wilson lachte. „Unser wichtigster Plan B ist Alicja. Ganz im Ernst. Sie hat alles geplant und kann die Risiken vor Ort gut einschätzen. Sie kennt die Kontaktleute und kann im Notfall andere Wege finden. Das Risiko ist also überschaubar.

Sie wird dir die Details noch einmal erklären. Abmarsch ist morgen 6 Uhr. Also feiert nicht zu lange."

Wilson ließ die beiden allein. Alicja öffnete eine Kollegmappe und entnahm einen Stapel Dokumente.

„Ich gehe davon aus, dass Sie noch nie in Polen waren."

Julien nickte.

„Das trifft auch auf die meisten Deutschen zu, die dort Urlaub machen. Wilson hat extra dafür gesorgt, dass die Papiere, die wir bekommen, sehr echt erscheinen. Sie erhalten sogar ein Soldbuch, Passierscheine und andere notwendige Unterlagen. Fragen Sie nicht, wie er es gemacht hat. Ich glaube, die Leute sind Partisanen in die Fänge geraten. Jedenfalls sind nur die Fotos falsch. Deswegen müssen wir gleich noch zum Fotografen. Und noch etwas. Ab jetzt duzen Sie mich. Wir sind in einer Suite untergebracht, damit wir die Nacht über Zeit haben, alles durchzusprechen. Ab heute Abend unterhalten wir uns ausschließlich auf Deutsch und sprechen uns mit unseren Vornamen Hans und Margot Hoffmann an."

Julien war erstaunt, wie aus der zurückhaltenden Frau eine toughe Vorgesetzte wurde.

„Liebste Margot. Ich überlasse mich deiner Gewalt", sagte er auf Deutsch und lachte dabei.

„So ist es richtig, Hansilein. Mir ist der Erfolg der Aktion sehr wichtig, auch wenn ich nicht verstehe, warum man so einen Aufwand wegen ein paar alter Büchern macht. Für mich zählt die Versorgung meiner Leute mit Waffen."

„Du kannst mir glauben, dass ich die Zusammenhänge auch nicht kenne. Ich mache es aber für meine Familie. Wir mussten deswegen unsere Heimat verlassen."

„Wegen dieser Bücher?"

„Genau. Ich hoffe, dass nach der Aktion der Albtraum zu Ende ist. Margot ... das ist ein scheußlicher Vorname. Ich werde dich einfach Schatz nennen. Das ist ein übliches Kosewort für Frauen."

„Stimmt. Margot klingt bei dir miserabel, da du das ‚T' immer verschluckst."

Es war noch einiges zu erledigen. Julien erhielt die Uniform eines Hauptmanns der Wehrmacht, einschließlich Unterwäsche, Geld, abgelaufener Fahrscheine sowie Krimskrams, den man normalerweise mit sich herumträgt. Seine Haare wurden typisch deutsch geschnitten. Er musste sogar ein Bad mit Fichtennadelzusatz nehmen. Später bekam er eine Einweisung für die Minox.

In der Suite wartete schon seine Ehefrau auf Zeit. Sie sah völlig verändert aus. Statt der Uniform trug sie ein modernes Kleid in gedeckten Farben und Pumps. Julien bekam ein Heft mit Instruktionen, in dem die üblichen Anredefloskeln und Verhaltensweisen aufgeführt wurden. Außerdem informierte Alicja ihn über die wichtigsten aktuellen Ereignisse in Deutschland und den Kriegsverlauf. Die Zeit bis zum Morgen verbrachten sie mit Rollenspielen, bei denen Julien möglichst viel reden musste. Gegen vier Uhr legten sie sich hin, um noch etwas zu schlafen.

Ein Jeep brachte die beiden zum Flughafen Royal Air Force Swinderby. Auf der riesigen Freifläche standen Hunderte schwere Bomber und Jagdflugzeuge. Sie fuhren zu einer halbrunden Blechbaracke. Hier wartete eine kanadische Noorduyn Norseman, die man mit Zusatztanks und Schwimmern ausgerüstet hatte. Neben der Lancaster, die gerade mit Bomben befüllt wurde, sah das Flugzeug wie Spielzeug aus.

Der Pilot begrüßte sie, übergab ihnen einige Ausrüstungsgegenstände und wies sie ein. Sie waren die einzigen Passagiere. Hinter ihren Sitzen standen zwei sperrige Kisten mit Waffen, Munition und Funkgeräten. Es kam Bewegung in die bereitstehenden Bomber. Kurz hintereinander hoben sie ab, wie ein Schwarm Hornissen. Ihnen folgten Spitfire Jagdflugzeuge.

Ihr Flieger startete im Schatten der letzten Maschinen. Bereits wenige Kilometer später trennten sich die Flugrouten. Die Bomber nahmen Kurs auf Hamburg. Ihre kleine Maschine, die südlich davon über Belgien in den deutschen Luftraum eindrang, wurde nicht wahrgenommen. In den frühen Morgenstunden landete sie am Zielpunkt auf einem See. Mit einem Ruderboot kamen Männer, die sie an Land brachten. Ein zweites Boot transportierte die Kisten an einen Steg, an dem ein Leiterwagen wartete. Wenige Minuten später hob das Flugzeug wieder ab.

Der Kutscher gab Julien eine Decke, damit er seine deutsche Uniform verbergen konnte. Er trieb das Pferd zügig in den Wald. An einem Bahnhof half er beim Aussteigen, grüßte kurz und verschwand bald hinter einer Straßenbiegung. Ihr einziges Gepäck war ein kleiner Koffer, in dem die nötigsten Utensilien und ihre Unterwäsche untergebracht waren. Julien trug eine Pistolentasche mit einer geladenen Waffe.

Alicja kaufte zwei Fahrkarten nach Krakau. Der Zug war fast leer. Nur ein paar Frauen hatten es sich bequem gemacht und unterhielten sich lautstark. Als sie Julien entdeckten, unterbrachen sie ihr Gespräch und wechselten das Abteil. Er hatte angesichts der vielen Zischlaute in der polnischen Sprache nichts verstanden. Sein Wortschatz war zu klein. Alicja sagte ihm, dass die Frauen sich über die Versorgungslage aufgeregt hatten. Kurz vor Krakau stieg eine Gruppe Wehrmachtssoldaten ein. Sie grüßten Julien, zogen es aber vor, weiter hinten im Waggon Platz zunehmen. Eine Alkoholfahne machte sich breit, die nur schwer vom Rauch billiger Zigaretten übertüncht wurde.

Julien hatte eine Stadt voller Kriegsschäden erwartet, doch der Blick aus dem Fenster verriet, dass hier nichts zerstört war. Als der Zug in den Bahnhof einfuhr, spürte er seine Aufregung. Nervös strich er über seine Hose und sah sich immer wieder um. Sie waren in Feindesland. Das hier war nicht Spanien, wo er höchstens die Polizei zu fürchten hatte.

Alicja flüsterte ihm zu: „Bleib ruhig, wir haben es gleich geschafft."

Sie umarmte ihn und erfasste seine Hand, die mit dem Ehering spielte.

Der Zug hielt und sie stiegen aus. Der Bahnsteig war voller Menschen. Nur wenige Uniformierte waren zu sehen. Sie gingen langsam zur Treppe. In der Bahnhofshalle steuerte Alicja auf den Zeitungskiosk zu und kaufte eine Modezeitschrift. Dabei sah sie sich um.

Im Freien sagte sie zu Julien: „Es ist alles klar."

Sie hatte einen kleinen Zettel in der Hand, den sie mit dem Wechselgeld bekommen hatte. Vom Vorplatz bewegten sie sich in Richtung einer Kirche, wechselten die Straßenseite und bogen in eine Gasse ein.

Alicja kontrollierte die Umgebung, dann klingelte sie an einer Toreinfahrt. Eine Frau ließ sie ein und führte sie in ein sparsam eingerichtetes Zimmer. Ein Schrank, vier Stühle und ein Tisch waren alles. An einer nackten Glühlampe hing ein Fliegenfänger, an dem schon viele Insekten ihr Leben gelassen hatten. Die Frau brachte eine Kanne Tee und ein Tablett mit belegten Broten herein.

Alicja sagte: „Greif zu. Wir wissen nicht, wann es wieder Essen gibt."

Nach einer halben Stunde klingelte es. Die Frau ließ den Besucher ein. Er begrüßte Julien in gebrochenem Deutsch, sprach dann aber Polnisch. Sie übersetzte: „Jerzy hat nur wenig Zeit. Der Plan musste geändert werden, deshalb lässt er uns ein altes Dokument hier, das dabei lag. Es ist nicht möglich, mehrere Bücher aus der Bibliothek heraus- und wieder hineinzuschmuggeln, ohne Verdacht zu erregen. Das Schriftstück trägt die gleiche Handschrift wie die Bücher. Sollte Sie dem gesuchten Autor zuzuordnen sein, sorgt er dafür, dass die zwei Kisten als sogenannte ‚Irrläufer' verschickt werden. Das muss aber unverzüglich passieren. Für den nächsten Tag sei Besuch aus Berlin angemeldet, der diese Bücher sehen will. Das Schriftstück können wir behalten."

Julien fragte ihn, wie er dazu gekommen ist. Jerzy erzählte, dass er zu Beginn der Besatzung befürchtet hatte, dass die Biblioteka Jagiellońska das gleiche Schicksal treffen könnte wie die Universitätsbibliothek in Leuven. Doch seltsamerweise hatten die Deutschen andere Pläne. Die Bibliothek wurde umbenannt und erhielt Unmengen an Bücherlieferungen. Aus den Eigentumsstempeln schloss er, dass sie konfisziert wurden. Die Eingänge ordnete man Fachgebieten zu. Zusätzlich gab es eine Liste mit ausgewählten Werken. Diese sollten einer Stelle für „Arier-Forschung" gemeldet werden.

Neben völkerkundlichen Büchern stand auf einer Suchliste „Scribent". Tatsächlich tauchten nach einiger Zeit zwei Kisten auf, auf die jemand mit Kreide „Scribent" geschrieben hatte. Seine Kollegin hatte die Meldung abgegeben, bevor er den Fund sichten konnte. Wenige Tage später rief ein Dr. Friedrich Stein aus Berlin an. Er bezog sich auf die Meldung und untersagte, Bücher aus der Kiste zu entnehmen.

Da Jerzy vermutete, dass sich in ihnen geheime militärische Unterlagen befanden, informierte er den Kontaktmann der Heimatarmee. Von dort bekam er die dringende Bitte, die Kisten zu sichern, bis der Inhalt gesichtet wurde. Leider kündigte Dr. Stein kurzfristig seinen Besuch an. Wegen der strengen Inventarisierung der Lieferungen hatte Jerzy keine Chance, ein Buch zu entnehmen. Das Schriftstück lag aber obenauf und hatte keine Inventarnummer.

Alicja nickte. Der Mann legte einen braunen Briefumschlag und weiße Baumwollhandschuhe auf den Tisch. Julien zog sie an und öffnete den Umschlag. In Seidenpapier war ein Brief eingeschlagen, der offenbar sehr alt war. Über einem Siegel stand auf Lateinisch, dass der Brief nicht zugestellt werden konnte, da der Kurier verstorben sei. Julien öffnete das mehrfach gefaltete Blatt. Ohne ihn zu lesen, erkannte er sofort, dass dies die Handschrift von Adrian VI. war. Er nickte dem Mann zu.

Alicja zögerte mit der Übersetzung. „Er sagt, dass er weiß, dass die Besucher morgen gegen 15 Uhr mit dem Nachmittagszug aus Berlin ankommen. Es handelt sich um Dr. Friedrich Stein und einen Italiener mit dem Namen Mario Vico. Für beide liegen Passierscheine bereit. Wenn wir sie identifizieren wollen, reiche es auf dem Bahnsteig zu stehen, denn ein Soldat mit einem Schild soll sie abholen, um sie zur Bibliothek zu fahren. Er wird jetzt veranlassen, dass die Kisten verschwinden. Alles andere übernimmt die polnische Heimatarmee."

Der Mann stand auf, verabschiedete sich und verließ den Raum.

Alicja sah die Unentschlossenheit in den Augen Juliens. „Du willst die Männer sehen?" Es war keine Frage, sondern eine Feststellung. „Dann müssen wir noch einen Tag in Krakau bleiben."

„Meinst du, dass wir hier übernachten können?"

„Ich weiß es nicht." Alicja stand auf und verließ den Raum. Kurze Zeit später kam sie herein. „Sie macht uns ein Bett zurecht."

Julien bedankte sich. Alicja sah ihn fragend an. Er sah auf das Dokument und sagte dann zu ihr: „Friedrich Stein ist schuld, dass meine Familie auf der Flucht ist."

Alicja legte ihre Hand auf seinen Arm und blinzelte ihm zu.

Auf dem Tisch lag der Brief. Julien fragte: „Hattest du in der Schule Latein?"

„Ja. Aber es ist schon sehr lange her. Willst du den Text übersetzen?"

„Wir sollten es versuchen."

Er schickte Alicja zu ihrer Gastgeberin, um Papier und Bleistift zu beschaffen.

Als sie zurückkam, saß er schon über den Text und murmelte etwas vor sich her.

„Gut. Wir machen das so. Ich lese den lateinischen Text vor und dann versuchen wir, ihn Wort für Wort zu übersetzen. Es geht nur um den ungefähren Sinn. Es wird keine Abschlussarbeit für die Schule."

Nach einer halben Stunde waren sie fertig. Durch die alten Redewendungen gab es einige unklare Stellen.

Julien las Zeile für Zeile vor, um mögliche Fehler auszuräumen:

„Mein Freund Erasmus. Es gibt Momente, in denen man das ganze Leben infrage stellen will. Du kennst mich. Ich habe immer auf Geradlinigkeit geachtet. Die Lehrmeinung war mir wichtiger als der theologische Disput. Ich habe Hunderte Zitate im Kopf, die jedes Argument belegen konnten. Die Bibel war mein Wortschatz. Ich habe den Kopf damit gefüllt und mir ein Weltbild zusammengebaut, das jetzt zusammenzustürzen droht.

Der entscheidende Fehler meines Lebens war, dass mir die Fantasie abhandenkam. Die neuen Ideen aus deinem Mund empfand ich als Bedrohung. Die Ereignisse von Zaragoza, von denen ich dir geschrieben habe, haben in mir eine Tür geöffnet, die sich nicht mehr schließen lässt. Ich hoffe, dass du den Brief vernichtet hast. Der Text ist lebensgefährlich.

Trotzdem bitte ich dich dringend, nach Rom zu kommen. Ich brauche dich hier. Ich habe nur wenige Freunde in meiner Umgebung, denen ich trauen kann. Leider haben sie nicht die notwendige Bildung, um den neuen Anfang theologisch zu begründen. Ich bin nicht in der Lage, mich völlig vom Alten zu lösen. Zu viel muss bedacht werden, wenn das Ergebnis gut werden soll. Wenn nicht, ist alles verloren.

In Zaragoza erkannte ich die ewige Wahrheit, die älter ist als mein Glaube. Hat Gott mich geschickt, die Sünden und Lügen auszutreiben? Nach einem Mordversuch bin ich mir sicher, dass mein Leben in ständiger Gefahr ist. Es wurde ein Spion entdeckt, der die Pläne den Feinden zu einem Judaslohn ausliefern wollte. Ich bin mir bewusst, dass es ein großes Opfer ist, aber die Rückkehr der Wahrheit sollte es wert sein. Die alten Bücher müssen für immer geschlossen werden, um neue zu schreiben. Ich erwarte dich in Rom.

Dein Lehrer Adrian."

Alicja war verwirrt. „Ich verstehe den Sinn des Briefes nicht."

Julien sah auf das Original. „Ich schon. Sei mir nicht böse, dass ich es dir nicht erkläre. Es ist besser so."

Minox „Riga" – Foto: Maximilian Sedlak, Leica Camera Classics GmbH, Wien

Er griff in die Tasche und holte die kleine Kamera heraus. Die Minox befand sich in der Lederhülle, die er sorgfältig öffnete. Das silberne Wunderding kam zum Vorschein. In London hatte er bei der Agentenausbildung Übungsfotos unter verschiedenen Bedingungen machen und entwickeln müssen. An sich war die Bedienung unkompliziert, da nur die Belichtungszeit und die Entfernung einzustellen waren. Er legte das Dokument so auf den Tisch, dass die

Notiz und das Siegel zu sehen waren. Dann löste er die Minox aus. Ein leises Klicken war zu hören.

Jetzt klappte er den Brief so auf, dass nur die letzten Zeilen und die Unterschrift des Autors im Blickfeld waren, als er auslöste. Dann veränderte er die Einstellungen an der Kamera und zitterte bewusst beim Fotografieren.

„Die Bilder werden unscharf!", warnte Alicja.

„Ich weiß. Das ist meine Absicht."

Er legte die Kamera wieder auf den Tisch, griff in die Tasche und holte sein Feuerzeug heraus. Das Papier mit der Übersetzung fing Feuer. Schnell öffnete er die Klappe des gusseisernen Ofens und warf das entflammte Blatt hinein. Ehe Alicja ihn daran hindern konnte, verbrannte er das Originaldokument.

Verwundert schaute Alicja ihn an. „War das nicht ein unwiederbringliches Dokument?"

„Ja, das war es. Es reicht mir, zu wissen, was der Inhalt war. Bitte vergiss den Inhalt."

„Aber warum?"

„Glaube mir, es ist besser so. Wilson bekommt die Fotos als Beleg und deine Freunde werden die Bücher an die richtigen Leute liefern."

„Bist du auf unserer Seite?"

„Wilson macht einen Job. Ich sorge dafür, dass er nur das tut, wozu er beauftragt wurde. Ich kann dir versichern, dass du keinen Fehler machst. Morgen werden wir die beiden Männer möglichst gut fotografieren und dann unsere Zelte hier abbrechen."

Alicja war sich nicht sicher. Ihre Augen hatten sich mit Tränen gefüllt.

„Wenn du es sagst." Julien umarmte sie.

* * *

Leises Klopfen weckte sie. Die Hausfrau kam mit Frühstück herein. Es war bereits neun Uhr. Die Anstrengungen der letzten Tage forderten ihren Tribut. Alicja musterte Julien.

„Du hattest in der Nacht Albträume."

„Habe ich etwas gesagt?"

„Nein, es war eher ein Stöhnen oder leises Weinen. Möchtest du mir nicht sagen, was dich bedrückt?"

„Es sind alte Geschichten."

„Sprich mit mir. Du kannst mir glauben: Es hilft."

Julien sah sie an. Das erste Mal sah er in ihr nicht nur die Kollegin, sondern eine junge, hübsche Frau.

„Lass mir etwas Zeit. In England gehen wir in einen Pub. Dann erzähle ich dir die Geschichte."

„Versprochen?"

„Ehrenwort!"

Julien hob seine Finger zum Schwur.

Alicja lachte. Dann erzählte sie von ihrer Kindheit und Jugend in Polen.

* * *

In der Nacht hatte es geregnet. Am Fenster hingen Tropfen, die helle Bahnen in den Schmutz auf den Scheiben gezogen hatten. Alicja war noch im Bad, als es an ihrer Tür klopfte. Julien öffnete sie.

Jerzy trat ein. Er setzte sich auf einen Stuhl und machte ein bedrücktes Gesicht. Alicja kam herein und begrüßte ihn herzlich.

Obwohl Julien kein Wort verstand, erkannte er an den Gesten, dass etwas vorgefallen sein musste.

Alicja fasste das Gespräch zusammen: „Jerzy konnte nur eine Kiste beiseiteschaffen. Die andere stand unerreichbar zur Abholung im Magazin. Um die Zweite zu retten, hat er auf ein Paket mit Goethes gesammelten Bänden ‚Scribent' geschrieben und sie vor die Tür gestellt. Die gesicherte Kiste steht im Moment im Keller. Wenn alles funktioniert, wird sie als wertlose Ware vor dem Eintreffen Steins mit dem Müll das Haus verlassen haben. Die Heimatarmee erledigt den Rest."

Julien nahm die Nachricht gefasst entgegen: „Das ist bedauerlich. Könnt ihr die Adresse von Stein oder dieser Forschungsstelle herausbekommen?"

Jerzy sagte zu und verließ das Haus. Alicja sah Julien unschlüssig an. Er lächelte.

„Es ist nicht schlimm. Solange eine Kiste fehlt, haben sie zu tun. Unsere Leute haben dann aber einen Anhaltspunkt, wo sie die Bücher finden. Stein wird vermutlich beim Absender der Lieferung suchen."

„Möchtest du trotzdem Stein auf dem Bahnhof abpassen?"

„Ja. Aber wir werden kein Risiko eingehen. Können wir von dort nach Zakopane fahren?"

„Das nehme ich an. Laut dem Fahrplan fährt der Zug um 15.33 Uhr. Wenn die Bahn pünktlich ist, haben wir eine halbe Stunde Zeit, um den Bahnsteig zu wechseln."

Julien holte die Minox aus der Tasche. Er stellte Entfernung und Belichtungszeit auf mittlere Werte ein. Er überlegte, wie er sie halten kann, ohne in einer großen Menschenmenge aufzufallen. Dann sah er Alicja an.

„Darf ich dir auf dem Bahnhof etwas näherkommen?"

Sie lachte: „Wenn wir schon gemeinsam ein Bett teilen müssen, wird ein Bahnsteig wohl ungefährlich sein."

„Stelle dich bitte einmal hin."

Er platzierte sie so, dass er sie umarmen und gleichzeitig die Minox bedienen konnte. Sie übten es einige Male. Dann hielt er sie etwas länger fest. Sie sah zu ihm auf.

„Ist das jetzt dienstlich?"

Er ließ sie los. Alicja lachte: „Dabei hatte es sich gerade so schön angefühlt."

Julien fühlte sich ertappt. Betont ernst sagte er: „Morgen weißt du, wie du dich hinstellen musst. Du bist mein lebendes Stativ."

„Oh Gott. So hat mich noch nie ein Mann bezeichnet."

Julien umarmte sie noch einmal: „Ich habe es nicht so gemeint."

Er drückte ihr einen Kuss auf die Wange.

Alicja sagte: „Ich glaube, bei der Ausbildung hast du ein Kapitel verpasst."

Sie nahm ihn in den Arm und küsste ihn inniglich. Abrupt trennte sie sich von ihm. „Bild dir nichts ein. Das war dienstlich!"

Julien stand unschlüssig da. Er war sich nicht sicher. In diesem Moment verblasste die Erinnerung an Irene, seine Freundin in Belgien.

Fotos von Stein

Der Bahnhof war voller Menschen. Alicja hatte bereits die Fahrkarten nach Zakopane gekauft. Am Schalter hatte man ihr bestätigt, dass beide Züge pünktlich eintreffen werden. Langsam gingen sie die Treppe zum Bahnsteig herauf, der gut gefüllt war. Neben Zivilisten mit allerlei sperrigem Gepäck standen Soldaten und Angehörige der SS. Einige grüßten den Hauptmann. Julien hatte Mühe, korrekt zu reagieren.

Sie stellten sich vor eine Werbetafel. Eine blonde Frau im weißen Kleid, mit einem bunten Blumenstrauß in der Hand warb: „Persil – gepflegte Wäsche tragen gibt Frische". Wie zum Hohn standen neben der Tafel Wehrmachtsangehörige, die offenbar einen Einsatz hinter sich hatten, denn ihre Uniformen waren voller Schlammspuren.

Julien suchte nach dem Soldaten, der Stein vom Zug abholen sollte. Er war nur wenige Meter entfernt. In ungelenker Schrift hatte man Namen mit Kreide auf eine Pappe geschrieben.

Alicja stieß Julien an und zeigte auf eine Hinweistafel. „Sammelbereich für Rekruten" und darunter kryptische Zahlen und Buchstabenfolgen. In diesem Moment fragte auch schon ein Jüngling nach dem Sammelplatz. Sie mussten sich einen anderen Standort suchen.

Neben der Treppe konnten sie den Abholer gut sehen. Stein musste bei ihnen vorbei. Der Lautsprecher kündigte die Einfahrt des Zuges aus Berlin an.

Auf dem Bahnsteig wurde es unruhig. In der Ferne sah man den Rauch der Lokomotive aufsteigen. Als sie bei ihnen vorbeifuhr, hüllte sie alles mit einem Gemisch aus schwarzem Rauch und Wasserdampf ein. Der Zug hielt, die Türen öffneten sich und spuckten Hunderte Menschen aus.

Es war schwer stehenzubleiben, denn die Massen drängten zum Ausgang. Alicja stieß Julien an und wies mit dem Kopf in die

Richtung, in der sich, bis eben, der Soldat mit dem Schild befand. Obwohl er Stein nicht kannte, war er sich sicher, dass es die richtigen Personen waren, die sich gerade mit dem Soldaten unterhielten. Julien hatte den Begleiter von Stein erkannt. Mario Vico war der Mann, der in Zaragoza hinter Dr. de Monroy gestanden hatte. Sein wippender Gang hatte ihn verraten.

Wie vereinbart, umarmten sich Julien und Alicja. Sie warteten auf den richtigen Augenblick. Dummerweise schob sich noch ein dritter Mann in SS-Uniform in das Sichtfeld. Offenbar wollte er Stein begleiten. An der Treppe war die Sicht optimal.

Klick. Klick. Klick. Drei Fotos aus unmittelbarer Nähe.

Alicja fragte: „Alles gut?"

„Ja, besser geht nicht." Er küsste sie auf den Mund.

„Hey, hey. Darf ich auch mal?", riefen Soldaten und schmatzen lautstark.

„Das ist meine!", rief Julien. Alicja hatte sich bei ihm eingehängt, damit sie sich in den Menschenmassen nicht verloren. Schon die nächste Treppe mussten sie hinauf. Dort wartete der Zug nach Zakopane. Sie stiegen in den mittleren Wagen und setzten sich in Fahrtrichtung. Es waren nur wenige Passagiere. Einige Familien hatten Kinder dabei, die lautstark den Gang bevölkerten. Der Zug fuhr pünktlich ab. Julien fühlte sich entspannt. Er sah aus dem Fenster und genoss die schöne Landschaft. Alicja lehnte sich an seine Schulter. Gelegentlich drehte er sich zu ihr. Doch er spürte, dass sie nicht reden wollte.

„Zakopane! Alles! Aussteigen!", grölte der Lautsprecher. Die Menschen verließen den Zug. Kinder liefen voraus.

Alicja hielt Julien bei der Hand. Sie werden zwei oder drei Tage freihaben, bis es zu Fuß über die Berge geht. Es war eine kleine Pension. Die Empfangsdame registrierte den Blick, den Julien auf die Reihe der Haken mit den Schlüsseln geworfen hatte. Es waren kaum Zimmer belegt.

„Nebensaison und Krieg. Bald wird es wieder besser. Jemand hat eine Nachricht für Sie hinterlassen, Frau Hoffmann."

Alicja bedankte sich bei ihr. Es war ein schönes Zimmer mit Bad, Blick auf die Berge und einem kleinen Balkon.

„Wir müssen morgen Abend weg. Ich sage der Wirtin Bescheid, damit sie sich nicht wundert."

„Schade!", sagte Julien. Er hatte für ein paar Augenblicke vergessen, dass sie nicht im Urlaub waren.

Alicja kam herein: „Die Wirtin bedauert, dass wir schon abfahren müssen. Ich habe gleich bezahlt. Sie hat mir Wein mitgegeben."

Julien entkorkte die Flasche ohne Etikett. Alicja hatte Gläser auf den Tisch gestellt. Der Wein war süffig. Sie setzten sich auf eine Bank und sahen, wie die Sonne hinter den Bergen verschwand. Am Abendbrot war zu merken, dass sich die Versorgungslage verschlechtert hatte. Die Wirtin setzte sich für ein paar Minuten an ihren Tisch und sprach über die guten alten Zeiten. Früher hätten sogar Filmstars bei ihr übernachtet. Sie sei sich aber sicher, dass alle wiederkommen werden. Irgendwie war die gute Stimmung weg.

„Wollen wir hochgehen?", fragte Alicja.

„Klar!", sagte Julien.

Auf dem Balkon war eine kleine Bank. Sie sahen zum Himmel auf. Julien suchte das Sternbild „Großer Wagen". Alicja schlief an seiner Schulter ein. Er trug sie in ihr Bett. Dann legte er sich zu ihr und sah, wie ihre Brust sich hob und senkte. Es war warm an ihrer Seite.

* * *

Als er erwachte, hatte sich Alicja aufgerichtet und kitzelte mit einer verlorenen Bettfeder an seiner Nase.

„Hast du das ernst gemeint, auf dem Bahnhof?"

„Was?"

„Na, dass ich deine bin."

„Ich weiß nicht, ob man mit einem menschlichen Stativ etwas anfangen kann."

Alicja lachte und stieß ihn in die Rippen. Julien hielt sie fest, bis sie sich nicht mehr wehren konnte. Dann ließ er los und zog sie aber nach kurzem Zögern wieder an sich.

„Das mit dem Stativ nehme ich zurück."

Sie strich mit den Fingern über seine Brust. „Ich war schon lange nicht mehr mit einem Mann zusammen. Liebst du mich?", fragte sie.

„Ich glaube ja."

„Glauben reicht mir nicht."

„Ja, Ja, Ja. Wenn du willst, schreie ich es in die Welt."

Sie küsste ihn, bis er still war. Dann zog sie ihr Nachthemd aus und half ihm, sich von seiner Hose zu befreien.

„Du riechst immer noch nach Fichtennadeln."

„Stell dir vor, wir wären im Wald. Alles ringsumher ist still. Wir haben uns auf eine Wiese gelegt und schauen zum Himmel. Ein paar Sternschnuppen fliegen vorbei und du kannst dir etwas wünschen."

Sie sagte: „Das habe ich schon."

„Ich auch."

* * *

Am späten Nachmittag verabschiedeten sie sich von der Wirtin.

„Ich hoffe, wir sehen uns einmal wieder."

Zwei Kilometer hinter dem Ort führte ein Weg bergauf. An einer Schutzhütte wartete ihr Kontakt. Es war ein alter Mann, der Schafe hütete, die den Hang bevölkerten. „Ich habe Wanderschuhe und Zivilkleidung mitgebracht. In der Uniform sind Sie nicht überall willkommen."

An Alicja gewandt fügte er hinzu. „Meine Tochter hat etwas ausgesucht, das Ihnen passen sollte. Nehmen Sie nur mit, was Sie unbedingt brauchen. Die Waffe geben Sie mir bitte. Ich lege sie zum Werkzeug in den Rucksack. Hier sind neue Papiere."

Nach fünf Minuten hatten sich zwei Menschen verwandelt.

Alicja sah an sich herunter. „Ich fühle mich richtig wohl in den Sachen. Die Stiefel waren ohnehin zu klein. Vielen Dank."

Der Alte sagte mürrisch: „Schickt uns lieber ein paar Truppen. Ich weiß nicht, wie lange wir das hier noch aushalten. Es wird immer schlimmer. Augenblick noch." Er holte eine Taschenflasche heraus. „Der Berggeist hilft uns, den Weg zu finden."

Jeder trank einen Schnaps, dessen Weg bis in den Magen zu spüren war. Der Schäfer wischte sich die Lippen mit dem Ärmel seiner Jacke ab. „Es wird Zeit. Um 22 Uhr ist Übergabe."

Er begleitete sie bis auf einen Gipfel. Dort wartete eine junge Frau. Sie war seine Enkelin. Erst in den frühen Morgenstunden beendeten sie den Fußmarsch. Die Hütte klebte wie ein Schwalbennest an einem Abhang. Die Frau öffnete die Tür und sah sich im Raum um, der nur mit einem groben Holztisch und zwei grob zurecht gesägten Bänken ausgestattet war. „Esst etwas. Hier sind etwas Bier, Brot und Speck. Wir müssen bis zum Nachmittag warten. Sporadisch treiben sich hier Gebirgsjäger herum. Sicherheitshalber solltet ihr deshalb nicht ans Fenster gehen."

Nach der Pause führte sie Julian und Alicja den Berg hinauf. Sie nutzten einen Pfad, unterhalb des Kammweges. „Auf dem Kamm würde man uns kilometerweit sehen. Von hier aus können wir zur Not ins Dickicht fliehen."

Innerhalb weniger Minuten frischte ein Wind auf. Ein übles Gewitter weichte die Wege auf. Im Tal wartete an einer Weggabelung ein Fuhrwerk. Die Frau wies auf den Kutscher und meinte: „Josef wird euch bis ins nächste Tal bringen. Von dort ist es nicht mehr weit."

Sie verabschiedeten sich. Der Kutscher ließ die Pferde gemütlich trappeln. „Wer langsam geht, kommt auch ans Ziel", brabbelte er.

Der Wagen hatte einen riesigen Haufen Stroh geladen. „Innen ist eine Kiste. Versteckt euch dort."

Es war sehr eng und staubig. Sie konnten nur gebückt sitzen. Josef sang den ganzen Weg Volkslieder. Selbst Alicja kannte sie nicht. Sie meinte, dass sie in irgendeinem Dialekt seien. Die letzte Etappe mussten sie wieder laufen. Es ging durch dichten Wald. Dann erblickten sie einen See, der von Bergen umschlossen war. Büsche schirmten ihn an den Hängen ab. Ihr Begleiter hatte den ganzen Weg nichts gesagt. Jetzt zeigte er auf den See.

„Das ist der ‚Schwarze See'. Ihr bleibt hier. Ich warte in der Hütte. Sobald der Flieger zu hören ist, zünde ich Orientierungsfeuer an. Dann lauft ihr sofort zu dem kleinen Steg. Das Wasser ist dort nur knietief. Der Flieger hat eine Seitentür. Der Co-Pilot wird euch ins Innere ziehen. Sollten Soldaten auftauchen, sehen sie euch erst, wenn ihr direkt am Wasser seid."

Julien fragte: „Sind hier oft Soldaten unterwegs?"

„Eher selten und dann nur am Tage. Es gibt einen unbefestigten Weg und ein paar Wanderwege. In der Dunkelheit traut sich niemand in die Berge."

„Wann kommt der Flieger?", fragte Alicja.

„Ich weiß es nicht genau. Wir werden ihn nicht verpassen, denn er landet praktisch vor unserer Nase. Der Pilot hat gute Sicht auf den See und die Umgebung.

Wir sind einige Stunden hier. Falls sich Soldaten herumtreiben, müssen wir die Aktion abbrechen."

Der Platz war gut gewählt. Sie überblickten den See und den Weg bis zum Kamm des Berges, von dem sie gekommen waren. Die gegenüberliegende Seite war ohne Baumbewuchs und stieg steil auf.

Julien holte die Minox aus der Tasche: „Machst du bitte ein Foto?"

Er zeigte dem Bergführer, wie die Kamera funktionierte. Alicja umarmte Julien und lachte. In ihren Augen spiegelte sich die Sonne. Es wurde schnell dunkel. Ein leises Brummen war zu hören.

„Das ist er!", rief Josef.

Er lief zum Ufer und entzündete kleine Reisighaufen. Alicja nahm Julien bei der Hand. Sie rannten zum Steg. Bevor der Flieger die Wasseroberfläche berührt hatte, waren sie im Wasser. Der Pilot hatte sie entdeckt und steuerte das Flugzeug so, dass er bei ihnen zu Halten kam. Ein Besatzungsmitglied zog sie ins Innere.

„Schnell weg", rief er dem Piloten zu. Der schob den Starthebel nach vorn. Der Motor quälte sich, bis das Flugzeug sich vom Wasser löste.

Der Pilot hob den Daumen: „Wir haben Glück gehabt." Er zeigte auf zwei schwach schimmernde Lichter. „Es ist ein Mannschaftswagen, aber zu weit weg. Bis er im Tal ist, sind wir über Zakopane."

Ein Knall übertönte das Brummen der Motoren. Irgendwo kam ein Pfeifen her. Julien brannte die Schulter.

Der Pilot rief: „Alles klar bei euch?"

Julien schrie: „Ich bin verletzt. Kannst du mir helfen?"

Erst dann sah er zur Seite. Alicja starrte ihn an.

„Was ist mit dir?", fragte er und stieß sie an. Ihr Körper kippte zur Seite.

„Alicja ist getroffen!", schrie er.

Der Copilot kam nach hinten. Er hatte eine Taschenlampe und Verbandszeug dabei. Er sah zu der Frau und blickte dann zu Julien.

„Ich glaube, sie hat dir das Leben gerettet."

Schräg unter ihrem Platz sah man das Einschussloch. Das Projektil war durch ihren Körper gedrungen und hatte erst dann Julien getroffen. Blut strömte aus ihrer Wunde und sammelte sich in einer großen Lache. Durch die Schräglage des Flugzeugs lief es in einem Rinnsal nach hinten. Sein Blut vermischte sich mit Alicjas Blut. Er spürte den Schmerz nicht mehr. Geschockt ließ sich Julien verbinden. Sein Blick war leer. Der Copilot löste Alicja von ihrem Sicherungsgurt, legte sie auf den Boden und deckte sie mit einer Plane zu.

„Tut mir leid. War es deine Frau?"

Julien blickte auf. Statt einer Antwort nickte er mit seinem Kopf. „Meine Frau", dachte er bei sich. Ein Beruhigungsmittel aus der Spritze löste seine Gedanken auf, dann schlief er ein.

* * *

Stunden später wachte er auf. Der Copilot hantierte an ihm herum. „Es geht jetzt in Richtung Hamburg. Dort werden wir Teil unserer Bomberstaffel, die auf dem Rückflug nach England ist. Wir haben Glück, dass wir eine solche Begleitung haben."

„Wir haben Glück", wiederholte Julien.

Im Halbdunkel der Notbeleuchtung sah er das Gesicht von Alicja. Die Plane war etwas verrutscht. Er löste seinen Gurt und setzte sich neben den Leichnam. Bevor er sie wieder zudeckte, strich er ihr über das Haar und küsste ihren Mund.

Der Flug verlief ohne Störungen. Gelegentlich informierte der Pilot über ihren Standort: „Das ist Hamburg."

In großer Entfernung beleuchtete ein Flammenmeer den Himmel. Seitlich von ihnen sah man schwarze Punkte. „Vorsicht, ich fliege eine Kehre und ordne uns in den Schwarm ein."

Der Pilot sprach Meldungen ins Mikrofon. Monotone Antworten kamen aus dem Lautsprecher. Es wurde laut. Von allen Seiten wurden sie von Bombern und Jagdfliegern umschlossen. Unten sah man vereinzelte Blitze und die Strahlenfinger der Flakscheinwerfer.

Julien wurde nachdenklich. In Hamburg sind nicht nur Militäranlagen. Er hatte Zweifel, ob der Angriff gerechtfertigt war. Und sein Auftrag? Er hat ihn erledigt. Ist Alicja umsonst gestorben? Er schlief ein und wachte erst beim harten Aufsetzen auf der Wasserfläche auf. Sie waren wieder in England.

Am Ufer stand ein Krankenwagen, der Julien und Alicja ins Hauptquartier fuhr. Dort wartete Wilson. Statt einer Begrüßung umarmte er ihn. „Tut mir leid. Ich habe sie von ganzem Herzen gemocht."

* * *

Zwei Tage später betrat ein Offizier Juliens Quartier. Er kam von Wilson. „Morgen ist die Totenmesse in der Synagoge. Ich hole Sie gegen 10 Uhr ab."

„Alicja war Jüdin?", fragte Julian erstaunt. „Das hat Sie mir nicht erzählt."

„Sie gehörte zu den Kindern, die von englischen Pflegeeltern aufgenommen worden sind. Ihre Familie ist vermisst."

Der Offizier griff in seine Kartentasche. „Ich habe noch etwas für Sie. Wilson meinte, dass Sie die Bilder bestimmt ..."

Er stockte. „Also ich meine ... Sie wissen schon. Vielleicht möchten Sie eine Erinnerung haben."

Julien nahm die Bilder aus dem Kuvert. Es waren zwei persönliche Bilder von Alicja und das Foto, das die Minox von ihnen in den Bergen aufgenommen hatte.

„Das ist auch noch für sie."

In einem zweiten Kuvert waren drei Fotos. Friedrich Stein und Mario Vico auf dem Bahnhof in Krakau. Im Hintergrund sah man das Bahnhofsschild und das Gesicht von dem SS-Angehörigen, der sich in das Blickfeld gedrängt hatte.

„Danke. Richten Sie Wilson Grüße aus."

Julien war gerührt. Trotzdem war er sich nicht sicher, ob es bei Wilson reines Mitgefühl war.

* * *

Bei der Totenfeier in der Synagoge setzte man ihn ungefragt in die erste Reihe. Er hörte Gebete und den Singsang einer fremden Sprache. Einiges konnte er sogar verstehen, da das Jiddische dem Deutschen ähnelte.

Nach der Beisetzung gab es eine Feier. Immer wieder wurde er gefragt, ob er der Witwer von Alicja sei. Er verneinte es, doch die Leute meinten, dass Julien sich dessen nicht zu schämen brauche. Schließlich war sie eine gute Frau. Mit ihm sei sie im Tod nicht allein gewesen. In ihren Augen blieb er ihr Mann. Er gab den Widerstand auf. Die Gespräche drehten sich immer wieder darum, wessen Verwandte noch am Leben oder vermisst waren. Einer der Gäste sah, dass sich Julien fehl am Platz fühlte. Er nahm ihn beiseite.

Entschuldigend sagte er: „Tut mir leid. Aber es ist unser wichtigstes Thema. Auch Alicja hat ihre Verwandten gesucht. Sie kam als unbegleitetes Kind mit dem Schiff aus Deutschland nach England. Sie bekam nie Post von ihren Eltern. Nur noch ihre Großmutter meldete sich, bei der sie oft ihre Ferien verbracht hatte. Sie lebte in der

Nähe von Krakau. Deswegen hat sie sich immer wieder für Aktionen in Polen gemeldet."

Julien war gerührt. „In der Nähe von Krakau ist sie auch gestorben."

„Wir haben schon gesammelt. Sie bekommt einen würdigen Grabstein. Wenn er fertig ist, laden wir dich ein. Dann kannst du einen Stein niederlegen. Ich bin Aaron Zucker oder Azúcar, wie mich die meisten nennen."

„Ist das nicht spanisch?", fragte Julien.

„Ja, aber ich bin kein Spanier, sondern deutscher Jude. Als ich für die Republikaner in Zaragoza gekämpft habe, haben sie mich umbenannt. Eigentlich ist es nur die spanische Übersetzung meines Namens. Der ist bei mir hängen geblieben."

„Ich war auch für einige Jahre in Spanien im Einsatz. Ich bin Belgier, der nach Argentinien ausgewandert ist."

„Warst du in Zaragoza?", fragte Aaron.

„Ja, warum fragst du?"

„Dort wurde ich nach einer Schlacht festgenommen. Franzosen halfen mir bei meiner Flucht. Sie haben mich mit einem Schiff nach Großbritannien gebracht."

„Dann hast du von Zaragoza nicht viel mitbekommen."

„Nein. Außer der Polizeistation habe ich fast nichts gesehen. Als sie mich mit einem Leiterwagen nach Barcelona bringen wollten, habe ich eine Pinkelpause genutzt und bin mit noch einem Gefangenen entwischt. Wir sind in zwei verschiedene Richtungen gelaufen. Ehe sich die Polizisten entschieden hatten, wen sie verfolgen, waren wir verschwunden."

Aaron lachte. „Das klingt lustig, aber damals war mir nicht zum Lachen."

Julien stellte sich die Situation vor und musste auch lachen.

Aaron goss einen Schnaps ein. „Salud!"

„Salud! Oder à votre santé!"

„Ehe du das auf Französisch gesagt hast, habe ich schon den Zweiten eingegossen. Salud!"

* * *

Bis zum Jahresende 1943 blieb Julien im Innendienst des MI6. Wilson hatte dafür gesorgt, dass er eine Medaille bekam. Er wollte sie nicht und legte sie unbenutzt in seinen Koffer, der darauf wartete, dass er wieder nach Argentinien fliegt.

Im Januar 1944 wurde Julien nach Frankreich geschickt, um die Anlandung englischer und amerikanischer Kräfte zu unterstützen. Nach der Befreiung von Leuven war er für einige Stunden in der Stadt. Ihr Haus war zerstört und seine Freundin Irene in der Wohnung ihrer Oma umgekommen. Es gab kein Grab für sie, da beim Bombeneinschlag alles verbrannt war. Obwohl er sie nur kurz gekannt hatte, vermischte sich die Trauer um sie mit der Erinnerung an Alicja.

Der alte Ring

Julien wusste nicht, wie es für ihn weitergehen sollte. Er hatte als Übersetzer für den MI6 in der britischen Besatzungszone gearbeitet. Seine Hoffnung, dabei auf eine Spur zu Friedrich Stein zu stoßen, hatte sich zerschlagen. Es war nur viel Arbeit, mit wenig Erfolg. Niemand kannte ihn. Auch ein Freund, der beim Nürnberger Kriegsverbrechertribunal arbeitete, konnte ihm nicht weiterhelfen. Stein war ein zu kleines Licht, und auch unter dem Stichwort „Scribent" gab es keinen Hinweis in den Akten.

Als sich Wilson bei ihm meldete, ging er davon aus, dass er ihn ins Hauptquartier nach London holen wollte. Doch schon im ersten Satz teilte er ihm mit, dass seine Zeit beim MI6 vorbei sei. Er müsse ihn aber dringend persönlich sprechen. Sie trafen sich in einem Landgasthof, etwas außerhalb von Brüssel. Wilson begrüßte Julien herzlich. Nach etwas steifem Small Talk lehnte er sich in seinem Stuhl zurück, griff in die Seitentasche seines Jacketts und zog einen Umschlag heraus. Er öffnete ihn und legte ein paar eng beschriebene Seiten und ein Foto auf den Tisch.

„Weißt du? Ich mache gerne reinen Tisch, wenn ich einen Auftrag erledigt habe. Deshalb möchte ich dir ein paar persönliche Notizen und ein Dokument geben. Vielleicht ist das für dich wichtig. Vielleicht lege ich auch zu viel Bedeutung hinein."

Wilson drehte das Foto so, dass Julien die Rückseite sehen konnte. Mit Bleistift standen ein paar Worte darauf: „Quentin Mertens, Hauptarchivar in Löwen, wusste, wo die Scribent-Bücher versteckt waren, und besaß den Ring. Er ist tot. François Gaspard könnte seinen Aufenthaltsort kennen."

Wilson drehte das Foto um. Es zeigte nur eine Hand mit einem Ring, die auf einem Totenschädel ruhte.

Julien begann zu zittern. „Von wem ist das Foto?"

Wilson legte seinem Freund die Hand auf die Schulter. „Er ist tot und kann dir nichts mehr tun."

Julien sah ihn an: „Friedrich Stein?"

„Nein. Heinrich Himmler."

Wilson zeigte ihm eine Art Quittung. Darauf bestätigte ein englischer Offizier die Übergabe des Fotos. „Himmler hatte es in seinem Besitz, als er sich am 23. Mai 1945 in Lüneburg das Leben nahm. Ich konnte ihn nicht mehr dazu befragen. Ein englischer Wachsoldat wollte das Foto als Andenken mitnehmen, als Himmlers Leichnam durchsucht wurde. Ich habe es ihm abgenommen. In den Protokollen taucht es nicht auf. Ich dachte, es ist besser, wenn der Name deines Vaters nicht in Verbindung mit Himmler auftaucht. Als ich das Foto sah, erinnerte ich mich an die Zeichnung, die dein Vater von einem Ring gemacht hatte".

Julien sah sich das Foto ganz genau an. „Wurde es von einem Gemälde abfotografiert."

„Ja, ich habe es vergrößern lassen. Man sieht genau den Stift und jedes Detail des Rings. Ich habe extra mehrere Kataloge durchgesehen. Himmler hat Kunst gesammelt. Bisher habe ich keinen Hinweis gefunden, wem die Hand gehört. Dem Stil nach könnte das Bild im 16. Jahrhundert gemalt worden sein. Ich glaube, das Foto diente der Fahndung nach dem Ring".

Er zog eine Notiz aus den Papieren. „Friedrich Stein soll sich in den letzten Monaten in Frankfurt aufgehalten haben. Dort soll er mithilfe der Gestapo einen Schaffner gesucht haben, der 1943 bei der Überwachung der Abfahrt von Zügen nach Osten von einem französischen Kriegsgefangenen einen Ring zur Aufbewahrung erhalten haben soll. Als sich die Amerikaner näherten, brach er die Suche ab. Von Stein fehlt seitdem jede Spur. Vielleicht ist er tot oder hat sich versteckt. Jedenfalls hat er seinen Gönner verloren. Du könntest mit mir nach England kommen. Einen Auktionator kann Sotheby's immer gebrauchen."

Julien blickte auf das Bild und dann auf Wilson. „Ich glaube nicht, dass meine Eltern nach England kommen wollen."

„Willst du auch in die Wärme?"

„Vor allem vermisse ich meine Familie. Wenn ich die Möglichkeit hätte, würde ich nach Argentinien gehen. Carlos hat bestimmt Arbeit für mich."

Zögernd sagte Wilson: „Der MI6 wird dir nicht helfen. Aber ich kenne jemanden, der vielleicht die Überfahrt organisiert. Ich würde es auch selbst machen, aber ich will nicht damit in Verbindung gebracht werden."

„Wer ist dieser Jemand? Kenne ich ihn?"

Wilson nickte. „Ich werde mit ihm sprechen. Er wird sich bei dir melden, wenn er Interesse hat."

Julien sah Wildon abschätzend an. „Gut."

„Es ist nicht so, dass ich dir nicht helfen möchte. Aber es würde gegenwärtig den Interessen des MI6 zuwiderlaufen. Politik ist manchmal kompliziert. Churchill hat die Aktion auf eigene Rechnung gemacht. Du solltest wissen, dass er Mitglied der Freimaurerloge Ancient Order of Druids ist."

„Was ist daran das Besondere?"

„Die Loge ist nicht religiös gebunden. Das heißt, auch Atheisten und Frauen können Mitglied werden. Sie setzen sich für Humanismus, Brüderlichkeit, tätige Nächstenliebe, Toleranz und den Schutz der Menschenrechte ein. Eine ihrer Grundregeln ist, dass in den Logen nicht über Religion und Politik diskutiert wird. Deshalb habe ich nicht verstanden, warum man sich so sehr für die Bücher eines Papstes interessierte. Das passt nicht zusammen. Da muss etwas dahinterstecken, was ich nicht erkennen kann. Die Loge beruft sich gerne auf den lateinischen Spruch ‚Sapere aude' des römischen Dichters Horaz. Immanuel Kant hat es so übersetzt: ‚Habe Mut, dich deines eigenen Verstandes zu bedienen!' Es scheint mir, als sei dieser Spruch für dein Geheimnis erfunden worden. Wenn man bedenkt, dass der Dichter den Spruch 20 Jahre vor Christi Geburt veröffentlicht hat. Irgendeinen Sinn müssen die Gründer der Loge darin gesehen haben."

Wilson machte eine Pause. Dann sagte er: „Vielleicht muss man in größeren Dimensionen denken".

Sichtlich bewegt verabschiedeten sich die beiden Männer.

* * *

Bereits eine Woche später meldete sich Aaron Zucker bei Julian, den er aus London kannte. „Wilson schickt mich. Er hat gesagt, dass du zurück nach Argentinien willst."

„Ja. Er wollte mich zwar als Auktionator für Sotheby's in London gewinnen, aber es ist für mich Zeit, die Zelte in Europa abzubrechen. Ich habe meine Eltern seit Jahren nicht gesehen. Zugegebenermaßen leide ich auch unter dieser depressiven Situation in Belgien. Wilson hat angedeutet, dass es eine Möglichkeit für eine Überfahrt gibt. Ich verstehe bloß nicht, was du mit Argentinien zu tun hast."

„Wir suchen ehemalige hochrangige Nazis, die dort untergetaucht sein sollen. Vor Ort haben wir niemanden, der zumindest den Hinweis prüft. Gegenwärtig geht es besonders um diesen."

„Den habe ich auf dem Bahnhof in Krakau gesehen. Wer ist das?"

„Das ist Dr. Josef Mengele. Er war Arzt im KZ Auschwitz."

Julien sagte: „Ich habe ein Bild, auf dem er zu sehen ist."

Er suchte es heraus und zeigte es Aaron.

„Das ist interessant. Kennst du die anderen Personen auf deinem Bild?"

„Ja. Es sind Friedrich Stein und Mario Vico, ein Italiener."

„Manchmal ergeben sich daraus Querverbindungen, die wir verfolgen können."

Julien fragte skeptisch: „Wer sind wir? Der MI6?"

„Nein. Das Kapitel habe ich abgeschlossen. Es gibt eine jüdische Organisation, die nach untergetauchten Nazis sucht. Momentan läuft alles auf privater Grundlage. Die meisten Kontaktleute haben Erfahrungen aus dem Widerstand. Allerdings kommen sie aus Europa. Wir hoffen, dass Israel bald eine Institution schafft und wir professionell arbeiten können."

Unsicher sagte Julien: „Ich bin kein Detektiv. Was ich von Geheimdienstarbeit weiß, bezog sich auf das Ausspähen von Objekten und das Erkennen von Fälschungen. Hinter irgendwelchen Leuten hinterherlaufen und nicht entdeckt werden, das kann ich nicht."

„Aber du hast Fotos gemacht."

Julian drehte sich weg. „Ja, aber dabei war ich nicht allein."

Aaron fragte: „Alicja?"

Julien nickte.

„Glaube mir, ich kenne das. Wilson hat mir etwas für dich mitgegeben. Sozusagen als Entscheidungshilfe." Aaron legte eine kleine Schachtel auf den Tisch. „Mach auf!"

Julien öffnete die handliche Verpackung. Es kam eine Minox-Kamera zum Vorschein. Behutsam nahm er sie in die Hand und strich fast zärtlich über das Edelstahlgehäuse. Seine Augen wurden feucht. „Ist es die Kamera, die ich in Polen hatte?"

Aaron nickte. „Ja. Wilson hat mir die Geschichte von Alicja erzählt und konnte die Kamera irgendwie beschaffen."

Julien hielt jene Kamera in der Hand, die ihn gemeinsam mit Alicja fotografiert hatte. Sie war so etwas wie ein Augenzeuge von einem der schönsten Momente in seinem Leben.

„Vielleicht ist es eine kleine Genugtuung für dich, wenn du mit ihr die Verbrecher entlarven kannst, die sich in Argentinien verstecken. Sie ist deine Waffe."

Julien sollte Fahndungsfotos vertrauenswürdigen Bekannten in Argentinien zeigen, Treffpunkte von deutschen Nazis suchen und Verdächtige fotografieren.

* * *

Das Frachtschiff sollte gegen 10 Uhr auslaufen. Aaron wartete am Kai. „Alles klar Julien. Jetzt geht es in die Wärme. Bist du schon aufgeregt?"

„Ich gebe es zu. Vielleicht auch, weil der Kahn etwas klein geraten ist."

„Man muss nehmen, was man bekommt. Das nächste Schiff hätte in Spanien Zwischenstopp gemacht. Das schien mir bei deiner Vorgeschichte zu gewagt."

„Spanien wäre für mich im Moment nicht gerade mein Traumziel. Man weiß nicht, ob man auf General Francos schwarzer Liste steht."

„Zum Abschied habe ich dir eine Flasche echten belgischen Wacholderschnaps mitgebracht. Es ist zwar nicht der Beste, aber vielleicht schmeckt er etwas nach Heimat."

„Danke. Ich werde ihn Vater schenken. Für meine Mutter habe ich belgische Pralinen eingepackt."

„Das ist dein Kontakt in Buenos Aires."

Aaron reichte ihm einen Zettel.

„Erich Salzmann ist ein entfernter Cousin von mir. Ihm kannst du Informationen oder Fotos geben. Für mehr ist er leider nicht geeignet. Als Juwelier sitzt er den ganzen Tag in seinem Laden und schleift Edelsteine. Er ist etwas eigenbrötlerisch, aber absolut zuverlässig. Ich schicke ihm Fotos von gesuchten Personen. Im Umschlag sind erst einmal zehn Stück. Du sollst nur nach ihnen Ausschau halten und sie vielleicht vor Ort fotografieren. Hier sind ein paar Filme für die Minox. Nachschub kommt über meinen Cousin. Vielleicht gibt es in Argentinien einen Kodak-Laden."

Zurück nach Argentinien

Die Überfahrt war unbequem. Julien schlief in einer Kammer über dem Motor. Es war laut und roch nach Schweröl. Die Fahrt und Verpflegung hatte man ihm bezahlt. Die Langeweile kam umsonst. Er übernahm einige Hilfsarbeiten, die seine Geldbörse aufbesserten.

Der Hafen von Buenos Aires empfing sie im grellen Licht der Mittagssonne. Es war windstill. Selbst die leichte Flaute, die sonst die Hitze erträglicher machte, fehlte. Julien lief der Schweiß in Strömen den Rücken herunter.

Er suchte mit den Augen seine Eltern. Er war aufgeregt wie ein kleiner Junge.

Ein rotes Cabriolet erregte seine Aufmerksamkeit. Gerade hielt es am Anlegeplatz. Eine Melodiehupe spielte „La Cucaracha". Carlos saß am Steuer und winkte mit seinem Panamahut. Neben ihm saß sein Vater, auf den Notsitzen Mutter und Annette Blanche. Als sie ihn an der Reling erblickten, schwenkten sie kleine Fahnen und riefen etwas, das im Lärm des Hafens unterging.

Julien war ergriffen. Ihm liefen die Tränen herunter. Er konnte nicht anders. An Land umarmte ihn seine Mutter so fest, als ob sie ihn nie wieder loslassen wollte.

„Mein Gott bist du groß und stark geworden."

„Nun lass ihn doch erst einmal Luft holen", sagte sein Vater. „Du hast ihn ja wieder."

Er boxte Julien kumpelhaft in die Rippen.

Frau Blanche drückte ihm einen Kuss auf die Wange, der einen deutlichen Kussmund hinterließ. Carlos lachte herzhaft und fragte, auf den Lippenstift hinweisend: „Hast du die Kriegsbemalung schon mitgebracht?"

Sie verpackten das Gepäck im Kofferraum, dann schob Carlos Julien auf den Fahrersitz und setzte sich daneben. „Aber bitte ohne

Beulen. Das ist kein Geländewagen und wir sind nicht im Kriegsgebiet."

Julien musste sich erst an das Fahrgefühl gewöhnen. Das war nicht der Jeep, den er bei der amerikanischen Kommandantur gefahren war. Als er aufs Gas trat, drückte es ihn in den Sitz. Carlos lachte. „Jetzt aber ruhig mit den Pferden."

Statt nach Hause lotste Carlos ihn zu einem noblen Restaurant. Sie setzten sich auf die Terrasse, von der man die Stadt überblicken konnte. Die Wärme drang in ihn ein. Julien fühlte sich angekommen.

Dann erinnerte er sich an den Tag, als er mit Alicja in das Tal geblickt hatte. Momente sind so vergänglich, trotzdem sehnt man sich nach ihnen. In der Tasche, nah beim Herzen, trug er das Bild von ihr. Was wäre, wenn sie jetzt mit ihm hier säße?

Gern hätte er sich der Illusion hingegeben, aber seine Eltern ließen ihn nicht in Ruhe. Wie ein Märchenonkel musste er erzählen, wie es ihm ergangen war. Sie hörten zu und es schien ihm, als ob hier die Zeit stehen geblieben wäre, denn sie wussten kaum etwas davon, was in Europa passiert war. Eine Zeile in der Zeitung konnte eben nicht das wirkliche Leid widerspiegeln. Seine Fotos vom zerstörten Leuven erschreckten zwar, doch zeigten sie nur einen Bruchteil der Ruinen.

Als er von einem Film erzählte, der vom Konzentrationslager bei Weimar berichtete und das Zusammenschieben Tausender Leichen beschrieb, wurde es still. Man hörte nur noch das Surren der Klimaanlage.

„Ich habe viele Freunde verloren. Sie sind umgekommen, weil ich sie nicht retten konnte. Andere haben mich gerettet, obwohl sie ihr Leben dabei in Gefahr brachten. Und meine Liebste ist neben mir im Flugzeug gestorben."

Julien holte das Foto von Alicja aus der Tasche und zeigte es seiner Mutter, die es lange betrachtete. Sie strich über seinen Kopf. Ihr kamen die Tränen. „Oh mein Junge, was hast du nur mitmachen müssen."

Das Schicksal eines Menschen bewegt mehr als all die Artikel in den Zeitungen. Selbst die anderen Geschichten verschwanden hinter diesem einen Bild einer jungen Frau, die sich nah an Julien geschmiegt hatte. Sie hätte das ganze Leben noch vor sich gehabt.

Die Frauen weinten. Sein Vater sah auf den Tisch, als ob dort etwas verborgen war, das alles ungeschehen machen könnte. Vielleicht dachte er daran, wie er den toten Archivar Quentin Mertens zum Friedhof gefahren hatte und sich damit sein ganzes Leben veränderte. Carlos versuchte, die Situation zu lösen.

Er stand auf und erhob sein Glas. „Auf alle Helden und unschuldigen Opfer."

Etwas träge erhoben sich die anderen. Die Gläser stießen zusammen. Es war der gleiche Klang, den man bei Geburtstagen und Hochzeiten hört, doch war er mit einem tiefen, ehrlichen Gefühl verbunden.

Julien war ihm für diese Geste dankbar.

Als alle Alicjas Bild gesehen hatten, sagte seine Mutter: „Du hast einen guten Geschmack."

Carlos konnte sich nicht zurückhalten. „Er ist eben ganz der Papa!"

Sie lachten. In der Ferne sah Julien, wie die Schornsteine des Frachters, der ihn gebracht hatte, am Horizont verschwand. Trug er auch Juliens Vergangenheit fort?

* * *

Julien brauchte einige Tage, ehe er sich beruhigt hatte. Carlos nahm ihn zu Buchankäufen und Auktionen mit. Dabei konnte er in einem Fall sein Wissen über Dokumentenfälschungen anwenden und die Firma vor Schaden bewahren. Auch bei Versteigerungen durfte er sein Können zeigen. Antonio Sánchez hatte ihm in Spanien manches beigebracht, das er beim Ankauf gut gebrauchen konnte. Er sortierte die Konkurrenten nach Interessenten, Spielern und Leuten, die mit ihrem Geld angeben wollen. Hatte man erst erkannt, zu welcher Kategorie sie gehörten, wusste man, ob es lohnte, mitzubieten.

Carlos bestätigte sein Talent. „Ich werde nie mit dir Poker spielen!"

Er richtete für Julian in seiner Firma eine neue Stelle ein. Nach dem Krieg tauchten viele wertvolle Antiquitäten zu günstigen Preisen auf. Da lag oft der Verdacht nahe, dass es sich um Raubgut oder Fälschungen handelte. Im Zweifelsfall lehnte er den Ankauf ab. Zur Sicherheit fotografierte er die Werke und legte Akten darüber an.

Als Carlos ihn einmal fragte, warum er erst so spät nach Argentinien gekommen sei, gestand er ihm, wer die Überfahrt bezahlt hatte. Er zeigte Fahndungsbilder und erklärte ihm, worum es ging.

Carlos sagt: „Die sind wie Kakerlaken. Sie verstecken sich tagsüber und kommen im Dunkeln wieder hervor. Ich verstehe nicht, warum die Besatzer nicht konsequenter gegen sie vorgegangen sind. Unter den Migranten, die jetzt nach Argentinien kommen, sind sicher auch Kriegsverbrecher. Neulich habe ich in der Zeitung einen Artikel gelesen, der dazu aufruft, ‚Fachkräfte aus Deutschland' ins Land zu holen. Es wäre schade, wenn sie in Gefangenenlagern verrotten würden."

Etwas wehmütig meinte er dann: „Im August 1945 hatte ich die Hoffnung, dass Argentinien zur Demokratie zurückfinden würde. Aber dann kamen die Verhaftungen. Ich bin sicher, ich stehe auf einer schwarzen Liste. Perón gewann die Wahlen und verscherbelte das Land an Nazis aus Deutschland."

Julien hatte ihn noch nie so verzweifelt gesehen. Carlos, der immer gute Laune hatte, machte sich Sorgen.

„Weißt du Julien, ich kann mir deine Bilder ansehen, bezweifele aber, dass Nazis bei mir auftauchen. Es ist ein offenes Geheimnis, dass ich in der Loge bin. In den letzten Jahren spürte ich immer mehr Ausgrenzungen. Selbst einige meiner Brüder haben sich zurückgezogen. Darauf angesprochen, meinten sie, dass sie sich vor Verfolgungen wie in Deutschland fürchten. Vor zwei Wochen war der Enkel eines Freimaurers bei mir. Er hat das Grab seines Großvaters besucht, der im Zusammenhang der Zerstörung des Tempels in Hamburg von den Nazis verschleppt und im KZ umgebracht wurde. Bei seiner Überfahrt habe das Schiff in Bilbao haltgemacht und mindestens zehn deutsche Familien aufgenommen. Er hatte erst vermutet, dass es Gestrandete aus Spanien waren, aber sie verstanden kein Spanisch und warfen mit Geld um sich."

„Ja, das ist wirklich verdächtig."

„Wenn solche Leute in Argentinien Einfluss gewinnen, könnte uns Schlimmes drohen. Sie hatten in Deutschland keine Skrupel, Menschen umzubringen, warum sollen sie sich geändert haben? Ich bin finanziell abgesichert, aber ein Haus kann man nicht mitnehmen. Auf Verdacht verkaufen, kommt für mich nicht infrage. Daran hängt die gesamte Familiengeschichte."

Julien entgegnete: „Ich habe gehört, dass ein großer Prozess gegen die Naziführung vorbereitet wird. Vielleicht verändert das die Lage. Immerhin sind die USA für Argentinien ein Schwergewicht. Sie könnten Druck auf Perón ausüben, damit er Kriegsverbrecher ausweist."

Carlos glaubte nicht daran.

„Wir haben Brüder in den USA gebeten, uns zu unterstützen. Mehr als ein warmer Händedruck kam nicht heraus. Sie haben zwar einen Artikel über die Zusammenarbeit der Nazis mit Argentinien veröffentlicht. Aber das hat nicht geholfen. Perón wurde trotzdem gewählt. Ich glaube, dass von der großen Gemeinschaft der Freimaurer nicht mehr viel übrig bleibt als ein Klub von elitären Idealisten. Früher war ich mir sicher, auf Gleichgesinnte zu stoßen, wenn ich an Revers unser Zeichen sah. Das hat sich geändert, seitdem aus Freimaurern Nazis wurden. Vielleicht brauche ich einmal eure Hilfe, um in Belgien unterzukommen. Ach was. Zeige mir mal die Fahndungsfotos."

Carlos sah sich jedes davon aufmerksam an. „Tut mir leid. Ich erkenne niemanden."

Julien hatte nichts anderes erwartet. „Ich glaube, man muss anders an die Sache herangehen." Er entschloss sich, den Cousin von Aaron aufzusuchen.

* * *

Erich Salzmann hatte einen ausgesprochen kleinen Laden gegenüber dem Obelisken. Dort verkaufte er Eheringe und führte Reparaturen an Schmuckstücken durch. Er informierte sich bei Juliens Besuch ausführlich über die Lage in Europa. Je mehr er erzählte, umso trauriger wurde er. Viele Städte kannte er aus seiner Jugend. Er war bereits 1935 nach Argentinien emigriert, nachdem in Deutschland der Druck auf die Juden zu groß geworden war. Seit er hier lebt, nennt er sich Eric, weil die Lateinamerikaner Erich immer falsch ausgesprochen haben. Aaron kannte er schon aus Kindertagen. An der Wand hing ein Familienbild. Er zeigte auf die Personen und nannte ihre Namen. Dann machte er eine Pause und nahm seine Brille ab: „Ich glaube, die meisten sind tot."

Mit einem Tuch putzte er seine Brille.

„Ich werde hier sterben und keinen mehr wiedersehen."

„Und Aaron?", fragte Julien.

„Ach, Aaron. Der ist ein Lebenskünstler. Er wollte immer nach Israel, in einen Kibbuz. Bestimmt schafft er es."

„Möchtest du denn nicht nach Israel?"

„Neuanfänge fallen schwer. Die wenigen Freunde, die ich habe, leben hier. Wenn mir Aaron gelegentlich schreibt, setze ich mich auf die Terrasse und trinke einen Kaffee, wie früher im Adlon. Ich träume von der Zeit, als ich große Hoffnungen hatte. Wenn ich ausgetrunken habe, sitze ich immer noch da und die Illusion ist weg. Ich habe keine Träume mehr. Das hilft, kleine Dinge zu genießen, die ich früher nicht so beachtet habe. Heute bist du hier und unterhältst dich mit mir. Morgen kommt ein Kunde mit einer kaputten Goldkette und sieht mir bei der Arbeit zu. Geld zu verdienen, ist mir nicht mehr wichtig. Als Aaron sich gemeldet hat, habe ich zugesagt, um mit ihm in Verbindung zu bleiben. Ich werde aber sicher keine Heldentaten vollbringen."

Er sah Julien mit seinen gütigen Augen an.

„Wenn Deutsche bei mir im Geschäft Schmuck verkaufen wollen, habe ich immer ein Bild vor den Augen, das ich in der Zeitung gesehen habe. Ein Haufen mit Tausenden Ringen und Goldzähnen, die Häftlingen gestohlen wurden. Erst habe ich mich gegen solche Geschäfte gesträubt. Aber man muss ja leben. So habe ich die Namen und Adressen notiert und sie an Aaron geschickt, der sie mit Fahndungslisten der Engländer und der Israelis abgeglichen hat. Bisher hatte er einen Treffer. Im Vergleich zu den vielen Namen, die ich gesammelt habe, ist es ein verschwindend kleiner Erfolg. Aaron ist aber der Meinung, dass jede Adresse hilft."

Nazis in Buenos Aires

Die Jahre vergingen. Julien hatte weitere Bilder von gesuchten Nazis bekommen. Die Fahndungen blieben ohne Erfolg. Mittlerweile lief das Geschäft mit den Auktionen gut. Carlos vermittelte ihm Kunden und auch sein Vater konnte mit Gutachten einiges verdienen.

Kurz vor Weihnachten 1948 fand Julien bei Recherchen in der Bibliothek eine Einladung. „Weihnachtsfeier im Klub Aleman" stand auf dem Blatt. Ein dicker Weihnachtsmann lachte vor einem Tannenbaum. Er überlegte, ob er sich die Veranstaltung ansehen sollte. Die Adresssammlungen hatten bisher nichts gebracht. Schließlich könnten unter den Besuchern ehemalige SS-Leute sein. Sein Vater wollte nicht, dass er dort allein hingeht. Doch Julien meinte, dass er ja nur mal schauen wolle. Umkehren könne er immer noch. Als er sich auf den Weg machte, dachte er an die Aktionen in Frankreich und Belgien. Doch hier war er allein unterwegs und hatte keine Waffe. Nur die Minox steckte in seiner Tasche.

Von außen machte der Veranstaltungsort den Eindruck eines Restaurants mit Biergarten. Kaffee und Kuchen wurde verkauft. Eine Blaskapelle spielte. Es gab ein Fass Freibier. In einem Raum hatte man eine Ausstellung mit Bildern von deutschen Städten aufgebaut. Ein Weihnachtsmann verschenkte Süßigkeiten an Kinder und stand für Fotos bereit. Alles machte einen harmlosen Eindruck.

Gegen 21 Uhr veränderte sich die Stimmung. Jemand sagte, dass die Ehrengäste eingetroffen sind. Zu diesem Zeitpunkt hatten die meisten Frauen mit ihren Kindern das Restaurant verlassen.

In einem gesonderten Raum des Hauses hatte man Stuhlreihen aufgebaut. Als Julien hineinging, war der Saal gut gefüllt. Auf der kleinen Bühne standen Stühle und ein Rednerpult. Männer kamen herein und gingen nach vorn. Beifall brandete auf. Ein Offizier in Wehrmachtsuniform begrüßte die Anwesenden mit „Heil Hitler". Julien stand ganz hinten und sah, dass Arme gehoben wurden. Er bekam Angst und wollte nur noch den Saal verlassen.

Wenn sie die Minox in seiner Hand entdecken, könnte es böse ausgehen. Da nützte auch die Ausbildung als Fallschirmjäger nichts.

„Wir begrüßen Obersturmbannführer Otto Skorzeny!", hörte er aus dem Lautsprecher. Die Anwesenden erhoben sich und begrüßten den Ehrengast mit langem Beifall. Julien hielt es nicht mehr aus. Im Vorraum war ein kaltes Buffet aufgebaut. Daneben waren runde Tische mit weißen Tischdecken platziert. An einem stand ein Mann mittleren Alters.

„Na? Genug gehört?"

Julien sagte ausweichend: „Ich warte auf das Buffet."

„Vielleicht holen wir uns lieber ein frisches Bier?"

Er zog ihn in den Biergarten. Julien kam der Mann verdächtig vor. Sollte er einen Abwehrgriff anwenden? Das würde jedoch die Aufmerksamkeit auf ihn lenken. Was wollte der Mann von ihm?

Der Mann sagte: „Ganz ruhig. Ich bin Journalist. Deine Reaktion bei der Rede von Skorzeny spricht Bände. Du passt nicht hierher. Verschwinde lieber und warte an meinem Wagen."

„Warum?", fragte Julien.

„Siehst du die Muskelprotze an der Tür? Ich glaube, sie möchten dich kennenlernen."

Die schwarz gekleideten Männer sahen bedrohlich aus.

„Da hinten ist ein Ausgang. Wir treffen uns drei Straßen weiter. Dort steht ein grüner Ford Pickup."

Er drückte Julien einen Schlüssel in die Hand. Mit einem Mal torkelte der Mann und verschüttete sein Bier. Lautstark lallend sang er das Horst-Wessel-Lied.

Zügig ging Julien zum Ausgang. Auf der Straße rannte er um sein Leben. Glücklicherweise waren viele Menschen unterwegs. Er drehte sich mehrfach um, sah aber keine Verfolger. Tatsächlich fand er den Wagen am beschriebenen Platz. Er bekam Zweifel, denn an der Wagentür stand der Name einer Gärtnerei.

Julien dachte bei sich: „Der Pickup passt nicht zu einem Journalisten. Er hatte den Mann erst gesehen, nachdem der Ehrengast gekommen war. Warum hörte er sich die Rede nicht an, um später darüber zu berichten? Der Hinweis auf die Sicherheitsleute kam von ihm!"

Je mehr er nachdachte, umso mehr bezweifelte er die Geschichte. Julien kam sich dumm vor. Er dachte an seine Zeit als Schleuser. Damals haben sie immer geprüft, ob sie es wirklich mit englischen Piloten zu tun haben. Sie hatten ihre Taschen ausleeren lassen und nach Daten aus ihrer Heimat gefragt. Zu viel stand auf dem Spiel. Und hier fiel er auf einen billigen Taschenspielertrick herein. Durch die Nachlässigkeit hatte der Mann genügend Zeit, um seine Leute zu instruieren. Er musste sich beeilen. Julien öffnete die Motorhaube und entfernte das Zündkabel. Dann rannte er zu einer Haltestelle und sprang in den Bus, der in die entgegengesetzte Richtung fuhr. In der Seitenstraße sah er den angeblichen Journalisten mit weiteren Männern. Sie waren verärgert, weil das Auto nicht ansprang. Die Buslinie führte zum Hafen. Das bedeutete, dass er bis nach Hause fünf Kilometer laufen musste. Doch das war ihm egal.

Er kam spät nach Hause. Als sein Vater fragte, wie es war, sagte er: „Wie eine Weihnachtsfeier mit bayerischer Blasmusik. Ich war deswegen anschließend noch in einer Tangokneipe."

Seine Mutter fand das gut. „Es wird höchste Zeit, dass du dir eine Freundin zulegst. Ich will schließlich noch zu Lebzeiten Enkel haben." Dabei sah sie ihn romantisch an.

Die Neugier siegte. Julien wollte Gewissheit. Auf dem Weg zu einem Kunden suchte er nach der Adresse der Gärtnerei. Das Tor war weit geöffnet. Der Pickup stand mit geöffneter Klappe neben dem Eingang zu einem Gewächshaus.

Er näherte sich dem Auto und wollte gerade prüfen, ob der Journalist irgendwo zu sehen war. Kräftige Hände ergriffen seine Schulter. Julien reagierte, wie er es gelernt hatte. Er fasste die Hände an den Gelenken und zog sie nach vorn. Dann schlug sein Kopf gegen die Nase des Angreifers. In diesem Moment ging er in die Hocke und zog den Mann über seinen Körper. Er schlug vor ihm auf dem Schotter auf.

„Es ist genug!", rief eine Stimme.

Neben ihm stand der angebliche Journalist. Julien wich zurück und sah sich nach einem Fluchtweg um. Der Mann erhob die Hände, als ob er sich ergeben wollte.

„Wir sind nicht deine Feinde." Er reichte ihm die Hand. „Ich habe mich noch nicht vorgestellt. Eduardo Perez, Journalist, und wer bist du?"

Zögernd reichte Julien ihm die Hand. „Julien Gaspard, Antiquitätenhändler."

„Respekt! Respekt! Sind alle Antiquitätenhändler so gut gelaunt wie du?"

In der Zwischenzeit hatte sich der Angreifer hingesetzt. Aus seiner Nase floss Blut.

„Tut mir leid, dass ich so zugelangt habe. Ich dachte, dass Sie mich erwürgen wollen."

Der Mann wischte sich das Blut mit dem Taschentuch ab.

„Jetzt bin ich fast dazu geneigt." Er reichte ihm die Hand. Es war ein fester Händedruck. Eduardo grinste. „Wenn ich die Geschichte Anita erzähle, hat sie Stoff für viele Familienfeiern."

Der Gärtner sagte säuerlich: „Ist ja gut. Du hattest deinen Spaß. Ich hole mal Rum."

„Und drei Gläser", ergänzte Eduardo.

„Du bist wirklich Journalist?", fragte Julien, der das immer noch nicht glauben wollte.

„In der Tat. Einschränkend muss ich aber gestehen, dass es meine Zeitung nicht mehr gibt. Sie war der Regierung zu weit links. Deswegen wurde sie verboten. Ich schreibe jetzt als freier Mitarbeiter für alle, die mich bezahlen."

„Und warum treibst du dich bei einer Feier deutscher Nazis herum."

Eduardo zeigte auf Julien: „Ich kann auch die Gegenfrage stellen. Was hattest du dort zu suchen? Ich habe dich beobachtet und deine tiefe Abscheu gegen diese Leute gesehen. Als du in den Versammlungsraum gegangen bist, habe ich einen silbernen Gegenstand in deiner Hand gesehen und befürchtet, dass es eine Handgranate ist. Dann habe ich aber die Minox erkannt."

„Du kennst sie?", Julien holte die Kamera aus der Tasche und ließ sie von Eduardo begutachten.

„Ein amerikanischer Kollege hatte sie mir einmal gezeigt. Ich kann mir so ein Spielzeug nicht leisten. Als ich sie gesehen habe, nahm ich an, dass du ein Kollege bist. Doch dafür warst du zu auffällig."

„Und deswegen hast du mich nach draußen gebracht?"

„Ich habe es zu deinem und meinem Nutzen gemacht. Hätten die Sicherheitsleute dich als Journalisten identifiziert, wärst du heute im Krankenhaus und hättest ein lang geplantes Projekt gefährdet."

Julien entgegnete: „Ich gestehe, dass mir diese Leute zuwider sind. Freunde von mir wurden von ihnen getötet und sie haben meine Heimatstadt zerstört."

Eduardo war erstaunt: „Du bist kein Argentinier?"

„Nein, ich komme aus Belgien, einem kleinen Land zwischen Frankreich und Deutschland."

„Aber warum bist du hier? Ist es dir dort zu kalt?"

„Wir sind vor Deutschen geflohen, die unsere Familie bedroht haben. Du kannst dir vorstellen, wie es ist, wenn die gleichen Leute hier auftauchen."

Eduardo war sichtlich erstaunt.

„Und in Europa hast du diese Kampftechnik gelernt?"

„Meine Eltern blieben in Argentinien. Ich wollte nicht ruhig bleiben. Deshalb bin ich nach Europa gegangen, um Belgien zu befreien. Ich weiß, es klingt etwas pathetisch, aber als sich mein englischer Freund auf den Weg machte, weil Bomben auf London fielen, konnte ich nicht mehr hierbleiben."

„Das klingt mir alles etwas melodramatisch. Hast du irgendwelche Belege, damit wir dir glauben können?"

„Könnt ihr mir nachweisen, dass ihr nicht mit den Nazis unter einer Decke steckt?"

„Ich zeige dir etwas."

Er ging in das Gewächshaus und kam kurze Zeit später heraus. In der Hand hielt er eine Zeitung, das „Argentinische Tageblatt".

Eduardo nahm es in die Hand. Er blätterte bis auf die hinteren Seiten, dann faltete er die Zeitung und wies auf einen Artikel:

„Chefredakteur festgenommen!"

Ein Bild zeigte Eduardo im Kreis weiterer Personen.

„Ich lebte damals in Comodoro Rivadavia, im Süden des Landes. Weil ich keinen Fuß mehr auf die Erde setzen konnte, bin ich nach Buenos Aires gegangen. Unter falschem Namen schreibe ich hier gelegentlich für das ‚Argentinische Tageblatt'. Dort gibt es einige Redakteure, denen die Richtung der Regierung nicht gefällt. Die meisten meiner Artikel werden abgelehnt. Ohne die Arbeit bei meinem Schwager würde ich verhungern."

„Aber es ist doch ein deutschsprachiges Blatt?"

„Ja. Ich schreibe sogar für die ‚Deutsche La Plata'. Allerdings auch unter falschen Namen. Dort bediene ich den Kultur-Teil als Bildreporter. Wenn man hinter der Kamera steht, wird man nicht abgebildet. Das hat seine Vorteile."

Während Julien in der Zeitung blätterte, zeigte er ihm den Kultur-Teil der aktuellen Ausgabe mit einem Bildbericht über die Weihnachtsfeier im Klub Aleman.

Julien stockte der Atem. „Wer ist das?"

Eduardo ging ins Haus und brachte einen Pack Bilder.

„Das ist ein deutscher Auswanderer mit seiner Familie."

„Kannst du mir das Bild überlassen?"

„Warum nicht. Ich mache dir einen Abzug. Wenn du morgen wiederkommst und mir Belege über deine Zeit in Europa zeigst, bekommst du das Bild sogar geschenkt."

Völlig verwirrt kehrte Julien nach Hause zurück. Wenn Stein in Argentinien war und sich nicht einmal versteckte, dann war er in großer Gefahr. Aber wie wahrscheinlich war es, dass er ausgerechnet hier auftauchte? Julien musste das überprüfen. Vielleicht konnte Eduardo ihm dabei helfen.

Er kramte in seinen Sachen, bis er den Orden und die dazugehörige Urkunde gefunden hatte. „Military Cross für ausgezeichneten und verdienstvollen Einsatz im Kampf" stand auf dem Blatt Papier. Der Inhaber ist berechtigt, nach dem Namen die Buchstaben MC zu tragen. Auf der Rückseite der Medaille stand das Jahr, in dem Alicja gestorben war. Mit einem Mal hatte das Stück Metall für ihn einen Wert. Es würde ihn immer an Alicja erinnern.

Am nächsten Tag ging er in die Gärtnerei. Eduardo erwartete ihn schon. Julien legte die Medaille und die dazugehörige Urkunde auf den Tisch. Dann entnahm er seiner Aktentasche die Fahndungsfotos sowie die Bilder aus Krakau.

Eduardo sah sich die Medaille an. Er konnte kein Englisch, daher übersetzte Julien den Text. Dann erzählte er ihm von Alicja und ihrem Einsatz in Polen, ohne allerdings den Zweck der Aktion zu verraten.

Man sah Eduardo an, dass er beeindruckt war.

„Und ihretwegen kämpfst du gegen die Nazis?"

„Auch ihretwegen. Ich habe sie immer vor Augen. Jede Nacht träume ich von ihr. Aber es geht auch um Gerechtigkeit. Es kann doch nicht sein, dass die Mörder ihrem Richter entkommen, indem sie nach Südamerika gehen."

„Ich verstehe dich. Und was hat das mit den anderen Fotos zu tun? Das sind Soldaten und Zivilisten. Suchst du sie, um Rache zu üben?"

Julien machte eine kleine Pause, ehe er antwortete.

„Die wenigsten von ihnen kenne ich. Aber sie werden gesucht, weil sie Verbrechen begangen haben."

„Hängt das mit dem Gerichtsverfahren in Nürnberg zusammen? Ich habe nur mitbekommen, dass die Deutschen bei der Weihnachtsfeier heftig darüber diskutierten."

„Das weiß ich nicht. Ich habe nur die Leichenberge gesehen, die sie hinterlassen haben. Man hat mich gebeten, nach den Tätern zu suchen."

„Und hast du schon jemanden gefunden?"

„Nein. Aber ich habe Friedrich Stein gefunden. Er ist schuld am Tod eines Bekannten in Spanien und verantwortlich für die Emigration meiner Familie."

Julien suchte die Bilder aus Krakau hervor. „Erkennst du ihn?"

„Ja, es ist Stein. Und wer sind die anderen beiden?"

„Der eine war Arzt im Konzentrationslager Auschwitz und dieser ist ein Italiener, der in Zaragoza einen Bekannten von mir ermordet hat."

„Den Italiener habe ich vor ein paar Jahren mit dem Direktor der Nationalbibliothek, Gustavo Martínez Zuviría, und unserem jetzigen Präsidenten Juan Domingo Perón Sosa fotografiert. Da bin ich mir sicher. Es war, bevor Perón vom Militär entlassen wurde. Mir ist so, als ob der Italiener bei der Weihnachtsfeier auch dabei war. Wir können die Fotos durchsehen. Vielleicht ist er auf einem zu sehen."

Auf dem Tisch stand ein Karton mit Fotografien. Sie waren mit dem Datum der Weihnachtsfeier und teilweise mit Namen und Adressen versehen. Eduardo kramte darin herum. „Hier ist er. Ich habe es doch gewusst." Julien sah sich die Bilder an. Eduardo hatte recht. „Und hier ist er mit Stein im Gespräch."

Wie Spielkarten hielt Eduardo mehrere Abzüge hoch. „Und hier trinkt er Bier mit Otto Skorzeny."

Julien hob die Schultern. „Offen gesagt, weiß ich nicht, wer das überhaupt ist."

„Da kann ich helfen. Er war SS-Obersturmbannführer und soll Benito Mussolini befreit haben. Skorzeny ist so etwas wie ein Held für die Nazis. Du hast es selbst gesehen."

„Jetzt verrate mir doch, warum ihr überhaupt bei der Weihnachtsfeier wart und ich deine Aktion gefährdet habe."

„Offiziell war ich im Auftrag der ‚La Plata' dort und sollte über den Besuch von Skorzeny berichten. Dieser Auftrag wurde aber zurückgezogen. Ich bin trotzdem hingegangen und habe mit Freunden die ganze Sippschaft fotografiert, die mir teilweise ihre Namen und Adressen gegeben haben. Ich hatte dabei Hilfe von ganz oben."

Julien lachte. „Der Weihnachtsmann. Das war eine gute Idee."

„Genau. Der sorgte dafür, dass ich schöne Porträts machen konnte. Ich hatte geplant, einen Artikel an die Auslandspresse zu geben, der die Verbindungen zwischen Argentinien und den alten Nazis zum Thema haben sollte. Das Problem war, dass ich mich mit den Bildern selbst belasten würde. So habe ich nur einen Textartikel mit 20 Zeilen an ein britisches Blatt verkauft. Schade um die vielen schönen Bilder."

Julien sah ihn mit großen Augen an und zog dabei seine Brauen nach oben: „Also ich weiß nicht, ob es dafür Geld gibt, aber ich hätte einen vertrauensvollen Abnehmer."

„Und wer ist das?"

„Tut mir leid, ich muss erst einmal fragen, ob sie an einer Zusammenarbeit interessiert sind. Darf ich die Fotos mit Stein und Vico mitnehmen?"

Eduardo nahm ein Kuvert aus seiner Tasche.

„Ich hatte es versprochen. Hier sind sie. Ich habe allerdings einige Details retuschiert, die verraten, wann und wo die Aufnahmen entstanden sind."

* * *

Carlos saß mit Julian im Büro. Sie sahen sich Angebote und Umsatzberechnungen an. Besorgt meine Carlos: „Der Umsatz ist um fast 20 Prozent eingebrochen. Wenn das so weitergeht, können wir den Laden schließen. Die Geschäfte in La Plata und weiter südlich werden daran glauben müssen. Es tut mir um meine Mitarbeiter leid. Manche sind schon seit Jahrzehnten dabei. Ich weiß nicht, wie ich es ihnen sagen soll."

„Und wie sieht es mit den Ergebnissen aus den Auktionen aus?"

„Du bezahlst dich ja im Moment selbst. Dein Vater hat mit den Expertisen auch sein Einkommen. Aber wenn es schlechter wird, werde ich neue Einnahmequellen suchen müssen oder mein Auslandsgeschäft erweitern. Seit der Krieg vorbei ist, gibt es eine Antiquitätenschwemme und die Preise sind im Keller. Ich habe überlegt, das Geschäft mit Schmuck auszubauen. Ein Brillant verursacht kaum Transportkosten und ein vernünftiger Goldschmied kann aufgetrieben werden. Rohe Diamanten gibt es günstig."

Julien überlegte. Dann sagte er: „Ich kenne einen jüdischen Goldschmied, dem das Geld für Gold und Edelsteine fehlt. Wenn du möchtest, kann ich dich mit ihm bekannt machen."

„Mit Juden habe ich kein Problem. Ich muss mich nur auf ihn verlassen können. Das Schmuckgeschäft hat immer viel mit Vertrauen zu tun."

„Gut, ich werde ihn fragen. Ich habe aber noch ein Problem."

Carlos lachte: „Brauchst du Geld? Hast du eine Liebschaft oder ärgern dich deine Eltern?"

„Nichts von allem. Friedrich Stein und Mario Vico sind in Argentinien."

Carlos schlug mit der Faust auf den Tisch. „Verdammt! Hast du schon mit deinen Eltern gesprochen?"

„Nein. Ich wollte Sie nicht verunsichern."

„Sage es ihnen noch nicht. Wenn die beiden hier sind, muss das noch nichts bedeuten. Sie sind vielleicht nur auf der Flucht und haben selbst Angst, aufgescheucht zu werden. Bist du dir auch sicher?"

Julien zeigte ihm die Bilder aus Krakau und legte die Fotos von der Weihnachtsfeier daneben. Carlos verglich sie sorgfältig: „Mir ist so, als hätte ich den Italiener schon mal gesehen. Aber das war vor dem Kriegsende. Er kam in meinen Laden und bot mir einen großen Posten Antiquitäten an. Aus dem Geschäft wurde nichts, weil er nicht mehr auftauchte."

Julien fragte: „Was meinst du, sind die beiden immer noch auf der Suche nach den Büchern?"

„Offen gesagt, kann ich es mir nicht vorstellen. Stein war doch im Auftrag der Nazis und Vico sicher für die italienischen Faschisten unterwegs. Wenn die Geldgeber wegfallen, haben die Auftragnehmer keinen Grund weiterzusuchen."

„In Spanien hat ein Pfarrer eine Verbindung zwischen Vico und Opus Dei vermutet. Vico hat vor meinen Augen einen Menschen umgebracht und Stein war dabei."

Carlos war erschreckt: „Haben sie dich gesehen?"

„Das ist unwahrscheinlich. Sie waren einige Meter entfernt und ich stand im Dunkeln."

„Wenn sie dich nicht kennen, bist du in Sicherheit. Ich glaube nicht, dass sie sich wegen deiner Familie auf den Weg nach Argentinien gemacht haben. Mich stört die Verbindung zu Perón. Es geht bestimmt um etwas anderes. Ich werde jemanden anrufen."

Er wählte eine Nummer. „Hallo Ernesto, hier ist Carlos."

Aus dem Hörer drang ein Redeschwall. Carlos hielt den Hörer von sich fort. Erst als Ruhe war, sagte er: „Ja, ja. Ich habe mich lange nicht gemeldet. Jetzt habe ich aber einen Grund. Können wir uns in der ‚La Rosa' treffen? Vielleicht um 15 Uhr. Der erste Rum geht auf mich. Ich bringe jemanden mit."

Carlos hielt den Hörer wieder etwas vom Ohr weg. Dann antwortete er: „Alles klar, um 17 Uhr."

* * *

Das „La Rosa" war ein Café außerhalb der Stadt. Der einzige Luxus war die Aussicht auf das Meer. Sonst war es eher mittelmäßig.

Carlos hatte Julien den Autoschlüssel mit der Bemerkung gegeben, dass es etwas feuchtfröhlich werden könnte.

Pünktlich um 17 Uhr hielt ein Taxi. Ernesto und Carlos begrüßten sich herzlich.

„Das ist Julien Gaspard. Eigentlich müsste ich noch MC für Military Cross anhängen."

„Oho, ein Weltkriegsheld der Briten. Muss ich mich jetzt verbeugen?"

Julien wurde verlegen. „Nein. Ich benutze das Anhängsel nicht. Wie soll ich Sie anreden?"

„Bleiben wir lieber beim ‚Du', weil du ein Freund meines untreuen Freundes bist."

Carlos tat förmlich: „Das ist Ernesto Fernando Alemann, seines Zeichens Herausgeber des ‚Argentinischen Tageblatt', des ‚Argentinischen Wochenblatt' und des ‚Argentinischen Volkskalenders'. Außerdem ist er Korrespondent einer Berliner Zeitung."

„Zu viel der Ehre. Sagen wir mal so. Ich bin ein Schreiberling, der hofft, dass irgendjemand lesen will, was er schreibt. Das ist Anspruch und Problem zugleich. Wenn ich schreiben würde, was ich denke, würde ich kein Geld verdienen und wenn ich schreibe, was andere lesen wollen, könnte ich meinen Laden gleich zuschließen. Es ist ein Wagnis und ein Abenteuer. Ich liebe und fürchte es gleichermaßen. Übrigens, wo bleibt der Rum?"

Carlos rief die Bedienung. Ernesto fragte: „Was ist denn so wichtig, dass du dich herablässt, mich zu empfangen? Darf ich endlich einen Bericht über deine Hochzeit veröffentlichen? Das würde sogar kostenlos sein. Oder gibt es einen Intriganten, der einen Kommentar verdient?"

„Nein, meine alte Liebschaft ist immer noch mit diesem Idioten von Büffelzüchter verheiratet. Ich habe mit dem Kapitel abgeschlossen. Das Zweite stimmt fast, aber jetzt noch nicht. Julien, dieser

Mann ist der Erfinder des prägnanten Ausdrucks ‚Nazioten'. Eine Kreuzung von Nazis und Idioten. Es ist mir immer ein Fest, wenn sich die Peronisten darüber aufregen. Er beinhaltet alles, was man braucht. Die Faschisten Idioten zu nennen, kann zu einem Beleidigungsverfahren führen. So wissen alle, was gemeint ist und keiner kann etwas unternehmen, weil ‚Nazioten' nicht in den Wörterbüchern steht."

„Ja, manchmal habe ich Geistesblitze. Ich sollte es als Wortmarke schützen lassen."

Carlos lachte: „Dann würde ich mich dazu hinreißen lassen, Toilettenpapier mit diesem Markennamen zu vertreiben."

„Nun mal im Ernst. Worum geht es?"

„Ich habe Julien und seine Familie 1939 aus Belgien nach Argentinien gebracht. Es war eine dringende Angelegenheit einer belgischen Loge. Sie wurden von einem Deutschen mit dem Tode bedroht.

Als er in Spanien für die Briten im Einsatz war, hat er einen Mord erlebt, an dem dieser Deutsche und der Italiener auf dem Bild beteiligt waren. Später hat man ihn in das besetzte Polen geschickt. Dort hat er die beiden wiedergesehen. Und jetzt sind sie hier.

Mein Problem bei der ganzen Sache ist, dass ich für Juliens Familie verantwortlich bin, denn die Belgier hatten die höchste Dringlichkeitsstufe angemahnt. Du weißt, was das bedeutet. Meine Brüder haben mir nicht konkret gesagt, worum es geht. Im Zentrum stehen verschwundene Bücher aus dem 16. Jahrhundert.

Julien neigt dazu, nach Leuven zurückzukehren. Ich befürchte, dass damit das Problem nicht geklärt ist. In Belgien würde man Sie eher vermuten als hier. Es könnte sein, dass die Leute hier untergetaucht sind und auf bessere Tage hoffen. Wir wissen, dass sie im Auftrag von höchsten Stellen der Nazis und den Italienern handelten."

„Hm. Bücher aus Leuven. Im 16. Jahrhundert hat, soviel ich weiß, Herzog Alba einen Teil der Bibliothek verbrennen lassen. Einige wichtige Teile sollen aber gerettet und nach Schottland geschafft worden sein. Ich dachte aber, dass das nur eine Legende ist.

Als die Bibliothek im Ersten und Zweiten Weltkrieg niedergebrannt wurde, war das für mich als Journalist eine interessante Sache. Einen Zusammenhang mit den Büchern habe ich aber nicht gesehen. Immerhin liegen fast 500 Jahre dazwischen. Warum hat man sie nach Leuven zurückgebracht? Nach deiner Information neige ich dazu, dass die Freimaurer sie zurückhaben wollten, als in den Niederlanden, Belgien und Deutschland Logen entstanden. Warum die Bücher so wichtig sind, weiß ich nicht.

Meine Familie stammt aus der Schweiz. Vater hatte aber Kontakt nach Belgien. Er hat einmal erwähnt, dass die Verantwortung für bestimmte Bücher so etwas wie ein Ritterschlag sei."

Carlos war überrascht: „Ich bin schon lange in der Loge. Aber davon habe ich noch nie gehört."

„Weißt du, Vater war damals schon ziemlich alt und ich habe die Angelegenheit nicht für voll genommen. Wenn die Sache stimmt, muss es um etwas Größeres gehen. Wäre ich Schatzsucher, würde ich eine Karte mit einem Kreuz vermuten. Ich habe aber noch nie von einer Schatzbibliothek gehört."

Julien schaltete sich ein: „Der Autor eines Briefes, den ich selbst gesehen habe, war Papst Adrian VI. und der Empfänger Erasmus von Rotterdam. Im Brief bat ihn der Papst, dringend nach Rom zu kommen."
Ernesto sah Julien an. Erst nach einem Augenblick sagte er: „Aber es ist doch bekannt, dass es eine Verbindung zwischen den beiden gab. Sofern ich das beurteilen kann, ging es dabei um Martin Luther. Ich kann mir nicht denken, dass eine theologische Auseinandersetzung heute so wichtig ist."

Julien legte die Bilder von Stein und Vico auf den Tisch.

„Die werden kaum für Hirngespinste Leute umbringen. Nicht ohne Grund wurde das Logenhaus in Hamburg Stein für Stein abgetragen. Sie haben dort etwas Wichtiges gesucht."

„Was sind das für Leute?", fragte Ernesto.

„Doktor Friedrich Stein ist Deutscher. Er hat in Leuven Geschichte studiert. Nach eigener Aussage war er an der Brandstiftung der Bibliothek im Jahr 1914 beteiligt. Dabei ist ein Archivar ums Leben gekommen, der mit meinem Vater die gesuchten Bücher versteckt hatte. 1939 meldete er sich und bedrohte unsere Familie. Mein Vater sollte ihn bei der Suche der Bücher unterstützen. In diesem Zusammenhang erklärte er, dass er für die Forschung von Heinrich Himmler Geld bekommt. Der Italiener Mario Vico war mit Bestimmtheit der Mörder eines Arztes in Zaragoza. Stein war dabei. Sie haben ein Buch und ein Hauszeichen aus römischer Zeit entwenden lassen.

In Krakau fotografierte ich sie zusammen. Sie wollten Bücher von Adrian abholen. Was beide in der Zwischenzeit getan haben, weiß ich nicht. Carlos meinte, dass Vico mit Antiquitäten handelt, denn er hatte ihm kurz vor Kriegsende einen größeren Posten angeboten."

„Das ist ja eine abenteuerliche Geschichte. Und jetzt sind die beiden hier in Buenos Aires?"

„So genau können wir das nicht sagen. Aber sie waren auf einer Weihnachtsfeier, bei der Otto Skorzeny aufgetreten ist. Stein war mit Frau und Sohn da."

„Der Name Mario Vico kommt mir bekannt vor. Vielleicht hatten wir einen Artikel geschrieben, in dem er vorkam."

Julien sagte: „Es gab einmal einen Artikel. Darin gab es ein Bild mit dem Direktor der Nationalbibliothek, Gustavo Martínez Zuviría, und Perón. Ich habe Vico darauf erkannt. Die Zeitung war aus dem Jahr 1945. Vico hat man in Spanien mit Opus Dei in Verbindung gebracht. Das ist aber nicht sicher."

Ernesto holte einen Stift hervor und kritzelte auf der Papierserviette. Inzwischen kam die Serviererin und brachte drei Gläser Bacardi. Ernesto malte noch ein paar Kringel und bewunderte dann sein Kunstwerk.

„Julien! Carlos! Ich wünsche euch alles Gute, Gesundheit und dass wir diese Nazioten zur Strecke bringen!"

Sie stießen miteinander an. Dann zeigte Ernesto sein Kunstwerk.

„Ich glaube, dass man die Zusammenhänge strukturieren muss, um sie zu begreifen. Sehen wir uns den Zeitablauf an. Beginnen wir mit den Bränden von Bibliotheken. Ich wollte erst mit Leuven anfangen. Dann fiel mir aber der Brand der Bibliothek von Alexandria ein, in der von wichtigen Schriften der Antike Abschriften gelagert wurden. Nicht, dass er tatsächlich etwas damit zu tun haben muss. Er zeigt aber die Auswirkungen solcher Brände. Wann die Bibliothek gebrannt hat, ist wissenschaftlich nicht belegt. Dann gibt es noch das Haus der Weisheit. 825 wurde es von einem Kalifen in Bagdad gegründet. Dort haben islamische, christliche, sabäische und jüdische Gelehrte Schriften aus dem Griechischen, dem Aramäischen und Persischen in die arabische Sprache übersetzt. 1258 wurde es mit anderen Bibliotheken von den Mongolen zerstört.

Werke der Antike von Galen, Hippokrates, Platon, Aristoteles, Ptolemäus und Archimedes sollen dort übersetzt worden sein. Die Akademie von Gundischapur war der Vorgänger des Hauses der Weisheit. Sie wurde im dritten Jahrhundert gegründet. Sogar indische und chinesische Texte hat man übersetzt. Angeblich sind Teile der Werke ins Haus der Weisheit gelangt. In Kairo, Córdoba und Sevilla gründete man ähnliche Einrichtungen.

Ich habe in Deutschland einen Vortrag gehört. Interessant war, dass man davon ausging, dass das Wissen unabhängig von der Religion aufbewahrt wurde. Man verwies darauf, dass die Araber bei der Besetzung von Portugal und Spanien offen gegenüber Andersgläubigen auftraten.

Als du vorhin von Zaragoza gesprochen hast, fiel mir ein, dass die Stadt damals besonders tolerant war und auch nach der Befreiung von den Mauren diese Haltung beibehalten hat. So gab es in Zaragoza keine Judenpogrome wegen der Pest.

Julien, du hast gesagt, dass Papst Adrian VI. Erasmus von Rotterdam bat, nach Rom zu kommen. Soviel ich weiß, hatte der sich nicht nur als Theologe, sondern auch als Sprachforscher einen Namen gemacht. Er hat in Leuven die einzige Einrichtung dieser Art für lateinische, griechische und hebräische Philologie in Europa gegründet. Das könnte ein Fingerzeig sein, warum der Papst ihn brauchte. Vielleicht sind Dokumente aufgetaucht, die er übersetzen sollte. Als Herzog Alba 50 Jahre später nach Leuven kam, ging es ihm um die Eindämmung der Reformation und die Bekämpfung der Unabhängigkeitsbestrebungen der Städte. Er verbrannte einen Teil der Universitätsbibliothek und brachte Tausende Menschen um. Wieder ging es um Macht, die durch Bücher gefährdet schien.

Nehmen wir an, dass besonders wichtige Bücher vor der Vernichtung gerettet und nach Schottland gebracht wurden, weil Spanien und Großbritannien Konkurrenten waren. Maria Stuart war Königin von Schottland und im Land gab es zwischen den Adelsfamilien und den Vertretern unterschiedlicher Glaubensrichtungen Machtkämpfe. Angeblich soll es damals auch eine Freimaurerloge gegeben haben. Was daran Wahrheit oder Legende ist, weiß ich nicht. Es würde aber passen. Auch der Rücktransport der Bücher wäre angesichts der Auseinandersetzungen zwischen europäischen Ländern und Großbritannien erklärbar. Vielleicht spielte die Erinnerung an die Geschichte der Universität Leuven eine Rolle.

Und nun werden die Bücher versehentlich entdeckt. Wenn darin Informationen stehen, die für bestimmte Kreise gefährlich sind, gäbe es nur zwei Alternativen. Vernichten oder in Besitz bringen, um sie für eigene Zwecke zu nutzen. Mit dem Verbrennen hatte es 1914 nicht funktioniert. Daher hat man überall nach den Büchern gesucht.

Es wurden die Häuser der Freimaurerlogen durchsucht oder sogar abgetragen. Möglicherweise stehen auch die Bücherverbrennungen der Nazis von 1933 in diesem Kontext. Und dann wird in den ersten Tagen des Krieges die Bibliothek von Leuven wieder zerstört. Wenn ich das alles hintereinander lese, glaube ich nicht mehr an Zufälle. Auch wenn wir nicht wissen, was in den Büchern steht, schien kein Aufwand zu groß, sie in die Hände zu bekommen oder zu vernichten.

Bei den Akteuren sehe ich einige Überschneidungen. Friedrich Stein arbeitet mit den Nazis zusammen. Der Reichsführer der SS, Heinrich Himmler, hatte sogar eine Burg für germanische Rituale vorgesehen. Da passen Steins Nachforschungen eigentlich nicht hinein. Mit der Kirche hatte er, soviel ich weiß, Probleme.

Jetzt stellt sich aber die Frage, wie Mario Vico einzuordnen ist. Sollte es stimmen, dass er Mitglied von Opus Dei ist, haben wir es auch mit dem Vatikan zu tun. Da kommen der Direktor der Nationalbibliothek, Gustavo Martínez Zuviría und Juan Domingo Perón Sosa ins Spiel. Zuviría, der unter seinem Pseudonym Hugo Wast Bücher schreibt, wurde 1934 von der katholischen Kirche zum Präsidenten des eucharistischen Weltkongresses in Buenos Aires ernannt, der wiederum ein Instrument des Vatikans ist. Als Minister für öffentliche Bildung sorgte er dafür, dass die säkulare Tradition in Argentinien beseitigt wurde. Er ist ein radikaler Antisemit. Perón fördert ihn intensiv. Der wiederum hatte enge Verbindungen nach Deutschland, Spanien und Italien. Die Familie seines Vaters stammte von Sardinien und die seiner Mutter aus Kastilien. Er war Militärattaché in Berlin, Militärbeobachter in Italien und gehörte der Geheimorganisation Grupo de Oficiales Unidos an, die eine Vereinbarung mit dem deutschen Sicherheitsdienst hatte. Es wird gemunkelt, dass die Organisation Fluchthilfe für NS-Kriegsverbrecher organisiert. Das ist aber noch nicht belegt."

Julien war beeindruckt. „Bedeutet das, Stein und Vico sind Teil der Fluchthilfe für Nazis?"

„Das wäre meine Vermutung. Doch, ob es noch darüber hinausgeht, kann ich nicht sagen. Eine Verbindung zu den Büchern war mir bisher nicht bekannt.

Ich habe auch den Vatikan im Blick. Schließlich war die Fluchthilfe 1939 noch kein Thema. Opus Dei heißt für mich immer auch der Papst. Wie ihr sicher mitbekommen habt, ist Perón 1947 mit seiner Frau auf Europatour gewesen. Und wo war er? In Spanien, in Italien und im Vatikan, wo er von Papst Pius XII. empfangen wurde, der eine zweifelhafte Rolle gegenüber Hitler und dem Duce gespielt hat. Wenn wir jetzt aber zum Ausgangspunkt deiner Frage zurückkommen, vermute ich, dass Stein und Vico im Moment mit der Fluchthilfe zu tun haben und sich hüten werden, in der Öffentlichkeit in Erscheinung zu treten. Ich bin mir sicher, dass Juden, deren Familien in Konzentrationslager umgebracht wurden, und Geheimdienste aus den USA und Großbritannien die Ankömmlinge aus Deutschland beobachten.

Ich würde dir und deiner Familie raten, aufmerksam zu sein, auch wenn ich nicht glaube, dass euch hier etwas passieren wird. Wenn man die Gefahr kennt, kann man damit umgehen. Wer weiß, wie es in Belgien aussieht. Dort gab es schließlich auch Sympathisanten von Hitler."

Carlos bemerkte: „Ich sehe das auch so. Vor allem Neuankömmlinge haben hier Probleme. Ich vermute, dass Stein hierbleibt und Vico den Kontakt zu ihm hält. Das würde auch zu der Fluchthilfe passen."

Julien war sich unsicher.

„Und was ist, wenn sie hier meinen Vater aus rein materiellen Gründen suchen? Die Bücher sind sicher unter Sammlern viel wert. Die Nazis sind zwar als Auftraggeber weggefallen, aber der Vatikan existiert noch."

Ernesto nickte. „Das ist natürlich nicht ausgeschlossen, wenn man das bedenkt, was ich vorher von den Bränden erzählt habe.

Doch warum sollen sie hier suchen, wenn sie bereits in Polen einen Teil der Bücher gefunden haben? Das wäre ein zu großer Zufall."

Carlos sah das ähnlich. „Sie suchen eher in Belgien als hier. Aber da war doch noch die Geschichte mit dem Ring."

Julien war verwundert. „Das passt nicht zusammen. Mein Vater hat den Ring vom Archivar erhalten und ihn in seinem Auftrag weitergegeben. Den Auftrag, nach ihm zu suchen, bekam ich erst nach dem Krieg. Er kam von den Freimaurern über höchste Regierungsstellen in London. Die Verbindung Freimaurer – Churchill – MI6 ist für mich offensichtlich. Denn nachdem Churchill sein Amt verloren hatte, wurde die Suche beendet."

Carlos sagte: „Das ist außergewöhnlich, denn es gibt bei den Freimaurern keine Welt umgreifende Hierarchie wie in der katholischen Kirche. Vor dem Hintergrund der Geschichte kann es sein, dass immer noch Verbindungen nach Leuven bestanden und sie den Brüdern einen Gefallen tun wollten. Es kann, muss aber nicht mit den Büchern zu tun haben."

„Hast du bei der Suche nach dem Ring Erfolg gehabt?", fragte Ernesto.

„Nein. Ob eine Verbindung zu den Büchern besteht, werde ich wohl nie erfahren. Im Nachhinein nahm ich an, dass der MI6 wegen dem Material, das mein Vater zusammengestellt hatte, auf den Ring aufmerksam geworden ist. Das Fahndungsbild des Ringes sah nämlich so aus wie die Zeichnung, die mein Vater angefertigt hatte."

Ernesto rief noch einmal die Bedienung. Sie aßen frittierten Fisch mit Ananas. Carlos schickte Julien nach Hause. Er wollte sich für die Heimfahrt ein Taxi nehmen. Die Rückfahrt über dachte Julien über das Gesagte nach. Er war unsicher, ob er seinen Eltern davon erzählen sollte. Um sich abzulenken, fuhr er zu Erich Salzmann und zeigte ihm die Fotos von der Weihnachtsfeier. Erich wollte keinen Kontakt zu dem Journalisten, sagte aber zu, seinen Cousin zu informieren.

* * *

Julien sprach nicht mit den Eltern und bat auch Carlos, nichts zu sagen. Er befürchtete, dass besonders seine Mutter beunruhigt sein würde, die sich so gut eingelebt hatte. Annette Blanche hatte ihr das Lachen wiedergegeben. Und sein Vater ging in der Arbeit mit den alten Büchern auf.

Ein halbes Jahr später meldete sich Erich Salzmann bei Julien. Sein Cousin hatte sich gemeldet. Er war mit einer Zusammenarbeit mit Eduardo einverstanden und wollte deswegen sogar nach Argentinien kommen. Julien informierte den Journalisten und hörte dann lange nichts mehr von ihm.

Mossad

Das Jahr 1955 hatte begonnen. Trotz der Inflation im Land lebte die Familie Gaspard in einem bescheidenen Wohlstand. Über Belgien wurde nur noch wie von einem Sehnsuchtsort gesprochen, ohne konkrete Pläne zu fassen. Im Mai putschte das Militär und Perón flüchtete nach Spanien.

Carlos ging davon aus, dass die katholische Kirche den Putsch bezahlt hatte, weil Perón katholische Zeitungen verbieten und einige Priester verhaften ließ. Gründe wären die Abschaffung des Religionsunterrichtes an den Schulen, die Legalisierungen von Scheidung und die Gleichstellung ehelicher mit nicht ehelicher Kinder. Das habe das Verhältnis zum Vatikan erschüttert. Dass ausgerechnet Papst Pius XII. ihn exkommunizierte, war bemerkenswert und es veränderte die Situation für die nach Argentinien geflüchteten Kriegsverbrecher.

* * *

Eduardo Perez suchte ihn auf. Er glaubte, dass er eine heiße Spur zu Friedrich Stein gefunden habe. Aaron Zucker hatte Julien gebeten Reisebüros zu überprüfen. Es gab Hinweise darauf, dass sie eine Rolle bei der Flucht von Kriegsverbrechern aus Deutschland und Italien spielten. Eduardo, den Julien darüber informiert hatte, fand in der deutschen Monatszeitschrift ‚Der Weg - El Sendero' eine Anzeige von einem deutschen Reisebüro. Er wollte Recherchen durchführen und Julien darüber berichten.

Julien warnte ihn: „Friedrich Stein ist gefährlich. Wer sagt, dass er unbewaffnet ist? Es ist außerdem völlig unklar, wer seine Geldgeber sind. Wenn er auffliegt, könnten Hintermänner Probleme bekommen. Es geht um viel Geld. Es sind keine Waisenkinder, mit denen wir es zu tun haben."

Eduardo schlug vor, wenigstens einige Informationen einzuziehen. Zwei Wochen später meldete er sich wieder. „Das Reisebüro wurde geschlossen. Wenn Stein dahinterstecken sollte, könnte er abgetaucht sein. Möglicherweise ist er auch nach Deutschland zurückgekehrt. Ich habe gehört, dass Kriegsverbrecher mittlerweile Pensionen bekommen und nicht ausgeliefert werden."

Zwei Tage später stand Erich Salzmann im Büro von Julien. Er schien ziemlich abgehetzt. „Aaron ist für zwei Tage in Buenos Aires und möchte dich sprechen."

Julien war erfreut. „Das ist ja eine gute Nachricht. Wo ist er denn?"

Erich beugte sich zu ihm und flüsterte: „Wir haben ihm eine konspirative Wohnung beschafft, da er nicht offiziell eingereist ist. Dort kannst du ihn treffen. Er wird dich abholen."

Er gab Julien einen Zettel mit Instruktionen und hielt sich nicht weiter auf. Julien fuhr mit dem Bus. Nach fünf Stationen stieg er aus und sah sich um. Niemand hatte mit ihm den Bus verlassen. Als der Bus abfuhr, hörte er hinter sich eine Stimme: „Julien!".

In einem Türeingang stand Aaron. Doch statt ihm entgegenzukommen, ging er in das Haus. Julien folgte ihm in einen geräumigen Innenhof, von dem Gassen abgingen. Er lief hinter ihm her. Sie landeten in einer Nebenstraße. Dort wartete ein schwarzer Wagen, der sofort losfuhr, nachdem sie eingestiegen waren.

„Buenos dias, Julien. Es tut mir leid, dass wir dir Unannehmlichkeiten bereiten. Es geht nicht anders. Wir müssen sicherheitshalber noch einen kleinen Umweg machen."

„Wenn du mir die Busfahrt bezahlst, bin ich schon zufrieden."

Außerhalb der Stadt fuhr der Wagen in ein Waldstück. Dort wechselte der Fahrer die Kennzeichen. Danach ging es einige Kilometer zurück. Er drehte sich zur Rückbank und sagte: „Es ist alles sauber."

Er bog schließlich in eine Nebenstraße ein, von der drei Wege abgingen. Es war wie ein Labyrinth. Schließlich kam ein kleines, zweistöckiges Landhaus in Sicht, das von einer großen Mauer umgeben war. Das Tor öffnete sich. Hinter ihnen schlossen es zwei bewaffnete Männer.

Das Haus war spartanisch eingerichtet. Nur ein riesiger Leuchter erinnerte an früheren Reichtum. Das Wohnzimmer war völlig leer. Von ihm ging eine Tür ab, von der man in die ehemaligen Wirtschaftsräume gelangte. Schließlich kamen sie in die Küche. Ein riesiger Herd verströmte so etwas wie Gemütlichkeit.

Aaron füllte zwei Gläser mit Rum und hob sein Glas. „Le'chájim!"

„Salud!", antwortete Julien.

„Du hast uns große Sorgen gemacht."

„Warum?", fragte Julien.

„Eduardo Perez hat beinahe sechs Monate Arbeit zerstört, weil er die Reisebüros ausforschen wollte. Das wäre mit Sicherheit ins Auge gegangen."

„Hatte er denn nicht den Auftrag von euch?", fragte Julien.

„Nein. Er sollte nur offiziell danach suchen. Außerdem hat er dich angesprochen und damit gefährdet. Er baute wohl auf deine Nahkampf-Erfahrung. Doch die Leute, die diese Objekte absichern, sind ehemalige Angehörige von Sondereinheiten der SS und verstehen keinen Spaß. Wenn wir mit ihnen zu tun haben, sind wir schwer bewaffnet. Beim letzten Einsatz gab es Tote."

„Wer seid ihr? Agiert ihr immer noch auf privater Initiative."

„Nein. Ich gehöre jetzt zum ‚Zentralen Nachrichten- und Sicherheitsdienst' oder auch Mossad. Natürlich sind wir nicht auf Einladung der argentinischen Regierung hier. Deshalb auch diese Geheimniskrämerei."

„Ich fühle mich schon zurückversetzt in die Zeit beim MI6."

„Hast du noch Kontakt zu diesen Leuten?", fragte Aaron.

„Nein. Ehrlich gesagt, wollte ich nach dem Tod meiner Freundin nichts mehr mit Geheimdiensten zu tun haben. Sie haben mir eine Medaille gegeben und mich danach abgeschaltet. Ich hatte nur noch einen kleinen Auftrag zu erledigen, der aber eher Befragungsarbeit war. Seitdem hatte ich keinen Kontakt."

„Entschuldige bitte, ich muss dich danach fragen: Hatte das mit Kriegsverbrechen zu tun?"

„Ich suchte nach einem Mann, der einen Ring entgegengenommen hat, der für die Freimaurer von Bedeutung war. Es kann aber sein, dass der Auftrag vom MI6 kam. Die Nazis haben auch danach gesucht und vermutlich auch der Vatikan. Immer wieder tauchen die gleichen Personen im gleichen Zusammenhang auf. Warum ist mir völlig schleierhaft."

Erstaunt fragte Aaron: „Bist du ein Freimaurer?"

„Nein. Mein Vater hatte allerdings für sie wichtige Gegenstände versteckt. Als ein Nazi bei uns kurz vor dem Krieg auftauchte und ihn deswegen bedrohte, halfen sie uns. Dadurch kamen wir nach Argentinien. Wir fühlen uns zu Dank verpflichtet, da sie für uns sorgen. Wie soll es nun weitergehen?"

Aaron stellte sein Glas wieder ab. „Für dich und Eduardo ist erst einmal Schluss. Wir sind uns nicht sicher, ob du im Visier des deutschen Geheimdienstes stehst. Es gibt da eine merkwürdige Sache. Der Chef ist der ehemalige Generalmajor Reinhard Gehlen. Er war Leiter der Abteilung ‚Fremde Heere Ost' und hat für den Auslandsnachrichtendienst der SS gearbeitet. Nach dem Krieg hat er sich den Amerikanern angedient. Interessant ist auch, dass er Verbindung zu Otto Skorzeny hatte, der in Argentinien aufgetaucht ist.

Wir können dich nicht schützen. Als ich dich damals gebeten habe, hier nach Nazis zu suchen, dachte ich, dass die Alliierten uns dabei tatkräftig unterstützen. Doch nach den Nürnberger Prozessen scheint das Interesse bei ihnen spürbar abzunehmen. Die Amerikaner haben deutsche Wissenschaftler eingesammelt. In Frankreichs Fremdenlegion tummeln sich unbehelligt SS-Männer und erhalten neue Identitäten. Es ist eine verkehrte Welt."

Er sah Julien fragend an: „Mir ist trotz allem schleierhaft, wie das alles mit Freimaurern zusammenhängt."

„Zunächst bin ich Belgier. Unser kleines Land hatte in den letzten beiden Kriegen genug Opfer zu beklagen. Hinzu kommt, dass die Deutschen gleich zweimal die Bibliothek in Leuven zerstört haben. Mein Vater war dort Bibliothekar. Freimaurer haben dafür gesorgt, dass meine Familie 1939 nach Argentinien flüchten konnte. Wahrscheinlich wären wir sonst schon längst tot. Dafür sind Brüder von ihnen in Auschwitz umgebracht worden."

Aaron wurde still. „Mir war nicht bewusst, welche Rolle die Freimaurer gespielt haben. Das ist mir völlig entgangen. Ich habe meine ganze Familie in Auschwitz verloren."

Julien schilderte ihm grob die Umstände der Flucht.

Aaron sah ihn mitfühlend an. „Es ging also um Bücher, die die Nazis haben wollen?"

„Oder der Vatikan. Die Zusammenhänge haben sich mir bis heute nicht erschlossen."

„Wir haben ja, aus naheliegenden Gründen, nichts mit dem Vatikan am Hut. Es ist aber durchaus möglich, dass es Überschneidungen mit einigen unserer Recherchen gibt. Du hattest doch Bilder von Friedrich Stein und Mario Vico mitgeschickt. Sie sind bei uns nicht als Kriegsverbrecher vermerkt. Stein war in der SS, hatte aber eher zivile Aufgaben."

Julien entgegnete: „Ich war Zeuge von einem Mord in Spanien, an dem er beteiligt war."

„Ist die Polizei in Spanien der Sache nachgegangen?"

„Nein. Es gab nicht einmal eine Anzeige. Die Leute haben die Leiche einfach begraben. So wie viele andere Opfer Francos."

„Ich kenne das. Die Täter berufen sich auf die Befehlslage im Krieg. Aber wenn sie allein und nicht im besetzten Gebiet unterwegs waren?"

„Die Opfer hatten Angst."

Aaron fragte: „Kennen Stein oder Vico deinen Namen oder haben sie dich als Zeugen erkannt?"

„Nein. Selbst die Leute aus dem Umfeld kannten nur den spanischen Decknamen."

„Das ist gut."

„Einschränkend muss ich natürlich sagen, dass Stein meinen Vater kennt."

„Daran können wir nichts ändern. Wir suchen nach den Fluchtwegen der Nazis. Es zeigte sich, dass es nicht nur einen, sondern viele gibt. Das reicht von privaten Verbindungen bis zu ausgesprochen luxuriösen Routen. Es tauchen für sie immer die gleichen Probleme auf. Will man untertauchen, braucht man neue Identitäten, Transportmittel und ein Land, in dem man leben kann. Reisemöglichkeiten können mit genügend Geld organisiert werden. Aber spätestens bei der Identität und den Zielländern scheiterten viele und landeten in Gefangenenlagern.

Nach den uns bisher bekannten Informationen waren die Wege mit Helfern aus dem Vatikan und dem Roten Kreuz die sichersten und bequemsten. Ziel war meistens Lateinamerika. Es floss vermutlich viel Geld an Vermittler vom Vatikan. Doch es gab einige Grenzen. Die Migranten mussten gute Katholiken sein und es sollte ausgeschlossen sein, dass der Vatikan durch sie in Bedrängnis kommt. Ich weiß nicht, wie viele Atheisten getauft wurden, um die erste Bedingung zu erfüllen. So manche Spende half bestimmt dabei nach.

Beim zweiten Punkt tauchten mehr Probleme auf. Nächstenliebe bei bekannten SS-Männern, die nachweislich Katholiken vergasten, ist kaum zu vermuten. Hinzu kommt, dass in Italien die Kommunisten an Einfluss gewinnen.

Was passiert, wenn das Konkordat aufgehoben wird? Die Bilder vom erhängten Duce haben auch im Vatikan bleibenden Eindruck hinterlassen.

Es gab aber angeblich auch Tauschgeschäfte, die die größten Bedenken zerstreuten. Eine Organisation, die sich Opus Dei nennt und eng mit dem Vatikan verbandelt ist, soll großes Interesse an bestimmten Büchern haben. Die Leute werden von der Glaubenskongregation gefördert, besser bekannt unter dem alten Namen Inquisition.

Interessant ist, dass die deutsche Kirche in Rom ein Drehkreuz für Nazis war, die nach Argentinien auswandern wollten. Näheres weiß ich aber nicht. Naturgemäß wollen Katholiken mit Juden nichts zu tun haben.

Unsere Organisation ist einfach zu klein, um sich auch noch darum zu kümmern. Wenn wir etwas mitbekommen, nutzen wir Verbindungen zu Journalisten, die damit etwas Geld verdienen."

Julien spürte so etwas wie Euphorie und Anspannung. Hochrangige Nazis hatten gestohlene Bücher genutzt, um sich ihrer Verantwortung zu entziehen. Ja, es war auch Wut dabei, dass ausgerechnet die katholische Kirche sich für einen solchen Kuhhandel hergab.

„Spielten dabei Stein oder Vico eine Rolle?"

„Da bin ich leider überfragt. Gegenwärtig haben die Fluchthelfer Probleme. Die neue argentinische Regierung neigt dazu, sich von den faschistischen Überbleibseln zu lösen. Sollte der Papst seine Verstrickung zugeben und die beteiligten Personen benennen, würde auf einen Schlag die gesamte Organisation zusammenbrechen. Es geht dabei auch um Banken und Firmen, die Geld gewaschen haben. Das reicht bis in höchste Regierungsämter."

Aaron holte einen Werbezettel aus der Tasche und fragte: „Könnte das Friedrich Stein sein?"

Der Flyer warb für weltweite Reisen. Bilder zeigten Symbole europäischer Hauptstädte wie den Eiffelturm, das Brandenburger Tor und die Tower Bridge. Als Inhaber wurde Frederico Piedra genannt. Die übersetzte Form seines Namens.

„Ohne Bild kann ich das nicht sagen. Es wäre aber ein großer Zufall, wenn jemand die übersetzte Form von Friedrich Stein als Firmenname nutzt und Reisen nach Deutschland anbietet."

Aaron sagte besorgt: „Ja, aber sicher ist es nicht. Eduardo soll auf keinen Fall zu dem Laden fahren und den Inhaber interviewen. Das würde zu sehr auffallen. Wir brauchen eine glaubwürdige Legende."

„Heißt das, ihr unterstützt mich bei der Identifizierung?"

„Ich kann keinen meiner Leute schicken. Aber ich könnte eine Aktion von außen absichern. Mehr geht nicht, weil ich andere Aufgaben habe. Sollte sich bestätigen, dass es Stein ist und er für die Schleuser-Organisation arbeitet, müsste ich Rücksprache mit Tel Aviv halten. Wir haben schon viel Geld in die bisherigen Maßnahmen gesteckt. Sollte Stein auf privater Ebene arbeiten, wäre das von meinem Auftrag nicht abgedeckt. Wir haben auch nicht die Kraft, viele Sicherheitsleute in Schach zu halten. Wir gehen normalerweise in verdächtige Objekte schnell rein und wieder raus. Das bedeutet für dich, dass du vorher die Räume ansehen solltest und die mögliche Anzahl von Bewachern prüfst. Ein grober Grundriss mit Zugängen und Fluchtwegen wäre gut. Wir haben gute Erfahrungen mit Täuschungen gemacht. Das heißt, wir gaukeln ihm eine Gefahr vor. Er versteckt sich oder flüchtet. In diesem Fall könnten wir sogar hineingehen und beim Suchen helfen. Im Normalfall übernehmen wir bei deinem ersten Besuch die Observation des Objektes und sorgen dafür, dass du gesund wieder herauskommst. Das bedeutet für uns, drei Leute mit schwerer Bewaffnung, Funk und Kampferfahrung."

Julien meinte: „Ich bin ja auch noch da."

„Das möchte ich nicht. Du hast uns geholfen und wir helfen dir. So ist der Deal."

„Gut, ich sage dir Bescheid, wenn ich euch brauche."

* * *

Der schwarze Wagen brachte ihm zum Hafen, damit er im Gewusel der Menschen unterging. Trotzdem wechselte Julien zweimal den Bus, ehe er zu Fuß nach Hause ging. Im ersten Moment wollte er es seinem Vater sagen, ließ es aber sein. Doch was sollte er mit Stein anstellen? Ihn entführen oder sogar umbringen? Dann wäre er nicht besser als Stein. Für die Justiz in Argentinien war er auch kein Fall.

Julien entschloss sich, mit Carlos zu sprechen, ohne den Mossad als Beteiligten zu nennen. Er hatte den Flyer, der ihm zufällig in die Hände gekommen sein könnte. Wenn er mit einem triftigen Grund in das Reisebüro gehen würde, sollte das Risiko gering sein. Hingehen, identifizieren und wieder losgehen. Danach könnte er sich immer noch entscheiden.

Aktion Reisebüro

Carlos war Juliens Plan zu dünn: „Du fährst hin, schaust, ob es Stein ist, und fährst wieder? Im Endeffekt wirst du damit nichts erreichen. Der Plan muss nachhaltig sein."

„Einsperren kann ich ihn ja schlecht", entgegnete Julien.

„Wir brauchen eine schwache Stelle, die wir aufbohren können. Ihn aus Argentinien zu vertreiben, würde euch Sicherheit geben. Wenn er die Fluchthilfe für die Nazis organisiert, sollen sich die Europäer um ihn kümmern."

„Vielleicht hast du recht. Eigentlich sind wir hier, weil er uns vertrieben hat. Meine Rache für Alicja muss warten. Und was ist mit den Freimaurern?"

„Was soll mit ihnen sein? Sie haben mir nichts zum Grund eurer Überfahrt gesagt und ein Versprechen ist auch manchmal aufgebraucht. Ihr habt schon genug für sie getan. Letztendlich ist es euer Leben, um das es geht. Wollt ihr immer auf der Flucht sein?"

Julien verzog sein Gesicht. „Du hast recht."

„Ich habe auch schon eine Idee."

Carlos verließ das Büro und kam nach einer halben Stunde wieder herein. Er war nicht allein.

„Ich habe dir deinen Grund für den Besuch im Reisebüro mitgebracht. Er hat sogar einen Namen: Silvia Consuela Martines, Studentin für Kunstgeschichte in Paris und zurzeit meine Praktikantin."

Silvia wurde verlegen, aber auch Julien lief rot an.

Carlos redete weiter. Julien hatte Probleme, zuzuhören. Silvia hatte eine fast madonnenhafte Ausstrahlung. Er spürte, wie sich sein Puls beschleunigte. Seit Alicja war er nie wieder so beeindruckt gewesen.

Carlos klopfte mit seinem Schlüsselbund auf den Tisch.

„Hey, Julien, hörst du mir überhaupt zu. Hier spielt die Musik."

„Tut mir leid. Ich habe nur. Wollte nur ...", stammelte Julien herum.

„Also noch einmal. Sie wird mit dir zum Reisebüro fahren. Dort gebt ihr euch als Liebespaar aus, das eine Hochzeitsreise nach Paris plant. Ich gebe dir meine Kamera für ein paar Fotos mit. Bei der Leica kannst du eigentlich nichts verkehrt machen. Sieh aber zu, dass du nicht nur Silvia auf den Film hast."

Carlos fragte: „Hast du ihr überhaupt die Hand gegeben?"

Silvia reichte Julien ihre Hand, der sie nicht mehr loslassen wollte.

„Ich bin Julien Gaspard. Tut mir leid, dass ich ..." Schon wieder stammelte er vor sich hin. Er klang wie ein Schuljunge.

„Julien! Ich glaube, du musst noch etwas üben. So nimmt dir keiner den angehenden Bräutigam ab."

Carlos lachte. Julien wusste, dass er recht hatte. Silvia rettete ihn.

„Wir müssen ja nicht gleich los. Vielleicht gehen wir heute Abend in eine Tango-Bar."

„Ja. Gerne. Wann und wo?"

„Das besprechen wir draußen. Mein Onkel macht sich sonst noch vor Lachen in die Hosen."

Carlos prustete los. Völlig verunsichert sah ihn Julien an.

„Ja, es stimmt. Sie ist eine entfernte Nichte von mir, die auf Besuch ist."

„Silvia, gehe schon einmal vor."

„Carlos. Ich weiß nicht ..."

Julien hatte seinen Sprachrhythmus noch immer nicht gefunden.

„Meinst du wirklich? Ich bin mir nicht sicher. Das kann doch gefährlich werden."

Carlos wurde ernst.

„Ich habe mit ihr gesprochen. Sie weiß, worauf sie sich einlässt, und sie ist kein kleines Kind mehr. Sie wird nur mit dir ins Reisebüro gehen und nichts weiter. Was soll da schon geschehen? Und wenn Stein genauso reagiert wie du, hilft sie uns mehr als jeder Geheimagent. Ihr nehmt das Cabrio. Sie kennt sich damit aus. Ich borge es euch für heute Abend und morgen den ganzen Tag."

Dann griff er in ein Schubfach und holte eine Rolex und ein Bündel Geldscheine heraus. „Silvia soll dir noch ordentliche Sachen kaufen, damit die Story glaubhaft wird. So und jetzt ab mit euch Turteltauben. Und dass mir keine Klagen kommen."

Carlos lachte laut und lief dabei rot an. Er wedelte sich mit seinen Panamahut Luft zu. Auf der Straße stand ein knallroter Ford ‚Super Deluxe Cabriolet' und Silvia saß am Steuer. „Steig ein. Wir müssen noch einkaufen."

Julien ließ sich auf den Beifahrersitz fallen. Es war wie in dieser kitschigen Werbung. Jetzt fehlte nur noch, dass sie sich eine Zigarettenspitze anzündete.

Silvia sagte: „Ich denke, wir halten dort vorn und klappern ein paar Läden ab. Was meinst du?"

Julien fühlte sich überfordert: „Ich habe keine Ahnung. Du wirst schon wissen, was du machst."

Sie lachte ihn an.

„Es soll dir ja gefallen. Wenn wir heute Abend ausgehen, möchte ich mit dir angeben."

„Du hast es wirklich ernst gemeint?"

„Carlos hat es ernst gemeint. Keine Angst vor mir. Ich bin artig."

Verlegen sagte Julien: „Da bin ich aber beruhigt."

Langsam normalisierte sich sein Puls, doch die Aufregung blieb.

Sie fragte: „Bist du eigentlich immer so ruhig?"

Julien zögerte etwas. „Eigentlich nicht. Ich arbeite als Auktionator. Da wäre es unpassend." Er machte eine Pause. „Aber ich bin schon lange nicht mehr mit einer Frau unterwegs gewesen. Und jetzt tauchst du auf. Ich bin einfach überrascht."

Silvia fragte: „Wie lange warst du denn mit deiner letzten Freundin zusammen?"

„Es waren nur wenige Tage. Aber ich habe sie von ganzem Herzen geliebt."

„Und was ist dann passiert?"

„Sie ist im Flugzeug erschossen worden."

Silvia bremste den Wagen und sah ihn erschrocken an. „Wirklich? Das tut mir leid."

Sie legte ihre Hand auf seine und drückte sie sanft. „Wie lange ist es denn her?"

Verlegen sagte Julien: „Es war im Krieg."

„Das ist lange her. Ich war damals noch ein Kind. Hast du ein Bild von ihr?"

Er suchte seine Brieftasche heraus und zeigte das Foto.

„Sie war wunderschön."

„Ja. Deshalb vergleiche ich alle Frauen mit ihr, was es nicht einfacher macht, jemanden zu finden. Meine Mutter möchte schon lange Enkel. Aber was erzähle ich."

„Sprich ruhig weiter. Ich höre gerne zu."

Julien erzählte Silvia, wie er Alicja kennenlernte und wie sie starb. Mit einem Mal merkte er, dass ihre Augen feucht wurden.

„Das wollte ich nicht. Tut mir leid …"

„Ist schon gut. Wir setzen uns kurz mal auf die Bank."

Sie stiegen aus dem Wagen. Silvia nahm seinen Arm und zog ihn unter einem weit ausladenden Baum, in dessen Schatten eine Parkbank stand.

„Tut mir leid. Ich bin nah am Wasser gebaut. Ich höre die Geschichten gerne, aber ich bin dann immer so mitfühlend."

„Als Alicja gestorben ist, habe ich auch wochenlang geweint. Man konnte mich deswegen nicht zum Einsatz schicken. Und offen gesagt, passiert es mir heute oft noch. Meine Mutter tröstet mich dann mit dem Spruch: Bis zur Hochzeit ist alles wieder gut. Das macht es nicht leichter."

Silvia holte ihren Schminkspiegel heraus und wischte die Spuren ab.

„Ich weiß nicht, was Carlos erzählt hat. Er ist nicht mein richtiger Onkel."

„Mir kam es schon seltsam vor, dass er niemals vorher von dir gesprochen hatte."

„Mein Vater war Restaurator im Louvre. Mutter arbeitete als Sekretärin bei einem Verlag. Irgendwann tauchte Carlos bei uns mit einem Bild auf, das einen kleinen Schaden hatte. Er hat sich mit mir abgegeben, während Vater das Bild restaurierte und Mutter zur Arbeit war. So hat er sich mit mir fast drei Tage die Zeit vertrieben.

Ich glaube, er bedauert zutiefst, dass er keine eigenen Kinder hat. Vater erzählte immer von einer unerfüllten Liebe. Immer, wenn er nach Paris kam, besuchte er uns. Er war für mich der Onkel, der mit mir ins Kino ging, den Rummel unsicher machte und mit mir in der Seine badete. Dann kam der Krieg und mit ihm die Deutschen. Meine Eltern brachten mich zu einer Tante aufs Land. Sie selbst gingen in den Untergrund. Ich hätte die Stunden zählen können, an denen sie mich besuchten. Onkel Carlos kam auch nicht, weil die Grenzen geschlossen waren. Aber er schickte mir Ansichtskarten und Spielzeug.

Nachdem die Deutschen Paris verlassen hatten, kehrte ich mit meiner Oma nach Paris zurück. Ich hatte mir damals vorgestellt, dass das Kriegsende bedeutet, dass alles wie vorher ist. Ganz so wie in den Filmen wollte ich mit Mama und Papa zusammen an die Seine gehen und den Schiffen zuwinken.

Doch niemand kam. Mutter soll 1944 irgendwo an der Küste umgekommen sein. Von Vater weiß ich nichts. Meine Oma hat sich alle Mühe gegeben, mich großzuziehen. Sie hat dafür gesorgt, dass ich einen Studienplatz für Kunstgeschichte bekomme. Doch vor einem halben Jahr ist sie gestorben. Ich stand allein da. Ohne Einkommen und ohne Wohnung.

Ich fand in den Unterlagen meines Vaters die Adresse von Carlos und schrieb ihm. Er hat sich sofort bereit erklärt, mich nach Argentinien zu holen. Und jetzt bin ich hier. Glücklicherweise habe ich in der Schule Spanisch gelernt, sonst könnte ich mich hier mit niemandem unterhalten. Das Haus von Carlos ist aber so groß, dass ich mich allein fühle, wenn er unterwegs ist. Er hat mir einen Filmprojektor hingestellt. Doch mit dem kann ich nicht reden. Er hat gespürt, dass mir etwas fehlt, und hat mich mit in den Laden genommen. Hier will ich mich etwas nützlich machen. Deshalb war ich sofort einverstanden, als er wegen deiner Aktion gefragt hat."

Julien nahm ihre Hand. „Deine Geschichte macht mich traurig. Ich weiß nicht, ob es richtig ist, dich in die Sache hineinzuziehen. Es kann sein, dass du dich dabei in Gefahr begibst. Ich könnte es nicht aushalten, wenn dir etwas passieren würde."

Silvia legte ihre Hand auf seine Brust.

„Mache dir nicht so viele Sorgen. Wir schaffen das schon. Du kannst mir heute Abend noch mehr von Alicja erzählen. Jetzt gehen wir aber Einkaufen."

Nach zwei Stunden hatte Silvia ihn vollständig eingekleidet.

Seiner Mutter war die Freude anzusehen. Ihr Sohn brachte ein Mädchen mit. Sie rief ihren Mann: „Mach mal den großen Tisch frei. Wir haben Besuch."

Julien bremste: „Wir müssen noch weg. Dienstlich."

„Ja. Ja. Dienstlich, in dem Aufzug. Alles neu. Wollt ihr zur Modenschau?"

Silvia frotzelte: „Wir gehen zum Tanzen in eine Tango-Bar."

Juliane ging darauf ein: „François! Sie gehen in eine Tango-Bar. Das hast du mit mir noch nie gemacht."

Juliens Vater brummelte etwas Unverständliches, kam dann aber doch nach vorn.

„Es ist gut, wenn du mal rauskommst. Ich hoffe, er benimmt sich ordentlich."

Julien sagte: „Übrigens, ich bin schon groß."

Seine Mutter lachte. Zum Abschied umarmte Silvia Juliens Mutter herzlich. Draußen erneuerte sie ihre Schminke. Es waren nicht nur ihre Tränen. Silvia war gerührt: „Deine Mutter erinnert mich an meine Mama. Auch wenn sie ganz anders aussieht."

* * *

Die Tango-Bar war gut gefüllt. Julien gab sich alle Mühe, die Tanzschritte nachzuahmen, doch er verzweifelte daran. Silvia zog ihn von der Tanzfläche.

„Wir gehen woandershin."

„Bist du mir böse?"

„Nein. Es ist mir nur zu laut."

So gingen sie hinunter zum Strand und setzten sich auf eine Bank. In der Ferne sah man die Lichter vorbeifahrender Schiffe. Und sie erzählten sich alles, was ihnen auf der Seele lag. Von früher, von heute, ihre Wünsche und Träume.

Sie hätten bis zum Morgen dortbleiben können. Doch der nächste Tag wartete mit einer wichtigen Aufgabe. Silvia brachte Julien mit dem Auto nach Hause. Er schlief erst spät ein.

* * *

Carlos weckte Silvia. Das tat er sonst nie. Die Hausangestellte hatte den Frühstückstisch bereits gedeckt. Der Kaffee dampfte. Er platzte fast vor Neugier.

„Na? Wie findest du ihn?"

Silvia wurde rot. „Wolltest du mich etwa verkuppeln?"

„Ich schwöre bei Gott, dass ich nur das Beste will. Sollte es mit ihm gut gehen, soll das erste Kind Carlos heißen."

„Du bist frech. Aber wenn es dich glücklich macht: Ja, er gefällt mir."

„Wenn er nicht artig ist, bekommt er keine Weihnachtsgeschenke."

„Carlos. Du wirst niemals erwachsen."

„Ich habe mir erlaubt, das Auto vollzutanken. Macht es euch heute schön."

„Das habe ich vor. Aber bitte unterlasse die Bemerkung wegen Julien. Ich möchte nicht, dass er sich bedrängt fühlt. Er hat so eine weiche Seele."

„Versprochen. Ab sofort kein Wort."

Mit seinen Fingern fuhr er über die Lippen, als ob er einen Reißverschluss zuzog.

„Danke für das Bekleidungsgeld. Er sieht jetzt richtig schick aus."

Carlos sagte nichts. Er presste seine Lippen grinsend aufeinander und hantierte mit seinen Armen, so als ob er nicht sprechen konnte.

„Ach, Onkel Carlos. Womit habe ich dich verdient."

Sie beugte sich zu ihm und küsste ihn auf die Wange.

„Ein Glück. Beinahe wäre ich erstickt."

* * *

Es war neun Uhr. Bis La Plata waren es mit dem Auto maximal zwei Stunden. Silvia holte Julien pünktlich ab. Sie hatte sich ein bunt gemustertes Kleid angezogen und einen passenden Hut mit breiter Krempe aufgesetzt. Auf den Rücksitzen stand ein Korb mit Proviant. Sie hatte auch eine Decke für den Strand eingepackt.

„Greife mal ins Handschuhfach", sagte Silvia.

Zwei Sonnenbrillen kamen zum Vorschein.

Sie lachte: „Damit siehst du wie ein amerikanischer Playboy aus. Allerdings müsstest du dann etwas machohafter sein."

„Magst du das?", fragte er.

„Nein, eigentlich nicht."

„Ich glaube, das wäre dann doch zu dick aufgetragen."

„Kann schon sein."

„Ich bin kein guter Schauspieler, obwohl es bei den Auktionen ganz schön zur Sache geht. Aber das ist heute etwas anderes."

Silvia machte ein nachdenkliches Gesicht. „Als Kind habe ich bei Oma gern ‚Mutter, Vater, Kind' gespielt. Ich glaube aber, dass es nur eine Art war, meine Träume auszuleben. Das Dorf war klein und ich hatte nur Oma. Die Dorfbewohner sah ich, wenn wir mit unserem Bollerwagen zum Krämer fuhren. Irgendwie habe ich die Gesichter der Leute vergessen.

In Paris wurde das Leben an der Uni schnell und oberflächlich. Ich hatte kaum Freunde, mit denen man sich gut unterhalten konnte. Mir fehlten gemeinsame Themen. Viele hielten es für chic, über Politik oder moderne Kunst zu diskutieren. Ich hatte immer die alten Meister im Kopf und stellte mir vor, was die Maler sich gedacht haben, wenn sie vor ihrer Leinwand standen. Offen gesagt, konnte ich mit den Expressionisten nicht viel anfangen.

Für die anderen war ich ein Exot. Sie unterhielten sich stundenlang über einen Strich, den Monet auf die Leinwand gemalt hat. Einmal habe ich gesagt, dass er sich dabei bestimmt vertan oder die Palette im Suff an die Leinwand geworfen hat.

Es gab einige, die dann richtig ärgerlich wurden. Sie beriefen sich immer auf irgendwelche Gutachter, die angeblich genau wissen, was der Künstler gemeint hat. Ich dachte mir, dass die Maler letztendlich Menschen waren, die irgendetwas ausdrücken wollten. Nur sie selbst wussten, was es war."

Julien sah sie an.

„Das Gute bei den alten Büchern ist, dass Pergament so teuer war, dass die Autoren genau überlegt haben, was sie schreiben. Allerdings waren manchmal Lügen mehr wert als die Wahrheit. Oder sie wurde versteckt. Wegen Büchern sind Menschen gestorben. Ach! Mir wird das jetzt alles zu philosophisch. Hoffen wir, dass unser Besuch im Reisebüro erfolgreich wird. Ich freue mich schon auf den Nachmittag am Strand."

„Hast du überhaupt eine Badehose bei?"

„Klar. Du sollst doch meinen Alabaster-Körper in voller Schönheit bewundern können."

„Na, na, na. Ich habe schon einige Speckröllchen gesehen!"

Sie kniff ihn in die Seite.

„Achte lieber auf die Straße. Ich glaube, wir müssen gleich abbiegen."

Die Adresse war in einer Nebenstraße. Julien wunderte sich, dass keine Werbung zu sehen war. Erst direkt vor dem Haus sahen sie im Schaufenster ein großes Plakat, das dem Werbezettel ähnelte. Vor der Tür stand ein Tisch mit vier Stühlen.

Ein älterer Mann hatte es sich bequem gemacht. Eine Zigarre klemmte zwischen seinen Fingern. Er las eine Zeitung und schlürfte Kaffee.

Sie stiegen aus dem Auto. Der Mann hatte sie bemerkt und erhob sich. Schon jetzt war sich Julien sicher, dass es Friedrich Stein war.

„Soll es in die weite Welt gehen?", fragte der Mann mit deutschem Akzent.

Julien wollte schon antworten, doch hielt ihn Silvia zurück.

„Ja. Wir heiraten demnächst und unsere Eltern möchten uns eine Reise nach Europa schenken. Was können Sie uns anbieten?"

„Also als Hochzeitsreise bietet sich natürlich Venedig oder Paris an. Wir haben aber auch Spanien im Angebot. Das hat den Vorteil, dass man keine Probleme mit der Sprache hat. Barcelona könnte ich besonders empfehlen.

Wenn eine längere Reise geplant ist, können auch mehrere Ziele ausgewählt werden. Wir sind bemüht, Orte auszuwählen, die vom Krieg nicht oder nur wenig zerstört wurden. Viele Gäste möchten den Winter erleben. Dann sind die Schweiz, Österreich und Süddeutschland die erste Wahl. Wir richten uns nach Ihren Wünschen."

„Paris würde mir gefallen. Nicht wahr, Schatz? Das wäre doch etwas. Wir zwei in der Stadt der Liebe."

Friedrich Stein nickte. „Das ist eine gute Wahl. Wir haben hervorragende, romantische Hotels mit Sonderpreisen für Hochzeitsreisende im Angebot."

Silvia sah Julien mit schmachtenden Augen an, der völlig stumm blieb.

Am liebsten hätte er gleich eine solche Reise gebucht. Aber es war ja nur ein Spiel. In diesem Moment fiel ihm der Fotoapparat ein, der vor seinem Bauch baumelte. Er nahm ihn wie zufällig in die Hand. Silvia reagierte sofort. Sie zeigte auf einen Eiffelturm aus Pappe, der vor dem Haus für Reisen nach Paris warb.

„Könnten Sie bitte ein Foto von uns mit dem Eiffelturm machen? Das wird unsere Eltern bestimmt überzeugen, einen Tausender mehr auszugeben."

Ohne eine Antwort abzuwarten, drückte sie Stein die Kamera in die Hand und zog Julien in Richtung der Dekoration.

„Sie brauchen nur auf den kleinen Knopf zu drücken. Es ist alles eingestellt."

Silvia umarmte Julien und küsste ihn auf die Wange. Stein drückte auf den Auslöser.

„Und jetzt noch ein Foto mit dem Chef."

Silvia nahm ihm die Kamera ab, gab sie Julien in die Hand und platzierte Stein so, dass er gut zu sehen war. Klick. Friedrich Stein ohne Hut. Klick. Stein im Profil. Klick.

Der Abgelichtete fühlte sich an der Seite der schönen jungen Frau geschmeichelt. Er holte einen Katalog und Zettel mit Sonderangeboten aus dem Haus. Aufmerksam schauten sie sich die Bilder und Reiseinformationen an. Silvia sah auf die Armbanduhr.

„Oh. Schon so spät. Vielen Dank. Wir haben heute noch einiges vor. Ich brauche unbedingt noch ein Paar neue Pumps. Und mein Liebster hat mir noch einen schönen Ring versprochen. Wir werden uns bestimmt bald entscheiden. Vielleicht morgen oder übermorgen. Wir bringen unsere Eltern mit. Sie bezahlen in Dollar."

Stein wollte noch etwas sagen. Doch Silvia kürze es mit einem „Adiós, señor!" und einem Handkuss ab.

* * *

Sie fuhren nur einige Kilometer auf der Straße nach Buenos Aires, dann nahmen sie eine Abfahrt. Die staubige Piste führte direkt an die Küste. Die ganze Zeit sprachen sie nicht. Silvia parkte das Auto direkt am Strand.

„Julien, ich hatte Angst um dich. Du sahst aus, als wolltest du ihn ermorden. Hättest du nur ein Wort herausbekommen, wären wir aufgeflogen."

„War das wirklich so?"

„Ja. Wenn die Bilder entwickelt sind, kannst du es selbst sehen."

„Ein Glück, dass ich dich dabeihatte."

Silvia sah ihn an: „So etwas halte ich nicht noch einmal aus."

Sie umarmte ihn. „Ich hatte Angst. Unendliche Angst."

Julien war durch die Situation verunsichert. Zögernd strich er ihr über den Kopf.

„Danke. Ich hätte es nicht allein geschafft."

Sie lehnte sich an seine Brust. Dann zog sie seinen Kopf herunter, öffnete leicht den Mund und suchte seine Lippen. Er ließ sich darauf ein. Sie schmeckte süß.

Es war, als fiel die Spannung der letzten Jahre von ihm ab. Er wollte nicht reden, nur den Augenblick genießen. Ihr ging es genauso. Sie saßen eng umschlungen, bis sich ihre Herzschläge synchronisierten.

Irgendwann sagte Silvia: „Ich habe Hunger."

Sie stupste Julien mit dem Finger auf die Nase.

„Du machst den Wein auf."

Julien ließ sich gern herumkommandieren. Er beobachtete, wie sie die Decke ausbreitete, die billigen Plastikteller und das Aluminiumbesteck akkurat platzierte, als sei es eine Festtafel. Der Korken wehrte sich etwas, entschied sich dann aber, den Widerstand mit einem 'Plopp' aufzugeben. Es war ein herber Wein.

„BAROLO GIUSEPPE MASCARELLO 1943", las Julien stotternd vor.

„Er ist aus Norditalien!", kommentierte sie, als er versuchte, die italienischen Worte laut vorzulesen.

„Du kennst dich mit Wein aus?"

„Nein. Er ist von Carlos, der ihn aus seinem Weinkeller gespendet hat."

„Er überlässt nichts dem Zufall!"

„Versprich mir, dass wir gemeinsam nach Italien reisen. Rom, Mailand und Venedig. Oder auch Sizilien."

„Wenn das alles vorbei ist, reise ich mit dir, wohin du möchtest."

„Schwöre es hoch und heilig."

Julien hob die Finger. „Ich schwöre es. Bei allem, was mir lieb ist."

„Was ist dir lieb?"

„Meine Mutter, mein Vater. Und gerade seit eben weiß ich, dass du das Liebste bist."

„Und wie ist das mit Alicja?"

„Alicja behält natürlich einen Platz in meinem Herzen. Sie wird dir aber bestimmt etwas abgeben."

„Nur ein wenig?"

„Ich glaube, dass sie mit jedem Tag etwas mehr Platz machen wird. Gib mir ein wenig Zeit."

Julien zögerte: „Weißt du, als ich dich fotografiert habe, war mir so, wie auf dem Bahnhof in Krakau. Alicja hatte mir geholfen, die Fotos zu schießen. Vielleicht ist es so, dass ich in kritischen Momenten immer jemanden brauche, der mir hilft. Damals war es Alicja und heute bist du es.

Kurz bevor sie gestorben ist, sagte der Pilot, dass wir Glück haben. Ich empfand es auch so. Ich weiß nicht, ob es so etwas wie einen Himmel gibt. Wenn sie mich heute hier sehen würde, da bin ich mir sicher, würde sie mir alles Glück der Welt wünschen. Du bist mein Glück."

Silvia küsste ihn. „Julien Gaspard. Ich nehme dich beim Wort. Früher dachte ich, dass es Nonsens ist, wenn einer sagt, dass man sich Hals über Kopf verlieben kann. Doch es ist vielleicht so, dass man gerade in unsicheren Zeiten viel tiefer fühlt, weil immer die Gefahr besteht, dass der Moment vergeht und man sich sonst ewig vorwirft, das Glück verpasst zu haben. Ich möchte mein Glück jetzt. Ich will nicht warten. Der Krieg hat mir so viel Zeit gestohlen. Vielleicht müssen wir schneller leben, um sie ein wenig einzuholen."

„Ja. Und vielleicht geht es nur, wenn man dabei nicht allein ist."

„Klingt das nicht kitschig? Wenn die Liebe kitschig ist, soll es so sein. Ich liebe die alten Romane, in denen sich die beiden am Ende bekommen. Als ich den Film ‚Casablanca' mit Ingrid Bergman und Humphrey Bogart gesehen habe, war ich so gerührt. Ich glaube nicht, dass so etwas Kitsch ist."

„Here's looking at you, kid!"

„Ach ja. Und was siehst du?"

„Ich sehe, dass du die vielen schrecklichen Bilder in meinem Kopf auslöschen kannst."

„Wenn du mich lässt ..."

Die argentinische Sonne schickte ihre letzten Strahlen auf das Meer. Schiffe wurden von ihr mit gelborangem Licht gefärbt. Es war Zeit, nach Hause zu fahren.

* * *

Carlos saß an seinem Schreibtisch und rauchte eine dicke Zigarre.

„Hallo, ihr zwei Turteltauben. Hattet ihr Erfolg?"

Ehe Julien etwas sagen konnte, antwortete Silvia: „Ja, er ist es. Hier ist der Fotoapparat mit dem Film. Wie soll es nun weitergehen?"

Carlos schien vorbereitet zu sein. Er erwiderte viel zu schnell: „Wir werden ihn aus Argentinien vertreiben!"

„Und wie soll es passieren?", fragte Julien.

„Lass mich nur machen. Wir werden ihn am empfindlichsten Punkt treffen, den er hat. An seiner Geheimhaltung. "

„Und wie?"

Carlos grinste: „Es ist besser, wenn ihr nichts davon wisst. Lest die Zeitung und hört das Radio. Es wird niemand zu Schaden kommen. Ich habe mir einen Helfer gesucht, der weiß, wie man so etwas macht."

„Brauchst du noch Unterstützung? Ich habe Kontakt zu einigen Leuten, die ..."

Carlos unterbrach: „Sag ihnen nichts. Das ist enorm wichtig, damit es nicht aus dem Ruder läuft."

„Meinst du wirklich?"

„Ja. Übrigens könnt ihr den Wagen noch bis zum Wochenende behalten. Fahrt irgendwo hin, aber nicht nach La Plata. Ich gebe euch frei."

* * *

Julien setzte sich ans Steuer und fuhr mit Silvia zu Erich Salzmann.

„Bleibe bitte im Wagen. Ich bin gleich wieder da."

Erich war gerade dabei, seinen Laden zu schließen. Mit Schwung zog er das Rollgitter herunter.

„Hallo, Julien. Wie gehts? Willst du noch einen Augenblick hereinkommen?"

„Nein. Heute nicht. Ich werde erwartet. Sage Aaron, dass er nichts wegen Stein unternehmen soll."

„Kein Problem. Ich sehe ihn heute Abend und sage ihm Bescheid. Möchtest du noch auf einen Rum hereinkommen?"

„Heute nicht. Ich habe noch etwas vor."

Erich sah zum Cabriolet.

„Das verstehe ich. Du könntest uns aber vorstellen."

„Das nächste Mal."

* * *

Die Gaspards freuten sich, dass Julien Silvia mitgebracht hatte.

„Und? Alles erledigt?", fragte Juliane.

„Alles erledigt!"

„Ich mache gleich Abendbrot. François! Wir brauchen den Tisch!"

Juliens Vater räumte auf. Silvia sah ihm dabei zu.

„Darf ich mir die Bilder ansehen?"

„Natürlich. Die meisten sind Kupferstiche aus dem 16. und 17. Jahrhundert. Das ist eine Darstellung weiblicher Gottheiten!"

„Ich habe das Bild schon einmal gesehen."

„Es ist gar nicht so selten, dass Götter als Frauen dargestellt wurden. Eigentlich gibt es sogar eine weibliche Dominanz in der Geschichtsschreibung. Die Sonnengöttin von Arinna war in der hethitischen Mythologie die Hauptgöttin und ‚Königin aller Länder'. Die meisten gefundenen Skulpturen waren weiblich. Bis heute spielen Göttinnen in vielen Religionen zentrale Rollen. Selbst die Christen behelfen sich mit der Gottesmutter.

Zu den Frauen hat der Vatikan aber schon immer ein gestörtes Verhältnis. Man wollte sogar die Marien-Anbetung verbieten. Das hat aber nicht funktioniert. Hat dir Julien schon die Geschichte von Zaragoza erzählt?"

Er war kaum zu bremsen. Sein Wissen schwoll förmlich aus ihm heraus und Silvia hörte aufmerksam zu.

„Jetzt ist erst mal Pause!", unterbrach ihn seine Frau.

„Ach, lassen Sie ihn doch. Ich halte es für interessant."

„Sage ruhig ‚Du' zu mir. Ich bin Juliane und mein Mann heißt François."

Juliens Vater ging zum Spind und holte vier Gläser heraus.

„Wenn schon, dann richtig! Rücke mal den guten Wein raus."

Juliane lachte und barg aus der hintersten Ecke des Küchenschrankes eine Flasche Wein.

„Sie ist aus Belgien. Es gibt bei uns zu Hause tatsächlich ein paar Winzer. Der Wein schmeckt nach Heimat. Ein wenig herb, aber ehrlich."

Sie stießen an und Juliens Eltern erzählten von Leuven.

Silvia war gerührt.

„Ja, die Heimat ... Es ist hier zwar auch schön, aber mir fehlt doch immer etwas, was man nicht kaufen kann. Paris hat einen besonderen Geruch. Es riecht nach Autoabgasen, der feuchten Luft an der Seine und Cafés. Oder die französische Sprache. Wenn Julien spricht, klingt das wie zu Hause."

Juliane sah Silvia an: „Willst du wieder nach Frankreich zurück oder bleibst du bei deinem Onkel in Buenos Aires?"

Sie zögerte etwas mit der Antwort, dabei sah sie zu Julien: „Nicht alles liegt in meiner Hand. Aber ich würde am liebsten mit Julien nach Europa. - Wenn er es möchte."

Nun war es heraus. Juliane sah ihren Sohn an: „Und willst du?"

Julien nickte. „Ich würde morgen die Koffer packen."

„Und würdest du uns zurücklassen?", fragte seine Mutter.

Julianes Augen füllten sich mit Tränen. Julian griff ihre Hand. „Vielleicht kommt ihr mit. Oder wir besuchen euch hier."

Juliens Mutter sah ihren Mann an, der in das Weinglas blickte, als ob darin eine Antwort stünde.

Auf der Stirn von François machten sich Falten breit. „Du weißt, dass das nicht so einfach ist. Die Schatten der Vergangenheit können uns immer noch einholen. Wir sollten mit Carlos darüber sprechen."

Silvia umarmte Julien und küsste ihn auf die Wange. Sie wusste, dass sie ihre Gefühle nicht verstecken musste. Sie wollte sie zeigen.

Julien sah seine Mutter an, die ein melancholisches Gesicht machte. „Wollen wir morgen Annette Blanche besuchen?", fragte sie.

„Das habe ich mir gedacht", reagierte François spöttisch auf die Frage. „Neuigkeiten müssen sofort verbreitet werden."

„Na und? Sie freut sich bestimmt. Sie spricht auch gerne Französisch."

* * *

Am nächsten Tag ging François nicht in die Bibliothek. Silvia holte Julien und seine Eltern mit dem Cabriolet ab. Sie überraschten Annette, die sich gerade die Karten legte.

„Und? Gibt es Hoffnung?", fragte Juliane.

Annette lachte: „Wenn nicht, mische ich sie noch einmal. Manchmal versteckt sich das Glück nur etwas."

Annette umarmte alle. Dann musterte sie Silvia von oben bis unten. Ihr gefiel, was sie sah.

„Du bist Juliens Freundin?"

„Oui, Madame."

„Oh. Und auch noch eine Französin?"

„Ich bin aus Paris und wohne zurzeit bei Onkel Carlos."

„Juliane, warum hast du sie mir bisher vorenthalten?"

Juliens Mutter lachte: „Ich kenne sie erst seit gestern."

„Dann muss ich mit Carlos ein ernstes Wörtchen reden. Kommt, wir setzen uns an den Pool."

Zu Silvia gewandt meinte sie: Zu Silvia gewandt meinte sie: „Du sprichst mich gefälligst mit ‚Du' an, kleines Fräulein."

Annette führte alle nach draußen.

„Was für ein wunderschöner Tag. Heute könnte auch mein Geburtstag sein."

„Wir könnten den Nichtgeburtstag feiern. Wie bei Alice im Wunderland. Allerdings haben wir keine Geschenke dabei."

„Ihr habt doch eins vorbeigebracht", entgegnete Annette und wies auf Silvia.

Sie ließ sich ins Haus entführen. Nach ein paar Minuten kam sie mit einem Tablett voller Törtchen wieder. Annette brachte eine Flasche Sekt, die Julien sofort mit einem lauten Knall öffnen musste. Die Gläser wurden bis zum Rand gefüllt.

„Vive la France!"

„Es fühlt sich an wie an der Seine. Es fehlt nur noch der Eiffelturm."

Annette löcherte Silvia mit Fragen über Paris und Frankreich. In ihr wurden viele Erinnerungen wach.

„Ich sehe alles vor mir. Wie im Film oder noch besser, so als wäre ich dort."

Sie nahm ihre neue Freundin völlig in Beschlag.

Juliane stupste ihren Mann an und flüsterte ihm ins Ohr: „Hast du Annette schon einmal so glücklich gesehen?"

Dann beugte sie sich zu Julien.

„Sie freut sich so. Und ich gönne es ihr."

Er lächelte seiner Mutter zu: „Sie ist wie ein Geschenk, auf das man lange gewartet hat."

Es wurde spät. Annette hatte mit Silvia und Juliane die Weinvorräte durchprobiert. Julien fand seinen Vater in der Bibliothek. Er setzte sich zu ihm. Gemeinsam schwiegen sie. Vom Pool hörten sie die Stimmen der Frauen.

François sah nur gelegentlich auf und nickte zufrieden, um sich wieder in ein Buch über die Gottheiten der Griechen zu vertiefen.

* * *

Bei der Rückfahrt fuhr Julien den Wagen. Silvia lehnte an seiner Schulter. „Es war sehr schön."

„Ja. Wollen wir vielleicht morgen nach General Rodríguez fahren?", fragte er.

„Es ist mir egal. Hauptsache, wir sind zusammen."

Sie verabschiedeten sich vor Carlos Haus.

Seine Eltern waren schon vorausgelaufen und warteten im Auto.

Julien startete den Motor. Der Wagen reihte sich in den Strom der Autos und Kutschen ein, die die Straßen füllten. Laternen beleuchteten die Bürgersteige, die noch immer voller Menschen waren. Tango dröhnte aus Musikboxen. Junge Leute tanzten eng umschlungen. Julien nahm nichts davon wahr. Er dachte an Silvia. Zu Hause schloss er das Verdeck und stellte das Auto auf dem Hof ab. Seine Eltern saßen in der Küche und unterhielten sich. Er sagte nur „Gute Nacht!", ging ins Bett und fühlte sich wie ein Teenager.

Steins Verhaftung

Mit einem wohligen Gefühl wachte Julien auf. Er war aufgeregt, weil er gleich Silvia treffen würde.

„Julien! Hast du schon Nachrichten gehört?", fragte sein Vater, als er in die Küche kam.

„Was ist denn?"

François hatte ein breites Grinsen auf den Lippen.

„Friedrich Stein wurde verhaftet. Man hat ihn in einem Reisebüro erwischt. Er war dabei, eine Blutspur zu beseitigen. Die Polizei hat ihn mitgenommen und durchsucht die Firma und sein Haus."

„Hoffentlich behalten sie ihn im Gefängnis und werfen den Schlüssel weg", sagte Julien.

„Eine Leiche haben sie noch nicht gefunden. Zurzeit befragen sie die Nachbarn. Ich wäre bei der Verhaftung gern dabei gewesen."

Julien dachte sich seinen Teil.

„Ich höre die Nachrichten nachher im Auto. Wir fahren nach General Rodríguez. Carlos hat uns freigegeben."

Schnell fuhr er zu Silvia, die aber schon längst Bescheid wusste.

„Ist jemandem etwas passiert?", fragte Julien.

„Nein. Alles ist gut."

„Und das Blut?"

Silvia lachte: „Das war eine Spende von Onkel Carlos."

„Wie? Ist er angeschossen worden?"

„Nein, es war eine ganz normale Spritze. Er hat sich von einem Freund Blut abnehmen lassen. Das haben sie auf dem Hintereingang und die Ladefläche seines Transporters gespritzt. Dann haben sie in die Luft geschossen, damit die Nachbarn wach wurden.

Ein besorgter Bürger rief bei Stein wegen eines Einbruches an. Der fuhr zum Laden, sah das Blut und wollte es entfernen. Die Polizei hat angenommen, dass er dabei war, Spuren eines Mordes zu beseitigen."

„Das ist ja eine großartige Geschichte."

„Und was das Beste ist: Die Presse steht jetzt vor dem Laden und seiner Wohnung. Die Polizei befragt alle Nachbarn. Sie sind gerade dabei, Hausdurchsuchungen durchzuführen. Carlos meint, dass es sich damit für Stein erledigt hat. Man wird die Leiche suchen und ihn vorläufig nicht freilassen. Sollte er freikommen, wird er sich beeilen, das Land zu verlassen. Dann kann er nicht mehr nach Argentinien zurück."

„Carlos, der alte Fuchs. Das mit der Presse hat er bestimmt auch eingerührt."

„Da bin ich mir sicher."

„Jetzt verstehe ich auch, dass wir weit weg sein sollten."

„Ich habe uns abgemeldet. Wir fahren nach General Rodríguez und lassen den lieben Gott einen guten Mann sein."

* * *

Die Zeitungen waren voller Artikel über den vermuteten Mord. Die Journalisten hatten ganze Arbeit geleistet. Tatortfotos und Bilder aus Familienalben hatte man großformatig abgedruckt. Friedrich Stein bei der Festnahme und im Polizeiauto. Die Vermutungen reichten von Rauschgiftschmuggel bis zu illegalem Glücksspiel. Reporter interviewten Leute aus seinem Bekanntenkreis, die sich nicht äußern wollten. Das feuerte die Verdächtigungen noch weiter an.

Schließlich gab der Chef der Polizei eine Pressekonferenz. Er teilte mit, dass man bei den Hausdurchsuchungen Geld, Waffen und gefälschte Pässe gefunden habe.

Der Festgenommene streite zwar einen Mord ab, doch die aufgefundenen Beweismittel reichten für eine Untersuchungshaft aus. Er forderte die Bevölkerung auf, Hinweise an die Dienststelle von La Plata zu richten.

Abschied von Annette

Das Ende des Jahres 1958 endete traurig. Annette Blanche war an einem Schlaganfall gestorben. Man hatte sie in ihrem Lieblingsstuhl am Pool gefunden. Sie sah entspannt aus. Der Arzt meinte, dass der Tod schnell eingetreten war.

François und Juliane kümmerten sich um die Beisetzung. Bei der Suche nach persönlichen Unterlagen fanden sie ein Telefonbuch mit der Adresse eines Rechtsanwaltes. Eine Rückfrage ergab, dass bei ihm das Testament der Toten hinterlegt war. Er versprach, alles Notwendige vorzubereiten.

Die Kirche war festlich geschmückt. Rings um den Sarg waren Blumenarrangements drapiert. Von einer großen Fotografie sah Annette Blanche auf die wenigen Trauergäste. Eigentlich waren es nur die Gaspards, Silvia und Carlos. Sie hatten sich in die erste Reihe gesetzt. Einzelne Menschen saßen verteilt in den Bänken und warteten auf Worte des Pfarrers. Die meisten kannten sie nur als Nachbarin oder Kundin. Sie hatten es aber trotzdem für notwendig gehalten, die Französin auf dem letzten Weg zu begleiten.

Zögernd begann die Orgel ihre ersten Töne in den Raum zu senden, um dann immer kräftigere Akkorde brummend und klagend in die Welt hinauszuschicken. Von allen Seiten prallten sie auf die Körper der Menschen, die ihre Vibrationen in sich aufnahmen. Dann wurde die Melodie harmonischer und ausgleichend, bis sie in einem hellen Ton endete. Es klang wie ein letzter Ruf.

Die Rede des Pfarrers war so farblos, wie er aussah. Die aneinander gereihten Fakten spiegelten ihr Leben nicht wider. Juliane und François ließen ihren Gefühlen freien Lauf. Silvia hatte sich an Julien gelehnt und trocknete ihre Tränen mit seinem großen Taschentuch. Carlos wirkte in sich gekehrt. Noch einmal wurde die Orgel aufgespielt und es fielen noch ein paar Worte über Gott, den Allmächtigen, der Annette im Himmelreich empfangen würde.

Beim Hinausgehen gingen Juliane und François Gaspard direkt hinter ihrem Sarg, der würdevoll von acht schwarz livrierten Männern mit Zylindern getragen wurde.

Annette wurde neben ihrem Ehemann beigesetzt. Der Grabstein war gründlich gereinigt und mit dem Sterbedatum der teuren Toten ergänzt worden.

Unwillkürlich dachte Julien an die Beisetzung von Alicja. Dann drückte er Silvia an sich. Es tat ihm gut.

* * *

Zwei Tage später war die Eröffnung des Testamentes. Annette hatte es kurze Zeit vor ihrem Tod geändert. Sie hinterließ das Haus und ihr Barvermögen Juliens Eltern. Eine Wohnung in Paris, die von einer Cousine bewohnt wurde, erbten zu gleichen Teilen Silvia und Julien. Übrig blieben einige Erinnerungsstücke, die sie einer ihrer Hausangestellten vermachte.

Annette hatte ein persönliches Schreiben beigelegt, in der sie sich bei Juliens Eltern für die schönsten Jahre ihres Lebens bedankte. An Silvia gerichtet schrieb sie, dass ihr lebendiges Wesen sie an ihre Jugend erinnert habe. Sie hoffe, dass sie durch die Wohnung in Paris ihr Studium abschließen könne. Julien wurde beauftragt, gut auf Silvia aufzupassen. Sie sei ein Schatz, den man nur einmal im Leben finden könne. Die Erben waren bewegt von der Fürsorge ihrer Freundin, die schon vor Jahren nach Frankreich zurückkehren wollte und den Plan immer wieder verschoben hatte.

An den folgenden Abenden trafen sie sich in Annettes Garten. Es schien manchmal, als würde sie jeden Augenblick aus dem Haus kommen. Ihr Lieblingsstuhl blieb leer.

Der Auftrag

Eine Woche später rief Carlos an und lud alle für den nächsten Tag zu sich ein. Der Tisch war gedeckt. Gemeinsam mit Carlos kam ein Mann mit einem für die Hitze des Tages völlig unpassenden schwarzen Seidenanzug herein.

„Nehmt bitte Platz. Entschuldigt, dass ich meinen Gast nicht vorstelle. Der Name wäre nur Schall und Rauch, denn es hängt von euch ab, ob er eine Bedeutung bekommt. Aber das wird er alles selbst erzählen."

Der Besucher saß gerade auf einen Sessel und wirkte dadurch sehr steif.

„Entschuldigen Sie bitte, dass ich diesen ungewöhnlichen Weg wähle, um Sie kennenzulernen. Ich kenne Carlos seit vielen Jahren und kann nur hoffen, dass Sie daraus ableiten, dass ich vertrauenswürdig bin. Wie Sie vielleicht vermuten, gehöre ich auch den Freimaurern an.

Es tut mir leid, dass ihr Leben durch Brüder der Loge aus Leuven so massiv geändert wurde. Seien Sie versichert, dass es nie in unserem Interesse lag, Sie für Zwecke der Loge auszunutzen. Vielmehr waren es höhere Werte, die Entscheidungen erforderten. Sie sind dadurch in eine missliche Lage gekommen.

Unser Bruder Quentin Martens war damals in einer schwierigen Lage und hoffte, dass er mit ihrer Hilfe ein Problem gelöst hatte. Doch er wurde umgebracht und wichtige Dokumente gingen dabei verloren.

Wir hatten nicht erwartet, dass die Nazis so rigoros gegen uns vorgehen. Ebenso hatten wir nicht vermutet, dass sich Teile der katholischen Kirche mit faschistischen Verbrechern gemein machen könnten.

Es ging damals und heute immer um die Gier nach Macht, Einfluss und Geld. Wir hatten gehofft, dass der Tod unserer Brüder in den Konzentrationslagern und Gefängnissen der Nazis nicht umsonst war. Doch jetzt zeigt sich, dass es Kräften gelungen ist, Zugang zu Teilen eines Geheimnisses zu bekommen. Diese Leute sind deshalb so gefährlich, weil sie dabei sind, Logen zu übernehmen. Ihre Interessen widersprechen nicht nur den Grundsätzen der Freimaurerei, sondern gefährden ein Gleichgewicht, das seit Jahrhunderten die Freiheit und Stabilität der Welt gewährleisten.

Ich bin mir bewusst, dass das sehr abgehoben klingt. Wir wissen aber, dass sie das Ziel haben, ihre Anhänger in wichtigen Positionen von Politik, Wirtschaft, Gesellschaft und Kirchen zu platzieren. Sollte es ihnen gelingen, würde Hitlers Diktatur im Vergleich dazu harmlos wirken. Ihre Werkzeuge reichen von der politischen und religiösen Infiltration bis zu mafiösen Verhaltensweisen. Sie versuchen, ihre Kräfte zu vereinen, um effektive Machtstrukturen aufzubauen. Wir wissen nicht, wie weit sie dabei schon gekommen sind. Indem sie sich als Freimaurer tarnen, verschleiern sie ihre wahren Absichten."

Julien fragte skeptisch: „Das klingt abenteuerlich. Ist es eine Verschwörung? Ich kann mir das nicht vorstellen."

„Sie haben selbst Erfahrungen gemacht, dass deutsche und italienische Faschisten keine Skrupel hatten, um an die Bücher zu gelangen. Es ist aber nur ein Bruchteil von dem, was tatsächlich passiert ist. Menschen wurden umgebracht, eingeschüchtert und in Konzentrationslagern geschickt. Auf der Suche nach unseren Geheimnissen haben sie Tempel abgetragen und zerstört. Es sind unschätzbare Werte verloren gegangen. Wir hatten gehofft, dass mit den Niederlagen der Nazis in Deutschland und Italien die Auftraggeber abhandengekommen sind. Vermutlich handeln einige Akteure jetzt auf eigene Rechnung. Wir gehen davon aus, dass sie an Teile unserer Geheimnisse gelangt sind. Man könnte hoffen, dass sie nicht weiterkommen. Doch scheint es, dass sie das geheime Wissen für ihre Zwecke nutzen wollen.

Das Problem bei Geheimnissen liegt in ihnen selbst. Wir haben sie über Jahrhunderte gehütet. Jeder durfte nur in den Teil eingeweiht werden, den er für seine Aufgabe benötigte. Die Gesamtheit war nur wenigen bekannt. Mein Vater hatte mir nur mitgeteilt, dass ich mich an Mertens oder Plummer in Leuven wenden soll, falls ihm etwas zustoßen sollte. Beide sind tot. Und ihre Verwandten sind entweder tot oder nicht eingeweiht. Es war ein großes Glück, dass Mertens die Bücher beiseiteschaffen konnte. Unter normalen Umständen hätten wir sie woanders deponiert. Genauso ist das mit dem Ring, der dabei auch eine Rolle spielen soll. Er ist verschwunden und wir befürchten, dass er in falsche Hände geraten ist. Wir hoffen, dass diese Gruppe von unserer Ahnungslosigkeit nichts weiß. Deswegen versuchen wir, sie in Bewegung zu halten, um dadurch festzustellen, wer dem Kreis angehört, was sie wissen und wie weit ihr Einfluss reicht.

Während des Krieges konnten wir die Möglichkeiten einiger Geheimdienste nutzen. Als wir merkten, dass einerseits Akteure wie Friedrich Stein und Mario Vico untertauchten und andererseits ehemaligen Partner abweichende Ziele verfolgten, waren wir gezwungen, eigene Anstrengungen zu unternehmen."

„Aber Stein ist doch in Haft und kann nichts tun?", bemerkte François.

„Das stimmt schon. Die Frage ist nur, wie lange. Die Polizei und das Rechtswesen in Argentinien sind korrupt. Wir hoffen sogar, dass er freikommt und uns zu den Hintermännern führt."

„Warum erzählen Sie uns das alles?", fragte Julien.

„Weil Sie im Moment die Einzigen sind, die uns helfen können. Sie haben sich schon Jahre mit den historischen Hintergründen beschäftigt und haben einige der handelnden Personen kennengelernt. Und letztendlich sind Sie Opfer und haben damit gute Gründe, uns zu helfen."

„Das mag sein", entgegnete Julien. „Aber könnten das nicht Geheimdienste oder die Polizei oder Historiker viel besser?"

„Das Problem ist, dass wir Hinweise haben, dass sogar einige Sicherheitsorgane infiltriert sind. Unsere Hoffnung war, dass der neue Papst die Situation erkennt und wir gemeinsam das bisherige Gleichgewicht der Kräfte erneuern. Schließlich wäre die katholische Kirche am meisten betroffen. Aber er hat schlechte Berater, die die Probleme aussitzen wollen."

Julien schien verwirrt.

„Ausgerechnet der Vatikan sollte helfen, der die Freimaurer bekämpft hat?"

„Ja, weil der Papst immer wusste, dass wir im Besitz von Insignien sind, die ihr Weltbild umwerfen könnten.

Haben Sie sich nie gefragt, warum es die Päpste über die Jahrhunderte nicht geschafft haben, die Freimaurer auszulöschen? Unser Wissen ist unsere Sicherheit. Spätestens seit der Reformation und den Glaubenskriegen wusste der Vatikan, dass sich das Blatt schnell wenden könnte. So gab es eine Art Stillhalteabkommen, allerdings ohne Unterschriften.

Man kann es mit dem Gleichgewicht des Schreckens bei den Atomwaffen vergleichen. Wir hofften auf die Reformationskräfte der Kirche und sie hielten sich gegen uns zurück. Doch weil jetzt neue Kräfte im Spiel sind, die sich nicht an die Spielregeln halten, befürchten wir, dass ausgerechnet unser Geheimnis dazu führt, dass es zu einer Katastrophe kommt."

„Meinen Sie einen dritten Weltkrieg?", fragte Julien.

„Nein. Es ist viel komplizierter. Stellen Sie sich vor, dass alle moralischen Werte zerstört werden und kriminelle Kräfte an die Schaltstellen der Macht gelangen."

„Nach dem Zweiten Weltkrieg könnte noch einmal ein verbrecherisches Regime an die Macht kommen?"

„Die Nazis sind ja nicht durch Zauberei verschwunden. Sie sind immer noch da. Es gab ja nicht nur Verlierer im Krieg. Mancher ist durch die Not anderer reich geworden. Die Gier ist seit je her eine Triebkraft, die Menschen zu Raubtieren macht. Sie werden sich nicht NSDAP nennen und die Symbole werden verändert sein. Doch es wird darum gehen, die empfindliche Nachkriegsordnung zu ihren Gunsten zu verändern."

„Meinen Sie den Kommunismus?", fragte Julien nach.

„Das wäre zu einfach. Es würde nicht funktionieren, weil die Sowjetunion mit sich selbst zu tun hat. Es geht darum, die Religionen der Welt gegeneinander aufzuhetzen. Mit einem Feind kann man Menschen so aufhetzen, dass sie ihre Hemmungen fallen lassen."

„Doch was sollen ein paar belgische Emigranten tun, um das zu verhindern?"

„Sie sollen uns dabei helfen, ein verlorenes Geheimnis wiederzuerlangen."

Es entstand eine Pause, in der jeder seinen eigenen Gedanken nachging. Angst, Zweifel und Misstrauen spiegelten sich in den Gesichtern. Selbst Carlos hatte offenbar erst jetzt den Ernst der Lage erkannt. Er sah den Fremden an und fragte dann: „Bist du dir sicher, was du da sagst?"

„Ja. Ich hätte mich nie auf den weiten Weg gemacht, ohne mir die Beweise sorgfältig anzusehen. Ich komme gerade aus Washington. Dort konnten wir gleich drei Verräter enttarnen. Stelle dir das mal vor. Vorher haben wir ähnliche Bewegungen in Europa feststellen können. Da verbrüdern sich Freimaurer mit Extremisten und verkünden, dass alles bald anders wird. Unter ihnen sind nicht nur Fantasten, sondern Unternehmer, Militärs, Kleriker und Universitätsprofessoren.

Im Moment können wir nur zuschauen, weil unser schärfstes Schwert wie Excalibur im Stein des Vergessens steckt.

Dummerweise könnte es passieren, dass Feinde unsere Geheimnisse gegen die Menschheit richten."

Julien sah Silvia an, die sich eng an ihn geschmiegt hatte.

„Wir sind aber nicht Richard Löwenherz, der es aus dem Stein ziehen kann."

„Sie können uns aber dabei helfen, den Stein zu finden und unsere Feinde auf Abstand zu halten."

„Und wie beabsichtigen Sie vorzugehen?", fragte Silvia.

„Gegenwärtig wird eine Aktion vorbereitet. Wir beabsichtigen, den Besitz von Insignien vorzutäuschen. Der Vatikan bekommt ein unmissverständliches Signal. Gleichzeitig provozieren wir Reaktionen unserer Gegenspieler. Wie damals mit dem gefälschten Buch, so wollen wir sie auch diesmal in eine Falle locken."

„Ich muss noch einmal etwas fragen: Geht es darum, die Kirche zu zerstören?"

„Nein. Wir waren über die Jahrhunderte immer nur der Regulator, wenn sie es mit den Zehn Geboten nicht so genau nahm. Wir wollen keine Macht. Unsere Prinzipien sind Freiheit, Gleichheit, Brüderlichkeit, Toleranz und Humanität."

„Und wie heißt die Organisation, um die es geht?"

„Sie hat noch keinen Namen. Es gibt aber Anzeichen, dass die Loge Propaganda Due dabei eine zentrale Rolle spielt. Ursprünglich wurde die Loge 1887 unter dem Namen ‚Propaganda Massonica' als Gegenstück zur Kurienkongregation ‚Propaganda Fide' gegründet. Unter Mussolini war die Freimaurerei verboten. 1944 entstand sie als zweite Loge des Grande Oriente d'Italia. Wir nahmen an, dass sie die Ideale der Freimaurer weitertragen. Aber dann wurden auch Faschisten, Kriminelle und Karrieristen aufgenommen. Es soll Querverbindungen zu Opus Dei und der Kongregation für die Glaubenslehre beim Vatikan geben. Sie ist antikommunistisch ausgerichtet und findet dadurch Befürworter.

Die Verbreitung von Verschwörungstheorien unter McCarthy hat in den USA ganze Arbeit geleistet. Diese Gemengelage führt dazu, dass Politiker und Wirtschaftsbosse bereit sind, die Organisation zu unterstützen. Sollten sie Zugang zu unseren Geheimnissen bekommen, wäre sie in der Lage, die katholische Kirche zu schwächen und sogar ihre finanziellen und organisatorischen Möglichkeiten zu übernehmen, um weltweit Einfluss auf Regierungen zu nehmen. Nur die Freimaurer sind gegenwärtig in der Situation, dass wir sie davor retten könnten. Das Problem dabei ist, dass man uns nicht vertraut. Die Kirche ist in alten Denkmustern gefangen. Ich bin ein Atheist, doch toleriere ich jede Religion, die sich für Menschlichkeit einsetzt."

Julien zeigte sich skeptisch: „Ist diese Darstellung nicht übertrieben? Schließlich ist die katholische Kirche kein Heimatverein."

Der Fremde schien auf den Einwurf gewartet zu haben: „Stellen Sie sich vor, man nähme der Kirche ihre religiöse Grundlage. In diesem Fall würde sie auch ihren Anspruch auf materielle Güter und ihre Hierarchien verlieren. Der Papst wäre nur ein alter Mann mit einem bunten Gewand und der Petersdom eine zu groß geratene Markthalle."

François hob abwehrend die Hände. „Das kann ich mir nicht vorstellen."

„Bei Hitler ging es. Ideen mit einfachen Lösungen finden leicht Anhänger. Sofern der neue Glaube Vorteile bringt, neigen die Menschen dazu, hinter Lautsprechern herzurennen. Nach dem Krieg sind viele desorientiert. Manch einer wartet auf einen Erlöser. Hitler und Mussolini haben innerhalb weniger Jahre scheinbar stabile Moralvorstellungen ausgehebelt. Warum soll das nicht noch einmal funktionieren? Wäre es ihnen gelungen, an unser Geheimnis zu kommen, hätten sie selbst in den USA großen Einfluss gewonnen."

„Um was für eine Aktion handelt es sich dabei?", fragte François. „Wie soll ich mir das vorstellen?"

„Wir werden 1959 zur Erinnerung an Papst Adrian VI. in Belgien spezielle Briefmarken herausgeben."

„Briefmarken gegen Putschisten? Was soll das bringen?", fragte Julien.

Hadrian VI., Gemälde von Jan van Scorel, 1523, Zentralmuseum von Utrecht

„Es sind zwei offizielle Briefmarken. Die eine ist rot und die andere grün. So wie bei der Ampel. Stehenbleiben oder Weitergehen. Es ist die Abfrage einer Alternative. Das Entscheidende ist aber ein Detail, das unserer Zielgruppe auffallen wird. Am besten, ich zeige es ihnen."

Der Mann griff in seine Aktentasche und holte drei großformatige Bilder heraus.

„Das ist das Gemälde von Jan van Scorel aus dem Jahr 1523 und das sind die beiden Briefmarken. Erkennen Sie den Unterschied?"

© *Reproduktion aus Sammlung W. A. Strauch*

„Ein Wappen ist in der linken oberen Ecke. Ja, und der Ring. Der Ring ist auf der Briefmarke vorhanden, aber fehlt auf dem Gemälde", platzt Julien heraus.

„Genau. Ich denke, das Signal ist eindeutig."

„Warum sollte der Vatikan darauf reagieren?", fragte François ungläubig.

„Weil er das Zeichen bereits kennt. Anfang des 18. Jahrhunderts wollte die katholische Kirche der Niederlande mehr Unabhängigkeit von Rom. Die Bestrebungen gingen vom Bistum Utrecht aus. Das war kein Zufall, denn Papst Adrian VI. hatte hier ein theologisches Zentrum gründen lassen.

Wir hofften damals, dass sich das Verhältnis der Freimaurer zur katholischen Kirche entspannen könnte. Rom reagierte auf diese zarten Bemühungen mit Härte. Die Logen der Niederlande entschlossen sich zu einem außergewöhnlichen Akt. Sie unterstützten die Utrechter Kleriker, ohne sie zu kompromittieren, indem sie dem Vatikan die Grenzen ihrer Macht aufzeigten. Sie beauftragten den Maler Jan Wandelaar, eine Kopie des Bildes in Kupfer zu stechen. Alles war identisch, bis auf den Ring, den Adrian an der linken Hand trug. Parallel dazu wurde ein kurzes Schreiben an den Papst geschickt, das darauf hinwies, dass in Leuven Artefakte existieren, die dem Vatikan erheblich schaden könnten.

Natürlich durften sich die Utrechter Katholiken nicht auf uns berufen, aber in Rom war man sich im Klaren, dass es Abstimmungen mit den Freimaurern gegeben haben musste. Im Ergebnis bildete sich die Altkatholische Kirche der Niederlande, die es noch heute gibt. Der Gebrauch der Volkssprache im Gottesdienst, die Annahme des synodalen Prinzips, die Aufhebung des Pflicht-Zölibats für Priester, die Anerkennung der anglikanischen Weihen und die Frauenordination sind Punkte, die dem Vatikan bis heute bitter aufstoßen."

Julien horchte auf: „Das kommt mir bekannt vor. Diese Prinzipien entsprechen den Regeln, die bei der Synode von Zaragoza 380 nach Christi vom Papst verboten wurden."

„Und jetzt können Sie raten, wer das Gedankengut nach Rom gebracht hat."

„Papst Adrian VI.!", stellte Julien fest.

„Genau. Denn er war, bevor er nach Rom kam, in Zaragoza."

„Heißt das, ich habe Adrians Ring weitergegeben?", fragte François.

„Wir gehen davon aus. Denn, seitdem ist er verschwunden."

Silvia war erstaunt.

„Ich dachte, es geht ausschließlich um die Bücher."

„Nun. Die Bücher waren nur Gefäße für die geheimen Briefe Adrians. Eine Hälfte haben die Nazis und die andere sollte eigentlich bei uns sein. Doch manche Bücher waren ohne versteckte Schriften. Wir vermuten, dass jemand den Ring und die anderen Artefakte an einem unbekannten Ort versteckt hat.

Wir wissen nicht, wo wir nach dem Ring suchen sollen. Wie Sie selbst wissen, lief die Suche nach dem Ring ins Leere. Wir wollten keinen weiteren Versuch unternehmen, damit unsere Gegner nicht den Eindruck bekommen, dass er verloren gegangen ist. Das wäre eine Katastrophe. Seitdem suchen wir, ohne direkt nach ihm zu fragen. Nur was uns in die Hände fällt, prüfen wir auf Hinweise nach ihm.

Auch wenn es makaber klingt: Erst durch ihre Recherchen bekamen wir neue Ansatzpunkte für unsere Suche. Wir überwachten die Nazis, Opus Dei und P2. Als der Krieg zu Ende war, versteckten die Nazis sich selbst und ihre Erkenntnisse. In den Archiven Himmlers fanden wir nichts. Auch bei der Befreiung Italiens blieben wir erfolglos. Erst die Hinweise von Carlos, wonach Stein und Vico in Argentinien sind, ließ uns hoffen. Gegenwärtig sehen wir in der Zusammenführung historischer Unterlagen und dem Auffinden des Ringes endlich die Chance, das Problem zu begrenzen."

Julien war erstaunt: „Ihr sucht also etwas aus der Vergangenheit, wisst aber nicht was, wie es aussieht und was es bedeutet? Klar ist nur, dass es erhebliche Auswirkungen auf die Weltsicht haben soll?"

Der Mann nickte. „Es ist wie bei Columbus, der losfuhr, um nach Indien zu kommen, und Amerika entdeckte. Der Unterschied ist nur, dass wir wissen, dass die Suche wichtig ist. Mein Großvater wurde vor der Jahrtausendwende in das Geheimnis eingeweiht, das nur drei Personen auf der Welt kannten. Jeder war für einen Teil zuständig. Einer davon war Mertens, der den Ring von meinem Vater bekam, bevor er starb. Der dritte Teil des Geheimnisses wurde besonders gesichert aufbewahrt. Wo dieser Ort ist, wissen wir nicht. Wir wissen nicht einmal, was es ist. Durch die Verfolgung der Freimaurer in Deutschland, in Italien, den Niederlanden und in Belgien war die Verunsicherung groß. Als einige Brüder zu den Nazis überliefen, haben mutige Männer gerettet, was zu retten war. Wir nehmen an, dass sich unter den Brüdern noch immer Verräter befinden."

„Das verstehe ich alles", sagte Julien. „Aber warum soll ausgerechnet unsere Familie bei der Suche helfen können?"

„Bei Ihnen treffen einige Momente zusammen. Sie sind Zeugen und Opfer zugleich. Ich habe nie ein Buch oder den Ring gesehen und kenne weder Friedrich Stein noch Mario Vico. Sie kennen alles. Silvia kennt Friedrich Stein und ist als Kunsthistorikerin perfekt, für die Suche nach dem Geheimnis geeignet."

Julien war unzufrieden.

„Unsere Arbeit diente nur dem Selbstschutz. Wir wollten die Ursachen unserer Verfolgung verstehen und beseitigen. Am liebsten würden wir Stein und Vico vor Gericht zerren und bestrafen lassen. Doch ein Geheimnis zu suchen, ist eine andere Dimension und hat eher etwas mit Schatzsucherei zu tun. Ich weiß nicht, ob wir dafür die richtigen Leute sind. Wäre es nicht besser, den MI6 damit zu beauftragen?"

„Geheimdienste beabsichtigen wir nicht einzubeziehen. Bei ihnen spielen immer nationale, politische Interessen eine Rolle. Wir haben deshalb kleine, schlagkräftige Gruppen aufgebaut, die unabhängig voneinander suchen. Sie können uns eine Hilfe sein.

Es geht nicht darum, dass Sie gegen den Papst oder die Nazis kämpfen. Sie könnten aber Indizien in historischen Büchern erkennen und Reaktionen auf die Briefmarken auswerten. Zum Beispiel, ob ein Briefmarkensammler den Fehler mit dem Ring erkannt hat oder ob versucht wird, an die Hintermänner der Aktion zu kommen.

Noch etwas: Sie werden nur mit einem befreundeten Journalisten und mir zu tun haben, um das Risiko für alle niedrig zu halten."

François sah Carlos an, der unschlüssig erklärte: „Ich kann euch zu nichts raten. Damals war es eine Rettungsaktion von Mertens. Der Coup gegen Friedrich Stein wird zwar dazu führen, dass er für einige Zeit außer Gefecht ist, doch er löst nicht das eigentliche Problem."

„Dürfen wir eine Nacht darüber schlafen?", fragte François.

„Sie sollten es sogar. Wenn Sie zusagen, werden wir Sicherheitsmaßnahmen einleiten, damit Sie sich auf die Aufgaben konzentrieren können. Wir möchten, dass Sie für die Dauer der Aktion in Paris leben. Einerseits werden Sie in der dortigen Bibliothek viele historische Unterlagen finden, andererseits ist der Postweg von Belgien nicht weit. Wir übernehmen die Kosten für die Überfahrt und den Aufenthalt."

Am Abend saßen die Gaspards und Silvia zusammen. Sie tranken Wein. Trotzdem war die Stimmung angespannt. Besonders Juliane fiel die Entscheidung schwer. Sie hatte sich in Buenos Aires eingewöhnt und war immer noch von Annettes Tod betroffen. François war hin- und hergerissen. Er verstand die Argumentation der Freimaurer zwar. Doch sah er auch das Risiko. Julien hatte eine etwas andere Sicht auf die Dinge. Er meinte, dass sie nur durch die Beseitigung der Ursachen vor einer weiteren Verfolgung sicher wären. Am leichtesten fiel Silvia die Entscheidung, denn sie könnte in Paris weiterstudieren und in Juliens Nähe sein.

***

Als Carlos am nächsten Tag zu ihnen kam, waren sie sich noch nicht einig, neigten aber zu einem Kompromiss. Julien wollte mit Silvia nach Paris gehen und vorsortiertes Material nach Buenos Aires schicken, wo François es auswerten sollte.

Aber die Situation hatte sich verändert. Bei der Durchsuchung der Objekte von Friedrich Stein hatte die Polizei die Adresse von François gefunden. In einem Notizbuch stand ein Vermerk, dass er Bücher über Adrian VI. und Erasmus von Rotterdam eingesehen hatte. Außerdem fanden sie eine Notiz, dass Stein Informationen nach Italien übermittelt hat.

Carlos sagte, dass er über einen Freund Zugang zu der Wohnung von Stein hatte. In der Bibliothek fand er mehrere Bücher mit dem Aufdruck ‚Scribent', die aber keine Briefe Adrians enthielten. Er folgerte daraus, dass die Gruppe um Stein verstanden hatte, dass die Bücher nur Verstecke waren. Es war offenbar nur eine Frage der Zeit gewesen, wann Stein oder seine Helfershelfer bei François aufgetaucht wären. So entschieden sich die Gaspards schweren Herzens, gemeinsam nach Paris zu reisen. Carlos versprach, dass er sich um das Haus von Annette kümmern werde, damit sie auch weiterhin in Buenos Aires eine Heimstatt haben.

* * *

Am Pariser Flughafen wartete ein Taxifahrer mit einem Namensschild. Sie fuhren in das Hotel de Ville. Der Fremde, den sie noch aus Buenos Aires kannten, begrüßte sie in der Empfangshalle und stellte sich mit Namen vor. Er hieß Alain Moulinier. Sie fuhren in den obersten Stock des Hotels. Dort öffnete er Tür zu einer großzügigen Suite.

„Ich hoffe, der Flug war angenehm. Wir müssen noch einen Augenblick warten. Christian Vigne, der Sie hier betreuen wird, kommt etwas später."

„Bis auf ein paar Luftlöcher und das ewige Sitzen ging es", entgegnete François.

„Ich benötige immer eine Woche, mich an die europäische Zeit zu gewöhnen. Glücklicherweise fliege ich nicht oft nach Amerika."

In diesem Moment traf der fehlende Gast ein. Er war muskulös und ausgesprochen groß gewachsen.

„Hallo Christian. Darf ich dir unsere Freunde aus Argentinien vorstellen?"

Alle begrüßten sich und nannten ihre Namen.

Christian Vigne ergriff sofort das Wort. „Wie Ihnen Alain vielleicht schon gesagt hat, bin ich Journalist. Ich schreibe für einige Zeitungen aus Frankreich, Großbritannien und Deutschland. Das hat den Vorteil, zeitlich und örtlich ungebunden zu sein. In Paris bin ich Ihr Kontaktmann. Alle Probleme tragen Sie bitte direkt an mich heran. Catherine ist meine Sekretärin. Bei ihr können Sie hinterlassen, dass ich mich melden soll. Hier ist meine Karte."

Christian legte eine Visitenkarte auf den Tisch.

„Wo werden wir wohnen?", fragte Julien.

„Ihre Wohnung ist in der Nähe der Abtei Saint-Germain-des-Prés. Von dort ist es nicht weit bis zur Bibliothek. Das Bürgerhaus gehört einem Industriellen aus Kanada. Im Gebäude befinden sich noch weitere Wohnungen und ein Souterrain für den Concierge, der dafür sorgt, dass nur befugte Personen das Haus betreten. Das Ehepaar ist verschwiegen und zuverlässig. Ich werde Sie als Verwandte des Besitzers vorstellen.

Offiziell sind Sie, Herr François Gaspard, ein Historiker, der Forschungen über den Sonnenkönig anstellt. Ihre Ehefrau unterstützt Sie dabei. Ihr Sohn ist Journalist. Ich habe bereits einen Presseausweis beschafft, der ihn als Korrespondent eines kleinen Verlages für Kunst ausweist. Es wäre gut, wenn Sie tatsächlich sporadisch einen Artikel abliefern. Ich stelle Sie dem Inhaber vor.

Fräulein Silvia Consuela Martines, Sie sind Studentin im siebenten Semester der Kunstgeschichte und bereiten Ihre Abschlussarbeit vor. Das bedeutet, dass Sie nicht mehr an irgendwelchen Vorlesungen teilnehmen müssen. Ein Professor deckt diese Legende ab. Sie sollten aber durchaus die Zeit nutzen, um wissenschaftliche Arbeiten durchzuführen, damit Sie Recherchen in den Bibliotheken und Archiven begründen können."

„Wie und woher bekommen wir die Unterlagen und wie soll der eigentliche Ablauf sein?", fragte François.

„Die Briefmarken werden ab 1. August 1959 auf den Markt kommen. Es ist zu erwarten, dass Zeitungen in Belgien schon einige Tage vorher darüber berichten. Fachblätter für Philatelie, Theologie, Geschichte und Kunst bekommen Pressemitteilungen. Ob die Tageszeitungen aufspringen, ist ungewiss. Wir haben aber dafür gesorgt, dass Ersttagsbriefe an den Vatikan und ausgewählte katholische Einrichtungen gehen.

Berücksichtigt man die üblichen Transportzeiten, ist frühestens ab dem 15. August mit Reaktionen zu rechnen. Die belgische Post wird Anfragen mit Standardbriefen abspeisen. Sie erhalten die eingehenden Schreiben im Anschluss per Kurier, sichten die Briefe und erfassen die Adressen in einer Kartei. Normale Briefmarkensammler werden nicht weiter beachtet. Auffällige Anfragen markieren Sie bitte. Wir werden versuchen, deren Motivation zu ermitteln und gegebenenfalls Maßnahmen einleiten. Das zweite Aufgabengebiet betrifft das Geheimnis selbst. Dazu recherchieren Sie in den Bibliotheken zu Adrian VI. und dessen Umfeld. Hinweise auf die Existenz und den Verbleib der geheimen Schriften sind dabei von Interesse.

Gewöhnen Sie sich erst einmal ein paar Tage ein. Ich schlage vor, dass wir uns duzen. Das macht es leichter."

Christian Vigne brachte sie mit dem Auto zu ihrer Unterkunft. Das Haus war ein wuchtiger Bau. Das Portal hatte durch den Granitsockel etwas Festungsartiges an sich. Säulen umrahmten eine Toreinfahrt, von der zwei Aufgänge abgingen.

Die linke Seite führte zum Seiteneingang einer Bank. Rechts war der Eingangsbereich, an dem jeder vorbeimusste, der das Haus betrat. Der Concierge nahm seine Aufgabe sehr ernst. Er ließ sich von Vigne die neuen Bewohner vorstellen, denen er die Hausregeln mitteilte. Treppe und Fahrstuhl konnten vom Tresen gut überwacht werden.

Die Wohnung befand sich im ersten Stock und war edel möbliert. Sie hatte sechs Zimmer, Küche und Bad, die von einem Flur abgingen. Eingehende Briefe, Bücher und die aufzubauende Kartei sollten in der Bibliothek der Wohnung zentral gelagert werden.

Die folgenden Tage nutzten sie, die Umgebung kennenzulernen. Silvia kannte sich gut aus. Sie ging mit Julien zur Universität und stellte sich bei ihrem Professor vor. Jacque Broustine begrüßte sie herzlich und versprach, sie bei ihrer Forschungsarbeit zu unterstützen. Sie sah auch einige ihrer ehemaligen Kommilitonen, die sich aber nur höflich nach ihrem Befinden erkundigten. Da Julien dabei war, unterließen die jungen Männer die sonst üblichen Bemerkungen.

Silvia fühlte sich stolz in seiner Anwesenheit. Sie einigten sich darauf, die Recherchen in der Bibliothek gemeinsam durchzuführen. Dadurch wollten sie schneller vorankommen.

Die Auswertung

François hatte noch in Argentinien eine Übersicht über die wichtigsten Quellen zu Adrian aktualisiert, die sie seinerzeit für die Aktion des MI6 vorbereitet hatten. Neuere Bücher, die nicht im Bestand waren, bestellte er beim Buchhandel. Julien konzentrierte sich auf Angriffspunkte bei der katholischen Kirche. Es gab reichlich Literatur von Kirchenkritikern. Es zeigte sich jedoch schnell, dass sie meistens mit den Angriffen der Protestanten übereinstimmten und keinen Neuigkeitswert hatten.

Regelmäßig stand auch die Konstantinische Schenkung im Zentrum der Diskussionen. Da die Urkunde aber schon vor Jahrhunderten als Fälschung entlarvt wurde, ohne dass die Existenz des Vatikanstaates ernsthaft bedroht wurde, verwarfen sie das Thema. Ebenso wurden die Diskussionen, ob Petrus tatsächlich der erste Papst war und ob Simon und Petrus identisch waren, beiseitegelegt, da hierzu nur in der Bibel Hinweise existierten, die kontrovers bewertet wurden. Sie gingen davon aus, dass das Geheimnis noch nicht von der Forschung erschlossen wurde. Vor einigen Jahren hatte man zwar Schriftrollen am Toten Meer gefunden, doch sie lieferten für sie kaum verwertbare Ansatzpunkte. Es gab viele Schriften, die anzweifelten, dass Petrus und damit alle Päpste legitime Vertreter Gottes auf Erden seien. Doch diese Thesen waren theoretische Interpretationen von Bibeltexten, die bereits seit Jahrhunderten mit ebenso vielen Gegenargumenten vom Tisch gewischt wurden.

* * *

Mitte Juli kam Post von Carlos. Das Paket enthielt zwei Bücher von Scribent und einzelne Dokumente, die nicht von Adrian oder Erasmus von Rotterdam geschrieben worden waren. Carlos hatte sie bei der Haushaltsauflösung erstanden, die Friedrich Steins Vermieter durchführte, da dieser seit Monaten keine Miete bezahlt hatte.

Die beiden Bücher waren wieder nur Vorbereitungen für Vorlesungen. Die Schriftstücke hatte Carlos in den Einbänden versteckt gefunden. Das bedeutete, dass Stein sie vermutlich nicht gesehen hatte.

Trotz mehrmaligen Lesens erschloss sich für François und Julien nicht die Bedeutung der Blätter. Das eine war eine Art Bücherliste. In Latein, Altgriechisch und Hebräisch waren die Titel aufgeführt. Mehrfach waren die Namen Petrus und Jakobus zu lesen. Einiges war nicht entzifferbar, da die Zeilen gestrichen waren. In einer anderen Schrift standen Buchstaben und Nummern, die François an Sortiermerkmale in Bibliotheken erinnerten. Jede Seite war mit einer Unterschrift abgezeichnet.

Ein Schriftstück berichtete über den Fortschritt einer Baumaßnahme: Eine Kiste war geöffnet, ein „Juweel" entnommen und anschließend wieder verschlossen worden. Darunter waren die Kosten für handwerkliche Arbeiten und Transport aufgeführt. Es blieb unklar, ob es sich bei „Juweel" um Juwelen oder ein anderes wertvolles Schmuckstück handelte, da die Bedeutung des Wortes ähnlich ist. Warum ein banaler Vorgang wie das Öffnen einer Kiste und das Entnehmen eines Gegenstandes so detailliert dargestellt wurde, konnten sie nicht nachvollziehen. François überraschten die hohen Kosten der Arbeiten.

Das letzte Dokument beinhaltete Hinweise für namenlose Maler mit einigen konkreten Vorgaben. Ein Porträt sollte gemalt werden. Ergänzend hatte jemand darunter „blocco, morte, gemma, tijd" vermerkt. François übersetzte den Text mit Block, Tod, Kleinod und Zeit. Zum zweiten Bild gab es nur die Stichpunkte Abendmahl, Jesus, Dreieck und Auge. Der Zusammenhang der Begriffe blieb unklar. Weil sie nicht weiterkamen, verpackten sie die Dokumente in Seidenpapier.

Christian Vigne hatte zwischenzeitlich einen Stapel Bücher über den Papst, die Geschichte des Vatikans und deren Kritikern gebracht. Die Bibliothek war mittlerweile so vollgestellt, dass sie sich überlegen mussten, wie sie der Flut an Dokumenten Herr werden sollten. Sie stellten die Recherchen an der Universität ein, da sie keine nennenswerten neuen Erkenntnisse brachten.

Es war ein Puzzle. Sie brauchten einen Ansatz, von dem sie sich Schritt für Schritt vorarbeiten konnten. Es war nicht möglich, alle Bücher und Dokumente vollständig zu lesen und auszuwerten. Daher konzentrierten sie sich auf das Leben Adrians ab dem Zeitpunkt seiner Wahl zum Papst am 9. Januar 1522 bis zu seinem Tod am 14. September 1523.

Silvia sichtete den Bestand vor diesem Hintergrund. Der Umfang der zu berücksichtigenden Dokumente dezimierte sich dadurch um achtzig Prozent. Nicht zuletzt, weil sie sich bereits in Argentinien mit dem Leben Adrians beschäftigt hatte, schloss sie nicht belegte Berichte, Meinungsäußerungen und Nebensächlichkeiten aus.

Schließlich konzentrierte sie sich auf die letzten Wochen vor der Abfahrt aus Zaragoza. Zwar gab es bereits vorher Anzeichen, dass er sein Pontifikat nicht nach dem Willen des Kaisers richten würde. Doch der Umstand, dass er sich wochenlang in der Stadt aufhielt, war bemerkenswert.

Adrian, der sein ganzes Leben lang das in Lehrbüchern geschriebene Wort als unumstößliche Wahrheit angesehen hatte, emanzipierte sich. Der in Südspanien auffallend stark auftretende Kult um Maria und Maria Magdalena passte nicht in die bisherige Sicht der katholischen Kirche. Informationen über eine Reliquie aus Zaragoza fanden sich in keiner Quelle. Julien wollte die These beiseitelegen.

Die nächste interessante Phase war die Übernahme seines Amtes. Er umgab sich fast ausschließlich mit niederländischen Beratern. Besonders hervorzuheben war dabei Willem van Enckenvoirt, der seine Wahl befördert hatte und sein engster Vertrauter wurde.

Adrian wurde von den italienischen Klerikern abgelehnt. Das war wohl auch der Grund, dass er nach Fachleuten suchte, die Veränderungen offen gegenüberstanden. Es entwickelte sich ein Briefwechsel mit Erasmus von Rotterdam. Adrian wusste, wen er ansprach, denn er kannte ihn aus Leuven. Daraus schloss Julien, dass der Papst die katholische Kirche humanistisch ausrichten wollte. Diese Vermutung deckte sich mit dem Schuldbekenntnis vor dem Reichstag, in dem er von seinem Legaten sagen ließ, dass Gott „diese Wirren" geschehen lasse, „wegen der Menschen und sonderlich der Priester und Prälaten Sünden".

Damit deutete Adrian grundsätzliche Veränderungen an. Wie diese aussehen sollten, war aus historischen Dokumenten nicht erkennbar. Überraschend stellte Julien fest, dass Adrian sich keine Rückendeckung beim Kaiser geholt hatte. Waren seine Argumente so stark, dass er ohne dessen militärischen Schutz vorgehen konnte?

Julien, François und Silvia waren sich sicher, dass das gesuchte Geheimnis dabei eine Rolle spielte.

Ausgerechnet in einem Buch der deutschen Autorin Else Hocks aus dem Jahr 1939 fanden sie Hinweise auf Versuche, Adrian auszuspionieren und zu ermorden. Ob Friedrich Stein mit der Autorin in Kontakt gestanden hatte, konnte nicht festgestellt werden. François glaubte aber nicht, dass es ein Zufall war. Einige rassistische Redewendungen im Buch ließen zumindest eine Nähe zu den nazistischen Machthabern vermuten. Aus dem Quellenverzeichnis ging hervor, dass sie sich mit dem Verbleib der Korrespondenz Adrians beschäftigt hatte. Den Überfall auf den bettlägerigen Papst hatte sie ebenfalls thematisiert. Angeblich suchte man bei ihm nach Geld.

Erst kurz vor seinem Tod hatte Adrian VI. seinen Freund Willem van Enckenvoirt zum Kardinal und Bischof von Tortosa berufen. Damit übergab er ihm ein Amt, das er vorher selbst eingenommen hatte. Van Enckenvoirt war der einzige Kardinal, der von ihm ernannt wurde. Er wurde auch zu Adrians Testamentsvollstrecker bestimmt. Als Adrian unter verdächtigen Umständen starb, gab es

Gerüchte, dass er ermordet worden sei. Ein Arzt soll für seine Vergiftung sogar gefeiert worden sein.

Sie fassten die detaillierten Fakten zu einem Dossier zusammen. Letztendlich kamen sie zum Schluss, dass weitere Informationen in Zaragoza, Tortosa, Leuven, Utrecht und Rom zu finden sein könnten.

Am 20. August 1959 traf die erste Post aus Brüssel ein. Es waren fünf Briefe von Philatelisten, die anfragten, ob es sich bei ihren Exemplaren um Fehldrucke handelte. In den folgenden Tagen nahm die Anzahl der Anfragen zu. Zunehmend meldeten sich Interessenten aus anderen Ländern. Das Museum Utrecht wies ebenfalls auf den Fehler hin. Erst am dritten September tauchte ein offizieller Brief eines Sekretärs des Vatikans auf. Darin wurde angefragt, ob bei der Postverwaltung Belgiens neue Informationen über den Papst Adrian VI. vorliegen. Gern würde man sich zu diesem Thema austauschen. Man nannte konkrete Kontaktdaten und bekundete die Bereitschaft zur Zusammenarbeit. Interessant war dabei, dass der Ring nicht als Fehler benannt wurde.

Wie erwartet meldeten sich Kunsthistoriker, die anfragten, ob eine bisher nicht bekannte Version des Gemäldes oder ein Kupferstich aufgetaucht sei. Als die Zahl der Anfragen zurückging, fragte Julien bei Christian Vigne an, wie weiter vorgegangen werden sollte.

Da alle relevanten Quellen geprüft und keine nennenswerten Ansätze zum Geheimnis vorlagen, wurde für Ende Oktober ein gemeinsames Treffen mit Alain Moulinier vereinbart. Bis dahin waren einige Tage Zeit. Silvia entschloss sich, die Verwandte von Annette Blanche aufzusuchen. Sie hatte ihr einen Brief geschrieben. Da aber keine Antwort kam, wollte sie mit Julien bei ihr vorbeigehen. Die Adresse war in der Nähe des Triumphbogens. Da niemand öffnete, fragten sie den Concierge.

„Frau Harbonier ist vor einem Monat im Kreis ihrer Verwandten gestorben. Ich habe dem Hausverwalter nach Argentinien geschrieben, aber noch keine Antwort bekommen."

„Das tut mir leid. Wir hätten sie gern kennengelernt. Mein Name ist Silvia Consuela Martines und das ist Julien Gaspard. Wir haben die Wohnung von Frau Blanche geerbt, die eine enge Freundin von uns war."

Der Concierge zeigte ihnen die Zimmer.

„Die Mieterin war schon seit einem Jahr bettlägerig. Deshalb war sie zu ihrer Nichte in ein kleines Dorf bei Orléans gezogen und dort gestorben. Hier ist die Adresse."

„Danke. Ich werde ihr eine Karte schreiben."

Auf dem Weg nach Hause war Silvia einsilbig. Durch die neue Situation fragte sie sich, wie es nun weitergehen solle. Ihr Ziel war es, ihr Studium abzuschließen. Sie wollte aber auch an der Recherche weiterarbeiten.

Julien erriet ihre Gedanken: „Möchtest du in die Wohnung einziehen?"

„Ich bin hin- und hergerissen."

Sie gingen die Treppen zur Metrostation hinab. Zwischen einem Kiosk und einem Fahrkartenschalter umarmte er sie.

„Die Metro ist vielleicht nicht der richtige Platz."

Julien nahm sie in den Arm. „Möchtest du mich zum Mann nehmen und mit mir in der Wohnung leben?"

Statt einer Antwort küsste sie ihn. Sie kauften eine Flasche Sekt und eine Schachtel Pralinen. Es sollte ein schöner Abend werden.

Als sie ihr Haus betraten, erwartete sie der Concierge.

„Es ist ein Besucher gekommen, der mir verdächtig vorkommt. Er hat behauptet, dass er Sie aus Spanien kennt. Ich wollte ihn telefonisch anmelden, doch er hat mich daran gehindert. Er rannte nach oben. Dann habe ich ihn klingeln gehört. Ihr Vater hat aufgemacht."

Julien ließ sich das Telefon geben, rief Christian Vigne an und schilderte die Situation: „Ich kann mir nicht vorstellen, wer mich besuchen will. Gibt es irgendwelche Meldungen von Carlos oder Alain Moulinier?"

„Nein. Ich rufe einen Bekannten von der Polizei an. Geht nicht nach oben. Wartet in der Hausmeisterwohnung."

Die Polizisten kamen mit Christian Vigne durch den Seiteneingang der Bank. Der Anführer schien den Concierge gut zu kennen, denn er redete ihn gleich mit dem Vornamen an. Dann wandte er sich an Julien:

„Geben Sie mir bitte Ihren Schlüssel. Wir gehen jetzt rein. Bleiben Sie mit ihrer Frau hinter den Beamten. Wenn wir drin sind, rufen Sie irgendetwas, damit Ihre Eltern wissen, dass Sie da sind und sich gegebenenfalls melden können. Der Eindringling wird dadurch nicht auf uns gefasst sein."

Leise näherte sich ein Polizist dem Eingang und schloss auf. Wie vereinbart rief Julien: „Wir sind wieder da!"

Als sich die Wohnzimmertür öffnete und ein bewaffneter Mann heraustrat, ergriffen ihn mehrere Polizisten und stießen ihn zu Boden.

„Kennen Sie den Mann?"

„Ja, aber nicht mit einer Waffe in der Hand. Guten Tag, Antonio Sánchez. Was willst du hier?"

„Begrüßt man so einen Kameraden?"

„Ich habe dich nicht eingeladen. Woher wusstest du, wo ich wohne?"

„Du warst vorgestern in der Bibliothek und ..."

„Ich bin seit mindestens drei Wochen nicht mehr dort gewesen. Mit wem arbeitest du zusammen?"

Sánchez wurde weinerlich: „Ich sollte nur Kontakt aufnehmen."

„Wer hat dich dazu beauftragt?"

„Na, du weißt schon."

Julien sah Christian Vigne an: „Ich glaube, dass er auf der Wache eingehend befragt werden sollte."

Die Polizisten nahmen den spanischen Auktionator Antonio Sánchez mit.

Vigne war etwas unschlüssig: „Wer steckt dahinter?"

„Das war ein Partner von mir in Spanien. Er arbeitete im Auftrag des MI9. Jetzt bin ich mir nicht mehr sicher, auf welcher Seite er stand. Das lässt sich aber schnell mit einem Anruf klären."

„Gut. Ich sorge dafür, dass er in Haft bleibt."

„Ich muss erst einmal meine Eltern beruhigen. Schicken Sie bitte Silvia rein?"

Juliens Eltern waren auf Stühle gefesselt und hatten Knebel im Mund. Ein Polizist hatte bereits die Situation fotografiert und war dabei, die Fesseln zu lösen.

François sagte aufgeregt: „Wir dachten, dass ihr den Schlüssel vergessen habt. Ehe wir begriffen, was der Mann wollte, zog er die Pistole aus der Tasche. Und dann ..."

Juliens Vater war nicht mehr im Stande, mehr zu sagen. Er umarmte seine Frau. Silvia kam herein. Sie stellte die Sektflasche auf den Tisch. „Eigentlich sollte es heute ein besonders schöner Abend werden. Ich mache uns erst einmal Kaffee."

Christian Vigne stand unschlüssig herum. „Ich werde bei der Polizei nachfragen und komme nachher noch einmal vorbei."

„Warum habt ihr Sekt gekauft?", fragte François etwas später.

„Nun. Wir wollen heiraten und in die Wohnung von Annette ziehen. Jetzt bin ich mir aber nicht mehr sicher, ob das geht."

Silvia öffnete die Pralinenschachtel und reichte sie herüber.

„Vielleicht beruhigt Schokolade etwas?"

Juliane sah sie von oben nach unten an: „Bist du schwanger?"

„Nein. Noch nicht."

Juliane zog einen Flunsch: „Schade." Sie lachte und steckte damit alle an.

* * *

Julien meldete einen Anruf nach London an. Zwei Stunden später sprach er mit einer Sekretärin des Auktionshauses Sotheby's. Er bat um ein Gespräch mit Peter Cecil Wilson. Da er nicht erreichbar war, hinterließ er nur eine Frage: „Wer ist Antonio Sánchez?"

Kurze Zeit später klingelte ein Bote. Im Telegramm stand: „VORSICHT VERRÄTER, MELDE MICH MORGEN. WILSON".

Als Christian Vigne kam, gab Julien ihm die Nachricht.

„Ich weiß es schon. Er steht auf der Fahndungsliste, weil er an der Enttarnung einer Widerstandsgruppe maßgeblich beteiligt war. Er wird wegen Kollaboration und Verrat angeklagt. Morgen kommt ein Beamter und nimmt eure Aussagen auf. Sagt bitte nichts von den Freimaurern."

Er verabschiedete sich.

Gegen zehn Uhr rief Wilson an.

„Hallo, Julien. Ich habe ewig nichts mehr von dir gehört. Hoffentlich geht es dir gut."

„Bis auf Antonio Sánchez geht es mir gut."

„Wenn er Ärger bereitet, sorge ich dafür, dass er eingesperrt wird."

„Ich konnte mich schon selbst behelfen. Er sitzt in Untersuchungshaft. Die Franzosen haben nach ihm gesucht."

„Sánchez hat mit den Deutschen in Barcelona zusammengearbeitet. Wir hatten uns doch gewundert, warum kein Interessent für das Büchlein kam. Er hatte unseren Plan verraten. Du hast in Zaragoza ausgesprochenes Glück gehabt. Weil Stein zu spät kam und du schon da warst, ging ihr Plan nicht auf. Du hast sie damals mit deiner Aktion völlig verwirrt."

„Das erklärt einiges."

„Bist du noch Auktionator? Wenn nicht, stehen dir die Türen bei uns in London immer offen."

„Danke für das Angebot. Momentan habe ich keinen Bedarf."

* * *

Christian Vigne meldete sich am nächsten Tag, nachdem die Polizei die Aussagen aufgenommen hatte.

„Sánchez hat eine Zusammenarbeit angeboten, wenn man seine Ehefrau aus dem Verfahren heraushält. Sie wartet auf ihn in einer Absteige etwas außerhalb der Stadt und hat, wie er, einen gefälschten französischen Pass. Er fragt, ob er mit dir sprechen kann, sagt aber nicht warum. Letztendlich musst du entscheiden. Ich weiß nicht, was er sich davon verspricht."

Julien überlegte nicht lange: „Vielleicht sagt er mir etwas zu den Hintermännern. Ich weiß nicht, wie er mich gefunden hat."

„Ich kann dich gleich dorthin mitnehmen. Der Staatsanwalt hat bestimmt nichts dagegen."

* * *

Die Untersuchungshaftanstalt schien noch aus dem letzten Jahrhundert zu sein. Das Gemäuer versprühte den Charme eines mittelalterlichen Verlieses. Im Warteraum prangte ein etwas zu groß geratenes Bild vom Präsidenten Charles de Gaulle.

Sie mussten nicht lange warten. Der Staatsanwalt informierte Julien und Christian von den bisherigen Ermittlungsergebnissen: „Sánchez hatte einen gefälschten französischen Pass bei sich. Durch seine Identifizierung wird es kein Problem sein, ihn zu inhaftieren. Wir haben genügend Zeugen für den Verrat der Widerstandsgruppe. Es war ein Glücksfall, ihn festnehmen zu können. Leider bekommen wir von der spanischen Regierung keine Unterstützung und müssen uns auf eigene Untersuchungsergebnisse stützen. Sánchez hat selbst ausgesagt, dass er im Krieg mit dem britischen Geheimdienst zusammengearbeitet hat. Können Sie uns zu dem Charakter der Zusammenarbeit etwas sagen?"

Julien überlegte erst, dann sagte er: „Ich habe ihn nur bei einer Aktion kennengelernt, die unter der Leitung der MI6 lief. Sie wurde ein Schlag ins Wasser, weil er uns an die Deutschen verraten hatte. Ich war später an der Ausschleusung britischer Piloten aus Frankreich über Spanien beteiligt. Sie können sich mit den Briten in Verbindung setzen, die Ihnen bestimmt gern Informationen liefern werden. Sofern Piloten unter seinen Opfern waren, könnte ich mir vorstellen, dass sie eigene Untersuchungen angestellt haben."

„Meine Vorgesetzten haben bereits Kontakt zur Botschaft aufgenommen. Nun gut. Sie haben gehört, dass Sánchez mit ihnen reden möchte. Das Gespräch sieht er als Vorbedingung für weitere Aussagen. Achten Sie bitte darauf, dass Sie sich nicht auf einen Kuhhandel einlassen. Er scheint sich mit der Geheimdienstarbeit auszukennen. Im Zweifelsfall brechen Sie einfach das Gespräch ab. Aus unserer Sicht reicht es selbst ohne die Geiselnahme ihrer Eltern für eine langjährige Haftstrafe."

Der Staatsanwalt brachte Julien in einen schmucklosen Raum, in dem nur ein Tisch und drei Hocker standen.

„Nehmen Sie bitte Platz."

Wenige Minuten später wurde Sánchez in den Raum geführt. Er sah Grau im Gesicht aus. Seine Haare waren ungekämmt und die Kleidung zerknittert. Er setzte sich auf einen Hocker, der am Tisch stand. Ein Uniformierter nahm neben der Tür Platz.

Sánchez sprach sehr leise.

„Tut mir leid, wie das alles gekommen ist. Du musst mir glauben, dass ich deinen Eltern und dir nie etwas angetan hätte."

„Und warum hast du sie gefesselt und mit einer Waffe bedroht?"

„Ich brauche die Bücher. Es ist unaufschiebbar. Sie werden meine Frau umbringen, wenn ich nicht liefere."

„Woher wusstest du überhaupt, wo ich wohne?"

„Man hat dich wochenlang beobachtet."

„Warum haben sie dich geschickt?"

„Weil ich die Bücher identifizieren kann."

„Wer sind deine Auftraggeber?"

„Ich hatte nur Kontakt mit einem jungen Italiener. Er war kräftig gebaut und sah brutal aus. Auffällig waren seine teuren Sachen. Seidenanzug und goldene Armbanduhr. Damit fällt man auf. Einen Namen hat er mir nicht genannt."

„Ist er noch in Paris?"

„Ja, er wartet auf die Bücher. Spätestens morgen muss ich sie liefern, sonst ist meine Frau tot. Er bot mir 5000 Dollar für den Job. Wir bekamen französische Pässe und flogen nach Paris. Er gab mir die Pistole und schickte mich zu dir. Meine Frau behielt er als Pfand."

„Wird er mit ihr im Hotel sein?"

„Das glaube ich nicht. Die Bücher sollten im Bahnhof in einem Schließfach hinterlegt werden. Danach wollte er meine Frau mit dem Geld zum Hotel schicken."

„Dir ist sicher klar, dass man dich nicht freilässt. Du bist ein Kollaborateur und stehst auf der Fahndungsliste."

Sánchez sah verzweifelt aus. Stockend sagte er: „Du bist der Einzige, der noch helfen kann. Was mit mir passiert, ist mir egal. Aber meine Frau ist unschuldig. Bitte sorge dafür, dass ihr nichts geschieht. Ich habe die Adresse der Unterkunft aufgeschrieben."

Sánchez gab Julien einen Zettel.

„Ich kann dir nichts versprechen."

„Das ist mir klar. Aber denke dran, dass du im Fokus dieser Leute stehst. Sie werden nicht eher von dir ablassen, bis sie diese verfluchten Bücher haben."

Sánchez stand auf und ließ sich in seine Zelle bringen. Ein Offizier wartete mit Christian Vigne im Aufenthaltsraum.

„Und? Wie ist es gelaufen?", fragte er.

„Offen gesagt, weiß ich nicht, was ich darauf antworten soll."

„Du kannst offen sprechen, er ist ein Bruder von uns und wird dich unterstützen."

Julien sah den Offizier an und antwortete: „Auch wenn Sánchez ein Verräter ist, befindet er sich in einer verzweifelten Lage. Man hält seine Frau gefangen."

Dann berichtete er, was Sánchez gesagt hatte.

„Es ist kompliziert", sagte der Offizier. „Wir können Sánchez auf keinen Fall freilassen. Die Bücher können wir nicht als Grund angeben, ohne die Zusammenhänge offenzulegen. Und selbst dann bezweifle ich, dass er uns dabei unterstützt."

Vigne stimmte dem zu: „Du hast recht. Es muss reichen, dem Staatsanwalt zu sagen, dass er wertvolle Bücher stehlen wollte. Da er sie aber nicht gestohlen hat, bleibt der Inhalt außerhalb des Verfahrens. Die Geiselnahme wird trotzdem verfolgt. Wir könnten versuchen, die Frau zu retten, indem wir sie als eine wichtige Zeugin benennen."

Julien sagte: „Ich möchte aber nicht am Tod der Frau schuld sein. Der Italiener kann nicht Mario Vico sein. Dazu wäre er viel zu alt. Die Personenbeschreibung ist zu ungenau. Eigentlich bleibt nur, auf einen Italiener zu warten, der ein Gepäckstück vom Bahnhof abholen will. Man könnte versuchen, vom Hotelpersonal eine bessere Beschreibung zu bekommen. Vielleicht hat jemand gesehen, wie der Italiener mit der Frau das Haus verließ."

Der Offizier warf ein: „Ehe wir die Leute im Hotel befragt haben, hat sich der Italiener längst abgesetzt. Die einzige Chance bleibt, den Bahnhof zu beobachten. Ich versuche, ein Beobachterteam von der Direction de la Surveillance du Territoire zu bekommen. Die stellen keine Fragen."

Christian Vigne nickte.

Der Offizier entfernte sich.

Als der Staatsanwalt kam, informierte ihn Julien, dass die Ehefrau von Sánchez bedroht wird. Sie könne seine Aussagen zum Auftraggeber bestätigen.

Der Staatsanwalt sagte zu, sich um die Frau zu kümmern.

Wie erwartet, fand die Polizei die Frau von Sánchez nicht mehr in der Absteige vor. Allerdings bestätigte der Besitzer, dass einer der Männer, mit dem sie das Haus verließ, ein Italiener war.

Sánchez hatte Aussagen zu der Art der Übergabe gemacht. Die Überwachung der Gepäckausgabe blieb ohne Ergebnis. Der Offizier war sich nicht mehr so sicher, dass Sánchez die Wahrheit gesagt hatte. Vielleicht hatte er gehofft, an der Suche beteiligt zu werden, um dabei eine Fluchtmöglichkeit zu finden.

Zwei Tage später fand man eine Frauenleiche in der Seine. Es war Sánchez` Ehefrau. Todesursache war Genickbruch. Die Fahndung nach dem Italiener blieb erfolglos.

* * *

Christian Vigne rief an: „In Paris ist es zu gefährlich. Daher haben wir uns entschlossen, euch von dem Auftrag abzuziehen. Wir haben mit der Briefmarkenaktion etwas Unruhe gestiftet, bezweifeln aber, dass wir das Geheimnis entschlüsseln können. Es wird wohl für immer verloren sein. Ein Gutes hat unsere Arbeit gehabt. Der Vatikan geht davon aus, dass wir nach wie vor im Besitz der Bücher sind. Alain Moulinier hat mit einem Vertreter des Vatikans ein Gespräch geführt. Es wurde eine Art Waffenstillstand vereinbart. Sie werden keine Aktivitäten gegen uns unterstützen und wir verzichten auf öffentlichkeitswirksame Aktionen in dieser Sache."

François fragte: „Was wird aber mit Stein, Vito und den Leuten von Opus Dei? Müssen wir hoffen, dass sie ihre Suche aufgeben?"

„Zumindest aus dem Vatikan werden keine Gelder mehr fließen. Dort hat man im Moment andere Sorgen. Es geht dabei um Verstrickungen in die organisierte Flucht von Naziverbrechern nach Südamerika. Unterlagen sollen das beweisen."

François fragte „Wie soll es mit uns nun weitergehen?"

„Wenn ihr einverstanden seid, bekommt ihr in Brüssel Wohnung und Arbeit. Die Polizei sorgt für den Schutz. Wir wissen nicht, ob Vito oder dieser ominöse Italiener noch irgendetwas planen. Deshalb wollen wir einen fingierten Umzug veranstalten, bei dem ihr mit euren Sachen und den Möbeln das Haus verlasst. Das Umzugsunternehmen fährt in Richtung Mittelmeerküste. Wir überwachen das, bis sicher ist, dass niemand folgt. Ihr bleibt, solange es nötig ist, in einem Hotel. Ich denke, dass das eine annehmbare Lösung ist, bis ihr nach Brüssel zieht."

„Das kommt für uns etwas überraschend", sagte François. „Wann soll es denn losgehen?"

„Ich denke, dass wir alles in zwei bis drei Tagen organisieren können."

François sah seine Frau an: „Wir werden uns miteinander beraten."

„Gut. Ihr kennt meine Nummer. Die Polizei überwacht das Gebäude."

Das Abendessen verlief sehr ruhig. François ging in die Küche, holte eine Flasche Wein, öffnete sie und goss allen etwas ein.

„Ich hatte mir früher immer vorgestellt, wieder in Leuven in der Bibliothek zu arbeiten. Doch ich glaube, dass ich zu alt bin, noch einmal von vorn anzufangen."

Julien sah ihn an: „Möchtest du nicht mehr nach Belgien?"

Juliane sagte: „Wir möchten zurück nach Argentinien. Durch den Überfall kann ich nicht mehr schlafen und François hat Ruhe nötig. Wir haben dort das Haus von Annette und kennen uns gut aus. Außerdem ist die Wärme gut für mein Rheuma."

Julien zögerte etwas, ehe er reagierte: „Ich habe mich mit Silvia unterhalten. Sie möchte in Paris ihren Universitätsabschluss machen. Annettes Wohnung reicht für uns aus. Es ist unwahrscheinlich, dass Vito uns sucht. Wenn ihr nach Argentinien geht, werden wir euch besuchen. Ist das in Ordnung?"

Juliane wischte sich die Tränen weg: „Aber bei der Hochzeit möchten wir dabei sein."

Silvia umarmte sie: „Wir kommen dazu nach Buenos Aires."

* * *

Christian Vigne war sich nicht schlüssig, was er von ihren Plänen halten sollte. „Ihr seid euch im Klaren, dass wir euch dort nicht beschützen können."

Julien beruhigte ihn: „Wir leben schon so viele Jahre auf der Flucht. Es ist doch Frieden. Im Krieg musste ich auch auf mich aufpassen."

„Ich kann euch nicht halten. Falls irgendetwas ist, habt keine Scheu, euch bei mir zu melden. Übrigens hat der Staatsanwalt darum gebeten, dass Julien im Strafverfahren seine Aussage wiederholt."

„Ich gehe bei ihm vorbei und gebe ihm die neue Adresse."

Vigne wandte sich an Juliens Eltern: „Den Flug bezahlen wir. Alles andere klärt Carlos. Sollen wir die Bücher per Schiff nachschicken?"

Julien meinte: „Vielleicht kann Silvia sie für ihr Studium gebrauchen."

„Gut. Dann machen wir es so. Ich melde mich wegen des Umzugs und dem Flug."

* * *

Bereits eine Woche später ging der Flug. Der Abschied fiel ihnen schwer. „Im nächsten Jahr kommen wir rüber. Bereitet schon mal die Hochzeit vor", sagte Silvia.

Juliane konnte nicht antworten. Sie beließ es bei einer herzlichen Umarmung. Julien drückte seinen Vater noch ein dickes Buch in die Hand. Es war eine frühe Ausgabe von Alexandre Dumas` „Der Graf von Monte Christo".

* * *

Das Strafverfahren gegen Sánchez begann im Januar 1960. Im Gerichtsgebäude traf Julien auf ehemalige Mitstreiter aus der Résistance, die sich bei ihm bedankten. Er verzichtete darauf, bei der Urteilsverkündung dabei zu sein.

Julien fand eine Anstellung in einem der Auktionshäuser. Wilson hatte ihm ein Arbeitszeugnis mit dem Briefkopf von Sotheby's geschickt, was ihm den Einstieg in die Branche sehr erleichterte. Silvia konzentrierte sich bei ihrem Studium auf die Renaissance. Sie hoffte, ihren Abschluss noch 1960 zu erreichen. Ihr Professor hatte ihr bereits eine Doktorandenstelle angeboten.

Überraschend erhielten sie Post von Carlos. Sie wurde von einem Kurier persönlich übergeben. Er schrieb, dass unter den untergetauchten Nazis Chaos ausgebrochen sei, weil der Mossad einen Adolf Eichmann entführt hat und ihn in Israel vor Gericht stellen will. Viele würden versuchen, in andere Länder auszuweichen.

Friedrich Stein habe man aus gesundheitlichen Gründen freigelassen. Sein Verbleib sei unklar.

Carlos bat Julien, gut auf Silvia aufzupassen.

„Glaubst du, dass wir in Gefahr sind?", fragte Silvia.

„Ich denke, dass Stein im Moment andere Probleme hat. Sicherheitshalber werde ich aber Christian informieren. Man weiß nie, was passiert."

Die Zeitungen waren voll mit Berichten über den zu erwartenden Eichmann-Prozess. In Frankreich gab es Gerüchte, dass der israelische Geheimdienst auch hier nach Kriegsverbrechern sucht.

Eines Tages teilte man Silvia mit, dass ihr Professor, Jacque Broustine, das Land Hals über Kopf verlassen hatte. Damit verflogen ihre Zukunftspläne an der Universität.

Sie schloss ihr Studium dennoch ab. Julien hatte in seiner Firma angefragt, ob sie eine Kunsthistorikerin benötigen. Doch weder hier noch in anderen Auktionshäusern oder Museen gab es Bedarf.

Daher behalf sich Silvia mit schlecht bezahlten Artikeln in Zeitungen und Zeitschriften. Mithilfe von Christian erhielt sie ein Praktikum bei Gerald Lemor, einem Fotografen, der sich auf die Abbildung von historischen Bauten und Skulpturen spezialisiert hatte.

Bei einem Fotoshooting versuchte er, Silvia zu vergewaltigen. Völlig aufgelöst kam sie nach Hause. Julien fragte, ob sie ihn angezeigt hat.

„Glaubst du, dass mir irgendjemand glaubt, wenn ein hochgelobter Künstler alles abstreitet?"

„Soll ich vielleicht Christian anrufen?", besorgt fragte Julian.

„Nein. Er fühlt sich dann schuldig. Das möchte ich nicht."

Julien wollte es nicht auf sich beruhen lassen. Er besuchte Lemor in seinem Studio und schlug ihn ins Gesicht. Dann sagte er zu ihm: „Wenn du mich anzeigen willst, dann tu es. Wir werden sehen, wem man glaubt. Jemandem, der während der Besatzung hinter dem Ofen saß, oder einem Widerstandskämpfer?"

Gerald Lemor zeigte ihn nicht an. Silvia war allerdings unglücklich, dass sie keine Fotos mehr machen konnte.

Julien nahm sie in den Arm. „Willst du mich jetzt heiraten?"

Etwas verdutzt sah sie ihn an. „Sofort?"

„Warum nicht?"

„Ja! Ja! Ja!" Sie küsste ihn. „Was hältst du von einer Hochzeitsreise nach Rom?", fragte Julien.

„Ich werde Christian fragen, ob er mir eine Kamera leiht."

Spuren in Rom

Es ging nicht so schnell, wie sie dachten, denn Julien war Belgier und brauchte Unterlagen von der Botschaft. Im Standesamt dauerte die ganze Prozedur nur fünfzehn Minuten. Die kirchliche Trauung wollten sie in Buenos Aires nachholen.

Silvia hatte dadurch Zeit, die Reise nach Rom gut vorzubereiten. In der Bibliothek sah sie sich die einschlägigen Reiseführer und Kunstbände an.

„Was hältst du von einem eigenen Bildband?", fragte sie Julien.

„Meinst du, dass es dafür Abnehmer gibt?"

„Es müsste etwas Neues sein. Wenn man die aktuellen Reiseführer sieht, denkt man, Rom wäre ein einziges Museum. Touristen arbeiten eine Liste mit den Sehenswürdigkeiten ab und denken, die Stadt verstanden zu haben. Immer die gleichen Bilder von immer den gleichen Standorten."

Christian gab ihnen einen Tipp. „Das ist die Telefonnummer von Nicolas Lionello. Er kann euch helfen, falls ihr in Rom Probleme habt. Er ist ein Original, der einen Tabakladen am Kolosseum hat. Bestellt einen schönen Gruß von mir. Er behauptet immer, dass von der Filmdiva bis zum Duce alle bei ihm am Kiosk waren. Sogar der Papst habe Zigaretten bei ihm gekauft. Hier ist ein Foto, auf dem wir das Kriegsende feiern. Und noch was. Gebt ihm kein Geld für Informationen. Er will kein Denunziant sein. Er sagt nur, was alle sagen. Aber er weiß, wem er etwas sagt."

Ausgerechnet im Sommer fuhren sie mit dem Zug, da der Flug viel zu teuer war. Auf dem Bahnhof schlug ihnen trockene Hitze entgegen. Mit einiger Mühe fanden sie am Kolosseum Nicolas Lionello, der ein kleines Hotel in der Innenstadt empfahl und ein Taxi organisierte. Der Taxifahrer verstand kein Französisch. So reichten sie ihm einen Zettel mit der Adresse.

Er hielt in einer Gasse und zeigte auf ein Schild mit der Aufschrift Hotel. Weil er dort nicht wenden konnte, gingen sie die letzten Meter zu Fuß. Vom Schweiß durchnässt kamen sie zur Herberge. Am Eingang prangte ein Schild mit drei Sternen. Als sie eintraten, waren sie sich sicher, dass das Schild entweder gestohlen oder durch Bestechung in den Besitz der Inhaber gelangt war. Die Einrichtung machte keinen einladenden Eindruck. Am Empfang saß ein alter Mann. Er hatte das Radio sehr laut aufgedreht, woraus sie schlossen, dass er schwerhörig sei. Daher schrie Julien ihn an.

„Sie müssen nicht schreien. Ich habe das Radio nur so laut gemacht, damit unser Koch mitbekommt, wann das Fußballspiel weitergeht. Ich bin Angelo. Was wünschen Sie?"

Sein Französisch war holprig, aber halbwegs zu verstehen.

Sie erklärten, dass sie von Nicolas Lionello kommen und ein Zimmer brauchen. Wider Erwarten war das Zimmer renoviert. Es hatte sogar Dusche und Klimaanlage. Silvia ging sofort duschen. Julien wollte beim Empfang nach Informationen fragen. Angelo hatte das Radio wieder laut gedreht. Der Redeschwall des Reporters ergoss sich über die Lobby. Der Koch hatte es mitbekommen und gestikulierte herum, als ob er die Spieler anfeuern könnte.

Da Alessandro merkte, dass Julien sich mit ihm unterhalten möchte, führte er ihn durch einen Gang in einen winzigen Garten. Hier hatte die Sonne zu keiner Zeit eine Chance. Die Wände waren hoch und bewachsen. Es war angenehm temperiert. Sie setzten sich an einen der vier Tische. Julien erklärte ihm, dass sie die Absicht hätten, Fotos für einen Bildband zu machen.

„Oh! Dafür ist es viel zu heiß!", entgegnete er. Nach einiger Überlegung fragte er, ob sie einen Fremdenführer brauchen. Sein Enkel würde es für wenig Geld erledigen. Er kenne die kürzesten Wege und die besten Lokale. Außerdem spreche er gut Französisch, da er aus der Nähe von Monaco komme. Julien war etwas skeptisch.

Der Wirt schrie: „Angelo! Clientela per te!"

Aus einem Fenster der zweiten Etage sah ein Junge heraus, den Julien für maximal 14 Jahre hielt. So schnell, wie er herausgeschaut hatte, war er wieder verschwunden und stand in der Tür zum Hof. Julien hatte kein Vertrauen in seine Fähigkeiten. Angelo sah ihm die Skepsis an.

„Lassen Sie sich nicht täuschen. Er ist einer der Besten an der Uni. Er sieht nur so zart aus, weil seine Mutter aus Sizilien ist. Zurzeit hat er Semesterferien. Nächstes Jahr will er in Paris Kunstgeschichte studieren. Außerdem ist er ein begnadeter Zeichner."

Angelo schien etwas verärgert: „Nonno. Sono imbarazzato. Er muss immer übertreiben."

Alessandro bemerkte lachend: „Großväter dürfen das. Ich lasse euch allein."

Angelo setzte sich an den Tisch. „Richtig ist, dass ich mit dem Studium gerade erst anfange. Trotzdem kenne ich mich in Rom gut aus. Meine Mutter hat jahrelang Stadtführungen durchgeführt. Ich musste gezwungenermaßen mit. Irgendwann kennt man jeden Stein in der Stadt und jede noch so peinliche Anekdote, von denen die meisten keine Grundlage haben, aber sehr gut für das Geschäft sind. Also wenn Sie mich buchen, bekommen Sie das Gesamtpaket."

In der Zwischenzeit war Silvia auf den Hof gekommen.

Angelo verschlang sie fast mit seinen Augen: „Buona sera, bellsima donna."

„Guten Tag. Bist du unser Fremdenführer?"

Sie reichte ihm die Hand. Angelo gab ihr einen Handkuss. Er war fast einen Kopf kleiner als Silvia und wirkte neben ihr wie ein Kind.

„Wenn ihr einverstanden seid, können wir es erst einmal probieren."

Sie wurden sich schnell handelseinig. Silvia holte die Kamera.

„Unser Hotel ist zwar klein, aber von hier aus erreicht man die meisten Sehenswürdigkeiten zu Fuß."

* * *

Alessandro hatte nicht zu viel versprochen. Angelo redete, wie ein Buch und was für Silvia besonders interessant war, er brachte sie an Orte, von denen man einen guten Blick über die Stadt oder einzelne Gebäude hatte. Als sie nach Stadtteilen fragte, wo man das typische Leben der Römer sehen konnte, gingen sie durch Gassen und Hinterhöfe. Irgendwie erinnerte es Julien an Buenos Aires.

Schließlich landeten sie auf einem kleinen Platz mit einem Restaurant. Davor standen Tische und Bänke, die vermutlich schon vor 50 Jahren dort gestanden hatten. Scheinbar war alles besetzt. Angelo rief nach der füllingen Serviererin. Die stürzte auf ihn zu und drückte ihn an sich, als ob sie ihn erwürgen wollte. Die Gäste grüßten Angelo mit großem Hallo.

Er rief ihnen irgendetwas zu. Es kam Bewegung unter die Leute. Sie rutschten hin und her, bis Plätze für die beiden Besucher frei waren.

„Möchten Sie Fisch essen? Meine Tante macht die besten Sardellen der Welt."

Silvia antwortete: „Molto felice!"

Ungefragt standen vor ihnen zwei Gläser mit Wein. Die Leute prosteten ihnen freundlich zu. Sie redeten viel und Angelo übersetzte alles. Julien hatte aber immer den Eindruck, dass er mehr erzählte, als sie sagten.

Am nächsten Morgen wusste Julien weder, wie er ins Hotel gekommen war, noch wie die berühmten Sardellen geschmeckt hatten. Ihm war nur entsetzlich schlecht. Silvia lag nicht neben ihm. Er hörte aber ihre Stimme durch das Fenster. Sie saß mit Angelo im Hof und war schrecklich wach. Nur mühsam duschte er sich.

„Wie soll ich den Tag überleben?", fragte er sich.

Er zog sich an und ging in den Hof.

Angelo sah ihn mitleidig an. „Du hättest keinen Sambuca trinken sollen."

Julien fragte: „Was ist Sambuca?"

Silvia lachte: „Vergiss es. Du verträgst ihn ohnehin nicht."

Angelo grinste. „Und? Bin ich gebucht?"

Julien antwortete ihm: „Ja, aber ohne Sambuca."

* * *

Es war die beste Entscheidung, die sie treffen konnten. Angelo lieferte zu den Bildern fast schon die Unterschriften. Sie mussten aber immer nachfragen, ob die Erklärungen seriös oder gerade seinem Hirn entsprungen waren. Nach und nach einigten sie sich darauf, dass er das gleich dazu sagte. Silvia schrieb beide Erklärungen auf, weil sie manchmal die volkstümliche Variante besser fand als die trockenen Fakten.

Sie hatten den Petersdom, das Kolosseum, den Neptunbrunnen und die spanische Treppe gesehen. Das Pflichtprogramm war erfüllt.

Jetzt ging er mit ihnen an die Orte, die ein Tourist niemals sieht. Gassen mit bunter Wäsche, die zum Trocknen aufgehängt war, laute Kneipen voller Tabakqualm, romantische Ecken mit Liebespaaren und Plätze, auf denen Kinder unbekümmert zwischen antiken Säulen spielten. Schließlich landeten sie wieder vor dem Restaurant von

Angelos Tante, das Julien in schlechter Erinnerung hatte. Schon vom Geruch des Sambucas bekam er Kopfschmerzen.

„Nicht noch einmal!", dachte er bei sich. Dann hatte er eine Idee.

„Wollen wir uns das Grab von Adrian ansehen?", fragte er Silvia.

Angelo meldete sich: „Ihr möchtet zur Kirche Santa Maria dell'Anima? Ihr seid doch keine Deutschen!"

Julien lachte: „Nein. Aber ich bin Begier und Adrian hat lange Zeit in Leuven, meiner Heimatstadt, gelebt."

Angelo war erstaunt: „Ich dachte, er wäre ein Deutscher."

„Früher gehörten Leuven und Utrecht, wo er geboren wurde, zu Deutschland. Heute liegt Leuven in Belgien und Utrecht in den Niederlanden."

„Ich war mit meiner Mutter mehrfach in der Anima, wie sie bei uns genannt wird. Es ist eine wunderschöne Kirche. Sie ist gleich um die Ecke."

Mit Entfernungen nahm es Angelo nicht so genau. Sie brauchten fast eine Stunde. Silvia holte sich eine Fotogenehmigung. Der Pfarrer machte eine Führung. Julien schrieb einiges mit. Angelo verdrehte an manchen Stellen die Augen. Dabei tippte er mit einer eindeutigen Geste an seine Stirn. Offensichtlich gefiel ihm nicht, was der Pfarrer erzählte. Als der seinen Vortrag beendet hatte, baute Silvia die Fotoausrüstung auf. Sie fotografierte Adrians Grabmal in der Gesamtsicht und einzelne Details, die man ihnen bei der Führung genannt hatte.

Sie wollten schon abrücken, als Angelo auf ein Grabmal zeigte, das etwas versteckt am Eingang lag. Julien kam der Name bekannt vor. Willem van Enckenvoirt. Während Silvia fotografierte, sah sich Angelo immer wieder um. Er sagte nichts. Stattdessen legte er die Finger auf die Lippen und bedeutete ihnen, nicht zu sprechen.

Die Kirche war fast leer. Silvia machte Fotos aus verschiedenen Perspektiven, um die Reliefs gut aufzunehmen. Sie packte gerade alles zusammen, als ein Geistlicher kam und fragte, für welchen Zweck sie die Aufnahmen anfertigten. Julien sagte ihm, dass ein Bildband über Rom geplant ist. Der Mann sah ihn skeptisch an und bat um die Fotoerlaubnis. Julien zeigte sie ihm. Der Mann warf einen Blick darauf und ließ sie daraufhin kommentarlos stehen. Julien wollte keinen Ärger, daher drängte er zum Aufbruch.

„Haben wir etwas Verbotenes getan?", fragte Silvia.

Angelo machte ein wichtiges Gesicht und sagte: „Nein, nein. Ihr hattet eine Genehmigung. Letztes Mal haben sie sich auch so komisch verhalten. Da war ich mit meiner Mutter hier. Ein anderer Fremdenführer hatte die Kunstwerke erklärt. Dabei hatte etwas anderes erzählt als der Pfarrer. Deshalb habe ich euch zu Willem van Enckenvoirt geführt. Der Fremdenführer erzählte damals eine seltsame Geschichte. Adrian VI. wurde erst im Petersdom bestattet. Van Enckenvoirt wusste von einer Klausel, dass der Papst nur ein einfaches Grab haben wollte. Trotzdem ließ er ein opulentes Grabmal in der Anima bauen und ihn hierher verlegen."

Julien fragte: „Und warum hat er es getan?"

Angelo wiegte den Kopf hin und her. „Der Reiseführer sagte, dass in seinem Sarg vermutlich etwas versteckt war, das van Enckenvoirt unbedingt haben wollte."

Silvia drängte. „Mach es nicht so spannend. Sag schon, was es gewesen sein soll."

„Das wusste er nicht. Aber etwas anderes war interessant. Ist euch die ungewöhnliche Haltung von Adrian aufgefallen? Es gibt keinen Papst, der halb liegend dargestellt wird. Er scheint sich auszuruhen. Und er hat einen Ring am Finger."

„Tragen Päpste nicht immer Ringe?"

„Du meinst bestimmt die Fischerringe. Das kann aber kein Fischerring sein, da dieser bei seinem Tod zerschlagen wird. Außerdem hat dieser Ring einen Stein. Es geht aber noch weiter. Bei der Führung haben sie wieder nicht gesagt, dass das Grabmal von

Enckenvoirt ursprünglich gegenüber dem von Adrian war und später umgesetzt wurde. Mein Professor sagt immer, dass in Rom nichts so ist, wie es zu sein scheint. Was will die Kirche verstecken? Warum haben sie nach dem Grund für die Fotografien gefragt? So etwas habe ich noch nie erlebt."

Fratelli Alinari, Florenz, vor 1939 aus Else Hocks, „Der letzte deutsche Papst" 1939

„Das ist wirklich seltsam", sagte Julien.

„Es gibt aber auch eine anrüchige Geschichte."

Grab von Kardinal Willem van Enckenvoirt in Santa Maria Foto: Lalupa, bearbeitet, https://en.wikipedia.org/wiki/Willem_van_Enckevoirt

Angelo grinste verschmitzt. „Die Leute haben sich so ihre Gedanken gemacht. Ein Gerücht hieß, dass beide homosexuell waren und van Enckenvoirt den Liebsten auf seinem Lager erwarte. Die komische Handhaltung lädt zu allerlei Ausdeutungen ein."

Silvia tat etwas verschämt: „Aber einen hast du noch. Ich sehe schon, dass du fast vor Lachen platzt."

„Ja. Im Krieg haben sie gesagt, dass über Willem von Enckenvoirt nicht der Herrgott die Finger zum Segen zeigt. Es sei Winston Churchill mit dem Victoryzeichen."

Angelo spreizte seine Finger. „Das ist natürlich nur ein Witz, aber der Fremdenführer hat letztes Jahr auf etwas anderes hingewiesen, das belegbar ist. Im 13. Jahrhundert legte man fest, dass beim Segensgestus Daumen, Zeigefinger und Mittelfinger ausgestreckt werden. Warum soll ein Künstler ausgerechnet bei der Darstellung des Herrn von dieser Regel abweichen. Es kann also kein Versehen sein!"

Julien fragte: „Und das stimmt alles? Oder willst du uns nur eine interessante Geschichte erzählen, damit das Trinkgeld höher ausfällt?"

„Na ja. Wegen der Homosexualität müsste ich lügen. Schließlich war ich nicht dabei. Das andere stimmt aber. Waren die beiden, wie sagt man bei euch, eng beieinander?"

„Warum?", fragte Julien.

„Das sieht doch jeder. Wenn die beiden Denkmale direkt gegenüberstehen würden, wären die Posen eindeutig. Sie sehen sich an, als ob sie im Schlafzimmer liegen. Der eine hält eine offene Hand, als ob er etwas empfangen will, und der andere hält die Hand in einer Position, als ob er ihm etwas übergeben möchte. Für mich ist das klar."

Angelo pfiff vor sich her. Dann lachte er los. „Also in Rom gibt es so viele zweideutige Gesten, dass man alles hineininterpretieren kann. Eins weiß ich mit Bestimmtheit: Das Grabmal von Adrians Freund war ursprünglich direkt gegenüber vom Papst und wurde später zweimal verschoben. Ich frage mich auch, warum der Papst nicht im Petersdom blieb. Macht euch keine Sorgen. Ich werde nicht weiter darüber sprechen, dass hier zwei Schwule liegen."

Angelo hatte ein so ansteckendes Lachen.

Silvia sagte: „Seid bloß leise, sonst werden wir als Ketzer verbrannt. Es ist schon heiß genug."

Julien fragte: „Weißt du zufällig, wie der Fremdenführer hieß?"

„Tut mir leid. Ich könnte mal meine Mutter anrufen. Die kennt alle."

Noch abends im Bett lachten Silvia und Julien über die Beschreibung Angelos. Sie versuchten, sich genauso hinzulegen. Er hatte recht. Kein Mensch legt sich so ins Bett, wenn er schlafen möchte.

„Oh mein Gott! Das ist Blasphemie. Hoffentlich hört der Herr nicht zu", sagte Julien lachend.

* * *

Beim Frühstück überlegten sie, ob sie nach Mario Vico suchen sollten oder es zu gefährlich ist. Sie fragten Angelo, wie man in Rom jemanden finden kann. Sie erzählten ihm, dass der Gesuchte vielleicht im Dienst des Vatikans steht.

Angelo sah sie an, als ob sie von einem fremden Stern kämen. „Gibt es bei euch keine Telefonbücher? In dem Alter wohnt man nicht mehr bei Mama."

Sie fanden fünf Einträge unter Mario Vico. Drei davon schloss Angelo gleich aus, weil die Adressen zu ärmeren Stadtvierteln gehörten. Die restlichen zwei zu prüfen, schien ihnen zu kompliziert. Angelo hatte keine Hemmungen. Er rief bei beiden an und ließ ein Wortgewitter niederprasseln. Dann zeigte er auf eine der Adressen. „Ich würde sagen, dass es dieser hier ist."

Julien fragte „Wie kommst du darauf?"

„Ich habe behauptet, dass er in einem Bordell seine Zeche nicht bezahlt hat. Bei der einen Adresse war eine Frau dran. Sie hat nach ihrem Mann geschrien und ihn allerlei unzüchtiger Dinge verdächtigt. Der wird heute keinen schönen Tag mehr haben. Am zweiten Anschluss meldete sich ein Diener, der sofort gesagt hat, dass ein Irrtum vorliegen müsse. Der Monsignore verkehre nicht in derartigen Örtlichkeiten. Ich habe mich entschuldigt. Daraufhin antwortete er: ‚Gelobt sei Jesus Christus'."

Sie fuhren zur Adresse und fotografierten das Haus. Julien überlegte noch, ob er den Mann mit dem Verdacht konfrontieren sollte, ließ es dann aber sein. Schließlich hatten sie keine Beweise.

Angelo schlug vor, im Zeitungsarchiv des L'Osservatore Romano nachzusehen. Tatsächlich fanden sie einige Bilder und Artikel über ihn. Ohne Zweifel hatten sie den richtigen Mario Vico gefunden. Seine Aufgaben wurden nirgendwo genannt. Eine Aufnahme zeigte ihn mit dem Leiter der Santi Officii, Kardinal Alfredo Ottavian. Angelo erklärte, dass die Römer die Einrichtung immer noch Inquisition nennen und sich vor ihr fürchten.

* * *

Angelo kam gut gelaunt zum Abendessen.

„Ich habe den Namen von dem Fremdenführer. Meine Mutter meint, dass er im Palazzo delle Assicurazioni Generali arbeitet. Er ist in der Marketingabteilung der Versicherung tätig und heißt Umberto Conti. Ich habe einen Termin für morgen Vormittag vereinbart und ihm auch schon gesagt, worum es geht."

Es war ein repräsentativer Bau. Aus dem Fenster seines Büros hatte Conti einen freien Blick auf das Monumento Nazionale a Vittorio Emanuele II.

Angelo stellte Julien und Silvia vor und erklärte noch einmal den Grund ihres Kommens. Conti sprach recht gut Französisch.

„Sie möchten also etwas über das Grabmal von Adrian VI. wissen? Eigentlich bin ich nicht der richtige Ansprechpartner, da ich weder Kunstgeschichte noch Theologie studiert habe. Mich verbindet mit ihm aber eine traurige Geschichte. Meine Freundin Annemarie Winter kam 1938 mit ihrem Vater aus Deutschland nach Rom. Er restaurierte Skulpturen im Petersdom und anderen Kirchen der Stadt.

Annemarie hatte in Berlin bereits zwei Jahre Architektur studiert. Ihr Vater hatte ihr einen Studienplatz an der Universität in Rom organisiert. Sie sollte wohl in seine Fußstapfen treten und deswegen hier ein Jahr Kunstgeschichte studieren.

Ich war Student der Betriebswirtschaft und stand kurz vor dem Examen. Damals gab es laufend Aufmärsche der Schwarzhemden. Weil Annemarie noch nicht gut italienisch sprechen konnte, fühlte sie sich bei derartigen Veranstaltungen immer bedrängt und flüchtete einmal in das Café, in dem ich für ein paar Lire arbeitete. Sie hatte sich mit ihrem Vater in der Kirche Santa Maria dell'Anima verabredet, wo er ihr einige Marmorarbeiten zeigen wollte. Trotz des kurzen Weges traute sie sich nicht auf die Straße, da gerade eine Demonstration stattfand.

Da sie sich ewig an einem Fruchtsaft aufhielt, sprach ich sie an. Sie sagte, dass sie bei so vielen Menschen immer Platzangst bekomme. Mein Chef gab mir eine Stunde frei, da er den Laden sicherheitshalber schließen wollte. Ich brachte sie zur Anima, in der ihr Vater besorgt wartete. Er bedankte sich bei mir und lud mich zum Abendessen ein. Annemarie war das peinlich. Sie unterstellte ihrem Vater, dass er sie schon wieder verkuppeln will. Doch er ließ sich von ihr nicht beirren. Er schlug vor, dass ich für ein paar Lire auf sie achtgebe, wenn sie in der Stadt unterwegs ist.

Irgendwann erkannte sie die Vorteile in der Vereinbarung, da sie sich dadurch freier in Rom bewegen konnte. Mehrfach war ich mit ihr in der Anima, wo sie eine Zeichnung des Grabmals von Adrian VI. anfertigte. Kaum einen Monat später fand sie in der Bibliothek der Universität erst eine etwas grobe Darstellung aus dem 16. und zwei weitere sehr detaillierte Kupferstiche aus dem frühen 17.

Jahrhundert. Ihr fielen dabei einige Unterschiede zu der heutigen Form auf. Es ging ihr vor allem um die Skulptur an der Spitze des Grabmals. Im ersten Moment hatte sie angenommen, dass es die Mutter Gottes sei. Doch Maria hatte der Künstler schon mit Petrus und Paulus dargestellt.

Die Giebelfigur wich deutlich von dem Kupferstich ab. Es war eine schlanke junge Frau. Sie hatte halblange Haare und trug kein Tuch auf dem Kopf. Ihr rechtes Bein wurde von einem Knaben umfasst, der an ihr hochklettern wollte. Auffällig war, dass ihre rechte Hand auf ihrem Bauch ruhte, deren Rundung eine Schwangerschaft andeutete. Sie schaute an sich herunter. Diese Haltung kannte Annemarie von ihrer Cousine, die ein Jahr zuvor ein Kind bekommen hatte. In ihrer linken Hand hielt die Frau mit gespreizten Fingern eine Taube.

Die Skulptur, die sie in der Anima gesehen hatte, sah völlig anders aus. Die Frau war kräftig gebaut, trug ein üppiges Gewand und ihr Blick war selbstbewusst nach vorn gerichtet. Das Kind fehlte. Stattdessen hielt sie ein großes Kreuz im Arm. Diese Darstellung passte nicht zu den anderen filigranen Frauendarstellungen. Die Farbe des Marmors wich von den sonst genutzten Materialien ab. Annemarie vermutete, dass die Änderungen nachträglich vorgenommen worden waren.

In einem Buch fand sie einen Hinweis darauf, dass ursprünglich drei Figuren vorhanden waren, die Glaube, Hoffnung und Liebe symbolisierten. Auf den Kupferstichen konnte man deutlich erkennen, dass eine Skulptur ein Kreuz trug und mit dem Finger zu der Statue an der Spitze zeigte, die mit dem Kind und ihrer Schwangerschaft für die Liebe stand. Die Hoffnung war auf der anderen Seite dargestellt. Hoffnung und Glaube waren beim Kupferstich eindeutig der Liebe untergeordnet. Jetzt stand auf dem Giebel eine Figur mit dem Kreuz im Arm. Dadurch bekam das Grabmal eine völlig andere Bedeutung. Der Glaube wurde zur höchsten Tugend. Liebe und Hoffnung fehlten. Es wurden auch vier brennende Fackeln entfernt, die beiderseitig neben der Liebe aufgereiht waren.

Zeichnung W. A. Strauch

Außerdem hatte man ein Medaillon mit dem Antlitz des Papstes und eins mit päpstlichen Symbolen beseitigt. Völlig unverständlich waren ihr zwei Bilder, die Mauern mit Baugerüsten zeigten, vor denen ungeordnet Steine lagen.

Beim genaueren Hinsehen stellte Annemarie außerdem fest, dass auf den Kupferstichen das Wappen von Adrian seitenverkehrt war. Erst nahm sie an, dass es ein Fehler des Zeichners war. Doch hatte auch die ältere Darstellung diesen Fehler. Bei dem Relief, das den Einzug Adrians in Rom zeigte, fehlten auf dem älteren Kupferstich einige Personen. Sie kannte die Arbeit ihres Vaters, der sich exakt an Vorlagen hielt. Solche Ungenauigkeiten hätte er nie zugelassen.

Sie fertigte eine detaillierte Zeichnung der Giebelfigur an und suchte in Bibliotheken nach Fotos vom Grabmal. Alle Fotos, die sie fand, endeten unterhalb der Giebelfigur. In Prospekten der Anima und selbst in einem englischen Buch waren die Fotos so geschnitten, dass die Skulptur fehlte.

Die Fotos von ihrer Zeichnung und aus dem Buch kann ich ihnen mitgeben. Vielleicht helfen sie ihnen.

Da Willem von Enckenvoirt das Kunstwerk gespendet hatte, wollte sie nach Aufträgen oder Vorlagen suchen. In der Bibliothek gab es einen Hinweis darauf, dass sein Grabmal sich ursprünglich gegenüber dem von Adrian befand und später versetzt wurde. Annemarie stellte auch hier Besonderheiten fest, die sie sich nicht erklären konnte.

Über der Darstellung des ebenfalls liegend gezeigten Bischofs war ein Relief, das Gott im Himmel zeigte. Doch er hatte Zeigefinger, Mittelfinger und Daumen gespreizt. Diese Geste entsprach nicht der festgelegten Segens-Geste. Außerdem war die Position, in der der Bischof lag, außergewöhnlich.

Die Grabmale wurden bei Annemarie zu einer Manie. Alles drehte sich darum. Sie sammelte jede Information, die sie dazu in den Bibliotheken finden konnte. Dann ging sie zur Anima und fragte einen Pfarrer. Als sie zurückkam, sagte sie mir, dass sie noch nie zuvor einem so unhöflichen Pfarrer begegnet sei. Statt die Fragen zu beantworten, wurde er wütend und warf sie aus der Kirche. Er verbot ihr sogar, das Gotteshaus noch einmal zu betreten."

Julien fragte: „Was hat ihn denn so aufgeregt?"

„Sie hatte ihn der Lüge bezichtigt."

„Nun gut. Das kann ich verstehen. So etwas hört niemand gern."

„Annemarie war zugegebenermaßen ziemlich penetrant. Wenn sie Fragen stellte, die man nicht beantworten wollte, ließ sie nicht locker. Da sie nicht mehr in die Kirche durfte, sprach sie einen Theologiestudenten aus Österreich an, der am Kolleg der Anima studierte.

Eines Tages tauchte er bei mir im Café auf und schien völlig verunsichert. Ich ließ ihn im Hinterzimmer auf Annemarie warten. Als sie kam, bat er mich, an der Tür aufzupassen. Nach einigen Minuten kam er wieder heraus und war völlig bleich. Ich glaube, er hatte geweint. Ich fragte Annemarie. Sie sagte, dass er im Archiv ein Dokument gefunden hatte, das sein ganzes Leben infrage stellte.

Es war das letzte Mal, dass ich den jungen Mann lebend gesehen habe. Einen Tag später fand man ihn mit einem gebrochenen Genick im Tiber. Die Zeitungen schrieben, dass er sich das Leben genommen hatte. Annemarie regte sich darüber auf. ‚Sie lügen!', schrie sie, verriet mir aber nicht, wie sie zu dem Schluss gekommen war. Sie hatte Angst."

Julien wurde ungeduldig. „Haben Sie herausbekommen, worum es ging?"

„Annemarie behauptete, dass man den armen Jungen umgebracht habe, weil er das Dokument gefunden hatte. Dann brach sie in Tränen aus.

Ich konnte sie nicht beruhigen und entschloss mich, ihren Vater zu informieren. Er kam mit einem Automobil und holte sie ab. Da sie nicht mehr auftauchte, nahm ich an, dass sie krank sei. Sie hatte bei mir ihr Notizbuch vergessen. Das war ungewöhnlich, da sie immer darauf geachtet hatte.

Ich entschloss mich, sie aufzusuchen und es ihr zurückzugeben. In ihrem Haus sagte man mir, dass Annemaries Vater nach dem Tod seiner Tochter abgereist sei. Erst nach großen Mühen erfuhr ich, dass in die Wohnung eingebrochen worden sei und die Einbrecher das Mädchen umgebracht hätten. Der Vermieter gab mir ihre Heimatadresse. Aber noch bevor ich ihrem Vater schreiben konnte, bekam ich Post. Zu meiner Überraschung luden mich Annemaries Eltern nach Berlin ein."

„Und sind Sie nach Deutschland gefahren?", fragte Silvia, die es kaum noch auf ihrem Platz hielt.

„Ja. Sie holten mich vom Bahnhof ab. Bei der Begrüßung umarmten sie mich, als ob ich ein enger Verwandter wäre. Sie erzählten über das Leben ihrer Tochter, bis sie schließlich zu ihrem Aufenthalt in Rom kamen. Ich übergab ihnen das Notizbuch. Ihr Vater gab mir einen Brief. Er meinte dazu: ‚Ich hätte ihn nicht öffnen sollen.' Sie hat den Brief am Tag ihres Todes nach Berlin geschickt.

Es war ein Abschiedsbrief, der mich völlig verwirrte. Annemarie erklärte darin, dass sie mich liebe. Leider hätte sie aber einen anderen Freund gefunden, der besser zu ihr passe. Sie nannte mich darin ‚Schatz' und betonte, dass sie immer ein Auge auf mich haben werde.

Ich versicherte Annemaries Eltern, dass ich mit ihrer Tochter nur in Freundschaft verbunden war. Niemals hätten wir über Liebe gesprochen und ‚Schatz' habe sie mich auch nicht genannt. Außerdem sei mir unklar, warum sie den Brief nach Berlin geschickt hat. Sie kannte doch meine Adresse in Rom. Ihr Vater meinte, dass er den gleichen Eindruck hatte. Der Stil des Briefes passte nicht zu seiner Tochter. Er glaubte, dass sie mich schützen wollte. Ich sollte nicht mit ihr in Verbindung gebracht werden. Schatz war seiner Ansicht nicht die Anrede an den Liebsten, sondern ein Hinweis, dass ich etwas Wertvolles von ihr besitze. Der Begriff ‚Auge', der gleich mehrfach im Brief vorkam, sei ihm schleierhaft.

Im ersten Moment hatte er angenommen, dass sie den Verstand verloren hatte. Doch dann sah er einen Zusammenhang zwischen dem Tod des Studenten und seiner Tochter.

Er öffnete das Schloss am Notizbuch mit einer Zange. Sofort fiel ein Umschlag heraus. Es war ein altes Dokument, das in Latein und Hebräisch geschrieben war. Das Notizbuch enthielt auf den ersten Seiten kurze Bemerkungen und Quellenverweise. Je weiter wir blätterten, desto geheimnisvoller wurde es. Denn Annemarie schrieb, dass Adrian VI. von seinem Arzt vergiftet wurde. Dann fanden wir eine Passage, wonach der Papst Unterlagen aus dem Archiv angefordert hatte.

Mit einem Mal schrieb sie alles in Stenografie. Auf der letzten Seite stand in Großbuchstaben: ERNST HAT GEBEICHTET. JETZT IST ER TOT!

Darunter stand: ‚Liebe Eltern, wenn ihr das lest, hat man mich umgebracht. Die Mörder von Ernst suchen nach mir. Ich liebe euch. Annemarie.'

Statt eines Nachsatzes hatte sie Symbole gezeichnet. Ein Dreieck, das nach unten zeigte. Das zweite Zeichen war ein Kreis oder Ring, der an eine Iris erinnerte. Das dritte war ein Rechteck, in dem seltsame Zeichen zu finden waren. Und schließlich hatte sie eine Taube gezeichnet. Annemaries Vater fragte mich aus. Doch ich wusste nichts und begriff auch nicht, worum es ging. Dreieck, Ring, Rechteck und Taube.

Wir haben versucht, die stenografischen Notizen zu entziffern. Dazu haben wir eine Lehrerin für Stenografie um Hilfe gebeten. Sie sagte, dass sich die Stenogramme nur am Anfang ähneln. Je öfter man sie benutzt, desto mehr würden sich individuelle Merkmale herausbilden. Häufig verwendete Begriffe werden zusammengefasst oder mit eigenen Sonderzeichen dargestellt. Ein Fremder hat bald keine Chance mehr, den Text zu entziffern.

Immerhin konnten wir mit ihrer Hilfe herausbekommen, dass Unterlagen von Adrians Freunden nach Utrecht gebracht worden waren. Dann war die Rede von einem Bad in seinen Gemächern, das der Papst zumauern ließ, als er sein Pontifikat antrat. Seitenweise hatte sie über Willem von Enckenvoirt Bemerkungen gemacht, die aber zusammenhanglos schienen. Am Ende des Notizbuches benutzte sie immer mehr Symbole. Aus drei Fingern zum Segen wurde ein ‚V', schließlich ein Dreieck, eine Taube, die ihre Flügel zum Abflug geöffnet hatte und dann eine Sonne mit einer Mondsichel."

Julien zeichnete die Symbole auf seinen Schreibblock.

„Sah das ungefähr so aus?"

Er versuchte, sie nach den Beschreibungen zu zeichnen.

„Ja. So ungefähr. Und immer die Finger und dieser Enckenvoirt. Es gab zwar noch andere Namen und Bezeichnungen wie Sekretär und Fleischer. Damit konnten wir nichts anfangen. Sie muss auf etwas gestoßen sein, das den Glauben des Theologiestudenten bis ins Mark erschüttert hatte.

Annemaries Vater hat mit mir alles durchgesehen. In den Büchern und Schriften ging es um das Schuldanerkenntnis von Adrian vor dem Reichstag. Dann wurde auf die Konstantinische Schenkung, die für die Existenz des Vatikanstaates von enormer Bedeutung ist, und immer wieder die Frage, ob Petrus der legitime Nachfolger von Jesus und Stellvertreter Gottes ist, verwiesen. Sie schrieb über das Judentum und den Islam. Es waren aber alles nur Fragmente ohne offensichtlichen Zusammenhang.

Wir kamen zum Schluss, dass es um den Tod von Adrian ging. Doch konnten wir uns nicht vorstellen, dass das nach Jahrhunderten noch eine Rolle spielen sollte. Es musste um etwas Grundsätzliches gehen, wenn ein streng gläubiger Katholik glaubt, dass sein Weltbild zusammenbricht. Warum sonst sollten zwei Menschen deswegen umgebracht werden?

Ich erzählte davon, dass ihr aufgefallen war, dass der Papst zunächst im Petersdom und erst zehn Jahre später in der Santa Maria dell'Anima beigesetzt wurde. Das Grabmal sei grob verändert worden. Was ich wusste, erzählte ich ihnen. Ich bin aber kein Historiker und von Kunst weiß ich nur, was ich von Annemarie aufgeschnappt habe."

„Aber die Diskussion über die Legitimität von Petrus und die Konstantinische Schenkung gibt es doch schon lange", meinte Silvia. „Bisher hat sich der Vatikan immer herausgewunden."

Julien hatte alles möglichst ausführlich aufgeschrieben. Dann sah er auf: „Es ist zwar abwegig, aber stand irgendwo etwas wegen einer Homosexualität von Adrian oder von Enckenvoirt?"

„Sie meinen, wegen der Gerüchte, weil die beiden so komisch liegen? Tatsächlich hatte Annemarie eine Vermutung dazu geäußert, sie aber verworfen. Sie war überzeugt, dass die Geste die Weitergabe von Erkenntnis bedeutet. Im Islam bete man mit offenen Händen, damit man den Segen Gottes empfängt.

Eins fällt mir noch ein. Sie schrieb mehrfach, dass Adrian die alte Lehre erwecken wollte. Dahinter waren ein Pfeil und Bücher, die übereinanderliegen. Sie waren mit seltsamen Zeichen beschriftet. Sie erinnerten mich an die Keilschrift.

Ja und dann war da noch der Kupferstich, auf dem das Grabmal des Papstes zu sehen war. Sie hatte es schematisch gezeichnet und einen Pfeil von der Cestius-Pyramide im Relief gezogen. Daneben stand Freimaurer. Auf der Zeichnung waren Zahlen neben jeder Figur und Relief. Die dazugehörigen Legenden waren nicht zu entziffern."

„Haben Annemaries Eltern die Unterlagen behalten?", fragte Silvia.

„Ja. Sie wollten mit Spezialisten sprechen. Kurze Zeit nach meiner Rückkehr erhielt ich einen verzweifelten Brief von ihrer Mutter. Man hatte ihren Mann inhaftiert. Ich habe mehrfach geschrieben, aber die Post kam ungeöffnet zurück. Die Geschichte hat mich nicht losgelassen. Vor ein paar Jahren war ich beruflich in Berlin und habe die Adresse gesucht. Wo ihr Haus stand, war eine freie Fläche. Man sagte mir, dass die Verstorbenen auf einem Friedhof liegen. Dort habe ich auch Annemaries Grab gefunden."

Umberto reichte ihnen ein Foto. Man sah darauf ihren Namen und die Lebensdaten. Darunter hatte der Steinmetz die Symbole Dreieck, Kreis, Rechteck und eine Taube eingraviert.

„Sie können das Bild behalten. Ich habe noch einen Abzug. Manchmal gehe ich mit Besuchern in die Anima und erzähle Geschichten über Adrian. Ich muss gestehen, dass ich das nur mache, um dabei an Annemarie zu denken und für sie eine Kerze anzuzünden. Sie war nie eine Geliebte, doch hat ihr Tod eine tiefe Wunde gerissen. Sie ist ein Stück meiner verlorenen Jugend. Bitte schreiben Sie mir, wenn Sie etwas über Sie herausfinden."

Julien und Silvia versprachen es. Dann ließen sie Umberto zurück. Sie hörten noch, wie er hinter ihnen die Tür verschloss. Von der Straße aus sah man, dass er tief gebeugt am Schreibtisch saß und seinen Kopf in den Händen hielt.

„Hallo! Hallo Angelo! Angelo!", rief jemand.

Umberto stand am Fenster und wedelte mit einem Stück Papier. „Ich habe noch etwas. Wartet! Ich komme runter."

Es dauerte nicht lange, dann kam Umberto aus einem Seiteneingang.
„Als ich damals nach Annemarie gesucht habe, habe ich mit einem Restaurator gesprochen, der mit ihrem Vater zusammengearbeitet hatte. Er hatte früher in der Anima zu tun und ihr den Tipp gegeben, mit Ernst zu sprechen. Letztes Jahr habe ich ihn auf der Straße getroffen. Er sagte mir, dass er bei der Polizei eine Aussage zu einem möglichen Täter gemacht hat. Vielleicht kann er ihnen etwas zur Anima sagen. Er wird bis heute trotz seines Alters bei

schwierigen Restaurationen geholt. Er heißt Egidio Ricci. Hier ist die Adresse."

* * *

Das Haus von Egidio Ricci befand sich ganz in der Nähe des Neptunbrunnens. Es war eine der typischen Gassen, bei denen die Leute in den oberen Etagen ihre Wäsche wie Fahnen auf Leinen zum gegenüberliegenden Block hängten. Manchmal tropfte sie noch und ersparte den Bewohnern des Erdgeschosses, die Blumen zu gießen. Trotz der Enge saßen Frauen auf grob zusammengeschusterten Bänken und tauschten sich lautstark über Neuigkeiten aus.

Unter der angegebenen Adresse fanden sie einen außergewöhnlichen Torbogen. Rechts und links hatte man Fabelwesen in den Granit geschlagen. Das Tor war massiv und mit kunstvollen Beschlägen verziert. Ein Klopfer aus Messing, der einem Specht nachempfunden war, benötigte keine Bedienungsanleitung. Angelo fasste ihn am Kopf und zog daran. Als er losließ, schlug der Schnabel auf die Tür.

Ein kleines, vergittertes Fenster wurde geöffnet.

„Sie wünschen?", fragte eine junge Frau.

Angelo übernahm das Reden. „Wir hätten gern Meister Egidio Ricci gesprochen."

„Großvater, du hast Besuch", rief sie in die Tiefe des Raums und öffnete die Tür.

„Sie haben Glück. Er ist gerade erst zurückgekommen. Ein Glas Wein? Mein Onkel hat uns gerade ein paar Flaschen geschickt."

„Verrate nicht immer alles, Marietta. Nachher sind es Leute von der Polizei, die nach Steuersündern suchen", hörte man eine Stimme, ohne jemanden zu sehen.

„Das sind keine Polizisten!"

„Ich bin Student und das sind Gäste aus Belgien", beeilte sich Angelo, zu antworten.

Ein kräftiger Mann mit einem grauen Vollbart trat aus dem Dunkel.

„Egidio Ricci", stellte er sich vor. „Meine Enkelin ist eine richtige Quasselstrippe. Manchmal wünschte ich mir, ihr Mund wäre etwas kleiner. Aber ich mag sie so, wie sie ist. Auf ein Radio kann ich verzichten. Kochen kann sie auch. Was will man mehr? Was kann ich für sie tun?"

Angelo stellte alle vor. Dann übernahm Silvia das Reden.

„Wir sind dabei, Fotos für einen Bildband zu machen. Dabei sind wir auf das Grabmal von Papst Adrian VI. gestoßen. Angelo hat uns viel darüber erzählt und mit Umberto Conti bekannt gemacht. Von ihm erfuhren wir vom tragischen Tod seiner Freundin Annemarie."

„Ach Annemarie! Sie war aber auch ein hübsches Ding und sie hatte was im Kopf. Ihr Vater hat sie vergöttert. Sie hat, glaube ich, Kunstgeschichte oder Architektur studiert. Ich habe sie eher zufällig kennengelernt. Damals suchte sie ein Thema, über das sie eine Belegarbeit schreiben könnte.

Ich hatte ihrem Vater von dem Grabmal erzählt, da ich dort einen Auftrag hatte. Weil ich ein Familienrezept für Fugenmörtel habe, holt man mich bis heute bei kniffligen Restaurationen. Wir hatten uns mit ihrem Vater in der Kirche verabredet. Ich habe ihr damals alles vom Grabmal des Papstes und seines Freundes Enckenvoirt erzählt. Besonders interessant fand sie den Umstand, dass die Skulptur nicht vom eigentlichen Bildhauer gefertigt wurde. Als ich sie auf die unübersehbaren künstlerischen Unterschiede der Skulpturen hinwies, fand sie es sehr spannend. Sie hatte sich alles in ihr

Notizbuch geschrieben und eine Zeichnung der Giebelfigur gefertigt. Am liebsten wäre sie mit einer Leiter hinaufgestiegen, um alles zu überprüfen. Was ihr passiert ist, habe ich sehr bedauert. Umberto hatte sie begleitet, weil sie große Angst hatte, wenn die Schwarzhemden auf die Straße gingen. Leider konnte er sie nicht vor dem Unglück bewahren.

Vor einiger Zeit habe ich ihn getroffen, als ich mit meiner Enkelin bei der Versicherung war. Dabei erzählte ich ihm, dass die Polizei mich nach dem Tod des Mädchens befragte, sich aber später nicht mehr bei mir gemeldet hatte.

Bei der Befragung hatte ich angegeben, dass ein Student mit Annemarie in Verbindung stand. Ich hatte sie schließlich zusammengebracht. Angeblich soll er sich umgebracht haben. Einen Tag nach ihrem Tod hatte ich ein Gespräch zwischen Marcello Rizzi und Mario Vico in der Bar mitbekommen. Dabei hatte Vico eine hämische Bemerkung zum Tod des Mädchens gemacht.

Zu dem Zeitpunkt wusste ich noch nicht, dass sie umgebracht worden war. Später vermutete ich einen Zusammenhang zwischen den beiden Todesfällen. Das sagte ich dem Commissario, der in der Anima Befragungen durchführte.

Marcello Rizzi gehörte zu den Leuten, die an Ausgrabungen der Vatikan-Nekropole beteiligt war. Da ich bereits in Projekte einbezogen war und die Archäologen Antonio Ferrua und dem Jesuiten Engelbert Kirschbaum gut kannte, bekam ich die Chance, ab 1940 mit ihnen unter dem Petersdom zu graben. Offiziell war ich Steinmetz, wurde aber auch als Kraftfahrer in Anspruch genommen.

Die ersten Überlegungen zu den Ausgrabungen gab es bereits 1929, nachdem der Vatikan mit Mussolini die Lateranverträge abgeschlossen hatte. Zehn Jahre später begannen die Arbeiten. Ferrua und Kirschbaum sollten mit dem Auffinden des heiligen Petrus wissenschaftlich belegen, dass der Papst legitimer Nachfolger von Jesus sei. Vieles von dem, was ich über das Grabmal von Adrian weiß, habe ich von Kirschbaum erfahren.

Für mich war auffällig, dass Monsignore Ludwig Kaas die Leitung übernommen hatte. Es stimmt zwar, dass er als Domherr für die Arbeiten zuständig war, doch bestand darin gleichzeitig das Problem, weil er das gewünschte Ergebnis vorgab und eine freie Forschung unmöglich machte.

Penibel achtete er darauf, dass keine Aussagen zu Fundstücken getroffen wurden, die nicht ins Weltbild des Vatikans passten. Sicher waren Antonio Ferrua und Engelbert Kirschbaum auch befangen, doch im Gegensatz zu Kaas hatten sie das Ziel, objektiv über die Funde zu berichten. Das bedeutete, nur das aufzuschreiben, was sie tatsächlich fanden.

Jedes Fundstück wurde auf Karteikarten detailliert beschrieben und der Fundort genau vermerkt. Kaas ging alles zu langsam voran. Er äußerte sich abschätzig über ihre Arbeit. Ich hatte Ludwig Kaas schon 1908 kennengelernt, als er Kaplan des Collegio Teutonico di Santa Maria dell'Anima war und ich in seiner Kirche gearbeitet hatte. Zu dieser Zeit schien er politisch links zu stehen. Nach zwanzig Jahren war er völlig verändert. Er betonte laufend, dass er in Deutschland dafür gesorgt habe, dass die katholische Kirche mit Hitler das Reichskonkordat abgeschlossen habe.

Unter den Handwerkerkollegen hatte er einen schlechten Ruf. Sie sagten hinter vorgehaltener Hand, dass er christliche Tugenden verkauft habe. Der Papst belohnte ihn dafür mit dem Posten eines Sekretärs des Kardinalskollegiums und Domherr des Petersdoms. Ich ging davon aus, dass er mich wegen meiner Fachkompetenz ausgesucht hatte. Heute bin ich mir nicht mehr so sicher. Es war eine Woche nach dem Tod von Annemarie und ich hatte Kaas ewig nicht gesehen.

Mir war unverständlich, warum Kaas 1939 so hektisch unterhalb des Petersdoms forschte. Offiziell wurde zwar behauptet, dass es erst Bauarbeiten im Zusammenhang mit der Beisetzung des letzten Papstes gewesen seien, die dazu geführt hätten. Der Zeitdruck war aber bemerkenswert.

Unter uns Handwerkern wurde vermutet, dass ein Konkurrent im Spiel war und er deswegen unbedingt der Erste sein wollte.

Ich bin mir heute sicher, dass Kaas sich mit dem Auffinden des Grabes von Petrus sein eigenes Denkmal schaffen wollte. Außerdem war seit der Revolution in Russland nichts mehr sicher. Es gab immer mehr Zweifler an der Rolle des Papstes als Stellvertreter Gottes auf Erden.

Ich glaube, es war 1941, als Kaas mit Gästen zur Ausgrabungsstätte kam. Es handelte sich um Friedrich Stein und Mario Vico. Nach der Führung fuhr ich sie zur Anima. Sie redeten ununterbrochen deutsch. Vermutlich nahmen sie an, dass ich sie nicht verstand. Im Gespräch ging es um ein Dokument, das aufgetaucht und wieder verloren gegangen sei. Sie waren sich sicher, dass Kaas auf das falsche Pferd gesetzt hatte. Wenn sie das Dokument hätten, würde der Vatikan die archäologischen Grabungen beenden. Stein meinte, dass dann sogar der Papst die Koffer packen müsste.

Ich machte mir große Gedanken darüber, denn es ging schließlich um meine Arbeit. Ich fragte Antonio Ferrua, wer der Italiener gewesen sei. Daraufhin meinte er, dass es ein Ausputzer sei, mit dem man lieber nichts zu tun hat. Ausputzer war unter den Bauleuten jemand, der kleinere Schäden beseitigt, also eher niedere Arbeiten erledigt. Ich wusste aber von meiner sizilianischen Schwiegermutter, dass die Mafia den Begriff für Auftragsmörder benutzte.

Stein traf ich später noch einmal. Ich holte ihn und Kaas von der Anima ab. Im Auto redeten sie über Politik in Deutschland und Italien. Ich gewann immer mehr den Eindruck, dass Kaas eher Politiker als ein Kirchenmann war. Er nannte Hitler einen Erlöser. Selbst Mussolini sei neben ihn nur ein billiges Abziehbild.

Für die kirchlichen Amtsträger war ich unsichtbar, wie alle Kirchendiener ein Teil der Landschaft. Allerdings unterstand ich ihnen nicht, denn ich war externer Helfer mit dem Privileg, im Schmutz der Geschichte herumzuwühlen, um den Glanz des Vatikans zu vergrößern.

Ich hatte damit kein Problem. Wenn man so lange in der Erde gewühlt hat, weiß man, dass von jedem der noch so hohen Herren nur ein paar bröcklige Knochen bleiben. Demgegenüber haben die Arbeiten der Handwerker Jahrtausende überstanden.

In den alten Kellergewölben sah ich die Zeichen der Steinmetze und war stolz. Denn ich gehörte zu ihrer Gilde. Mit jedem Stück Geschichte brachte ich ihre Arbeit zum Vorschein. Ton, Sandstein und Marmor. Letztendlich waren es die Hände der Handwerker, die sie geformt hatten. Kein Papst oder Kardinal hatte sie zur Vollendung gebracht.

Für Kaas waren wir Sklaven seiner hochfliegenden Pläne. In Friedenszeiten hätte ich die Arbeit hingeworfen, doch es war Krieg. So gut es ging, hielt ich mich mit politischen Äußerungen zurück und spielte die Rolle des naiven Handwerkers. Aber es ist das Los der Menschen, dass er seine Ohren nicht abschalten kann. Je länger der Krieg ging und je offensichtlicher wurde, dass er für Deutschland und Italien schlecht ausgehen würde, umso mehr zeigte sich bei Kaas eine seltsame Verwandlung. Mit einem Mal war der Vatikan seine Heimat, die man gegen die Feinde schützen müsse.

Als die Amerikaner immer näherkamen, suchte er nach Möglichkeiten, die Grabungsarbeiten kulturhistorisch aufzuwerten. Den Vogel schoss er aber ab, als ich hörte, dass er nach Fluchtmöglichkeiten für Juden suchte. Unter den Kirchendienern gab es das Gerücht, dass er einen Notfallkoffer mit Geld und Pässen besitzt, um den Vatikan in Richtung Südamerika verlassen zu können.

Nachdem man Mussolini aufgehängt hat und Panik ausgebrochen war, fragte er mich, ob ich ihm im Notfall Obdach geben würde. Er war nicht der Einzige, der plötzlich ein Gegner der Faschisten gewesen sein wollte. Aber als die Juden deportiert wurden, hatten sie hinter ihren dicken Vorhängen auf die Straßen gesehen und gehofft, dass sie selbst vor solchem Ungemach verschont bleiben.

Aber zurück zu Friedrich Stein. Es war vielleicht 1942. Ich wartete mit Ferrua und Kirschbaum in einem Restaurant auf einen Fachmann für altgriechische Sprache. Wir wollten schon aufbrechen, als eine Gruppe Männer das Lokal betrat. Zwei von ihnen trugen eine SS-Uniform. Die anderen waren in Zivil. Völlig überraschend rief jemand aus der Gruppe zu uns herüber. Es war Stein.

Vermutlich wollte er sich wichtigtun, denn er erzählte lautstark, dass wir unter dem Petersdom Ausgrabungen durchführten. Er bat uns an ihren Tisch. Kirschbaum sagte ihm, dass wir noch Termine haben, doch Stein ließ das nicht gelten. Er stellte uns die Anwesenden vor. Ich kann mich nur noch daran erinnern, dass sich unter ihnen der Konsulatssekretär und ein SS-Sturmbannführer aus der Botschaft beim Vatikan befand. Außerdem saß Mario Vico am Tisch.

Stein hatte viel getrunken. Er redete und redete. Irgendwann sagte er, dass er unseren Chef schon sehr lange kenne und der Vatikan ihm viel zu verdanken habe. Vico war das Thema sichtlich unangenehm. Er griff seinen Arm und sagte zu ihm, dass das nicht hierhergehöre. Stein ließ sich aber nicht bremsen, denn er meinte dann, dass er lieber Schätze über der Erde suche, als in der Erde wie ein Maulwurf nach alten Knochen zu graben. In Kürze sei er so weit, dass sich der Papst bei ihm persönlich bedankt.

Mario Vico schlug mit der Faust auf den Tisch und schrie: ‚Jetzt ist genug oder ich arretiere Sie!'

Stein wurde bleich. Auch seine Begleiter waren erschrocken. Ich erhob mich und zog Kirschbaum mit. Als wir ein ganzes Stück gelaufen waren, sagte Kirschbaum ‚Ausputzer' und ich war mir sicher, dass meine Schwiegermutter recht hatte.

Später hörte ich von einem Vorfall, in den Vico verwickelt war. Ein Elektriker erzählte, dass Stein mit Vico im Archiv der Anima gearbeitet hatte. Es gab einen Kurzschluss und die Beleuchtung fiel aus. Der Kollege des Elektrikers hatte sich zwar beeilt, den Schaden zu beheben, doch das Gebäude blieb zwei Stunden ohne Strom. Vico schrie ihn an und beschimpfte ihn als Kommunisten. Am nächsten Tag wurde der Mann von der Polizei abgeholt.

Als ich fragte, was im Archiv für gefährliche Sachen liegen, legte mein Kollege seinen Finger auf die Lippen. Es schien bedeutungsvoll zu sein. Man hatte sogar eine Wache vor die Tür gestellt. Friedrich Stein und Mario Vico habe ich erst nach dem Krieg wiedergesehen. Wir hatten die Arbeiten unter dem Petersdom beendet. Wie erwartet, war das Ergebnis zwar archäologisch interessant, doch die ursprünglichen Ziele des Vatikans blieben unbefriedigend, da das Grab des Petrus nicht identifizierbar war.

Professorin Margherita Guarducci glaubte zwar, aus Kritzeleien in einer Nische den Namen erkannt zu haben. Doch ihr Urteil war zweifelhaft, da die Knochen eindeutig weiblichen Ursprungs waren. Sie behauptete, dass wir nicht sorgfältig gearbeitet hätten. Wir wiesen die Beleidigung unserer Arbeit zurück.

Interessant war aber, dass wieder der Name Mario Vico fiel, der sich auffällig gegen die Frau aussprach. Der Kollege, der mir die Geschichte mit dem Elektriker erzählt hatte, berichtete mir, dass sich in der Anima deutsche Nazis treffen, um sich mithilfe von Bischof Alois Hudal und Krunoslav Draganović nach Argentinien abzusetzen. Ich wollte das anfangs nicht glauben, erkannte dann aber einige Leute, die bei der Zusammenkunft mit Stein und Vico im Restaurant dabei waren."

Silvia fragte: „Haben Sie Stein auch dort gesehen?"

Egidio Ricci überlegte. „Nein, nur Vico tauchte immer wieder mal auf. Was er in der Anima zu tun hatte, weiß ich nicht."

„Hat Annemarie Sie eigentlich mal nach der Bedeutung von Symbolen gefragt? Also Dreieck, Kreis, Rechteck und Taube?"

„Sie hat mir einmal eine Zeichnung gezeigt, aber das half ihr wohl nicht weiter. Augenblick. Mir fällt gerade ein, dass ich ihr die Inschrift des Grabmals von Willem van Enckenvoirt gezeigt habe. Sie ist in mehrfacher Hinsicht außergewöhnlich.

Zwischen einigen Worten sind Trennzeichen, die auf den ersten Blick wie Kommas aussehen. Allerdings bestehen sie aus einem Dreieck, das rechts nach unten mit Schwänzchen versehen ist. Es erinnerte mich an ein aramäisches Schriftzeichen, das im Namen von Jeschua auftaucht. Auch war eine Seite des Dreiecks verlängert. Ich kann kein Aramäisch, aber für mich war unverständlich, warum in einem lateinischen Text Zeichen einer anderen Sprache standen. Die Gestaltung des Textes ist außergewöhnlich. Die Trennzeichen stehen nicht hinter jedem Wort. Derartige Zeichen sind außergewöhnlich. Auf dem Grabmal von Papst Adrian VI. tauchen sie zum Beispiel nicht auf.

Außerdem weichen manche Buchstaben in der Größe ab. Einige sind unterstrichen. Ich konnte keinen Sinn darin erkennen. Unverständlich ist auch, dass der Text eigentlich linksbündig geschrieben wurde. Die dritte Zeile von unten wurde gestreckt und endet vorzeitig. Es macht den Eindruck, als ob das Wort ‚Script' unbedingt auf die nächste Zeile sollte. Die letzte Zeile beginnt nach rechts versetzt, aber nicht zentriert. Das letzte Zeichen gehört zur römischen Ziffer XXXIII. Das letzte ‚I' ist übergroß geschrieben. So ein ‚I' taucht ein zweites Mal in der viertletzten Zeile auf. Ein Bekannter von mir, der sich mit Latein gut auskennt, sagte mir, dass der Text stümperhaft sei. Er hatte den Eindruck, dass die Worte gewählt seien, damit sie auf die Zeile passen. Vielleicht hatte man den Text später verändert.

Annemarie fand das sehr interessant. Sie hatte sich auch für die Skulptur interessiert und mir später erzählt, dass Willem van Enckenvoirt in seinem Testament bestimmt hatte, dass sein Grabmal mit zwei Säulen aus Buntmarmor auszuführen sei, die in Maßen und Ausführung mit denen von Papst Adrian VI. übereinstimmen. Die Säulen stimmen tatsächlich überein. Einige Wochen später traf ich Annemarie auf der Straße. Sie sagte mir, dass sie die Abweichungen im Text zum Teil untersucht habe. Die Unterstreichungen wären der Buchstaben, bezögen sich auf die nächste Zeile. Dort wäre in drei Fällen ein ‚V'. Mit dem Unterstrich würde daraus ein Dreieck entstehen. Sie habe die Unterstriche und die vergrößerten Buchstaben miteinander verbunden. Dabei zeigten sich mehrere Dreiecke. Einige Buchstaben bildeten eine Linie. Das V, das O und das I waren die Eckpunkte eines gleichseitigen Dreiecks. Annemarie vermutete, dass deswegen die letzte Zeile so weit nach rechts gezogen wurde, dass diese Form entstehen konnte.

Warum die Trennzeichen hinter einigen Worten gesetzt wurden, erschloss sich ihr nicht. Mehr kann ich dazu nicht sagen."

Sie bedankten sich bei dem alten Steinmetz. Beim Herausgehen sahen sie, dass er wieder ins Dunkle verschwand. Bald hörten sie, wie sein Meißel auf harten Stein traf.

Julien und Silvia gingen mit Angelo noch einmal zur Anima. Sie erkannten die beschriebenen Muster auf der Inschrift. Julien fiel noch etwas auf: Auf der Tafel wurde darauf hingewiesen, dass Willem van Enckenvoirt als Verwalter der Bücher von Papst Adrian genannt wurde und die Kardinäle Johannes Dominicus von Trani und Antonius Sanseverino, sowie Petrus Vorstius, Bischof von Acqui, und Andreas Castillo, apostolischer Schreiber, seine Testamentsvollstrecker waren. Das hieß nichts anderes, als dass Adrians Bücher offensichtlich über diesen Weg weitergegeben wurden. Dass hinter den Namen viel Platz gelassen wurde, konnte bedeuten, dass dort weitere Personen aufgeführt werden sollten. Der Sinn der Worttrenner erschloss sich ihnen nicht. Sie glaubten aber nicht daran, dass sie zufällig platziert wurden. Besonders das gleichseitige Dreieck war zu offensichtlich.

Angelo war auffallend schweigsam. „Ich habe so viel von Symbolen gehört, dass ich euch etwas zeigen muss. Wir waren zwar schon im Vatikan. Trotzdem lohnt es sich."

Er führte sie in das rechte Seitenschiff des Petersdoms.

„Das ist Michelangelos Pietà. Die Kopie des Bildhauers Lorezetto in der Anima stimmt nicht mit ihr überein, sie wurde erst 1532 fertiggestellt.

Bei der Inschrift wurden auch Dreiecke als Trennstrich benutzt, deren Spitze nach unten zeigte. Künstlerisch reicht sie an Michelangelos Pietà nicht heran. Man erkennt es am Kopf von Jesus, der einen geschlossenen Mund hat und nach vorn geneigt ist. Aber darum geht es nicht.

Die Pietà soll eigentlich Jungfrau Maria mit dem verstorbenen Christus im Arm zeigen. Doch seht sie euch an. Es ist eine schöne junge Frau, die niemals die Mutter von Jesus sein kann. Sie zeigt kein schmerzverzerrtes oder trauriges Gesicht. Die Züge sind eher entspannt.

Über ihre Jugendlichkeit kursieren allerlei Theorien. Manche sagen sogar, dass es Maria Magdalena sei. Es heißt auch, dass die Figur aus ästhetischen Gründen viel zu groß geraten ist. Aber es gibt noch mehr zu entdecken. Kommt mit."

Er ging mit ihnen um die Skulptur herum und zeigte auf den Faltenwurf.

„Es ist ein ‚V' oder ein nach unten zeigendes Dreieck", sagte Julien erstaunt.

Angelo lachte triumphierend.

„Bei Michelangelo passiert nichts zufällig. Wenn das Dreieck ein Zeichen für Gott ist, könnte es bedeuten, dass Gott in weiblicher Gestalt Jesus in Empfang nimmt. In diesem Fall erklärt sich alles. Ihre rechte Hand hat gespreizte Finger. Die linke Hand ist offen und entspannt. Die Finger von Jesus sind wie zufällig getrennt, weil er eine Falte im Gewand festhält. Und es gibt noch eine andere Anomalie. Dazu müsst ihr das Gesicht von Jesus ansehen.

Er hat einen überzähligen Mittelzahn. Das ist ein Symbol für Sünde. Eine junge makellose Maria und ein Jesus mit einem Symbol für Sünde. Ich überlasse es eurer Fantasie, was das bedeuten soll."

Julien fragte: „Gott in der Figur einer untadligen Frau empfängt den sündigen Jesus?"

Angelo nickte. „Ich habe die Pietà erst nach dem Gespräch mit meinem Professor näher angesehen. Er hat einmal gesagt, dass man sich nie auf die Interpretationen von angeblichen Fachleuten verlassen soll. Kunst spricht für sich selbst."

Sie standen noch lange vor der Figur, bevor sie ins Hotel zurückkehrten. Julien sah Silvia an. „Ich habe ein seltsames Gefühl. Es ist, als ob die Lösung zum Greifen nah ist. Die Pietà ist so vollkommen und unvollkommen zugleich."

„Wir müssen uns die Bilder anschauen, die Annemarie gesehen hat", sagte Silvia.

„Uns was dann? Sollen wir Christian Vigne informieren?"

Julien sah sich das Bild von Annemaries Grab an.

„Es sind schon so viele gestorben. Ist es das wert?"

Silvia sah ihn an.

„Ich glaube, wenn wir der Sache nicht nachgehen, wird sie uns ein Leben lang verfolgen. Wir sollten die Geschichte prüfen. Nicht weil die Freimaurer nach einem Geheimnis suchen, sondern, weil Menschen deswegen gelitten haben. Irgendwie werde ich den Eindruck nicht los, dass uns Christian Vigne nicht alles erzählt. Es ist nur so ein Gefühl. Für mich wurde das Problem mit den Büchern und dem Vatikan zu schnell geklärt. Erst machen sie einen großen Aufwand, dann brechen sie ab, ohne das Ziel zu erreichen."

Julien entgegnete: „Mir geht es genauso. Mich stört vor allem der Umstand, dass Antonio Sánchez mit einem Mal, aus dem Nichts auftaucht. Wer hat ihm gesagt, wo wir wohnen? Vielleicht sollte er uns umbringen und hat die Geschichte mit den Büchern nur vorgeschoben. Es bleibt verworren!"

Silvia schwieg. In ihrem Kopf schwirrten die Gedanken. Sie fand keine Ruhe. Plötzlich kam ihr ein Gedanke: „Julien. Sánchez hat nach Büchern gesucht. Doch wir hatten keine neuen. Meinst du nicht auch, dass es ihm um die Briefe ging, die Carlos uns geschickt hat.

Sánchez konnte nicht wissen, dass Carlos sie gefunden hat. Deshalb hat er nach Büchern gefragt."

„Das heißt, dass die Informationen darüber aus Buenos Aires kamen. Carlos hat sie mit Sicherheit nicht weitergegeben. Dann hätte er die Briefe gleich übergeben können. Mag sein, dass die Nazis davon Wind bekommen haben, aber dann hätten sie unsere Adresse noch lange nicht gehabt. Es bleiben nur noch Christian und Alain Moulinier übrig."

Julien setzte sich auf. Starr sah er seine Frau an. „Christian hat uns sofort geholfen und die Abreise organisiert. Aber was wissen wir von Moulinier? Nichts als Aussagen, die wir nicht überprüfen können. Er wusste, wo wir wohnen und was wir tun. Von den Briefen haben wir ihm nichts erzählt. Ich glaube, wir müssen sie uns noch einmal genauer ansehen, wenn wir in Buenos Aires sind. Ich werde morgen ein Telegramm an Carlos schicken."

* * *

Es war Nacht geworden. Tropfen peitschten gegen die Scheiben. Durch die undichten Fenster zog es. Die Kerze drohte auszugehen. Silvia kam ihr zuvor. Mit Daumen und Zeigefinger zerdrückte sie den Docht und entzog der Flame den Sauerstoff. Eine dünne Rauchsäule stieg auf.

Sie krochen unter die Laken und blieben mit offenen Augen liegen. Silvia suchte seine Nähe.

„Vielleicht sollten wir nicht darauf warten, bis Stein uns findet. Ich möchte nicht auf der Flucht sein. Wir stellen ihn zur Rede und beenden den ganzen Spuk."

Julien zog sie an sich. „Du hast recht. Ich bezweifle, dass irgendein Gericht der Welt ihn verurteilen wird. Wenn wir das Geheimnis aufdecken und es nicht mehr geheim ist, verschwindet die Gefahr. Dazu müssen wir ihn allerdings finden. Berlin ist groß."

„Vielleicht machen wir es wie Angelo. Meinst du, er steht einfach so im Telefonbuch?"

„Man weiß ja nie. Vorher sehen wir die Kupferstiche und das Gemälde an. Annemarie muss darin den Schlüssel gefunden haben. Außerdem haben wir den Bildband fertigzustellen."

* * *

Silvia nutzte die Zeit im Flugzeug für die Vorbereitung der Bildunterschriften. Julien las deutsche Zeitungen, da keine französischsprachigen zu erhalten waren. In großen Lettern wurde über den Eichmann-Prozess berichtet. Es war erstaunlich, wie viel Echo seine Entführung und der Prozess in Israel fanden. Konnte man so etwas auch bei Friedrich Stein oder Mario Vico erreichen? Julien glaubte nicht daran, riss aber den Ausschnitt aus der Zeitung.

Bloße Verdächtigungen führen zu keinem Prozess. Dann las er noch einmal die Überschrift. „Ist Eichmann ein Massenmörder?".

Mit dieser Frage wurde Eichmann vorverurteilt, ohne dass irgendein Beweis auf dem Tisch lag oder ein Richter sein Urteil gesprochen hatte. Silvia hatte eine Idee.

Zu Hause angekommen, machte sie sich sofort an die Arbeit. Sie entwickelte die Filme, wählte die geeigneten Motive aus und vergrößerte Bilder, bis sie die gewünschte Form hatten. Julien rief bei einer Agentur für Stadtpläne an und besorgte einen Plan von Rom. Der Rest war Fleißarbeit. Sie brauchten nur eine Woche, bis das Ergebnis beim Verlag auf dem Tisch lag. Es war eine besondere Reisebroschüre.

„Rom für Entdecker" stand auf dem Cover. Silvia hatte sich selbst übertroffen. Die Seiten waren jeweils mit zwei ganzseitigen Fotos ausgefüllt. Links sah man Bilder, die das Leben auf der Straße, Restaurants oder in Hauseingängen zeigten. Die rechte Seite füllten die bekannten Sehenswürdigkeiten aus. Die Bildunterschriften auf der linken Seite waren liebenswürdig und witzig. Überall hörte man Angelo heraus.

Rechts standen eher sachliche Texte. In der Broschüre war ein Stadtplan eingefügt, auf denen die Standorte markiert waren. Sie waren mit einer roten oder einer blauen Linie verbunden. In der Legende wurden sie mit „Rom für Romantiker" und „Rom für Angeber" bezeichnet.

Die letzten vier Seiten waren Pfeile gegen Mario Vico. Auf einer Doppelseite sah man links Kinder, die mit einem Ball spielen. Rechts sprach das prunkvolle Gebäude von Mario Vico für sich. Es war ein lebensfremder Steinklotz, vor dem sich kein Mensch aufhielt.

Die nächsten Seiten zeigten links eine hübsche Römerin, die, an eine Vespa gelehnt, frech mit gespreizten Fingern grüßte. Im Hintergrund sah man das Restaurant von Angelos Tante mit vielen Menschen, die augenscheinlich Spaß hatten.

Rechts waren Ausschnitte der Grabmale von Adrian VI. und Willem van Enckenvoirt wiedergegeben. Silvia hatte die Seiten so gestaltet, dass für jeden eindeutig erkennbar war, dass sie zusammengehören. Die gespreizten Finger des Gottvaters befanden sich auf der gleichen Höhe wie die Finger der Italienerin. Dadurch entstand eine besondere Komik.

In den Erläuterungen stand links, dass man in dem Restaurant die besten Sardellen Roms essen kann. Bei den Bildern aus der Kirche Santa Maria dell'Anima hatten sie im kurzen Text geschrieben, dass das Grabmal van Enckenvoirt sich ursprünglich gegenüber dem von Adrian VI. befand, es aber auf Veranlassung des Vatikans in der Kirche verschoben wurde. Darunter stand das Zitat Adrians: „Wir alle, Prälaten und Geistliche, sind vom Weg abgekommen."

Die Broschüre war unkonventionell, unterhaltsam und praktisch für die Besucher Roms. Die Druckmaschinen rotierten. Als Einstieg wurden jeweils 500 Exemplare in Französisch, Englisch, Italienisch und Deutsch gedruckt. Einige Ansichtsexemplare schickte Julien an das Tourismusamt von Rom. Schnell gab es Nachbestellungen.

Angelo bedankte sich für die kostenlose Werbung. Das Restaurant konnte sich vor Besuchern kaum noch retten. Außerdem berichtete er, dass die Routen von den Besuchern Roms angenommen wurden. Das führte dazu, dass es mit der Ruhe am Haus von Mario Vico vorbei war. Auf der gegenüberliegenden Seite stand jetzt ein mobiler Eisstand. Sein Ärger war kein Ersatz für ein Gerichtsverfahren, doch gab es ihnen ein Gefühl von Genugtuung. Die Einnahmen aus dem Bildband reichten für ihre Reise nach Argentinien. Vorher wollten sie aber nach Berlin.

Berliner Luft

Es war der 2. Juni 1962. Seitdem im August 1961 in Berlin die Mauer gebaut wurde, empfahlen die Reisebüros, mit dem Flugzeug zu reisen. Julien und Silvia nahmen eine amerikanische Maschine. Eigentlich wollten sie schon früher fliegen, doch Silvias Schwangerschaft machte Probleme.

Im Flugzeug lagen Zeitungen, die über die Hinrichtung von Adolf Eichmann berichteten. Julien dachte an Aaron, der fast seine ganze Familie verloren hatte. Vielleicht gab es doch eine höhere Gerechtigkeit. Wo blieben aber die Gerichtsverfahren gegen die vielen anderen Eichmänner?

Als der Flieger über Berlin kreiste, sahen sie Ruinen, zwischen denen kleine, zaghafte Inseln mit Neubauten hervorragten, wie Frühlingsblüher nach einem langen Winter. Ein Taxi brachte sie zu einem winzigen Hotel in Reinickendorf, das zufällig stehen geblieben war, als die ganze Straße in einer Nacht zu Staub zerfiel. Das Personal bestand aus einer alten Dame, die scheinbar 24 Stunden am Tag am Empfang saß. Nur selten kam eine junge Frau, die ihr bei der Reinigung der Zimmer half. Sie hatten sich für den französischen Sektor entschieden, da sie auf die Unterstützung von Frankreichs Vertretung in Berlin hofften. Schnell stellten sie fest, dass sich die militärische Administration für sie nicht interessierte. Man schickte sie zum Rathaus. Dort waren die Mitarbeiter aber mit Routinedingen überlastet. Ins Hotelzimmer zurückgekehrt, fragte Julien die Frau am Empfang: „Haben Sie eine Idee, wie ich die Adresse einer Person ermitteln kann?"

Sie schien nicht überrascht zu sein.

„Wissen Sie, wie oft ich diese Frage seit dem Krieg gehört habe? Früher bin ich selbst losgelaufen. Doch die Beine wollen nicht mehr. In einer halben Stunde kommt meine Nichte. Sie kann Ihnen bestimmt helfen. Umsonst ist es aber nicht. Ihre zwei Kinder leben nicht von Luft und Liebe."

Judith wusste tatsächlich Bescheid. „Falls der Mann schon vor dem Krieg in der Stadt gewohnt hat, sehen wir erst im alten Telefonbuch nach oder wälzen die Adressbücher. Erst dann prüfen wir aktuelle Adressverzeichnisse. Heimkehrer versuchen möglichst, in die eigene Wohnung zu ziehen. Falls sie zerstört ist, bemühen sie sich, im gleichen Stadtteil eine Unterkunft zu finden, da sie hier ein bekanntes Umfeld haben. Manchmal lohnt es sich, ehemalige Nachbarn zu fragen. Wenn das nicht hilft, können wir die Rathäuser abklappern und die Suchlisten vom Roten Kreuz bemühen.

Sollte der Mann im Osten wohnen oder gewohnt haben, haben Sie ein Problem. Sie können zwar eine Genehmigung beantragen, das dauert aber ewig. Vor dem Mauerbau bin ich selbst in die Rathäuser im Osten gegangen. Als Franzosen könnten Sie es versuchen. Ich glaube aber nicht, dass Sie bevorzugt werden. Trotzdem brauchen Sie einige Angaben, um die Suche einzugrenzen. Es wäre gut, seine alte Arbeit zu kennen."

Julien überlegte. „Ganz genau weiß ich das nicht. Sein Vater war schon vor dem Ersten Weltkrieg ein hoher Beamter. Der Gesuchte hat Geschichte studiert. Vater und Sohn heißen Friedrich Stein."

„Dann können wir schon mal die Arbeiterbezirke aussortieren", meinte Judith.

„Amtliches Fernsprechbuch für den Bezirk der Reichspostdirektion Berlin 1941", stand auf dem roten, abgegriffenen Buch.

„Diplomingenieur Karl Friedrich Stein, Oberstudienrat a.D. Friedrich Stein und Dr. Friedrich Ludwig Stein", las sie vor.

Julien war sich sicher: „Sein Vater war weder Ingenieur noch Lehrer."

„Ich überprüfe die Adressen im aktuellen Telefonbuch. Augenblick." Sie blätterte im Buch.

„Hier haben wir sie. Der Diplomingenieur ist nicht mehr vorhanden und auch der Oberstudienrat fehlt. Dr. Friedrich Ludwig Stein könnte es sein. Das Haus steht in Grunewald. Das ist eine sehr feine

Gegend. Dorthin kommen Sie am besten mit einem Taxi. Sie können auch mit der S-Bahn fahren und den Rest laufen."

Sie entschlossen sich, die S-Bahn zu nehmen.

Im Hotel hatten sie sich eine Strategie für das Gespräch überlegt. Stein müsste über siebzig Jahre alt sein. Sie wollten ihn nicht mit Vorwürfen konfrontieren, sondern befragen.

Bewaffnet mit einem Stadtplan, stiegen sie am S-Bahnhof Grunewald aus. Die Gegend sah vornehm aus. Villen mit großen Gärten und hohen Zäunen grenzten sich von einzelnen Grundstücken ab, die nach dem Krieg neu gebaut wurden.

„Dort ist die Nummer 35", sagte Silvia. „Nobel, nobel. Das Haus könnte mir auch gefallen."

Als sie näher herankamen, stellten sie fest, dass vom alten Glanz nur noch wenig übrig war. Das Tor stand offen und schien schon seit ewigen Zeiten in dieser Stellung zu verharren. Rost hatte die schmiedeeisernen Verzierungen schmutzig-braun gefärbt. Birken überwucherten den Park, der seit Jahren keine Sense gesehen hatte. Am Eingang gab es zwar ein großes Messingschild mit einer Klingel, doch befand sich darunter ein primitives Brett mit Klingelschildern.

Die Haustür stand offen. Im Eingangsbereich waren Holzwände eingezogen, die zwei zu einem Podest führenden Treppen abgrenzten. Ein Flur führte in den hinteren Bereich des Hauses und zum Garten. An einer Tür, die seitlich abging, befand sich ein handgeschriebenes Schild.

„Eleonore Stein - Bitte die Glocke betätigen!"

Eine Kordel mit einem kunstvoll gestalteten Griff hing daneben. Julien zog an der Leine. Wie von fern hörten sie einen melodiösen Klang. Leise Schritte näherten sich der Tür. Sie wurde einen Spalt geöffnet.

„Zu wem möchten sie?", fragte eine alte Frau.

„Könnten wir bitte Friedrich Stein sprechen? Wir wollen Grüße von meinem Vater bestellen", sagte Julien.

„Oh. Mein Mann ist schon vor Jahren verstorben. Aber vielleicht kommen Sie trotzdem auf einen Kaffee herein."

Silvia tat die Frau leid, der man Trauer und Entbehrung ansah. Ihr Mann konnte nicht der Gesuchte sein. Er wäre zu alt.

Die Wohnung war ein großes Zimmer, das sie als Schlaf- und Wohnraum nutzte.

„Ich habe Sie gar nicht nach Ihrem Namen gefragt."

„Mein Name ist Julien Gaspard. Mein Vater heißt François Gaspard."

„Der Name sagt mir nichts. Nehmen Sie trotzdem Platz. Ich mache schnell Kaffee. Wissen sie, ich bekomme nur selten Besuch. Deshalb sitze ich bei schönem Wetter draußen auf der Bank und sehe den Kindern beim Spielen zu."

Julien und Silvia sahen sich um. Nach und nach begriffen sie. Das konnte nicht ihr Verfolger sein, denn überall hingen und standen Gegenstände, auf denen Symbole der Freimaurer prangten.

Frau Stein sah ihren überraschten Blick.

„Ja. Mein Mann war ein Leben lang Freimaurer. Er hat sogar Orden bekommen. Und hier ist ein Bild mit den Brüdern seiner Loge."

Julien erkannte unschwer die Ähnlichkeit. Die Bekleidung zeigte aber, dass das Foto zur Jahrhundertwende gemacht wurde.

„Entschuldigen Sie die Frage. Haben Sie einen Sohn, der auch Friedrich Stein heißt?"
Die Frau setzte sich hin.

„Wollten Sie ihn sprechen? Das tut mir leid."

„Es muss Ihnen nichts leidtun."

„War ihr Vater ein Freund von ihm?"

„Ich möchte ehrlich sein. Er war eher sein Opfer als sein Freund. Er hatte ihn in Leuven kennengelernt."

Sie sagte: „Fritz ist unser einziges Kind und war unser Unglück. Ich zeige Ihnen ein paar Bilder."

Aus dem Vertigo holte die alte Frau Fotoalben heraus.

„Nach einer Fehlgeburt hatte man mir gesagt, dass ich keine Kinder mehr bekommen kann. Als er auf die Welt kam, haben wir ihn abgöttisch geliebt und ihm alles ermöglicht. Das war vielleicht unser Fehler. Er musste nie teilen. Das Lernen fiel ihm leicht. Seine hervorragenden Leistungen konnten aber die massiven Probleme mit seiner Disziplin nicht ausgleichen. Zeitweilig überlegten wir, ihn in ein Internat zu geben. Ich konnte mich dazu nicht durchringen. Mehrfach wechselte er die Schule und schaffte im zweiten Anlauf das Abitur. Aber welche Universität will einen Studenten haben, der nachlässig ist und mit Disziplinlosigkeit auffällt? Wir entschlossen uns zu einem Studium außerhalb von Deutschland. Mein Mann war streng, aber gerecht. Er hatte die Hoffnung, dass sich für Fritz eine Tür öffnet, wenn er bei den Freimaurern aufgenommen wird.

Durch seinen Einfluss wurde Fritz von der Loge akzeptiert und nahm an den Sitzungen teil. Gleichzeitig merkten wir, dass sich das Verhältnis zu seinem Vater weiter abkühlte. Ich glaube, dass er meinen Mann damals schon hasste. Das Studium in Leuven vernachlässigte er immer mehr. In der Not kündigten wir an, sämtliche Unterhaltszahlungen einzustellen. Kurz vor dem Ersten Weltkrieg kam es zu einer großen Auseinandersetzung. Das war genau in diesem Raum. Mein Mann hielt ihm vor, ein Parasit zu sein, der sich auf Kosten anderer ernährt. Daraufhin antwortete unser Sohn, dass sich sein Vater von seinem jämmerlichen Stand bei den Freimaurern nie erheben würde. Er sei zu primitiv und verharre in der Vergangenheit. Ich wollte sie beruhigen, doch es war zwecklos. Als Fritz das Haus verließ, rief er, dass sein Vater einmal auf Knien um Gnade winseln würde."

Silvia sah die Frau erschrocken an. „Das ist ja schrecklich."

„Wir bedauerten die Zuspitzung der Lage. Mein Mann wollte ihm verzeihen. Doch Fritz war verschwunden. Briefe an die Adresse in Leuven kamen zurück. Wir hofften, dass er sich beruhigt und spätestens auftaucht, wenn sein Geld aufgebraucht ist. Aber er kam nicht. Im Krieg hörten wir von einem Bekannten, dass Fritz ein Adjutant sei und in Frankreich für den Kaiser kämpfe.

Mein Mann hoffte, dass er sich im Krieg die Hörner abstößt. Doch auch nach dem Krieg kam Fritz nicht nach Hause. Wir hörten, dass er Mitglied der Deutschnationalen Volkspartei sei. Dann war von einem Verein zu hören, der sich um nationale Geschichte kümmert. Wir nahmen an, dass er jetzt Freude an seinem Studienfach gefunden hat. Doch es war ein großer Irrtum.

1933 änderte alles. Gesetze und Verordnungen sorgten dafür, dass mein Mann als Freimaurer erst die Arbeit und dann seine Pension verlor. 1937 kam die Gestapo ins Haus und verhaftete ihn. Drei Monate lang wusste ich nicht, wo er war. Als er zurückkam, war er ein gebrochener Mann. Er sprach wochenlang nicht und hatte leere Augen. Ich hatte große Angst, dass er sich das Leben nimmt.

Erst als ein ehemaliger Bruder aus seiner Loge kam, der Psychiater war, und mit ihm sprach, verbesserte sich sein Zustand etwas.

‚Fritz hat mein ganzes Leben zerstört.' Das waren die ersten Worte, die er zu mir sprach. Der Arzt meinte, dass er ähnliche Schicksale kenne. Gerade die Starken würden daran zerbrechen. Mein Mann sei wie ein Felsen, der Wind und Wetter trotzte, aber von einem Meißel gebrochen wird. Ich habe den Arzt nie wiedergesehen. Man erzählte mir, dass er abgeholt wurde."

Julien stand auf und ging zu einer Kommode, auf dem ein Baby-Foto aufgestellt war. Das Kind lag auf dem Bauch und lächelte. Im Hintergrund sah man den Stuhl mit dem Freimaurersymbol, auf dem er gerade gesessen hatte.

„So etwas kann man nicht voraussehen. Darf ich fragen, ob sich ihr Mann mit der Zeit erholt hat?"

„Nun, er wurde etwas ausgeglichener. Den ganzen Tag hielt er sich im Garten auf und redete mit seinen Blumen. Mit mir hat er über die Zeit in der Haft nie geredet. Als der Krieg zu Ende war, konnten wir überleben, weil er im Garten Gemüse angebaut hatte und einige Apfelbäume genügend Früchte trugen.

Fritz ist nie bei uns aufgetaucht. Ich würde ihn auch nicht in die Wohnung lassen. Wissen sie, ich habe so viele Menschen aufnehmen können, die in Not waren. Manche Kinder nennen mich Oma. Darüber freue ich mich."

Julien spürte, dass die Frau trotzdem erwartete, dass er über ihren Sohn sprach. Er konnte es nicht über das Herz bringen, die ganze Geschichte zu erzählen. So beließ er es lediglich dabei, sachlich festzustellen, dass er lange Zeit in Argentinien gelebt hat. Um der Geschichte noch etwas Positives abzugewinnen, sagte er, dass ihr Fritz verheiratet sei und einen Sohn habe.

„Ich bin also Oma. Das erfahre ich mit über 90 Jahren. Haben Sie ihn kennengelernt?"

„Nein, ich habe es über Dritte erfahren."

„Vielleicht ist der Sohn anders als sein Vater. Kinder können nichts für ihre Eltern."

Als sie das sagte, lächelte sie. Vermutlich stellte sie sich vor, wie ihr Enkelkind aussehen würde, denn sie nahm das Baby-Foto in die Hand.

Julien merkte, dass Silvia es nicht mehr aushielt.

„Ich denke, wir müssen uns auf den Weg machen. Wir haben heute noch einen Termin."

„Sie haben mir eine große Freude gemacht. Vielleicht gibt es doch eine Möglichkeit zu verzeihen. Bestellen Sie Ihrem Vater einen lieben Gruß und sagen Sie ihm, dass er stolz auf seinen Sohn sein kann. Ich wünsche Ihnen und Ihrem ungeborenen Kind alles Glück dieser

Erde. - Junge Frau. Ich habe noch eine große Bitte. Darf ich über ihren Bauch streichen?"

Silvia war gerührt. Sie öffnete ihre Jacke. Frau Stein strich sanft über ihren Bauch. Sie bekam weiche Züge. Dann ging sie zu ihrer Anrichte und holte einen Gegenstand heraus.

„Ich weiß nicht, was Fritz angestellt hat. Manches ist unentschuldbar. Vielleicht bekommen Sie einen Jungen, der gern mit Autos spielt." Sie reichte Silvia eine kleine Schachtel. Sie enthielt ein Spielzeugauto.

Gerührt sagte Silvia: „Vielen Dank."

Als Julian die Schachtel betrachtete, sah er auf der Rückseite einen Aufdruck: „Grüße von der Wewelsburg." An irgendetwas erinnerte ihn die Aufschrift. Trotz aller Mühen fiel es ihm nicht ein. Der Besuch war völlig anders ausgegangen als erwartet. Der Flieger nach Paris ging um 15 Uhr.

Adrians Bilder

Die Ergebnisse ihrer Recherchen waren mager. Julien hatte eine Reproduktion des Kupferstichs von Jan Wandelaar gefunden, doch erschloss sich ihnen der Sinn nicht. Er zeigte den Papst auf dem Thron. Seine Hände ruhten auf den Schultern des Kaisers und Willem van Enckenvoirt, der sich vor ihm verneigte.

Jan Wandelaar, Adrian VI mit Kaiser Karl und Willem van Enckenvoirt, Titelkupfer zu Burrmanns Analecta, aus Else Hocks, „Der letzte deutsche Papst", 1939

Auf dem Boden lagen eine Schriftrolle und zwei Bücher. Diesen Kupferstich hatte Annemarie allerdings nicht beschrieben. Bemerkenswert war eine Frau mit einem Römerhelm und einer Schriftrolle, die Kugel nach rechts, aber nicht zum Papst hielt. Normalerweise bedeutete die Kugel allumfassende Macht, doch was sollte das im Kontext der Römerin und deren Dokument bedeuten? Die Figur füllte die gesamte linke Ecke aus und blickte nicht auf Adrian.

Sie mussten möglichst auch noch die anderen Bilder finden. Über die Bibliothek bekamen sie einen Kontakt zum Rijksmuseum in Amsterdam. Das Museum informierte über einen Kupferstich von Matthäus Greuter aus dem Jahr 1630 mit der Darstellung des Grabmals. Ein Mitarbeiter versprach, eine Kopie zu schicken. Nach drei Wochen kam ein Brief mit drei Fotos. Zwei waren von Matthäus Greuter. Ein weiteres zeigte ihnen noch eine weitere Variante von Nicolaus van Aelst aus dem Jahr 1591. Dieses Abbild des Grabmals schien also das Älteste zu sein.

Julien vergrößerte die drei Bilder der Kupferstiche und das aktuelle Foto vom Grabmal. Jetzt war es leicht, Gemeinsamkeiten und Unterschiede festzustellen. Übereinstimmungen gab es im Zentrum des Grabmals. Unter einem Bogen sah man Maria mit dem Kind, die von Petrus und Paulus eingerahmt wurden. Sie schwebten auf Wolken. Über ihnen flogen zwei Genien, die Tiara und Palmzweig sowie Schlüssel und Lorbeerzweig hielten.

Darunter befand sich die Skulptur des liegenden Papstes, der sich mit der linken Hand abstützte. Auf dem Portal stand sein Name. Das päpstliche Wappen war auf allen Grafiken seitenverkehrt dargestellt. Eigentlich hätten auf dem Schild oben links drei Wolfsangeln und rechts ein Löwe, unten hätte ein Löwe und rechts drei Wolfsangeln sein müssen. Auf einem Kupferstich war eine Plakette zu sehen, die das Wappen Adrians korrekt zeigte.

Kupferstich Nicolaus van Aelst aus dem Jahr 1591 https://www.britishmuseum.org/collection/object/P_1950-0211-134

Kupferstich 1 von Matthäus Greuter aus dem Jahr 1630 – © W.A. Strauch

Kupferstich 2 von Matthäus Greuter aus dem Jahr 1630 – © W.A. Strauch

Tomb of Adrian VI. (After Michelagnolo da Siena. Rome: S. Maria dell'Anima), Anderson 1913

Neben dem Portal hielten Putten Lebensfackeln nach unten. Das bedeutet Tod. Ein Flachrelief zeigte den Einzug des Papstes in Rom: Adrian reitet auf einem Pferd in Richtung des Porta Pauli. Er hält seine Hand zur Segnungsgeste. Vor ihm kniet ein Mann, der den Senat von Rom darstellen soll. Eine Frau mit Römerhelm hält ihre Arme verschränkt und verbeugt sich leicht. Eine weitere Frau steht etwas vor ihr. Sie hält ein Kind und blickt in Richtung des Papstes.

Deutliche Abweichungen gab es bei Skulpturen, die beidseitig aufgestellt waren. Sie sollen die Tugenden des Papstes symbolisieren. Auf der linken Seite Mäßigkeit und Tapferkeit, auf der rechten Weisheit und Gerechtigkeit.

Ursprünglich befanden sich in der darüber liegenden Etage zwei Skulpturen für den Glauben und die Hoffnung. Sie fehlten, einschließlich der Bögen, unter denen sie standen. Der Giebelbereich war völlig verändert. Die Skulptur für die Liebe, in Form einer schwangeren Frau mit einem Kind, die eine Taube mit gespreizten Fingern in der Hand hielt, war mit einer plumpen, weiblichen Figur mit Kreuz ersetzt worden.

Es handelte sich aber auf keinen Fall um die Skulptur des Glaubens, die ursprünglich in der darunter liegenden Etage stand. Denn diese zeigte mit ihrem rechten Zeigefinger auf die Plastik für die Liebe. Auch bei den Kupferstichen gab es Widersprüche. So schaute die Hoffnung bei Ambrosio Brambilla nach innen. Bei Matthäus Greuter sah sie nach außen. Dieser Stich war wesentlich detaillierter ausgearbeitet.

Wie von Annemarie beschrieben, fehlten die brennenden Lebensfackeln. Zu den ursprünglich drei Skulpturen auf dem Giebel hatte der Pfarrer bei der Führung nur gesagt, dass sie existiert hatten, obwohl sie das Kunstwerk maßgeblich prägten. Die Umgestaltungen veränderten die Aussage des Grabmals massiv. Dadurch wurde der Glauben an die Stelle der Liebe auf die Spitze des Giebels gestellt. Sie stützte sich auf ein großes Kreuz, das mit Arm und Hand gehalten wurde. Die linke Hand war nach unten gerichtet und es schien, dass sie ihr Gewand nach vorn zog, weil das stämmige rechte Bein entblößt war. Die linke Brust war nackt. Im Gegensatz dazu reichte ihr Gewand bis über den Kopf. Anders als auf den Kupferstichen passte die Figur auf dem Foto nicht zu den anderen Frauendarstellungen. Sie hatte nichts Liebreizendes an sich und ihr Blick war starr nach vorn gerichtet. Sie hatte etwas Brutales an sich.

Julien verglich intensiv die beiden Darstellungen mit der Lupe. „Das ist ein Sakrileg. Das ist so, als würde man auf einer Kirchturmspitze, das Kreuz entfernen und mit der Mondsichel des Islam ersetzen. So etwas ist unverzeihbar. Das sind entgegengesetzte Aussagen. Eine Schwangere mit Kind mit diesem Monstrum zu ersetzen, ist mehr als geschmacklos. Es handelt sich um den Teil eines Grabmals. Heute würde man die Täter als Grabschänder wegen Verletzung der Totenruhe verurteilen. Das hat nichts mit Kunstgeschmack zu tun."

Silvia sah sich die Bilder an. „Die heutige Form ist ein Bekenntnis der katholischen Kirche gegen Frauen. Eine schwangere Frau mit Kind wäre ein Bekenntnis für Frauen und für das Leben."

Auf den Kupferstichen waren zusätzliche Plaketten dargestellt, die vermutlich nie vorhanden gewesen waren, da der gleiche Künstler sie in Form und Inhalt unterschiedlich gezeichnet hatte. Vermutlich dienten sie nur der Erläuterung des Grabmals.

Links war Adrian im Profil abgebildet. Die rechte Plakette neben der Liebe zeigte die Papstkrone mit Schlüsseln, über der eine Taube vor einer Sonne aufstieg. Darüber stand in lateinischen Worten „Geister der Weisheit". In der unteren Hälfte standen zwei Bischofsmützen auf einem großen, geschlossenen Buch. Die Bücher rechts und links waren geöffnet. Eins trug ein großes X.

Auffällig waren die Plaketten mit konischen Mauern, vor denen Gerüste standen. Ungeordnet lagen davor Steine. Sie waren auf den Grafiken abweichend platziert und sahen teilweise wie Bücher aus. Die lateinische Überschrift lautete übersetzt: „Am Ende des Kapitels".

Das könnte auf eine nicht vollendete Aufgabe Adrians verweisen. Tatsächlich wirkte die Mauer wie ein Teil eines Bauwerkes. Die Neigung erinnerte an eine Pyramide, wie es Annemarie angedeutet hatte. Doch Verbindungen zu den Freimaurern schienen weit hergeholt, da die ersten Logen erst fast zweihundert Jahre später in Schottland gegründet wurden. Silvia sah ratlos auf die Darstellungen. Die Abweichungen waren so massiv, dass ein Zufall auszuschließen war. Sie zeichnete die Symbole von Annemarie auf. Dann malte sie eine Plakette mit Papstkrone, radierte alles unterhalb der Taube weg und ergänzte den Teil der Sonne, der fehlte.

„Ich kenne das Bild. François hatte mir einen Kupferstich ‚Allegorie des christlichen Glaubens' gezeigt."

Julien fand sie im Buch „De christelyke Godgeleertheid" von Bénédict Pictet.

„Jan Wandelaar hat es 1728 gestochen. Das ist der gleiche Künstler, der den Papst mit einem Ring dargestellt hatte. Alain Moulinier hatte den Kupferstich im Zusammenhang mit den Briefmarken gezeigt. Damit begründete er die Verbindung zwischen Adrian und den Freimaurern. Ich bin unsicher, ob die Geschichte, die er uns erzählt hat, der Wahrheit entspricht."

Silvia sah sich das Bild an. „Vielleicht finden wir Anhaltspunkte dafür oder dagegen. Das Bild ist voller Symbole. Es soll die weibliche Personifikation des christlichen Glaubens darstellen."

Silvia zeigte auf die Taube vor einer Sonne. Sie befand sich über dem Kopf eines Engels, der Bücher der Bibel und einen Federkiel hielt. Das Zentrum bildete aber die weibliche Personifikation des Guten. Gezeigt wird sie als nackte Frau, über deren Kopf eine Sonne mit Gesicht scheint. Die linke Hand ist geöffnet und weist zum Engel. Die rechte Hand wehrt eine alte, böse Frau ab, aus deren Mund, Rauch strömt. Unter ihrem Arm hält sie Schriften von frühchristlichen Gelehrten wie Arius, Cerinthus, Ebion und Simon Magus. Schlangen kriechen aus den Seiten und fallen zu Boden.

Jan Wandalaar, *Allegorie des christlichen Glaubens*, © Sammlung W. A. Strauch

Links neben der Hauptfigur sitzt eine Gelehrte, die auf einem großen Blatt Papier mit der Überschrift ‚Reformation' mit einem Federkiel schreibt. Zu ihren Füßen spielen zwei Kinder unbekümmert mit Schriftrollen, die die Aufschriften „Councilie van Jerusalem", „Concilie van Niceen", „Chrysas v. Tomus", „Athanasius" und „Hyronimus" tragen. Julien zeigte auf ein Kind im Vordergrund, das eine Schriftrolle betrachtet.

„Scheinbar wurde in dieser Schrift die Schöpfung, Moses, die Propheten, der Geburtsstern Christi, die Apostel, alte Päpste, das Purpurblut der Könige von der Geburt Christi bis 1700 angezweifelt. Jesus wird als starres Bild gezeigt. Er hat eine Dornenkrone auf, ist aber körperlich unversehrt. Im linken Arm hält er ein Kreuz. Mit dem Fuß zertritt er eine Schlange. Sein Finger zeigt auf die Frau im Vordergrund."

„Ich habe gelesen, dass der calvinistische Künstler Bénédict Pictet aus Genf, der die Vorlage für den Kupferstich von Adrian VI. mit Ring angefertigt haben soll, Verfasser von Büchern war, in denen er die Ansicht vertrat, dass Christus aus Geist, Wasser und Blut geboren wurde. Könnten das Hinweise, auf frühe Formen des Christentums sein?", fragte Julien.

Silvia sah sich das Bild intensiv an. „Julien, wenn man sich Jesus wegdenkt, enthält die Darstellung nur noch Figuren, die der griechischen Mythologie zugeordnet werden können. Jesus wird als passives Abbild ohne Bezug zu der Handlung dargestellt. Die Aktion geht von der Frau aus, über der die Sonne thront. Sie ist diejenige, die handelt. Die Strahlen kommen nicht aus ihr heraus, wie es bei Heiligen üblich ist. Die Sonne bestrahlt sie."

Julien nutzte eine große Lupe, um jedes Detail genau zu erkennen.

„Das hat nichts mit der heutigen christlichen Lehre zu tun. Mir fällt nur eine ein, die gemeint sein kann. - Maria Magdalena."

Silvia sah ihn skeptisch an. „Aber warum hat Wandelaar sie in ein griechisches Umfeld gestellt? Sie wird nicht als Apostelin dargestellt. Ich würde sie als eine selbstbewusste Frau bezeichnen, die das Böse abwehrt. Sie steht im Zentrum. Jesus ist nur ein Statist.

Die beiden Kinder im Vordergrund haben auch nichts mit den üblichen Putten im kirchlichen Umfeld zu tun. Sie haben keine Engelsflügel. Es sind Kinder, die lesen!"

Julien stimmte ihr zu. „Und die Frau ist ihre Mutter, die sie vom Bösen beschützt! Das ist mehr als Mythologie. Ich habe noch mehr Bilder von Jan Wandelaar. Mal sehen, ob wir ähnliche Hinweise auch dort finden."

Julien blätterte in einem Bildband. „Er hat einen Kupferstich für das Buch Hortus Cliffortianus für den Botaniker Carl von Linné gefertigt. Es sollte eine Allegorie über die Bedeutung des Forschers für die Botanik darstellen. Auf ihm gibt es keinen einzigen Hinweis auf das Christentum. Auch hier ist alles voll griechischer Mythologie. Im Zentrum sitzt wieder eine Frau. Es ist die Göttin Kybele, die große Göttermutter. Der Kult spielte zu Lebzeiten von Jesus eine Rolle. Sogar unter dem Petersdom hat man Altäre des Kybelekultes gefunden."

Silvia wurde ganz aufgeregt. „Sie mal hier! Die Kybele hält Schlüssel in der Hand. Wäre es ein Mann und würde irgendwo ein Kreuz stehen, hätte ich auf Petrus getippt. Aber eine Frau als Schlüsselgewaltige? Schon wieder ist es eine Frau, die im Zentrum steht. Man könnte meinen, dass sie der Schlüssel zu allem ist. Das ist nicht Kybele. Das soll Maria Magdalena sein."

Julien zeigt auf Menschen, die Pflanzen mitgebracht haben. „Die Personen kommen aus verschiedenen Erdteilen und haben von dort Pflanzen mitgebracht. Nicht die Spanier oder Portugiesen bringen die fremden Gewächse. Das bedeutet, dass alle Menschen gleich sind. Mir fällt noch etwas ein. Ich muss noch einmal auf das andere Bild sehen."

Er legte das Bild über die weibliche Personifikation des christlichen Glaubens neben das Bild.

„Sieh mal! Jesus ist unversehrt und wird mit nacktem Oberkörper gezeigt. Auch die Frau wird mit nacktem Oberkörper gezeigt. Ihre Brüste werden nicht übermäßig groß dargestellt. Stell dir vor, man würde die Köpfe von Jesus und die der Frau austauschen. Dann ..."

Silvia sah es auch. „Es geht hier auch um Gleichheit! Das erinnert mich an Zaragoza und die Dreiecke aus Bauchnabel und den Brüsten. Das ist kein Zufall. Der Künstler wusste, was er tat."

Julien legte wieder das andere Bild obenauf.

„Und hier ist der entscheidende Hinweis über die Verbindung zu den Freimaurern. Im Vordergrund sieht man einen Zirkel, der eine Fläche vermessen soll und ein Thermometer. Es geht darum, dass die Welt vermessen werden kann. Die Welt ist erkennbar. Wenn ich das alles zu Ende denke, bedeutet das: Der Künstler hatte mit den Freimaurern zu tun und die Freimaurer etwas mit Maria Magdalena."

Trotz der vielen Symbole und Hinweise aus Büchern war alles wie ein Puzzle, manches passte zusammen. Kaum glaubten sie, eine Verbindung zu erkennen, tauchte eine Flut neuer Fragen auf, die unbeantwortet blieben. Andererseits schienen sie in Informationen zu ersticken.

Silvias Schwangerschaft war etwas problematisch. Julien machte sich Sorgen, da sie zu wenig schlief. Sie las, sah sich Bilder an und fertigte Notizen. Pausen sparte sie sich ein. Irgendwann wurde Julien mitten in der Nacht wach und stellte fest, dass sie im Wohnzimmer am Tisch über einem Buch liegend eingeschlafen war. So konnte es nicht weitergehen. Er trug sie ins Bett.

J. Wandelaar, Frontispiz zu Carl Linnaeus, *Hortus Cliffortianus* (Amsterdam, 1738)

Sie schlief bis Mittag. Der Körper hatte sich geholt, was er brauchte.

„Das geht so nicht weiter", sagte Julien zu seiner Frau. „Der Papst ist schon Hunderte Jahre tot. Er kann warten. Wir fliegen so schnell wie möglich nach Argentinien. Dort legst du dich in die Sonne und lässt dich verwöhnen."

Bei einem Anruf bei seinen Eltern in Buenos Aires erfuhren sie, dass Carlos mit Juliens Eltern eine fürstliche Hochzeit vorbereitete. Silvia küsste Julien und ließ ihn über ihren rundlichen Bauch streicheln. Sie bekamen einen Flug für den kommenden Montag. Das bedeutete, dass sie vier Tage Zeit hatten. Die Koffer waren groß und schwer geraten, denn sie wollten die wichtigsten Unterlagen mitnehmen.

Am Sonnabend klingelte es. Ein Postbote brachte ein Einschreiben von Angelo. Neben einigen Familienfotos und einem persönlichen Brief hatte er eine umfangreiche Dokumentation mit Bildern mitgeschickt. Silvia wollte sie sofort auswerten, doch Julien hielt sie davon ab.

„In Buenos Aires hast du genügend Zeit!"

Er packte den Umschlag mit den anderen Unterlagen in einen Koffer. Silvia strich mit ihrer Hand über ihre Rundungen. Dann sagte sie: „Ich möchte, dass unser Kind in Ruhe aufwachsen kann."

Julien zog sie zu sich heran. „Vielleicht lässt man uns jetzt in Ruhe."

Sie stiegen die Gangway hinauf. Unbeachtet von ihnen hob ein Transportarbeiter eine Kiste mit Post in die Maschine. Obenauf lag ein dicker Brief, der an Carlos gerichtet war.

Carlos Tod

Mit vier Stunden Verspätung trafen sie in Buenos Aires ein. Ihre Maschine hatte wegen technischer Probleme in Rio de Janeiro zwischenlanden müssen. Erschöpft und übermüdet stiegen sie die Stufen der Gangway herab. Ein Bus brachte sie zum Abfertigungsgebäude des Flughafens.

Juliens Eltern warteten schon. Carlos hatte ihnen seine große Limousine mit Kraftfahrer geschickt. Er selbst war nicht mitgekommen, da er wegen Herzproblemen das Bett hüten musste.

Sie fuhren zum Haus. Anschließend besuchten sie Carlos, der sie herzlich begrüßte und seine gesundheitlichen Probleme zu überspielen versuchte. Doch dunkle Schatten unter seinen Augen und die graue Gesichtsfarbe verrieten, dass er schwer krank war. Der Arzt hatte sie gebeten, den Besuch kurzzuhalten.

Silvia hatte sich auf die Bettkante gesetzt und streichelte seine Hand. Carlos lächelte sanft.

„Tut mir leid, dass du mich so siehst. Ich hatte noch so viel vor."

„Sprich nicht so. Du wirst wieder gesund und wirst mit unserem Baby durch den Park spazieren gehen. Es wird bestimmt Opa zu dir sagen."

„Ach, Silvia. Mache mir nicht so viele Hoffnungen. Aber es wärmt mir das Herz. Ich habe mir gewünscht, noch viel Zeit mit dir zu verbringen. Ich wollte nicht sterben, ohne dich noch einmal gesehen zu haben."

Silvia fing an, zu weinen. „Es ist viel zu früh zum Sterben. Der Arzt gibt dir eine Spritze und dann ist alles wieder gut."

„Ich habe mir immer eine Tochter gewünscht. Ich hätte dich früher aus Paris holen müssen. Es waren so viele verschenkte Jahre. Ich habe deine Mutter geliebt und es ihr nie gesagt. Immer war ich zu spät dran. Pass schön auf dein Kleines auf."

Er wandte sich zu Julien: „Ich habe mit Eduardo alles geklärt. Es wird euch an nichts fehlen. Pass gut auf Silvia auf."

Mit einem Lächeln auf den Lippen schloss er die Augen. Es war geschehen.

Juliane nahm Silvia in den Arm.

„Ich glaube, er hat extra so lange ausgehalten, um sich bei dir zu verabschieden."

„Ich hatte mir so gewünscht, dass er mich zum Traualtar führt."

Sie ließ ihren Gefühlen freien Lauf. Die Schwester hatte eine Kerze angezündet. Leise Musik erklang von einem Plattenspieler.

Kurz bevor sie gingen, tauchte ein Jesuitenpriester auf.

* * *

Der Trauerfall überschattete die Tage. Doch es war zu viel zu tun, um sich deswegen völlig gehen zu lassen. Carlos hatte vorsorglich Eduardo Lopez zum Geschäftsführer ernannt, sodass sie in geschäftlicher Hinsicht keine Sorgen hatten. Er hatte die Beisetzung-Formalitäten geklärt und mit dem Anwalt wegen der Testamentseröffnung gesprochen.

Silvia wusste, dass Carlos ihr etwas hinterlassen wollte, da er keine Kinder hatte und seine Familie nur noch aus einem entfernten Neffen bestand, der in Chile lebte. Sie war betroffen, da mit seinem Tod das letzte Stück ihrer Vergangenheit verloren ging.

Julien hatte Mühe, sie aus ihrer Traurigkeit zu holen. Um sie abzulenken, entschloss er sich, mit ihr die Unterlagen von Angelo durchzugehen.

In seinem Brief hatte Angelo geschrieben, dass ihn die Geschichte mit Adrian und die Symbole von Annemarie nicht losgelassen haben. Deshalb hatte er sich an seinen Professor gewandt. Die Zusammenstellung der Symbole auf dem Grabstein könnten aus dessen Sicht vorchristliche und frühchristliche Zeichen sein. Ein Dreieck, dessen Spitze nach unten zeigt, bedeutete bei den Ägyptern Gott. Es wurde aber auch als Zeichen für weibliche Gottheiten oder etwas, was von oben kommt, genutzt.

Kreis und Ring waren der Sonne oder dem Gott Re vorbehalten. Die kammartigen Symbole im Quadrat könnten für Jehova, den Gott der Juden stehen. Wobei die jüdische Thora oder das Alte Testament gemeint sein könnte. Der Professor vermutete, dass die Schrift althebräisch war. Das würde bedeuten, dass die Zeichen vielleicht im elften Jahrhundert vor Christi entstanden sind. Die Taube steht in vielen Religionen in Verbindung mit Göttern. In der Antike war sie aber auch der Liebesgöttin geweiht, in Babylon der Ischtar, im Römischen Reich der Venus und im Hellenismus der Aphrodite, der Göttin der Liebe, der Schönheit und der sinnlichen Begierde.

Das nach unten zeigende Dreieck wurde schon vor allen schriftlichen Aufzeichnungen als Sexualsymbol für die Weiblichkeit in Felswände geritzt. Im Hinduismus und Tantrismus sei es Symbol für die Yoni, das weibliche Genital, des Mutterschoßes und seiner Gebärkraft. Es sei aber auch eine vereinfachte Darstellung des Herzsymbols.

Der Professor habe auf die ägyptische Göttin der Geburt und Mutterschaft Isis verwiesen. Wäre das Dreieck mit der Spitze nach oben, könne man es mit Osiris, dem Gott der Unterwelt und Herrscher über Tod und Wiedergeburt, in Verbindung bringen.

Sein Name setzt sich aus den Hieroglyphen für „Thronsitz" und „Auge" zusammen. Isis wirkt von oben und Osiris von unten. Einen bildlichen Ausdruck sehe man in den Pyramiden. Der verstorbene Pharao steigt nach seinem Tod auf. Deswegen zeigt die Pyramide nach oben. Er will die gleiche Stellung wie die Sonne einnehmen, die mit einem Kreis oder Ring dargestellt wurde.

Den Babyloniern waren 1000 Jahre vor Pythagoras bereits die Gesetzmäßigkeit seiner Formel bekannt. In seiner philosophisch-religiösen Schule ordnete er dem Dreieck göttliche Eigenschaften zu. Es erklärte, dass Frauen den Männern ebenbürtig sind, man Feinde lieben soll und Ungerechtigkeiten zu ertragen sind.

Bei den Christen steht das Dreieck im Kontext der Dreifaltigkeit. Also Gottvater, Sohn und Heiliger Geist. Allerdings taucht das Symbol erst ab dem 16. Jahrhundert auf. Damit passe die Erklärung nicht zu den anderen Symbolen.

Angelo hatte extra ein Foto mitgeschickt, das er in Florenz vom Bild Caravaggios „Abendmahl in Emmaus" gemacht hatte. Der Professor hatte dazu bemerkt, dass das Bild in sich einen Widerspruch darstelle, da Jesus am Tisch mit Heiligenschein sitzt und das Dreieck von ihm entfernt gemalt wurde, nämlich innerhalb eines Lichtscheins und mit einem Auge. Das würde bedeuten, dass Jesus gleichzeitig am Tisch und als Teil des Dreiecks anwesend sei und sich praktisch selbst beobachtete. Wenn das Dreieck mit dem Auge bedeuten soll, dass Gott anwesend sei, stellt sich die Frage, warum er von seinem Vater beobachtet wurde.

Silvia holte die Kupferstiche vom Grabmal und sah sie sich aufmerksam an.

„Die Figuren an den Seiten stellen doch die vier Kardinaltugenden Weisheit, Gerechtigkeit, Tapferkeit und Mäßigung dar. Links und rechts vom Giebel stehen Glaube und Hoffnung. Die Spitze bildet die Liebe. Die Tugenden beziehen sich auf die griechischen Philosophen Platon und Aristoteles, die sie als Weg zur Glückseligkeit sahen. An der Spitze des Grabmals thront die Liebe mit einer Taube in der Hand, der Giebel und die vier Halbsäulen sind eindeutig griechisch geprägt.

Wer sagt denn, dass die Liebe nicht nur als Tugend, sondern auch als Göttin verstanden werden kann, die über allem steht? Das würde eine völlig neue Sicht ermöglichen. Stell dir vor, du stehst vor dem Grabmal und betest. Unwillkürlich schaust du nach oben und siehst die Liebe. Oder auch die griechische Göttin Aphrodite mit einer Taube."

Julien war überrascht. „Wenn man das so sieht, könnte es ein Gleichnis für einen weiblichen Gott sein. Auf jeder christlichen Kirche bildet das Kreuz die Spitze und bei den Minaretten ist es der Halbmond.

Die Anima heißt, mit vollem Namen, Santa Maria dell'Anima'. Sie ist Maria gewidmet und Adrian hat etwas aus der Maria-Magdalena-Kirche von Zaragoza mitgebracht. Ich glaube nicht, dass es ein Zufall war."

Unruhig sah Silvia auf den Kupferstich. Dann lächelte sie.

„Ich verstehe jetzt den gesamten Aufbau des Grabmals. Es zeigt von unten nach oben sein Leben. Seine Herkunft, der Einzug als Papst in Rom, seine Klage, dass er nicht alles vollbringen konnte, was er wollte. Und dann kommt der Tod, von dem er sich erhebt, die Grenzen der christlichen Sicht mithilfe der zwei griechischen Genien, also seiner schöpferischen Geisteskraft, überschreitet. Darüber hält ihn nichts mehr. Der Glaube zeigt ihm den Weg zur Liebe und die Hoffnung steht ihm bei. Aphrodite nimmt ihn in Empfang und die Taube entlässt seinen Geist in die Freiheit."

Julien sagt: „Das wäre Gotteslästerung. Es würde allerdings erklären, warum man die Skulptur an der Spitze, mit der plumpen Darstellung des Glaubens ersetzt hat. Ich begreife jetzt auch das Grabmal seines Freundes. Es befand sich ursprünglich gegenüber. Die angebliche Gestalt des segnenden Gottvaters sieht zu Adrian und nicht zu Wilhelm von Enckenvoirt. Vielleicht ist es auch nicht Gott, der bildlich nicht dargestellt werden durfte. Wenn wir die Grenzen der bisherigen Sicht überschreiten, könnte es genauso Josef, der Bräutigam Marias sein.

Maria befindet sich mit Jesus als Kind auf der einen Seite. Josef auf der anderen. Petrus und Paulus engen Maria und Jesus sichtbar ein."

Silvia lachte: „Möchtest du die Bibel neu schreiben?"

Julien entgegnete: „Eine These sollte erlaubt sein. Aus dem Himmel ist niemand zurückgekommen. Warum soll Jesus dort ausgerechnet als Kind existieren? Petrus und Paulus sind dagegen alte Männer."

„Ich glaube, wir beenden den Ausflug in den Himmel erst einmal. Aber es hat schon seinen Reiz. Wenn Adrian ein Evangelium gefunden hat, das die Geschichte anders erzählt, und womöglich Beweise dafür hatte, wäre es für die katholische Kirche eng geworden. Die spiegelverkehrte Darstellung seines Wappens ergäbe dann auch einen Sinn. Er wendet sich von der bisherigen Kirche ab."

„Das Problem ist, dass es keine Belege für diese Deutungen gibt. Lass uns alles erst einmal überschlafen."

„Du hast recht und ich bin hundemüde."

Silvia ging ins Bad. Als sie zurückkam, sagte Julien zu ihr: „Ich habe kurz auf das andere Bild gesehen. Jetzt bin ich mir sicher. Der Beleg existierte."

Silvia sah über seine Schulter. Er zeigte auf zwei Details des Bildes. Sie nickte. „Morgen sprechen wir mit Vater. Mal sehen, was er dazu sagt."

Sie schliefen bis elf Uhr. Juliens Mutter achtete darauf, dass ihr Mann sich ruhig verhielt. Trotzdem hatte er sich schon die Unterlagen vorgenommen und sie eifrig studiert. Es hatte ihn nicht überrascht, dass die beiden weitergeforscht hatten. Die Ergebnisse der Analysen der Kunstwerke fand er bewundernswert. Die möglichen Zusammenhänge erschienen ihm logisch, auch wenn sie manchmal etwas weit hergeholt schienen.

Er saß an seinem Schreibtisch. Vor sich hatte er ein Blatt Papier, auf das er einige Fragen gekritzelt hatte. Juliane hatte ihm schon angekündigt, dass beim Essen nicht über Probleme geredet werden darf, da Silvia nicht noch mehr Aufregung brauche. Letztendlich ging er an den Pool und wartete dort. Er hatte sich ein kühles Bier mitgenommen, denn die Sonne meinte es wieder gut.

Seinen Hut hatte er ins Gesicht geschoben und tat so, als ob er im Liegestuhl eingenickt wäre. Er hörte aber das Knirschen von Kies.

Silvia hätte sich gern ihren roten Bikini angezogen, der sehr an den James-Bond-Film „007 jagt Dr. No" erinnerte. Doch die Schwangerschaft verbot ihr dieses Kleidungsstück. Juliane hatte ihr mit einem Badeanzug ausgeholfen. Trotzdem spannte er an einigen markanten Stellen. Wäre sie mit Julien allein gewesen, hätte sie auf die Bekleidung ganz verzichtet.

Julien hatte keinerlei Ähnlichkeit mit Sean Connery als James Bond. Die Badehose seines Vaters saß etwas nachlässig. Sie passte aber zu seinem Bauchansatz. Im Wasser sah man ohnehin nichts. Mode hielt Julien für überbewertet, auch wenn es ihm gefiel, wenn seine Frau passende Sachen für ihn herauslegte. Sie war eben eine Künstlerin. Das Wasser im Pool war nur wenige Grade kühler als die Außentemperatur. Es reichte aber für eine Erfrischung, wenn ein leichter Wind über die Haut strich. François machte sich bemerkbar.

„Das ist wahrer Luxus. Faul am Pool liegen und darauf warten, dass es bald Mittagessen gibt."

Silvia meldete sich, indem sie mit ihren Beinen Wasser in seine Richtung spritzte.

„Hilfe, ein Walross!", rief Julien.

„Pass auf, was du sagst. Ich bin zwar schwanger, aber immer noch schnell auf den Beinen."

Sie setzte sich eine Sonnenbrille auf und nahm auf dem Liegestuhl Platz. Julien schleppte sich auch aus dem Wasser. „Ich gebe es zu. Das habe ich in Paris vermisst."

Er nahm sich ein Bier aus dem Eisschrank und setzte sich zu seinem Vater. „Ich habe gesehen, dass du in unseren Unterlagen geschmökert hast."

„Ja, aber nur oberflächlich. Ich wäre gern mit euch nach Rom geflogen. Euer Bilderbuch hatte Juliane gleich in Beschlag genommen. Da blieben mir nur die Unterlagen."

Juliens Mutter kam heraus. „François. Heute wird entspannt. Keine alten Bücher und keine Gespräche über Gott und die Welt."

Sie setzte sich neben Silvia. „Darf ich mal?"

Leicht legte sie ihre Hand auf den Bauch. „Julien war ziemlich beweglich und ließ mich nicht schlafen. Ich muss gestehen, dass ich mir damals ein Mädchen gewünscht habe. Es wurde aber ein François Nummer zwei. Vielleicht hätte ich mich durchsetzen sollen. Ein Pärchen wäre nicht schlecht gewesen. Was meinst du? Wird es ein Mädchen?"

Silvia sah ihre Schwiegermutter an, die gerade die Bewegung des Babys registriert hatte. „Ich weiß es nicht. Zwillinge sind es jedenfalls nicht."

„Zwillinge hast du gesagt?", fragte Julien, der nur die Hälfte mitbekommen hatte.

Silvia lachte. „Keine Angst, die kommen erst beim nächsten Mal."

„Und bleibt ihr nun hier?", fragte Juliane.

„Bis auf Weiteres."

„Das ist schön."

Juliane nahm ihre Schwiegertochter in den Arm, ohne die Überwachung der Bauchbewegungen zu unterbrechen.

„Die Beisetzung von Carlos ist übermorgen um zehn Uhr", meinte François.

„Also wirklich. Wir sprechen über Babys und du über die Beisetzung."

Er fühlte sich ungerecht behandelt. „Es ist doch wichtig."

Silvia vermittelte. „Ist schon gut. Ich muss mich an den Gedanken gewöhnen. Es ist so. Die einen gehen, die anderen kommen."

Das Baby fabrizierte eine ansehnliche Beule. „Es hat mich verstanden."

„Meinen Bauch streichelt keiner so", sagte François.

Er drückte seinen Bauch heraus, als ob er auch schwanger wäre. Alle lachten.

Zur Beisetzung kamen viele Leute. Die meisten kannten Silvia aus der Firma und wussten, wie eng sie mit Carlos verbunden war. Sogar sein Neffe Enrico reiste aus Chile an. Er stellte sich bei den Anwesenden vor. Entschuldigend erklärte er, dass die Verbindung zum Verstorbenen niemals eng war. In den Gesprächen blieb er ein Außenseiter, da er nur über die Situation in seinem Heimatland redete und niemand damit etwas anfangen konnte. Vor der Kirche hatte sich ein Grüppchen gebildet. Ein älterer Mann kam auf Julien zu. Er nannte sich Alberto Valencia. Seine Nadel am Revers bekundete die Zugehörigkeit zu den Freimaurern. Er zog ein Kuvert aus seiner Seitentasche.

„Carlos hat mir etwas für Sie mitgegeben, weil er sich nicht sicher war, ob er Sie noch lebend begrüßen würde. Ich kannte ihn seit vierzig Jahren. Wir waren in einer Loge. Hier ist meine Karte, falls Sie Fragen haben oder Unterstützung brauchen."

Julien steckte den Umschlag ein. Valencia ging wieder zu seiner Gruppe. Alle trugen die gleichen Nadeln.

Der Ablauf der Trauerfeier war außergewöhnlich. Der Jesuitenpriester eröffnete die Feier. Er berichtete über das Leben von Carlos und hob dabei seinen Anteil an vielen Hilfsprojekten hervor. Dann übergab er an Valencia:

„Des Menschen Seele gleicht dem Wasser:

Vom Himmel kommt es, zum Himmel steigt es,

und wieder nieder, zur Erde muss es, ewig wechselnd.

Seele des Menschen, wie gleichst du dem Wasser!

Schicksal des Menschen, wie gleichst du dem Wind!

Strömt von der hohen, steilen Felswand der reine Strahl.

Dann stäubt er lieblich in Wolkenwellen zum glatten Fels.

Und leicht empfangen wallt er verschleiernd,

leis rauschend zur Tiefe nieder.

Ragen Klippen dem Sturz entgegen, schäumt er unmutig

stufenweise zum Abgrund.

Im flachen Bette schleicht er das Wiesental hin.

Und in dem glatten See weiden ihr Antlitz alle Gestirne.

Wind ist der Welle lieblicher Buhler;

Wind mischt vom Grund aus schäumende Wogen."

Nach dem Gedicht machte er eine kleine Pause. Schließlich sprach er Silvia direkt an.

„Carlos hat es bedauert, keine eigenen Kinder zu haben. Deshalb hat er versucht, dir, liebe Silvia, ein Ersatzvater zu sein. In seinen letzten Stunden hat er mir das gegenüber immer wiederholt. Als du nach Paris gegangen bist, hatte er sogar überlegt, seinen Wohnsitz zu verlegen. Aber jeder muss seinen eigenen Weg gehen. Er hätte das Baby gerne aufwachsen sehen. Er wünschte dir alles Glück der Welt und hoffte, dass dein lieber Mann übernehmen würde, wozu er nicht mehr in der Lage sein würde. Auch für Juliane und François Gaspard hatte er nur gute Worte. Sie seien seit mehr als zwanzig Jahren wie eine Familie gewesen."

Dann sandte er im Namen von Carlos Grüße an die Mitarbeiter, Freunde und Brüder. Zuletzt nannte er auch noch den Neffen, dem er mehr Zeit für seine Familie wünschte. Valencia verließ das Podest und nickte dem Priester zu, der die weitere Zeremonie übernahm. Die Trauergemeinde bewegte sich zur Familiengruft, die mit ihren rotbraunen Säulen und dem schweren Tor an einen Tempel erinnerte. Der Sarg wurde im vorbereiteten Fach abgestellt.

Silvia betrat mit Julien die Krypta, in der Sarkophage der Eltern und Großeltern von Carlos standen. Sie stellten ihren Kranz ab. Ihnen folgte der Neffe. Die Freimaurer gingen als Gruppe hinein. Sie fassten sich an den Händen und legten drei Rosen in Form eines Dreiecks auf den Sarg. Valencia murmelte einige Worte in lateinischer Sprache. Die Brüder antworteten. Die anderen Trauergäste legten ihre Grabbeigaben vor der Gruft ab. Valencia und der Pfarrer erklärten nacheinander Silvia und Julien ihr Beileid.

In Carlos Haus gab es eine Trauerfeier. Die Schiebetüren zwischen Esszimmer und Bibliothek waren geöffnet und eine lange Tafel aufgestellt. Silvia sprach einige Worte, in denen sie sich bei den Anwesenden bedankte. Sie fühlte sich etwas überfordert. Nach dem Essen sorgte Julien dafür, dass sie sich in einem der Gästezimmer ausruhte. Als er herunterkam, traf er auf Valencia.

„Es überraschte mich, dass Sie gemeinsam mit einem katholischen Pfarrer die Trauerfeier leiteten", bemerkte Julien.

„Ach, wissen sie, es war ein Kompromiss. Carlos hat viel Geld für ein Kinderheim gespendet. Deshalb war es dem Priester der Jesuiten ein Bedürfnis. Es ist möglich, dass er deswegen Ärger bekommt. Aber wir sind für die Menschen da. Religion spielt dabei keine Rolle. Wenn ein Stein gut behauen ist, passt er für jedes Fundament."

„Was bedeuten eigentlich die drei Rosen?", fragte Julien.

„Sie stehen für Liebe, Licht und Leben."

Julien überlegte. ‚Liebe, Licht und Leben? Man könnte auch Liebe, Glaube und Hoffnung sagen.' Er nahm sich vor, über die

Geschichte und die Symbole der Freimaurer in der Bibliothek von Carlos nachzulesen.

Die Gäste verließen gegen 22 Uhr fast gleichzeitig die Feier. Die Hausangestellten waren froh, denn sie hatten noch genug zu tun. Julien suchte ein Buch über Freimaurer. Doch er fand keins. Silvia und Julien setzten sich noch für ein paar Minuten auf die Terrasse. „Hast du dich etwas erholt?", fragte Julien.

„Ja. Obwohl ich mir nicht sicher bin, dass ich schlafen kann. Das liegt aber mehr am Baby, dem der Stress überhaupt nicht gefällt. Ich bin froh, dass alles vorbei ist. Was hat Valencia dir eigentlich gegeben?"

„Ich habe noch gar nicht nachgesehen. Ehrlich gesagt, möchte ich das heute auch nicht wissen. Mir geht wieder so viel durch den Kopf. Die Freimaurer sind ein seltsames Völkchen. Ich habe nach den Rosen gefragt, die sie auf den Sarg gelegt haben. Er sagte, dass sie für Liebe, Licht und Leben stehen. Mir ist dann gleich die Skulpturen Liebe, Glaube und Hoffnung eingefallen, die auf dem Grabmal von Adrian standen. Das wirbelt mir durch den Kopf."

„Ich vermute, dass alles miteinander zusammenhängt", erwiderte Silvia. „Wie oft schnitzen Menschen Herzen in Bäume. Jeder weiß, was damit gemeint ist."

„Das Trauergedicht hätte auch ein Liebesgedicht sein können. Ich frage mich, warum alles verschlüsselt wird?"

Das Testament

Die Testamentseröffnung war für elf Uhr angesetzt. Sie hatten noch Zeit. Julien hatte sich mit seinem Vater an den Pool gesetzt, weil die Frauen sie im Haus nicht haben wollten. Juliane hatte einige weit geschnittene Kleider für Silvia gekauft, die anzuprobieren waren. Auf Bemerkungen der Männer konnten sie dabei verzichten.

Julien holte den Umschlag hervor, den er von Valencia bekommen hatte. Dem Schreiben lag ein Zeitungsrand bei, auf dem Carlos gekritzelt hatte, dass er die Nachricht gern selbst übergeben hätte.

Nachdem er es überflogen hatte, rief er: „Das ist mal eine gute Nachricht. Friedrich Stein ist tot."

François beugte sich zu ihm herüber: „Ist die Information auch sicher?"

„Es sieht so aus, als ob Carlos eine Detektei beauftragt hatte, nach ihm in Deutschland zu suchen, seit er aus Argentinien verschwunden war."

Julien reichte ihm das Schreiben, und François las halblaut vor:

„Veritas – Personenermittlung.

Sehr geehrter Herr Carlos Jeronimos de Silva,

Wie ich Ihnen bereits telefonisch mitgeteilt habe, konnten wir den Tod des gesuchten Friedrich Stein eindeutig feststellen. Er hielt sich gemeinsam mit seiner Ehefrau Juanita Maria Stein und seinem zehnjährigen Sohn, Andres Stein, bis zu seinem Tod in einem Hospital in Paderborn auf. Todesursache war die Krebserkrankung, die bereits zu seiner Haftentlassung geführt hatte. Zum Nachweis der Identität habe ich die Sterbeurkunde, ein Foto vom Grabstein und ein Familienfoto beigelegt.

Unser Ermittler konnte mit seiner Mutter in Berlin ein ausführliches Gespräch führen. Sie berichtete, dass Friedrich Stein mindestens seit 1920 mit seinem Vater zerstritten war. Es ging dabei um seinen Lebensstil, der in schroffem Gegensatz zu den Ansichten seines Vaters stand, der Mitglied einer Freimaurerloge war. In den 30er-Jahren hatte der Sohn seinen Vater als Freimaurer denunziert. In dessen Folge wurden der Vater und einige seiner Logenbrüder inhaftiert.

Steins Mutter hatte Post von ihrer Schwiegertochter bekommen, die über dreißig Jahre jünger ist als ihr Mann. Sie war ursprünglich dessen Haushälterin in Buenos Aires. Da sie nahezu mittellos ist, wohnt sie jetzt mit ihrem Sohn im Haus der Schwiegermutter.

Auf Nachfrage des Ermittlers teilte Steins Witwe mit, dass ihr verstorbener Mann in Argentinien nur einzelne alte Dokumente besessen habe, da er bei seiner Flucht aus Deutschland nur einen kleinen Koffer mitnehmen durfte. Bücher aus seinem Besitz sind in Rom bei einem italienischen Bekannten geblieben. Den Namen kannte sie nicht. Die letzten beiden alten Grafiken verkaufte sie unserem Mitarbeiter für einhundert Mark. Dann bot sie noch einige Fotos an. Sie zeigen die Jesus Statue in Rio de Janeiro und die Wewelsburg bei Paderborn. Wir haben sie abgekauft, da sie handschriftliche Notizen des Friedrich Stein trugen.

Er hatte nach der Rückkehr nach Deutschland mit ihr die Wewelsburg besucht, obwohl er sich schon sehr schwach fühlte. Frau Stein erinnerte sich an einen Saal mit vielen Säulen und einem Symbol, das er ‚schwarze Sonne' nannte, obwohl es aus grünem Marmor war. Dann war er mit ihr in einem runden Kellerraum, der wie eine Gruft aussah. Sie fand den Raum sehr bedrückend. Bevor sie die Burg verließen, wollte ihr Mann unbedingt in einen weiteren Keller im Südturm gehen, den er ‚Norbertusloch' nannte. Tatsächlich fand er den Eingang zu dem Raum.

Ihr Mann hatte davon erzählt, dass er in der Burg mehrfach einen wichtigen Mann getroffen hatte, von dem er Aufträge erhalten hatte.

In Paderborn wohnte er bei einer entfernten Verwandten. Es handelt sich um Helene Wagner. Da ich ihren Bekannten in Paris nicht erreichen konnte, schicke ich Ihnen vorab die beiden Kupferstiche. Die Unterlagen mit Bezug zur Wewelsburg erhalten sie nach unseren Ermittlungen.

Ich bedanke mich für ihre großzügige finanzielle Unterstützung der Recherche.

Hochachtungsvoll

Dr. Johannes Semmler"

Julian fasste sich an den Kopf. Wewelsburg! Die Mutter von Friedrich Stein hatte ein Spielzeug mit dem Aufdruck. Das muss die Verbindung Steins zum Reichsführer SS, Heinrich Himmler sein.

Julien öffnete den voluminösen Umschlag. Obenauf lagen vier Kupferstiche. „Sie ähneln stark einem Kupferstich mit Adrian, den wir schon haben. Wieder ist er im Zentrum dargestellt und ringsherum wird eine Geschichte erzählt. Es sieht so aus, als ob Stein die gleichen Schlussfolgerungen gezogen hat und in Kunstwerken mit Adrian, Schlüssel für Geheimnisse suchte."

François versuchte, das Bild zu deuten: „Moses Autorität und Aarons Würde. Es soll sich wohl auf das Alte Testament beziehen. Aber das kleine Bild oben ist bemerkenswert. Man könnte meinen, dass die beiden im Himmel sind. Unter ihnen befinden sich links die Sonne und rechts der Mond, um den fünf Sterne in einem Sternbild platziert sind. Näher zur Sonne befinden sich auch noch zwei Sterne. Darunter sieht man eine große Erde.

Die beiden Heiligen haben Stäbe in der Hand. Hinter Moses Kopf strahlt es rund und hinter Aaron ist ein Dreieck, mit der Spitze nach oben. Zwischen ihnen steigt eine Taube auf. Darunter sind zwei ovale Bilder. Das Linke zeigt vermutlich die Arche. Rechts brennt ein Gebäude, über dem Gott schwebt. Gläubige knien nieder und klagen.

Kupferstiche aus Cornelius Hazart, „Triomph der pausen van Roomen over alle hare benyders ende bestryders - © Sammlung W. A. Strauch

Unter Adrians Bild ist noch eine Darstellung. Wahrscheinlich soll es Gott sein, der Moses einen Schlüssel übergibt, während Aaron zurechtgewiesen wird. Das Bild wird mit Moses Autorität und Aarons Stellung oder Würde bezeichnet. Da beide auf dem oberen Bild im Himmel gleichrangig sind, weil beide Stäbe in den Händen halten, scheinen sie sich versöhnt zu haben. Soviel ich weiß, war Aaron ein Einsiedler in Frankreich. Vielleicht bezieht sich das Bild auf das genügsame Leben von Adrian, dem der Weg gewiesen wurde."

„Wir haben schon mehrere ähnliche Symbole im Zusammenhang mit Adrian gefunden. Ich zeige Sie dir nachher."

„Das zweite Bild ist auch verstörend. Angeblich soll es Petrus beim Fischfang abbilden. Doch die fünf Männer sind verzweifelt. Sie gießen Wasser aus Krügen in den Fluss. Dagegen sind zwei Engel, die Adrian einrahmen, guter Dinge. Sie bringen Schlüssel und ein Boot mit Fischen zum Himmelreich. Über einem Kelch sieht man einen kleinen Jesus am Kreuz und vor einem Kreis."

„Und die Verzierung auf dem Kelch erinnert an zwei Schwäne, die mit ihren Köpfen und Hälsen ein Herz formen. Die beiden Engel haben weiche weibliche Züge. Sieh mal das Gewand an, das Adrian trägt. Auf ihnen ist oben der heilige Matthäus mit Schwert und Buch. Darunter ist Maria ohne Heiligenschein abgebildet. Das müssen wir Silvia zeigen. Sie wird begeistert sein."

„Warum?", fragte François.

„Wir vermuten, dass Adrian hinter ein Geheimnis gekommen ist, das mit weiblichen Göttern zusammenhängt. Wir zeigen es dir später."

„Aber dafür fehlen die Beweise."

Julien sagte: „Er hatte sie versteckt. Ein Freund aus Rom hat uns ein Bild geschickt, das darauf hinweist. Wir sehen es uns nachher an. Dann können wir uns auch die anderen beiden Blätter ansehen, die der Anwalt geschickt hat."

François sah auf die Uhr. „Wir müssen uns auf den Weg zur Testamentseröffnung machen."

* * *

In Carlos Haus hatten sich fünfzehn Personen eingefunden. Der Notar saß an der Stirnseite des großen Esstisches. Er schob sich den Sessel näher an den Tisch, holte aus seiner ledernen Aktentasche ein großes Kuvert heraus und ordnete die Papiere.

Er sah in die Gesichter der Anwesenden, als ob er durchzählen wollte. Dann markierte er auf einer Liste die Namen und atmete tief durch, bevor er mit seiner sonoren Stimme zu sprechen begann.

„Sehr geehrte Damen und Herren. Wie ich sehe, haben sich alle angeschriebenen Personen eingefunden. Ich möchte vorausschicken, dass das Dokument bereits vor einem Jahr in der Anwesenheit von Zeugen ausgefertigt wurde und vom Erblasser eigenhändig unterzeichnet ist.

Aufgrund der Vielzahl der Vermögenswerte, Gegenstände und Verfügungen erlaube ich mir, nur die wichtigsten Positionen einzeln aufzurufen. Vielfach wurden Listen mit den dazugehörigen Erbsachen gefertigt, die Ihnen übergeben werden. Herr Carlos Jeronimos de Silva hat sich große Mühe gegeben und oft erklärende Bemerkungen angefügt, die zum Teil sehr persönlich sind und daher vertraulich mitgeteilt werden. Sie haben die Möglichkeit, die Erbschaft auszuschlagen. Ich darf Ihnen aber mitteilen, dass keine Erbsachen durch Verbindlichkeiten belastet sind.

Nun zu der Verteilung des Nachlasses:

Zur Haupterbin hat der Verstorbene Silvia Consuela Martines Gaspard bestimmt. Sie erhält das Haus, siebzig Prozent des Barvermögens, das Auktionshaus und sämtliches bewegliches Eigentum, das dem Unternehmen zugeordnet ist."

Ein Raunen ging durch den Raum. Julien sah Silvia an, die ihre Tränen nicht zurückhalten konnte. Der Notar machte eine kleine Pause. Dann fuhr er fort:

„Meinem Neffen Enrico Juan de Silva überlasse ich die Sammlung von Ölgemälden unserer Vorfahren und zusätzlich zehn Prozent des Barvermögens, die Motorjacht und alle Anteile, die ich bisher an seinem Unternehmen hatte.

Dem Kinderheim St. Maria vererbe ich zehn Prozent des Barvermögens.

Die Loge erhält Aktien gemäß Anlage, die Sammlung historischer Unterlagen und die Bücher über José de San Martín.

François und Juliane Gaspard erhalten die Stadtwohnung und die Bibliothek des Haupthauses.

Julien Gaspard erhält zehn Prozent des aktuellen Barvermögens und eine goldene Uhr mit Zubehör, die unter der Nummer 75 vermerkt wurde. Ferner wird ihm gemeinsam mit seiner Ehefrau ein Haus in der Innenstadt von Leuven übereignet.

Die Hausangestellten werden mit Renten aus einem gesonderten Fond abgefunden.

Eduardo Lopez soll weiterhin Geschäftsführer des Unternehmens bleiben und Silvia Gaspard tatkräftig unterstützen."

Der Notar las noch weitere Informationen über kleinere Nachlässe vor und übergab den Erben beglaubigte Kopien des Testamentes. Er erhob sich und ging mit einem kurzen Gruß und der Bemerkung, dass er für Fragen jederzeit zur Verfügung stehe. Die Familie Gaspard blieb sitzen, während die anderen das Haus verließen. Silvia wollte etwas sagen, doch hatte sie Schwierigkeiten, die richtigen Worte zu finden.

„Das habe ich nicht erwartet", sagte sie stockend.

Eine Hausangestellte kam herein und fragte, ob sie etwas bringen soll.

Julien sagte: „Ich glaube, uns täte ein Glas Rum gut. Am besten von der Sorte, die Carlos immer getrunken hat."

Die anderen nickten nur. Das Hausmädchen brachte eine Flasche Rum und goss jedem außer Silvia ein Glas ein.

François erhob sein Glas: „Auf, Carlos! Egal, wo du sein magst. Wir werden dich nie vergessen."

Sie stießen an und schütteten den Rum in einem Zug herunter, wie es Carlos auch immer getan hatte.

Es war eine seltsame Situation. Jeder hing seinen Gedanken nach.

Das Hausmädchen kam und fragte, ob sie das Mittagessen auftragen darf. Sie sah in Silvia ihre neue Chefin.

Mehr als ein „Ja" kam nicht aus Silvias Mund. Dann nahm Julien sie bei der Hand. „Komm mit. Ich muss ins Freie."

Julien wollte witzig sein. „Ja, Chefin!"

„Untersteh dich, solche Faxen anzufangen. Es bleibt alles, wie es ist." Sie küsste ihn auf die Wange.

Julian sagte: „Ja, aber ein wenig wirst du dich in der Rolle zurechtfinden müssen."

„Ich möchte die Firma nicht. Was meinst du, kann sich dein Vater darum kümmern?"

„Sicher. Er kennt sich damit aus. Der Geschäftsführer macht den Rest."

„Hast du von dem Haus in Leuven etwas gewusst?", fragte Silvia.

„Nein. Carlos hat sich nur einmal erklären lassen, wo wir gewohnt haben."

„Wollen wir nach Leuven ziehen, wenn alles geklärt ist?"

„Wir sollten uns vorher das Haus ansehen. Aber ich glaube, Mutter erwartet, dass wir noch etwas warten."

„Ja, wir machen das so. Zuerst muss das Baby auf die Welt kommen. Dann sehen wir weiter."

„Ich denke, Carlos hätte es so gefallen."

* * *

Nach dem Essen fuhren sie heim. Juliane buk einen Kuchen. Die anderen saßen am Pool.

François fragte Julien: „Kannst du mir das Bild zeigen, von dem du gesprochen hast?"

„Augenblick. Ich hole mal die Unterlagen."

Silvia setzte sich zu ihrem Schwiegervater. „Hat dir Julien schon gesagt, welchen Verdacht wir haben?"

„Nur ganz grob. Es ging darum, dass Adrian neue Erkenntnisse über den Glauben gefunden haben könnte, die für das Papsttum gefährlich gewesen wären."

„Ja. Je mehr wir Kunstwerke ansehen, die mit ihm zu tun haben, umso mehr Zeichen finden wir, die darauf hinweisen, dass er die weibliche Seite des Christentums hervorheben wollte. Hätte er seine Ansicht als Papst veröffentlicht, wäre die Welt heute eine andere."

„Kunstwerke und Worte sind aber noch keine Beweise. Konklave, Kaiser, Könige und Fürsten hätten ihn auflaufen lassen."

„Das haben sie ja schon nach seinem Schuldanerkenntnis vor dem Reichstag. Sein Tod war die Konsequenz."

Julien kam mit dem Ordner, indem er alle Unterlagen gesammelt hatte.

„Das ist das Bild, in dem wir Hinweise vermuten, dass Adrian Beweise hatte. Wilson hatte es bei einer seiner Reisen nach Deutschland in einem Museum gefunden und mir das Foto geschickt. Er war richtig stolz darauf, weil er das Foto mit dem Ring, das Himmler in Besitz hatte, dem Gemälde zuordnen konnte. Der Brief ist gerade erst angekommen."

François nahm es in die Hand und las die Unterschrift vor: „Francesco Ubertini. Bildnis des Papstes Hadrian VI. als Priester aus dem Jahr 1525."

Nach einer Pause sagte er: „Holst du mir bitte die Lupe vom Schreibtisch?"

François sah sich jedes Detail an und verharrte schließlich beim Ring.

„Ja. Das ist scheinbar der Ring, den ich weitergegeben habe. Man müsste sich das Bild zwar noch einmal genauer aus der Nähe ansehen, aber ich bin mir ziemlich sicher."

„Fällt dir etwas beim Hintergrund auf?", fragte Silvia.

„Du meinst diesen seltsamen Block, auf dem der Sensenmann steht?"

„Ja. Er wird von vier Fabelwesen gezogen und zerquetscht brutal Menschen. Darunter ist mindestens ein Bischof. Man erkennt einen Mann mit einer Mitra und einen mit einem Pfarrer-Hut. Außerdem ist eine Frau zu sehen und ganz hinten liegt ein toter Mann mit einem Turban. Dazwischen sind weitere tote Leute."

„Du gehst davon aus, dass diese Szene die Zerstörung der bisherigen Ordnung zeigt?"

„Ich gehe sogar noch weiter", sagte Julien. „Ich glaube, das ist die Reliquie, die Adrian aus Zaragoza mitgebracht hat. In der Kiste liegt etwas, das den Glauben aus den Angeln hebt."

„Mag sein. Aber wo ist sie geblieben?"

„Ich nehme an, dass der Ring damit zusammenhängt. Auf dem Bild weisen beide Finger auf den Totenschädel. Auf dem einen ist der Ring. Ich deute das so, dass die Reliquie dort war, wo Adrian begraben wurde. Das Bild wurde unmittelbar nach seinem Tod gefertigt.

Willem van Enckenvoirt holte ihn aus der Gruft im Petersdom. Er hat die Reliquie und den Ring entnommen. Adrian bekam in der Kirche Santa Maria dell'Anima sein neues Grabmal. Es könnte sein, dass mit der räumlichen Trennung vom Petersdom die Trennung von der bisherigen katholischen Kirche gezeigt werden sollte. Bezeichnend ist auch, dass die Kirche Maria gewidmet ist. Das würde unsere Theorie der weiblichen Seite des Christentums unterstützen."

„Aber warum hat man die Reliquie und den Ring nicht in der Kirche gelassen?"

„Ich vermute, dass sich seine Anhänger vor dem Vatikan gefürchtet haben. Deswegen wurden alle Dokumente und Gegenstände versteckt.

Hier steht: Die abgelaufene Stunde kehrt niemals zurück. Der Text bezieht sich vielleicht auf die vertane Chance, die Kirche zu reformieren."

„Das könnte sein", sagte François. „Ich werde mir die anderen Unterlagen ansehen. Ihr scheint tatsächlich auf etwas Bedeutsames gestoßen zu sein."

François vertiefte sich in die Dokumente. Nach einer Weile meldete er sich.

„Du hast geschrieben, dass das Grabmal des Willem van Enckenvoirt gegenüber dem von Adrian stand. Dazu musste man ein Sakramentshäuschen entfernen. Es wurde ein neuer Tabernakel aus Marmor gefertigt und in sein Grabmal integriert. Ich könnte mir vorstellen, dass dort die Reliquie aufbewahrt wurde. 1546 entfernt man das Tabernakel und platzierte an der Wand das Relief mit dem angeblichen Gottvater.

Mir stellt sich die Frage, wo die Reliquie abgeblieben ist. Das Grabmal von Willem van Enckenvoirt wurde 1579 schon wieder versetzt, bis es im 18. Jahrhundert an den jetzigen Platz gestellt wurde.

Die Behauptungen, dass es dabei um die bessere Gestaltung der Kirche ging, wie es in den Büchern steht, ist für mich unverständlich, da beide Grabmale ausdrücklich eine Einheit bilden sollten. Das Auseinanderreißen ist so, als ob von der Freiheitsstatue die Arme entfernt würden.

Die Änderungen bei den Skulpturen löschten die letzten Hinweise auf den eigentlichen Sinn des Kunstwerkes. Das heißt, dass der Vatikan die Bedeutung des Grabmals erkannt hatte.

Auf der Informationstafel von Willem van Enckenvoirt wird hervorgehoben, dass er von Adrian der Kirche zu Tortosa vorgesetzt und ins Kardinalskollegium aufgenommen wurde. Dann wird darauf verwiesen, dass Papst Clemens VII. ihn zum Bischof von Utrecht erhob und er Kaiser Karl V. eng verbunden war.

Würde man das Grabmal von einem so bedeutsamen Mann in einer Kirche hin- und herschieben? Das ist schon außergewöhnlich. Vielleicht hat dieser Vermerk auch nur dem Zweck gedient, eine Entfernung aus der Kirche zu verhindern.

Sind euch die Auffälligkeiten bei der Gestaltung der Buchstaben aufgefallen? Beim F ist der obere und beim E der untere Balken verlängert. Die schrägen Linien der großen N und M sind ebenfalls in die Länge gezogen. Die P und R sind offengehalten und haben kleine Schwänzchen angesetzt bekommen.

Worttrenner bilden Dreiecke mit nach unten verlängerten Strichen. Was die Veränderungen bei den Buchstaben bedeuten sollen, kann ich nicht erraten, aber die Dreiecke sind nicht zufällig so gestaltet."

Silvia sah sich die Fotos noch einmal genauer an.

„Du hast recht. Das hat nichts mit Harmonie zu tun. Der Steinmetz hatte gesagt, dass sie ihn an aramäische Schriftzeichen erinnerten. Und das gleichschenklige Dreieck, das Annemarie durch die Verbindung der markierten Buchstaben erkannt hatte. Wenn so etwas einmal auftaucht, kann man an einen Zufall denken. So aber glaube ich nicht an einen Zufall."

„Mir ist das auch nur aufgefallen, nachdem ich eure Argumentation über die Dreiecke als Zeichen für das Weibliche gelesen hatte."

Julien fragte: „Oder auch die Gleichheit der Menschen. Bei dem Kupferstich von Jan Wandelaar wird Jesus und die Frau im Vordergrund mit freiem Oberkörper dargestellt. Sie waren äußerlich austauschbar. Wir glauben, dass es keine Göttin, sondern Maria Magdalena darstellt, denn die Schriften beziehen sich auf die Bibel und nicht auf griechische Götter. Ist dir etwas zu der segnenden Hand des Gottvaters eingefallen?"

„Ja. Eine Segnung musste zu dieser Zeit tatsächlich mit geschlossenen Fingern erfolgen. Aber wer sagt, dass es eine Segnung ist? Euer Freund hatte mit dem Victoryzeichen von Winston Churchill gar nicht so unrecht. 1941 hat der ehemalige belgische Justizminister Victor de Laveleye seine Landsleute aufgerufen, das V zu verbreiten. Mit V fängt das niederländische Wort für Freiheit an: Vrijheid.

In der Gemeinde der Kirche waren viele Holländer. Churchill hat die Geste übernommen. Es gibt auch noch die Legende, dass die Geste im hundertjährigen Krieg zwischen England und Frankreich entstanden sei. Angeblich hätten die Engländer die drei Finger vor der Schlacht gezeigt, um daran zu erinnern, dass sie Bogenschützen haben. Ich habe aber eine noch andere Theorie. Vielleicht ist das V nur ein unvollendetes Dreieck. Mir ist eingefallen, dass die Freimaurer das Winkelmaß mit der Spitze nach unten benutzen. Darüber befindet sich dann der Zirkel.

Leider habe ich in der Bibliothek von Carlos keine Bücher über die Freimaurer gefunden. Ich werde mich deswegen in der öffentlichen Bibliothek umsehen."

Julien hatte aufmerksam zugehört.

„Wenn ich die Ereignisse von Leuven, Paris und Rom durchdenke, komme ich immer mehr zu dem Schluss, dass alles miteinander verbunden ist. Ich glaube langsam, dass es eigentlich um den Ring und die Reliquie geht.

Adrian wurde nur auf dem Grabmal, dem einem Kupferstich und dem Gemälde mit ihm dargestellt. Er verbindet die Kunstwerke. Die Freimaurer hatten mich doch beauftragt, in Frankfurt nach dem Ring zu suchen. Auf den Briefmarken wurde das berühmteste Gemälde von Adrian so verändert, dass der Ring zu sehen war. Er sollte ein Signal an den Vatikan sein, dass ihn die Freimaurer besitzen. Das Interesse an den Büchern ging verloren, als sie Kontakt mit dem Vatikan hatten. Für uns ist es rätselhaft, warum Antonio Sánchez wieder nach den Büchern fragte, da wir doch nur Briefe von Carlos bekommen haben. Wir vermuten, dass Alain Moulinier ein falsches Spiel getrieben hat.

Offensichtlich war nur Christian uns gegenüber loyal. Mir kommt das alles wie ein großes Schachspiel vor, in dem wir die Bauern sind. Wir liefern Informationen und werden in die Irre getrieben."

François stimmte ihm zu.

„Die Freimaurerei strotzt ja nur so von Symbolen. Wenn wir ihre Symbole genauso betrachten wie die Darstellung von Adrians Grabmal, verstehen wir sie vermutlich besser als aus den Büchern über sie. Ich werde die Symbole katalogisieren und nach Gemeinsamkeiten mit dem Kupferstich suchen. Zwei kennen wir schon. Die Pyramide im Relief und die Mauer auf der Plakette."

Silvia entgegnete: „Ich habe irgendwo gelesen, dass die Freimaurer Mitglieder als unfertige Steine ansehen, die ihre Ecken und Kanten glätten sollen. Wenn man sich überlegt, wie viel Aufwand die Ägypter betrieben, Steine so zu bearbeiten, um daraus die riesige Pyramide zu bauen, kann man sich vorstellen, wie diszipliniert die Baumeister gewesen sein müssen. Es heißt oft, dass die Freimaurer aus den Gilden der Handwerker hervorgegangen sind. Ihre Disziplin und Verschwiegenheit hätten sie übernommen und mit humanistischem Gedankengut verbunden. Aber sie waren keine Handwerker."

François öffnete eines der Bücher über Adrian VI. und schloss es gleich wieder, als ob er den Inhalt in diesem Moment in sich aufgesogen hatte: „Adrian war uneigennützig, ehrlich und wissbegierig. Als Rektor der Universität kam er mit Humanisten wie Erasmus von Rotterdam zusammen. Beide waren Erzieher des Prinzen Karl, dem späteren Kaiser.

Erasmus von Rotterdam redigierte kritische Schriften des Ulrich von Hutten. Das heißt, dass Adrian schon damals in ein Spannungsfeld zwischen humanistischem Gedankengut und der katholischen Weltsicht geriet.

Karl V. schickt ihn nach Spanien, wo er brutal mit der Wirklichkeit konfrontiert wird. Hier stößt er auf theologische Ansichten, die die weiblichen Aspekte des Christentums hervorheben. Maria und Maria Magdalena spielen dabei eine große Rolle. Er wird zum Papst gewählt und muss sich entscheiden. Soll er sich verleugnen oder als Papst die katholische Kirche reformieren?

Nach der Annahme der Wahl stellte er fest, dass Karl V. und andere Herrscher versuchen, ihn für ihre Zwecke einzuspannen. Die letzten Wochen verbringt er in Zaragoza und wird in die Geheimnisse der Kirche Maria Magdalena eingeweiht. Er nimmt die Reliquien mit nach Rom, um sie als eine neue theologische Basis für den Umbau der Kirche zu nutzen."

Julien überlegte. „Klingt das nicht alles ein wenig zu glatt? Er war doch ein strenger Vertreter des Papsttums."

François warf ein: „Sicher hat er Skrupel gehabt. Deswegen muss die Reliquie so bedeutsam gewesen sein, dass sie ihn überzeugte.

Daraus erklärt sich, dass er sich an Erasmus von Rotterdam wandte und nicht an die Theologen des Vatikans.

In Rom hatte er Zugang zum Geheimarchiv des Vatikans und konnte seine neuen Einsichten mit dem Archiv abgleichen. Bei dieser Gelegenheit ist er vielleicht auf Dokumente gestoßen, die seine Erkenntnisse stützten. Dadurch befand er sich in einem grundsätzlichen Konflikt. Die Hervorhebung der Rolle von Maria und Maria Magdalena würde, wenn man es zu Ende denkt, die Aufgabe des Papsttums bedeuten.

Mit dem Schuldeingeständnis vor dem Reichstag kündigt er einen Kurswechsel an. Dann entlässt er 600 Bedienstete und sperrt alle Gelder für Prestigeprojekte. Es war zu erwarten, dass sich die Kardinäle gegen Änderungen stemmten."

„Die verschwundenen Dokumente mussten wichtig gewesen sein. Willem van Enckenvoirt könnte sie nach Utrecht geschickt haben. Dort muss sie jemand in Empfang genommen haben, da er niemals zu seiner Amtszeit in dieser Stadt war. Es ist möglich, dass die Bücher, die Reliquie und der Ring in Utrecht aufbewahrt wurden. Wie auch immer. Die Bücher und der Ring waren vor dem Ersten Weltkrieg in Leuven. Unklar ist, ob sich die Reliquie auch dort befand. Ehrlich gesagt, glaube ich es nicht, weil der Archivar darauf achtete, dass der Ring nicht zusammen mit den Büchern versteckt wurde."

Julien meldete sich: „Willem van Enckenvoirt hat nach dem Tod von Adrian eine steile Karriere gemacht. Nicht jeder salbt den Kaiser. Dann gibt es einige seltsame Umstände. Adrians Nachfolger im Papstamt war Clemens VII., den Karl V. verfolgt und festnimmt. Später krönt der Papst ihn zum Kaiser. Danach wird er vergiftet.

Man könnte vermuten, dass das eine späte Rache wegen der Ermordung von Adrian war. Welche Rolle Karl V. dabei gespielt hat, ist auch völlig unklar. Ich neige zu der Vermutung, dass Willem van Enckenvoirt ihn eingeweiht hat. Das würde auch das seltsame Verhalten von Karl V. in Wittenberg erklären, als er darauf verzichtete, Luthers Grab in der Schlosskirche zu schänden. Er unterstützte Willem van Enckenvoirt. Möglicherweise hatte er mit dem Gedanken gespielt, Adrians Pläne umzusetzen. Doch die Zeit war dafür nicht reif."

François resümierte: „Letztendlich landen wir immer in Leuven und bei den Freimaurern."

Julien überlegte kurz. Dann sprach er es aus: „Ich vermute, dass die Freimaurer die Bewahrer des Geheimnisses wurden. Ich glaube nicht, dass sie das Geheimnis vergessen haben. Ihnen ist nur der Beweis abhandengekommen. Wisst ihr, wie das Gebäude der ältesten existierenden Loge der Welt heißt? Es heißt ‚Mary's Chapel' und befindet sich in Edinburgh. Die Loge trägt die Nummer 1 im Logenverzeichnis. Die ältesten Aufzeichnungen über sie sind von 1598.

Vielleicht gab es sie schon vorher. Es heißt immer, dass die Logen Bezug zu den Kirchenbauten hatten. Bis ins 19. Jahrhundert gab es in Edinburgh aber keine Kirche mit Maria im Namen. Das heißt, dass die Freimaurer den Namen Mary's Chapel selbst gewählt haben. Wenn wir die ganze Geschichte von Zaragoza über Rom bis nach Edinburgh verfolgen, spielen immer Maria oder Maria Magdalena eine Rolle. Es wäre naheliegend, dass sie ihren Tempel nach der Anima benannt haben?"

„Vielleicht. Das sind alles nur Spekulationen. Wie passt aber Friedrich Stein da rein? Der Hass auf seinen Vater konnte doch nicht sein ganzes Leben bestimmt haben. Mit dem Tod des Vaters sollte doch seine Rache gestillt sein. Warum hat er weiter nach den Büchern gesucht und ist Risiken eingegangen? Hinzu kommen die nahezu unerschöpflichen Mittel, über die er verfügte. Da die Nazis ihn unterstützt haben, mussten sie einen Vorteil gesehen haben. Ich erkenne die Verbindungen zwischen der Katholischen Kirche, den Freimaurer und den Nazis noch nicht. Ich glaube aber auch nicht an Zufälle.

Jedenfalls scheint es, dass Friedrich Stein ähnliche Schlussfolgerungen gezogen hat, wie wir. Die Kupferstiche weisen jedenfalls in diese Richtung."

„Und wie passt die Wewelsburg dort rein?", fragte Julien.

François überlegte einen Augenblick. „Ich bin ja immer davon ausgegangen, dass Heinrich Himmler einen Germanenkult mit wissenschaftlichen Beweisen untersetzen wollte. Das passt nicht zur katholischen Kirche. Es sei denn…"

Er zögerte, bevor er den Satz beendete. „Es sei denn, dass er beweisen wollte, dass die Kirche gelogen hat. Es muss doch einen Grund geben, warum die Nazis so auf die Bücher erpicht waren. Entweder sie wollten verhindern, dass ihre zusammengereimte Mythologie zerbricht oder es gibt etwas, das sie stützen konnte. Wollen wir uns mal das Material über die Wewelsburg ansehen?"

Der zweite Brief von Dr. Semmler war kurz. Danach hatte Stein seine Tante Helene Wagner während und vor dem Krieg einige Male besucht und bei der Gelegenheit die Wewelsburg aufgesucht. Die Bilder von der Burg und von der Jesusstatue in Rio de Janeiro kannte sie nicht. Der Ermittler hatte das örtliche Museum und die Wewelsburg aufgesucht. Stein tauchte in den Archiven nirgends auf.

Die Fotos zeigten bauliche Details und die Zeichnung eines Turms, die einen SS-Stempel trug. Das Foto der Jesusstatue war eine Postkarte aus dem Jahr der Einweihung.

Sie legte die Unterlagen beiseite. Scheinbar ergaben sich hier keine neuen Hinweise.

Der Tempel

Eduardo Lopez hatte die Eigentumsübertragungen im Haus von Carlos vorbereitet und dazu einen Notar und einen Anwalt hinzu gebeten. Silvia sollte die Dokumente unterschreiben. Sie fühlte sich unsicher und war froh, dass der Notar alles genau erklärte. Julien saß an ihrer Seite, während François sich die Bibliothek ansah, die in seinen Besitz übergehen sollte.

Nach zwei Stunden war alles vollbracht. Erschöpft kamen Silvia und Julien mit einem Stapel Dokumente aus dem Büro. Sie setzten sich in die riesigen Sessel im Salon.

„Ich dachte, es geht nie vorbei", sagte Silvia und legte die Papiere auf den Tisch. Sie klingelte nach dem Hausmädchen.

„Anita, machen Sie uns bitte einen schönen Kaffee. Vielleicht sind auch noch ein paar von den dänischen Keksen da?"

François lachte. „Vielleicht auch noch ein paar saure Heringe?"

„Nein. Mein Baby ist heute mehr auf Süßes eingestellt", antwortete Silvia und strich über ihren Bauch.

„Ich habe in der Zwischenzeit etwas in der Bibliothek gefunden. Die Kupferstiche, die Stein verkauft hat, und der Stich, auf dem das Dreieck vor dem strahlenden Kreis gezeichnet wurde, stammen alle aus dem Buch ‚Triomph der pausen van Roomen over alle hare benyders ende bestryders'. Übersetzt heißt das ungefähr: ‚Triumph der Päpste von Rom über all ihre Neider und Widersacher'.

Der Autor ist Cornelius Hazart, ein belgischer Jesuitenpriester, der eigentlich gegen alle Formen der Reformation wetterte. In dem Buch hat er weitere Päpste mit der gleichen Grafik versehen lassen. Hazart soll oft polemisch argumentiert, aber auch Fehler der katholischen Kirche eingestanden haben.

Er ist auch der Autor des Buches ‚Triomph van de Christelycke Leere' also ‚Triumpf der christlichen Lehre'. Ich habe es in der

Bibliothek gefunden. Seht euch das Deckblatt an. Es strotzt von Symbolen. Da ist die Taube als Symbol des Heiligen Geistes vor einer strahlenden Sonne. Von ihr geht ein direkter Strahl zum Papst. Der hält in der einen Hand ein Buch mit sieben Siegeln, das von einem Lamm geöffnet wird. Das Lamm ist ein Symbol Jesu Christi, der die Apokalypse auslösen kann. In der linken Hand hält der Papst eine Fackel, die von einem Engel angezündet wird. So weit, so gut. Aber warum hat das Gesicht des Papstes weibliche Züge? Ist dort nicht ein Busen unter dem Gewand? Und bilden die Finger an beiden Händen nicht ein ‚V'?

Als wenn es nicht schon genug Gotteslästerung wäre: Seht mal, was die Engel anstellen. Einer zündet die Fackel des Papstes an und zwei andere, die Fackeln und Leuchten von Menschen aus fernen Ländern. Im Hintergrund sieht man, dass die Engel mit ihren Fackeln allerlei Unsinn miteinander treiben. Der Papst sitzt auf dem Sockel und interessiert sich nicht für das Treiben. Er sucht auch keinen Blickkontakt zu den Fremden. Er hat keinen Bezug zu ihnen. Das sagt viel aus. Ich kann mir nicht vorstellen, dass der Buchautor diesen Eindruck vermitteln wollte. Mir scheint, dass der Künstler seine Sicht untergebracht hat. So wie bei der Pietà von Michelangelo."

Julien lachte: „So langsam sieht man hinter jeder Geste ein geheimes Symbol."

Silvia formte ihre Hand zum V und sagte: „So. Jetzt habe ich hier das Sagen. Anita hat den Kaffee fertig. Ihre Geste war unmissverständlich."

Julien lachte. „Später kommen ein paar Leute von der Loge, um die geerbten Sachen abzuholen. Eduardo möchte in diesem Zusammenhang ein Geheimnis lüften."

Kupferstiche aus Cornelius Hazart, ‚Triomph der pausen van Roomen over alle hare benyders ende bestryders - © Sammlung W. A. Strauch

Er tat so, als wäre er ein Zauberer.

„Aber jetzt lassen wir uns erst einmal von Anita verzaubern."

Eduardo hatte einen unförmigen Schlüssel in der Hand und reichte ihn Silvia, die ihn ausführlich betrachtete und dann an Julien weiterreichte. „Gehört er zu einer Schatzkiste?", fragte er.

„Es ist eher ein Schatzraum. Dort ist auch die geerbte Uhr für Julien."

„Na, dann aber schnell. Ich hatte schon immer etwas für Schätze übrig. Gibt es auch eine Schatzkarte mit einem Kreuz für das Versteck?"

Eduardo lachte: „Ich bin die Karte. Bitte folgt meinen Anweisungen. Jetzt brauche ich deinen Schlüssel."

Silvia quälte sich aus dem Sessel. „Ich beeile mich ja schon. Bloß nicht hetzen."

Sie gingen in die Bibliothek. Eduardo griff hinter eine Zierleiste. Eine schmale Öffnung mit einem Schlüsselloch kam zum Vorschein. Dort hinein steckte er den Schlüssel und drehte ihn. Der untere Teil des wandhohen Regals verschwand.

Er schaltete die Beleuchtung an und sagte: „Darf ich bitten!"

Eine Wendeltreppe führte in die Tiefe. Eduardo verschloss hinter sich die Geheimtür. Der Raum befand sich direkt unter der Terrasse. Nachdem Eduardo die Wandlampen angeschaltet hatte, kam ein großer Raum zum Vorschein, dessen Wände Freimaurersymbole trugen. In der Mitte stand ein langer Tisch, um den kunstvoll geschnitzte Stühle standen.

Mit viel Pathos sagte Eduardo: „Hier tagten die Brüder in Zeiten, in denen es gefährlich war, ein Freimaurer zu sein oder für die Freiheit des Landes zu kämpfen. Im Notfall konnte sich hier jemand verstecken. Es gibt einen Nebenraum mit zwei Betten. Angeblich soll José de San Martín hier geschlafen haben. Seit

Ewigkeiten wurde der Tempelraum nicht mehr genutzt. Deswegen ist es hier etwas staubig."

Silvia prüfte die Aussage, indem sie mit ihrem Finger über die Lehne eines Stuhles fuhr.

„Die Stühle stehen normalerweise an der Wand. Die Verzierungen und Intarsien auf der Tischplatte haben freimaurerischen Bezug. An der Stirnseite ist eine Art Schrein, der rituellen Handlungen diente. Besonders schön finde ich daran die rotbraunen Säulen mit dem antiken Giebel. Mich erinnert das immer an einen Tempeleingang. Das Bild mit den drei Grazien, die ihre Hände zur Sonne heben, soll von Prilidiano Pueyrredón gemalt worden sein. Es ist aber leider nicht signiert. Hier verschmelzen die Symbole der Freimaurer mit Motiven aus der Antike."

Er öffnete einen Schrank und holte ein Etui heraus.

„Sieh dir die Uhr besser oben an. Da ist mehr Licht. Ich werde das Fotoalbum mitnehmen. Darin sind einige alte Bilder von Carlos und seinem Vater in der Freimaurer-Tracht. Hier rechts sind die an die Loge vererbten Bücher. Sie sind alt und oft mit Unterschriften berühmter Freimaurer versehen. Das macht ihren Wert aus. Im Logenhaus werden sie gut aufgehoben sein."

François sah sich die Kunstwerke an den Wänden an.

„Ist die Pyramide aus Marmor gearbeitet?"

„Ja. Und das Auge besteht aus Halbedelsteinen. Achtet mal auf den Fußboden. Hier wurde Marmor und schwarzer Granit im Schachbrettmuster verlegt.

Eigentlich ist es sehr schade, dass niemand den Raum ansehen kann. Kulturhistorisch sind hier noch einige Schätze verborgen. Ich würde ihn zu einer kleinen Galerie umgestalten. Dazu würde es reichen, ein paar große Türen einzubauen. Aber diese Entscheidung muss Silvia selbst treffen. Gehen wir nach oben? Ihr könnt alles später noch einmal in Ruhe besichtigen. Während die Leute von der

Loge ihr Erbe abholen, könnt ihr die Uhr und das Fotoalbum ansehen."

Sie stiegen die Wendeltreppe herauf. Julien fand als Erster die Stimme wieder. „Ich weiß nicht, wie es euch geht, aber ich bin überwältigt. Jetzt verstehe ich, woher Carlos seinen Sinn für Schönheit hatte. Das war einfach beeindruckend. Wenn ich mir vorstelle, dass dort unten Leute saßen, die Südamerika geprägt haben."

Silvia stimmte ihm zu: „Eduardo hat recht. So etwas sollten die Menschen sehen. Aber noch etwas fiel mir auf. Dieser Schrein erinnerte mich an das Grabmal von Adrian. Sogar die Farben der Säulen waren ähnlich. Vielleicht ist das kein Zufall."

Julien öffnete das Uhren-Etui. Eine fein ziselierte goldene Uhr kam zum Vorschein. Das Zifferblatt trug römische Ziffern für die Stunden und arabische für die Minuten.

Bewundernd sagte er: „Es ist eine sehr alte Spindel-Taschenuhr. Ich habe so eine erst einmal gesehen. Vermutlich wurde sie Ende des siebzehnten Jahrhunderts gefertigt. Die Einfassung des Glasdeckels mit Dreiecken verziert. Das setzt sich beim unteren Deckel scheinbar fort. Wenn man die Klappe schließt, stoßen die Spitzen der Dreiecke aufeinander."

Julien drehte sie um. Wortlos zeigte er sie Silvia. Sie blickte stumm auf das auf dunkelblauer Emaille mit Gold- und Silberdrähten gestaltete Bild.

Auf einer ägyptischen Pyramide mit einer goldenen Spitze thronte ein Dreieck, dessen Spitze nach unten zeigte. Im Zentrum prangte ein Auge mit blauer Iris, von der zwölf Strahlen ausgingen. Rechts und links rahmten Säulen die Symbole ein, auf denen links eine Sonne und rechts ein Mond zu sehen war. Rechts neben der Sonne waren zwei Sterne. Links neben dem Mond waren vier Sterne und rechts ein weiterer Stern. Zwei davon waren mit Diamanten, ein dritter etwas größerer Stern war ein blauer Stein. Verband man die geschmückten Sterne, entstand ein rechtwinkliges Dreieck.

„Das ist ja wunderschön. Soll das ein Sternbild sein?", fragte Silvia.

„Da muss ich erst nachsehen. Es gehört jedenfalls nicht zu den üblichen zwölf Sternkreiszeichen. Mir kommt es aber bekannt vor. Scheinbar soll es eine Verbindung zwischen der Pyramide und den Sternen symbolisieren. Es heißt ja, dass die Pharaonen nach dem Tod aus den Pyramiden in den Himmel auffahren. Vielleicht sahen sie in dem Sternbild ihren Himmel. Das würde auch die Form der Bauwerke erklären. Das Dreieck erinnert mich an Pythagoras."

„Die Proportionen 3:4:5 könnten ungefähr stimmen. Aber das wäre doch wieder griechisch."

„Die Grundflächen der Pyramiden sind exakt im rechten Winkel gebaut."

Julien nahm das Etui in die Hand und spürte, dass darin etwas klapperte. Unter dem Samtkissen fand er einen Schlüssel und eine Visitenkarte. Sie war von Alain Moulinier. Auf der Rückseite hatte Carlos eine Bemerkung hinterlassen. „Vorsicht! Verräter und PII. Sprich mit niemandem! Carlos."

Julien sah Silvia an. „Ich weiß nicht, warum uns Carlos warnt und was PII bedeutet. Wenn Alain Moulinier ein Verräter war, würde das manches erklären. Er hat uns nach Paris gelockt und könnte auch den Italiener beauftragt haben."

Silvia sah ihn erschrocken an. „Er hat uns ausgenutzt, um das Geheimnis für sich oder seine Hintermänner zu erfahren. Aber wer oder was ist PII? Wollen wir die Freimaurer fragen?"

„Auf keinen Fall. Wir kennen sie nicht. Zu Christian hätte ich noch Vertrauen, denn er hat meine Eltern gerettet. Aber wenn wir ihn fragen, könnte er Schwierigkeiten mit Moulinier bekommen."

„Julien, lassen wir es vorläufig auf sich beruhen!"

„Ja. Aber das mit dem Sternbild und die Bezeichnung PII, will ich doch noch wissen."

„Na gut. Aber dann ist Schluss. Wir haben noch genug zu tun."

* * *

Julien schlief in der Nacht sehr schlecht. Er wälzte sich hin und her. Schließlich stand er auf und nahm noch einmal die Uhr zur Hand. „PII."

Die Uhr schlug zwei Mal. Unwillkürlich sah er zu der barocken Uhr mit ihrem reich verzierten Zifferblatt. Dann schlug er sich an die Stirn, denn sie hatte ihm gerade die Antwort gegeben. PII sollte P2 heißen. Alain Moulinier hat die Kurzform der italienischen Freimaurerloge von Propaganda Due selbst so genannt, als er den Auftrag erteilte. Er war Mitglied jener Loge, die er vorgab zu bekämpfen. Carlos muss es herausgefunden haben. Vermutlich hatte er sich schuldig gefühlt und ihn deshalb im Nachlass so großzügig bedacht. Julien ging zur Hausbar und goss sich einen großen Rum ein.

„Auf Dich! Carlos."

Jetzt musste er nur noch herausfinden, was das mit dem Sternbild zu bedeuten hat. Als er sich ins Bett legte, drehte sich alles. Schließlich entließ der Rum ihn ins Traumland.

* * *

Am Morgen hatte er einen schweren Kopf und quälte sich nur mühsam aus dem Bett. Silvia empfing ihn mitleidsvoll am Frühstückstisch.

Neben seinem Teller lag ein geöffnetes Lexikon.

„Ich habe das Sternbild gefunden. Du glaubst nicht, wie es heißt."

„Mach es nicht so spannend! Wie heißt es?"

„Es heißt, wie es aussieht. Dreieck oder genauer gesagt: Sommerdreieck!"

„Sommerdreieck?"

„Ja, weil es in den Sommernächten gut zu beobachten ist. Es wird von drei hellen Fixsternen gebildet. Das sind rechts oben der Deneb, der hellste Stern im Sternbild Schwan, rechts unten die blau leuchtende Wega im Sternbild Leier und der Altair, der hellste Stern im Sternbild Adler ist links, der mittlere Stern. Im Lexikon steht, dass vermutlich die griechischen Mathematiker im Sommerdreieck eine himmlische Bestätigung für ihre Wissenschaft vom rechtwinkligen Dreieck sahen. Deshalb haben sich die Griechen auch keine mystische Bezeichnung für das Sternbild ausgedacht. Ein Dreieck ist so offensichtlich, so materialistisch, dass es jeder versteht."

Silvia strich mit ihrem Finger das Dreieck auf der Brust von Julien nach.

„War das Dreieck nicht auch ein Symbol für Gott?", fragte er.

„Aber im Unterschied zu anderen Sternbildern kann jeder das Dreieck mit einfachsten Mitteln nachbauen. Es ist eine der stabilsten Formen, die es gibt. Sie taugt nicht zur Interpretation im Glauben, weil es ohne göttliche Unterstützung bei jedem Menschen funktioniert. Das Dreieck ist selbstverständlich und offensichtlich." Silvia lachte schelmisch.

Julien klopft ungeduldig mit den Fingern auf den Tisch. „Nun sag schon. Was du noch herausgefunden hast!"

Sie schob Julien einen der Kupferstiche mit Adrian VI. herüber und zeigte auf die Darstellung mit der Sonne und dem Mond.

„Das ist das gleiche Sternbild. Und noch etwas ist zu sehen!"

„Silvia! Wir fangen jetzt nicht mit Mathematik an. Das war nie mein Ding."

„Siehe dir mal den Rahmen des Bildes an." Sie zog den Rahmen mit ihrem Finger nach und sagte: „Denke mal an Adam und Eva."

„Es ist ein Apfel." Julien lachte. „Ein Apfel. Das Synonym für Erkenntnis."

Zögernd sagte er: „Eins verstehe ich dann aber nicht. Cornelius Hazart war doch ein belgischer Jesuitenpriester. Was hatten Jesuiten mit Freimaurern zu tun?"

„Das verstehe ich auch nicht. Vielleicht hat es der Kupferstecher eigenmächtig gestaltet. Ein Zufall ist es bestimmt nicht. Eigentlich ist die Darstellung widersinnig, da am Tag keine Sterne zu sehen sind. Das muss ich noch einmal durchdenken."

Die Erkenntnisse, die Julien zu Propaganda Due gewonnen hatte, unterschlug er, um seine Frau nicht zu beunruhigen. Europa war weit weg.

Die Wewelsburg

Am 5. Mai 1972 rief Dr. Johannes Semmler aus Deutschland an und fragte Julien, ob noch Interesse an Informationen zu Friedrich Stein bestehen. Er habe einen Zeugen gefunden, der Stein kannte. Es handle sich um den Sohn der Frau Wagner aus Paderborn, Horst Wagner. Dieser könnte sachdienliche Informationen zum Verhältnis von Friedrich Stein und einigen SS-Größen geben. Er hat allerdings um Vertraulichkeit gebeten, da die Weitergabe der Informationen für ihn gefährlich sein könnte.

Erst nach langem Zögern entschloss sich Julien, nach Deutschland zu fliegen. Silvia hatte Angst um ihn und überredete deshalb den Sicherheitsmann ihrer Firma, Pedro Lemper, ihn auf der Reise zu begleiten. Er konnte gut Deutsch und war bereits seit Jahren ein zuverlässiger Mitarbeiter. Für sie entscheidend war aber, dass er über zwei Meter groß war und eine beeindruckende Figur hatte. Angeblich soll er 1936 bei der Olympiade in Deutschland dabei gewesen sein und mit dem Boxweltmeister Max Schmeling als Sparringspartner gekämpft haben.

In Frankfurt am Main wartete Dr. Semmler bereits am Flughafen. Mit seinem Wagen fuhren sie in Richtung Kassel. Sie hielten an einem abgelegenen Gasthof. Dr. Semmler ging allein ins Hotel. Als er wieder herauskam, fuhren sie einige Kilometer weiter und bogen in eine Seitenstraße ab. Dort warteten sie einige Minuten. Nachdem ein metallicgrauer Käfer vorbeigefahren war, fuhren sie wieder auf die Hauptstraße und folgten dem Pkw mit etwas Abstand. Hinter einem Waldstück bog der Käfer ab und sie folgten ihm. Julien fühlte sich in die Zeit zurückversetzt, als er für den MI6 unterwegs war. Es war die gleiche Anspannung. Automatisch drehte er sich regelmäßig um. Doch sie waren allein auf der Straße. Ein alter Bauernhof kam in Sicht. Das große Tor war weit geöffnet. Dr. Semmler fuhr hindurch, stieg danach aus und schloss das Tor hinter sich. Erst nachdem er ein Zeichen gegeben hatte, stiegen Julien und Pedro aus.

Über eine kleine Diele gelangten sie in einen Raum, der mit Geweihen und anderen Jäger-Utensilien überladen war. Am Tisch saß ein alter Mann, den Julien über siebzig Jahre schätzte. Horst Wagner begrüßte die Ankömmlinge.

Julien stellte sich vor. Pedro schickte er nach draußen. Er sollte dafür sorgen, dass keine ungebetenen Besucher störten.

Horst Wagner atmete schwer. Dann sagte er ohne Überleitung: „Ich bin froh, dass er tot ist. Schon als er nach dem Krieg verschwand, hatte ich gehofft, dass er in einem Gefangenenlager vergammelt war. Dann kamen aber immer wieder Postkarten. Ohne Gruß. Ohne Namen. ‚No!', stand drauf. Ich wusste, von wem sie kamen und was er meinte: Norbertusloch. So hieß der tiefste Keller im Westturm, in dem er mich eingesperrt hatte."

Julien fragte: „Worum ging es dabei?"

„Fritz war mein Cousin. Er war ein paar Jahre jünger, aber in vielerlei Hinsicht reifer als ich. Mit seiner penetranten Art schaffte es immer wieder, mich auszunutzen. Ich war dumm genug, zu glauben, was er sagte. Bis er es übertrieb und er meine Frau bei den Behörden anschwärzte. Dabei fing alles banal an. Ich war vierzehn Jahre alt und er besuchte uns mit seinen Eltern in Paderborn. Er schwärmte von Berlin und behauptete alles Mögliche. Irgendwann wollte ich auch mal auftrumpfen und berichtete, dass wir in der Nähe ein verwunschenes Schloss hätten.

Er quengelte so lange, bis ich mit ihm zur Wewelsburg fuhr. Es war nicht schwer, hineinzukommen, denn der Bau war damals ziemlich heruntergekommen. In der ganzen Burg wohnte nur ein Pfarrer. Wir trieben uns in den Räumen herum. Irgendwann gingen wir die Treppe vom Westturm herunter. Fritz wollte nachsehen, ob es vielleicht ein altes Verlies gab, in dem sich noch alte Gerippe oder Folterwerkzeuge befanden. Mir kam das unheimlich vor. Trotzdem ging ich mit. Es war stockfinster. Wir öffneten einige Türen. Plötzlich wurde es dunkel und ich fand den Ausgang nicht mehr. Fritz war verschwunden. Ich nahm an, dass er einen Scherz mit mir machen wollte. Ich rief ihn, aber er antwortete nicht. Mühsam tastete ich die Wände ab, bis ich glaubte, eine Tür gefunden zu haben. Es fehlte aber die Klinke. Ich schrie um Hilfe und weinte, wie ich noch nie im Leben geweint hatte. Bestimmt eine Stunde war ich dort unten. Irgendwann öffnete sich die Tür. Fritz sah mich hämisch an und fragte: ‚Hast du den Geist gefunden?' Aus Ärger und Wut prügelte ich auf ihn ein, bis seine Oberlippe blutete. ‚Das werde ich mir merken. Du schuldest mir jetzt etwas', sagte er."

Julien bemerkte: „Aber das waren doch nur Kindereien."

„Fritz fand das aber überhaupt nicht. Für mich war die Geschichte erledigt. Irgendwann ging ich zum Studium nach Heidelberg und kehrte kurz vor dem Ersten Weltkrieg zurück nach Paderborn. Nur nebenbei hatte ich erfahren, dass er mehrfach die Universitäten gewechselt hatte und Ärger mit völkischen Burschenschaften machte. Das interessierte mich aber nicht weiter, denn ich hatte mein Wirtschaftsstudium abgeschlossen und arbeitete in der Kreisverwaltung Büren, zu dem auch die Wewelsburg gehörte. Gelegentlich musste ich dorthin, weil dort ein Kulturzentrum aufgebaut werden sollte.

Irgendwann tauchte Fritz auf und erzählte mir, dass er sein Studium abgebrochen habe und nicht nach Hause fahren werde. Er bat mich um etwas Geld. Ich wollte ihn so schnell wie möglich loswerden und gab ihn ein paar Reichsmark. Dann wollte er, dass ich ihm ein paar Sätze Latein aus einem Brief übersetze. Er zeigte mir die Seite eines Briefes mit altertümlicher Schrift, dessen Papier vergilbt war. Ich versuchte mich daran, merkte aber, dass es Spanisch und nicht Latein war. Es ging um eine Reliquie, die ‚la luz de maría', auf Deutsch ‚Marias Licht' hieß. Es war eine Anweisung, wonach sie sicher verwahrt werden sollte. Er riss mir den Brief mit der Bemerkung aus der Hand: ‚Das reicht mir'. Am gleichen Tag ist er nach Italien gefahren."

„Können Sie sich an noch mehr Details erinnern?"

„Tut mir leid. Ich habe nur einige Zeilen gelesen. Ich weiß nicht, wer Absender und Empfänger war. Das Stückchen Text übersetzte ich mit einem Wörterbuch.

Seltsamerweise tauchte Fritz einige Zeit später auf. Er war elegant gekleidet und gab mir das geborgte Geld zurück. Dann bat er mich, ihn auf die Wewelsburg zu begleiten. Er nahm mich mit seinem Auto mit. Diesmal hatte ich Schlüssel und Taschenlampe dabei. Auf der Burg machte er mit seiner Fotokamera viele Bilder. Irgendwann standen wir unter dem Eingang zum dicken Nordturm. Ich wollte gerade die Klinke der Eingangstür herunterdrücken, als er mich zurückhielt. ‚Nach oben sehen!' befahl er mir grinsend. Ich begriff erst, was er meinte, als er seinen Zeigefinger nach oben streckte. Über dem Eingang war ein Relief mit dem Wappen des ehemaligen Schlossherrn und einem lateinischen Spruch. Darüber war noch ein Ornament.

Von unten erkannte man, dass es sich dabei um eine Pyramide handelte, die förmlich aus der Wand wuchs. Weil mein Vater Freimaurer war, kannte ich den Zusammenhang. Wie zur Versicherung meiner Vermutung flüsterte ich ‚Freimaurer'. Er antwortete: ‚Das ist nur die Hälfte'. Er zog mich einige Meter zurück. Ich verstand nicht, was er meinte. Dann sagte er pathetisch: ‚Das ist ein Schlüssel'. Er nahm mir die Taschenlampe aus der Hand und leuchtete auf das Wappen."

Julien fragte aufgeregt: „Was war zu sehen?"

Horst Wagner lachte: „Ich sah nichts als das Wappen mit der Bischofsmütze. Fritz lachte mich aus. ‚Der Mann war Jesuit und Freimaurer'. ‚So ein Nonsens', meinte ich. Statt mit mir zu diskutieren, nahm er mir die Taschenlampe aus der Hand und drehte den Lichtkegel so lange, bis ich verstand, was er meinte. Die Pyramide befand sich in einem Kreis und der Kreis in einem großen Dreieck. Durch die Lampe wurden die Flächen der Pyramide gleichmäßig ausgeleuchtet und verschwanden scheinbar. Jetzt sah der Kreis wie eine Pupille aus. In meinem Kopf wurde aus dem

Ornament ein Auge in einem Dreieck, wie ich ihn von Kirchenbildern kannte.

Fritz ging mit mir noch einige Meter zurück. Ohne Taschenlampe verwandelte sich die Pyramide in ein Dreieck, dessen Spitze nach unten zeigte, da die untere Hälfte im Schatten lag. Auf der Rückfahrt zu seinem Hotel sagte er: Du wirst Dich noch wundern. - Ich hätte gern darauf verzichtet."

Wagner trank ein Schluck Wasser.

Zögernd fuhr er fort: „Dann kam der Erste Weltkrieg. Ich wurde schwer verwundet. Glücklicherweise konnte ich als Beamter in der Verwaltung weiterarbeiten. Dort lernte ich meine spätere Frau kennen. Das Geld reichte für ein kleines Glück. Wir hofften auf unser erstes Kind. 1933 tauchte Fritz bei uns auf und kündigte an, dass er jetzt öfter in Büren zu tun haben werde. Er sagte aber nicht, worum es ging. Schließlich hörte ich von meinen Kollegen, dass die NSDAP die Burg gemietet hat. Mir fiel der Besuch der Burg mit Fritz ein. Daher war ich mir sicher, dass er damit zu tun hatte. Bei einem Gespräch bestätigte er meine Vermutung. Dabei sagte er eindringlich zu mir, dass ich niemanden von dem Brief und den Symbolen erzählen soll.

Es begann eine rege Bautätigkeit. Laufend tauchten Ingenieure in der Verwaltung auf, um Unterlagen einzureichen oder Auskünfte zu bekommen. Selbst der Reichsführer-SS Heinrich Himmler kam nach Büren. Fritz tauchte mit seltsamen Leuten auf. Mir fiel besonders ein Österreicher auf, der Wiligut hieß und als Wahrsager auftrat. Fritz kannte ihn schon seit Jahren. Zwischen ihm und dem Österreicher kam es aber irgendwann zu einem Zerwürfnis. Ausgangspunkt war die Gestaltung des sogenannten Totenkopfringes. Fritz hatte mit Wiligut über die Bedeutung von Symbolen in der Antike gesprochen.

Als Wiligut den Auftrag für den Ehrenring von Himmler bekam, hatte er einfach die Symbole, über die er mit Fritz gesprochen hatte, mit germanischen Runen versehen, um den Eindruck zu erwecken, dass sie schon in der Antike existierten. Fritz sah sich von ihm betrogen, weil er bereits jahrelang über Symbole geforscht hatte, und Wiligut seine Aussagen verzerrt hatte."

Julien fragte: „Wissen Sie, welche Symbole ihr Cousin gemeint hatte?"

„Soviel ich weiß, hatte Wiligut im Dreieck die Siegrune, im Quadrat ein Hakenkreuz und im Kreis das SS-Zeichen mit einem Pfeil gestaltet. Zusätzlich war der Ring mit einem Sechseck und dem Totenkopf versehen. Übrigens waren zwei Dreiecke vorhanden. Das Sechseck mit gekreuzten Strichen hatte auch eine besondere Bedeutung, die ich aber nicht mehr weiß. Fritz meinte auf alle Fälle, dass Wiligut ein Scharlatan sei, der nichts von Geschichte wusste.

Offensichtlich fiel Wiligut 1938 in Ungnade. Denn gleichzeitig änderte sich bei den Bauarbeiten einiges. In unmittelbarer Nähe zur Wewelsburg wurde ein Konzentrationslager eingerichtet. Die Häftlinge führten Bauarbeiten an der Burg durch und bauten Häuser im Dorf und der Umgebung. Das erfuhr ich aber erst nach dem Krieg. Damals konnte ich nur aus der Ferne sehen, dass der Putz vom gesamten Gebäude abgeschlagen wurde und man die oberen Etagen des dicken Nordturms entfernte. Es gab Gerüchte, dass in dem KZ ausschließlich Bibelforscher waren. Erst später sollen dort auch Juden, politische Gefangene und Kriegsgefangene eingesperrt worden sein.

Fritz sagte irgendwann, dass die Bibelforscher am geeignetsten waren. Er begründete das nicht. Mir wurde der Sinn seiner Aussage erst klar, als ich mitbekam, dass ganze Bibliotheken von Büchern über Freimaurer angeliefert wurden. Wegen einer fehlerhaften Anschrift hatte man 300 Bücher aus der bayerischen Staatsbibliothek an unsere Verwaltung geliefert. Von meinem Vater wusste ich, dass die Bibelforscher aus den USA kamen und die Freimaurer bekämpften.

Als ich Fritz daraufhin ansprach, meinte er, dass Himmler die SS in mancherlei Hinsicht an Freimaurern und Jesuiten ausrichten wollte. Besonders die Hierarchie und die Verschwiegenheit hätten es ihm angetan. Die dreieckige Burg und die Symbole über der Tür wären für ihn ein göttliches Zeichen für seinen Auftrag. Fritz sagte zu mir, dass ich darüber nicht sprechen soll, da für alle in der Burg beschäftigten Personen strenges Stillschweigen und ein Beichtverbot festgelegt wurde.

Er sprach trotzdem mit mir. Ich glaube, dass Fritz seinem Drang nach Anerkennung nachkommen wollte. Vermutlich ging er davon aus, dass er mich in der Hand hatte, weil meine Frau ein Kind mit einer Behinderung geboren hatte. Sie hatte große Angst, dass man es ihr wegnehmen könnte.

Er spielte oft mit seiner Macht. Manchmal sagte er zu mir, dass er mich erschießen lassen könnte, sollte ich irgendetwas weitererzählen. Ich war mir sicher, dass er es getan hätte.

Der Bauaufwand, der auf der Burg betrieben wurde, war unfassbar. Das KZ wurde größer und immer öfter hörte man von Erschießungen. Die Gerüchteküche brodelte. Die SS-Leute hielten sich offensichtlich nicht an alle Regeln. Mit einigen Privilegien und zusätzlicher Versorgung wurde die Bevölkerung beruhigt. Mittlerweile lebte ein Teil der SS-Leute in der Umgebung. Die Häftlinge hatten Häuser für sie gebaut.

Fritz überraschte mich eines Tages mit einer Zeichnung der künftigen Burganlage. Sie sollte riesig werden. Sogar ein Autobahnanschluss war vorgesehen. Er bekräftigte den Eindruck mit der Aussage: ‚Hier wird der Mittelpunkt der Welt sein!'. Dann legte er eine Zeichnung auf den Tisch, auf dem der dicke Nordturm wieder die ursprüngliche Höhe hatte. Allerdings sollte auf ihm eine riesige Kuppel mit einer Laterne prangen. Über drei Etagen sollte man bis zur Turmspitze sehen können. Die dritte und die vierte Etage waren Galerien. Die aufgesetzte Laterne sollte auch begehbar sein. Über den Türen im ersten Obergeschoß prangten auf der Zeichnung riesige Adler.

Im Zentrum sollte eine Vitrine stehen, von der Strahlen ausgingen. Sie erinnerte mich an Heiligenbilder. Daneben stand ‚Marias Licht'. Wie ein Kind, das stolz sein neues Spielzeug zeigte, zählte Fritz die Maße des Bauwerks auf. Das Gebäude sollte um die siebzig Meter hoch werden.

Als ich ihn fragte, ob er denn schon ‚Marias Licht' habe, wurde er verärgert. Er begriff, dass ich einen Zusammenhang mit dem alten Pergament erkannt hatte. Trotzig beschimpfte er mich und rollte die Pläne zusammen.

Eine Woche später wurde unser behindertes Kind abgeholt und kurze Zeit danach meine Frau. Sie hatte sich bei der Gestapo beschwert. Ich wurde zur Musterung gerufen. Mir war klar, wer hinter allem steckte. Glücklicherweise rettete mich meine Kriegsverletzung vor der Einberufung.

Ungefähr zwei Wochen vor Kriegsende tauchte Fritz bei mir auf. Er machte mir das Angebot, meine Frau aus der Haft zu entlassen, wenn ich aus einem Panzerschrank im Nobertusloch eine grüne Segeltuschtasche holen würde.

Ich bezweifelte, dass mich die SS in die Burg lassen würde. Fritz meinte, dass die Besatzung bald die Wewelsburg verlassen würde. An den Raum und den Panzerschrank würde niemand herankommen. Es würde reichen, im Westturm in den Keller zu gehen und die Tasche aus dem Panzerschrank zu holen. Er beschrieb sie mir genau. Sie sei abgegriffen und trüge ein altes rotbraunes Siegel. Der Zustand würde über den Wert des Inhalts hinwegtäuschen. Falls noch andere Sachen im Schrank wären, sollte ich sie auf keinen Fall anrühren. Es könnte sein, dass noch andere Personen Interesse am Inhalt des Panzerschrankes haben. Von dem Inhalt der Segeltuchtasche wusste aber nur Heinrich Himmler, Reinhard Heydrich und er selbst. Da Heydrich tot sei, würde nur Himmler und er selbst davon wissen.

Fritz war sich aber nicht sicher, ob Himmler seinen Schatz bereits mitgenommen hatte.

Für ihn könnte die Tasche sein eigenes Überleben bedeuten. Er gab mir einen eigentümlich geformten Schlüssel und einen Passierschein, der von Himmler unterzeichnet war.

Tatsächlich wurde meine Frau entlassen und ich wartete auf das Ende des Krieges.

Die Amerikaner kamen näher und ich befürchtete, dass ich zwischen die Fronten geraten könnte. Ich hatte mir von der Kreisverwaltung eine Bescheinigung ausstellen lassen, die mich zum Betreten der Burg berechtigte. Man wunderte sich zwar darüber, aber ich begründete mein Anliegen damit, dass ich gegebenenfalls das Gebäude von der SS offiziell übernehmen könnte, um Flüchtlinge darin unterzubringen. Schließlich war die Burg von der Kreisverwaltung nur gemietet. Angesichts der Flüchtlingsströme schien meine Legende glaubhaft zu sein.

Auf einem Fahrrad fuhr ich in Richtung Wewelsburg. Flüchtlinge strömten in Richtung Westen. Angehörige der Wehrmacht und der SS waren in losen Gruppen unterwegs. Sie fragten mich nach irgendwelchen Einheiten. Einmal wollte man mich als Deserteur festnehmen. Die beiden Dokumente retteten mir das Leben.

Als ich an der Burg ankam, sah ich, wie ein Trupp Bewaffneter mit einem Lastwagen herauskamen. Hinter ihm hörte ich Explosionen. Aus einigen Fenstern schlugen Flammen. Ein SS-Mann kam mir zu Fuß entgegen. Ich fragte ihn, ob von der Wachmannschaft noch jemand da sei. Er meinte nur, dass ich zusehen sollte, das Gelände zu verlassen.

Von der Druckwelle einer Explosion wurde ich zu Boden geworfen. Eine Mauer bewahrte mich davor, in den Burggraben zustürzen. Ich war mir nicht sicher, ob ich noch in den Westturm gelangen konnte. Dann sah ich, dass zwar die Verbindungsgebäude brannten, die beiden vorderen Türme aber scheinbar unversehrt waren. Ich stürzte in den Westturm und bemerkte, dass offensichtlich auch hier die oberen Etagen brannten, da die Eingangstür vom Sog hineingezogen wurde.

Ich musste mich beeilen. Die Treppe zum Keller war dunkel. Meine Taschenlampe warf einen Lichtkegel in die Gewölbe. In mir kamen die Erinnerungen wieder hoch. Nur mit Mühen stieg ich weiter hinunter. Schließlich stand ich im Kellerraum, den man Nobertusloch nannte. Ich steckte den Schlüssel in den Panzerschrank. Er war bereits geplündert. Der Fetzen eines Geldscheines ließ den ehemaligen Inhalt erahnen. Ich wollte schon gehen, als ich die grüne Segeltuschtasche auf dem Boden des unteren Faches erblickte. Ihr beklagenswerter Zustand hatte wohl verhindert, dass die Plünderer sie mitgenommen hatten. Ich schob sie unter meine Jacke. Dann beeilte ich mich, das Gebäude zu verlassen.

Vor der Burg hatten sich Leute versammelt. Manche hatten Handwagen dabei. Ich fuhr mit meinem Fahrrad an ihnen vorbei. In der Ferne hörte ich das Donnern der Kanonen. Die Front schien in unmittelbarer Nähe. Zu Hause verbrannte ich den Passierschein von Himmler. Die Tasche versteckte ich im Keller. Kurze Zeit nach der Kapitulation meldete sich Fritz bei mir. Ich gab ihm die Tasche. Er sah nur kurz hinein. Dann verschwand er.

Nach einem halben Jahr waren die Amerikaner bei mir und fragten, was ich auf der Burg gesucht habe. Ich zeigte den Beleg der Verwaltung. Sie waren damit zufrieden. Es dauerte nicht lange, da tauchten zum ersten Mal Deutsche auf, die mir die gleiche Frage stellten. Ich antwortete ihnen genauso. Sie waren aber nicht zufrieden, bedrohten meine Frau und mich. Obwohl ich ihnen erklärte, dass ich nichts aus der Burg habe, kündigten sie an, so lange wiederzukommen, bis ich ihnen das gestohlene Material herausgebe. Sie kamen immer wieder, schickten anonyme Briefe und riefen mich an.

Das beruhigte sich erst, als 1948 ein Italiener auftauchte und mir sagte, dass Fritz lebt und in Sicherheit war. Er zeigte mir ein Foto, auf dem er gemeinsam mit Fritz zu sehen war. Auf dem Tisch vor ihnen lag die Segeltuchtasche.

Danach kamen regelmäßig von ihm diese Karten. Sie reichten, dass ich immer Angst hatte. Zwischenzeitlich konnte ich einige der Leute ausfindig machen, die mich damals bedroht hatten. Ihnen war eins gemein: Sie gehörten der Hilfsgemeinschaft auf Gegenseitigkeit der Angehörigen der ehemaligen Waffen-SS HIAG an. Unter ihnen waren sogar einige Kollegen von mir und ein Richter."

Julien fragte Horst Wagner, warum er jetzt wieder Angst hat. Friedrich Stein sei doch tot.

Wagner entgegnete: „Letzte Woche tauchte bei mir jemand auf. Er zeigte einen Ausweis und fragte nach der Tasche. Weil er von einer offiziellen Behörde zu kommen schien, habe ich ihm das erzählt, was ich ihnen gesagt habe. Der Mann wurde hochrot im Gesicht. Dann brüllte er, dass er das Märchen nicht glaube. Ich solle die Unterlagen beschaffen. Dann drohte er mit strafrechtlichen Folgen."

Völlig verunsichert sprach Wagner mit seiner Mutter, die ihm daraufhin die Adresse von Dr. Semmler gab.

Julien überlegte einen Augenblick. „Sagen Sie, hatte er irgendwelche besondere Merkmale?"

Wagner wippte auf seinen Stuhl hin und her. „Er war im mittleren Alter und hatte einen teuren Anzug an. Ich weiß nicht. Aus irgendwelchen Gründen hatte ich den Eindruck, dass er kein Deutscher ist. Ich bemerkte einen leichten französischen Akzent. Besonders als er mich beschimpfte, trat er hervor."

Dr. Semmler sagte: „Falls er tatsächlich von der Polizei oder einem Sicherheitsdienst war, könnte man ihn vielleicht ausfindig machen. Es sei denn, er segelt unter falscher Flagge. Ich glaube nicht, dass es eine offizielle Aktion war."

„Herr Wagner, haben Sie sonst noch jemanden dazu informiert?", fragte Julien.

„Nein. Ich habe mich genau an die Verhaltensregeln von Dr. Semmler gehalten."

Julien tat Wagner leid, der schuldlos in diese Situation geraten war. „Herr Dr. Semmler, was halten Sie davon, in die Offensive zu gehen. Ich habe damit bisher gute Erfahrungen gemacht. Wenn es kein Geheimnis gibt, kann man Herrn Wagner nicht mehr erpressen."

Semmler fragte erstaunt: „Was schwebt Ihnen vor?"

Julien lehnte sich zurück: „Man könnte einen offiziellen Besuch bei der Polizei machen und sich über die Belästigung beschweren. Egal was die Leute sagen, wird es Konsequenzen haben. Allerdings sollte ein Anwalt Herrn Wagner begleiten."

„Das ist machbar." Dr. Semmler sah Wagner an: „Was halten Sie davon?"

Wagner ging in sich. Er knetete seine Hände, holte tief Luft und sagte schließlich: „Das ist auf alle Fälle besser als diese Ungewissheit. Ich bin noch die nächsten Tage in der Stadt. Rufen Sie mich bitte an. Am Montag fliege ich mit meiner Frau in die Schweiz."

Wagner verabschiedete sich und fuhr mit seinem VW Käfer vom Hof.

Julien sagte: „Ich kann mich in seine Situation hervorragend hineinfühlen. Meine Familie durchlebt sie schon seit Jahrzehnten. Gewöhnen kann man sich nicht daran. Was meinen Sie? Ist es für mich ein Risiko, für ein paar Tage in Deutschland zu bleiben?"

Semmler sah ihn eindringlich an. „Was haben Sie vor?"

„Ich möchte mir die Wewelsburg ansehen."

„Ich glaube nicht, dass Sie in Gefahr sind. Trotzdem empfehle ich, ihren Bewacher mitzunehmen. Man weiß nie, was geschieht."

***

Julien hatte sich einen Opel Kadett ausgewählt. Der Mietwagen sah aus, als käme er direkt vom Händler. Pedro musste den Sitz nach hinten schieben, um einigermaßen bequem zu sitzen. Er studierte die Karte. „Es sind von Kassel ungefähr 85 Kilometer Autobahn. Wir müssen nicht über Paderborn fahren. Ich schätze, dass wir eine Stunde brauchen."

Julien überlegte: „Das ist gut. Wenn wir auf der Burg eine Stunde brauchen, können wir in Paderborn Dr. Semmler aufsuchen. Wir halten uns dort nicht lange auf und fahren anschließend direkt nach Frankfurt am Main. Das ist alles Autobahn. Offen gestanden, bin ich froh, wenn wir wieder im Flieger sitzen."

Sie brauchten nicht einmal eine Stunde. Ein Stück Landstraße und die Wewelsburg kam in Sicht. Julien stellte sich die Burg mit der von den Nazis geplanten Kuppel vor. Sie hätte weithin die ganze Umgebung überragt. Auch ohne die Kuppel war sie eine imposante Erscheinung.

Er stellte das Auto vor der Auffahrt ab. Den Rest gingen sie zu Fuß. Julien fotografierte die Burg. Er wollte, dass sich Silvia einen Eindruck machen konnte. Er bedauerte, dass sie nicht dabei war. Sie hätte sicher bessere Bilder einfangen können.

Es war ein wuchtiger Bau, der mit seiner Minox kaum zu erfassen war. Daher verzichtete er auf große Ansichten. Vom Haupteingang machte er ein Foto. Dann wanderte sein Blick nach oben. Über dem Erker der ersten Etage sah er die Pyramide, die aus der Wand herauszuwachsen schien. Sie bildete das Zentrum eines Kreises. Unter dem Fenster war eine lateinische Inschrift. Julien fotografierte sie und übersetzte: „Viele wollen eintreten und können es nicht – Lukas 13,24".

Sie liefen zum mächtigen Nordturm. Genau wie Wagner es beschrieben hatte, erkannten sie auch hier die Pyramide und die Inschrift: „Mein Haus wird ein Haus des Gebetes genannt werden – Jesaja 56,7/Markus 11,17".

Im Wappenfeld standen die Worte: „Theodor Adolph durch Gottes und des Apostolischen Stuhles Gnade Bischof von Paderborn, des Heiligen Römischen Reiches Fürst, und Graf von Pyrmont, hat, nachdem er die Burg mit großem Kostenaufwand erneuert hatte die Kapelle in dieser Form wieder hergestellt im Jahre 1660".

Julien fiel ein, was er über einen Nachfahren des Grafen gelesen hatte. Danach war Friedrich Karl August der Protektor der nach ihm benannten Freimaurerloge „Friedrich zu den drei Quellen" in Pyrmont. Sein Bruder Ludwig führte sie Ende des achtzehnten Jahrhunderts als Meister vom Stuhl. Es war möglich, dass es Verbindungen zwischen dem Jesuitenbischof und den Freimaurern gab. Schließlich waren sein Wappen und die Pyramide zu seiner Amtszeit angefertigt worden.

Auch die Inschriften ließen Interpretationen zu. „Viele wollen eintreten und können es nicht." Das klang nach den Ritualen der Freimaurer. Auch der zweite Spruch deutet in diese Richtung, wenn man ihn vollständig zitiert: „Mein Haus wird ein Bethaus heißen für alle Völker." Das klang nach den Werten der Freimaurer: Freiheit, Gleichheit, Brüderlichkeit, Toleranz und Humanität. Schließlich stand er nicht über einem Eingang einer Kirche.

Sie kamen in einen Raum, in dessen Zentrum eine schwarze Sonne als Ornament in den Boden eingelassen war, die allerdings grün war. Julien fotografierte sie trotz des schwachen Lichts.

Er wollte noch die Gruft besichtigen, doch war der Eingang verschlossen. Auch der Zugang zum Norbertusloch war verschlossen.

Julien fühlte sich unwohl in der Umgebung. Sie gingen eilig zum Parkplatz. An ihrem Auto stand ein Mann, der offensichtlich das Kfz-Kennzeichen notierte. Als sie am Auto angekommen waren, fragte er barsch: „Was ist das Ziel Ihres Besuches?". Dabei fasste er Julien am Arm und entriss ihm die Minox-Kamera, die im hohen Bogen über die Brüstung flog.

Pedro packte den Mann mit beiden Händen und schleuderte ihn über das Pflaster, wo er sich liegen blieb.

„Wir fahren direkt nach Frankfurt!", sagte Julien, während sie davonfuhren. Vom Hotel rief Julien Dr. Semmler an. Als er sich meldete, ließ er ihn nicht zu Wort kommen. Er sagte nur: „Unser Freund ist tot", und legte den Hörer auf.

„Pedro. Wir müssen los!"

Sie packten eilig ihre Sachen. Auf dem Flughafen buchten sie den nächsten Flug. Bereits eine Stunde später waren sie in der Schweiz. Am nächsten Tag flogen sie über Paris und New York nach Buenos Aires.

Zwei Tage später rief Dr. Semmler an: „Wagner wollte sich mit mir treffen, um gemeinsam mit einem Anwalt zur Polizei zu fahren. Als er nicht kam, fuhr ich zu ihm. Die Polizei war bereits da. Nach Auskunft des zuständigen Kommissars wurde Wagner in seiner Wohnung erschossen. Seine Frau hatte ihn gefunden. Die Räume waren durchwühlt."

Julien unterrichtete Dr. Semmler von dem Vorkommnis an der Wewelsburg.

„Ich werde die Ohren und Augen offenhalten. Sofern ich etwas erfahre, rufe ich Sie an", sagte Dr. Semmler. Dann ergänzte er: „Friedrich Steins Frau war bei der Beisetzung von Wagner. Sie berichtete, dass sie von einem Franzosen in Berlin aufgesucht wurde, der sich für den Nachlass ihres Mannes interessierte. Als sie sagte, dass jemand aus Paderborn Papiere aufgekauft hat, war er verärgert gegangen. Er hatte nicht einmal nach dem Namen des Käufers gefragt. Sie machte sich Vorwürfe, darüber gesprochen zu haben, da sie damit vielleicht den Tod Wagners befördert hat. Sie betonte, dass sie seinen Namen nicht genannt hat. Ihrer Ansicht nach wusste der Mann, bei wem er suchen musste. Nach ihrer Beschreibung war es der gleiche Mann, den Wagner beschrieben hatte."

Julien zögerte etwas, bevor er auf Dr. Semmlers Worte einging: „Ich kann Ihnen den Namen des Mannes mitteilen, der vielleicht den Tod Wagners auf dem Gewissen hat. Möglicherweise kann die deutsche Polizei die Spur verfolgen. Ich schicke Ihnen ein paar ergänzende Informationen per Fernschreiber. Ich bitte Sie, mich nicht als Quelle anzugeben."

Silvia hatte das Gespräch mitgehört. Sie umarmte Julien und überzog sein Gesicht mit Küssen. „Ein Glück, dass Pedro dich beschützt hat."

Julien drückte sie an sich und spürte ihren Herzschlag.

Flüsternd fragte sie: „War das Alain Moulinier?"

Er nickte nur.

Silvia legte ihre Hand auf seine Brust. „Er verfolgt uns!"

Julien zögerte, bevor er antwortete: „Er verfolgt die gleichen Spuren. Ich bin mir nicht einmal sicher, dass er wusste, dass ich in Deutschland war. Es kann sein, dass er die Todesanzeige von Stein gelesen hatte. Vielleicht hat er Verbindungen zur HIAG. Das würde auch den Vorfall an der Burg erklären. Wir hatten schließlich niemanden gesagt, dass wir dorthin wollten. Da der Wagen aber auf Pedros Namen gemietet war, wird er kaum unsere Spur verfolgen können.

Dumm ist nur, dass mit Wagner ein Zeuge gestorben ist. Er tat mir ehrlich leid. Ich habe Dr. Semmler gar nicht gefragt, was aus Wagners Frau geworden ist. – Erst verliert sie das Kind und dann ihren Mann."

Silvia legte den Kopf an Juliens Schulter. „Gut, dass ich dich habe. – Und unser Baby."

Julien nickte. Dann sah er sie an. „Weißt du, worüber ich traurig bin. – Ich habe die Minox auf der Wewelsburg verloren."

„War etwas Besonderes darauf?"

„Nichts, was man nicht wiederbekommen kann, aber es war ein Erinnerungsstück an Alicja."

„Semmler könnte danach suchen?"

„Nein. Ich fürchte, dass er sich dabei in Gefahr bringt. Dort treiben sich zu viele Nazis herum."

* * *

Zu seinem Geburtstag schenkte Silvia ihrem Mann eine neue Minox-Kamera.

„Vielleicht tröstet sie dich etwas. Sie hat sogar einen Belichtungsmesser."

Julien war gerührt. Er packte sie sofort aus und legte den Film hinein, dann zielte auf Silvia und drückte auf den Auslöser. Das Klicken erinnerte ihn an den Moment mit Alicja in Zakopane.

Der Putsch

1973 starben kurz hintereinander Juliens Eltern. François hatte sich bei einem Treppensturz das Becken gebrochen. Er konnte nur noch liegen und verfiel zusehends.

Juliane saß Tag und Nacht an seinem Bett. Pieter, Silvias und Juliens Sohn, hing sehr an seinem Großvater. Er besuchte ihn so oft wie möglich. Wenn François wach wurde und ihn erblickte, sprach er ihn oft mit „Julien" an. Pieter klärte den Irrtum nicht auf und Juliane war ihm deswegen dankbar. Als François starb, stand die Familie an seinem Bett. Es schien die Zeit für einen Augenblick still zustehen. Pieter hielt sich an seiner Großmutter fest, als ob er verhindern wollte, dass sie ihrem Mann folgt. Doch er konnte es nicht verhindern. Der Arzt sagte, dass sie an gebrochenem Herzen gestorben sei.

Pieter wurde in dieser Zeit verschlossen und antriebslos. Er verlor sogar sein Interesse am Fußball. Nach und nach besuchten ihn kaum noch Freunde. Ein Psychologe riet zu einem Ortswechsel. Zu viel würde Pieter an seine Großeltern erinnern.

* * *

Anfang Oktober meldete sich Carlos Neffe, Enrico de Silva bei Julien. Er berichtete, dass er mit seiner Familie auf der Flucht sei. General Augusto Pinochet hatte gegen Präsident Salvador Allende geputscht.

Wegen seiner leitenden Stellung im Wirtschaftsministerium suchte man Enrico. Einer seiner Mitarbeiter hatte ihn gewarnt. Gerade noch rechtzeitig konnte er Santiago de Chile verlassen. Enrico tauchte mit seiner Frau Estefania und ihrer Tochter Candela in einem Kloster unter. Seinen Sohn Juan hatte man verhaftet und in das Nationalstadion gebracht.

Enrico bat Julien, etwas Geld über Western Union zu schicken, da er an seine Konten nicht herankam. Er wollte damit einen amerikanischen Piloten bezahlen, der ihn nach Argentinien fliegen wollte. Julien zögerte nicht. Er hatte im Fernsehen die Bilder von der Erstürmung des Präsidentenpalastes gesehen.

* * *

Am 1. Oktober 1973 landete ein Sportflugzeug auf dem Flughafen von Buenos Aires. Als Julien die Maschine auf dem Rollfeld sah, erinnerte er sich, wie er nach der Aktion in Polen mit dem toten Körper von Alicja nach England zurückgekehrt war. Die Erinnerung daran tat ihm noch immer weh.

Enrico hatte nur einen kleinen Koffer bei sich. Seine Frau hielt ihre Tochter an der Hand. Das Mädchen war ungefähr so alt wie Pieter. Die Begrüßung war etwas steif. Julien kannte das Gefühl der Emigration und unterließ jede Nachfrage. Sie sollten erst einmal zur Ruhe kommen. Silvia zeigte die Gästezimmer und gab Estefania einige Sachen zum Umziehen.

Erst nach dem Abendessen löste sich die Stimmung etwas. Sicher hatte auch der Wein dabei eine Rolle gespielt. Enrico berichtete über die Vorgänge in Chiles Hauptstadt. Unwillkürlich wurden die Schilderungen härter. Seine Frau stoppte ihn: „Nicht vor den Kindern!"

Es wurde still. Pieter hatte die Andeutung verstanden. „Kommst du mit? Ich zeige dir die alten Bücher von meinem Großvater."

Candela sagte nichts, stand aber auf und folgte Juliens Sohn.

Die Schilderungen Enricos waren schrecklich. Zwar hatte die Junta in Argentinien auch gegen Andersdenkende gewütet, doch so brutal war es wohl nicht gewesen. Außerdem hatten die Demonstrationen dafür gesorgt, dass die Militärs abdanken mussten.

Es war schon spät, als Silvia einfiel, dass von den Kindern nichts zu hören war. Sie fand Candela und Pieter auf der kleinen Couch in der Bibliothek. Eng aneinander gelehnt schienen sie in einem Buch zu lesen. Doch ihre Augen waren geschlossen. Silvia verbot Julien jede flapsige Bemerkung über die Situation.

Zum Frühstück hatte sie die Sitzordnung geändert. Die Kinder saßen nun nebeneinander. Estefania war damit einverstanden. Sie fühlte sich überfordert, aber sie spürte, dass Pieter ihrer Tochter jetzt näher sein konnte als sie.

In den folgenden Tagen änderte sich Pieters Verhalten merklich. Er zeigte Candela das Haus und die Umgebung. Sein Mund schien kaum stillzustehen. Silvia sagte zu ihrem Mann, dass sie bei Pieter so etwas wie Ritterlichkeit und Fürsorge bemerkte. Außerdem habe Candela ihm geholfen, aus seiner inneren Isolation herauszukommen.

* * *

Enrico rief bei Freunden in Santiago an. Die Nachrichten waren besorgniserregend. Linke und liberale Politiker, Gewerkschafter und Journalisten verschwanden. Selbst einige konservative Parlamentarier und Militärs hatte man festgenommen. Angeblich suchte man sogar im Ausland nach Gegner der Junta. Freunde rieten Enrico, nicht in Argentinien zu bleiben, da Verbindungen zwischen den Militärs in Chile und Argentinien bestanden.

Julien und Silvia hatten seit ihrer Zeit in Paris kaum Kontakt nach Europa. Eigentlich waren es fast nur berufliche Verbindungen. Silvia hatte einige Kinderbücher geschrieben und einen Bildband über Buenos Aires herausgegeben.

Bisweilen bekamen sie allerdings noch Post von Angelo, der seine kulturwissenschaftlichen Arbeiten schickte. Der Kontakt zu Christian Vigne war abgebrochen, als er von einer Zeitung als Berichterstatter nach Südostasien geschickt wurde. Sein Anruf kam überraschend. Christian meldete sich nicht mit seinem Namen:

„Hallo Julien. Ich hoffe, es geht euch gut. Sicher habt ihr mitbekommen, dass unser Banker ein Verräter ist. Näheres möchte ich am Telefon nicht sagen. Nur so viel: Wir wissen, dass er in Chile aufgetaucht ist. Das kann kein Zufall sein. Sollte er euch kontaktieren, schickt mir bitte umgehend ein Telegramm. Meine Kontaktdaten wirst du in den nächsten Tagen im Briefkasten finden. Sofern ich mehr weiß, melde ich mich. Grüße Silvia von mir."

Christian hatte aufgelegt, bevor Julien reagieren konnte. Das konnte nur bedeuten, dass er nicht sicher war, ob das Gespräch abgehört wurde.

Er erzählte Silvia von dem Gespräch. Bei dieser Gelegenheit gestand er ihr, dass er den Vermerk PII auf der Visitenkarte von Alain Moulinier, als P2 für Propaganda Due interpretiert hatte. Doch was wollte er in Chile?

Bereits am nächsten Tag fand Julien einen Brief ohne Absender in seiner Post. Auf dem Blatt Papier stand nur „Basilikum - Unserer Lieben Frau vom Rosenkranz, Dienstag, 14 Uhr – C.V."

Offensichtlich war Christian Vigne bereits in der Stadt. Silvia war sich nicht sicher, ob es richtig war, dass Julien ihn trifft.

„Liebste. Ich weiß nicht, ob er in Schwierigkeiten steckt. Er hat uns damals gerettet. Vielleicht ist es Zeit, ihm zu helfen."

Sie stimmte schließlich zu.

* * *

In der Kirche war es angenehm kühl. Julien setzte sich auf einen Hocker rechts neben dem Eingang, damit er die kommenden und gehenden Besucher überwachen konnte. Christian kam zehn Minuten zu spät. Er verhielt sich wie ein Tourist und schloss sich sogar einer Besuchergruppe an. Als sie bei Julien vorbeikam, nickte Christian ihm nur kurz zu und ging nach draußen.

Julien ließ sich etwas Zeit, bevor er die Kirche verließ. Draußen war es so hell, dass er die Augen zusammenkneifen musste. An einem Zeitungskiosk sah er ihn. Christian hatte ihn auch gesehen und ging in Richtung einer kleinen Baumgruppe. Dort setzte er sich auf eine Bank und studierte eine Zeitung. Schließlich schob seinen Strohhut ins Gesicht und setzte sich mit etwas Abstand zu ihm. Christian stand auf. Unmerklich grüßte er und ging dann mit schnellen Schritten zu einem Taxistand. Dort, wo er gesessen hatte, blieb die Zeitung zurück. Julien wartete einen Augenblick und nahm sie dann an sich.

Er machte ein paar Umwege, bevor er zu seinem Auto ging. Auf der Fahrt nach Hause achtete er auf mögliche Verfolger. An einem kleinen Park hielt er an und faltete die Zeitung auseinander. Statt eines Briefs fand er einen Minox-Film. Er war noch nicht entwickelt. Auf einem Zeitungsrand hatte Christian noch eine kurze Nachricht hinterlassen.

„Die Sache mit A. M. tut mir leid. Ich konnte nur noch C. warnen. Mein Flieger wartet schon."

Er riss die Nachricht ab und steckte den Film ein. Die Zeitung warf er in einen Papierkorb.

Silvia wartete schon. Als Julien ihr den Film und die Nachricht zeigte, fragte sie: „Dann war die Uhr mit der Visitenkarte von Christian?"

„Bestimmt finden wir die Antwort auf dem Film", sagte Julien.

Silvia nahm den Film und ging in die Dunkelkammer. Erst nach fast einer Stunde kam sie wieder heraus.

„Ich hatte ein paar Probleme mit der Entwicklermaschine von Minox. Deswegen habe ich alles mit der Hand gemacht."

Sie reichte Julien die vergrößerten Bilder. Sie waren zwar etwas grobkörnig, doch war alles Wesentliche erkennbar.

„Das ist offensichtlich die Kopie einer Kriminalakte aus Paris. Es gibt sogar ein paar Vermerke eines Staatsanwaltes. Kannst du dich noch an den Namen vom Staatsanwalt erinnern, der die Anklage gegen Antonio Sánchez vertreten hat?"

„Nein, aber in den Unterlagen vom Gericht müsste er stehen", meinte Julien, der die Seiten durchblätterte.

Auf einem Blatt war ein großes Foto aufgeklebt und mit Beweisnummer 23 vermerkt.

„Das ist Alain Moulinier! Nach dem Hintergrund müsste die Aufnahme in Rom entstanden sein. Der Petersdom ist deutlich zu erkennen. Neben ihm steht ein Mann, der mir bekannt vorkommt."

Auf der nächsten Seite war die Aussage von Antonio Sánchez. Er hatte den Begleiter Mouliniers als den Mann identifiziert, der ihm den Auftrag zum Überfall auf die Wohnung in Paris erteilt und vermutlich seine Frau verschleppt hatte. Eine handschriftliche Notiz verwies auf eine Aussage des Hotelinhabers, der ihn eindeutig als Begleiter der Frau von Antonio Sánchez erkannte.

Christian Vigne wurde als Zeuge benannt. Er hatte die Polizei zur Wohnung von Alain Moulinier geführt. Dort hatte man einige Beweismittel gefunden, die auf Kontakte zur italienischen Loge Propaganda Due verwiesen. Moulinier konnte sich dem Zugriff entziehen.

Die letzte Seite war ein Formular der italienischen Polizei. Mehrere Fotos zeigte Mouliniers Begleiter mit einem Schild in der Hand. Der Mann hieß Luigi Lombardo. Julien fiel ein, woher er das Gesicht kannte. Es war die Zeichnung, die nach den Angaben von Antonio Sánchez gefertigt wurde.

Sein markantes Gesicht mit den schräg gestellten Augen machte einen melancholischen Eindruck. Traut man so einem Menschen einen Mord zu?

Silvia und Julien saßen am Wohnzimmertisch und hatten nicht bemerkt, dass Enrico ins Zimmer gekommen war.

„Was habt ihr denn mit Banker aus der Schweiz zu tun?"

Er zeigte auf das Bild mit Alain Moulinier und Luigi Lombardo.

„Du kennst sie?", fragte Julien.

„Ja, Moulinier hat behauptet, dass er ein Bekannter von Carlos war. Er wusste sogar, dass ich sein Neffe bin. Angeblich war er vorher noch bei Salvador Allende. Mich hatte das nicht gewundert, weil Moulinier ein Abzeichen mit Zirkel und Winkelmaß an seinem Revers trug und jeder wusste, dass Allende Freimaurer war. Er behauptete, dass er im Auftrag einer italienischen Bank in unserem Ministerium zu tun hatte. Der junge Mann war so etwas wie sein Sicherheitsmann und Kraftfahrer. Sie fragten, wo sie Carlos Prats González finden können. Der war damals Innenminister und Vizepräsident Chiles."

„Wann war das?"

„Nach dem ersten Putschversuch und einen Tag, bevor der General Prats zurücktrat und Augusto Pinochet seine Funktion übernahm. Das müsste der 21. August 1973 gewesen sein. Warum fragt ihr?"

Julien erzählte Enrico von der Rolle, die Moulinier in Frankreich gespielt hat und dass Luigi Lombardo vermutlich ein Mörder ist.

„Heißt das, dass Propaganda Due auch in den Putsch gegen Allende verstrickt war?"

„Das wissen wir nicht. Aber es wirft Fragen auf. Jetzt wäre es gut, wenn wir einen Kontakt zu Christian hätten."

Enrico sah Julien besorgt an. „Christian hat euch doch vor Moulinier gewarnt. Das könnte bedeuten, dass er vielleicht dabei ist, seine Brüder in Chile vor ihm zu warnen. Mein Gott!"

„Wenn Moulinier die Möglichkeiten der Freimaurer nutzt, könnte er einflussreiche Leute ausspionieren und an Pinochet verraten."

„Was wollen wir tun, wenn er Kontakt zu uns sucht? Es wäre naheliegend, dass er uns in Buenos Aires sucht. Er weiß, wie ich heiße und kann sich den Rest zusammenreimen."

„Enrico, so schnell wird das nicht passieren. Die Grenzen sind zu und du bist für ihn keine Gefahr", meinte Julien.

Silvia hatte bisher nichts gesagt. Sie starrte immer noch auf die Fotoabzüge. Dann hob sie ihren Kopf und sah die beiden Männer an.

„Wenn ich das richtig sehe, weiß Moulinier nicht, dass er und sein Gehilfe längst enttarnt wurden. Wir haben damit einen Informationsvorsprung, den wir nutzen sollten. Was meinst du? Hat Christian noch seine Sekretärin? Wir können ihr sagen, dass er sich melden soll."

„Das wäre eine Möglichkeit", sagte Julien. „Je mehr ich darüber nachdenke, desto besorgter werde ich. Ich werde erst einmal ein paar Sicherheitsleute einstellen, die das Haus bewachen. Enrico, du bleibst mit deiner Frau und Candela vorläufig hier im Haus. Ich werde mich bei einigen Journalisten über die Lage in Chile informieren. Vielleicht finde ich auch ein paar aktuelle Nachrichten über Propaganda Due. Irgendwo hatte ich gelesen, dass die italienische Justiz gegen sie ermittelt."

* * *

Das Haus wurde zu einer Festung. Sicherheitsleute kontrollierten jeden Besucher. Am Tor hatte man eine elektrische Schranke eingerichtet. Starke Scheinwerfer konnten bei Bedarf das gesamte Grundstück beleuchten. Mehrere Kameras überwachten die Straße und den Eingangsbereich.

Zwischenzeitlich hatte Julien einige Informationen eingeholt. Am überraschendsten war, dass General Prats am 15. September 1973 mit seiner Frau nach Argentinien ins Exil gegangen war und in Buenos Aires lebte. Damit bestand die Möglichkeit, ihn zu Moulinier zu befragen. Eigentlich wollte ihn Enrico aufsuchen, doch Silvia überzeugte ihn, das Haus nicht zu verlassen. Schließlich war er bei den Behörden noch nicht angemeldet und damit illegaler Einwanderer.

Silvia meldete sich bei General Prats an. Sie stellte sich als französische Journalistin vor und bot ihm an, vorbeizukommen oder ihn in einem Restaurant zu treffen. Prats wollte seine Wohnung lieber nicht verlassen. Silvia kündigte an, dass sie mit ihrem Ehemann kommen würde, der für Fotos zuständig sei und Tonaufnahmen durchführen würde. Prats war einverstanden.

Er wohnte in einem mehrstöckigen Stadthaus im Zentrum der Stadt. Julien war überrascht. Hier gab es praktisch keine Sicherheitsmaßnahmen.

Der Hausherr empfing sie freundlich. Silvia hatte als Gastgeschenk den Bildband über Rom mitgebracht. Prats Ehefrau nahm ihn entgegen und sah ihn sofort an.

Julien stellte ein Tonbandgerät und einige Fotoleuchten auf. Silvia stellte sich zunächst noch einmal ausführlich vor. Prats fühlte sich geehrt. Er beklagte sich, dass er einige Interviews gegeben habe, in denen seine Aussagen falsch oder missverständlich dargestellt wurden. Silvia beruhigte ihn. Er würde ihren Artikel vorab erhalten. Erst nach seine Bestätigung würde sie ihn nach Frankreich schicken. Sie sei frei in ihrer Entscheidung und könnte vielleicht auch ein kleines Buch über ihn gestalten.

Das Gespräch fand in einer gelösten Atmosphäre statt. Die Hausherrin hatte Kaffee und Kuchen vorbereitet.

Silvia ließ den General reden und stellte nur Fragen, wenn etwas zu präzisieren war. Julien mischte sich nicht ein. Allerdings fragte er nach einigen Fotos aus dem privaten Fotoalbum, die die Geschichte illustrieren sollten.

Je mehr General Prats in die Gegenwart kam, desto aufgeregter wurde er. Auf Anraten seiner Frau machte er schließlich eine Pause.

Seine Stirn war voller Schweißtropfen. Seine Frau brachte etwas Wein, damit er sich etwas beruhigen konnte.

In der Pause fragte er Silvia, ob sie Kinder habe. Ohne eine Antwort abzuwarten, erzählte er einige Anekdoten von seinen Kindern. Dann wurde er sehr still.

„Wissen Sie, ich wollte immer alles richtigmachen. Fleiß, Disziplin und Gehorsam gehörten zu mir, wie eine zweite Haut. Ich hätte nie gedacht, dass ich mich, wie ein Krimineller ins Ausland absetzen müsste. Andererseits bin ich auch froh, dass ich mich nicht hinreißen ließ, die Verfassung zu brechen.

Im Fernsehen zeigen sie immer die Bilder vom zerstörten Palast und Allende mit der Maschinenpistole in der Hand. Das ist nur eine Seite der Geschichte. Die Soldaten, die ihn bewacht hatten, kannte er alle. Sie starben durch Kugeln und Bomben der eigenen Kameraden. Vielleicht hatten sie sich bei Übungen der Armee irgendwo sogar getroffen oder mit ihren Frauen und Kindern gemeinsam gefeiert. Das Land wird jetzt für lange Zeit zerrissen sein."

Prats hatte Tränen in den Augen. „Bitte machen Sie kein Foto von mir, wenn ich weine", sagte er zu Julien. „Ich fühle mich als Feigling, der seine Soldaten alleingelassen hat."

Seine Frau trat zu ihm. „Aber das bist du doch nicht! Das weiß jeder."

„Ach Sofía! Wenn nur alle so wären wie du!"

Sein Körper straffte sich und er berichtete über die Tage des Putsches, seine letzten Gespräche mit Allende und schließlich die Flucht nach Argentinien.

Julien stoppte das Tonband und begann die Fotoleuchten abzubauen.

Silvia holte die Fotos von Moulinier aus der Tasche.

„Herr General, dürfte ich Ihnen noch eine persönliche Frage stellen? Ich dokumentiere das nicht. Es wird auch nicht veröffentlicht." Er nickte wohlwollend.

„Erkennen Sie jemanden auf diesem Foto?"

„Ja. Die beiden waren kurz vor dem Putsch bei mir. Es war eine sehr unangenehme Begegnung."

„Warum?"

„Sie wollten mich offensichtlich bestechen. Ich sollte Allende dazu bewegen, zurückzutreten. Ich fragte sie, warum sie ihn nicht selbst fragen. Daraufhin behaupteten sie, dass sie bei ihm waren und er es abgelehnt habe. Ich fragte sie, was sie sich einbilden, einen Präsidenten und seinen General bestechen zu wollen.

Sie behaupteten, dass sie Schlimmeres verhindern wollen. Als ich immer noch ablehnte, drohten sie, dass sie auch anders können. Hinter ihnen stünden einflussreiche Kräfte, die über genügend Geld verfügen.

Ich drückte den Alarmknopf. Die Wache nahm die Personalien auf und entfernte sie aus dem Ministerium. Eigentlich wollte ich sie ausweisen lassen, doch die Ereignisse überschlugen sich."

„Wissen Sie noch die Namen der Männer?"

„Alain Moulinier hieß der ältere Mann. Auf seiner Visitenkarte stand der Name einer Bank aus Rom. Der jüngere Mann war ein Italiener. An seinen Namen kann ich mich nicht mehr erinnern."

„Könnte es vielleicht Luigi Lombardo gewesen sein?"

„Ich weiß es wirklich nicht. Auf alle Fälle waren es die beiden Personen, die auf dem Foto zu sehen sind."

„Hat Allende irgendetwas über die beiden gesagt?"

„Nein. Wir hatten andere Dinge zu tun. Warum interessieren Sie sich für die beiden?"

„Wir hatten in Frankreich auch schon eine unangenehme Begegnung. Der Italiener steht im Verdacht, eine Frau umgebracht zu haben. Alain Moulinier könnte den Auftrag gegeben haben."

General Prats wurde nachdenklich. „Ich hätte sie festnehmen sollen. Vielleicht spielten sie beim Putsch eine Rolle."

Julien wollte erst zustimmen, besann sich jedoch.

„Ich glaube eher, dass sie Trittbrettfahrer waren, die die Lage für sich ausnutzen wollten. Hätten Sie zugestimmt, wäre es trotzdem zum Putsch gekommen. Möglicherweise wollte man auch nur Ihre Loyalität testen."

„Ich glaube nicht, dass der Präsident Zeit für Spielchen hatte. Er hat sich auf mich verlassen. Mein Rücktritt hat er auch nicht betrieben. Es waren meine eigenen Leute. Mein Fehler war, dass ich Augusto Pinochet getraut habe."

Silvia hatte in der Zwischenzeit die restlichen Sachen zusammengeräumt. Sie bedankten sich beim General und seiner Frau. „Übrigens finde ich, dass Ihre Wohnung nicht besonders geschützt ist."

Der General entgegnete, dass er sich nicht verstecken will.

Silvia schrieb einen wohlwollenden Artikel über einen mutigen Mann, der sich im Exil nicht unterkriegen lassen will. Sie vermied politische Wertungen und hob seine Menschlichkeit und Zuverlässigkeit hervor. Noch bevor sie den Artikel General Prats zur Prüfung vorlegen konnte, rief er an und bat, die Veröffentlichung zurückzustellen.

Als Silvia nach den Gründen fragte, sagte er: „Ich habe Alain Moulinier vor dem Innenministerium gesehen. Als Exilant möchte ich nicht in den Fokus der Polizei geraten."

„Das verstehe ich", antwortete Silvia. „Ich lege den Artikel auf Eis."

Als sie Julien von dem Gespräch berichtete, zeigte er sich beunruhigt, konnte sich aber keinen Reim darauf machen. Am späten Abend rief Christian an. Sie vereinbarten sich für den nächsten Tag am gleichen Treffpunkt wie beim letzten Mal.

„Wir müssen uns diesmal unbedingt unterhalten", sagte Julien.

„Ja, das müssen wir."

„Kann ich Silvia mitbringen?"

„Halte sie besser raus. Ich kann die Lage noch nicht einordnen. Im Notfall ist sie dein Anker."

* * *

Als Julien am nächsten Tag an der Kirche eintraf, sah er mehrere Polizeiautos und einen Krankenwagen. Er stellte sein Auto einige Hundert Meter weiter ab und ging zu Fuß. Aufmerksam prüfte er, ob er verfolgt wurde.

Polizisten hatten die Straße abgesperrt, auf der sich ein verbeulter Lastwagen und ein Pkw verkeilt hatten. Vor dem Krankenwagen stand eine Trage mit einer verletzten Person. Es war Christian. Julien hatte Mühe, seinen Blick von ihm abzuwenden. Während er noch überlegte, ob es ein Unfall oder ein Anschlag war, sah er Alain Moulinier, der sich gerade mit einem Polizisten unterhielt. Gleich neben ihm stand der Italiener. Luigi Lombardo sah sich laufend um.

Julien beeilte sich. Er ging an der Kirche vorbei und stellte sich hinter einen Zeitungsstand.

Moulinier und Lombardo gingen in seine Richtung. Juliens Herz schlug bis zum Hals. Er kaufte eine Zeitung und setzte sich auf eine Bank. Tief geduckt sah er auf schreckliche Bilder aus Chile.

Moulinier war intensiv in ein Gespräch mit seinem Begleiter vertieft. Offensichtlich war er über Lombardo verärgert. „Das durfte nicht passieren. Jetzt war alles umsonst. Du erscheinst in den Polizeiakten."

„Aber sie haben nicht meinen richtigen Namen", verteidigte sich Lombardo.

„Das Risiko können wir nicht eingehen. Wir müssen sofort das Land verlassen."

„Nach Chile?"

„Bist du verrückt? Dort warten sie doch schon auf uns. Uruguay oder Paraguay. Die Lage muss sich erst beruhigen."

Julien hatte genug gehört. Er ging zurück in Richtung Krankenwagen. Christian war verletzt, aber bei Bewusstsein. Seine Augen suchten die Umgebung ab. Dann erkannte er Julien. Er schien etwas in seiner Hand aufzubewahren. Julien trat näher. Ein Krankenpfleger fragte Julien, ob er ein Angehöriger sei.

„Nein. Ich habe nur mitbekommen, dass er Französisch spricht. Ich bin etwas neugierig."

„Ich glaube, er will Ihnen etwas geben."

Christian öffnete seine Hand. In ihr befand sich ein Hotelschlüssel. Plaza-Hotel stand auf dem Anhänger.

„Sie sollen bestimmt Verwandte informieren, die im Hotel auf ihn warten. Wollen Sie das für ihn tun? Wir bringen ihn ins städtische Krankenhaus."

„Gut. Das Hotel liegt ohnehin auf meinem Weg."

„Sicher wird sich die Polizei dort auch noch melden. Schreiben Sie mir bitte Ihren Namen und Ihre Adresse auf."

Julien schrieb eine falsche Adresse auf einen Zettel. Christian wurde in den Krankenwagen geschoben, der mit lauter Sirene davonfuhr. Julien beeilte sich, zu seinem Wagen zu kommen. Trotzdem drehte er sich regelmäßig um. Falls Moulinier ihn doch noch entdeckt haben sollte, wollte er ihm nicht den Weg weisen.

* * *

Das „Plaza" war ein Hotel der Luxuskategorie. Es befand sich in der Nähe des Plaza General San Martín und der Basílica Santísimo Sacramento. Nur einen Steinwurf vom Jachthafen entfernt.

Julien ließ seinen Wagen parken und ging zügig durch das Portal, dessen Türen von livrierten Hotelboys aufgerissen wurden, denen er einen kleinen Geldschein überließ. Mit dem Lift fuhr er in die vierte Etage. Die Nummer des Zimmers war deutlich im Anhänger eingeprägt. Ein beleibter Herr mit zwei halbwüchsigen Töchtern wartete vor dem Fahrstuhl. Die Gänge zu den Zimmern waren leer. Er steckte den Schlüssel ins Schloss. Die schwere Tür öffnete sich.

Julien blickte sich um. Das Zimmer war gut ausgestattet, doch etwas störte ihn. Die Tür zum Balkon war offen. Eine junge Frau in einem gelben Bikini starrte ihn an.

„Wer sind Sie? Wie kommen Sie herein?"

Julien hob den Schlüssel wie einen Ausweis in die Höhe.

„Ich bin ein Freund von Christian!"

„Sind Sie Julien?"

„Ja! Aber wer sind Sie?"

„Ich bin Manon Picard."

Sie reichte Julien die Hand. Verblüfft fragte er: „Sind Sie seine Tochter?"

„Nein! Ich bin Fotografin und Dolmetscherin. Christian hat mich engagiert, weil sein Spanisch zu schlecht ist. Sonst bin ich mit ihm zusammen unterwegs. Wo ist er?"

Manon schaute über die Balkonbrüstung.

„Oh! Das sieht nicht gut aus."

„Was ist?"

„Moulinier und sein Gorilla kommen ins Hotel. Das sollte nicht passieren. Wo ist Christian? Ich muss ihn warnen."

„Er hatte einen Unfall und ist im Krankenhaus. Vorher hat er mir den Zimmerschlüssel gegeben."

Manon geriet in Panik. Schnell schlüpfte sie in ihr Kleid und hängte sich ihre kleine Handtasche um. Die Schuhe nahm sie in die Hand.

„Hier ist seine Aktentasche. Für mehr ist keine Zeit."

Manon hatte schon die Tür aufgerissen und sah in Richtung Fahrstuhl. „Wir nehmen die Treppe!"

Julien kam kaum hinterher. Während sie die ersten Stufen der Treppe nahmen, hörten sie die helle Glocke des Aufzugs.

„Sie haben uns gefunden", flüsterte sie.

„Ich bringe Sie in Sicherheit!"

Der Hotelboy öffnete die Eingangstür. Julien gab ihm den Parkschein für sein Auto. Einen Moment später fuhr sein Wagen vor. Sie sprangen hinein und fuhren zügig los. Julien nahm die nächste Querstraße, um aus dem Sichtfeld des Balkons herauszukommen. Erst nach einigen Kilometern wurde Manon ruhiger. „Hat es Christian schlimm erwischt?"

„Ich weiß es nicht. Deswegen fahre ich gleich zum Krankenhaus."

„Das ist gut!"

* * *

Im Krankenhaus fragte er nach Christian. Sie fanden ihn in einem Zimmer mit drei weiteren Patienten. Eine Schwester wickelte gerade seinen Kopf ein.

„Wie geht es dir?", fragte Manon.

„Außer, dass ich die nächste Zeit nicht mehr an Schönheitswettbewerben teilnehmen kann, geht es mir gut. Ein paar Schnittwunden und ein Schleudertrauma. Ich werde es überleben."

„Moulinier hat unser Hotel gefunden. Wir konnten ihm gerade noch entwischen."

„Habt ihr die Tasche?"

Manon machte einen Schmollmund. „Ja. Nur meine Sachen sind dageblieben."

„Ich kaufe dir neue."

Julien sah Christian von oben bis unten an.

„Was meinst du? Kann ich dich mitnehmen? Ich befürchte, dass Moulinier auftaucht. Am Krankenwagen stand groß und breit die Adresse."

Bevor er eine Antwort bekam, kam ein Arzt ins Zimmer.

Julien sagte: „Ich möchte den Patienten mitnehmen. Kann ich mir einen Rollstuhl ausleihen?"

Der Arzt war überrascht. „Sicher. Er sollte sich aber noch ein paar Tage schonen."

Manon holte einen Rollstuhl.

Sie bedankte sich überschwänglich bei einer Schwester und steckte ihr dabei ein paar Münzen in die Tasche.

* * *

Julien wuchtete mit dem Arzt Christian in das Gefährt. Die Schwester rief ihnen hinterher, dass er an der Rezeption die Behandlung bezahlen kann. Am Eingang kramte Julien einen größeren Geldschein hervor und drückte ihn der verdutzten Dame am Empfang in die Hand.

Er parkte den Wagen direkt am Rettungseingang. Ein Sanitäter half ihm, Christian auf die Rückbank zu bugsieren. Manon setzte sich zu ihm und sorgte dafür, dass er stabil sitzen blieb. Als Julien auf die Hauptstraße einbog, sah er ein Taxi, das es ziemlich eilig hatte. Er war sich sicher, dass er Moulinier darin erkannt hatte.

Die Wachleute hatten das Tor geöffnet und grüßten Julien, während er auf das Grundstück fuhr. Silvia wartete schon am Eingang.

„Was ist passiert?"

„Ich habe Christian für ein paar Tage eingeladen."

„Habt ihr euch geprügelt?"

„Nein. Er hatte einen Unfall. Rufe bitte Enrico. Er kann uns helfen, Christian die Treppen hochzutragen. Die junge Frau ist Manon."

Silvia schrie: „Enrico!"

Er stand aber schon mit seiner Frau hinter ihr. Während die Männer den Patienten in das zweite Obergeschoss transportierten, schilderte Manon, was passiert war.

Silvia fragte nicht weiter nach. Ihr Mann würde sicher alles nachher noch einmal erzählen. Sie brachte Manon in den Salon und ließ ein paar Getränke bringen.

Enrico hatte sich mit Estefania hinzugesetzt.

Silvia fragte: „Waren Sie auch in Chile?"

Manon sah sie an. „Ja, es war schrecklich. Die Armee hat rücksichtslos auf die Leute geschossen. Ich habe einige Bilder gemacht, ließ es dann aber sein, als sie auch in meine Richtung schossen. Wir waren froh, heil ins Hotel zu kommen. Ein Diplomat hat uns im Kofferraum über die Grenze gebracht. Ich habe noch nie im Leben so viel Angst gehabt. Ich glaube, in Paris werde ich nur noch Hochzeitsfotos und Tiere fotografieren."

Tränen liefen ihr über das Gesicht.

„Und dann überall diese schreienden Frauen und Kinder. Wenn ich die Augen schließe, sehe ich sie immer vor mir. Ich hoffte, dass wir in Buenos Aires ein paar ruhige Tage haben und dann nach Frankreich fliegen können. Doch die Flieger sind alle ausgebucht.

Am Flughafen trafen wir auf diesen schrecklichen Italiener. Er hat Christian festgehalten und nach seinem Chef gerufen. Ich habe ihn mit meiner Handtasche geschlagen, bis er Christian losgelassen hat. Wir sind dann nur noch gerannt. Ein Taxifahrer hat uns zum ‚Plaza' gefahren, wo wir das letzte Zimmer bekommen haben. Christian rief dann Julien an, um ihn zu treffen. Ein Glück, dass er gekommen ist. Ich glaube, der Italiener hätte mich vom Balkon gestoßen."

Silvia nahm Manon in den Arm. „Ich habe schon nach unserem Arzt geschickt. Er wird dir etwas zur Beruhigung geben. Hier bist du sicher."

Manon schmiegte sich an Silvia wie ein Kind. Christian und seine Freundin ließen das Abendbrot ausfallen.

Am nächsten Tag fühlte sich Christian schon wesentlich besser. Er kam mit Manon zum Frühstück. Danach gingen sie in die

Bibliothek. Julien holte die Freimaureruhr und den Brief von Carlos hervor. Christian las die wenigen Worte.

Als Julien skeptisch zu Manon sah, sagte er. „Du kannst offen mit ihr reden. Ich habe ihr das Wesentlichste bereits erzählt. Ohne sie wäre ich jetzt nicht hier."

Julien nickte ihr zu und wandte sich dann Christian zu.

„Jetzt verrate mir, wie es kommt, dass Moulinier und dieser Italiener hier auftauchen. Ich verstehe die Zusammenhänge nicht."

„Es ist auch nicht ganz einfach. Carlos hatte die Sache ins Rollen gebracht. Nachdem deine Eltern nach Argentinien zurückgekehrt waren, fühlte er sich schuldig, weil ihr durch ihn in diese Lage gekommen seid. Er vermutete, dass Moulinier die Probleme verursacht hatte. Es war aber nur ein Verdacht, den er nach den Gesprächen mit deinem Vater hegte. Er beauftragte eine Detektei, das Umfeld von Moulinier abzuklopfen. Es dauerte einige Zeit, bis sie die wesentlichsten beruflichen und privaten Verbindungen kannten. Sie hatten Hunderte Fotos geschossen und Bewegungsprofile angelegt.

Dein Vater hatte mich als vertrauenswürdig eingeschätzt, deswegen nahmen sie Kontakt zu mir auf. Ich sah mir das Material an, konnte aber auf den ersten Blick nichts Verdächtiges feststellen. Erst als ich mir die Bilder ansah, fiel mir auf, dass er häufigen Kontakt zu einem südländisch aussehenden Mann hatte. Auffällig war, dass er ihn in der Regel außerhalb der Stadt an verschiedenen Orten traf. Nur ein einziges Mal konnten sie ihn in einem Hotel fotografieren.

Moulinier hatte ein Zimmer gemietet. Er wartete dort mehrere Stunden, bis der Unbekannte auftauchte. Schon nach zehn Minuten ging der Besucher wieder. Am Abend kamen vier Personen, die sich nicht in der Rezeption anmeldeten. Gegen 21.30 Uhr verschwanden sie wieder. Die Ermittler konnten zwar Fotos machen, doch war es nicht möglich, die Identitäten festzustellen. Die Taxifahrer hatten sie zum Bahnhof gefahren. Um 22 Uhr betrat der Unbekannte wieder das Hotel, kam aber schon nach wenigen Minuten wieder heraus. Er hatte eine Aktentasche in der Hand.

Die Beobachter konnten sein Auto bis zu einer Herberge in der Nähe des Place de la Nation verfolgen. Als er das Haus verließ, drangen sie in sein Zimmer ein und fanden einen italienischen Pass, der auf Luigi Lombardo ausgestellt war. In der Aktentasche befanden sich Dokumente, die in italienischer, französischer und spanischer Sprache geschrieben waren. Ein französisches Dokument fotografierten sie. Für mehr reichte die Zeit nicht. In einer Jacke fanden sie einen Stapel Visitenkarten von Moulinier und einen Taschenkalender mit dem Aufdruck Propaganda Due.

Fast eine Woche überwachten sie ihn. Da sie das Telefon angezapft hatten, konnten sie feststellen, dass er häufig nach Italien telefonierte. Die Empfänger meldeten sich grundsätzlich nicht mit Namen.

Der Chef der Detektei zeigte mir die Ergebnisse der Ermittlungen. Ab diesem Zeitpunkt war mir klar, dass Moulinier ein Verräter war. Mir fiel ein, dass die Frau von Antonio Sánchez von einem Italiener entführt und vermutlich auch umgebracht wurde. Deshalb nahm ich Kontakt zur Staatsanwaltschaft auf und bat darum, Antonio Sánchez zu fragen, ob es bei Luigi Lombardo um den Entführer handelt. Sánchez identifizierte den Mann. Die Polizei nahm Luigi Lombardo fest und beschlagnahmte bei der Gelegenheit die Dokumente.

Ich führte die Polizei zur Wohnung von Moulinier. Man führte eine Hausdurchsuchung durch, bei der man allerdings nichts Verwertbares fand. Die Ermittler der Detektei waren allerdings schon zwei Stunden vorher in der Wohnung und hatten dabei die Freimaurerruhr und fotokopierte handschriftliche Seiten gefunden.

Als sie Moulinier festnahmen, verweigerte er die Aussage. Sein Anwalt sorgte dafür, dass er bereits am nächsten Tag freikam. Auch Luigi Lombardo kam nach kurzer Zeit frei, da die Aussagen des

Inhaftierten Sánchez und des Hoteliers für eine Untersuchungshaft nicht ausreichten.

Moulinier zeigte den Verlust der Uhr nicht an. Für mich begann eine schwere Zeit. Bei mir wurde eingebrochen, meine Freundin bedroht und mein Auto angezündet. Die Polizei lehnte Personenschutz ab. Schließlich wurde ich auf offener Straße zusammengeschlagen. Moulinier besuchte mich im Krankenhaus und gab offen zu, dass er die Schläger geschickt habe, weil ich etwas von ihm habe, dass er dringend braucht. Ich leugnete alles und verwies auf die Polizei, die bei ihm die Hausdurchsuchung durchgeführt habe.

Er gab mir noch einen Tag Zeit, den gestohlenen Gegenstand wiederzubeschaffen.

Trotz großer Schmerzen verließ ich das Krankenhaus. Die Detektei von Carlos beschaffte mir falsche Papiere und half mir, Frankreich zu verlassen. Ich flog nach Vietnam, wo ich als Kriegsberichterstatter für deutsche und französische Zeitungen unter falschem Namen arbeitete. Ich beauftragte die Detektei, die Uhr über Carlos an dich zu übergeben, da ich mit den Symbolen auf der Uhr und dem Schlüssel nichts anfangen konnte.

Vor einem halben Jahr bekam ich von dem Chef der Detektei die Nachricht, dass Moulinier auf dem Weg nach Lateinamerika ist.

Auf direktem Wege bin ich nach Buenos Aires geflogen. In der Zwischenzeit erhielt ich von einem italienischen Journalistenkollegen die Information, wonach Propaganda Due durch die Staatsanwaltschaft beobachtet wird. Es war von Verbindungen zur Mafia und die Bestechung von Politikern die Rede.

Mir fielen deine Erzählungen von der Flucht der Nazis nach Argentinien ein, die Moulinier auch kannte. Er hatte auch die Verbindung zu Carlos hergestellt. Ich nahm an, dass Moulinier auf der Flucht ist. In Carlos Geschäft klärte man mich auf, dass er gestorben sei und alles an Silvia und seinen chilenischen Neffen vererbt hat."

Julien fragte: „Warum hast du dich nicht gleich bei mir gemeldet?"

„Ich kann kein Spanisch und fragte nach einem Fremdenführer. Man vermittelte mir Manon, der das Geld für den Heimflug nach Frankreich fehlte. Vom Hotel aus rief ich die Detektei an. Man teilte mir mit, dass Moulinier von seinem Arbeitgeber gesucht wird. Er soll sich in Chile aufhalten, habe sich aber seit einer Woche nicht mehr gemeldet. Man befürchtete, dass er bei den Unruhen in Santiago Probleme bekommen haben könnte. Sie kannten aber das Hotel, in dem er abgestiegen sei.

Ich schickte dir die Nachricht und organisierte das Treffen. Mir war aber nicht klar, ob sich Moulinier vielleicht wieder in Buenos Aires aufhält. Deshalb die Geheimniskrämerei. Mit Manon bin ich nach Santiago de Chile geflogen. Im Hotel Panamericano bestätigte man mir, dass Moulinier zwei Zimmer bewohnt. Sein Begleiter war Luigi Lombardo.

Dann begann der Putsch. Panzer fuhren auf den Straßen und der Präsidentenpalast wurde bombardiert. Wir meldeten uns in der französischen Botschaft. Als wir gerade das Gebäude verließen, kam uns Moulinier mit Lombardo entgegen.

Wir rannten um unser Leben. An einer Straßensperre hielt man uns an. Manon erzählte den Soldaten, dass sie von Ausländern belästigt wurde, und zeigte auf Lombardo. Die glaubten es ihr. Als sie feststellten, dass er eine Waffe bei sich hatte, nahmen sie ihn fest.

Mit viel Mühe bekamen wir einen Flug nach Buenos Aires und kamen im Hotel Plaza unter. Als ich auf dem Weg zu unserem Treffpunkt war, merkte ich, dass ich verfolgt wurde. Ich erkannte Moulinier und Lombardo. Ich konnte wegen des dichten Verkehrs nicht entkommen. Deshalb bremste ich direkt neben einer Polizeistreife. Lombardo fuhr auf. Den Rest kennst du."

„Aber warum hast du den Umweg über Chile gemacht?", fragte Julien.

„Ich vermute, dass die Uhr bei Carlos Neffen in Chile gelandet war und Moulinier die gleichen Schlussfolgerungen gezogen hatte."

Manon sah Christian an. „Wir haben also den Aufwand völlig umsonst gemacht."

Christian zeigte einen Anflug von Heiterkeit. „Dafür hast du ein Abenteuer umsonst erlebt."

Sie boxte ihn in die Seite. Gequält jaulte er auf. „Solche Abenteuer erspare ich mir gern", meinte Manon. Musste dann aber doch lachen.

Julien sagte: „Übrigens bin ich den beiden von der Kirche aus gefolgt und habe mitbekommen, dass sie das Land verlassen wollen, weil Lombardo von der Polizei vernommen wurde."

„Da bin ich mir nicht so sicher. Immerhin haben sie sich die Mühe gemacht, mich im Hotel zu suchen. Wenn sie in Santiago mitbekommen haben, dass Enrico das Land verlassen hat, könnten sie daraus schlussfolgern, dass er nach Argentinien gegangen ist. Es würde mich nicht wundern, wenn Moulinier hier auftaucht."

„Ich bin aber bisher noch nirgends angemeldet", meinte Enrico.

„Wo soll er dich sonst suchen?", gab Christian zu bedenken. „Es reicht, dem Sicherheitsmann einen Schein zuzustecken. Schon weiß er, dass Julien Besuch hat. Das trifft auch auf mich und Manon zu."

„Rein kommt er aber nicht", entgegnete Julien.

„Sicher. Aber irgendwann wird Julien, Silvia oder Pieter auch mal das Haus verlassen. Du weißt nicht, ob er hier nicht auch Verbündete hat."

„Was schlägst du vor?", fragte Julien. „Sollen wir wieder fliehen?"

„Ich weiß nicht. Für Enrico wäre es sicher besser. Ich habe gehört, dass Pinochet einen Geheimdienst aufbaut, der im Ausland tätig sein soll. Verbindungen nach Argentinien hat er mit Sicherheit. Ich würde mich nicht auf die Behörden verlassen."

Silvia meldete sich: „Wir haben ja noch die Wohnung in Paris. Dort wärt ihr in Sicherheit. Vielleicht ist der Spuk schon nach einem Monat vorbei."

Enrico wurde ernst: „Immer auf der Flucht? So wie ihr."

Silvia entgegnete: „Heute ist das anders. In Europa bekommt ihr bestimmt Unterstützung. Christian kennt dort genügend Leute."

„Aber wenn Christian in Paris vor Moulinier flüchten musste, scheint mir Frankreich nicht sehr vertrauenswürdig zu sein."

„Eine Alternative wäre Belgien. Wir haben immer noch das Haus in Leuven", sagte Julien.

Christian sah Manon an. „Was hältst du von Belgien?"

Sie sah ihn an. „Ich denke, es geht um Enrico?"

„Sicher. Aber wir könnten doch auch nach Belgien gehen und warten, was Moulinier anstellt."

„Du bist dir aber ziemlich sicher, mit mir."

„Wo wir doch schon so viel gemeinsam erlebt haben?"

„Herr Christian Vigne, seien Sie mal nicht so vorlaut! Das habe ich schließlich nicht freiwillig veranstaltet."

„Und wenn ich dich ganz lieb darum bitte?"

Christian machte ein Dackelgesicht und hielt den Kopf schräg.

„Na gut. Julien, kannst du uns auch noch in Leuven unterbringen? Wir könnten Enricos Familie bei der Eingewöhnung in Europa helfen."

Statt Julien antwortete Silvia: „Sicher können wir das machen. Trotzdem müssen wir uns für Moulinier und seinen Handlanger noch etwas einfallen lassen."

Enrico und seine Frau nahmen den Vorschlag gern an.

In diesem Moment kam Pieter aufgeregt ins Zimmer. Er zitterte und hatte Probleme zu sprechen. Silvia nahm ihn in den Arm. „Was ist denn?"

„Candela ist ... Candela ist nicht mehr da. Ich habe sie überall gesucht. Überall! Sie ist verschwunden?"

„Habt ihr ‚Verstecken' gespielt?"

„Nein, wir hatten uns am Apfelbaum eine Bude gebaut. Ich wollte nur noch eine Decke aus dem Haus holen. Jetzt ist sie weg."

Die Erwachsenen liefen nach draußen und ließen sich die Stelle zeigen, wo die Kinder gespielt hatten. Laut riefen sie ihren Namen, aber Candela war nicht zu finden.

Julien rief die Sicherheitsleute herbei, die den gesamten Garten absuchten. Schließlich hörten sie einen Pfiff.

Alle stürzten in die Richtung.

Der Wachmann stand an einer kleinen Pforte. Sie stand offen.

Julien ließ die Wachleute auf der Straße suchen. Er selbst fuhr mit dem Auto die Umgebung ab.

Silvia und Estefania kehrten ins Haus zurück.

Pieter saß auf einem Sessel und schluchzte: „Warum ist Candela weggegangen? Ich habe ihr doch nichts getan?"

Silvia versuchte, ihn zu beruhigen. Doch sie hatte selbst Angst vor der Antwort.

Nach einiger Zeit kamen die Männer ergebnislos zurück. „Wir müssen die Polizei informieren. Egal, ob es wegen der illegalen Einreise Probleme gibt. Candela geht vor."

Julien hob den Telefonhörer ab und wählte eine Nummer.

* * *

Ein Polizeiwagen kam mit Blaulicht auf das Grundstück. Ein Offizier ging mit schnellen Schritten zum Haus. Mehrere Polizisten suchten nochmals mit den Wachleuten das Grundstück ab. Julien schilderte dem Offizier die Ereignisse. Dann ging er mit ihm zur Pforte. Als sie wieder ins Haus zurückgekehrt waren, klingelte das Telefon. Er hob ab. Der Polizeioffizier nutzte den zweiten Hörer.

„Hallo Julien, ich denke, du weißt, wer ich bin."

Julien erkannte sofort die Stimme: „Moulinier?"

„Genau. Machen wir es kurz. Du hast etwas, was mir gehört. Ich habe etwas, was du suchst. Es ist ein normales Geschäft."

„Das wagst du nicht!"

„Wer weiß? Candela ist ein hübsches Mädchen. Das findet Lombardo auch. So zart und anmutig."

„Ihr Schweine. Wenn ihr sie mit euren dreckigen Fingern beschmutzt, bringe ich euch um."

„Aber, aber. Wo bleiben deine Manieren? Wir sind doch Geschäftsleute. Du gibst mir die Uhr zurück und wir lassen das süße Geschöpf laufen."

„Ich will mit ihr sprechen!"

„Aber natürlich."

Am Telefon wimmerte eine Stimme: „Onkel Julien, holst du mich ab? Ich habe so große Angst."

Ehe Julien etwas sagen konnte, meldete sich Moulinier: „Das ist genug!"

Im Hintergrund hörte man Candela schreien: „Onkel Julien! Onkel Julien!"

Moulinier flüsterte: „Sie schläft jetzt etwas. Und wir erledigen das Geschäftliche. Sei in zwanzig Minuten am Jachthafen. Auf der rechten Seite steht eine Bank mit einer Bierwerbung. Dort werde ich warten. Du gibst mir die Uhr und wir lassen die Kleine laufen. Und bitte keine Polizei. Es ist dort sehr übersichtlich."

Im Hörer war ein Knacken zu hören. Julien legte auf.

Der Offizier fragte Julien: „Sie kennen die Entführer?"

„Ja. Es waren Moulinier und Lombardo, einem italienischen Helfer. Die genauen Daten kann ich Ihnen geben. Es wird nur nichts helfen. Ich muss gleich losfahren, um rechtzeitig am Treffpunkt zu sein, denn die beiden werden kaum unter ihrem Namen in Buenos Aires irgendwo eingecheckt haben. Ich hole die Uhr."

Der Offizier zog die Stirn kraus. „Eine Uhr? Es geht nur um eine Uhr?"

Julien sah ihn an: „Es geht um ein Kind!"

„Vielleicht haben wir eine Streife in der Nähe."

Abwehrend hob Julien seine Hände. „Bitte halten Sie sich zurück. Ich möchte kein Risiko eingehen. Wenn alles klar geht, bekommen Sie sogar ein Foto mit den beiden Tätern."

„Ich weiß nicht. Sind Sie sich sicher?"

„Ich kenne beide Leute. Ich bin mir sicher, dass er nicht nur einen Menschen umgebracht hat."

Julien holte das Etui aus dem Safe und steckte sich sicherheitshalber einen Revolver ein. Dann gab er Silvia einen flüchtigen Kuss. Enrico saß mit seiner Frau apathisch auf der Couch. Pieter rief hinterher: „Sage Candela, dass ich auf sie warte."

Der Wagen bog mit überhöhter Geschwindigkeit auf die Hauptstraße. Die Reifen quietschten. Julien nutzte jede Lücke zum

Überholen. Am Plaza-Hotel bog er auf den kleinen Zubringer zum Jachthafen ein. Vom Parkplatz musste er laufen. Er sah sich um. Moulinier war nirgends zu sehen.

Auf der Bank saß ein Bettler. Vor ihm lag ein Strohhut mit wenigen Münzen.

„Bist du Julien?", fragte der Mann.

„Ja."

„Dann gehe den Steg bis zum Ende. Dort wirst du erwartet."

Julien beeilte sich. Am letzten Stellplatz ankerte eine Jacht. Man hörte, dass der Motor lief. Kleine Rauchwölkchen stiegen aus dem Auspuff. Als es nur noch fünf Meter waren, sah er Moulinier auf den Steg springen. Hinter ihm war der Italiener, der Candela fest an den Händen hielt. Das Mädchen hatte eine Mullbinde über die Augen gewickelt.

„Zeig her!"

Julien öffnete das Etui.

„Schieb sie zu mir rüber, dann lasse ich Candela frei!"

„Schicke das Kind in meine Richtung. Auf halbem Weg schiebe ich das Etui rüber."

„Lombardo lasse Sie los."

Unsicher lief Candela in Juliens Richtung.

Julien schob das Etui zu Moulinier. Der stürzte sich darauf, öffnete es und machte dann eine eindeutige Geste mit dem Finger. Lombardo zielte mit einer Waffe auf Candela.

Julien ergriff das Kind, stürzte mit ihm ins Wasser und suchte Schutz unter den Bohlen des Stegs. Dort befreite er sie von der Binde.

Schnelle, feste Schritte und laute Befehle waren zu hören. Der Motor der Jacht heulte auf. Wasser peitschte gegen die Bohlen. Vor ihren Augen sprangen Polizisten ins Wasser. Sie ergriffen Candela und Julien und zogen sie zur Leiter. Oben angelangt, sahen sie, wie die Jacht sich immer weiter entfernte.

„Schade. Beinahe hätten wir sie erreicht. Aber ihr Boot hat einen stärkeren Motor", sagte der Offizier.

Julien umarmte ihn. „Vielen Dank. Das Wichtigste ist, dass wir leben."

„Tja. In einer Stunde sind sie in Uruguay oder sie fahren ins offene Gewässer. Die Chancen, sie einzuholen, sind gleich null. Wissen Sie, wenn es um Kinder geht, bin ich sehr empfindlich. Eine Tochter von mir ist von einer Straßenbande überfallen worden. Bis heute leidet sie darunter. Unter anderen Umständen hätte ich meinen Job längst an den Nagel gehängt."

„Woher kamen Sie so schnell her?"

„Während Sie mit dem Auto gefahren sind, habe ich eine Abkürzung über das Wasser genommen. Leider konnten wir nicht früher an Land gehen. Habe ich das richtig gesehen, dass sie auf Sie schießen wollten?"

„Ja. Ich habe auch eine Waffe mitgenommen. Aber als Lombardo auf Candela zielte, sah ich in der Flucht die größere Chance."

„Kommen Sie bitte in den nächsten Tagen bei mir vorbei. Wir werden ein Protokoll aufnehmen. Ich sage oft: ‚Man sieht sich immer zweimal.'

Vielleicht tauchen die Leute irgendwann wieder auf."

„Noch einmal vielen Dank. Ich fahre schnell nach Hause. Candela muss sich ausruhen."

Der Offizier machte einen militärischen Gruß. Julien nickte ihm zu. Candela setzte sich auf die Beifahrerseite und lehnte sich an ihren Retter.

Vor dem Haus nahmen ihre Eltern sie in Empfang. Pieter stürzte auf Candela zu. „Ich hatte große Angst."

Candela umarmte ihn, als ob er das Opfer gewesen wäre. „Ich bin ja wieder da."

Silvia beobachtete die Szene. Dann sagte sie zu Julien: „Schade, dass wir keine Tochter haben. Ich glaube, sie hat ihm gefehlt."

„Ja, ich kann ihn verstehen. Durch unsere Flucht bin ich auch Einzelkind geblieben. Manches kann man mit seinen Eltern eben nicht besprechen und Freunde können das nicht ausgleichen."

Christian kam aus dem Haus. Er hatte ein besorgtes Gesicht. „Ich hätte die Uhr nicht schicken sollen. Aber Carlos hatte sie dem Detektiv genau beschrieben. Ich habe den Sinn nicht verstanden. Irgendeinen Grund muss es gegeben haben. Selbst wenn es ein wertvoller Gegenstand war, hätte ich mir nie vorstellen können, dass Alain Moulinier dafür, Tausende Kilometer reist und vielleicht sogar noch einen Mord begeht."

„Carlos kannte offensichtlich die Uhr. Und Du, hast du schon einmal davon gehört."

Christian drehte seinen Kopf langsam hin und her.

„Ich bin seit meinem zwanzigsten Lebensjahr Freimaurer. Seitdem habe ich sicherlich viele Symbole gesehen. Die Erklärungen dafür waren oft widersprüchlich. Ich hatte gehofft, dass ich mit jedem höheren Grad alles besser verstehe. Aber das ist nicht so.

Vor einiger Zeit habe ich mit einem Amerikaner gesprochen, der mir weismachen wollte, dass das ‚G' in vielen Symbolen Gott heiße. Ich widersprach ihm sofort, indem ich darauf hinwies, dass Gott französisch ‚Dieu' und im Italienisch ‚Dio' heiße. Dagegen beginnt das Wort Geometrie in allen europäischen Sprachen mit einem ‚G'.

Der wurde dann richtig ärgerlich und meinte, dass er auf eine Bibel den Schwur abgelegt hat. Ich entgegnete, dass jeder auf jedes Buch oder sogar ohne Buch schwören kann."

„Das ist das Problem bei geheimen Gesellschaften. Jeder interpretiert hinein, was er will. Die endgültige Wahrheit verrät man nicht, weil sie geheim ist. Ich habe die Uhr und den Schlüssel fotografiert. Silvia hat sich die Rückseite angesehen. Wir haben Übereinstimmungen auf einem Kupferstich gefunden, der Bezug zu Adrian VI. hatte. Sonne, Mond und Sterne waren identisch angeordnet worden. Lediglich die Säulen fehlten. Sogar die beiden einzelnen Sterne neben der Sonne waren zu sehen. Drei Sterne, die den Mond umschließen, entsprechen dem Sternbild Sommerdreieck. Für die zwei zusätzlichen Sterne haben wir keine Erklärung."

„Von einem solchen Sternbild habe ich noch nie etwas gehört", entgegnete Christian.

„Wir haben in Italien und in Deutschland so viel über Symbole und deren Bedeutung gelernt, dass ich seitdem immer überlege, warum ein Symbol so aussieht, wie es aussieht. Das ist manchmal verrückt. Manchmal sehe ich ein Firmenzeichen und überlege, was es zu bedeuten hat."

„In den ersten Schriften hat man einfach gemalt, was man sieht. Bis man dazu übergegangen ist, Laute in Buchstaben darzustellen."

„Das Komische an dem Sommerdreieck ist, dass es mit keiner mystischen Gestalt, einem Gegenstand oder einem Tier in Verbindung gesetzt wird. Ein Dreieck ist und bleibt ein Dreieck.

In Italien hat uns jemand gezeigt, dass die Künstler der Renaissance damit gespielt haben. Die Pietà von Michelangelo hat auf der Rückseite ein Dreieck und wir haben auch beim Grabmal von Papst Adrian seltsame Dinge gefunden, die sich nur schwer als Zufall erklären lassen."

„Das ist ja interessant. Ihr habt also weitergemacht, wo wir damals in Paris aufgehört haben."

„Manches ist uns klarer geworden. Übrigens war Heinrich Stein über seinen Vater Freimaurer geworden. Silvia hat die Ergebnisse unserer Forschungen aufgeschrieben. Vieles ist verwirrend."

„Kann ich das Material mal sehen?"

„Natürlich. Vielleicht verstehen wir dann, warum so viele Leute deswegen sterben mussten."

„Das verstehe ich jetzt nicht! Welche Leute?"

„Wenn du alles gelesen hast, verstehst du, was ich meine!"

* * *

Am Abend saßen die Erwachsenen noch lange Zeit zusammen. Enrico sagte, dass er mit seiner Familie doch noch einige Zeit in Argentinien bleiben möchte. Da Moulinier und Lombardo das Land verlassen haben, sei es aus ihrer Sicht besser, hierzubleiben, als in das unbekannte Europa zu flüchten. Wer könne wissen, ob sie Candela als Augenzeugin suchen würden. Außerdem hat sie darum gebeten, mit Pieter zusammenzubleiben. Er wäre für sie wie ein großer Bruder.

Silvia war gerührt. „Ich glaube, dass Sie ihm guttut. Sie könnten vielleicht in die gleiche Schule gehen."

Julien stimmte dem zu.

Christian war etwas skeptisch. Er sehe Gefahren von Pinochets Leuten, da Enrico eine führende Stelle im Staat eingenommen hatte.

„Wenn es danach geht, müsste Pinochet Tausende Leute umbringen", entgegnete Enrico. „Vielleicht ist der Spuk schon bald vorbei und wir können zurückkehren."

„Das stimmt allerdings auch."

Als Candelas Eltern ins Bett gegangen waren, kam Christian auf Silvias Unterlagen zu sprechen.

„Es ist eine sehr interessante Geschichte. Wenn die Fakten stimmen und die Interpretationen belastbar sind, ergibt sich ein völlig neues Bild von der ursprünglichen Aufgabe der Freimaurer. Manches erklärt sich, ohne Legenden zu bemühen.

Dass das Dreieck aus Bauchnabel und den beiden Brustwarzen Sinnbild der Gleichartigkeit der Menschen bedeuten könnte, ist ein völlig neuer Ansatz."

Erfreut entgegnete Silvia: „Nicht ganz neu. Du kennst doch die berühmte Zeichnung von Leonardo da Vinci, auf dem der Mensch wie eine Konstruktionszeichnung dargestellt wurde."

„Ja, aber darauf ist doch kein Dreieck zu sehen. Soviel ich weiß, sieht man darauf ein Mensch in zwei Positionen, die sich überlagern. Ein Kreis und ein Quadrat rahmen ihn ein."

„Genauso sieht es vordergründig aus. Aber wenn man die Füße der gespreizten Beine verbindet, bilden sie ein Dreieck, dessen Spitze nach oben zeigt."

„Aber dort ist doch sein Gemächt und nicht sein Bauchnabel."

„Das Bild bezieht sich aber auf den römischen Architekten Vitruv, der ungefähr 30 vor Christus berühmte Architekturbücher veröffentlicht hat. Unter anderem stellte er die Theorie des wohlgeformten Menschen auf. Er spricht davon, dass der Nabel der Mittelpunkt des Körpers ist.

Er beschrieb eine Konstruktionsanleitung des Menschen. Sinngemäß heißt es: ‚Setzt man die Zirkelspitze an der Stelle des Nabels ein und schlägt einen Kreis, dann werden von dem Kreis die Fingerspitzen beider Hände und die Zehenspitzen berührt.' Er schreibt, dass die Länge der ausgestreckten Arme mit der Größe des Menschen übereinstimmt. Leonardo da Vinci hat nur umgesetzt, was Vitruv beschrieben hatte."

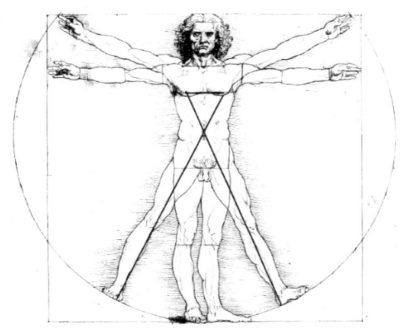

Leonardo da Vinci: Der vitruvianische Mensch, Ergänzung W.A. Strauch

„Dann ist der Körper also angewandte Geometrie?"

Silvia grinste: „Na ja, nicht ganz. Jetzt fehlt aber noch das Dreieck. Wenn man von den Fußsohlen eine Linie zum Bauchnabel zieht und diese weiterführt, landet man bei den Brüsten."

„Das ist wirklich erstaunlich. Ich gebe aber zu, dass Mathematik kein Lieblingsfach von mir war."

„Diese Sicht auf den Menschen und die Natur war bei den alten Griechen in mancher Hinsicht materialistisch. Sie wollten sich nicht den Göttern ausgeliefert fühlen."

„Silvia, mir fällt in diesem Zusammenhang auf, dass dieses deutsche Mädchen die verschiedenen Symbole nebeneinander gezeichnet hat. Das Dreieck war auf einer Linie mit verschieden

Symbolen für Gott und selbst ein Symbol für eine übergeordnete Gottheit. Wenn ich das jetzt weiterdenke und das Dreieck für den berechenbaren Ausdruck der Natur interpretiere, würde es bedeuten, dass alles Natur ist oder alles Gott. Wie man will."

„Ich habe zwar das alles aufgeschrieben, scheue mich aber davor es laut zu sagen. Vieles ist noch unbelegt und schwammig. Klar, die Indizien sind da. Aber wenn ich sie veröffentliche, gäbe es genügend Leute, die die Theorie als haltlos bezeichnen würden. Das ist es mir nicht wert. Die Entführung ist für mich ein Alarmzeichen. Das Geheimnis soll wohl noch unter der Decke bleiben. Und was die Leute von der Propaganda Due machen, ist auch nicht vertrauenerweckend. Überall nur Fragezeichen. Jetzt müssen wir erst einmal die Füße ruhig halten. Fliegt ihr eigentlich nach Hause? Ich habe mit Manon noch gar nicht geredet."

„Das alles hat sie sehr mitgenommen. Laufend heult sie. Sie muss nach Hause. Wir werden uns in Paris eine gemeinsame Bleibe suchen. Ich glaube, auch für mich ist es Zeit, ruhiger zu werden. Manon könnte für mich so etwas wie ein Anker sein. Eins habe ich mir aber noch vorgenommen: Ich werde Moulinier und Lombardo mit einem Artikel bedenken."

„Hast du nicht Angst, dass er dann Jagd auf dich macht?"

„Sicher wird er es versuchen. Wenn sein Ruf aber in Frankreich zerstört ist, wird er mit sich selbst zu tun haben. So wie ich das sehe, wird Lombardo sich wieder nach Italien verdrücken oder untertauchen."

„Pass bloß auf, dass Manon nicht ins Fadenkreuz gerät. Unser Angebot mit der Wohnung in Leuven steht jedenfalls, wenn das Pflaster in Paris zu heiß wird. Ich werde dem Verwalter sicherheitshalber ein Telegramm schicken."
Es dauerte doch noch zwei Wochen, ehe Christian Flüge buchen konnte. Der Flieger war voller Chilenen, die in Europa
untertauchen wollten.

Der Mord am General

Am 30. September 1974 rief Eduardo Lopez aus dem Geschäft an und teilte Julien mit, dass Prats und seine Ehefrau durch eine Autobombe getötet wurden.

Julien informierte sofort Enrico, der sich zwischenzeitlich mit seiner Frau und Tochter eine eigene Wohnung genommen hatte. Sie kamen sofort. Candela und ihre Mutter waren völlig verängstigt. Enrico versuchte, stark zu sein, doch merkte Julien an seiner brüchigen Stimme, dass er alles andere war.

Julien umarmte ihn. „Ihr bleibt für ein paar Tage bei uns, bis sich alles beruhigt hat."

„Wir wollen möglichst schnell weg! Vielleicht haben wir schon zu lange gewartet. Wer weiß, wie Argentinien darauf reagiert."

„Nun beruhige dich erst einmal. Warum sollen die Attentäter ausgerechnet euch im Visier haben?"

„Ich war noch vor wenigen Tagen beim General."

„Warum?"

„Nachdem sich nichts in Chile getan hatte, wollten einige von uns mit dem General sprechen. Nur allgemein, ohne großen Plan. Meine Landsleute haben ein Netzwerk aufgebaut. Jetzt befürchten wir, dass Pinochet Agenten auf uns angesetzt hat und die Ermordung nur der Anfang war."

„Oh Gott. Spielte der General dabei eine Rolle?"

„In unserer Gruppe nicht. Aber das wissen die Attentäter sicher nicht. Ich habe schreiende Angst. Sie ist schlimmer als beim Putsch."

„Ich spreche mit Silvia. Sie hat bessere Verbindungen als ich. Was sagt eigentlich Candela dazu?"

„Nichts. Sie heult nur. Als wir herkamen, ist sie gleich zu Pieter gegangen. Vielleicht sprichst du mit ihm."

„Das mache ich!"

Silvia kam mit Estefania in den Salon. Ihre Miene verriet, dass sie von der geplanten Flucht wusste.

„Ich werde sofort einige Leute mit Privatjet oder Motorjacht fragen, ob sie helfen können."

„Mach das. Ich rede inzwischen mit Pieter."

* * *

Pieter saß auf seiner Liege und hatte Candela im Arm. „Sie wollen nach Europa flüchten! Könnte Candela nicht hierbleiben? Ich passe auch auf sie auf."

Julien wollte nicht darauf reagieren. „Beruhige sie erst einmal."

Als er in den Salon ging, hörte er immer noch Silvia telefonieren. Es gestaltete sich kompliziert. Auf die Idee waren schon viele gekommen.

„Wir werden wohl einige Tage warten müssen, ehe sich die Lage entspannt."

Julien überlegte. „Ja. Sie sollten hierbleiben. Ich werde Eduardo schicken, das Wichtigste aus der Wohnung zu holen. Sicherheitshalber soll er mit einem Auto aus La Plata fahren und einen großen Umweg machen."

Julien war sich nicht sicher, ob es sinnvoll war, Enricos Familie nach Europa zu schicken. Christian war zwar in der Lage ihnen das Einleben zu erleichtern, doch konnte er nicht für ihre Sicherheit sorgen. In den letzten Monaten hatte er Artikel verfasst, die sich mit der Propaganda Due beschäftigten. Seine Recherchen wurden zwar unter einem Pseudonym veröffentlicht, doch Moulinier und Lombardo konnten sicher erraten, dass er dahintersteckt.

Nach einem Bericht der Zeitung ‚Le Monde', der seinen Aufenthalt in Chile und Argentinien zum Inhalt hatte, erklärte Mouliniers Bank, dass seine Reise nicht im Auftrag, des Geldinstitutes erfolgt sei und er wegen Unregelmäßigkeiten entlassen wurde. Christians Recherchen liefen danach ins Leere. Moulinier war nicht mehr auffindbar.

* * *

Enrico hatte entgegen seiner Zusage Kontakt zu chilenischen Exilorganisationen aufgenommen, die ihm dringend empfahlen, das Land zu verlassen. Pinochets Geheimdienst habe Todeslisten aufgestellt. Die Ermordung von General Prats, sei eine Warnung gegenüber allen oppositionellen Kräften im In- und Ausland.

Kurz vor Weihnachten erhielt Julien völlig überraschend einen Anruf von Erich Salzmann. Der jüdische Juwelier war bereits vor einigen Jahren in die USA ausgewandert. Er schlug ein Treffen in Miami vor. Es sei dringend.

Silvia kannte ihn nur sehr oberflächlich und war sich nicht sicher, ob es für Julien sinnvoll sei, in so unruhigen Zeiten in die USA zu fliegen. Erich Salzmann war aber für Julien die Seriosität in Person. Ohne wichtigen Grund würde er ihn sicherlich nicht nach Miami rufen.

* * *

Es war das erste Mal, dass Julien nach Florida flog. Beim Landeanflug sah er die einfallslose Architektur der Stadt. Haus, Pool, Baum und Auffahrt. Alles schien gleich. Nur die Hochhäuser am Strand stachen hervor. Diese Stadt hatte keine Geschichte.

Salzmann empfing ihn am Flughafen. Es schien ihm gut zu gehen, denn er sah sonnengebräunt aus. An seiner Seite stand ein junger Mann, den er als Neffen vorstellte.

Sie wollten mit Julien eine kleine Stadtrundfahrt machen, doch der lehnte ab. So fuhren sie nach Kendall, einer Kleinstadt zehn Kilometer südwestlich von Miami. Der Ort war farblos. Hier bewohnte Salzmann ein älteres Gebäude, das ein wenig den Charme der Zwanzigerjahre verströmte. Es gehörte seinem Neffen, der ihn bei der Suche nach Verwandten in Buenos Aires gefunden hatte. Für seine Frau und seine drei Kinder hatte er die Rolle des Großvaters eingenommen.

„Julien, ich habe eine Nachricht aus Israel bekommen, die nur für dich bestimmt ist. Ich kann die Informationen nur weitergeben. Weder kenne ich seinen Ursprung noch den Wahrheitsgehalt. Du kennst meine bescheidenen Dienste, die ich für den Mossad geleistet habe. Und auch die Organisation vergisst nicht, wenn sich jemand für sie eingesetzt hat. Loyalität hat einen hohen Wert und sie ist selten von Leuten, die nicht unmittelbar von der Shoah betroffen waren. Jedenfalls möchte man sich erkenntlich zeigen."

Julien fragte: „Du weißt, dass ich raus aus dem Geschäft bin. Ehrlich gesagt, habe ich mit mir selbst und meiner Familie genug zu tun."

„Ich weiß. Genau darum geht es."

„Was wisst ihr?"

„Ich selbst weiß nichts! Ich gebe dir nur die Nachricht. Wenn du sie gelesen hast, verbrennen wir den Zettel. Der Text wurde für dich übersetzt."

Erich reichte Julien einen verschlossenen Briefumschlag, der mehrere eng beschriebene Seiten enthielt. Oben prangte ein roter Stempel in hebräischer Schrift. Auffällig war, dass Teile des Textes geschwärzt waren.

„Lagebericht. Wie bereits berichtet wurde, ist davon auszugehen, dass die Organisation Propaganda Due (P2) beim italienischen Großlogentag des Grande Oriente d'Italia im Dezember die Anerkennung verliert, da sie Teil einer Verschwörung ist. Eine zentrale Rolle spielt Licio Gelli, der Führungspersonen der Politik, der Wirtschaft, des Militärs, der Mafia und der Nachrichtendienste Italiens unter dem Dach der Loge zusammengeführt hat.

Die Maßnahme der Großloge wird nach unserer gegenwärtigen Sicht nicht dazu führen, dass sie ihre Tätigkeit einstellt, auch wenn sie durch Presseartikel und juristische Maßnahmen stärker in die Öffentlichkeit gerückt ist. Die italienischen Justizbehörden haben gegenwärtig noch nicht genügend Beweise, um die Zerschlagung der Organisation mit juristischen Mitteln umzusetzen.

Die erheblichen Mittel der P2 spielen dabei eine wesentliche Rolle. Von den Freimaurern Michele Sindona und Roberto Calvi, wird die Geldwäsche für die Cosa Nostra organisiert. Calvi soll dabei auch Konten der Vatikanbank nutzen. Über ihn werden vermutlich auch Einnahmen aus Prostitution, Heroin- und Waffenhandel gewaschen. Enge Verbindungen unterhält er nach Südamerika. Argentinien, Uruguay und Brasilien stehen dabei im Fokus. Eine bedeutsame Rolle spielen dabei Alain Moulinier und Luigi Lombardo, die auch unter verschiedenen anderen Namen in Erscheinung treten. Moulinier soll Verbindungen zum kolumbianischen Medellín-Kartell unterhalten.

Ferner soll er in die Gründung von Briefkastenfirmen und einer Tochtergesellschaft der Banco Ambrosiano in Luxemburg beteiligt sein, die Niederlassungen in Zürich, auf den Bahamas und in Panama eröffneten. Durch Erpressung, Nötigung und Korruption soll er gemeinsam mit Luigi Lombardo Türen für Calvi geöffnet haben. Dies ging so weit, dass er den Inhaber der Privatbank Stockhanns in Zürich dazu bewegen wollte, ein Schließfach zu öffnen, zu dem er zwar ein Schlüssel, aber keine Kontonummer vorwies.

Nachdem er den Bankangestellten bedroht hatte, wurde er durch Sicherheitskräfte aus dem Institut entfernt. Einen Monat später versuchte er, die Bank über einen Mittelsmann für eine italienische Bank zu kaufen, scheiterte aber wieder.

Die Schweiz soll Alain Moulinier mit einer Einreisesperre belegt haben. Er soll sich zurzeit in Uruguay oder Chile aufhalten. Besorgniserregend ist, dass er auch in den Mord an General Prats verwickelt sein könnte.

Aus einem Dokument geht hervor, dass er mit der neu gegründeten Dirección de Inteligencia Nacional DINA, der chilenischen Geheimpolizei, in Verbindung steht.

Unklar ist dabei, welche Gründe seine Bemühungen haben, eine chilenische Familie und deren belgischen Gastgeber aus Argentinien zu entführen. Angeblich sollen die Vorbereitungen abgeschlossen sein."

Julien schluckte. Auch wenn sein Name nicht genannt wurde, wusste er, dass er gemeint sein muss. Er las das Dokument noch zweimal durch, um sich die Namen zu merken. Dann warf er das Dokument in die Glut des Grills, den Erich angefeuert hatte.

Er sah Erich an. „Ich brauche jetzt dringend einen Rum."

„So schlimm?", fragte sein Gastgeber.

„Noch schlimmer. Ich muss so schnell wie möglich nach Hause."

„Der nächste Flug geht erst morgen früh mit Zwischenstopp in Montevideo."

„Gibt es keinen Direktflug?", fragte Julien.

„Vielleicht kannst du eine Maschine chartern. Mein Neffe kann das organisieren."

„Es soll so schnell wie möglich sein."

„Gut. Dann sparen wir uns die Steaks für das nächste Mal auf."

Silvia war völlig verstört. Julien hatte ihr auf der Fahrt vom Flughafen nach Hause das Wesentlichste erzählt.

„Heißt das, dass wir alle nach Europa müssen?"

Julien sah sie an. „Ja das bedeutet es. Ich habe den Piloten der Chartermaschine gefragt, ob er uns morgen nach Miami fliegen kann. Von dort kommen wir besser weg als von Buenos Aires."

Sie riefen Eduardo Lopez an. Er sollte ab sofort alle Geschäfte übernehmen.

Enrico war in gewisser Weise erleichtert, weil die Hängepartie in Buenos Aires zu Ende ging.

Silvia hatte zwar immer davon geträumt, wieder nach Paris zurückzukehren, doch so schnell war es nicht geplant. Als sie Christian anriefen, war er erfreut, seine Freunde wiederzusehen, andererseits sorgte er sich um den Aufenthalt in Paris. Er wusste nicht, ob Moulinier nicht doch noch Verbindungen nach Paris unterhielt.

Schließlich entschieden sie, nur einen kurzen Zwischenstopp in Paris einzulegen, um anschließend nach Belgien auszureisen.

Trotz der ernsten Hintergründe freuten sich Candela und Pieter, dass es gemeinsam nach Europa ging. Sie würden gemeinsam in eine Schule gehen.

Die Uhr zeigte 13.52 Uhr

19. Juni 1982, London. Christian hatte Julien zwei Tage vorher angerufen und ihn gebeten, ihn in seinem aktuellen Büro in der City von London aufzusuchen. Er habe einige Informationen, die er unbedingt direkt übermitteln möchte.

Ein Taxi brachte Julien zu einem gesichtslosen Büroturm. In der 12. Etage befand sich Christians Redaktion, die nur aus einem Vorzimmer mit Sekretärin und seinem Büro bestand. Die Möbel waren schlicht. Das einzig Besondere war der Blick über die Stadt. Christian war merklich gealtert. Er hatte sich lange in der Welt herumgetrieben und war in London gestrandet, wie er sagte. Nach einem Small Talk über die hohen Mieten und das unmögliche englische Essen machte er das Radio an und drehte es etwas lauter. Dann legte er Julien eine aktuelle Zeitung vor.

Mit großen Buchstaben informierte man über den Tod von Roberto Calvi. Man hatte ihn an der Blackfriars Bridge erhängt aufgefunden. Schreckliche Bilder illustrierten seinen Tod.

„Du weißt, wer das ist?", fragte Christian.

„Er war Präsident der Banco Ambrosiano, die mehrheitlich der Vatikanbank gehört. Und Mitglied der Propaganda Due."

„War es Mord?", fragte Julien.

„Offiziell war es Selbstmord. Ich bin mir aber sicher, dass er aus Rom vor seinen Mördern geflüchtet ist."

„Warum bist du dir so sicher?"

„Seine Uhr stand auf 13.52 Uhr."

Christian malte mit seinem Kugelschreiber eine Uhr auf ein Blatt Papier. Fein säuberlich zeigten die Zeiger die Uhrzeit an.

Julien verstand sofort den Hinweis. „Es ist das Winkelmaß!"

„Ja. Jetzt beginnt die Zeit der langen Messer."

„Und was bedeutet das?"

„Sie beginnen, Mitwisser und Zeugen zu beseitigen. Durch die Verfahren gegen Michele Sindona wurde eine Liste mit 962 Mitgliedern der Propaganda Due gefunden. Darunter findet man den Sohn des letzten Königs von Italien, Viktor Emanuel von Savoyen, den amtierenden Premierminister Arnaldo Forlani sowie sein Kabinettschef, drei führende Leiter der italienischen Geheimdienste, den amtierenden Premierminister Arnaldo Forlani sowie seinen Kabinettschef.

Auffällig ist, dass die Nummerierung erst mit 1600 beginnt. Es ist nicht anzunehmen, dass die niedrigen Mitgliedsnummern zu unwichtigen Personen gehören. Auch wenn einige über die Jahre gestorben sind, leben sicher noch viele unentdeckt in Italien oder im Ausland.

Ich habe schon meine Vorkehrungen getroffen. Manon ist mit den Kindern zu entfernten Verwandten gezogen. Ich gebe mein Büro auf und werde nach Griechenland fliegen und von dort nach Jugoslawien fahren, damit ich keine Hinweise auf den Verbleib meiner Familie hinterlasse."

„Zu den Kommunisten?"

„Nein zu Freunden, mit denen ich damals in der Résistance gekämpft habe. Dort bleibe ich aber nur kurz, damit sich meine Spur verliert. Mein Freund beschafft mir einen falschen Pass, mit dem ich über Deutschland nach Dänemark gelangen kann. Von dort ist es nicht mehr weit nach Schweden."

„Warum erzählst du mir das alles?"

„Du bist gegenwärtig der Einzige, dem ich vorbehaltlos trauen kann. Ich gebe dir die Kontaktdaten, falls mir etwas passieren sollte. Manon weiß nur, dass ich untertauche und sie sich an dich wenden soll, wenn ich bis Weihnachten nicht bei ihr bin. Das ist ein Zettel mit den Kontaktdaten.

Ich habe ihn mit einer einfachen Verschlüsselung versehen. Der Schlüssel ist der Geburtstag von Adrian VI."

„Ist das wirklich notwendig?", fragte Julien.

„Ja. Und ich muss dir noch eine Geschichte erzählen. Vor einem Monat rief mich ein Logenbruder in Paris an. Das war schon ungewöhnlich, weil ich, seit ich zurück war, keinen Kontakt zur Loge hatte. Er hatte sich auch nicht unter seinem Namen gemeldet, sondern unter dem Namen meiner Nachbarin. Ich nahm an, dass zu Hause irgendetwas passiert war. Ich vereinbarte mich mit ihm in einem Café. Als ich ihn sah, wollte ich aufstehen und gehen. Er hielt mich mit der Bemerkung zurück, Manon sei in Sicherheit.

Ich war völlig verunsichert. Dann sagte er mir, dass er handeln musste, weil er erfahren hatte, dass Moulinier nach meiner Adresse sucht. Er hatte ihn auch angesprochen.

Im Telefonbuch war ich nicht zu finden und meine Redaktion gab grundsätzlich keine Adressen heraus. Der Logenbruder hatte mich aber irgendwann gesehen, als ich in das Haus meiner Eltern gegangen war, das er noch aus der Zeit kannte, als mein Vater eine große Nummer bei den Freimaurern war.

Er hat sich sofort auf den Weg gemacht und hat Manon mit den Kindern angetroffen. Als er ihr den Namen Moulinier und die Gründe nannte, warum er sie aufsuchte, gab sie ihm meine Telefonnummer. Dann waren sie zu unserer Nachbarin gegangen und er hat mich von dort angerufen.

Ich wollte sofort losstürzen, um Manon und meine Kinder in Sicherheit zu bringen. Er hielt mich aber zurück. Bevor ich mich auf den Weg mache, müsse er mir noch etwas erzählen, damit er weiß, dass es nicht nur Verräter bei den Freimaurern gibt. Er hatte Moulinier nach dem Krieg kennengelernt. Sie waren zur gleichen Zeit in die Loge aufgenommen worden. Sein Vater und sein Großvater waren bereits in der Loge. Moulinier kam dagegen aus einer zerrütteten Familie.

Mouliniers Vater hatte sich bei den Deutschen angedient und sich nach dem Krieg erschossen. Seine Mutter ertränkte ihren Kummer im Alkohol. Moulinier war in einem Kinderheim, dessen Leiter Freimaurer war und der in ihm Potenzial sah. Das half ihm, einen Studienplatz und eine Stelle bei der Nationalbank zu bekommen.

Moulinier unterschied sich von den anderen Logenbrüdern höchstens in dem Elan, möglichst schnell die nächsten Stufen zu erhalten. Dann passierte aber etwas Außergewöhnliches. Man hatte ihn 1954 für ein Jahr in die USA geschickt. Als er zurückkam, war er ein anderer Mensch. Damals hatte McCarthy eine Hexenjagd gegen echte oder vermeintliche Kommunisten und deren Sympathisanten veranstaltet. Er war von der Psychose angesteckt worden. Selbst als McCarthy seinen Hut nehmen musste und liberalere Zeiten anbrachen, verbreitete Moulinier immer noch seine kruden Verschwörungstheorien.

In Frankreich war die Lage völlig anders. Daher stieß er mit seinen Ansichten, dass es Zeit sei aufzuwachen, weitgehend auf taube Ohren. Ich hatte davon nichts mitbekommen. Moulinier wurde nach Italien versetzt und ich absolvierte mein Studium."

„Was war nun der Grund, dass der Logenbruder sich bei dir meldete?", fragte Julien.

„Er hatte meine Artikel über Moulinier gelesen. Ich hatte sie zwar unter einem Pseudonym geschrieben, doch hatte er mich an einigen Fakten erkannt. Er hatte auch die Ereignisse um Propaganda Due verfolgt und sagte mir, dass Moulinier eine ähnliche Umwandlung der Loge in Paris anstrebte. Er hatte irgendwann einen amerikanischen Freimaurer mitgebracht, der einen Vortrag in der Loge hielt, die im Wesentlichen damit endete, dass nur Freimaurer in der Lage wären, die kommunistische Gefahr aufzuhalten. Das war für den Meister vom Stuhl Grund genug, den Amerikaner und Moulinier aus dem Tempel zu verweisen.

Später stellte sich heraus, dass der Amerikaner Botschaftsangehöriger war. Aufgrund einer förmlichen Beschwerde musste er

Frankreich verlassen. Mein Logenbruder hatte ihn Jahre später bei einem Staatsbesuch des amerikanischen Präsidenten wiedergesehen. Als Vertreter der CIA bat er um persönliche Angaben von Besuchern einer Pressekonferenz mit dem Präsidenten. Das wurde abgelehnt. Bevor er meine Frau aufsuchte, hatte er Moulinier, den Amerikaner und den Italiener zusammen gesehen. Das reichte ihm aus, seine Schlüsse zu ziehen."

Julien fragte: „Verstehe ich das richtig? Der CIA hängt in der Sache mit Propaganda Due mit drin?"

„Gerüchte darüber gab es schon seit Jahren. Angeblich sollen Millionen an P2 geflossen sein. Mit dem Bekanntwerden der Mitgliederliste könnten vielleicht auch amerikanische Staatsbürger in den Strudel der Ermittlungen gelangen."

„Das erklärt manches. Was meinst du? Ist meine Familie auch in Gefahr?"

„Das weiß ich nicht. Du solltest auf alle Fälle wachsam sein. Wenn ein Geheimdienst mitmischt, kommen ganz andere Methoden zum Einsatz. Die sind da nicht zimperlich."

„Ich bin doch eher ein persönlicher Feind von Moulinier."

„Ja, aber du bist Zeuge und kannst ihn identifizieren."

Julien war entsetzt. „Meine Frau und auch Candela."

„Stimmt. An sie hatte ich nicht mehr gedacht. Wie geht es ihr denn?"

„Candela und Pieter hängen zusammen, wie ein altes Ehepaar. Sie haben sich nach unserer überstürzten Flucht gegenseitig geholfen."

Christian überlegte einen Augenblick und fragte dann: „Wer hat dich damals überhaupt gewarnt?"

Julien sah zum Boden. „Das möchte ich dir nicht sagen. Warum fragst du?"

„Ich dachte nur, dass der Gleiche vielleicht noch einmal helfen kann."

„Das glaube ich nicht. Er ist tot."

„Ermordet?"

„Nein. Lungenkrebs."

„Julien. Wir verbleiben so, wie wir es vereinbart haben. Wenn ich in Schweden angekommen bin, schicke ich eine Ansichtskarte. Bis dahin wünsche ich dir und deiner Familie alles Gute!"

„Grüß Manon!"

„Danke. Mache ich. Und ihr passt schön auf euch auf."

Christian Vigne brachte ihn über Umwege zum Flughafen. Mit gemischten Gefühlen flog Julien nach Hause. Es war so viel zu durchdenken. Eins wollte er auf keinen Fall. Flüchten.

Die Aktion

„Wenn man eine Gefahr kennt, kann man darauf reagieren", sagte sich Julien auf dem Weg nach Leuven. Er dachte daran, dass er seine Familie in Buenos Aires mit Wachleuten nicht schützen konnte. Das durfte auf keinen Fall noch einmal geschehen. Er brauchte Hilfe von außen. Doch wem konnte er vertrauen?

Enrico schlug vor, sich an einen Anwalt in Brüssel mit Kontakten zum Internationalen Gerichtshof zu wenden. Dr. Peer Lefebvre empfing sie in einem kleinen Büro, das voller Aktenschränken war. Julien erklärte ihm die Situation, in der sie sich befanden.

„Das ist wirklich außergewöhnlich. Ist die Quelle der Information zuverlässig?"

„Ja!", bekräftigte Julien seine Aussage. „Sie können sich gern in Paris über Herrn Christian Vigne informieren. Mit seiner Hilfe konnten wir vor einigen Jahren vor den gleichen Leuten nach Argentinien flüchten."

„Sie werden verstehen, dass ich nicht sofort darauf reagieren kann. Ich werde mich mit meinem belgischen Kontakt bei der Polizei in Verbindung setzen. Nach dem Tod von Roberto Calvi sind viele Fragen offen. Hier in Belgien sind durch die internationalen Organisationen die Sicherheitsmaßnahmen wesentlich höher als in Argentinien. Ich glaube nicht, dass eine Flucht erforderlich sein wird."

* * *

Zwei Tage später rief Dr. Lefebvre an und bat Julien und Enrico, in sein Büro zu kommen. Er war nicht allein.

„Das ist Alain Vincent. Er gehört zum belgischen Staatsschutz. Ich arbeite mit ihm seit Jahren zusammen."

Julien zog die Stirn kraus: „Hat Herr Dr. Lefebvre Ihnen gesagt, dass es sein kann, dass der CIA eine Rolle spielen könnte?"

„Ja. Mir ist die Brisanz der Situation bewusst. Sie sind belgischer Staatsbürger. Schon deswegen haben Sie einen Anspruch auf Schutz. Und Sie stehen als Asylant, wegen ihrer damaligen Funktion in Chile, im Fokus des Geheimdienstes und einer kriminellen Organisation aus Italien. Ich gebe zu, dass es ein außergewöhnlicher Fall ist. Es ist aber nicht selten, dass wir es mit delikaten Problemen zu tun haben."

Enrico schien beruhigt zu sein.

Julien fragte aber noch einmal nach: „Kann ich mich darauf verlassen, dass es keinen Datenaustausch mit der CIA gibt. Ich gehe davon aus, dass in einer internationalen Stadt wie Brüssel auch die CIA ein Büro hat."

„Wissen Sie, wir können es mit der CIA oder ohne die CIA machen. Wenn wir gegenüber den Verbindungsoffizieren durchblicken lassen, dass wir von einer geplanten Aktion wissen, in der Mitarbeiter ihrer Organisation verstrickt sind und ihnen einige Informationsbrocken hinwerfen, kann das hilfreich sein. Ich kann mir nicht vorstellen, dass Sie ihren Status in der Stadt wegen einer privaten Fehde riskieren werden. Bei allen Geheimdiensten gilt der Grundsatz, dass sie den Verrat lieben, nicht den Verräter. Franzosen und Italiener betrachten sie ohnehin nur als Beiwerk, wenn sie Aktionen durchführen. Sie stoßen sie ab, wenn sie ihre Funktion erfüllt haben. Nach der Ermordung von General Prats und einigen ungeschickten Aktionen steht die CIA ohnehin unter Druck. Unsere italienischen Partner sind auch sehr daran interessiert, was die CIA in ihrem Land veranstaltet."

Julien wiegte den Kopf hin und her: „Ich habe im Krieg auch einige Erfahrungen mit Geheimdiensten gemacht. Oft genug hatte ich zum Schluss den Eindruck, dass man nicht mit offenen Karten spielt."

„Das verstehe ich gut. Es ist aber so, dass wir ohne die Einbeziehung der CIA eine Rundum-Überwachung organisieren müssten. Das ist nicht nur aufwendig, sondern auch unsicher. Selbst Staatsoberhäupter müssen mit einem Restrisiko leben. Wenn wir der CIA aber glaubhaft vorgaukeln, dass alles aufgeflogen ist und ihnen sogar noch den Verräter präsentieren, ist der Effekt durchschlagend.

Deshalb möchte ich ihnen einen Plan vorschlagen, den Sie annehmen oder ablehnen können. Mein Plan hat den Vorteil, dass wir der CIA bei der Arbeit zusehen können."

Trotz Bedenken stimmten Julien und Enrico der Verfahrensweise zu. Julien fühlte sich in die Zeit mit Wilson vom MI6 zurückversetzt. Sie trafen sich in einer kleinen Pension in Hoegaarden, ungefähr 25 Kilometer südöstlich von Leuven. Das Gebäude war ein langweiliger Neubau, hatte aber den Vorteil, dass die Straße vom Fenster gut zu überwachen war und die Autos in einer Tiefgarage versteckt werden konnten.

Alain Vincent hatte Wert daraufgelegt, dass alle Mitglieder der Familien an der Besprechung teilnahmen. Als sie am späten Abend heimfuhren, waren die Rollen verteilt. Vincent war zufrieden, dass sein Plan Zustimmung gefunden hatte.

* * *

Am 15. Juli 1982 startete die Aktion. Zwei Tage vorher hatten Techniker in Enricos und Juliens Wohnung mehrere Abhörgeräte installiert.

Eigentlich ging es nur um drei Gespräche, die in den Wohnungen aufgenommen werden sollten und deren Inhalt detailliert abgesprochen war. Selbst „Störungen" durch Kinder und Ehefrauen waren geplant.

Die Dialoge waren einstudiert. Nur ein paar Stichworte standen noch auf den Zetteln. Beim Üben mussten sie aufpassen, dass sie die Texte nicht wie ein Gedicht aufsagten oder zu schnell herunterleierten. Es musste für die Zuhörer glaubwürdig wirken. Jetzt schien alles perfekt vorbereitet zu sein.

* * *

Julien kam mit Enrico ins Büro:

„Ich habe noch einen argentinischen Rum im Schrank, oder ist es dir heute zu heiß?"

Enrico:

„Mir ist heute nicht zum Feiern zu Mute."

Julien:

„Man kann die Lage auf die eine oder andere Weise sehen. Ich denke, Moulinier hat geschickt seinen Hals aus der Schlinge gezogen. So wird er den Italiener los und erspart sich ein paar Jahre Haft."

Enrico:

„Meinst du, dass sich seine amerikanischen Freunde das gefallen lassen?"

Julien:

„Sie stehen zwischen Baum und Borke. Gegenüber der Staatsanwaltschaft können sie nicht intervenieren. Dann wird klar, dass sie auch eine Aktie an der Bombe hatten. Und der Italiener ist auch eine Gefahr. Der kennt einige Namen von der Liste, die nicht bekannt werden dürfen. Vielleicht hat er sogar die ersten 1600 Namen. Damit kann er ganze Regierungen erpressen. Ich bin mir sicher, dass er es auch tun wird, wenn er bedrängt wird. Christian hat das Protokoll der Staatsanwaltschaft selbst gelesen."

Enrico:

„Moulinier ist aalglatt. Ich habe ihn in Santiago erlebt. Hätte sich Allende auf den Deal eingelassen, wäre er jetzt nicht tot. Zwei Millionen Dollar sind für ein Leben nicht viel."

Julien:

„Haben oder nicht haben."

Enrico:

„Wenn in Rom die Köpfe rollen, wird Moulinier bestimmt schon untergetaucht sein."

Julien:

„Er wird schon einen Schuldigen finden, dem er den Verrat anhängen kann."

Julien und Enrico verließen wieder den Raum.

* * *

An den folgenden Tagen führen die Familien normale Gespräche, die ebenfalls aufgenommen wurden. Danach wurden die Abhöreinrichtungen wieder entfernt. Es dauerte fast einen Monat, bis Alain Vincent sich wieder meldete. Sie verabredeten sich wieder in der Pension.

„Die Aktion war ein voller Erfolg", sagte er grinsend.

„Was bedeutet das?", fragte Julien.

„Moulinier wurde vom CIA als Agent abgeschaltet und Lombardo in Rom verhaftet. Man hatte bei ihm Sprengstoff und Waffen gefunden. Zwei CIA-Agenten hat man ausgewiesen. So wie ich das sehe, ist ihre Karriere vorbei. Man darf alles machen, solange man dabei nicht erwischt wird."

Julien war etwas skeptisch: „Moulinier lebt aber noch. Meinen Sie nicht, dass er noch gefährlich werden könnte?"

„Versetzen Sie sich doch einmal in seine Lage. Er gilt als Verräter gegenüber der CIA und vielleicht sogar gegenüber der Mafia. Es wird ihn zwar niemand einsperren, aber bei jedem Menschen, wird er überlegen, ob er seine Waffe zieht. Ich möchte nicht in seiner Haut stecken."

„Hat sich die Sache für uns jetzt erledigt?"

„Aufpassen sollte man immer. Besonders vor dem chilenischen Geheimdienst muss man sich in Acht nehmen. Falls Sie etwas Verdächtiges bemerken, melden Sie sich bitte bei mir."

„Das ist leicht zu sagen. Für mich ist Moulinier eine akute Gefahr."

„Tut mir leid. Moulinier ist französischer Staatsbürger. Gegen ihn liegt, soviel ich weiß, nichts vor. Wenn die Behörden nichts Greifbares haben, bleibt er auf freiem Fuß."

* * *

Julien war unzufrieden. Luigi Lombardo war zwar in Haft, aber noch nicht verurteilt. Dass Moulinier tatsächlich von seinen Leuten geschasst wurde und die CIA-Agenten aus dem Rennen sind, war auch nur eine Vermutung. Er dachte an den Spruch: „Geheimdienste lieben den Verrat, nicht den Verräter". Wer sagt, dass alles verraten wurde und Moulinier nicht noch etwas besaß, das er gegenüber der CIA oder Propaganda Due nutzen konnte?

Kurz vor Weihnachten 1982 meldete sich Christian bei Julien und kündigte seinen Besuch an. Julien war überrascht. Er begründete die Rückkehr damit, dass es Manon im Norden zu kalt sei. Als er am 23.12.1982 in Leuven ankam, war Manon nicht dabei. Christian hatte sie überredet, noch einen Monat in Schweden zu bleiben, bis er in Paris alles vorbereitet hatte.

„Manon war klar, dass es mir darum ging, zu prüfen, ob Moulinier noch eine Gefahr darstellt. Von der Inhaftierung Lombardos hatte ich über einen italienischen Journalisten erfahren."

Julien erzählte von der Aktion mit dem Staatsschutz, verhehlte aber nicht seine Zweifel.

Christian wurde nachdenklich. „Kannst du dich an den Pariser Staatsanwalt erinnern, der uns geholfen hat, Antonio Sánchez zu inhaftieren?"

Julien nickte. „Ja."

„Er ist jetzt Beamter im Innenministerium. Ich habe ihn aufgesucht, weil ich von ihm wissen wollte, ob Moulinier irgendwo in Erscheinung getreten ist. Die Geschichte war ihm noch im Gedächtnis, doch bei so vielen Fällen, die er über die Jahre bearbeitet hatte, konnte er sich an den Namen nicht mehr erinnern. Um mir zu helfen, ließ er seinen Assistenten nach Moulinier, Lombardo und Antonio Sánchez suchen. Der fand die Fallakten von damals und eine Karteikarte, dass Antonio Sánchez aus der Haft entlassen wurde und er als Verdächtiger in Untersuchungshaft sitzt. Bei dem Fall geht es um den Mord an einem Mann, der noch nicht identifiziert worden ist. Die bei ihm gefundenen Papiere waren falsch. Man hatte allerdings einen Kalender mit seinem Namen gefunden. Sánchez streitet alles ab, hat aber kein Alibi."

„Meinst du, dass der Unbekannte Moulinier ist?"

„Vielleicht. Ich habe für morgen einen Termin beim zuständigen Kommissariat vereinbart. Es wäre schön, wenn du mitkommst."

„Wenn es Moulinier sein sollte, wäre der Albtraum vorbei."

„Ich würde da nicht so sicher sein. Als wir damals nach dem Geheimnis gesucht haben, hat er die Informationen weitergegeben. Der große Aufwand war doch kein Hobby von Moulinier. Da muss es noch andere geben. Für uns würde sein Tod nur bedeuten, dass wir nicht mehr als Zeugen taugen. Eigentlich wissen wir nur einen Bruchteil von dem, was Moulinier und Lombardo getrieben haben. Wer weiß, was der Italiener in der Haft alles ausplaudert und wer dabei zuhört."

„Also gut, ich komme mit. Bei der Gelegenheit werde ich meinen Freund Angelo besuchen, den ich schon seit Jahren nicht mehr gesehen habe. Wenn du möchtest, kannst du mitkommen. Ich muss dich aber vor dem Sambuca warnen, den er ausschenkt."

Julien erzählte von seinen Erfahrungen mit dem Getränk in Rom. „Angelo kann den in seinen kleinen Körper reinschütten, ohne dass er irgendwelche Nebenwirkungen zeigt. Oh Gott. Wenn ich daran denke, wie ich am nächsten früh wach geworden bin, wird mir heute noch übel."

Christian lachte. „Probieren würde ich ihn trotzdem!"

„Du wurdest gewarnt!"

* * *

Kommissar Dubois wartete vor dem gerichtsmedizinischen Institut und führte Christian und Julien in die Leichenhalle. Dr. Martin war der zuständige Forensiker. Er öffnete ein Schubfach und zog den mit einem Tuch bedeckten Leichnam aus dem Fach. Während er das Tuch entfernte, ratterten aus seinem Mund pausenlos lateinische Fachbegriffe.

Christian unterbrach ihn: „Der Mann heißt Alain Moulinier!"

Kommissar Dubois fragte: „Sind Sie sich sicher?", und sah abwechseln Christian und Julien an.

„Wir sind uns sicher!"

„Gut, dann haben wir endlich einen Ansatz für unsere weitere Arbeit."

„Woran ist er denn gestorben?", fragte Julien.

„Er wurde von hinten erstochen", sagte Dr. Martin und drehte dabei den Leichnam auf die Seite.

Dubois gefiel seine Aktion nicht: „Eigentlich ist das eine interne Information. Sie sollten ihn nur identifizieren."

Christian meinte dazu: „Ich habe die Zusage vom Präfekten. Wir können ihn gern anrufen."

„Na gut. Behandeln Sie die Informationen aber vertraulich. Der Mann wurde gestern früh von der Reinigungskraft in seiner Wohnung gefunden. Vermutlich ist er am Vortag um 13.52 Uhr gestorben."

„Woher sind Sie sich so sicher?"

„Die Uhr ist beim Sturz kaputtgegangen. Sie zeigt genau die Uhrzeit."

Christian sah Julien an und fragte dann: „Wie kamen Sie auf Antonio Sánchez als möglichen Täter?"

„Sánchez wurde vor einem halben Jahr aus der Haft entlassen."

Julian entgegnete: „Ich glaube nicht, dass er es war. Er war zwar ein Kollaborateur, aber sonst ein Feigling. Moulinier hätte ihn niemals so nah an sich herankommen lassen."

„Im Moment haben wir keinen anderen Verdächtigen. Wir wissen vom Opfer so gut wie nichts. Irgendwo muss man ja anfangen."

„Falls Sie eine Verbindung nach Italien finden, sind Sie bestimmt auf dem richtigen Weg."

Dubois fragte: „Italien? Wieso Italien?"

Christian machte ein ernstes Gesicht. „Moulinier war ein Banker wie Roberto Calvi, der in London erhängt an einer Brücke aufgefunden wurde. Seine Uhr stand auch auf 13.52 Uhr. Calvi war Präsident der Banco Ambrosiano, die mehrheitlich der Vatikanbank gehört. Moulinier hat mit Luigi Lombardo zusammengearbeitet, der in Rom inhaftiert wurde. Kommissar Dubois! Wir können das zwar nur vermuten und haben keinen einzigen Beweis. Glauben Sie uns. Es lohnt sich bei Ihren Kollegen in London und in Rom nachzufragen."

Dubois schien verunsichert. „Sind Sie Polizisten oder so etwas? Man hat mir nur ausrichten lassen, dass Sie den Toten identifizieren könnten."

Christian entgegnete: „Nein! Ich würde uns als Opfer bezeichnen, die nicht sehr traurig über den Tod dieses Mannes sind. Ich bin Journalist und Herr Julien Gaspard ist Kulturhistoriker und Buchautor. Er wurde beinahe von Moulinier getötet. Eine Verwandte von ihm wurde von Moulinier in Buenos Aires entführt."

Christian zeigte seinen Presseausweis.

„Ich bin bei Presseleuten immer vorsichtig. Manchmal steht etwas anderes geschrieben, als man gesagt hat. Außerdem klingt die Geschichte abenteuerlich. Haben Sie dafür Beweise."

Julien nickte zustimmend. „Wenn ein Polizeiprotokoll ausreicht. Außerdem kann das entführte Mädchen es bezeugen. Wir haben selbst kein Interesse daran, dass die Geschichte in der Öffentlichkeit ausgewalzt wird. Unsere Familien haben darunter gelitten. Verstehen Sie?"

Kommissar Dubois sah beide abschätzend an. „Sie wollen mir wirklich helfen? Ganz ohne Hintergedanken?"

„Genau! Wir werden darüber schweigen", sagte Julien.

„Nun gut. Würden Sie mit mir in die Wohnung des Opfers fahren? Sie sieht aus wie ein Museum. Die Haushälterin hat zwar für ihn gekocht und gelegentlich sauber gemacht. Durfte aber nur in die Küche und den Salon. Aber sehen Sie selbst."

Die Wohnung befand sich in der vierten Etage eines wuchtigen Bürgerhauses, schräg gegenüber vom Panthéon. Die Eingangstür war noch mit dem Siegel der Polizei versehen. Dubois ließ sie ein. Zunächst gingen sie in den Salon, wo Moulinier gefunden wurde. Der Raum war gutbürgerlich eingerichtet. Es gab keinen Protz. Selbst die Anrichte sah aus, als sei sie aus den 30er-Jahren.

„Der Hausverwalter sagte, dass die Möbel noch von der Vormieterin stammten. Moulinier hat sie ohne Änderung weitergenutzt. So, jetzt gehen wir mal in das Museum."

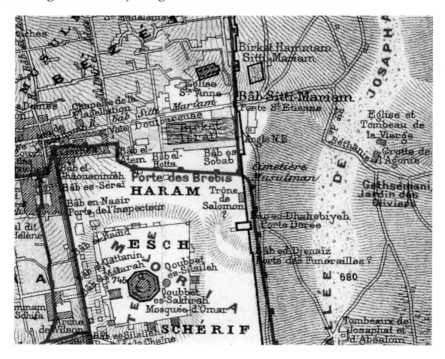

Detail: Jerusalem Maps: Table of Contents UC Berkeley Library

Das Zimmer war vermutlich einmal das Schlafzimmer gewesen. Tatsächlich stand in der Ecke ein ramponiertes Bettgestell. Doch sonst waren die Wände mit Vitrinen und Bücherregalen gefüllt. Auf dem Tisch lag eine ausgerollte Karte von Jerusalem. Sie schien sehr alt zu sein. Darüber hatte er mehrere Bogen Pergamentpapier gelegt, auf der einige Stellen mit Symbolen versehen waren. Ein Bogen war mit einem Raster versehen. Ein Zeichengerät aus Messing lag einsatzbereit obenauf.

„Das ist ein Pantograf", sagte Julien. „Damit kann man Zeichnungen vergrößern, verkleinern oder auch einfach kopieren. Ich sehe aber nicht, dass es bereits zum Einsatz kam."

„Siehe mal! Alte Bekannte." Christian zeigte auf die vergrößerten belgischen Briefmarken mit den Kupferstichen von Papst Adrian VI.

„Den Panzerschrank haben wir geöffnet, aber nur ein paar Kupferstiche, ein Tintenfass und eine alte Uhr gefunden."

Kommissar Dubois steckte einen überlangen Schlüssel ins Schloss. „Unser Spezialist hatte nur fünf Minuten gebraucht." Christian zeigte hinein. „Das ist die Uhr, wegen der Candela entführt wurde."

Dubois nahm das Etui heraus. „Wenn Sie mir sagen, was auf der Rückseite der Uhr abgebildet ist, glaube ich Ihnen."

Julien holte einen Zettel aus seiner Tasche und malte mit einem Kugelschreiber die Pyramide und das Sternbild.

Dubois war sichtlich beeindruckt. „Und was soll das darstellen?"

„Das wissen wir auch nicht", beeilte sich Christian, zu antworten.

„Wie viel kostet so eine Uhr?"

Julien scheute sich, eine Schätzung abzugeben. Christian meinte dann: „Vielleicht 5000 oder 10.000 Dollar. Sie ist vierhundert Jahre alt."

Dubois fragte: „Und dieses Tintenfass?"

Julien sah es sich von allen Seiten an. „Es ist zwar alt, hat aber keinen besonderen Wert. Vielleicht ist es aus den 1930er-Jahren. Das Silber ist eher minderwertig. Ein Hersteller ist nicht feststellbar. Das ist etwas für den Trödelmarkt."

„War Moulinier ein Kunstdieb oder so etwas?", fragte Dubois.

„Herr Kommissar, wir wissen es auch nicht. Sicher ist nur, dass die Uhr mir gehört. Ich kann Ihnen einen Auszug aus dem Testament zeigen. Die Polizei hat von mir auch Fotos von diesem Objekt bekommen."

„Können Sie etwas zu den Kupferstichen und Karten sagen? Sind sie auch gestohlen?"

„Da sind wir die falschen Ansprechpartner. Ich kann Ihnen aber gern einen Fachmann von der Universität empfehlen, der bei der Katalogisierung hilft. Wir treffen ihn heute Abend", sagte Julien.

„Mein Chef wird sich freuen, wenn er einen Namen präsentiert bekommt. Wie heißt dieser Fachmann, von dem Sie geredet haben?"

„Dr. Angelo Mancini. Er wird sich bei Ihnen melden."

„Wegen der Uhr schicken Sie mir bitte die Belege. Das können wir sicher ohne viel Aufwand erledigen. Hatte Moulinier Verwandte?"

„Ich habe ihn nie davon reden gehört. Aber ich schicke Ihnen die Adresse der Bank, in der er damals gearbeitet hat. Vielleicht haben Sie irgendetwas in Ihren Personalunterlagen. Aus heutiger Sicht kann ich mir sogar vorstellen, dass Moulinier nicht sein richtiger Name war. Bei dem Italiener hat man auch mehrere Pässe gefunden."

„Wissen sie,", sagte Dubois, „mir ist ein einfacher Mord viel lieber als das, was dieser Mensch hinterlässt. Ich glaube, dass es eine Racheaktion war. Vielleicht hängt die Mafia drin. Ich habe jetzt den Schlamassel am Hals. Womöglich finden wir den Mörder nie. Sonst gibt es ein Opfer, mit dem man Mitgefühl hat.

Aber Moulinier war offensichtlich nur Abschaum, der mir nur viel Schreiberei einbringt. Nichts für ungut. Ich habe ihre Kontaktdaten und melde mich gegebenenfalls bei Ihnen."

Julien holte seine Minox aus der Tasche und fragte den Kommissar: „Dürfte ich ein paar Fotos von den Gegenständen machen?"

Dubois sah abschätzend auf die kleine Kamera. „Unsere Leute haben zwar alles schon dokumentiert, aber wenn Sie mir versprechen, dass nichts in die Presse gelangt, tun Sie sich keinen Zwang an. Von mir machen Sie bitte kein Foto."

„Für Hochglanzfotos ist mein kleiner Liebling ohnehin nicht gedacht. Er ist eher ein Helfer, damit ich mich besser erinnern kann."

* * *

„Dr. Angelo Mancini", stand am Messingschild. Julien klingelte. Polternd näherten sich Schritte der Tür. Ein kleines Gesicht lugte hervor.

„Mein Papa kommt gleich, er gießt gerade die Pasta ab", sagte ein kleines Mädchen.

„Marietta! Wer ist denn da?", hörte Julien Angelo rufen.

„Zwei alte Männer. Der eine hat eine Glatze", rief sie zurück.

„Ich bin gleich da!"

„Angelo, wir sind schon etwas früher gekommen."

„Marietta, bring bitte die beiden Herren in den Salon."

Das Mädchen stolzierte steif vor Julien und Christian her und zeige auf eine offene Tür. „Darf ich bitten, meine Herren."

Angelo kam aus der Küche. Er hatte eine Schürze um, die etwas mit Ketchup bekleckert war. „Setzt euch schon mal rein. Ich muss mich erst einmal waschen. Meine Frau ist mit den Kindern zur Großmutter gefahren und hat mich mit dem Quälgeist allein gelassen, weil sie Angina hat. Deshalb muss ich kochen."

„Ich bin kein Quälgeist. Mama hat mir erlaubt, Papa beim Kochen zu helfen."

„Hast du ja auch. Nur beim Aufräumen hast du mich allein gelassen."

Marietta schmollte: „Na und! Du sitzt auch immer an der Schreibmaschine, wenn Mama kocht."

„Ist ja gut, mein Schatz. Bringe mal vier Teller und Besteck ins Zimmer. - Ich gehe mal davon aus, dass ihr uns helft, den Berg Spaghetti zu vertilgen."

„Natürlich tun wir das. Christian hat sogar eine gute Flasche Wein mitgebracht."

„Möchtet niemand einen kleinen Sambuca trinken?"

Angelo schüttete sich aus vor Lachen.

Julien winke ab. „Heute nicht. Wir brauchen einen klaren Kopf."

Nach dem Abendessen brachte Angelo seine Tochter ins Bett. Dann setzten sie sich in die Sesselecke. Julien und Christian berichteten vom ermordeten Moulinier. Vieles kannte er schon aus vergangenen Gesprächen und Briefen.

„Julien, dein ganzes Leben kommt mir wie ein Geheimnis vor. Es passiert immer etwas Aufregendes. Ich sitze in meinem Institut und sehe zu, wie mein Hintern immer dicker wird. Andererseits könnte ich damit nicht umgehen. Meine Kommilitonen haben mich immer gehänselt, weil ich so klein bin. Ich wollte damals immer groß sein. Das Einzige, was an mir groß geworden ist, sind meine Kinder. Jetzt muss ich immer aufpassen, dass ich die Namen nicht durcheinanderbringe. Aber offen gesagt, ich liebe sie alle und natürlich auch meine Frau. Was machen eigentlich Silvia und dein Sohn?"

„Denen gehts gut. Pieter ist schon seit Jahren in Candela verliebt und Silvia arbeitet noch immer in dem Kinderbuchverlag."

Angelo wurde ernst. „Die Geschichte mit Moulinier macht mir Sorgen. Ich habe einige Verwandte in Sizilien. Deshalb lese ich Berichte über Italien immer sehr aufmerksam. Als Kind hatte ich nicht verstanden, warum mich meine Eltern an die Grenze zu Frankreich gebracht haben. Sie hatten große Sorgen. Im Krieg sind meine vier Brüder umgekommen. Danach machte sich die Mafia breit, weil es nichts zu essen gab und sie die armen Bauern unterstützte. Wer sich darauf einließ, war in einen ewigen Kreislauf gefangen. Als mich die großen Jungs hänselten, war ich nah dran, mich einer Jugendbande anzuschließen. Meine Mutter machte kurzen Prozess. Einem der großen Jungs hat sie eins mit dem Nudelholz übergezogen. Am selben Tag sind wir mit dem Zug zu meiner Tante nach Andalusien gefahren. Meine Mutter hatte ihre ganzen Ersparnisse für die Bahnfahrt ausgegeben. Ich wollte ihr vor ein paar Jahren ein schönes Haus mit Garten bauen. Doch dann ist sie gestorben."

Julien war sichtlich gerührt und tätschelte Angelos Hand. „Das hast du mir noch nie erzählt."

„Weißt du, Familie ist meine Schwäche und meine Stärke. Wenn jemand meiner Frau oder meinen Kindern etwas antun würde, bin ich mir nicht sicher, ob ich nicht auch mit Gewalt reagieren würde. Tief in mir bin ich ein Sizilianer."

Julien sah diesen kleinen schwächlichen Mann an, der so viel Stolz ausstrahlte. „Aber das wird hoffentlich nie passieren."

„Das hoffe ich auch, denn ohne sie bin ich ein Nichts. Meine Bücher würden irgendwann vergessen und zu Staub zerfallen. Ich hoffe, dass mindestens eines meiner Kinder an der Stelle weitermacht, wo ich aufhöre. Vielleicht ist es sogar Marietta. Sie ist mein erster Gutachter bei Kunstgegenständen, die ich nicht einzuordnen weiß.

Ich frage sie, was sie darin sieht, und sie antwortet mir auf ihre eigene kindliche Art, unvoreingenommen und unbeeinflusst von den vielen Büchern, die ich schon gelesen habe. Oft sieht sie Dinge, die mir nicht aufgefallen sind.

Bei meinen Studenten versuche ich auch diesen unverstellten Blick zu erzeugen."

„Und wie machst du das?", fragte Christian.

„Ich stelle ihnen Aufgaben, die nicht in den Lehrbüchern stehen. Das Problem ist, dass man durch das Umfeld sozialisiert wird. Es ist nicht ungewöhnlich, dass Studenten im ersten Semester einen etwas überheblichen Blick auf die Vergangenheit haben. Wenn ich ihnen erzähle, dass Dampfmaschine und Elektrizität schon von den alten Griechen genutzt wurden, sind sie erstaunt. Auch filigrane Kunstwerke, die zweitausend Jahre alt sind und heute nicht besser hergestellt werden könnten, beeindrucken sie. Einmal habe ich auch ein Experiment gemacht, bei dem es um die Sicht auf alte Kulturen ging. Das habe ich ihnen vorher nicht gesagt. Ich habe vier Überschriften an die Tafel geschrieben: katholische Kirche, Naturreligion, Mafia und Demokratie. Sie sollten die wichtigsten Begriffe aufschreiben, die ihnen dazu einfielen. Das haben sie auch brav gemacht.

Dann tauschte ich die Überschriften willkürlich aus. Plötzlich stellten sie fest, dass die Begriffe, die sie aufgeschrieben hatten, auch unter den anderen Überschriften einen Sinn ergaben. Eine Studentin sagte mir nach der Vorlesung, sie habe eine Art Erleuchtung gehabt. Nicht im religiösen, sondern im philosophischen Sinne. Marietta geht es ähnlich. Für sie ist eine phönizische Skulptur ein goldener Dackel. Sie liebt es, Hieroglyphen-Tafeln anzuschauen. Sie benutzt sie wie ein Bilderbuch und denkt sich eigene Geschichten dazu aus. Ich liebe das."

„Du hast sie mit dem Symbolvirus geimpft", sagte Julien und lachte dabei.

„Das wird so sein. Ich zeige euch mal etwas."

Angelo kramte in einem Karton. Ein buntes Foto kam zum Vorschein. „Ich habe meinen Studenten immer gesagt, dass es Sinn macht, Kunstwerke auch von hinten zu betrachten, weil der Künstler dort manchmal Botschaften versteckt, die sein Auftraggeber nicht sehen konnte. Eine Studentin hat das auch in dem Baptisterium der Lateranbasilika in Rom getan und ist dabei auf ein erstaunliches Mosaik gestoßen, das angeblich aus dem Jahr 645 stammen soll. Das Gebäude wurde um 315 nach Christi Geburt von Konstantin gebaut und könnte damit eines der ältesten Baptisterien der Christenheit sein. Somit wurden dort die bedeutsamsten Römer getauft.

Wenn das so war, sollte man annehmen, dass sich die Sicht auf den Glauben in der Gestaltung des Innenraumes widerspiegelt. Doch was sehen wir? Ein segnenden Jesus mit zwei Engeln und direkt unter ihm eine Frau mit einem leuchtend blauen Gewand. Sie trägt ein Pallium, das heute ein Amtsabzeichen des Papstes ist und rote Schuhe. Ihre Arme hat sie erhoben und die Hände sind offen. Offensichtlich predigt sie. Jeweils vier Jünger stehen rechts und links neben ihr, wie Statisten.

Offiziell heißt es, dass die Frau die Jungfrau Maria sei. Doch deutet nichts darauf hin. Sie ist in der Darstellung dominierend, da sie nicht betet und der Blick nicht zum Himmel, sondern nach vorn gerichtet ist. Und noch etwas fällt auf. Die Bekleidung bildet ein V oder ein Dreieck, dessen Spitze nach unten zeigt. Im Zentrum prangt eine goldene Brosche. Wenn das Mosaik die vorherrschende Sicht des Christentums zeigt, steht nicht Petrus, sondern Maria Magdalena im Vordergrund.

Nun könnte man sagen, dass es ein Zufall ist, wenn es nicht auch die Mariendarstellung aus der Sophia Kathedrale von Kiew geben würde. Auch hier trägt sie ein blaues Gewand und rote Schuhe. Die anderen Apostel und Jesus fehlen.

In beiden Fällen wird behauptet, dass es die Muttergottes sei. Aber warum soll sie es sein? Da ist nichts Mütterliches an ihr. Sie schaut selbstbewusst auf uns herab. Ich behaupte, dass beide Bilder Maria Magdalena als Nachfolgerin von Jesus darstellen."

Julien sah sich beide Bilder an. „Noch etwas ist seltsam. Über Jesus ist ein Muster. Christian, meinst du nicht auch, dass es mit dem Muster auf der Taschenuhr übereinstimmt?"

Christian sah sich das Bild aus Rom an. „Sogar die Farbgebung stimmt überein. Dreiecke, deren Spitzen sich berühren. Oder auch ein X oder Quadrate, die ein X bilden."

Julien zeigte auf das V, das durch die Arme und der Kleidung gebildet wurde. „Es könnten auch zwei V sein, die sich überlappen. Wenn du morgen mit dem Kommissar in die Wohnung gehst, wäre es schön, wenn du das Detail an der Uhr fotografierst. Vielleicht findest du auch noch weitere Bilder mit ähnlichen Symbolen."

Baptisterium der Lateranbasilika Rom, St.-Venantius-Kapelle, Rom. Foto: Kateusz, Cassandra Farrin: www.westarinstitute.org/blog/the-missing-bible

Ja, das mache ich. Aber irgendwie sehe ich noch keinen Zusammenhang zwischen den Freimaurern und Maria Magdalena. Christian, du bist doch Freimaurer. Kannst du mir das erklären?"

Christian zögerte. „Ich kann es auch nicht verstehen. Das hat aber nichts zu sagen. Denn ich bin nur bis zum fünften Grad aufgestiegen. Es ging eigentlich immer um die Entwicklung der eigenen Persönlichkeit. Man verglich es mit der Bearbeitung eines rauen Steins. Über Religion und Politik wurde offiziell nie gesprochen."

„Und die Bibel, auf die ihr schwört?", fragte Angelo.

„Es ist nur ein Buch. Es kann ein Koran sein, eine Bibel oder das Kochbuch deiner Oma. Man sollte nur daran glauben. Einer kam sogar immer mit dem Mathematikbuch seines Vaters."

„Ihr seid also gottlos", fasste Angelo zusammen. „Ich meine das nicht abwertend. In Sizilien schwören viele Leute auf das Leben ihrer Mutter und werden damit ernst genommen. Glauben ist ein anderes Wort für Vertrauen. Die Naturvölker vertrauen ihrem Medizinmann und Julien vertraut seiner Frau. Wenn man vertraut, bedeutet das nichts anderes, als dass man Aussagen von der Person ohne Überprüfung verinnerlicht. Es gibt unter anderem das Grundvertrauen zwischen Mutter und Kind. Die Mutter wird immer ihr Kind beschützen. Darauf verlässt sich das Kind."

„War Moulinier ein gläubiger Mensch?", fragte Julien.

Abwehrend hob Christian seine Hände. „Ich weiß es nicht. Je mehr ich über ihn nachdenke, umso fremder wird er mir. Er muss besessen gewesen sein. Wer opfert sein Leben für eine Legende? Als ich den alten Stadtplan von Jerusalem und das Pergamentpapier am Tatort gesehen habe, fiel mir ein, wie wir im Krieg den Frontverlauf gezeichnet haben. Damals hatten wir im Radio gehört, wo sich unsere Truppen und die Amerikaner befanden, und versuchten, den Frontverlauf zu zeichnen. Wir hatten nur wenige Informationen. Das meiste war Spekulation und eher geschönt als realistisch. Das interessierte aber niemanden. Die Karte war ein Stück Hoffnung. So wie eine Schatzkarte. Ich weiß nicht, wie viele Leute mit solchen Karten unterwegs sind, um ihr Glück zu finden."

„Es könnte einen Zusammenhang zwischen der Suche nach dem Geheimnis der Freimaurer und Jerusalem geben", sagte Julien. „In den bisherigen Untersuchungen tauchten immer wieder Fragen nach der Rolle von Frauen im Glauben auf. Angefangen von dem Symbol des Dreiecks für eine über alles stehende Gottheit, dann der Kupferstich, der die weibliche Seite des Glaubens darstellte und die Pieta Michelangelo mit dem Dreieck auf dem Rücken."

„Vielleicht geht es tatsächlich um den Streit, wer der Stellvertreter Gottes auf Erden sein soll", meinte Angelo und zeigte auf das Bild mit der predigenden Maria. „Übrigens hat man im Jahr 1916 einen Altar vor das Mosaik gestellt, sodass die Besucher nur noch Jesus im Hintergrund erkennen konnten. Im selben Jahr verbot der Vatikan die Darstellung Marias in liturgischen Gewändern."

Julien schlug sich mit der flachen Hand an die Stirn.

„Das ist kein Zufall. Zwei Jahre vorher wurde die Bibliothek in Leuven angezündet. Sie glaubten, dass damit Beweise zerstört wurden. So wie sie es bereits 1567 vermutet hatten, als Herzog Alba das Gleiche versucht hatte. Es muss etwas sehr Wichtiges sein."

„Wen meinst du damit? Meinst du, der damalige Papst hat das Anzünden der Bibliothek veranlasst?", fragte Christian skeptisch.

„Vielleicht nicht der Papst selbst. Es gibt aber genügend Fanatiker. Wenn ich daran denke, dass die Freimaurer, Opus Dei, Propaganda Due und die Nazis über Jahrzehnte einen hohen Aufwand betrieben, um die Bücher eines Papstes zu finden, der die katholische Kirche reformieren wollte", entgegnete Julien.

„Die Motive können unterschiedlich sein", entgegnete Christian.

„Wer sagt, dass es bei Moulinier nicht um reine Habgier ging. Wenn ich an die Verbindungen zur Mafia denke, sollte man das nicht ausblenden. Angelo, wenn du die Unterlagen sichtest, wäre es schön, wenn du die Karte von Jerusalem und das Pergamentpapier mitbringst. Vielleicht hat er irgendwelche Markierungen eingetragen."

Erstaunt fragte Angelo: „Redest du allen Ernstes von einer Schatzkarte?"

Julien lehnte sich in den Sessel. „Waren die Bücher in der Bibliothek in mancher Hinsicht nicht auch ein Schatz?"

„Man kann das so sehen. Aber in Jerusalem hat man doch seit Kaiser Konstantin schon alles mehrfach umgegraben."

„So ganz stimmt das nicht. Es gibt viele Gebäude, die auf den Gewölben antiker Bauten entstanden sind. Und dann gibt es jüdische Friedhöfe, die niemand beräumt hat."

„Aber wo soll man suchen?"

Julien wurde ernst. „Moulinier muss einen Hinweis gefunden haben."

„Die Uhr!", warf Christian ein. „Warum wollte er unbedingt die Uhr haben?"

„Du hast recht! Warum wollte er die Uhr haben und nahm sogar das Risiko eines Mordes in Kauf."

„Die Uhr könnte höchstens dazu dienen, etwas nicht zu vergessen", entgegnete Angelo. „Vielleicht gehörte sie Adrian VI. oder einem seiner Anhänger. Was soll aber dann der Schlüssel bedeuten, der im Etui lag. Der ist mit Sicherheit noch nicht sehr alt. Moulinier hat doch bei einer Bank gearbeitet. Sieht so ein Schlüssel für einen Safe aus?"

„Wir könnten ihn jemanden zeigen, der davon Ahnung hat", sagte Christian. „Möglicherweise kann uns der Kommissar dabei sogar helfen. Ich rufe ihn gleich mal an."

Angelo reichte ihm das Telefon.

„Hallo Kommissar Dubois, ich habe eine große Bitte. Ich hatte Ihnen doch gesagt, dass der rechtmäßige Besitzer der alten Taschenuhr Julien Gaspard ist. Im Etui befindet sich ein Schlüssel. Können Sie oder Ihre Spezialisten feststellen, was es für ein Schlüssel ist? Kann er zu einem Safe gehören?"

Man hörte die aufgeregte Stimme des Kommissars im Hintergrund. Christian antwortete: „Danke für die Information. Ich möchte Sie in ihrer Arbeit nicht behindern. Wenn wir helfen können, können Sie sich auf uns verlassen."

Zögernd legte Christian den Hörer auf. „Es hat in Mouliniers Wohnung einen Brand gegeben. Er wurde zwar schon gelöscht, aber vieles ist zerstört. Die Feuerwehr geht von Brandstiftung aus. Er meinte, dass er die Hilfe vom Professor im Moment nicht benötigt. Zum Schlüssel meinte er, dass er zu keinem üblichen Safe gehört.

Dazu sei er zu klein. Er hat ihn im Protokoll Schließfachschlüssel bezeichnet. Der Kommissar hatte die Uhr und den Inhalt des Safes mitgenommen."

Julien flüsterte: „Schon wieder ein Brand."

Christian nickte nur.

„Aber in Mouliniers Panzerschrank waren doch auch noch Papiere. Rufe den Kommissar noch einmal an und frage ihn, ob wir uns die Dinge ansehen können."

Kommissar Dubois zögerte zunächst, dann sagte er zu.

Dubois empfing sie nicht in seinem Dienstzimmer. Er hatte einen großen Beratungsraum reserviert, um die Gegenstände aus Mouliniers Panzerschrank auszubreiten. „Ich nutze gern diesen riesigen Tisch. Hier kann man den Inhalt strukturiert ansehen. Ich hoffe, Sie sehen etwas, was ich nicht gesehen habe."

Julien, Christian und Angelo sahen sich jedes Stück an.

Eigentlich war es nicht viel. Bis auf die Uhr und ein Tintenfass kannten sie schon alles. Dann fiel Christian etwas auf. „Waren Pässe im Safe?"

Dubois nickte: „Ja, wir haben sie für die Identifizierung gesondert aufbewahrt. Warum fragen sie?"

„Ich habe wegen der Karte einen Verdacht."

Dubois verließ den Raum und kehrte mit seinem Pass wieder.

Christian blätterte darin. „Auf dem Tisch lag eine Karte von Jerusalem und in seinem Pass sind Ein- und Ausreisestempel von Israel."

Dubois fragte: „Und was schließen Sie daraus?"

„Dass er mit einer Sache beschäftigt war, die mit Jerusalem zu tun hat. Haben Sie Fotos vom Tisch mit den Papieren?"

„Kein Problem, ich lasse sie bringen."

Der Kommissar rief in seiner Abteilung an. Ein Uniformierter brachte einen Stapel mit Fotos. Sie breiteten die Bilder auf dem Tisch aus. Schnell fanden sie die Fotografie, auf dem der Tisch mit der Karte zu sehen war.

„Hier ist auch noch ein Foto, das nach dem Brand aufgenommen wurde. Die Karte fehlt. Sie bestand aus festem Papier. Davon hätte etwas übrig bleiben müssen. Sogar ein Prospekt von einem Hotel war zwar verkohlt, aber nicht verbrannt."

Dubois war sichtlich erregt. „Von den Israelis bekommen wir ohnehin nichts. Sie beantworten Fragen immer nur mit Gegenfragen."

Julien sah Christian an. Sie verstanden sich ohne Worte. „Wir werden Kontakt nach Israel aufnehmen. Ich kann mir vorstellen, dass die Behörden dort offenherziger sind, wenn es um ihre Kulturschätze geht."

„Herr Gaspard, das steht Ihnen natürlich frei. Es wäre aber schön, dass Sie mich informieren, wenn Sie etwas herausbekommen."

„Natürlich. Wir benötigen die beiden Negative von den Fotos, damit wir sie vergrößern können. Ich schicke im Gegenzug meine Aufnahmen."

„Kein Problem. Sie können mir die Unterlagen schicken, die Sie als Eigentümer der Uhr ausweisen. Ich denke, dass sie mit dem Tod des Mannes nichts zu tun hatte. Ich sortiere ihn mittlerweile als Kunstdieb ein. Möglicherweise finden wir bei den einschlägigen Hehlern Spuren."

Jerusalem

Die Landung der Maschine auf dem Flughafen Ben Gurion in Tel Aviv war angenehm. Der Pilot setzte butterweich auf und die Passagiere dankten es ihm mit Beifall.

An der Passkontrolle wurden Julien und Christian festgehalten. Mit ernster Miene fragte ein Uniformierter nach dem Zweck ihrer Reise. Julien sagte, dass es um den Besuch kulturhistorischer Stätten in Jerusalem geht. Man bat sie zu warten.

Erst nach einer Stunde betrat ein grauhaariger Zivilist den Raum. „Schalom Julien!"

Julien Gaspard war erstaunt, dann erkannte er den Mann. „Aaron Zucker. Das gibt es doch nicht. Dass du noch lebst?"

„Unkraut vergeht nicht. Ich bin aber bereits seit Jahren außer Dienst. Ich habe lange auf dich gewartet, alter Freund."

„Wie hast du erfahren, dass ich im Lande bin?"

„Ich sage es mal so. Wir wissen gern, wer uns besucht. Freund und Feind. Nachdem du gelandet bist, hat man mich sofort angerufen. Was sind deine Pläne? Erzähle mir nicht, dass du das Standardprogramm aller Touristen absolvieren möchtest."

Julien sah Christian an, der wie ein Fremdkörper herumstand.

„Aaron, ich möchte dir zunächst Christian Vigne vorstellen. Er ist ein enger Freund von mir."

„Ich weiß schon. Ein Journalist und Freimaurer."

Christian korrigierte: „Ehemaliger Freimaurer."

„Wenn Sie es sagen? Also Julien, worum geht es? Kann ich irgendwie helfen?"

„Offen gesagt, weiß ich das nicht, weil ich nicht weiß, was ich suche."

„Du sprichst in Rätseln. Aber verlassen wir doch erst einmal den Flughafen. Ihr seid meine Gäste. Mein Haus liegt direkt am Meer und ich habe sogar argentinischen Rum in meiner Bar."

„Das klingt gut. Wir haben aber ein Hotelzimmer in Jerusalem gebucht."

„Das wird natürlich sofort storniert. Nach Jerusalem führt eine Schnellstraße. Es sind nur siebzig Kilometer bis dorthin."

Julien bedankte sich: „Wir nehmen die Einladung an, aber nur, wenn du mich einmal in Leuven besuchst."

Aaron entgegnete: „Versprochen."

* * *

Das Zweifamilienhaus stand in der Nähe einer Grünanlage, die fast bis ans Meer reichte. Im Foyer war es angenehm kühl. Zwei Frauen kamen den Männern entgegen.

„Das sind meine Frau Sarah und meine Tochter Libi. Ihr könnt mit ihnen Französisch sprechen. Libi hat in Paris ihren Abschluss gemacht, Sarah hatte eine französische Mutter."

Aaron brachte Julien und Christian auf die Terrasse im ersten Stock, wo sich auch ihre Gästezimmer befanden.

Sarah kam nach einer Weile und brachte ein Tablett mit kühlen Getränken und Tee.

„Sie kommen aus Paris?", fragte sie.

„Nicht ganz. Christian ist waschechter Pariser. Ich lebe in Leuven. Das ist eine belgische Stadt", sagte Julien.

„Leuven kenne ich leider nicht", antwortete sie.

Julien bemerkte: „Ich habe schon Aaron eingeladen, mich zu besuchen. Natürlich sind Sie und Ihre Tochter auch herzlich willkommen."

„Bleiben wir doch besser gleich beim du. Ich werde euch jetzt allein lassen. Bestimmt habt ihr viel zu erzählen."

Julien nickte zustimmend.

Von der Terrasse konnte man weit auf das Meer sehen, auf dem große Schiffe vorbeizogen.

„Aaron, woher kanntest du den Namen von Christian?"

„Er stand auf der Flugliste", sagte Aaron lachend. „Aber jetzt einmal im Ernst. Du bist damals Hals über Kopf aus Buenos Aires verschwunden, nachdem Carlos die Nummer mit Friedrich Stein abgezogen hatte. Wir waren stille Beobachter und konnten uns zusammenreimen, wie ihr Stein in Bedrängnis gebracht habt. Als Stein aus der Haft entlassen wurde, hatte ich befürchtet, dass er die gleichen Schlussfolgerungen zieht und sich an dir rächt. Ich wollte dich noch warnen, aber du warst längst nach Paris abgeflogen. Carlos wollte mir nichts sagen. Das war verständlich, da er mich nicht kannte.

Als in Paris der Prozess gegen den Kollaborateur lief, fand ich eure Namen auf der Zeugenliste. Einer der Zeugen hatte sie mir geschickt, da wir auch Informationen über Kriegsverbrechen in Frankreich sammeln. Ein Analytiker fand einen Verweis auf deinen Namen und gab mir die Liste. Ich hatte die Angelegenheit schon fast vergessen, wenn nicht ein gewisser Moulinier in Israel aufgetaucht wäre. Mit Geld und Geschenken versuchte er, Politiker und Geschäftsleute zu beeinflussen. Dummerweise geriet er an einen örtlichen Freimaurer, der die Geschichte von Propaganda Due kannte. In Israel reagiert man auf solche Annäherungsversuche sehr empfindlich, zumal er damit prahlte, gute Verbindungen zur Vatikanbank zu unterhalten.

Die Großloge von Israel hat aber auf dem Altar ihres Tempels drei Bücher aufgeschlagen. Bibel, Tanach und Koran. Außerdem bleib immer noch ein Platz frei für die konfessionsfreie Variante: ‚A.B.A.W.', also dem allmächtigen Baumeister aller Welten.

Egal wo, wird in Israel immer versucht, das Gleichgewicht zu gewährleisten. Höflich, aber bestimmt haben wir Moulinier empfohlen, das Land zu verlassen. Sicherheitshalber wurde nachträglich sein Umfeld in Frankreich abgeklopft. Über eine französische Bank sind wir auf Christian gestoßen, der aber offensichtlich keinen Kontakt mehr zu Moulinier unterhielt."

Christian war ärgerlich. „Ich dachte, dass meine Sekretärin nichts ausplaudert."

„Ich muss sie in Schutz nehmen. Sie war völlig unschuldig. Der Hinweis kam aus Italien. Vermutlich von jemandem, der in der Justiz arbeitet. Da Juliens Name auf einer Todesliste auftauchte, habe ich die Nachricht neutralisiert und über meinen Cousin an Julien weitergereicht. In meiner Funktion hätte ich das gar nicht machen dürfen."

„Mir war auch so klar, dass du dahintersteckst. Dein Cousin war wie ein offenes Buch. Er tat so geheimnisvoll. Ich ließ ihn aber in seinem Glauben."

„Ja. Egal, wie er war. Er war einer von den Guten."

„Weißt du, dass Moulinier tot ist?", fragte Julien.

„Nein, das ist mir neu. - Er wird doch etwa nicht sanft in seinem Bett entschlummert sein. Wenn ich gläubig wäre, würde ich ihm das Fegefeuer wünschen."

„Nicht ganz. Er wurde erstochen. Wir vermuten von der Mafia. Das Seltsame ist, dass nach der Tatortuntersuchung seine Wohnung angezündet wurde."

„Und deshalb seid ihr hier? Also wir waren es bestimmt nicht."

„Nein, es geht um etwas anderes. Christian holst du bitte die Fotografien."

„Christian breitete die Bilder auf dem Tisch aus."

„Bei Moulinier haben wir einen Pass gefunden, der israelische Ein- und Ausreisestempel hat. Sie sind neu. Auf dem Tisch lag eine Karte von Jerusalem. Ein Blatt Pergamentpapier trug einige Markierungen. Nach dem Brand fehlten die Karte und das Papier. Wir vermuten, dass Moulinier irgendeine Schweinerei vorhatte. Ich weiß, die Fotos sind sehr grobkörnig, aber ein Insider könnte vielleicht erkennen, wo die Orte sind. Kannst du uns bei der Suche helfen?"

„Ich bin da nicht der richtige Partner, aber meine Tochter kennt sich ganz gut in Jerusalem aus."

Aaron lief zur Tür und rief: „Libi, wir brauchen deinen Sachverstand. Kommst du bitte nach oben."

Libi war offenbar gerade dabei, das Haus zu verlassen, sie hatte eine Aktentasche unter dem Arm und Autoschlüssel in der Hand. „Womit kann ich helfen?"

„Meine Gäste haben einen ungewöhnlichen Wunsch. Sie haben ein Foto von einem alten Stadtplan. Sie vermuten, dass er mit dem Tod eines Bekannten zu tun hatte."

Christian reichte ihr das Foto.

„Ich kenne diese Karte. Es ist ein Kupferstich aus dem späten 19. Jahrhundert. Er wurde für Touristen hergestellt. Ich kann nichts Besonderes feststellen."

Julien zeigte auf das Pergamentpapier. „Es wurden einige Markierungen übertragen. Karte und Pergamentpapier wurden bei einem Brand zerstört."

Libi sah sich das Foto noch einmal an. „Die Auflösung ist zu schlecht. Das Beste wäre, ein Original der Karte zu nutzen. Wenn Sie möchten, fahre ich Sie zum Israel Museum. Dort kann man Ihnen Auskunft geben."

„Aaron, ich hoffe, dass du nicht böse bist, wenn wir einen Abstecher dorthin machen."

„Kein Problem, ich komme mit. Danach kann ich euch in ein Restaurant einladen."

* * *

Das Auto war ein ausgedienter Militärjeep. Libi setzte sich hinter das Lenkrad und fuhr mit Schwung auf die Straße.

Aaron lachte. „Sie hat bei der Armee Autofahren gelernt, deswegen kommt sie mit den normalen Limousinen nicht klar. Ihr müsst sie mal im Gelände erleben. Ich habe mir dort manche Beule geholt. Ihr Mann kann sie auch nicht zähmen. Als sie noch klein war, habe ich sie Mustang genannt. Trotzdem ist sie eine sehr liebevolle Tochter."

Libi ließ die Männer einsteigen. Rasant fuhr sie durch die Straßen. Auf der Autobahn normalisierte sich ihr Fahrstil etwas. Nach etwas über einer Stunde nahmen sie die Autobahnabfahrt nach Jerusalem. Die Stadt war das genaue Gegenteil von Tel Aviv. Ein scheinbar planloser Wirrwarr von historischen Häusern verengte den Blick. Gelegentlich sah man die goldene Kuppel des Felsendoms über den alten Häusern. Sie hielten auf einem großen Parkplatz.

Libi führte sie zum Haupteingang und bat sie zu warten. Am Tresen sprach sie mit einer Mitarbeiterin. Offensichtlich hatte sie Erfolg. Lachend sagte sie: „Wir haben Glück. Meine Bekannte, Bathia Samson, ist da. Sie arbeitet in der Bibliothek und kann euch sicher etwas über die Karte erzählen."

Aus einem Seiteneingang kam eine grauhaarige Frau heraus. Sie ging auf Libi zu und sprach mit ihr etwas Hebräisch. Dann begrüßte sie Aaron und seine beiden Gäste.

„Willkommen. Mein Französisch ist etwas lückenhaft. Falls Sie etwas nicht verstehen, fragen Sie ruhig nach. Wir sind dazu da, Fragen zu beantworten."

Christian zeigte ihr das Foto von der Karte und erklärte ihr den Zusammenhang.

„Sie sagen, dass der verstorbene Mann diese Karte im Besitz hatte und darauf Markierungen vorgenommen hat?"

„Nicht ganz." Christian zeigte auf das Pergamentpapier. „Er hat das dünne Papier auf die Karte gelegt, um darauf die Markierungen vorzunehmen."

Frau Samson sah ihn an. „Sind Sie ein Verwandter von ihm?"

„Nein, warum fragen Sie?"

„Es könnte sein, dass ich mit dem Mann gesprochen habe. Da ich außer Libi im Moment die Einzige bin, die Französisch spricht, hatte mich mein Chef gebeten, ihm zu helfen. Ich glaube, es ist besser, wenn wir uns in meinem Büro unterhalten. Ich kann Ihnen dann auch die Karte im Original zeigen."

Sie führte ihre Gäste über einen Flur in einen Seitentrakt des Gebäudes. Das Zimmer war schmucklos. An einer Seite stand ein Schrank mit schmalen Schubfächern. Frau Samson zog ein Schubfach heraus und entnahm ihm eine Karte.

„Herr Moulinier hatte sich als Vertreter einer französischen Bank vorgestellt, die ein archäologisches Projekt in Jerusalem finanzieren möchte. Er soll prüfen, ob Ausgrabungen in dem geplanten Gebiet überhaupt möglich wären. Er zeigte mir diese Karte. Wie Sie sehen, handelt es sich um eine Karte aus dem Jahr 1895. Mir fiel auf, dass sich auf der Karte ein Stempel mit päpstlichem Symbol befand.

Als ich ihn fragte, wo die Ausgrabungen stattfinden sollen, sagte er, dass der genaue Ort noch vertraulich sei. Er habe nur eine historische Wegbeschreibung bekommen.

Er las sie mir vor, doch ergab sie für mich zunächst keinen Sinn, da Gebäude genannt wurden, die ich nicht kannte. Erst als von einem Tor die Rede war, von dem der Weg zum Ölberg führe und Moulinier auf das Löwentor zeigte, das auf dem Kupferstich Saint Stephen's Gate hieß, konnte ich mich orientieren. Laut der Beschreibung soll dort eine Weggabelung sein. Dort müsse man die Seite des blauen Sterns nehmen. Ich verstand die Aussage nicht. Bei ihm war es scheinbar genauso. Ich nahm ein Pergamentblatt und legte es auf seine Karte und zeichnete den Weg vom Museum bis zur Weggabelung am Ölberg nach. Markante Stellen zeichnete ich ein. Da Moulinier Schwierigkeiten hatte, die Karte mit dem aktuellen Stadtplan abzugleichen, der englische und hebräische Aufschriften trug, bot ich ihm an, ihm den Weg zu zeigen.

Wir gingen quer durch die Stadt bis zum Löwentor. Ich erläuterte ihm bei der Gelegenheit einige Baudenkmäler. Doch er war nicht sehr interessiert, denn er drängte zur Eile. Hinter dem Gethsemanegarten wollte ich ihn nach rechts zur Kirche Maria Magdalena führen. Er fragte, ob das der Weg, den ich markiert habe. Ich verneinte und sagte ihm, dass der markierte Weg steil und unbequem sei.

Er wollte unbedingt den anderen Weg gehen. Irgendwann waren wir oberhalb Kirche der Heiligen Maria Magdalena. Ihre goldenen Türmchen versperrten uns die Sicht auf den Felsendom. Es waren vielleicht fünfzig Meter, bevor der Weg nach links abbiegt. Ich fragte, ob er sich sicher sei, dass hier Ausgrabungen stattfinden sollen, Moulinier sah sich um. Irritiert las er noch einmal seinen Text. Er war sichtlich enttäuscht. Ohne ein Wort gingen wir zum Museum zurück, wo er sich von mir verabschiedete."

Julien fragte, ob sich Moulinier noch einmal bei ihr gemeldet habe.

„Ich treffe regelmäßig auf Schatzsucher. Genau so kam er mir vor. Irgendwo einen Stein umdrehen und die Geschichte neu schreiben wollen. Sie begreifen nicht, dass es eine anstrengende Arbeit ist. Seit Jahrhunderten wird hier gegraben. Unter jedem Haus und jedem Stück Pflaster liegt Geschichte. Sicher wird noch manches verborgen sein, aber mit einer Schatzkarte und drei Worten Beschreibung findet man hier nichts. Als Studentin war ich bei Ausgrabungen dabei. Seitdem weiß ich, wie viele Monate es dauert, ehe man eine Scherbe findet. Ich kann auf Schatzsucher gern verzichten."

Am Abend sprachen sie noch lange mit Aaron über die Zeit in Argentinien. Moulinier wurde dabei nicht erwähnt. Aaron fragte auch nicht nach ihm, obwohl er der Grund der Reise gewesen ist. Beim Abschied auf dem Flughafen drückte Aaron Julien ein Kuvert in die Hand. Es enthielt einen kurzen Bericht über die Aktivitäten von Moulinier in Israel. Julien war sich in diesem Moment nicht sicher, ob sein israelischer Freund tatsächlich in Pension war.

* * *

Kommissar Dubois nahm die Informationen über die Israelreise emotionslos hin. Für ihn war der Mord einer unter vielen. Vielleicht hatte es diesmal den Richtigen erwischt. Wer sich mit der Mafia einlässt, muss damit rechnen, sein Leben zu verlieren.

Christian war über den Tod von Moulinier auch nicht unglücklich. Dass Luigi Lombardo noch am Leben war, beunruhigte ihn nicht. Es hatte noch für etliche Jahre in der Haft abzusitzen.

Der Anschlag

Julien war froh, als er wieder in Leuven war. Silvia hatte ihn vom Flughafen abgeholt. Sie sprachen lange über Moulinier und seine Aktivitäten in Frankreich und Israel. War er ein Fanatiker, Schatzjäger oder beides. Zu viele Fragen blieben offen.

Am nächsten Morgen ließ sie ihn schlafen und hinterließ nur eine kurze Nachricht, dass sie einen Termin in Brüssel habe. Julien wurde gegen zehn Uhr geweckt. Ein bewaffneter Polizist stand vor der Tür.

„Herr Gaspard, bitte ziehen Sie sich an. Es hat einen Unfall mit ihrer Frau gegeben. Ich bringe Sie zum Krankenhaus."

„Ich komme sofort!"

Man hatte sie ins Militärkrankenhaus eingeliefert, da es am nächsten zum Unfallort war. Der Arzt machte ein besorgtes Gesicht, als Julien nach dem Befinden seiner Frau fragte.

„Wir werden es erst in ein paar Stunden wissen. Sie hat Hirnblutungen, Verletzungen der Leber und Lunge. Zurzeit ist sie noch im OP."

Julien musste sich setzen. Wie von Fernem hörte er eine Stimme. „Herr Gaspard? Herr Gaspard?"

Langsam nahm er wahr, dass jemand ihn ansprach. Es war Alain Vincent vom Staatsschutz. Julien wollte nicht mit ihm reden. Enrico kam mit Pieter und setzte sich neben ihn. Julien umarmte seinen Sohn. Nach einer Stunde kam ein Arzt auf sie zu.

„Herr Gaspard? Ihre Frau ist aufgewacht und möchte Sie sprechen."

Der Arzt brachte sie in das Zimmer. Silvias Gesicht war aufgequollen. Die Sauerstoffmaske überdeckte Mund und Nase. Monitore zeigten Kurven und Messwerte an.

„Silvia?"

Kaum merklich öffneten sich die Augen und lächelte. Langsam bewegten sich ihre Lippen. Julien neigte sich zu ihr.

Sie flüsterte: „Passt auf euch auf!"

Pieter strich ihr über die Wange. „Mama! Mama!"

Ein durchgängiger Ton erklang. Alarmmeldungen auf allen Monitoren. Der Arzt kam und schaltete sie ab. Gelähmt saßen Julien und Pieter am Bett der Verstorbenen. Eine Schwester kam herein. Sie öffnete das Fenster und zündete eine Kerze an. Alain Vincent saß noch immer auf dem Flur. Er wollte etwas sagen, unterließ es aber, als er die Miene von Julien und Pieter sah. Enrico hatte mit dem Arzt gesprochen und wusste, dass Silvia gestorben war. „Es tut mir unendlich leid."

Vincent fragte: „Darf ich Sie nach Hause fahren?"

Julien nickte nur. Für den nächsten Tag meldete er sich für einen Besuch an.

Pieter hatte am Abend gefragt, ob er im Bett seiner Mutter schlafen dürfte. Julien erlaubt es, denn oft genug hatte er sich darin gelegt, wenn Silvia auf Dienstreise war.

Am Morgen sah er das von Tränen durchweichte Kopfkissen. Pieter hatte sich in die Bettdecke eingerollt und erinnerte ihn an die Zeit, als er als Kleinkind oft unter ihre Bettdecke gekrochen war. Alles war voller Erinnerungen. Julien ließ seinen Sohn schlafen. Der Kaffee half ihm, zu sich zu kommen. Mit einem Mal fiel ihm ein, dass der Polizist nicht erzählt hatte, wie es zu dem Unfall gekommen war. Und überhaupt. Warum war Alain Vincent im Krankenhaus?

Gegen 9 Uhr klingelte es. Es war Vincent in Begleitung eines uniformierten Polizisten. Julien begrüßte beide und führte sie in den Salon. Pieter hatte das Klingeln gehört und setzte sich nachlässig gekleidet zu ihnen. Eigentlich hätte Julien den Gästen etwas anbieten müssen, aber Etikette waren in etwa das Letzte, an das er dachte.

Ohne jeden Small Talk fragte er: „Warum waren Sie eigentlich im Krankenhaus?"

Vincent rang nach Worten: „Es war nicht ... es war kein Zufall."

„Was war kein Zufall?"

Vincent sah seinen Begleiter an, als ob er sich nicht sicher war, ob er antworten sollte. Dann sah er erst zu Pieter und dann zu Julien.

„Ich hatte vor drei Tagen erfahren, dass Moulinier ermordet wurde. Die Kollegen aus Paris hatten mir einen kurzen Bericht geschickt. Für Sie wird interessant sein, dass man bei der Obduktion seiner Leiche eindeutige Zeichen von jahrelangen Selbstgeißelungen auf dem Rücken und seinen Oberschenkeln gefunden hat. Es ist davon auszugehen, dass er Mitglied einer erzkonservativen Sekte war. Unklar ist, ob es sich dabei um das Opus Dei oder die Legionäre Christi handelt.

Die Kollegen aus Paris haben Telefonkontakte zu beiden Organisationen ermitteln können. Unter ihnen befindet sich auch eine Nummer, die einem Bankier zuzuordnen ist, der nachweislich an der Universität in Pamplona studiert hat, die Opus Dei gehört. Rückfragen blieben ohne Reaktionen. Der Kontakt zu einem Vertreter der Legionäre Christi wurde dagegen mündlich bestätigt. Zum Inhalt wollte man sich jedoch nicht äußern.

Dann kam eine ergänzende Meldung über den Brand in der Wohnung. Man hatte mich angerufen, damit ich Sie darüber informiere. Da ich sichergehen wollte, fragte ich in Rom nach Luigi Lombardo. Die Staatsanwaltschaft teilte mir mit, dass er einen Gefangenentransport für seine Flucht genutzt hatte. Ich informierte die Pariser Polizei. Zu diesem Zeitpunkt waren sie schon auf dem Weg nach Belgien. Ich veranlasste, dass Ihr Haus beobachtet wurde, falls Lombardo auftauchen sollte.

Am nächsten Morgen wollte ich Sie informieren und weitere Maßnahmen absprechen. Kurz bevor ich eintraf, meldeten meine Kollegen, dass Ihre Frau mit dem schwarzen Golf die Garage verlassen hat. Da ich in der Nähe war, ließ ich die Beobachter vor dem Haus und fuhr hinter ihrer Frau her. Ich hoffte, sie zu erreichen, um ihr die veränderte Situation mitzuteilen. Tatsächlich holte ich ihren Wagen auf der Autobahn ein. Sie fuhr direkt vor mir. Per Lichthupe machte ich auf mich aufmerksam. Doch sie fuhr immer schneller.

Erst in diesem Moment stellte ich fest, dass mich ein schwarzer Fiat überholt hatte und direkt neben den Wagen ihrer Frau fuhr. Ich sah, dass der Fahrer eine Waffe gezogen hatte und auf Ihre Frau zielte. Ihre Frau beschleunigte den Wagen. Daraufhin versuchte der Fiat, ihr Auto von der Fahrbahn zu drängen. Ich wechselte auf seine Spur. Der Fahrer bemerkte mich und zog seinen Wagen weiter nach rechts. Ihre Frau hatte keine Chance. Das Auto stieß gegen die Leitplanken und überschlug sich mehrfach.

Ich konnte nicht mehr bremsen und stieß auf das Heck des Fiats. Als mein Wagen zum Stehen kam, sah ich Luigi Lombardo. Der Rahmen seiner Autotür hatte seinen Kopf vom Körper getrennt. Er hielt noch immer die Waffe in der Hand.

Nur mit Mühe konnte ich mich aus meinem Wagen befreien. Ich lief zum Auto Ihrer Frau. Über Funk rief den Rettungsdienst. Mit einem Hubschrauber brachte man Ihre Frau ins Militärkrankenhaus."

Alain Vincent musterte Julien. Dann senkte er seinen Kopf. „Es tut mir leid. Vielleicht ..." Er beendete den Satz nicht mehr.

Pieter hatte sich auf den Sessel gehockt, die Beine fest an sich gepresst. Er ließ seinen Tränen freien Lauf. Julien sagte nichts. Er wusste keine Worte.

Der Uniformierte holte einige Blätter Papier aus der Tasche. „Ich habe das Unfallprotokoll mitgebracht. Wie bereits Herr Vincent gesagt hat, wurde der Unfall eindeutig von dem italienischen Staatsbürger Luigi Lombardo verursacht, der dabei ums Leben kam."

Julien sah ihn an. Leise sagte er: „Würden Sie bitte gehen."

Die beiden Männer erhoben sich und verließen das Haus.

Julien strich seinen Sohn über den Kopf. Dann ging er zum Schrank und holte das Fotoalbum heraus. Sie setzten sich auf die Couch und sahen sich Bilder an.

* * *

Gegen Mittag kam Christian. „Die Polizei hat mich über den Unfall informiert."

„Es war Mord!", entgegnete Julien.

„Du hast recht."

„Ich mache mir Vorwürfe, dass ich auf das Angebot von Vincent eingegangen bin. Vielleicht würde Silvia noch leben."

„Das solltest du nicht. Sie hätten nach anderen Möglichkeiten gesucht."

„Das hilft mir aber nicht. Pieter sitzt in seinem Zimmer und heult. Ich bin so traurig, dass mir die Tränen fehlen. Da Luigi Lombardo umgekommen ist, habe ich nicht einmal ein Ziel für meinen Hass."

„Weißt du, eigentlich müsste ich froh sein, dass meine Verfolger tot sind. Doch es hätte nicht um diesen Preis sein dürfen. Ich bezweifle, dass die Mühen bei der Suche der Geheimnisse der Freimaurer, Papst Adrian und die Bücher irgendeinen Sinn hatten."

„Christian, ich habe die letzte Nacht nicht geschlafen. Ich hatte genau die gleichen Gedanken. Als mein Vater und Friedrich Stein die Bücher fanden, wurde eine Lawine ausgelöst, die allein meiner Familie so viel Leid und Elend gebracht hat. Anderseits habe ich viele liebe Menschen kennengelernt. Ohne die Bücher wäre ich

Silvia nicht begegnet und Pieter würde auch nicht leben. Man sagt, dass man das Schicksal annehmen muss. Aber es fällt schwer."

„Mir geht es ähnlich. Ich wäre Manon niemals begegnet."

„Ich hätte große Lust, das ganze Material auf einem riesigen Scheiterhaufen zu verbrennen."

„Ich weiß nicht, ob das so gut wäre."

„Warum?"

„Kommissar Dubois ist sich sicher, dass Moulinier von Luigi Lombardo umgebracht wurde. Das Feuer muss aber von einer anderen Person gelegt worden sein."

„Wie kann er sich so sicher sein?"

„Zu dieser Zeit war der Italiener auf dem Flughafen und wartete auf seine Maschine. Zwar hat er wieder einen falschen Namen benutzt, aber er wurde zweifelsfrei identifiziert. Leider war die Fahndung zu spät bei Interpol eingegangen. Als wir in Jerusalem waren, war Lombardo schon in Brüssel und hat nach dir gesucht."

„Ja, aber wer soll den Brand gelegt haben?"

„Moulinier hat für Propaganda Due gearbeitet, während wir gedacht haben, dass er für die französischen oder belgischen Freimaurer unterwegs war. Sein Besuch in Jerusalem passt da nicht hinein. Zwischen Jesus und Adrian liegen 1500 Jahre. Sollte Moulinier einen Schatz gesucht haben, worauf die Karte hindeutet, war er dilettantisch vorbereitet. Es sei denn, dass es nicht um materielle Güter ging.

Vielleicht wollte er vor Ort nur überprüfen, ob die Worte, denen er nachging, mit der Realität übereinstimmen. Ich glaube nicht, dass er Ausgrabungen machen wollte."

„Ich weiß nicht, ob ich mich damit auseinandersetzen will. Schon wenn ich daran denke, tut es mir in meiner Seele weh. So viele Jahre habe ich damit vertrödelt, die ich besser mit Silvia verbracht hätte."

„Weißt du Julien. Mir geht es doch genauso. Wirklich! Mir geht es genauso. Als erst meine Mutter und, kurz darauf, mein Vater starb, wollte ich nicht mehr leben. Alles schien so sinnlos. Ich stand kurz vor meinem Universitätsabschluss. Damals hat mich ausgerechnet Moulinier aufgefangen. Er kannte meinen Vater und führte mich bei den Freimaurern ein.

Viele Gedanken schienen mir logisch, dass ich nach und nach alles glaubte, was er sagte. Aus heutiger Sicht frage ich mich, warum ich so unkritisch war. Ich war hilflos und verletzt. Er gab mir Halt. Ich weiß, das klingt vor den Ereignissen ziemlich dumm. Doch wenn er nicht gewesen wäre, hätte ich mich vielleicht umgebracht. Wenn er nicht auf mich getroffen wäre, hätte er einen anderen Helfer gefunden, der heute mit dir am Tisch sitzen und sich über das Geschehene beklagen würde."

Julien sah Christian skeptisch an. „Soll ich weitermachen, wo Silvia aufgehört hat?"

„Das musst du für dich entscheiden. Ich kann mich entsinnen, dass sie ein Buch über die Forschungsergebnisse schreiben wollte. Wenn du jetzt alles wegwirfst, zerstörst du auch das, wofür sie gelebt hat. Es ist ja nicht nur deine Geschichte. Vielleicht fragst du Pieter, ob er dir dabei hilft, die Unterlagen zu sortieren. Er wird dir dankbar sein. Denn dadurch erfährt er mehr vom Leben seiner Mutter."

„Du hast recht. Ich war egoistisch."

„Ich werde von Paris aus alles sammeln, was ich zu dem Thema finden kann und eng mit Angelo zusammenarbeiten, von dem ich übrigens recht herzlich grüßen soll. Ich habe ihm die Geschichte von Moulinier in Jerusalem erzählt. Er hatte gleich wieder tausend Ideen, wie das zusammenhängen könnte, die ich mir aber nicht merken konnte. Du kennst ihn ja.

Eine Sache habe ich aber nicht vergessen. Seine Tochter hatte im Fernsehen einen Bericht über eine Überschwemmung gesehen. Sie hatte dann gefragt, warum niemand zur Quelle gefahren ist, um das Wasser abzudrehen. Er hatte ihr daraufhin gesagt, dass man dann auch jeden einzelnen Tropfen auffangen müsste, der aus den Regenwolken gefallen ist. In diesem Moment sei ihm eingefallen, dass das mit deiner Geschichte genauso ist.

Die Sicht muss viel weiter sein, um das Detail zu verstehen. Wenn die Spuren bis in vorchristliche Zeit reichen, muss man dort anfangen. Unser Fehler war, dass wir immer nur die Wirkungen betrachtet haben, statt die Ereignisse von der Quelle an zu untersuchen. In diesem Moment hatte Angelo wieder diesen Blick gehabt, den er immer hat, wenn es bei ihm Klick macht. Er schrieb dann wieder irgendetwas auf, und ich wusste, dass ich ihn nicht mehr stören durfte."

„Ach, Christian! Ich glaube, du hast mir gerade das Leben gerettet. Ich werde aber erst nach der Beisetzung von Silvia mit der Arbeit beginnen."

„Ich komme natürlich mit Familie. Bestimmt wird sich Angelo uns anschließen."

Julien fühlte, wie nach und nach Hoffnung in ihn zurückkehrte. Er sah ein, dass er auch an Pieter denken musste, dem seine Mutter fehlte. Vielleicht konnte er seine Trauer mit der Arbeit an dem Buch verarbeiten.

Neue Sichten

Für Pieter hatte das Jahr 1982 damit geendet, dass er an der französischsprachigen Katholischen Universität Leuven ein Mathematikstudium aufnahm. Candela begann ein Jurastudium. Sie nahmen eine gemeinsame Wohnung in der Nähe der neuen Universitätsgebäude außerhalb des Zentrums der Stadt.

Julien hatte das gesamte Forschungsmaterial neu sortiert. Als er die Übersicht mit dem Schema verglich, das er mit seinem Vater auf Packpapier gezeichnet hatte, stellte er fest, dass Angelo recht hatte. Ihre Forschungen hatten immer nur um Adrian gekreist. Er beschaffte sich eine große Tafel, auf der er einen Zeitstrahl zeichnete.

Pieter kam gerade ins Zimmer, als er eine große Null an den Anfang gezeichnet hatte und den Zeitstrahl in regelmäßige Abschnitte aufteilte.

„Ich glaube, dass du den Anfang offenlassen solltest. Schließlich beziehen sich die Symbole Dreieck, Kreis, Rechteck und Vogel auf die Zeit vor Christi Geburt, wenn sie die Religionen darstellen sollten. Da sie sich zeitlich überlagern, könntest du sie in einer Wolke eintragen."

„Zu dieser Zeit war noch nicht klar, welche Religion sich durchsetzt. Immerhin waren die Religionen der Ägypter schon einige Tausend Jahre alt, bevor Jesus in Erscheinung trat."

Julien zeichnete eine Wolke mit den Symbolen.

„Jetzt kannst du Zeiträume markieren, die eine Rolle in den Forschungsergebnissen spielen. Vielleicht die Lebenszeiten von Jesus, Kaiser Konstantin, die Existenz des Römischen Reiches, die islamische Expansion im siebenten Jahrhundert, die christliche Zurückeroberung Spaniens, Adrians Leben, die Gründung der Freimaurer und am Ende die Weltkriege."

Julien trug mit farbiger Kreide die Zeiträume ein, die sich teilweise überlappten.

„Das Problem ist, dass es zu viele Informationen sind."

Pieter runzelte die Stirn. „Mann könnte sie erst eintragen und später löschen, wenn sie keine entscheidende Rolle spielen. Auf alle Fälle sollten die Brände der Bibliothek in Leuven berücksichtigt werden."

„Ich glaube, das ist ein guter Ansatz. Ich zeichne auch die von Cisneros veranlasste Bücherverbrennung von 1499 in Granada ein. Immerhin hatte er mit Adrian zu tun und auch die Querverbindung der Bibelübersetzung des Erasmus von Rotterdam passt ins Bild."

„Wenn wir das machen, müssen wir uns die Entstehung der Bibliothek ansehen", meinte Julien. „Darüber habe ich zu wenig Informationen. Ich werde Angelo fragen."

Nach und nach bekam die Übersicht Struktur. Statt jede einzelne Quelle einzutragen, hatte Julien eine chronologische Übersicht angefertigt, die nach Themengebieten gegliedert waren. Auch Angelo trug seinen Teil zur Vervollständigung bei. Er schickte ihm einen Artikel, in dem geschildert wurde, wie die arabische Welt zum Schmelztiegel der Wissenschaften wurde und nach dem Überfall der Mongolen an Einfluss verlor.

Eine zentrale Rolle spielte dabei die Übersetzung griechischer Schriften ins Arabische durch mehrsprachige Gelehrte bis zur Zerstörung Bagdads und dem Haus der Weisheit im Jahr 1251. Der Autor belegte, dass die Sammlung von Schriften aus aller Welt durch die Araber und die anschließende Übersetzung ins Lateinische, Voraussetzung für die Gründung von Universitäten im christlichen Europa war.

* * *

Als Pieter und Candela am Wochenende Julien besuchten, eröffnete er ihnen, dass ihm nach der Auswertung des Artikels, etwas Entscheidendes aufgefallen war.

„Wir haben bei der Betrachtung des Grabmals von Papst Adrian VI. auf jedes Detail geachtet, aber uns fiel nicht auf, dass etwas fehlt. An keiner Stelle gibt es einen Verweis auf den Islam oder die Mauren. Wir haben im großen Relief eine ägyptische Pyramide und verschiedene römische Bauten. Es gibt christliche und griechische Symbole.

Ich habe die Tafel oft durchgelesen und glaube, dass der Text eine versteckte Botschaft enthält. Bevor Adrians Eigenschaften beschrieben werden, wird Utrecht als ausgezeichnete Stadt in Niederdeutschland gelobt.

Ich kenne keine andere Erinnerungstafel oder Leichenschrift, in der diese Form gewählt wurde. Ein weiterer Ort wird zweimal genannt. Tortosa als Wirkungsort von Adrian und im Zusammenhang mit van Enckenvoirt. Warum hat der Papst ausgerechnet diesen Ort für seinen Freund ausgewählt, der so weit von Rom entfernt war? Er musste für ihn eine besondere Bedeutung haben. Ich habe gelesen, dass dort ein dreisprachiger Grabstein auf Hebräisch, Latein und Griechisch existiert. Dieser Ort gehört zu den wenigen Orten, an denen Mauren, Juden und Christen über einen längeren Zeitraum friedlich zusammenlebten.

Utrecht könnte der Fingerzeig darauf sein, dass dort die Reliquie und die Briefe von Adrian versteckt sind. In Tortosa war Adrian Bischof. Die dortige Kathedrale ist Maria geweiht. Wenn man von Zaragoza flussabwärts fährt, landet man in Tortosa."

Candela war erstaunt. „Ich habe mich gefragt, ob es überhaupt möglich ist, dass ein frommer Mensch seinen Glauben wechselt. Das wäre ungefähr so, als ob der Dalai Lama den Papst trifft und das Christentum so schick findet, dass er sein bisheriges Leben über Bord wirft. Das kann ich mir nicht vorstellen.

Ich habe dann an den Islam gedacht. Mohammed wurde von Christen, Juden und einheimische Glaubensrichtungen beeinflusst. Er hat ausdrücklich die Christen und Juden eingeladen, seinem Glauben beizutreten, weil sie den gleichen Gott verehrten. Seine Religion war einfacher zu verstehen. Es gab nicht Gottvater, Gottessohn und Heiligen Geist, sondern nur Allah, dem sie sich unterwerfen sollten.

Er hat wesentliche Teile des Glaubens der Juden und Christen übernommen und sich als Prophet dargestellt, der von den vorherigen Propheten angekündigt wurde. Bei den Anhängern der altarabischen Gottheiten ging er anders vor. Er bekämpfte sie. Gleichzeitig übernahm er ihr größtes Heiligtum, die Kaba in Mekka. Die Pilger kamen wie bisher und umrundeten den schwarzen Stein dreimal. Die Handlungen und der Ort blieben gleich, nur der Gott war ein anderer. Sie wurde zu einer Brücke in die neue Religion.

Adrian hätte in Zaragoza eine völlig andere Religion mit Sicherheit abgelehnt und bekämpft. Er tat es aber nicht. Es muss also auch eine Brücke gegeben haben, über die er gehen konnte, ohne seine vorherigen Ansichten aufzugeben. Vielleicht war es tatsächlich die Rolle von Maria Magdalena gewesen. Dann gibt es aber noch die Dreiecke, die immer wieder eine Rolle spielen. Pieter hat sich darüber Gedanken gemacht."

Pieter zeichnete unterschiedliche Dreiecke auf ein Blatt Papier.

„Die Drei spielt in der Bibel immer wieder eine Rolle. Im Neuen Testament kommen drei Weisen aus dem Morgenland. Sie bringen Gold, Weihrauch und Myrrhe. Warum spielt die Drei eine so wichtige Rolle. Ich habe mir die Symbole der Freimaurer angesehen. Auch bei ihnen spielt das Dreieck und besonders Pythagoras Darstellung eine wichtige Rolle. Ich habe mir die griechischen Quellen angesehen und überlegt, was die besonderen Eigenschaften des Dreiecks sind.

Nehme ich drei Stäbe und binde sie zu einem Dreieck zusammen, entsteht ohne weitere Hilfsmittel eine stabile Konstruktion. Wenn ich ein Dreieck teile und dabei eine Ecke durchschneide, entstehen zwei Dreiecke. Das ist unendlich möglich. Ich kann aber auch drei weitere Stäbe an den Ecken anfügen und daraus eine Pyramide formen. Auch sie hat beim Teilen die Besonderheit, dass die dabei entstandenen Formen wieder Pyramiden sind.

Diese Gedanken sind von jedem Menschen nachvollziehbar. Adrian war ein Professor und mit der mathematischen Beweisführung vertraut. Daher wird er der Aussage zugestimmt haben, dass man die Dreiecke und dreieckigen Pyramiden unendlich verkleinern könne. Wenn das so ist und jeder es versteht, muss es wahr sein. Irgendwann landet man dann bei einer Pyramide, die so klein ist, dass man sie nur noch als Punkt sehen kann.

Wenn Gott gewollt hat, dass es so ist und wir es verstehen sollen, dann heißt das, wir Menschen sollen verstehen, woraus die Welt besteht. Die Lehre von den kleinsten nicht teilbaren Teilchen, den Atomen, tauchte erstmals im 5. Jahrhundert vor Christi beim griechischen Philosophen Leukipp auf. Danach sollten glatte Gegenstände aus runden Atomen, raue aus eckigen Atomen aufgebaut sein. Bei den Freimaurern wird von der Arbeit am rauen Stein gesprochen, wenn es um die Herausbildung des Charakters geht.

Im Talmud wird die Frage gestellt: ‚Wer sind die erwähnten Baumeister?' Die Antwort lautet: ‚Es sind die Gelehrten, weil sie sich mit dem Aufbau der Welt beschäftigen.'"

Julien zeichnete auf dem Papier die Dreiecke nach und sagte dann: „Das ist ein interessanter Denkansatz. Die Menschen mit ihren Dreiecken aus Bauchnabel und den Brüsten wären damit Teil eines Großen und Ganzen. Wenn man Gott als ‚allmächtigen Baumeister aller Welten' versteht, wie bei den Freimaurern und Gnostikern. Auch im Neuen Testament gibt es eine Stelle, in der es heißt: ‚Er erwartete die Stadt, die Grundlagen hat, deren Baumeister und Schöpfer Gott ist.'

Eine Stadt wird erst durch Menschen eine Stadt. Unser Problem ist, dass wir viele Indizien haben, aber keinen Beweis. Über allem steht auch die Frage: Wie Maria mit den Dreiecken zusammenpasst?"

Pieter stimmte dem zu: „Es muss ein überwältigender Beweis gewesen sein. In Zaragoza hatte man die Reliquie ‚Marias Licht' genannt. Dann gibt es noch den Pfeiler, der mit Maria bis heute in Verbindung gebracht wird."

„Wir landen immer bei der Reliquie, die Adrian aus Zaragoza mitgebracht hat und gegenüber seinem Grabmal stand", ergänzte Julien.

Candela sah Pieter an. „Ich glaube, dass das Grabmal die Weltsicht von Adrian widerspiegelt. Das erklärt auch, dass es griechisch geprägt war. Die einzigen christlichen Elemente sind die Skulpturengruppe mit der Jungfrau Maria und die untergeordnete Skulptur mit dem Kreuz. Das bedeutet, dass das Grabmal griechisch gelesen werden muss. Diese Prägung hat er offensichtlich aus Zaragoza mitgebracht.

Seine Nachfolger haben die Skulpturen ausgetauscht und auch das Grabmal seines Freundes verschoben, um das Offensichtliche zu verstecken, dass die Liebe an der Spitze steht und nicht der Glauben. Hat Jesus nicht auch die Liebe gepredigt."

Julien nickte. „Das könnte auch ein Argument für Adrian gewesen sein."

Pieter zeigte auf eines der von ihm gezeichneten Dreiecke. „Mutter hatte in der Zeichnung auf der Taschenuhr das Sternbild Sommerdreieck erkannt. Ich habe mich damit etwas beschäftigt. Zur Wintersonnenwende ist das Sternbild am frühen Abend zu sehen. In der Bibel heißt es, dass die drei Weisen aus dem Morgenland, also dem Osten kamen. Die Weihnachtsgeschichte spielt am frühen Abend. Den Weisen wies ein heller Stern den Weg. Der hellste Stern des Sternbildes Sommerdreieck bildet die Wega. Bis heute führen alle Straßen, die irgendwann aus dem Osten kommen, von Süden nach Nazareth. Die Weisen konnten sich an der Wega orientieren. Das Dreieck konnte für sie ein Symbol gewesen sein. Die Griechen sollen im Sommerdreieck ein rechtwinkliges Dreieck gesehen haben."

Julien wurde nachdenklich. Ihm schien die Frage ins Gesicht gezeichnet: „Doch was hat das Dreieck mit dem Stadtplan von Jerusalem zu tun? Moulinier suchte nach dem Weg mit dem hellen Stern. Meinst du, dass er die Wega als Orientierung nutzen wollte. Die Wega ist doch je nach Tag und Uhrzeit an einer anderen Stelle."

Pieter überlegte. Er holte den alten Stadtplan hervor, den Moulinier genutzt hatte. „Ausgangspunkt war für ihn doch das Löwentor. Ich markiere den Weg mit zwei Sternen. Dann ist er am Gethsemanegarten vorbeigegangen. Dahinter führt ein Weg zur Maria-Magdalena-Kirche und zum Grab der Propheten Haggai, Sacharja und Maleachi. Der Hauptweg führt hinauf zum Ölberg. Einige Meter weiter zweigt der steile Weg ab, den Moulinier mit der Stadtführerin gegangen ist. Oberhalb der Maria-Magdalena-Kirche brach er die Suche ab. Wären sie weitergegangen, wäre er im rechten Winkel links abgebogen und zum Gipfel des Ölbergs gelangt. Dort kommt auch die Straße an, die vom Gethsemanegarten kommt. Zeichnet man die Route nach, erkennt man ein rechtwinkliges Dreieck, das dem Sommerdreieck ähnelt.

Der Altair ist die Stelle, wo der kleine Weg abgeht. Die Wega markiert das Ende des Weges. Der Deneb ist die Bergspitze. Die Straße führt von dort zum Ausgangspunkt zurück. Wenn wir uns jetzt an den Kupferstich oder an den Deckel der Uhr orientieren, ist dort, wo unterhalb des Dreiecks der einzelne Stern ist ..."

Candela ergänzte: „... Die Maria-Magdalena-Kirche!"

Julien stimmte zu: „Genau! Jetzt verstehe ich die Enttäuschung von Moulinier. Ausgerechnet in diesem Bereich steht die Maria-Magdalena-Kirche, die erst Ende des 19. Jahrhunderts vom russischen Zaren Alexander III. gebaut wurde. Gleich am Eingang wird sie als Heilige dargestellt. Von dort aus hat man einen direkten Blick zum Felsendom mit einer goldenen Kuppel. Bestimmt dachte er, dass ihm jemand zuvorgekommen ist oder bei den Bauarbeiten das Gesuchte zerstört wurde. Wobei es schon ein großer Zufall ist, dass ausgerechnet dort eine Kirche für Maria Magdalena errichtet wurde."

Pieter zeichnete auf der Karte die Ergebnisse ihrer Überlegungen ein.

Candela fragte: „Aber warum haben die Urheber der Zeichnung keine normale Karte gemalt? Zu Zeiten von Adrian gab es doch schon recht genaue Vermessungen. Warum dann dieser Aufwand?"

Es entstand eine Pause. Dann sagte Julien: „Vielleicht lag das daran, dass die Zeichnung entstanden ist, als nicht jeder Pythagoras kannte. Hinzu kommt, dass der Text, worauf sich Moulinier bezog, nicht unter der Zeichnung befand. Getrennt und ohne historischen Hintergrund ergibt es keinen Sinn.

Angenommen, die Zeichnung entstand lange Zeit vorher. Dann wäre sie eine perfekte Schatzkarte. Man konnte sie offen ausstellen, ohne dass jemand den Sinn verstand."

Pieter zeichnete links die Sonne und rechts den Mond auf die Zeichnung. „Auf dem Kupferstich mit dem Sternbild sitzt Aaron vor einem Dreieck mit einem Stab in der Hand. Unter ihm befindet sich das Sommerdreieck mit dem Mond. Der Stab ist ein Zeigestock, wie ihn Lehrer benutzen. Jetzt kann man den Kupferstich übersetzen. ‚Am Tag gehe auf der Straße und habe dabei die Sonne im Rücken.'

In Jerusalem gab es nur diese eine Straße in Richtung Ölberg. ‚Wenn der Mond zu sehen ist, folge dem Dreieck, in dessen Zentrum auf dem Kupferstich der Mond zu sehen ist.' Bei den Freimaurern steht dort das Auge."

Julien zeichnete den Weg mit dem Finger nach. „Moulinier musste den Zusammenhang erkannt haben. Bestimmt hatte er noch irgendwelche Informationen, die wir nicht kennen. Er hatte auf alle

Fälle die Symbole auf der Uhr als Karte erkannt. Die Frage ist, was sich dort befinden sollte. Die Erbauer der Maria-Magdalenen-Kirche haben bestimmt etwas gewusst. Sie hatten sich bestimmt nicht ohne Anlass das Grundstück gesichert. Bei dem Bau konnten sie nach verborgenen Höhlen suchen. Möglicherweise gab es Überlieferungen oder Legenden. Die griechisch-orthodoxe Kirche hat auch ein Grundstück in der Nähe."

„Ob sie etwas gefunden haben?", fragte Candela, die hinzugekommen war.

„Ich glaube nicht", sagte Julien. „Sie hätten daraus bestimmt eine große Wallfahrtsstätte gemacht. Sicher ist, dass man dort mehrere Höhlen gefunden hat und es noch mehr Legenden gibt."

„Meinst du, dass dort Maria Magdalena begraben wurde?", fragte Candela.

Pieter ging zum Regal und holte eine alte Bibel hervor. „Nein. Aber vielleicht ist es der eigentliche Bestattungsort von Jesus und seiner Mutter. Beide Gräber waren, nach der Bestattung, verweist, weil sie angeblich zum Himmel aufgestiegen sind. Es gibt im Neuen Testament einen Hinweis auf den Gethsemanegarten. Es ist eine der Schlüsselszenen. Ich habe sie herausgesucht:

‚Da kam Jesus mit ihnen zu einem Garten, der hieß Gethsemane, und sprach zu den Jüngern: Setzt euch hier, solange ich dorthin gehe und bete. Und er nahm mit sich Petrus und die zwei Söhne des Zebedäus und fing an zu trauern und zu zagen. Da sprach Jesus zu ihnen: Meine Seele ist betrübt bis an den Tod; bleibt hier und wacht mit mir!

Und er ging ein wenig weiter, fiel nieder auf sein Angesicht und betete und sprach: Mein Vater, ist's möglich, so gehe dieser Kelch an mir vorüber; doch nicht wie ich will, sondern wie du willst! Und er kam zu seinen Jüngern und fand sie schlafend und sprach zu Petrus: Könnt ihr denn nicht eine Stunde mit mir wachen?

Wachet und betet, dass ihr nicht in Anfechtung fallt! Der Geist ist willig; aber das Fleisch ist schwach.

Zum zweiten Mal ging er wieder hin, betete und sprach: Mein Vater, ist's nicht möglich, dass dieser Kelch an mir vorübergehe, ohne dass ich ihn trinke, so geschehe dein Wille!

Und er kam und fand sie abermals schlafend, und ihre Augen waren voller Schlaf.

Und er ließ sie und ging abermals hin und betete zum dritten Mal und redete dieselben Worte.

Dann kam er zu seinen Jüngern und sprach zu ihnen: Ach, wollt ihr weiterschlafen und ruhen? Siehe, die Stunde ist da, dass der Menschensohn in die Hände der Sünder überantwortet wird.

Steht auf, lasst uns gehen! Siehe, er ist da, der mich verrät.'

Danach ließ er sich verhaften. Der Gethsemanegarten muss für ihn ein bedeutsamer Ort gewesen sein."

Candela riss Pieter aus seinen Gedanken: „Das ist zwar alles interessant. Sicherlich haben Tausende von Gelehrten darüber nachgedacht. Aber die eigentliche Frage für uns ist doch, warum wird von Leuten so ein Aufwand betrieben, um an das Geheimnis zu gelangen. In der Kriminologie fragt man sich immer: ‚Wem nützt das?'.

Angenommen, wir lösen das Rätsel. Was passiert dann? Die Archäologen haben schon kleinste Papyrus-Stücke zusammengesetzt, ohne dass die Welt eingebrochen ist oder der Vatikan den Notstand ausgerufen hat."

Julien entgegnete: „Vielleicht ist es gerade das Problem: Es gibt kein Schriftstück, das authentisch ist. Die Evangelien wurden erst Jahre nach dem Tod von Jesus aufgeschrieben. Warum soll er keine Schriftstücke hinterlassen haben, wenn sogar von den griechischen Gelehrten, die Hunderte Jahre vorher lebten, Schriftstücke existierten?

Ich glaube, es dreht sich alles, um die Rolle von Maria Magdalena. Würde man nachweisen, dass Petrus nicht der Nachfolger von Jesus war, wäre die gesamte Existenzgrundlage des Vatikans infrage gestellt. Wer die Möglichkeit dazu hat, würde den Vorteil für sich nutzen können. Egal, ob es Geld, Macht oder Einfluss bedeutet.

Adrians Freund von Enckenvoirt ist unter Karl V. einflussreich geworden, obwohl er in der Kirchenhierarchie eigentlich ein kleines Licht war."

„Das war im 16. Jahrhundert. Aber Großvater hat Adrians Buch 1914 gefunden", erwiderte Pieter.

„Es könnte sein, dass Friedrich Stein mit der Weitergabe von Informationen eine Kettenreaktion ausgelöst hat. Oder sollte man sagen einen Goldrausch, an dem sich Trittbrettfahrer mit unterschiedlichen Motiven angehängt haben. Moulinier war vielleicht der Letzte, der einen Zipfel der Information hatte.

Wer sagt aber, dass er die Information nicht noch mit jemandem geteilt hat? Hintermänner, Auftraggeber oder Helfershelfer. Falls wir in irgendeinem Dokument auftauchen, könnte der Albtraum von vorn beginnen. Das ist der eigentliche Grund für mich, dem Rätsel nachzugehen. Silvia wird davon nicht wieder zum Leben erweckt."

„Christian hat mir ein Foto von Moulinier geschickt. Es ist vielsagend."

Man sah ihn in Freimaurer-Tracht. Zwei Schärpen bildeten ein V, dessen Spitze auf der Höhe des Bauchnabels zeigte. Der weiße Schurz trug einen dreieckigen Überwurf.

„Christian sagte mir, dass der Schurz auf der Rückseite schwarz ist und mit einem Totenkopf verziert ist. Irgendwie spiegelte das seinen Charakter wider."

Besuch aus Deutschland

2012. Leuven in Belgien. Ein Geräusch schreckte Lucas auf. Mit lautem Poltern schluckte ein Müllwagen den Inhalt eines Containers. Die Überreste der Zivilisation schlugen aneinander und erzeugten den Krach des Wohlstands. Man brauchte nicht hinzusehen, um das Schauspiel zu verstehen, das sich in gleicher Art und Weise tausendfach auf der Welt abspielte. Nur die laute Sprache der Müllmänner, die erfolglos gegen das Gedröhn der Maschine ankämpfte, ließ erkennen, dass er nicht in Deutschland war.

Der Krach hatte das Schlafzentrum erreicht und seinen Körper in den Aufwach-Modus versetzt. Es dauerte einige Momente, bis seine Gedanken klar wurden. Saskia war aufgestanden und bemühte sich, möglichst schnell das Fenster zu schließen. Sie kam wieder ins Bett und berührte ihn an der Nasenspitze. Lucas zog sie an sich heran und suchte ihren Mund. Mit gespielter Zurückhaltung ließ sie ihn werben. Doch als er dachte, er hätte es geschafft, kniff sie ihn in den Po und bemerkte lakonisch: „Erst die Arbeit, dann das Vergnügen."

„Eine kleine Anzahlung wäre aber doch legitim."

Nach einem flüchtigen Küsschen auf die Wange sprang sie aus dem Bett und ließ ihn mit seinen Hoffnungen allein.

„Das Frühstück wartet!", rief sie aus dem Flur.

Schon war sie im Bad verschwunden. Er hörte das Rauschen der Dusche und Saskias Versuche, voller Inbrunst einen polnischen Song zu singen. Lucas schloss die Augen, um eine Erinnerung zurückzuholen. Sie hatte sich in ihm eingebrannt. Jedes Detail sah er vor sich. Es war wie in einem Film:

Saskia kam aus Słubice, der polnischen Nachbarstadt, ging aber in Frankfurt (Oder) ins Gymnasium. Sie war ihm sofort aufgefallen. Neue Schüler wurden immer wie Aliens beobachtet. Die Jungen der oberen Klassen bewerteten die Mädchen mit Schulnoten, auch wenn sie mit ihnen noch kein Wort gesprochen hatten.

Lucas war in der gleichen Klassenstufe wie Saskia, doch rechnete er sich bei ihr keine Chancen aus. Er war sich sicher, dass sie einen festen Freund hatte. Außerdem fand er sich nicht besonders attraktiv. Er war unsportlich, introvertiert und schüchtern. Statt Diskotheken zu besuchen, las er Bücher oder er trieb sich im Internet herum. Und dann hatte er eine Armee von Pickeln, die sein Gesicht bevölkerte. Die Hautärztin hatte ihm zwar eine Salbe verschrieben. Doch die stank wie Teer und verschlimmerte seiner Ansicht nach alles. Er fürchtete sich, in den Spiegel zu sehen. Im Gymnasium hatte er den Eindruck, dass ihn die Mädchen voller Ekel anstarrten.

Mit der Zeit wurde es besser, doch seine Scheu vor der Öffentlichkeit blieb. Projektgruppen für Mathematik und Informatik existierten ohne Mädchen. Neidisch sah er, dass einige Mitschüler mit Saskia in der Theatergruppe den „Sommernachtstraum" von William Shakespeare einstudierten. Wie gern hätte er die kleinste Rolle gespielt, um ihr nah zu sein.

Das einzige Mal, bei dem er über sich herauswuchs, war bei der Abiturfeier. Nach langem Drängen hatte ihn sein Klassenlehrer bewegt, etwas zu singen und sich dabei auf der Gitarre zu begleiten. Seine Mutter hatte ihm extra ein neues Hemd gekauft. Nur seine Lieblingsjeans ließ er sich nicht ausreden. Bevor er losging, steckte sie ihm einen Ring an den Finger.

„Er ist von deinem Opa und liegt schon seit Jahren im Schubfach. Mit dem Ring am Finger siehst du aus wie ein Popstar."

Mutter hatte gelacht und er war sich nicht ganz sicher, ob sie es ernst gemeint hatte.

Als er auf der Bühne stand, entdeckte er Saskia in der dritten Reihe. Während er sang, sah er sie immerzu an. Er war sich nicht sicher, ob sie nur höflich zuhörte oder seine Signale verstand. Jeden Ton, jedes Wort hatte er für sie geschrieben. Er sang sich die Seele aus dem Leib. Der Ring seines Opas tanzte mit seinen Fingern über die Saiten. Doch irgendwann war das Lied vorbei.

Der Beifall zerstörte den Moment. Lucas verließ die Bühne und verlor Saskia aus dem Blickfeld. Bei der anschließenden Party war sie nicht mehr da.

Lucas studierte Mathematik in Berlin. Daher fuhr er jeden Tag mit dem Zug. Ein Zimmer in der Hauptstadt wäre zu teuer und Plätze im Studentenwohnheim heiß begehrt. Das ständige Pendeln zwischen Berlin und seiner Heimatstadt störte ihn kaum. Denn in der Zeit hörte er Musik oder erledigte Studienaufgaben auf dem Laptop.

Als er Saskia im Zug sah, glaubte er an einen Wink des Schicksals. Der Zug war voll und hatte wieder einmal Verspätung. Hinter Fürstenwalde blieb er auf freier Strecke stehen. Sie versuchte gerade erfolglos, den Automaten zu bewegen, einen Schokoriegel herauszugeben. Hämmern am Gehäuse und Drücken auf den Rückgabe-Knopf halfen nicht. Hilfe suchend sah sie sich um. „Lucas?"

Sie kannte seinen Namen. Wie in Zeitlupe holte er einen Euro aus der Tasche. Sie steckte ihn in den Schlitz, doch die Maschine ließ sich davon nicht beeindrucken.

„Sorry. Jetzt müssen wir verhungern."

Sie lachte ihm ins Gesicht. In dem Moment ruckte der Zug an. Der Automat überlegte es sich und warf einen Riegel aus. Als kein weiterer Riegel herauskam, teilte Saskia ihn und gab Lukas die Hälfte. Der Zug bremste wieder und sie fiel ihm in die Arme.

„Jetzt hast du mich schon das zweite Mal gerettet."

Sie sah ihn mit ihren dunkelbraunen Augen an und legte ihre Hand auf seine Brust. Lucas spürte das Blut in seinen Adern und es schien ihm, das Klopfen des Herzens sei so laut, dass es jeder hören konnte.

Saskia lachte: „Ich glaube, ich kann jetzt wieder ohne Hilfe stehen."

Zögernd ließ er sie los. Doch nur für einen kurzen Moment löste sie sich von ihm, denn sie hängte sich bei ihm ein.

Er wollte reden, doch fiel ihm nichts Schlaues ein. Sie bemerkte seine Verlegenheit und übernahm die Initiative. Die Worte sprudelten aus ihr heraus.

Er genoss es. Ihre Ungezwungenheit, ihr Lachen und die Melodie ihres polnischen Akzentes. Sie war so nah, dass er den Duft ihrer Haare roch und er jede einzelne Wimper zählen konnte. Statt hinzuhören, sah er sie an und sog den Klang ihrer Stimme in sich auf, ohne die Worte zu verstehen.

Eine Durchsage drohte: „Wir erreichen in wenigen Minuten den Hauptbahnhof Frankfurt (Oder). Dieser Zug endet hier."

Lucas befiel Angst. Das Gefühl war körperlich, tief und schmerzhaft. Sie bemerkte, dass etwas in ihm vorging.

„Geht es dir gut?"

Statt zu antworten, küsste er ihre Wange. Es war ein unschuldiger Kuss, so wie man ihn Kindern gibt. Nicht mehr. Er konnte nicht sprechen. Jedes Wort schien ihm zu belanglos. Saskia hatte verstanden.

Die Menschen drängten aus dem Zug und wollten die Verspätung einholen. Das Paar ließ die Zeit verstreichen und suchte Nähe. Es war eine wortlose Umarmung, an deren Ende sich ihre Lippen fanden. Die Lautsprecheransage quakte irgendetwas.

Im letzten Moment traten sie auf den Bahnsteig. Sie fühlten die Besonderheit des Augenblicks und wollten ihn nicht gehen lassen.

Schwerfällig setzte sich der Zug in Bewegung. Saskia fand als Erste zurück in die Gegenwart. „Wollen wir noch irgendwo einen Kaffee trinken? Übrigens hast du einen schicken Ring."

Lucas war noch ganz benommen. Er nickte. „Er ist von meinem Großvater. Ich habe ihn seit der Abiturfeier nicht mehr abgenommen."

„Wirklich?"

„Ja. Er erinnert mich an den Moment, als du mich auf der Bühne angesehen hast. Es ist mein Glücksring."

Sie sah ihn an. Dann strich sie ihm über die Wange. „Vielleicht hast du recht."

Saskia besiegelte ihre Worte mit einem Kuss. Dann gingen sie, die beiden, mit denen gerade eben etwas passiert war. Ein Ereignis, das so selten geschieht, dass Worte zu gering waren, es zu beschreiben.

Das war fast zwei Jahre her. Und doch schien es Lucas so gegenwärtig, als sei es gerade erst geschehen. Seitdem hatte er intensiv gelebt. Mit ihr und durch sie. Saskia war sein und er ihr Leben. Glaubte er früher, pragmatisch und sachlich zu sein, spürte er, dass er Gefühlen immer mehr Raum gab. Als sie ihm von ihrer Absicht erzählte, sich für ein Auslandssemester anzumelden, befiel ihn Panik. Sie legte sich erst, als sie von der Universität Leuven in Belgien sprach. Sofort war ihm klar, aus welcher Ecke die Idee kam. Ihre beste Freundin Natalia hatte das Gleiche vor und suchte offensichtlich eine Mitbewohnerin für eine WG.

In der Not schlug Lucas vor, mit ihr die Universität und den Ort anzusehen. Insgeheim hoffte er, dass sie es sich doch noch überlegt. Zwischenzeitlich hatte sich Natalia anders entschieden. In Saskia blieb die Idee aber fest verankert. Für Lucas kam ein Auslandssemester nicht infrage. Er war bereits ein Semester im Rückstand. Außerdem müsste er in Leuven Studiengebühren und Miete für ein Zimmer aufbringen. Saskia versuchte, ihn zu beruhigen.

„Es ist nur ein halbes Jahr und über das Internet können wir uns täglich sehen."

„Das ist aber etwas anderes."

Letztendlich setzte sich Saskia mit dem Kompromiss durch, dass sie ihn in der Zeit zweimal besuchen und er einmal nach Leuven kommen würde.

Lucas borgte sich das Auto seiner Eltern. Der Kombi brauchte sieben Stunden bis ans Ziel. Das Hotel „Condo Gardens Leuven" war leicht zu finden. Eigentlich hatten sie vor, die Stadt zu besichtigen. Doch das Wetter war ungemütlich. Ein übler Landregen kroch durch jede Ritze. So beließen sie es bei einem Abendessen in einem billigen Restaurant in der Nachbarschaft, um danach erschöpft ins Bett zu fallen. Heute war das Wetter schön. Die Sonne lugte durch die Gardinen.

„Liegst du noch immer faul im Bett? Jetzt aber raus!"

Saskia zog ihm die Decke weg und besprritzte ihn mit ihren nassen Haaren.

„Geh duschen!"

Ein ausgiebiges Frühstück auf dem Hof des Hotels sorgte für fröhliche Stimmung. Sie erkundigten sich nach der Universität und machten sich auf den Weg. Es reichte, den Fahrrädern zu folgen, um ihr Ziel zu finden. Der Kontrast zwischen den historischen Gemäuern und den Studenten mit bunter, unkonventioneller Kleidung erinnerte Lucas an Heidelberg, wo er letztes Jahr einen Freund besucht hatte.

Die Anmeldung ging schneller als gedacht. Neben einem Stadtplan und einem Stapel mehr oder minder sinnvoller Flyer, Broschüren und Formularen, bekamen sie eine Übersicht über Vermieter von Studentenwohnungen. Mit gefühlten zehn Kilo Informationsmaterial machten sie sich auf dem Weg ins Hotel. Dort hielten sie sich aber nur kurz auf, um nach einer Studentenbude zu suchen. Gleichzeitig wollten sie das schöne Wetter nutzen, um sich die Stadt anzusehen. Nach einem Stadtrundgang und dem Besuch von einigen potenziellen Vermietern war Saskia müde. Sie hatte ihre neuen Schuhe angezogen und musste jetzt mit einer ansehnlichen Blase zurechtkommen. Ein Pflaster half nur bedingt.

Für Lucas war das von Vorteil. So ersparte er sich die gefürchteten Besuche von Kaufhäusern und Andenkenläden. Stattdessen fanden sie Zuflucht in einem Straßencafé. Saskia wollte sich wenigstens zeitweise von ihren Schuhen befreien. Bei einem Cappuccino studierte sie die Wohnungsliste. Ein leichter Wind kam auf und dunkle Wolken zogen sich zusammen.

„Entweder wir gehen in ein Kaufhaus oder suchen noch einen Vermieter auf."

Lukas hatte keine Lust auf Shopping. Saskia sah auf die Liste und zeigte auf das Straßenschild an einer Gasse.

„Wenn ich das richtig sehe, ist es dort vorn."

Ihre Blase sah durch das durchsichtige Pflaster bedrohlich aus. Dies schien sie jetzt aber nicht mehr zu stören.

Fünf Minuten später standen sie vor einem alten Haus. Sie brauchten nicht nach dem Namen des Vermieters zu suchen, da er riesig über den Schaufenstern eines Ladens prangte: „Julien Gaspard – Bücher aus zweiter Hand".

Der muffige Geruch alten Papiers schlug ihnen beim Eintreten entgegen, obwohl der überwiegende Teil der Fläche mit aktueller Studienliteratur gefüllt war. Julien kannte sich in solchen Läden aus. Es lohnte sich oft nicht, neue Bücher zu kaufen. In der Mathematik änderte sich kaum etwas. Manchmal waren die alten Bücher besser und billiger.

Am Eingang stand eine junge Frau. Sie musterte die beiden. Dann fixierte sie den Stadtführer, auf dem eine deutsche Flagge prangte. „Guten Tag. Was wünschen Sie?"

Statt große Erklärungen abzugeben, zeigte Lucas auf die Liste mit den Vermietern von Studentenwohnungen.

Daraufhin drehte sich die junge Frau um und rief: „Nous avons des invités. Ce sont des Allemands."

Wieder zu ihnen gewandt sagte sie so leise, dass es fast ein Flüstern war: „Gehen Sie ruhig nach hinten. Er wird sich freuen."

Dabei wies sie auf eine offene Tür, die in einen Nebenraum führte.

Hier saß an einem wahrlich antiken Schreibtisch ein alter Mann. Obwohl es heller Tag war, beleuchtete eine Lampe mit grünem Lampenschirm ein dickes Buch. Mit weißen Handschuhen strich er behutsam über die Seiten. Die Schrift hob sich von dem vergilbten Papier kaum noch ab. Das Lesezeichen hatte an der Spitze eine kleine Hand aus Messing.

Der Mann nickte zufrieden und drehte sich langsam um.

Sein Alter war schwer zu schätzen. Sicher hatte er die 80 schon überschritten. Sein feines, fast zierliches Gesicht hatte kaum Falten. Eine lange, gerade Nase trug eine ovale Nickelbrille. Absurderweise erinnerte sie Lucas an John Lennon. Spärliche weiße Haare rahmten den kahlen Schädel. Im völligen Gegensatz zu seiner allgemeinen Erscheinung hatte er ausgesprochen wache Augen.

„Einen Augenblick bitte."

Mit einem winzigen Bleistift schrieb er etwas in ein Notizbuch.

Er musterte die Ankömmlinge. „Sie sind aus Deutschland und suchen eine Studentenwohnung?"

Saskia setzte ihr schönstes Lächeln auf und sagte: „Wir kommen aus Frankfurt und suchen eine kleine Wohnung für mein Auslandssemester."

Lächelnd antwortete der alte Mann: „Ich war nach dem Krieg zwei Jahre in Frankfurt. Damals war vom Römer nur noch ein Teil der Fassade zu sehen und auch das Goethehaus war völlig zerstört."

Lucas lachte: „Nein, nein. Wir kommen aus Frankfurt an der Oder. Das liegt an der polnischen Grenze."

„Oh, Verzeihung, da habe ich mich geirrt. Dort war ich noch nicht."

„Meine Freundin kommt von der anderen Seite der Oder, aus Słubice."

Lucas wollte noch ausführlich auf seine Heimatstadt eingehen, als er merkte, dass Herr Gaspard wie gebannt auf seinen Ring starrte. Mit zittrigen Fingern zeigte er auf das Schmuckstück.

Fast flehend fragte er: „Entschuldigen Sie bitte. Würden Sie mir erlauben, den Ring genauer anzusehen?"

Lucas fühlte sich peinlich berührt, wie bei einer Prüfung, zu der er nicht gelernt hatte. Langsam streifte er den Ring vom Finger. Der alte Mann nahm den Ring vorsichtig in die Hand, dann kramte er aus dem Schreibtisch eine Lupe hervor. Obwohl der goldene Ring nur einen matten, dunkelblauen Stein trug, betrachtete Herr Gaspard die Oberflächen von allen Seiten. Dann gab er ihn zurück. Lucas schob ihn wieder auf seinen Finger.

„Ihr wollt also das Zimmer mieten?", fragte der Alte.

„Saskia will hier ein Semester studieren. Ich studiere in Berlin."

„Luise! Zeigst du den beiden mal das Zimmer!"

„Opa! Ich bin doch nicht schwerhörig."

Sie stand im Türrahmen und hatte die Szene mitbekommen.

„Kommt bitte mit."

Eine Treppe führte ins Obergeschoss. Von einem kleinen Flur gingen drei Zimmer ab.

„Das wäre es!"

Das Zimmer war eigentlich eine kleine Wohnung mit Dusche und WC. Die Küchenzeile nahm eine Seite des Raumes ein. Auf der anderen standen ein großer Schrank und ein großzügiges Doppelbett. Direkt unter dem Fenster war Platz für einen Tisch mit vier Stühlen.

„Früher war hier das Schlafzimmer meiner Eltern. Jetzt haben sie ein Haus außerhalb der Stadt. Ihnen war wohl der Trubel zu viel."

Saskia gestand: „Wir hatten gedacht, dass du eine Angestellte bist. Tut uns leid. Arbeitest du schon lange bei deinem Großvater?"

„Wir haben eine Angestellte. Sie verbringt allerdings einige Tage Urlaub im Süden. In solchen Fällen helfe ich aus. Ich studiere Betriebswirtschaft."

Dabei zog sie ihre Mundwinkel nach unten. Schnell verschwand aber die Geste.

„Das ist mein Brot- und Butterfach, damit ich nicht verblöde. Als Kompromiss durfte ich mich zusätzlich für Kunstgeschichte einschreiben. Ich hatte gedroht, dass ich mir einen reichen Scheich suche und zu Hause bleibe. Da haben sie nachgegeben."

Saskia musterte sie grinsend: „Ich stelle mir das gerade vor, wie du in einem rosa Jogginganzug auf einem Plüschsofa neben deinem Scheich vor dem Fernseher sitzt und Chips in dich reinstopfst."

Luise lachte. „Ich habe alte Filme aus den 70ern von meiner Mutter gesehen, in denen sie vor einem Poster von Jane Fonda Aerobic machte. Viel schlimmer kann das auch nicht aussehen. Zur Not kann ich immer noch den Laden von Großvater übernehmen."

Lucas fragte: „Und warum machst du das nicht?"

„Meine Eltern versuchen laufend, Großvater zu überzeugen, das Geschäft zu schließen, denn es rechnet sich nicht. Doch er möchte nicht zu den Kindern und schon gar nicht in ein Altersheim ziehen. Er sagt, dass er dann sofort sterben würde. Der alte Herr hält sich allerdings auch tapfer. Ich kann mich nicht erinnern, dass er jemals krank war. Gertrud, unsere Verkäuferin, geht dieses Jahr in Rente. Ich glaube nicht, dass er sich an jemand anderes gewöhnen kann.

Großvater macht gelegentlich Bemerkungen, dass er mir das Geschäft überschreiben will, aber ich kann mich nicht durchringen, dauerhaft hier zu arbeiten und von meinen Eltern die Verluste tragen zu lassen. So viel Betriebswirtschaft habe ich gelernt. Großvater ist ein Idealist. Das habe ich von ihm geerbt und davor haben meine Eltern Angst.

Andererseits sehen sie es gern, dass ich hier wohne und auf ihn aufpasse, damit er keine Dummheiten macht. Er ist ein ganz Lieber und ich höre gern zu, wenn er seine Geschichten erzählt. Ich frage mich manchmal, wo er sie herhat und ob sie wahr sind. Er sollte sie aufschreiben. Wenn er stirbt, geht mit ihm alles verloren. Vor diesem Tag habe ich große Angst."

Luise machte ein besorgtes Gesicht. Saskia nahm sie in den Arm. Luise gefiel es.

„Übrigens wohnen wir Tür an Tür. Du brauchst nur zu klopfen und ich bin da. Großvater wohnt unten, damit er nicht so weit laufen muss. Manchmal vermute ich, dass er bei seinen Büchern übernachtet und mit ihnen spricht."

Saskia sah sie an. „Ich nehme das Zimmer."

„Aber wir haben noch gar nicht über die Miete gesprochen."

„Sofort als ich hereinkam, fühlte ich mich wohl. Es ist wunderschön. Was soll es kosten?"

„350 € inklusive Frühstück mit mir."

Saskia lachte. „Ich denke, das kann ich mir leisten. Lucas schicke ich aber wieder nach Hause. Sicher ist sicher."

Lucas stupste sie in die Seite. „Trotzdem komme ich sporadisch vorbei."

Sie wollte gerade nach unten gehen, als sie Stimmen von draußen hörten. Luise ging zum Fenster.

„Oh. Mein Vater ist gekommen. Aber warum sitzt er mit Großvater draußen auf der Bank?"

Sie öffnete das Fenster. Die beiden Männer diskutierten intensiv.

Ihr Vater fragte gerade: „Bist du dir sicher? Du weißt, was das bedeuten kann!"

„Hallo, Papa!", rief Luise.

Die Männer fühlten sich ertappt.

„Kommt bitte in den Garten!", rief ihr Vater. Durch eine kleine Tür führte Luise Saskia und Lucas in den Garten.

„Das ist mein Sohn Pieter", sagte Herr Gaspard.

Der Sohn sah aus, wie sein Vater. Er begrüßte die Gäste.

Ohne jede Vorrede fragte er Lucas: „Darf ich mir den Ring auch einmal ansehen?"

Verwundert zog Lucas ihn vom Finger. Pieter hielt ihn etwas schräg und musterte die Innenseite. Ihn interessierten offensichtlich die Symbole, die dort eingraviert waren. Dann rieb er etwas am Stein.

Stockend sagte Lucas: „Ich habe ihn von meinem verstorbenen Opa. Eigentlich trage ich keine Ringe, aber er erinnert mich an einen schönen Moment. Meine Mutter wollte ihn verkaufen und war deshalb bei einem Uhrmacher. Der hat ihn gewogen und auf 300 Euro geschätzt. Die Punzen konnte er nicht identifizieren und meinte, dass sie stümperhaft eingeritzt wurden."

„Hat dein Großvater irgendetwas über ihn erzählt?", fragte Pieter.

Lucas sagte zögernd: „Opa ist schon lange tot. Ich kenne die Geschichte nur aus Erzählungen meiner Mutter. Mein Großvater war Eisenbahner. Der Bahnhof Frankfurt war im Krieg ein Drehkreuz für Züge von und nach Osten. Manchmal gab es auch Gefangenentransporte. Großvater konnte etwas Französisch und wurde geholt, wenn mit französischen Gefangenen etwas zu klären war. Als 1942 ein Transport mit Gefangenen einen längeren Aufenthalt hatte, bat ihn ein Franzose, den Ring für ihn aufzubewahren.

Nach dem Krieg wollte er ihn abholen. Großvater wusste, dass der Transport nach Sonnenburg ging. Von Polizisten, die dort ihren Dienst verrichteten, hatte er üble Gerüchte über die Zustände in dem Lager gehört. Er verstand die Verzweiflung des Mannes und versprach, den Ring aufzubewahren. Ich weiß nicht, warum der Franzose gerade meinem Opa vertraut hatte. Vielleicht lag es daran, dass Opa etwas Französisch sprechen konnte.

Meine Mutter hat mir erzählt, dass Opa immer gehofft hat, dass der Mann auftaucht, um den Ring abzuholen. Er hatte einen Film über das KZ Buchenwald gesehen, wo Berge von geraubtem Schmuck gezeigt wurden.

Kurz vor seinem Tod war er in Sonnenburg, das jetzt Słońsk heißt und zu Polen gehört. Er hoffte, dass er den Mann auf alten Fotos erkennt. Es hat aber nichts gebracht. So blieb der Ring in Watte eingewickelt in einer Blechdose. Trotz der langen Zeit hat er nie versucht, den Ring zu Geld zu machen.

Meine Großmutter glaubte, dass es Unglück bringt, Ringe von Ermordeten zu tragen. Meine Mutter war pragmatischer. Sie ließ ihn bei einem Uhrmacher schätzen. Der meinte, dass der Goldwert bei 300 € liege. Der Stein sei wertlos. Meiner Mutter war das zu wenig. Sie hat ihn mir vor der Abiturfeier an den Finger gesteckt. Saskia findet ihn auch chic. Ist er etwas Besonderes?"

„Vielleicht", sagte Pieter und gab Lucas den Ring zurück.

Herr Gaspard wechselte mit seinem Sohn vielsagende Blicke. Dann nickte der Alte.

„Möchtet ihr das Zimmer haben?"

„Ja. Es gefällt uns gut", sagte Saskia.

„Wie lange seid ihr noch in Leuven?", fragte Pieter.

„Wir haben unser Hotelzimmer bis Sonntag früh."

Herr Gaspard blickte zu seinem Sohn. Der nickte ihm zu.

„Es würde mich freuen, wenn ihr gleich einziehen würdet und das Geld für das Hotelzimmer spart. Ich berechne die Miete erst ab Semesterbeginn."

„Das ist eine gute Idee", sagte Lucas. „Heute früh haben mich die Müllmänner geweckt. Ich wäre fast aus dem Bett gefallen. Hier scheint es ruhiger zu sein."

Saskia sah Lucas an, der ihr zunickte. „Das Angebot nehme ich gern an!"

Unvermittelt fragte Luise: „Warum seid ihr eigentlich im Garten?"

Pieter wiegte den Kopf. „Sagen wir es mal so: Gleich kommt jemand, der das Haus technisch überprüfen wird. Danach erklären wir alles."

Luise war unzufrieden mit der Antwort. „Überprüfen?"

Pieter verschloss ihren Mund mit seinem Finger. Statt einer Antwort sagte er zu Saskia und Lucas: „Holt schon mal eure Sachen aus dem Hotel. Ihr könnt euch Zeit lassen. Sagen wir eine Stunde?"

Saskia nickte. Als sie mit Lucas wieder auf der Straße war, platzte es aus ihr heraus: „Was ist denn mit dem Ring? Weißt du etwas, was ich nicht weiß."

„Nein. Wirklich nicht. Wenn du willst, trage ich ihn nicht mehr."

„So meine ich das nicht. Aber irgendetwas muss es doch geben, für das sich Herr Gaspard interessiert. Und dann diese Heimlichtuerei."

„Ist dir das Zimmer zu unheimlich?", fragte Lucas.

„Nein. Aber ich habe ein komisches Gefühl."

Lucas blieb stehen und legte seinen Arm um ihre Schulter. „Es wird sich schon alles aufklären."

Im Hotel wunderte man sich, dass die Gäste so schnell abreisen wollten, und fragten mehrfach, ob sie irgendwelche Beschwerden hätten. Als sie ihre Koffer auf die Straße rollten, schob ein leichter

Wind die Wolken zur Seite und ließ der Sonne freie Sicht auf ein Pärchen, denen man das Glück ansah. Und auch Leuven zeigte sein bestes Gesicht. Die Menschen schienen besonders freundlich. Ein Gemisch aus Sprachen der ganzen Welt wurde zu einem Teppich, auf dem die beiden schwebten. Mit dem Auto mussten sie einige Umwege machen, bis sie einen Parkplatz fanden.

Vor dem Laden wartete Luise. Sie saß mit verschränkten Armen auf der Bank. Gerade so, wie ein bockiges Kind, dem man sein Spielzeug weggenommen hatte. „Sie haben mir nichts gesagt. Als ob ich noch in den Kindergarten gehe!"

Unwillig erhob sie sich. „Kommt, wir bringen die Sachen nach oben."

Sie stiegen die Treppe hinauf. Während Saskia alles verstaute, saß Luise auf einem Stuhl und schaute ihr dabei zu.

„Ich habe Vater und Opa noch nie so erlebt. Ihr Verhalten ist mir schleierhaft."

Lucas, der sich auf dem Bett ausgestreckt hatte, fragte: „Weißt du, was an meinem Ring so besonders ist?"

Luise hielt es nicht mehr aus. „Nein! Ich will es auch wissen. Ich habe die Geheimniskrämerei satt."

Sie gingen nach unten. Herr Gaspard saß an seinem Schreibtisch. Er hatte eine große Lupe hervorgeholt, mit dem er einen Gegenstand betrachtete. Sein Sohn hatte seinen Laptop an und surfte im Internet.

„Alles klar?", fragte er Luise.

„Nichts ist klar!", polterte sie. „Was ist los mit euch?"

Herr Gaspard gab Luise den Gegenstand. Ohne auf die Frage einzugehen, sagte er: „Das ist eine Wanze, mit der man uns abgehört hat. Bogomile hat sie vorhin unter meinem Schreibtisch gefunden."

„Heißt das, ihr habt geahnt, dass man uns abhört, und habt mir nichts gesagt?"

Luise war erschüttert. „Und ich habe meine Freunde mitgebracht."

„Keine Angst." Pieter umarmte seine Tochter, die sich aber dagegen wehrte. „Sie ist schon seit Jahren nicht mehr aktiv. Dein Großvater wurde früher mal überwacht. Du warst damals noch nicht auf der Welt. Bogomile hat sicherheitshalber alles noch einmal überprüft. Die Wanze hat schon vor Jahren ihren Geist aufgegeben. Opa wird dir alles erzählen."

Herr Gaspard hatte sich umgedreht. Der alte Mann sah besorgt aus. Luise strich über seine Hand. Dankbar schaute er sie an.

„Tut mir leid. Ich hätte dir die Geschichte schon vor Jahren erzählen sollen. Es war aber so, dass ich vieles vergessen wollte. Pieter weiß, wovon ich rede. Als damals deine Großmutter umgebracht wurde, wollte ich nicht mehr leben."

Luise schaute auf. „Ich dachte, dass es ein Unfall war. Und was hat das alles mit dem Ring zu tun?"

Lucas war erstaunt. „Sie kennen den Ring?"

Julien Gaspard nickte und rang nach Worten. Er sah seinen Sohn an, der ihm zunickte. Langsam ergriff er die Hand von Lucas und zog ihm das Schmuckstück vom Finger und betrachtete ihn von allen Seiten. Er holte ein vergilbtes Blatt Papier hervor. Es war eine Bleistiftzeichnung, auf dem ein Ring abgebildet war, der Lucas Ring ähnelte.

„Es ist so, als ob ich einen guten Freund nach vielen Jahren gefunden habe."

Pieter mischte sich ein. „Vater, wir wissen noch nicht, ob er es wirklich ist."

Gaspard bekam ein sanftes Lächeln. „Stimmt. Ich habe ihn nie gesehen. Aber mein Vater hat ihn mir beschrieben und die Zeichnung angefertigt."

„Wer zeichnet einen Ring, der dreihundert Euro wert ist?", fragte Lucas.

„Sagen wir mal so: Der Wert richtet sich nicht nach dem Material. Aber warten wir erst einmal ab. Bist du einverstanden, dass Pieter den Ring näher untersucht?"

Pieter ergänzte seinen Vater: „Ich habe nicht geglaubt, dass es ihn wirklich gibt. Aber ich möchte nicht voreilig sein. Unter dem Mikroskop sieht manches ganz anders aus."
Lucas meinte nur: „Kein Problem!"

Die Analyse

Der Golf fuhr Pieter und Lucas zur Universität. In der vorlesungsfreien Zeit hielten sich nur wenige Studenten auf dem Campus auf. Zielstrebig lief Pieter zum Seiteneingang eines Gebäudes. Er klingelte.

Ein junger Mann öffnete. „Hi Pieter. Nice to see you. Come in."

Pieter wechselte ins Deutsche. „Wir haben einen Gast aus Deutschland und ich möchte ihm die Möglichkeiten unseres Labors zeigen."

Der junge Mann nickte nur und ließ sie allein. Die Räume waren vollgestopft mit zahllosen Geräten. Lucas staunte über die moderne Ausstattung. Pieter klapperte auf Tastaturen herum. Dann legte er den Ring für einige Minuten in ein Ultraschallbad. Druckluft entfernte anschließend die Feuchtigkeit. Schließlich polierte Pieter das Schmuckstück mit einem Mikrofasertuch. Die Oberfläche des Steins hatte sich verwandelt. Unter der matten Oberfläche tauchte ein tiefes Blau auf, das das Licht der Deckenbeleuchtung zurückwarf.

Über eine Schleuse gelangte der Ring in einen abgeschotteten Behälter, der Eingriffe mit Gummihandschuhen besaß. Pieter schob die Hände hinein und platzierte den Ring auf einen Teller. Ein Bildschirm zeigte das Objekt stark vergrößert. Selbst kleinste Kratzer wurden sichtbar.

Pieter schaltete die Lampen aus. Nur noch ein Halogenstrahler beleuchtete den Objektträger. Über eine Stellschraube konzentrierte er das Licht auf den Edelstein. Schlagartig wurde der Raum von Reflexionen erhellt. Wie Laserstrahlen zeichneten sie ein Strahlenmuster. Zwölf Linien kreuzten sich exakt in der Mitte des Steins.

Lucas starrte auf das gleißende Licht, bis er den Blick abwenden musste.

„Was ist das?"

„Das ist eine Reflexion, die der Cabochon-Schliff erzeugen kann. Voraussetzung ist, dass die Unterseite flach und die Oberseite nach außen gewölbt ist. Außerdem müssen Einschlüsse des Minerals Rutil vorhanden sein. So etwas kommt in der Natur kaum vor. Ich hätte aber nie gedacht, dass sie so klar und präzise das Licht brechen. Der Ring scheint förmlich eine Korona zu erzeugen."

„Aber warum habe ich diesen Strahlenkranz vorher nicht gesehen?"

„Es war die Beschichtung aus einer Art Harz. Das war kein Zufall. Da bin ich mir sicher. Sie diente dazu, das Blau zu überdecken und Reflexionen zu verhindern. Weil der Ring lange nicht getragen wurde, gab es kaum Abreibungen der Schutzschicht. Das Reinigungsbad und der Ultraschall haben die Schicht abplatzen lassen. Ich staune nur, dass der Uhrmacher das nicht erkannt hat. Entweder hatte er keine Erfahrung mit Schmuck oder er wollte dir den Ring für billiges Geld abschwatzen. Immerhin ist es ein großer Diamant."

Als Pieter den Scheinwerfer löschte und das Deckenlicht anschaltete, verschwand der Effekt.

„Ein Diamant? Haben die nicht immer Facetten?"

„Diamanten werden seit zweitausend Jahren für Schmuck benutzt. Wegen der großen Härte waren sie aber nur schwer zu bearbeiten. Erst seit dem 14. Jahrhundert begann man Facetten zu schleifen. Zunächst waren es nur einfache Flächen. Ab dem 17. Jahrhundert konnte man kompliziertere Formen herstellen. Den Brillantschliff von heute gibt es erst seit Anfang des 20. Jahrhunderts. Deshalb gehe ich davon aus, dass der Ring sehr viel älter ist. Der Stein wurde aufwendig in diese runde Form gebracht. Aber als Brillant wäre er sehr viel wertvoller.

Das tiefe Blau erinnert mich an den Hope-Diamanten, einen der berühmtesten Steine der Welt. Er ist allerdings mit 45 Karat sehr viel größer. Dein Stein hat ungefähr vier Karat."

„Ist das viel?", fragte Lucas.

„Der Hope-Diamant hat einen Wert von ungefähr 200 Millionen Dollar. Das lag an seinen besonderen Eigenschaften. Mal sehen, ob wir etwas Ähnliches auch bei diesem Ring feststellen."

Er richtete eine Art Laser auf die Oberfläche. Es piepste. Zahlenreihen erschienen auf dem Bildschirm.

„Das gibt es nicht. Es ist ein Diamant mit Einschlüssen von Rutil und Bor. Drück bitte mal auf den Lichtschalter."

Als das Licht erlosch, leuchtete der Ring blutrot.

Lucas flüsterte: „Was ist das?"

„Das Leuchten nennt man Phosphoreszenz. Das passiert, wenn Bor und Stickstoff Elektronen austauschen. Den Strahlenkranz nennt man Asterismus oder Sterneffekt. Das rührt vom Rutil. Man sieht ihn nur, wenn der Lichteinfall punktförmig ist. Bei normaler Beleuchtung oder bedecktem Himmel sind dieser Effekte kaum sichtbar. Die Beschichtung sollte bestimmt die Besonderheiten verschleiern. Mach bitte das Licht wieder an."

Lucas betätigte den Schalter. Jetzt sah der Stein wie blaues Glas mit Streifen aus. Lucas erinnerte er an Glasmurmeln, mit denen er als Kind gespielt hatte.

„So. Wir werden uns jetzt dem Gold zuwenden. Der Stein wurde mit einer sogenannten Krabbenhalterung befestigt. Die einzelnen Haken sind wie eine Girlande miteinander verbunden. Die Verzierung löst sich an der Ringschiene in einer Falte auf."

Pieter drehte den Ring so, dass die Innenseite der Ringschiene auf dem Bildschirm sichtbar wurde. Eine Reihe Symbole zeigten sich. Dreieck, Kreis, Rechteck und Taube. Im Gegensatz dazu waren die Schriftzeichen dahinter grob eingeritzt: „2508A16084C". Man sah deutlich, wo das Werkzeug angesetzt wurde.

„Ich werde jetzt eine Röntgenfluoreszenzanalyse durchführen. Dadurch können wir zerstörungsfrei die Zusammensetzung des Goldes feststellen."

Er legte den Ring auf ein Gerät, das an einen Kopierer erinnerte. Wenige Momente später erschien auf dem Computerbildschirm die Auswertung.

„Er besteht aus 63 % Gold, 16 % Kupfer und 18 % Silber, 1 % Aluminium und einige mineralischen Verunreinigungen, die ich nicht identifizieren kann."

Zwischenzeitlich hatte der Drucker einen Stapel Papier ausgedruckt.

„Die Legierung ist außergewöhnlich."

Pieter sah sich den Ring noch einmal näher an. Er klemmte ihn zwischen zwei Finger einer Hand und beleuchtete ihn mit der Halogenlampe. Wieder zeigte sich der Strahlenkranz. Voller Ehrfurcht legte er den Ring auf den Tisch.

„Ich staune, dass mein Vater ihn erkannt hat. Auf einem Flohmarkt wäre er als Ramsch weggegangen."

Pieter lehnte sich auf dem Bürostuhl zurück und sah aus dem Fenster.

„Was ist das nun für ein Ring?", fragte Lucas.

„Gold verändert sich nicht. Die Legierung ist ungewöhnlich. Man kann nur mit Vergleichsproben das Alter bestimmen. Der Ring hat außen einige Kratzer, aber das ist normal.

Am Stein gibt es keine Beschädigungen. In dieser runden Form wäre es bei einem Diamanten auch kaum möglich.

Mein Vater hat ihn anhand der Verzierungen und der Symbole erkannt. Selbst ohne seine Vermutung hätte ich ihn auf mindestens sechshundert Jahre oder älter geschätzt. Der Ring wurde für eine hochgestellte Person gefertigt. Allein für das Schleifen brauchte ein Handwerker damals viele Wochen. Dann muss man noch die blaue Farbe, die Phosphoreszenz und den Asterismus berücksichtigen. In der Summe ist er ein einzigartiger Ring.

Ohne einem Gutachten vorzugreifen, würde ich den Wert mindestens im fünfstelligen Bereich sehen. Wenn dann noch die Geschichte stimmt, die Vater vermutet, wird er unbezahlbar, aber auch unverkäuflich."

Lucas machte große Augen. „Und ich habe ihn beim Fasching getragen. Mir wird übel."

Pieter lachte. „Nicht der Materialwert ist entscheidend. Menschen bestehen auch nur aus Wasser, Kalzium und organischer Masse. Trotzdem ist dir deine Freundin sicher mehr wert als, diese Stoffe. Ich zeige dir mal unser neuestes Spielzeug. Ich habe da so eine Idee."

Er schaltete ein Gerät an, das wie eine überdimensionale Mikrowelle aussah.

„Es ist ein 3D-Drucker. Letzte Woche haben wir meinen Zeigefinger ausgedruckt. Jede Papillarlinie war unter dem Mikroskop zu sehen."

Er legte den Ring in eine Glasschale. Ein Laser tastete ihn von allen Seiten ab. Dann sprühte er Pulver Schicht für Schicht auf eine Plastikunterlage. Wie aus dem Nichts entstand ein Gegenstand, der dem Ring immer ähnlicher wurde. Ein harmonischer Klang meldete, dass das Gerät die Arbeit beendet hatte. Pieter entnahm den kopierten Ring.

„Er besteht aus Keramik mit einer Beschichtung aus Titannitrid. Dadurch ist die Oberfläche hart und widerstandsfähig. Du kennst das Material bestimmt von veredelten Bohrern."

Lucas schob ihn auf seinen Finger. Er passte genau.

„Den behalte ich gleich an."

Pieter lachte. „Unter diesen Umständen ist es vielleicht sinnvoll. Ich brauche ihn aber nachher. Leider schaffen wir noch immer nicht, Gold aus Blei herzustellen."

„Schade. Trotzdem sieht er schön aus."

Pieter hatte die ausgedruckten Analysen zusammengeheftet. Er legte den Ring auf den Papierstapel.

Lucas wollte den originalen Ring in seine Tasche stecken.

„Nimm lieber die Schachtel."

Pieter reichte ihm ein graues Plastiketui mit dem Wappen der Universität.

* * *

Es war doch eine Stunde geworden. Die beiden Mädchen saßen auf einer Bank vor dem Haus. „Na, seid ihr unterwegs eingeschlafen?"

„Wir haben schnell noch einen Juwelier ausgeraubt."

Triumphierend zeigte Lucas seinen neuen Ring.

Luise tat gelangweilt. „Ach so. Touristenschnickschnack."

„Na, na, na. Björn hat an der Technologie fast ein Jahr geforscht."

Das Gemälde

Herr Gaspard hatte den Schreibtisch freigeräumt. Pieter legte die Materialanalyse auf den Tisch. Dann holte er seinen Laptop hervor und schloss einen USB-Stick an. Eine Grafiksoftware startete und zeigte den Ring in unterschiedlichen Ansichten. Von einem Übersichtsbild zoomte Pieter auf Details. Immer neue Strukturen wurden sichtbar. Die scheinbar glatte Oberfläche war mit Kratzern und Einkerbungen übersät.

„Mit ziemlicher Sicherheit ist er es. Aber letztendlich benötigen wir einen Abgleich. Ich habe nur die alten Zeichnungen meines Vaters und eine grobe Beschreibung. Wir müssen wohl einen Museumsbesuch machen."

Pieter Lachte: „Ich weiß, was du meinst. Aber wir brauchen vielleicht nicht nach Kassel zu fahren."

Er öffnete die Internetseite von Google und gab „Schloss Wilhelmshöhe" und „Adrian" ein. Ein Gemälde wurde angezeigt.

Das ist es: „Francesco Ubertini: Bildnis des Papstes Hadrian VI. als Priester."

Auf dem Finger des Priesters war ein Ring zu sehen.

„Kannst du das Bild vergrößern?", fragte Julien Gaspard.

Die Auflösung reichte nicht aus, um Details deutlich zu erkennen. Pieter suchte nach den Kontaktdaten des Museums. „Ich werde mir eine bessere Version des Bildes schicken lassen."

Eine Stunde später fand er eine Bilddatei in seinem E-Mail-Postfach.

Pieter sagte: „Ich glaube, das Ergebnis ist eindeutig."

Er hatte den Bildausschnitt mit dem Finger vergrößert.

Francesco Ubertini: Bildnis des Papstes Hadrian VI. als Priester, Museumslandschaft Hessen Kassel, Kassel 2014, http://altemeister.museum-kassel.de.

Die Stimme von Julien Gaspard zitterte: „Einfassung und die Verzierungen auf der Ringschiene entsprechen genau der Form. Die Farbe des Steins ist Schwarz oder Tiefblau. Eine Reflexion ist nur als heller Fleck dargestellt. Das war aber bestimmt Absicht. Der Reichsführer SS Heinrich Himmler hatte auch diesen Bildschirmausschnitt."

Er sah Lucas an. „Das Bild wurde nach dem Tod von Papst Adrian VI., den man in Deutschland Hadrian VI. nennt, gemalt."

Alle schwiegen.

Lucas fragte: „Heißt das, dass ein Papst meinen Ring getragen hat?"

Herr Gaspard nickte. „Ich bin mir ziemlich sicher."

Saskia ruckelte auf ihrem Stuhl hin und her.

„Ich finde, es ist ein verstörendes Bild. Ein Papst, der als Priester gekleidet ist und auf einen Totenschädel zeigt. Und was soll diese schreckliche Szene im Hintergrund? Menschen werden mit einem verzierten Steinblock zerquetscht. Die Figur mit der Sense ist doch bestimmt der Tod? Ich verstehe das Bild nicht. Wenn ich es noch länger ansehe, bekomme ich Albträume."

Der alte Mann sah Saskia an.

„Ich habe das Bild nie begriffen. Kunsthistoriker haben behauptet, dass auf den Tod Adrians und die Endlichkeit des Lebens verwiesen wird. Er wird als einfacher Kleriker mit Birett und Soutane dargestellt. Doch wenn der Maler damit seine Bescheidenheit unterstreichen wollte, hätte er den wertvollen Ring weglassen müssen. Es ist das einzige Gemälde, auf dem Adrian einen Ring trägt. Nur auf seinem Grabmal und einer Zeichnung sieht man auch einen Ring. Mit Sicherheit ist es nicht der Fischerring, mit dem Päpste offizielle Dokumente siegelten.

Die Aufschrift auf dem Bild lautet übersetzt: Die abgelaufene Stunde kehrt niemals zurück.

Die Szene mit dem Tod im Hintergrund finde ich auch außergewöhnlich."

Pieter vergrößerte den Bildausschnitt.

„Sind das Templerkreuze? Unter den zermalmten Menschen befinden sich ein Bischof, eine Frau, ein Maure mit Turban und eine hochgestellte Persönlichkeit mit rotem Gewand. Ich sehe da keine Verbindung zum Tod des Papstes. Auch der Schädel und die Sanduhr sind mehrdeutig. Beide Zeigefinger deuten auf den Kopf eines Verstorbenen. Meinte er sich selbst? Das Bild muss eine geheime Bedeutung haben."

„Die abgelaufene Stunde kehrt niemals zurück", wiederholte Julien Gaspard.

„Seltsam. Diese Zusammenhänge sind mir nie aufgefallen. Meiner Frau ist das Detail auch aufgefallen. Wir hatten damals aber immer nur ein Schwarz-Weiß-Foto. Erst durch die Vergrößerung erkennt man diese Details. Ich hatte mich immer nur auf den Ring konzentriert."

Mit einmal schlug sich der alte Mann mit der flachen Hand an die Stirn. „Das gibt es nicht. So blöd kann man doch nicht sein. Es hängt alles mit Zaragoza zusammen."

„Zaragoza in Spanien?", fragte Lucas.

Statt einer Antwort sprang Gaspard auf, rannte zu einem Regal und nahm ein Buch heraus. Er blätterte darin, bis er das Gesuchte gefunden hat. „Es hängt alles zusammen. Jetzt ergibt es einen Sinn."

„Was für einen Sinn?", fragte Pieter noch einmal nach.

„Na, die Bücher. Das Grabmal und selbst die Briefmarken."

„Du sprichst in Rätseln. Ich habe nichts verstanden."

Pieter hob die Schultern. Er sah Luise, Lucas und Saskia an, als ob sie seine Frage beantworten könnten. Wie wirr zeigte der alte Mann in das Buch und dann auf den Bildschirm.

„Luise, siehst du es denn nicht?"

„Tut mir leid. Ich sehe nichts. Und von Zaragoza hast du noch nie was erzählt."

„Nein? Ich werde wohl alt."

„Opa. Das ist doch nicht schlimm." Luise strich ihrem Großvater über seine Hand. „Sogar ich vergesse manchmal etwas."

„Lucas. Hat jemand außer dem Uhrmacher den Ring untersucht?"

Lucas zögerte etwas. „Also, ich habe ihn getragen. Aber untersucht hat ihn niemand. Allerdings hat meine Mutter Bilder von ihm im Internet veröffentlicht, als sie ihn verkaufen wollte. Die Anzeige bei Ebay hat sie aber wieder herausgenommen."

Pieter sah seinen Vater an, der sichtbar erbleichte.

„Das Internet vergisst nie etwas. Gibt es noch irgendwo die Bilder?", fragte er Lucas.

„Das weiß ich nicht. Dazu müsste ich mir das Konto meiner Mutter ansehen. Ich kenne den Zugangscode."

Er gab die Zugangsdaten ein. Unter deaktivierte Angebote fand er ein Foto. ‚Goldener Ring mit mattem Glasstein' hieß das Angebot. Herr Gaspard zeigte zitternd auf den Bildschirm.

„Das Bild muss weg. Es ist überlebenswichtig."

Alle verstummten.

„Sie machen uns angst", sagte Saskia und rückte näher an ihren Freund heran.

Pieter hob die Hände abwehrend.

„Wir sollten erst die Aktivitäten auf der Seite ansehen, bevor wir uns verrückt machen. Die Wahrscheinlichkeit, dass jemand eine Seite mit einem billigen Stein sucht, ist gering. Sie war nur zwei Tage online und es gab nur einen Interessenten. Er heißt Arturo."

„Er hat noch eine Anfrage gestellt, die deine Mutter nicht beantwortet hat: ‚Ich bin sehr an dem Angebot interessiert und biete Höchstpreise!'

Nach der Löschung des Angebotes hat der gleiche Nutzer eine Spielzeug-Lok von Märklin gekauft. Das war erst vor einer Woche."

Pieter sah Lucas an.

„Ja. Die kenne ich. Mein Vater hatte sie in seiner Vitrine. Warum ist das wichtig?"

„Weil dieser Arturo jetzt eure Adresse kennt."

„Und was ist daran gefährlich?", fragte Lucas.

Pieter sah seinen Vater an. „Wir müssen das überprüfen. Vielleicht ist dieser Arturo auch völlig harmlos. Irgendwo müsste seine Empfängeradresse stehen."

Er suchte unter den einzelnen Menüpunkten. Dann sah er seinen Vater an.

„Es ist eine italienische Postfachadresse. Ich glaube, du hast recht. Wir müssen etwas tun. Ich werde Candela anrufen."

Lucas rutschte nervös auf seinen Stuhl hin und her.

„Ist meine Mutter in Gefahr? Müssen wir die Polizei holen? Soll ich vielleicht den Ring an Arturo verkaufen?"

Pieter machte ein ernstes Gesicht. „Vater, du musst es sagen. Er hat ein Recht darauf. Nur du kannst ihm helfen!"

Es wurde so still, dass man das Ticken der alten Kaminuhr hörte, dessen Drehpendel sich unaufhörlich nach rechts und links bewegte.

Der alte Mann stierte zum Boden. Als er wieder aufsah, wollte er freundlich aussehen, doch gelang es ihm nicht. Tiefe Sorgenfalten hatten sich in sein Gesicht eingegraben.

„Tut mir leid. Ihr seid zufällig in eine Sache geraten, die das Schicksal meiner Familie über hundert Jahre belastet hat. Der Zufall hat euch nach Leuven gebracht. Hier hatte alles sein Anfang. Jahre habe ich gedacht, dass das Schicksal mich erlöst hat. Jetzt muss ich einsehen, dass es mir nur eine Pause gegönnt hat. Auch wenn ich noch keine Ahnung habe, wie das Problem zu lösen ist, hat der Zufall dich zu mir gebracht. Wenn man eine Gefahr kennt, kann man damit umgehen. Auch wenn ich noch nicht weiß, wie ich dir helfen kann."

Der Alte ergriff Lucas Arme. „Es ist wie damals, als ich nicht wusste, welchen Mächten ich gegenüberstand."

Pieter sagte entschlossen: „Wir haben es damals geschafft und diesmal schaffen wir es auch. Noch weiß dieser Arturo nicht, dass wir tatsächlich den echten Ring haben."

„Großvater!", Luise wurde laut. „Jetzt unterlasst doch bitte diese Andeutungen. Wir brauchen Antworten. Dabei schließe ich Saskia und mich mit ein. Wenn es um Leben und Tod geht, haben wir einen Anspruch darauf zu wissen, worum es überhaupt geht. Ich erfahre, dass meine Großmutter ermordet wurde und du abgehört wurdest. Lucas hat recht. Wir brauchen die Hilfe der Polizei."

Der Alte unterbrach sie. „Das ist kein Fall für die Polizei. Dann müsste ich der Polizei alles erzählen, das geht nicht. Man würde uns für verrückt erklären. Solange noch nichts passiert ist. Pieter rufe Candela an und schildere ihr das Problem. Sie möchte bitte unbedingt kommen. Es ist wichtig."

Pieter ging hinaus. Man hörte ihn mit seiner Frau sprechen. Als er wieder hereinkam, sagte er: „Candela sagt, dass wir auf keinen Fall etwas unternehmen sollen. Sie bittet darum, dass Lucas ihr den Zugang zu dem Ebay-Konto überlässt."

Lucas schrieb ihr die Daten auf. Pieter ging zum Telefon und sagte sie durch. Danach legte er auf.

„Candela kommt später vorbei. Sie kümmert sich darum. Saskia und Lucas sollen unbedingt eingeweiht werden müssen."

„Und was will sie tun?", fragte Julien Gaspard.

„Das hat sie nicht gesagt."

Julien Gaspard wandte sich an Lucas und Saskia:

„Vielleicht machen wir es so. Ihr geht etwas spazieren. Luise macht das Essen und ich bereite etwas Material vor. Dann erzähle ich mit Pieter die ganze Geschichte."

Lucas und Saskia zogen es vor, im Hof zu warten. Saskia lege sich in die Hängematte. Lucas machte es sich auf der Bank bequem und sah ihr beim Schaukeln zu.

„Saskia?"

Sie unterbrach ihr Schaukeln und setzte sich zu ihm.

„Vielleicht kann ich hier doch noch ein Semester belegen."

„Das wäre schön."

Sie zog ihn an sich heran und küsste ihn.

„Weißt du, eigentlich wollte ich dir den Ring als Verlobungsring schenken. Das wird wohl jetzt nichts mehr werden."

Saskia boxe ihn in die Seite. „Das mit dem Ring oder das mit der Verlobung." Sie lachte.

„Du kannst ihn mir ja für einen Augenblick aufsetzen."

Er zog ihn aus der Tasche und schob ihn seiner Freundin auf den Finger.

„Und? Willst du mich haben?"

„Mit einem päpstlichen Ring am Finger muss ich wohl dein Angebot annehmen. Ach du Dummerchen. Ich würde auch ‚ja' sagen, wenn du mir einen Plastikring aus dem Automaten geschenkt hättest."

Die Sonne spiegelte sich in der blauen Oberfläche des Diamanten. Sie hatten sich in die Hängematte gelegt. Eng aneinandergeschmiegt, sahen sie zum Himmel. Fast wären sie eingeschlafen. Von fern hörten sie ein Auto vorfahren. Luises Mutter war gekommen. Saskia zog den Ring vom Finger.

„Zu Hause machen wir eine richtige Verlobungsfeier. Ich glaube, der Ring ist nicht dazu gemacht an meinem Finger zu bleiben. Vielleicht liegt er bald in einem Museum und viele Leute sehen sich ihn an. Ich kann dann behaupten, dass ich ihn zu meiner Verlobung am Finger hatte."

Saskia küsste Lucas. Beide gingen ins Haus.

„Das ist meine Frau Candela. Darf ich vorstellen, Saskia und Lucas aus Deutschland."

Candela schien etwas reserviert. „Willkommen in Leuven. Schade, dass wir uns nicht zu einer erfreulicheren Gelegenheit kennenlernen.

Es war richtig, dass Pieter mich angerufen hat. Wir haben es mit einer ernsten Angelegenheit zu tun. Meine Kollegen arbeiten bereits an dem Fall und werden mich über den Stand der Ermittlungen informieren. Sofern Maßnahmen notwendig werden, die euch betreffen, werde ich es euch sagen. Aber eins nach dem anderen."

Pieter umarmte seine Frau: „Du bist ein Schatz. Luise hat mit Vater alles vorbereitet."

Ein ovaler Tisch im hinteren Bereich des Ladens war festlich eingedeckt. Auf dem Tisch stand ein großer Teller mit frischem Streuselkuchen. Aus einer altertümlichen Kaffeekanne dampfte es.

An einem alten Bücherregal hing ausgerolltes Packpapier, das mehrfach mit Klebeband repariert worden war. Auf ihm war ein Wirrwarr von Kästchen, Zahlen und Namen zu sehen. Striche und Pfeile in unterschiedlichen Farben verbanden sie. Im Regal standen mehrere abgegriffene Akten. Auf ihrem Rücken stand „Scribent" und eine laufende Nummer. Eine Schnur war zwischen den Regalen aufgehängt.

Saskia half Luise dabei, Kaffee einzugießen. „Es riecht wie bei uns zu Hause", meinte sie.

Luise hatte sich etwas beruhigt. Lucas saß wie auf Kohlen und wartete darauf, dass Herr Gaspard endlich mit seiner Erzählung beginnt. Doch der zögerte noch. Dann fragte er nach der Familie von Saskia und ihren Plänen in Leuven.

Lang und breit berichtete sie, dass ihre Großeltern nach dem Krieg von der Grenze zur Sowjetunion nach Słubice umgesiedelt sind. Ihr Vater arbeitete seit Jahren als Taxifahrer. Ihre Großmutter und später auch ihre Mutter haben im Halbleiterwerk von Frankfurt (Oder) gearbeitet. Das sei auch der Grund gewesen, weshalb Saskia am deutschen Gymnasium zur Schule ging.

Luise hielt es für peinlich, wie ihr Großvater die Gäste ausfragte. Sie griff bisweilen ein, wenn die Fragen zu direkt waren, wechselte das Thema oder räusperte sich. Doch der alte Mann fragte weiter. Als er sich für die Religion von Saskia interessierte, war es Luise zu viel.

„Aber Opa, so etwas fragt man nicht."

Gaspard drehte sich zu ihr.

„Es ist aber sehr wichtig."

Sein Blick verriet, dass er es ernst meinte. Es wurde still am Tisch.

Saskia beschwichtigte: „Die Frage ist nicht schlimm. Ich bin Katholikin, so wie die meisten Polen. Allerdings gehe ich nur zu den Feiertagen in die Kirche."

Gaspard nickte.

„Entschuldige die direkte Frage. Du wirst sie nachher verstehen."

„Und du?", er wandte sich Lucas zu. „Bist du in der Kirche?"

„Nein. Meine Großeltern sind schon in den 50er-Jahren ausgetreten. Mein Großvater meinte immer, sein Heiliger Geist sei sichtbar. Dann zog er an seiner Zigarre und blies kleine Rauchkringel in die Luft."

Herr Gaspard lachte. Dann kratzte er sich am Kopf.

„Wie du mitbekommen hast, ist der Ring sehr wertvoll. Man könnte ihn verkaufen und sicher ganz gut daran verdienen.

Das Problem dabei ist, dass er nie einen Finger zieren sollte. Er ist ein Symbol, das nur zu besonderen Anlässen gezeigt wurde. Das erklärt den guten Erhaltungszustand. Als Kinder sangen wir das Lied:

Ringlein, Ringlein, du musst wandern,

von dem einen zu dem andern.

Das ist hübsch, das ist schön.

Lasst das Ringlein nur nicht seh'n.

Nach so vielen Jahren neige ich dazu, dass dieses Lied mit diesem Ring zusammenhängt. Warum sollte man einen Ring auch nicht sehen lassen?

Es gibt ein Theaterstück von dem deutschen Dichter Gotthold Ephraim Lessing, das ihr vielleicht kennt. Es heißt ‚Nathan der Weise'. Darin geht es auch um einen Ring. Die sogenannte Ringparabel handelt von einem Mann, der einen Ring besitzt, der dafür sorgt, dass das Leben vor Gott und den Menschen angenehm wird, wenn er ihn in dieser Zuversicht trägt.

Er wurde immer vom Vater an den Sohn vererbt, den er am meisten liebte. Der Vater hatte diesmal aber drei Söhne. Keinen wollte er bevorzugen. Darum vererbte er jedem seiner Söhne eine Kopie dieses Rings. Die Ringe stehen in dem Stück für die drei Weltreligionen. Ich möchte nicht weiter darauf eingehen. Letztendlich geht es darum, dass jeder der Söhne daran glauben soll, dass sein Ring der echte sei. Dann würden sie bei allen die gewünschte Wirksamkeit erreichen. Wichtig ist die Geschichte aus zweierlei Hinsicht. Erstens ist eine ähnliche Geschichte mindestens seit dem 11. Jahrhundert auf der iberischen Halbinsel unter ansässigen Juden bekannt. Zweitens war Lessing Freimaurer. Warum das eine Rolle spielt, erkennt ihr, wenn ihr die ganze Geschichte erfahrt.

Aber egal, ob etwas daran ist oder nicht: Auf alle Fälle ist er nicht das, wofür man ihn hält. Natürlich ist es kein Zauberring. Am ehesten könnte man ihn mit einem Schlüssel vergleichen. Um zu dieser Erkenntnis zu kommen, habe ich Jahrzehnte gebraucht. Dein Uhrmacher hat die Bedeutung nicht erkannt. Ein Goldschmied hätte ihn sicher umgearbeitet. Meine Familie wurde in den letzten Jahrzehnten Opfer von Leuten, die alles daransetzen, an den Ring und bestimmte Informationen zu kommen. Man könnte dazu neigen, dem Druck nachzugeben. Leider würde uns niemand abnehmen, dass wir Stillschweigen üben. Selbst die Vernichtung des Rings würde nichts bringen, da das Geheimnis in der Welt ist und zu viele auf der Jagd danach sind.

Bedauerlicherweise kann ich euch jetzt nicht mehr aus der Pflicht entlassen, das Geheimnis mit meiner Familie und mir zu hüten. Ich bin mit Pieter und mit Candela übereingekommen, dass ich alles erzähle, damit ihr auf Gefahren reagieren könnt.

Manchmal ist es mir gelungen, die Verfolger abzuschütteln.

Aber nun ist der Ring hier und wir wissen nicht, ob die Wölfe Witterung aufgenommen haben."

Der Alte räusperte sich und trank einen Schluck Kaffee. Saskia und Lucas hielten sich aneinander fest. Luise sah mit großen Augen ihren Großvater an. Nur Pieter und Candela schienen gefasst zu sein. Gaspard hatte einen Stapel Papier vor sich aufgetürmt.

„Es ist die Geschichte meiner Familie. Ich weiß nicht, wie lange ich noch leben werde. Zwar habe ich vieles aufgeschrieben, doch jetzt, wo der Ring zurück ist, stellt sich einiges anders dar."

Luise hatte ihren Mund leicht geöffnet, als ob sie etwas sagen wollte. Sie schien erschreckt. Ihr Großvater hatte es bemerkt.

„Es ist nun einmal so", sagte er.

Sanft strich er seiner Enkelin über das Haar. Das Telefon klingelte und zerstörte die angespannte Stimmung.

Candela hob ab: „Ja - gut. Das könnte funktionieren. Augenblick, bitte."

Er sah Lucas und Saskia an. „Habt ihr in den nächsten Tagen Zeit?"

Lucas nickte. Frau Gaspard sprach in den Telefonhörer: „Es geht klar."

Sie schrieb etwas auf. Julien Gaspard schob seine Brille zurecht. „Ich habe mir überlegt, wie ich euch die Geschichte erzählen soll, und mich entschlossen, genauso vorzugehen, wie ich selbst davon erfahren habe."

Gaspard blickte wieder in die Runde.
„Mein Vater, François Gaspard, wurde 1895 geboren und studierte ab 1913 an der Universität Leuven Geschichte. Er bewohnte ein kleines Zimmer in einer Pension. Vielleicht wäre alles anders gekommen, hätte er nicht einen deutschen Studenten kennengelernt …"

Offene Fragen

2012. Leuven in Belgien. Mitternacht war längst vorbei. Julien hatte nahezu ohne Unterbrechung erzählt. An einer Schnur hatte er Kupferstiche, Fotos und Bilder mit Symbolen und die alte deutsche Karte von Jerusalem aufgehängt. Der Weg mit vom Löwentor zur Weggabelung war darauf markiert und ein Auge zwischen den Wegen gemalt.

Saskia ruckelte auf ihrem Stuhl hin und her. Sie sah zu Lucas, der Mühe hatte, die Augen offenzuhalten. Dann wandte sie sich an den alten Mann: „Entschuldigen Sie bitte. Ihre Geschichte war interessant, aber ich habe doch noch einige Fragen."

Freundlich sah Herr Gaspard die junge Frau an: „Offen gesagt, hätte ich mich gewundert, wenn du keine Fragen hättest. Also, was möchtest du wissen?"

Saskia überlegte einen Augenblick.

„Eigentlich sind es zwei Fragen, die mich bewegen. Ich war als Kind in der Christenlehre und habe sicher vieles vergessen. Das Dreieck mit dem Auge kenne ich als Symbol für die Dreifaltigkeit, aber als Symbol, für die Gleichheit der Menschen ist es mir völlig unbekannt. Ja, und dann möchte ich wissen, ob die Leute in Zaragoza einer Sekte angehörten?"

„Nun, Saskia. Ich habe mir genau die gleichen Fragen gestellt und mit Pieter eine Zeitleiste gezeichnet hatte, auf denen wichtige Ereignisse vermerkt waren. Darauf waren auch die Brände von Bibliotheken vermerkt. Zwischen der Geburt Christi und der Synode von Zaragoza im Jahr 380, auf der es um den Umgang mit den Priscillianisten ging, fehlten wichtige Ereignisse ab dem Tod Christus bis zur Synode in Zaragoza.

Theologen unterschlagen gerade diese Zeit, denn sie trübt das Bild einer einheitlichen Kirche. Man geht zwar davon aus, dass damals nur 10 % der Bevölkerung christlicher Anschauung war. Das ist für einen Gottessohn sehr wenig. Wenn man das mit dem Erfolg von Mohamed vergleicht, der ganze Länder und sogar Mekka für sich und seine Religion einnehmen konnte, überraschend wenig.

Die Christen waren zersplittert und teilweise sogar verfeindet. Nicht selten kam es zu gewalttätigen Auseinandersetzungen. Die Bischöfe waren sich oft nicht einmal einig, wer als Christ galt.

Hinzu kam, dass sie von den Herrschern in Rom mal geduldet und mal verfolgt wurden. Die Existenz von Jesus ist belegt, da unabhängige Zeitzeugen über ihn geschrieben haben. Danach wird es aber eng.

Vor einigen Jahren hatte Pieter Besuch von einem Studienkollegen. Eher zufällig erzählte er, dass sein Vater Theologieprofessor ist. Ich wunderte mich, weil er ausgerechnet in einem Weltraumobservatorium in Chile arbeitete. Auf die Frage, ob er nicht ständig mit seinem Vater im Streit sei, sagte er: ‚Als Kind habe ich immer große Angst vor Gewitter gehabt. Um mich zu beruhigen, brachte mein Vater mir bei, dass ich die Sekunden zählen soll, die zwischen dem Blitz und dem Donner vergehen. Das wären die Kilometer, zwischen dem Blitz und mir. Das stimmt zwar nicht genau. Es war für mich so etwas wie eine Erweckung. Ich interessierte mich danach für Meteorologie, studierte Physik und landete schließlich bei der Astrophysik. Als mein Vater mich ermahnte, Gott nicht zu vergessen, sagte ich zu ihm, dass ich Gott bei der Arbeit zusehe, wenn ich mit dem Teleskop ferne Galaxien beobachte. Das sei das Gleiche, wie die Beobachtung von Blitz und Donner. Mein Vater bekam dadurch ein Argumentationsproblem.

Immer wenn er mich trifft, fragt er mich bis heute, ob ich etwas Neues von Gott gesehen habe. Obwohl wir unterschiedliche Begriffe benutzen, meinen wir oft das Gleiche. Bei ihm ist es Gott. Bei mir sind es Naturgesetze.

Es reicht nur ein Wort zu verändern, das falsch übersetzt wurde, um die bisherige Argumentation der Kirchen infrage zu stellen. Ersetzen sie Gott und alle seine Ersatzbezeichnungen wie Herr oder dergleichen mit JHWH, dem ursprünglichen Eigennamen. In einem zweiten Schritt verstehe JHWH als Bezeichnung für die Natur mit allen ihren Ausprägungen und Gesetzen. Der Effekt ist erstaunlich. Wenn Sie dann noch weitergehen wollen, sollten Sie die ersten Grundaussagen der Propheten im Alten Testament als verbindlich ansehen, aber nur, wenn sie nicht vorhergehenden Aussagen widersprechen. Das Neue Testament nimmt Bezug auf das Alte Testament. Deshalb verfahren sie genauso. Grundaussagensind unveränderbar. Spätere Präzisierungen und Interpretationen vergessen sie.'

Ich fragte ihn: ‚Wie kommen Sie auf diese ungewöhnliche Herangehensweise?' Statt einer Antwort zeichnete er auf meinen Zeitstrahl mehrere Striche und versah sie mit Ausrufezeichen. Es waren die Jahre 314, 325, 367, 447, 661 und 1545. Er lachte dabei schelmisch und meinte dann: ‚Ich habe auf zwei Seiten die wichtigsten Aussagen aus diesen Jahren zusammengestellt und meinem Vater gegeben. Danach bat er mich, mit dieser Argumentationslinie nicht an die Öffentlichkeit zu gehen. Er könnte sonst seinen Lehrauftrag verlieren. Ich spürte, dass es ihm ernst war. Er ist ein liebevoller Vater.'

Auf meine Frage: Ob er etwas über Dreiecke im christlichen Umfeld wisse, zeichnete er einen Kreis und teilte ihn in zwölf Teile auf. Daneben zeichnete er einen Menschen mit einem Dreieck, das genauso zwischen den Brüsten und dem Bauchnabel. Dann sagte er: ‚Das ist der Kreislauf der Wiedergeburt oder auch Inkarnation. Im Jakobusbrief wird davor gewarnt, dass unsere Zunge das Rad der Geburt in Brand setzen könnte. Lesen Sie alles, was Hieronymus geschrieben hat. Achten Sie besonders auf Aussagen, die mit dem Gesetz von Ursache und Wirkung zusammenhängen.' Mehr wollte er mir nicht sagen."

Saskia meinte: „Vom Jakobusbrief habe ich gehört. Aber wie hängt das alles zusammen? Ich verstehe diese materialistische Argumentation über Jehova. Das ist vielleicht eine Argumentationslinie. Kann man die Bibel so behandeln? Ich weiß nicht."

Julien ging zum Regal und holte einen dünnen Hefter hervor.

„Ich bin kein Theologe. Mein Interesse bezog sich immer nur darauf, wie meine Familie aus dem Konflikt mit den Nazis, den Freimaurern und der Kirche herauskommt. Mit einem Mal schien ich jetzt einen neuen Ansatzpunkt zu haben. Deswegen habe ich mir die Ereignisse angesehen und alles über Hieronymus gelesen. Wie bei der Bilder-Interpretation verzichte ich auf Literatur aus zweiter Hand. Und ich tat noch eins: Ich verglich katholische Bibeln aus verschiedenen Zeiten und von verschiedenen Übersetzern mit der aktuellen Einheitsübersetzung. Innerhalb von wenigen Wochen habe ich verstanden, was mir der Bekannte von Pieter sagen wollte."

Pieter mische sich ein: „Vater, mache es nicht so spannend. Wir sind alle müde und müssen ins Bett."

Der alte Mann strafte ihn mit einem bösen Blick, der aber nicht ernst gemeint schien: „Du nimmst mir aber auch jede Freude. Na gut! Ich fasse mich jetzt kurz."

Er blickte zu Pieter, der mit seinem Finger auf die Armbanduhr zeigte.

„Wegen der zeitlichen Nähe sah ich mir den letzten Zeitpunkt an. In den Jahren von 1545 bis 1563 fand das Konzil von Trient statt. Darauf wurden zwei erstaunliche Dogmen festgelegt. Es wurde die Verfluchung all jener beschlossen, die nicht glaubten, dass die Bibel nicht aus dem Munde Christi kam. Das zweite Dogma legte fest, dass die Schriften der Bibel nicht echt sein müssen.

Man könnte auch sagen: ‚Alles, was ich sage, ist richtig. Und wenn es falsch ist, ist es trotzdem richtig.'

Diese Beschlüsse sagen aber auch: In der Bibel sind Fälschungen enthalten, die die Kirche nicht entfernen, sondern sich weiter darauf berufen wollte.

Die Aussagen wurden natürlich verklausuliert. Im Dekret das geschriebene Wort, lateinisch scriptura, und Überlieferung, lateinisch traditio, als gleichberechtigt festgelegt.

Ich habe das wesentliche hier nur zusammengefasst, weil es noch viele andere Beschlüsse gab, auf die ich jetzt aber nicht weiter eingehen will. Eins ist aber wichtig. Kaiser Karl V. spielte bei der Einberufung des Konzils die entscheidende Rolle. Sicherlich kann man das auf Luther zurückführen. Aber warum wurde so viel Aufwand betrieben, um eine einheitliche Haltung von Katholiken und Protestanten zu erreichen.

Dabei sind wir wieder bei Adrian VI. und der Reliquie, die er aus Zaragoza mitgebracht hatte. Wenn man sie als Bedrohung für die Kirche annimmt, macht das Konzil einen Sinn. Sollte die Reliquie einen Beweis enthalten, der die bisherigen Aussagen der Bibel infrage stellt, könnte man sich auf die Beschlüsse der Versammlung zurückziehen. Erinnerst du dich? Adrian bezeichnete sich auf den Büchern als ‚Scribent'. Jetzt weißt du auch, warum.

Neben allen möglichen religiösen Feinden widmete sich das Konzil ausdrücklich dem Arianismus. Das ist eine frühchristliche Lehre, die Jesus nicht als Gottes Sohn ansieht. 1555 Jahre nach der Geburt von Jesus spricht man über eine frühchristliche Religion. Das ist schon seltsam. Da treten mit einem Mal die anderen Diskussionen auf dem Konzil in den Hintergrund.

Wir waren uns einig, dass Pieters Freund uns auf die richtige Spur gebracht hatte. Die Reliquie musste mit dem Arianismus zusammenhängen. Vielleicht war sogar die Wahl des Papstnamens, Adrian VI., nicht seinem Geburtsnamen Adriaen Floriszoon Boeiens geschuldet, sondern eine Referenz an den Arianismus.

Wir sahen uns die Aussagen von Hieronymus an, der als Kirchenvater angesehen wird und heiliggesprochen wurde. Er hatte im Jahr 382 von Papst Damasus I. den Auftrag bekommen, alle vorhandenen Bibeltexte neu ins Lateinische zu übersetzen und zu einer Schrift zusammenzustellen. Sein Problem war, dass sich die Schriften widersprachen.

Darüber beklagte er sich beim Papst: ‚Auch meine Verleumder müssen bestätigen, dass in sich widersprechenden Lesarten schwerlich die Wahrheit anzutreffen ist. Wenn nämlich auf die lateinischen Texte Verlass sein soll, dann mögen sie mir bitte sagen, welche? Gibt es doch beinahe so viele Textformen, wie es Abschriften gibt.'

Hieronymus schrieb an anderer Stelle: ‚Er wisse nicht, wer sich die Lüge hat einfallen lassen. Etwas anderes ist es nämlich, Prophet, etwas anderes, Übersetzer zu sein. Beim Prophezeien sagt der Geist künftiges voraus, beim Übersetzen kommt es auf gelehrtes Wissen und einen reichen Wortschatz an, ferner auf das Verständnis dessen, was übersetzt wird.' Seiner Ansicht sei nichts wahr, was voneinander abweicht'."

Pieter ergänzte: „Eigentlich hatte Hieronymus gar keine Chance. Denn er war nicht im Besitz aller christlichen Schriften. Kaiser Konstantin hatte bei seiner Entscheidung, die christliche Religion als Staatsreligion einzuführen, erheblichen Einfluss auf die Gelehrten genommen, die die Evangelien auswählten. Man könnte sagen, er hat sie erpresst und bestochen, damit in den ersten Bibelexemplaren, die er selbst finanziert hatte, nur das enthalten war, was seinen Vorstellungen entsprochen hat. Der Besitz abweichender Schriften wurde nach dem Konzil von Nizäa im Jahr 325 mit dem Tod bestraft.

Es gibt mindestens die Nazaräer-, Ebioniten-, Thomas-, Hebräer-, Mariae-, Ägypter-, Petrus-, Philippus-, Nikodemus- und Batholomäus- sowie einige Kindheitsevangelien.

Allen Evangelien sind immer nur Abschriften von Abschriften. Es gibt keine Handschriften der Urheber. Alle Aussagen sind Interpretationen. Es wird sogar vermutet, dass die Autoren voneinander abschrieben. Das war in der damaligen Zeit nicht schlimm. Sie wurden schließlich nicht geschrieben, um heutigen Ansprüchen zu genügen. Vieles würde heute unter Hörensagen verbucht werden. Man kann das ihnen nicht übelnehmen, da sie erst Jahrzehnte nach dem Tod von Jesus aufgeschrieben wurden. Viele der darin genannten Wunder würde man heute als künstlerische Freiheit oder Überhöhung des tatsächlichen Ereignisses akzeptieren. Wer Bilder von abstrakten Künstlern sieht, erwartet auch nicht, dass der Künstler fotorealistisch gemalt hat. Hinzu kommen die fehlerhaften Übersetzungen. Aus Jungfrau wurde junge Frau und aus der Behauptung, dass Jesus Kranke geheilt hat, wurde, dass er alle Kranken geheilt hat.

Papst Damasus I. war für Hieronymus keine Hilfe. In der Not ließ Hieronymus ganze Textpassagen weg oder entschärfte sie. Heute schätzt man, dass er 3500 Stellen änderte oder wegließ, um eine oberflächliche Harmonie in den Text hineinzubekommen.

Damasus I. entschied sich zugunsten des Nicänischen Bekenntnisses mit seiner Dreifaltigkeit und gegen den Arianismus, der Jesus als gottgleich ablehnte, da dies gegen das Gotteswort verstößt, dass es nur einen Gott geben könne. ‚Außer mir gibt es keinen Gott', heißt es im Alten Testament. ‚Ich bin der HERR, der nicht lüget.' Immer wieder wird betont, dass Gott sich nicht ändere. Wenn Christus aber kein Gott ist, kann er die Menschen nicht erlösen. Damit schwankt auch die Position der Päpste, die sich als Stellvertreter von Christus auf Erden sehen.

Um seine Entscheidung zu zementieren, tat Damasus I. das, was schon die Pharaonen getan haben. Er schuf sich eine eigene Geschichte. Dazu suchte er nach Gräbern von früheren Bischöfen und dachte sich eine Liste von Päpsten aus, deren Nachfolger er war. Damit machte er sich zum legitimen Nachfolger des Apostels Petrus. Abweichende Meinungen in der Kirche wurden nicht mehr geduldet. Wenn man das zu Ende denkt, könnte man auch sagen, dass er damit bis heute die katholische Kirche negativ geprägt hat."

Saskia sagte: „Das ist natürlich Ansichtssache. Gott ist Gott. Es gibt heute auch die unterschiedlichsten Religionsgemeinschaften. Warum ist das denn so wichtig?"

Pieter wollte nicht mehr weitersprechen. Dann entschloss er sich, doch noch mehr in die Tiefe zu gehen.

„Letztendlich ging es damals wie heute auch um Macht. Der römische Bischof wurde bei der Gelegenheit als zentrales Subjekt installiert, der den anderen Würdenträgern vorgesetzt war. Es geht aber auch noch um einige andere Punkte, die viel wichtiger waren. Durch die Bekämpfung der frühen Christen wurden auch die Inhalte aus der Bibel beseitigt, die den eigentlichen Sinn der Religion des Christentums ausmachten.

Am besten erkennt man an den Verboten, die eigentlichen Kernaussagen.

In einem Dokument aus dem zweiten Jahrhundert heißt es: ‚Ich verfluche die Nazarener, die Sturen, die verneinen, dass das Opfergesetz von Moses gegeben wurde, die des Essens lebender Kreaturen enthalten und nie Opfer darbieten'.

Diese Verfluchung richtete sich gegen die direkten Nachfolger des Jesus von Nazareth, die das Töten ablehnten.

Offensichtlich glaubten sie nicht, dass die Opfergesetze von Moses stammten. Das hätte nämlich bedeutet, dass die Geschäftsgrundlage der Kirche nicht von Gott stammt. Wie kamen die Urchristen darauf? Sie kamen darauf, weil es damals in den heiligen Schriften stand und offensichtlich entfernt wurde."

„Ist das nicht nur eine Behauptung?", fragte Saskia.

„Nein, Verbote wurden immer sorgfältig aufgeschrieben wie Gesetzbücher. Papst Johannes III. verfluchte 561: Wer Fleischspeisen, die Gott zum Gebrauch der Menschen verliehen hat, für unrein hält und nicht wegen der Züchtigung seines Leibes, sondern weil er gleichsam für unrein erachtet, sich ihrer enthält, dass er nicht einmal von Gemüse, das mit Fleisch gekocht wurde, kostet, wie Manichäus und Priscillian sagten, der sei mit dem Bannfluch belegt."

„War Priscillian nicht der, mit den Frauen als Priesterinnen, der in Trier lebendig verbrannt wurde?"

„Du hast aufgepasst. Genau, der ist gemeint! An dem Fluch kann man ausgezeichnet herleiten, wie die Schriften bis zur Unkenntlichkeit verfälscht wurden.

Es gibt einige Grundaussagen bei Moses: ‚Sehet da, ich habe euch gegeben alle Pflanzen, die Samen bringen, auf der ganzen Erde und alle Bäume und Früchten, die Samen bringen, zu eurer Speise. Aber allen Tieren auf Erden und allen Vögeln und allem Gewürm, das auf Erden lebt, habe ich alles grüne Kraut zur Nahrung gegeben. Und es geschah so. Und Gott sah an, alles, was Er gemacht hatte, und siehe, es war gut.'

Vegetarische Speisen wurden für die Menschen von Gott bereitgestellt. Komischerweise soll Gott, der sich nicht ändert, nach der Sintflut eine andere Meinung haben:

‚Furcht und Schrecken vor euch soll sich auf alle Tiere der Erde legen, auf alle Vögel des Himmels, auf alles, was sich auf der Erde regt, und auf alle Fische des Meeres; euch sind sie übergeben. Alles Lebendige, das sich regt, soll euch zur Nahrung dienen. Alles übergebe ich euch wie die grünen Pflanzen.'"

Saskia verstand nicht: „Was ist denn daran so schlimm?"

Pieter sah sie an. „Was steht in den Zehn Geboten?"

„Oh, jetzt fällt es mir auch auf. Es geht um: ‚Du sollst nicht töten'. Aber wieso spielt dieser Unterschied so eine Rolle? Darf Gott seine Meinung nicht auch ändern?"

„Nein, denn er hat gesagt: ‚Ich, der Herr, ändere mich nicht!' Das ist eine grundsätzliche Aussage. Es gibt außerdem noch eine ganze Reihe Aussagen von Propheten, die dem Essen von Tieren widersprechen.

Hieronymus schrieb an Papst Damasus: ‚Jesus Christus hat das Ende mit dem Anfang verknüpft, sodass es uns nicht mehr erlaubt ist, Tierfleisch zu essen.'

Das heißt nichts anderes, als dass Hieronymus erkannt hatte, dass Jesus sich auf die ursprünglichen Aussagen des Alten Testamentes bezogen hat."

Saskia fragte erstaunt: „Aber woher soll Hieronymus das gewusst haben, wenn alle Originaldokumente vernichtet worden sind."

„Eine urchristliche Gemeinde hatte Hieronymus eine Urfassung des Matthäusevangeliums zur Verfügung gestellt, das nicht der Fassung entsprach, die in die Bibel aufgenommen wurde."

„Und warum hat Hieronymus den Text nicht in die Bibel aufgenommen?", fragte Saskia.

„Er hätte damit gegen geltendes Recht verstoßen. Darauf stand der Tod. Der Papst hätte anders entscheiden können, doch es gab für ihn genügend Gründe, es nicht zu tun. Schließlich war er nur mit Mühen zum Bischof von Rom gewählt worden, der Begriff Papst wurde erst nach seinem Tod eingeführt. Zu seinen Anhängern gehörte die Oberschicht, die gern Fleisch aß, Gladiatoren, deren Beruf das Töten war und vermögende Frauen, die ihr Leben Gott weihten und ihr Vermögen der Kirche übergaben. Übrigens forderte er den Zölibat, konnte sich damals allerdings nicht durchsetzen."

„Ich muss gestehen, dass mich das alles ziemlich verwirrt", sagte Saskia.

„Das kann ich gut verstehen", sagte Pieter. „Deshalb hat Vater nach deiner Religion gefragt. Schließlich sind es belegte Fakten. Und weil wir gerade dabei sind. Mein Freund hatte vom Kreislauf der Wiedergeburt oder auch Inkarnation gesprochen und einen Kreis mit zwölf Abschnitten gezeichnet.

Martin Luther übersetzte den griechischen Ausdruck für Rad der Geburt ‚Trochos des genesius' in seiner Bibel überhaupt nicht, sondern dachte sich drei Wörter aus, die damit überhaupt nichts zu tun haben: ‚Die ganze Welt'.

Es gibt vieles, mit dem ich einverstanden bin. Jesus hat unter anderem jede Gewalt gegen Mensch und Tier abgelehnt. Frühe Christen durften keine Soldaten oder Jäger sein. Er sprach sich gegen Sklaverei aus und meinte, dass es eine Pflicht von jedem sei, Bedürftigen vom eigenen Reichtum etwas abzugeben.

Wenn man das mit den Taten der Kirche vergleicht, erkennt man sofort Widersprüche."

Saskia sah Pieter an und öffnete leicht ihren Mund, schloss ihn dann aber wieder.

Pieter hob seine Hände, als ob er sich gegen etwas wehren wollte.

„Ich weiß schon, was du fragen willst. Nein, wir sind keine Freimaurer. Mit den Freimaurern hatten wir zu tun, weil Vater und Großvater in die Sache unschuldig hineingeraten sind. Die Freimaurer waren für uns Segen und Fluch. Ohne sie wäre unser Leben anders verlaufen. Wir hätten nicht überlebt.

Mir würde aber nie im Leben einfallen, Mitglied der Freimaurer zu werden. Carlos und Christian hatten irgendwann verstanden, dass nach dem Krieg nichts mehr so war wie vorher. Die Absicht, sich zu einem besseren Menschen zu formen, verkommt zu einer Ausrede, wenn sie keine Folgen mit sich bringt. Die Leute leben in einer Blase und denken, dass sie etwas Besonderes sind, weil sie etwas wissen, was andere nicht wissen. Ich glaube, dass die Zeit dafür vorbei ist. Außerdem bin ich überzeugt, dass die meisten Logenbrüder die historischen Zusammenhänge nicht kennen. Sie sind in einem Labyrinth von Symbolen und Regeln gefangen."

Saskia überlegte noch, als Lucas fragte: „Und die Dreiecke? Was haben die zu bedeuten?"

„Eigentlich gibt es mehrere Bedeutungen. Einmal können wir das Dreieck als äußeres Symbol der Gleichberechtigung sehen. War es für dich nicht auch sofort einleuchtend?

Wenn alle Menschen das Symbol tragen, ist diese Schlussfolgerung ohne jede weitere Erklärung nachvollziehbar.

Die Erklärung als Kreislauf des Lebens, also geboren werden, säugen, leben und sterben, ist auch nicht abwegig, weil sie stimmt. Aber warum ist es kein Kreis?

Die Reinkarnation oder Wiedergeburt gibt es in unterschiedlichen Ausprägungen im Hinduismus und im Buddhismus. Aber auch im Judentum, Christentum und im Islam spielt sie eine Rolle. Allein die Tatsache, dass darüber heftig gestritten wurde, beweist, dass es abweichende Meinungen gibt oder gab.

Eigentlich geht es dabei immer um die Seele, die sich nach dem Tod einen neuen Körper sucht, um dort weiterzuleben. Diese Theorie existierte schon bei den alten Ägyptern. Ich habe mit Pieter darüber diskutiert. Irgendwann kamen wir auf die kirchliche Zeremonie bei der Beisetzung. Der Pfarrer sagt dabei Erde zu Erde, Asche zu Asche, Staub zu Staub.

Vielleicht ist das ein letzter Rest aus dem frühen Christentum. Wenn man die Begründung der Kirche weglässt, kann dem auch ein Wissenschaftler folgen, denn letztendlich sind wir alle nur aus Sternenstaub. Wenn die Sonne uns in einer fernen Zukunft verschluckt, sind wir nur noch Strahlung, aus der vielleicht wieder ein Stern mit Planeten entsteht. Insofern hat der ewige Kreislauf ein Körnchen Wahrheit."

Saskia fragte schüchtern: „Bin ich mein ganzes Leben einer verlogenen Ideologie nachgelaufen?"

Julien Gaspard legte seinen Arm auf ihre Schulter.

„Sei nicht so unerbittlich gegen dich. Du kannst glauben, was du willst. Glauben kommt von Vertrauen. Es gibt sicher viele Leute in der Kirche, denen du vertrauen kannst, weil sie es ehrlich meinen. Mir fallen aber immer auch die Kinder ein, die durch kirchliche Amtsträger missbraucht wurden. Sie haben ihr Vertrauen zur Institution Kirche mit Sicherheit verloren, weil sie das Vertrauen verloren haben. Ob sie noch an Gott glauben, weiß ich nicht.

Bestimmt verbinden Sie den Besuch einer Kirche jetzt eher mit der Erinnerung an verstorbene Verwandte und Freunde. – Ja, und dann gibt es ja auch Christus, den man wegen seiner Friedensliebe und Menschlichkeit achten kann. Selbst eingefleischte Atheisten können ihn als Menschen aus Fleisch und Blut akzeptieren. Glaube ist etwas zutiefst Persönliches. Da spielt der Wunsch eine große Rolle."

„Vater, ich glaube, wir müssen langsam Schluss machen. Wir haben morgen noch einiges vor", bemerkte Pieter.

Julien Gaspard sah ihn an. „Ja, gleich. Eins muss ich aber noch erzählen, damit unsere Gäste die Geschichte mit der Uhr verstehen."

„Danach ist aber Schluss!"

Die Symbole der Uhr

Julien Gaspard war in seinem Element.

„Ja, Ja. Ich beeile mich schon. Ursprünglich hatte ich angenommen, dass eine ägyptische Pyramide auf einigen Symbolen der Freimaurer dargestellt wird. Das ist aber vermutlich ein Irrtum. Ich besuchte vor einigen Jahren Israel und Jordanien. In Jerusalem diskutierte ich mit Candela und Pieter darüber, wie Moulinier auf die Idee kommen konnte, mit ein paar Zeilen Text, einer groben alten Karte und dem Sommerdreieck den Ort zu finden, an dem etwas Bedeutsames verborgen sein soll. Wir kamen zum Schluss, dass er sich überschätzt hatte.

Wir hatten wieder eine Führung durch das Museum. Dort verkauften sie historische Karten von Jerusalem als Souvenir. Darunter war ein Mosaik von Madaba aus dem 6. Jahrhundert, die sich in der St.-Georgs-Kirche befindet.

Weil ich nicht mehr gut zu Fuß bin, bat ich einen Bekannten, uns zur Maria-Magdalena-Kirche zu fahren. So wie das heute üblich ist, gab er die Adresse in seinem Navigationsgerät ein. Ich hatte die Karten vom Mosaik in der Hand, als wir gerade durch das Löwentor fahren wollten. Instinktiv suchte ich das Tor auf dem Mosaik. Es war leicht, sich darauf zu orientieren, da der Felsendom und die Stadtmauer deutlich hervorgehoben waren. Der Ölberg war erkennbar, aber nicht die Wege. Ich sah ein Tor mit zwei Säulen und einem spitzen Giebel. Dahinter der gepflasterte Weg zum Ölberg.

Obwohl das Mosaik keine Markierung hatte, an der man erkannte, wo Norden ist, fand ich ohne viel Mühe den Felsendom und das Löwentor. Auf dem Kupferstich gab es auch keinen Hinweis auf die Himmelsrichtungen. Nur die Sonne, der Mond und das Sommerdreieck. Dann fiel mir ein, dass sich die Sonne und der Mond von links nach rechts bewegen. Damit war klar, dass die zwei einzelnen Sterne der Anfang des Weges waren. Das ist wichtig, weil die arabische Schrift von rechts nach links geschrieben wird. Da es nur ein Tor und einen Weg aus der Stadt gab, reichten diese Informationen, denn es gab den Hinweis auf einen Berg.

Obwohl es hinter der Stadt mehrere Straßen gab, führte nur eine den Berg gerade hinauf. Nun stellt sich die Frage, warum er nicht die Querstraße hinter dem Gethsemanegartens nahm, die heute zur Maria-Magdalena-Kirche führt. Diese Straße war unwichtig, da diese Kirche erst im 19. Jahrhundert gebaut wurde. Vermutlich hat man sie als Begrenzungsweg des Gethsemanegarten verstanden. Außerdem führte sie zu ausgedehnten Gräberfeldern. Dort war mit Sicherheit alles umgegraben worden.

Die nächste Querstraße führte bergauf. Wenn man die Sterne als Karte versteht und sie auf eine aktuelle Karte überträgt, ist der Punkt, den Moulinier gesucht hat relativ leicht zu finden. Vom Altair bis zur Wega sind es ungefähr zweihundert Meter. Der Markierungsstern liegt etwas vor der Mitte, am Hang, etwas unterhalb des Weges.

Die Maria-Magdalena-Kirche liegt ungefähr dreißig Meter davon entfernt. Moulinier muss klar geworden sein, dass spätestens mit dem Bau der Kirche 1886 der Untergrund untersucht worden ist. Bedeutsame Fundstücke hatte man offensichtlich nicht gefunden.

Wir haben uns die Kirche und die Umgebung angesehen. Die goldenen Türme waren sehr eindrucksvoll. Interessant war für mich aber ein Mosaik, das Maria Magdalena mit einem Tongefäß in der Hand zeigt. Eine ähnliche Darstellung hatte ich schon einmal gesehen. Ich fragte einen Reiseleiter danach, der mir aber nur eine schwammige Erklärung gab. Er redete von einem Alabastergefäß, aus dem eine Frau nach Markus 14,3 Jesus begossen hätte. Dies sei Maria Magdalena gewesen. Seiner Ansicht könnte es auch das Gefäß für die letzte Ölung von Jesus darstellen.

Ich habe später extra noch einmal in der Bibel nachgesehen. Alabaster konnte es wegen der Farbe nicht sein. Wobei der Begriff im Altgriechischen auch für andere Materialien genutzt wurde. Als Gefäß für die letzte Ölung war es viel zu groß. Außerdem war zu dieser

Zeit die letzte Ölung ein besonderes Privileg der Ehefrauen. Dazu trugen sie eine kleine Phiole mit Öl um den Hals. Das Tongefäß hätte für Hunderte Personen gereicht. Dem Künstler war sie aber offensichtlich wichtig. Maria Magdalena hält das Gefäß so, als ob sie es weiterreichen wollte. Zwar ist ihr Kopf etwas zur Seite geneigt, doch ist ihre Haltung stolz.

Nach unseren vielen Gesprächen über Symbole fiel mir der Faltenwurf des Gewandes auf. Es war eindeutig ein Dreieck erkennbar, dessen untere Spitze am Bauchnabel endete.

In diesem Moment fiel mir die Figur von Maria Magdalena in Zaragoza ein, die über dem Eingang der Kirche stand und in Richtung Jerusalem blickte. Gerade so, als ob sie sich auf den Weg machen wollte."

St. Maria Magdalena Kirche © 2012 www.theologische-links.de

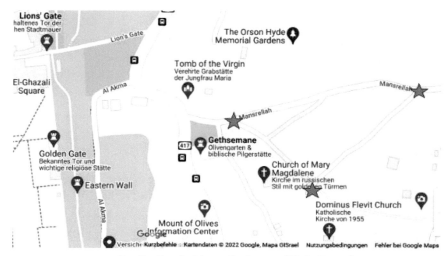

Quelle: Google Maps., Ergänzung W. A. Strauch

*Iglesia de Santa María Magdalena (Zaragoza) Reportaje Fotográfico.
Foto: germanaure*

Der Alte hängte ein Bild der Maria-Magdalena-Kirche Zaragoza neben das Bild der Jerusalemer Kirche an die Schnur, an der bereits viel Fotos und Kupferstiche aus der Geschichte hingen.

Lucas und Saskia hatten es sich auf der Couch bequem gemacht und saßen eng umschlungen. Ihre Gesichter waren vor Spannung gerötet. Candela und Luise brachten das Geschirr in die Küche.

Julien Gaspard räusperte sich: „Ich muss unbedingt etwas trinken."

„Ich hole dir gern etwas", sagte Luise.

Der alte Mann hatte sich erhoben und holte aus einem Schubfach ein Fotoalbum und ein Etui heraus. Ohne Worte blätterte er, bis er ein großes Foto gefunden hatte. Dann öffnete er das Uhrenetui. Er wartete, bis Luise zurück war.

Alle rückten näher an den Tisch heran und schauten gebannt auf die Uhr, die auf den ersten Blick unauffällig wirkte. Erst als Julien die Rückseite zeigte, erkannte man ihre außergewöhnlichen Details.

„Seht ihr, hier erkennt man das Sternbild Sommerdreieck mit Diamanten als Sterne. Die Wega ist ein besonders großer Stein und leicht bläulich. Im Zentrum strahlt das Auge mit blauer Iris und zwölf Strahlen. Schöner kann man eine Schatzkarte nicht malen."

Saskia strich sanft über die Strukturen, als ob sie die Echtheit prüfen wollte. Sie meinte schließlich: „Die Freimaurer haben sie beauftragt, ein Geheimnis zu suchen, das sie längst kannten?"

„So kann man es sagen", bestätigte Julien.

„Aber wozu der Aufwand?", fragte Lucas.

„Es ging immer nur um eine Frage: Wo ist der Ring geblieben?"

„Und ich hatte ihn immerzu an meinem Finger", meinte Lucas. „Aber was hat er zu bedeuten?"

Julien nahm seine Brille von der Nase und putzte sie. „Das werden wir vermutlich morgen wissen."

Lucas reichte die Antwort nicht aus. „Sind nun die Freimaurer die Guten und die katholische Kirche die Bösen?"

Julien wiegte den Kopf hin und her. „So kann man das nicht aufteilen. Die Freimaurer sind keine homogene Masse. Eigentlich sollen sie in ihrer Ausbildung lernen, sich selbst zu formen, um für die Menschen Gutes zu tun. Aber es ist so wie in einem Wald. Nicht jeder Baum wird gleich groß. Ich habe mich jahrzehntelang mit dem Thema beschäftigt und letztendlich festgestellt, dass es bei ihnen nichts gibt, das es bei anderen Menschen nicht auch gibt. Dazu gehört eben auch, dass sie immer Menschen ihrer Zeit waren. Dazu passt, dass nur Männer Mitglieder der Logen werden konnten. Das Patriarchat schränkte ein, dass sie die Rolle von Maria Magdalena akzeptierten. Ihre Geheimhaltung hat vielleicht auch damit zu tun. Die Ziele waren bei den ersten Brüdern noch klar. Heute sind sie ein Sammelsurium mit einer Überschrift. Ein Teil lebt nach den Idealen. Ein anderer nutzt die Organisation als Netzwerk für persönliche Ziele."

„Und welche Rolle haben dabei die Faschisten in Italien und Deutschland gespielt?", fragte Saskia.

„Da gibt es zwei Aspekte. Einerseits haben alle Diktaturen Angst vor Gruppierungen, die sie nicht beherrschen. Andererseits würden sie gern die Netzwerke für ihre Zwecke übernehmen. Wenn die Nazis die Geheimnisse entschlüsselt hätten, wäre das ein Sieg gegen die Freimaurer und alle Humanisten gewesen. Nicht ohne Grund haben sie die Logen verboten, ihr Vermögen eingezogen und Mitglieder eingesperrt. Das taten sie nicht aus Freundlichkeit gegenüber der katholischen Kirche. Leider haben sich radikale klerikale Kreise mit ihnen eingelassen, um gegen einen vermeintlich gemeinsamen Feind zu kämpfen."

Luises Bruder

Luise sah sich die Uhr an. Behutsam legte sie das Kunstwerk in das Etui. Nach einer kleinen Pause fragte sie: „Aber warum habt ihr mir die Geschichte bis heute nicht erzählt?"

Candela hatte den ganzen Abend nichts gesagt. Sie sah Pieter an, der ihr zunickte. „Tut mir leid. Daran bin ich schuld."

Pieter strich mit seinen Fingern über die Hand seiner Frau und sagte: „So kann man das nicht sagen. Wir haben es gemeinsam entschieden."

Zögernd sagte sie: „Ausgangspunkt war meine Schwangerschaft. Im Mai 1988 war ich im sechsten Monat. Wir hatten uns schon einen Namen für den Jungen ausgedacht. Er sollte Carlos heißen."

„Ich hatte einen Bruder?", fragte Luise überrascht.

„Leider nicht. Ich bekam überraschend gesundheitliche Probleme. Pieter brachte mich sofort ins Krankenhaus. Man musste mich operieren. Als ich meine Narkose bekam, lag ich in einem Raum, in dem eine große Jesusfigur aufgestellt war. Mit diesem gruslign Anblick schlief ich ein. Nach der Narkose bekam ich Albträume, die ich bis heute nicht vergessen kann. Die Figur löste sich vom Kreuz und beugte sich über mich. Ich bekam große Angst und wollte mich losreißen. Doch plötzlich hing ich am Kreuz und Jesus schnitt mir den Bauch auf und riss mein Kind heraus. Alles war voller Blut.

Irgendwann wurde ich wach. Ein Arzt sagte zu mir, dass mein Kind es nicht geschafft hat. Ich fing an, zu schreien. Dann verschwamm alles. Als ich wieder wach wurde, saß eine Schwester an meinem Bett. Ich fragte nach meinem Kind. Sie sagte, dass es jetzt bei Gott sei. Hinter ihr stand ein Pfarrer und fragte mich, ob ich beichten möchte. Ich fragte immer wieder, wo mein Kind ist.

Dann kamen Pieter und Julien. Sie schickten den Pfarrer und die Schwester raus. Dann sagten sie zu mir, dass das Kind die Operation nicht überlebt hat. Ab da an weinte ich nur noch und wiederholte immer wieder, dass Jesus mein Kind aus mir herausgeschnitten habe. Sie konnten mich nicht beruhigen und ich hörte nicht auf zu weinen. Es war eine schlimme Zeit. Ich fragte nach dem Grab meines Kindes. Doch es gab keins, an dem ich trauern konnte.

Weil sich meine Depression nicht verbesserte, brachte mich Pieter nach Bern in eine Spezialklinik. Drei Monate verbrachte ich dort. Pieter besuchte mich, sooft er konnte. Beim Abschlussgespräch sagte der Arzt, dass mein Problem nicht der Tod des Kindes war. Es sei vielmehr der fehlende Abschied. Vermutlich hätte ich im Unterbewusstsein mehr von der Operation mitbekommen. Der geschnitzte Jesus hätte als Projektionsfläche gedient.

Am schädlichsten sei aber gewesen, dass der Pfarrer mir die Beichte abnehmen wollte. Das habe in mir einen Schuldkomplex ausgelöst. Tief in mir hätte ich nach Gründen für den Tod des Kindes gesucht. Eine solche tiefgreifende Erfahrung kann man kaum weg therapieren, da die Erinnerung bleibt.

Pieter und Julien vereinbarten mit mir, dass wir die Forschungen ruhen lassen. Ich konnte ewig keine Kirchen betreten. Wenn wir Jesus Statuen an Wegkreuzungen sahen, wurde mir schlecht. Eine Neurologin betreute mich, stieß aber an ihre Grenzen.

Als ich 1990 mit dir schwanger wurde, waren meine Eltern längst wieder nach Chile gezogen. Ich wollte nicht zurück. Pieter und Julien haben sich rührend um mich bemüht."

Luise weinte. „Ach Mama. Hätte ich das früher gewusst, dann ..."

Schluchzen verschluckte sie die restlichen Worte. Candela umarmte ihre Tochter.

Luise lehnte sich an ihre Brust: „Aber warum tust du dir das jetzt an. Wühlt es nicht alles wieder auf?"

„Man muss die Dämonen bekämpfen. Vielleicht ist es möglich, dass ich diesen Albtraum für immer besiege. Meine Neurologin rief mich an, als ich im fünften Monat schwanger war. Sie hat sich große Sorgen gemacht, dass ich durch die gleiche Situation einen Rückfall erlebe. Deshalb hatte sie Kontakt zu einem deutschen Spezialisten aufgenommen, der bereit war, sich meinen Fall anzuhören. Ich war zuerst skeptisch. Dann erzählte sie mir, dass der Professor oft als Gutachter herangezogen wurde, wenn es um Missbrauchshandlungen von Kindern durch kirchliche Amtsträger geht. Ich sagte zu und traf Professor Dr. Weiß bereits eine Woche später in München. Pieter und meine Neurologin begleiteten mich.

Im Vorgespräch berichtete der Professor, dass er mein Krankheitsbild kenne. Vielfach trete es bei Patienten auf, die in einer Sekte waren und sich von ihr lösen wollen. Das Schlimme dabei sei, dass sie oft durch ihre Verwandten erst in diese Lage gebracht wurden. Es gäbe ein Grundvertrauen zwischen Eltern und Kinder. Ein Sektenführer oder eine andere Respektsperson dränge sich in einer labilen Situation zwischen Eltern und Kind. Dadurch wird das Verhältnis gestört. Eltern meinen manchmal sogar, ihrem Kind etwas Gutes zu tun, und verlieren sie dann. Die Kinder fühlen sich ausgeliefert.

Ich sagte ihm, dass ich weder von meinen Eltern ausgeliefert wurde, noch Mitglied einer Sekte war. Ich hätte mich allerdings mit historischen Themen beschäftigt.

Professor Weiß fragte mich, ob ich an irgendeiner Stelle an Aussagen gezweifelt habe, die meine politischen oder religiösen Einstellungen infrage stellten. Ich sagte ihm, dass es Sinn der Forschung sei, Zweifel auszuräumen.

Dann fragte er, ob ich in der katholischen Kirche sei. Ich bestätigte das, wies aber darauf hin, dass ich, seitdem wir aus Chile geflüchtet waren, kaum ein Gotteshaus aufgesucht habe. Eigentlich nur, um eine Kerze für meine Großeltern anzuzünden.

Professor Weiß horchte auf und sagte dann, dass der Verlust der Heimat für jeden Menschen sehr tiefgreifend sei. Selbst wenn man es sich nicht eingestehen will: Menschen bleiben verwurzelt an Orte und Einstellungen, die man in den ersten Lebensjahren eingeimpft bekommt.

Das wirke in einem weiter. Je mehr kritischen Situationen man ausgesetzt wird, umso mehr sucht man Halt über diese Wurzeln. Alte Menschen finden manchmal zu Gott, besuchen ihre Heimat oder begraben alte Feindschaften.

Die Vergangenheit wird zum Sehnsuchtsort. Negative Erlebnisse werden ausgeblendet. Es reichen manchmal Worte, Musik oder Bilder, Programme im Hirn auszulösen. Mit einem Mal werden Ängste überhöht und man fällt in ein seelisches Loch.

Er ließ sich genau berichten, in welcher Situation ich mich befand und was ich als den Moment in Erinnerung habe, nach dem sich mein Leben änderte.

Ich erzählte ihm grob von den Ereignissen, nachdem wir Chile verlassen hatten.

Er bat Pieter und meine Neurologin, auf dem Flur zu warten. Dann fragte er mich, ob ich eine Hypnose akzeptiere. Ich war erst skeptisch. Er konnte mich aber beruhigen, als er mir zusicherte, keine intimen Themen zu berühren.

Nach einer Stunde wachte ich auf und fühlte mich neu geboren. In Anwesenheit von Pieter und meiner Neurologin sagte er, dass er den Auslöser lokalisieren und abschwächen konnte. Es heiße aber nicht, dass jetzt alles wieder gut sei. Ich müsse noch viel an mir arbeiten. Das Problem, das dazu geführt hat, müsse aufgelöst werden.

Als ich ihn fragte, was es gewesen sei, sagte er: Der Pfarrer im Krankenhaus hatte gesagt, dass er mich wie Maria Magdalena von sieben Dämonen befreien könne. Diese Behauptung verband sich mit Erinnerungen aus der Kindheit und Informationen aus den Forschungen."

Luise fragte: „Ist jetzt alles wieder gut?"

Ihre Mutter nahm sie in den Arm und antwortete ausweichend: „Ich kann damit umgehen! Viel hilft mir, dass ich in einigen Hilfsorganisationen arbeite, die Missbrauchsopfern helfen."

„Ich bin stolz auf Dich!"

Candela wurde erst: „Wir haben aber noch etwas zu tun!"

Sie sah Lucas uns Saskia an. „Meine Kollegen von Europol sorgen dafür, dass euren Eltern nichts passiert. Als Pieter mich angerufen hat, habe ich gleich mit Rom gesprochen. Dort versucht man, den Ebay-Kontakt zu identifizieren, der sich für den Ring interessiert hat."

„Europol?", fragte Luise erstaunt, „Ich denke, du arbeitest für die EU?"

„Das auch. Aber seit Propaganda Due und damit die Mafia die italienische Regierung unterwanderte, achten wir darauf, was in Italien passiert. Bisher hatten wir keinen Anhaltspunkt. Das könnte sich mit dem Ring ändern."

Lucas sah Candela an, die mit einem Mal Stärke ausstrahlte. „Was bedeutet das für uns?"

„Unsere Leute haben noch gestern Abend mit euren Eltern gesprochen. Sie waren natürlich besorgt. Aber allein unser personeller Aufwand hat sie überzeugt, dass sie in Sicherheit sind. Gegenwärtig fertigt man eine Kopie des Ringes an, den wir gegebenenfalls dem Interessenten anbieten. Mit deiner Mutter haben wir eine Legende vereinbart, wonach sie den Ring an einen italienischen Kunden verkauft hat. Es handelt sich dabei um eine Deckadresse der italienischen Staatsanwaltschaft. Dort wird man alles Notwendige erledigen. Das ist dann aber nicht mehr eure Angelegenheit. Wir werden noch heute in die Schweiz fliegen und das Schließfach einer Bank öffnen. Das wird unabhängig von der Aktion von Europol passieren."

Lucas staunte: „Eine Schweizer Bank?"

Julien sagte: „Du hast uns die Nummer des Schließfachs geliefert. Der Schlüssel befand sich im Etui der Uhr. Moulinier ist extra Angestellter der Bank geworden, um an das Schließfach zu kommen. Doch ohne Nummer kam er nicht an das Fach heran."

„Was wird sich darin befinden?", fragte Lucas.

„Das wissen wir nicht", entgegnete Pieter. „Ich hoffe aber, dass es nicht wieder ein Geheimnis ist."

Julien gähnte und sah auf die Uhr: „Ich glaube, es ist höchste Zeit ins Bett zu gehen. Es wird ein anstrengender Tag."

Liebe, Macht und Lügen

Lucas wollte sich von seinem Platz erheben. Saskia hielt ihn zurück. „Pieter eins muss ich noch wissen. Ich verstehe nicht, warum der Vatikan und die Nazis zusammengearbeitet haben. Wie können überzeugte Christen Verbrechern helfen oder selbst zu Verbrechern werden? Meine Eltern reden manchmal von dem Tag, als ein Pole Papst geworden ist. Sie sind sehr stolz auf ihn. Nachdem, was ich heute gehört habe, bin ich unsicher. War Johannes Paul II. der Mensch, für den ich ihn gehalten habe?"

Erst wollte Pieter antworten. Julien hielt ihn zurück. Er suchte einen Zettel aus dunkelbraunem Packpapier und eine vergilbte Broschüre aus dem Regal heraus:

„Als ich vom MI6 nach Spanien geschickt wurde, hatte ich mit meinem Vater die wichtigsten Informationen auf diesem Zettel zusammengetragen. Weil die Zahl der Fakten zu groß wurde, hatten wir ihn überarbeitet. Einiges strichen wir, da es uns unwichtig erschien. Erst vor einigen Jahren fiel er mir das Papier wieder in die Hände. Ich ergänzte die Liste mit Ereignissen, die seitdem passiert sind, und fügte eigene Erkenntnisse hinzu. Dabei fiel mir auf, dass wir zwar alles Mögliche über Adrian komprimiert dargestellt hatten. Doch es fehlte etwas Entscheidendes.

Bei Adrian war vieles zeitlich nachvollziehbar. Ursachen und Wirkungen der Ereignisse waren schlüssig. Es gab Zeugenaussagen, Bilder und sogar Dokumente. Wie in einem Indizienprozess konnten wir die Ereignisse nachvollziehen. Auch die Ereignisse, die uns betrafen, sahen wir als Indizien, um die Gründe zu verstehen, warum nach den Büchern gesucht wurde. Dabei vergaßen wir, unsere eigene Geschichte in den Mittelpunkt der Untersuchungen zu stellen. Wir haben überall nach Spuren gesucht, aber keinen Gedanken daran verschwendet, naheliegende Fakten, die uns betreffen, zu untersuchen und zu bewerten.

Warum kam die Geschichte ins Laufen? Für uns war damals der Bücherfund Ursache für die folgenden Ereignisse. Dann fiel mir aber ein, dass die Bücher vermutlich auch ohne unser Zutun gefunden worden wären, da die Umrüstung der Bibliothek auf das neue Regalsystem bis auf die Nische abgeschlossen war. Der Vorfall mit Friedrich Stein hatte das Auffinden des Buches nur beschleunigt. Vielleicht hatte man das neue Regalsystem nur deshalb eingeführt, um die Bücher von Scribent zu finden. Sicher hätte der Archivar schon längst in ein besseres Versteck gebracht, wenn das Regal ausgetauscht worden wäre.

Diese Gedanken kamen erst, vor ungefähr zehn Jahren. Libi, die Tochter von Aaron Zucker, rief mich an und bat mich, nach Israel zu kommen, da es ihrem Vater miserabel gehe. Wir hatten zwar über die Jahre gelegentlich Kontakt, doch mehr als ein paar Karten oder Anrufe zu Feiertagen waren es nicht. Libi drängte so sehr darauf, dass ich mich der Bitte nicht verschließen konnte.

Gemeinsam mit Pieter flog ich nach Tel Aviv. Libi holte uns vom Flughafen ab. Wir fuhren direkt zum Militärkrankenhaus. Aaron befand sich in einem beklagenswerten Zustand. Zahllose medizinische Geräte überwachten ihn. Er bemühte sich, zu lächeln, und sagte dann: ‚Ich wollte dich immer besuchen. Immer kam etwas dazwischen. Jetzt wird meine Zeit immer kürzer. Wer weiß, ob ich morgen noch lebe. Ich hatte Libi gebeten, dich zu holen, damit du weißt, dass es nicht an mir gelegen hat. Als du damals mit Christian hier warst, hätte ich es dir schon sagen sollen, aber es gab Zwänge, denen ich mich nicht entziehen konnte.'

Es sah seine Tochter an und fragte: ‚Hast du das Buch und den Bericht mitgebracht?'

Sie holte ein Kuvert aus ihrer Tasche und reichte es ihm. Mit zittrigen Fingern nahm er eine vergilbte Broschüre aus dem Umschlag und reichte sie mir. ‚Deutsch-Vatikanische Beziehungen in den letzten Jahrzehnten' lautete der Titel. Mit der Hand hatte jemand auf dem Umschlag ‚Herzlichst für meinen Freund Fritz' geschrieben. Die Unterschrift war unleserlich.

‚Die Widmung ist von Heinrich Himmler' sagte Aaron. ‚Du wirst darin einige Antworten finden. Ich habe noch einige Dossiers beigelegt, damit du die Zusammenhänge verstehst. Sie betreffen Päpste, die seit der Jahrhundertwende im Amt waren, und eine Faktensammlung über weitere Würdenträger des Vatikans und staatlicher Institutionen aus Deutschland, Italien, Spanien, Frankreich und Argentinien. Ich habe Libi dazu eingewiesen. Sie kann dir Fragen dazu beantworten. Für dich ist nur ein Umstand wichtig: Friedrich Stein war Mitglied der Katholischen Aktion, die von Pius X. unterstützt wurde und ab 1970 Unterstützer der Priesterbruderschaft, die seinen Namen trägt. Den im Buch genannten Rudolf von Gerlach habe ich kurz vor seinen Tod kennengelernt. Das Buch befand sich im Besitz von Friedrich Stein, als er in Buenos Aires festgenommen wurde. Als wir sein Haus durchsucht haben, fanden wir es. Eigentlich wollten wir es nutzen, um Stein unter Druck setzen zu können, doch das hatte sich mit seinem Tod erledigt.' Aaron sagte, dass politische Gründe es verboten haben, die Zusammenhänge an die große Glocke zu setzen."

Julian wollte Saskia die Broschüre in die Hand geben. Sie scheute davor zurück. „Ich möchte sie nicht berühren. Dinge von Mördern anzufassen, bringt Unglück."

Sie zitterte. Lucas nahm sie in den Arm und strich über ihre Hand.

Pieter sah sie mitfühlend an: „Ich verstehe dich. Es ist etwas anderes, die Erzählung über schreckliche Dinge zu hören, als einen Gegenstand zu berühren, der einem Verbrecher gehörte. Ich kann dir allerdings versichern, dass darin nichts über Mord und Totschlag steht. Es offenbart nur Zusammenhänge, die ich nicht für möglich gehalten habe. Ich schlage vor, dass ich euch morgen im Flugzeug eine Zusammenfassung gebe. Vater ist auch schon wieder so aufgewühlt. Er braucht seine Ruhe."

***

Saskia und Lucas hatten kaum geschlafen. Es war sieben Uhr, als es an die Tür klopfte. Luise öffnete sie. „Guten Morgen. Es wird Zeit, wenn ihr noch Frühstück essen möchtet."

„Wir kommen gleich runter. Aber nur wenn ich Lucas etwas antreibe." Saskia kniff Lucas in den Po. Der sprang hoch.

„Ich mach' ja schon."

Luise lachte. „Ich sehe, du hast alles im Griff."

Der Tisch war reichlich gedeckt. Der Kaffee dampfte. Luise hatte ein paar Waffeln gebacken. Pieter sagte: „Ich habe ein Großraumtaxi zur Fahrt nach Brüssel bestellt. Der Flieger hat eine Freigabe für 9 Uhr. Noch Fragen?"

Pünktlich brachte das Taxi sie zum Brüsseler Flughafen. Pieter ging voran, achtete aber darauf, dass sein Vater, der Probleme mit seinen Beinen hatte, nicht zurückblieb. Statt zu den Servicebereichen der großen Fluglinien liefen sie zum Charterbereich. An einem Schalter sprach er mit einem Mann, der unschwer als Pilot erkennbar war. Der nickte nur.

Pieter winkte sie heran. Es öffnete sich eine Tür. Die Beamten sahen nur kurz in die Pässe und winkten sie durch. Der Pilot wartete am Durchgang und führte sie auf das Flugfeld. Dort stand eine Cessna mit geöffneter Tür. Eine Stewardess wies den Weg. Es dauerte nicht lange, bis sich die Maschine in Bewegung setzte und abhob.

Saskia hatte mit Lucas die Sitzreihe am Ausgang gewählt. Sie umklammerte seinen Arm.

„Hast du Flugangst?", fragte er.

„Ich fliege das erste Mal."

„Heruntergekommen ist noch jeder", bemerkte Lucas grinsend.

Sie lehnte sich an ihn und strich über seine Finger.

Der Pilot kündigte an, dass der Flug eine Stunde und fünfzehn Minuten dauern wird. Die Passagiere sahen aus den Fenstern und bewunderten die Landschaft. Pieter kam und setzte sich auf den Platz neben Saskia.

„Wie geht es dir?"

Saskia sah ihn an. „Mich hat das alles ganz schön mitgenommen. Aber ohne Auflösung werde ich keine Ruhe finden. Mir ist im Traum sogar unser Papst erschienen. Aber er sah ganz anders aus als auf den Bildern in der Kirche. Alles um ihn war bunt. Nur er war schwarz-weiß eingefärbt."

„Sein Bild wird vielleicht nicht schwarz-weiß werden. Aber es werden einige Grautöne dabei sein. Aber wie Vater schon gesagt hat. Die Institution Kirche und der Papst sind nicht das Gleiche wie die Katholiken. Papst Adrian VI. hatte mit dem Spruch recht, dass die Prälaten Schuld auf sich geladen haben. Leider taten sie es immer wieder und lernten nicht aus ihren Fehlern. Solange es Päpste gibt, haben sie in erster Linie ihre eigenen Interessen vertreten. Die Bibel war oft nur ein Instrument, um ihr Handeln zu legitimieren. Sie haben es mit dem Zölibat nicht so genau genommen, über Ablassbriefe ihre Taschen gefüllt und mit dem Dreißigjährigen Krieg Millionen Menschen umbringen und Städte und Dörfer zerstören lassen. Die Aussagen wechselten sie, je nach Bedarf.

Aber ich möchte nicht die gesamte Kirchengeschichte ausbreiten. Das ist auch nicht notwendig. Es reicht, die letzten einhundert Jahre zu betrachten.

Ich habe die wichtigsten Fakten zusammentragen damit ihr versteht, wie alles zusammenhängt. Wenn wir wieder in Leuven sind, könnt ihr die Dokumente selbst noch einmal ansehen."

Saskia nickte ihm zu: „Gut, so machen wir es."

Die Maschine gewann an Höhe und durchflog die Wolkendecke. Die Sonne kam zum Vorschein. Pieter sah aus dem Fenster.

„Über den Wolken ist die Luft so klar und rein. Nichts stört den Blick. Nachdem ich das Buch und die Dokumente von Aaron gelesen hatte, war das auch so. Mit einem Mal verstand ich die Zusammenhänge.

Autor des Buches ‚Beiträge zur Geschichte der deutsch-vatikanischen Beziehungen in den letzten Jahrzehnten' ist Wilhelm Patin. Er war der Cousin des Reichsführers SS Heinrich Himmler. Im zivilen Leben war er Religionslehrer, Studienprofessor und Stiftkanonikus von St. Kajetan später Studienprofessor. Durch seine Verbindung zu Himmler erhielt er bereits 1933 eine Stellung als ‚Referent für Katholische Aktion' im Sicherheitsdienst des Reichsführers SS unter Reinhard Heidrich. 1939 wurde er Oberregierungsrates und als SS-Sturmbannführer Referent für Katholizismus im Reichssicherheitshauptamt.

Patin veröffentlichte das Buch 1942. Jedes Buch besaß eine individuelle Nummer des Sicherheitsdienstes. Da der Inhalt nur für den Dienstgebrauch gedacht war, wurde auf dem Einband extra darauf hingewiesen, dass jeder SS-Führer, der es erhielt, persönlich dafür haftete, dass das Buch nicht in unbefugte Hände gelangte. Das Buch diente der Ausbildung führender SS-Angehörigen im diplomatischen Dienst. Friedrich Stein gehörte eigentlich nicht zum diplomatischen Dienst. Die Widmung Himmlers beweist aber die Nähe Steins zum Reichsführer SS."

Saskia fragte: „Was hat das Buch aber mit dem polnischen Papst zu tun?"

Pieter entgegnete: „Scheinbar nichts. Doch es gibt eine Verbindung zwischen ihm und dem Gründer des Opus Dei, Josemaría Escrivás. Trotz großer Widerstände im Vatikan und den Gläubigen hat er ihn im Jahr 1992 selig- und 2002 heiliggesprochen. Damit hat der polnische Papst den Führer einer Organisation geehrt, die eine wichtige Rolle in der spanischen Diktatur gespielt hat. Die

Verbrechen von General Franco und von General Pinochet in Chile hat Escrivás ausdrücklich befürwortet und aktiv unterstützt. Opus Dei hatte seit dem Bürgerkrieg wichtige Positionen in der Politik besetzt und tut dies bis heute. Moulinier besuchte auch die Universität von Navarra, die durch Escrivás angeregt und von Mitgliedern des Opus Dei bis heute geleitet wird.

Die spanischen Putschisten unter General Franco konnten nur siegen, weil sie finanzielle, militärische und personelle Unterstützung durch italienische Faschisten und deutsche Nationalsozialisten bekommen haben. Die Unterstützung ging so weit, dass Heinrich Himmler mit seinem spanischen Amtskollegen ein Polizeiabkommen vereinbarte. Auf dessen Grundlage wurden Mitarbeiter der Gestapo und des Sicherheitsdienstes der SS nach Spanien geschickt. Es wurde beim Aufbau eines Konzentrationslagers nach deutschem Vorbild geholfen und die spanische Polizei in Verhörmethoden geschult. Himmler war 1940 mit Obergruppenführer und General der Waffen-SS Karl Wolff in Spanien und besuchte dort das KZ.

Und damit sind wir doch wieder bei dem Buch von Patin, denn auch gehörte wie Wolff zum ‚Freundeskreis Reichsführer SS'.

Patins schreibt, dass im Wesen jedes wahren Staates und jeder echten Kirche der Anspruch auf Totalität existiert. Daraus resultiere der ewige Streit zwischen Staat und Kirche. Der politische Katholizismus sei eine Gefahr für die Umsetzung der Ziele der Nazis.

Vordergründig geht es im Buch um Aktivitäten der katholischen Kirche, die sich gegen Deutschland richteten. Wobei Friedensbemühungen und Vermittlungsversuche der Kurie auf diplomatischem Parkett als deutschfeindliche Aktionen angesehen wurden. Weiterhin werden deutsche geheimdienstliche Aktivitäten illustriert, die sich auf den Vatikan konzentrierten. Grundlage für diese Bewertungen sind Zitate aus diplomatischen Protokollen, Briefen und Veröffentlichungen. Ferner werden immer wieder Informationen herangezogen, die angeblich von einem italienischen Freimaurer geliefert wurden. Auffällig oft geht es dabei um Verbindungen der Freimaurer in die Politik und Gemeinsamkeiten mit den Jesuiten.

Für uns sind aber einzelne Aussagen von Interesse. So habe die Zerstörung von Leuven Deutschland geschadet. Ferner gäbe es Informationen, die der katholischen Kirche großen Schaden zufügen könnte. Der Autor fordert daher, alle Dokumente zu sichten und gegen den Vatikan einzusetzen. Ohne näher auf die Art der Dokumente einzugehen, wird dabei auf Rudolf von Gerlach verwiesen.

Er soll nach seinem erzwungenen Ausscheiden aus dem Vatikan, erklärt er, dass er im Besitz von brisanten Dokumenten sei. Für viel Geld übergab er dem Vatikan diese Dokumente. Rudolf von Gerlach war der engste Vertraute des Papstes Benedict XV.. Patins behauptet in dem Buch, dass er ein englischer Spion war. Fakt ist, dass Gerlach auf einer Liste mit 2800 Personen stand, die bei Einnahme Großbritanniens durch die SS festgenommen werden sollten. In der sogenannten ‚Sonderfahndungsliste GB' waren viele prominente Politiker, Künstler und Wissenschaftler enthalten. Es wurden aber auch Institutionen und Organisationen aufgeführt. Auffällig viele Freimaurer, maurerische Organisationen und Logen finden sich dort wieder. Auch Winston Churchill gehörte dazu.

In den von Aaron mitgelieferten Dossiers wird der Verdacht unterstützt, dass es sich bei den verkauften Dokumenten um Hinweise zur Existenz der Bücher von Papst Adrian VI. und Verbindungen zu Freimaurern handelten."

Saskia unter brach Pieter: „Jetzt bin ich etwas verwirrt. Heißt das, ein Agent des britischen Geheimdienstes hat die Probleme verursacht?"

„Nein. Nein. Der kam erst später dazu. Friedrich Stein tauchte 1914 beim Vatikan mit dem Brief auf. Papst Pius X. herrschte seit 1903 im Vatikan. Er gilt bis heute als einer der reaktionärsten Päpste, der mit allen im zur Verfügung stehenden Mitteln versuchte, Reformbewegungen in der Kirche und in der Welt zu bekämpfen. Er schreckte nicht davor zurück, die diplomatischen Beziehungen zu

Spanien und Frankreich abzubrechen. Sein Feldzug schloss auch individuelle Strafmaßnahmen ein. Er exkommunizierte 1906 die Gründerin der Mariaviten Feliksa Kozłowska und Jan Maria Michał Kowalski aus Polen. Die Mariaviten wollen dem Leben Marias nacheifern und sahen es als ihre Aufgabe an, die katholische Kirche zu reformieren. Feliksa Kozłowska war die erste Frau, die vom ‚Heiligen Stuhl' exkommuniziert wurde.

Um seine Ziele zu erreichen, brauchte er schlagkräftige Instrumente. In einem ersten Schritt benannte er 1908 die Römische Inquisition in ‚Kongregation der römischen und allgemeinen Inquisition' oder kurz ‚Sanctum Officium' um. Bisherige Verwaltungsaufgaben wurden umverteilt und das vatikanische Gericht eine Art Polizei. Der Papst trug den Titel Präfekt und war damit der direkte Vorgesetzte der Kongregation. Allerdings übertrug er diese Aufgabe einem Kardinal. Durch Bespitzelung, Denunziation und Verleumdungen wurden Kleriker und Wissenschaftler unter Druck gesetzt. Pius X. ging so weit, dass er die örtlichen Bischöfe anwies, die Teilnahme der Katholiken an demokratischen Wahlen einzugrenzen.

Es ist naheliegend, dass Friedrich Stein mit dem in Leuven gefundenen Brief zu dem zuständigen Kardinal der Inquisition gegangen ist, der mit Sicherheit die Brisanz des Dokumentes erkannte. Die Kirche hat in solchen Fällen immer versucht, in den Besitz der Beweise zu kommen, sie zu vernichten oder das Problem auszusitzen. Da der Brief aber nur Hinweise auf existierende Beweise enthielt, befürchtete man, dass die Bücher von Papst Adrian VI. ans Tageslicht kommen.

Pius X. unterstützte das Vorgehen Österreichs und Deutschlands im Ersten Weltkrieg. Damit ergab sich die Möglichkeit, im Rahmen der Kampfhandlungen das leidige Problem mit den Büchern in der Universitätsbibliothek Leuven zu klären. Bis heute gibt es widersprüchliche Darstellungen darüber, wie es dazu kam.

In Deutschland behauptete man, belgische Freischärler hätten deutsche Soldaten beschossen. Der Schusswechsel hätte den Brand ausgelöst. Belege gibt es dazu nicht. Ich habe mich mit einem Brandsachverständigen unterhalten, der dieser Theorie widersprach. Er meinte, dass es schwer sei, Bücher anzuzünden, die in einem Regal aufgereiht sind. Um das zu illustrieren, versuchte er einen Stapel alter Zeitschriften anzuzünden. Selbst als er Benzin darüber schüttete, glimmen nur die Ränder. Die inneren Seiten blieben erhalten. Ich fragte ihn, ob er das Lipman-Regalsystem kenne, das in Leuven eingebaut war. Er sagte, dass diese Regale aus Metall bestehen und deshalb besonders brandsicher sind. Nur durch eine geplante Aktion mit mehreren Personen und dem Einsatz spezieller Brandbeschleuniger könne eine gesamte Bibliothek angezündet werden, die mit dem Lipman-Regalsystem ausgestattet ist. Selbst mit dem Beschuss der Bibliothek sei das kaum möglich. Man müsste schon mit Flammenwerfer ins Gebäude gehen.

Hatte der Papst dabei selbst die Hand im Spiel? Ich glaube es nicht. Vermutlich waren es radikale Gläubige, die von deutschen Offizieren unterstützt wurden. Vielleicht waren auch zwei Gruppen mit unterschiedlichen Interessen daran beteiligt. Eine Gruppe wollte sicherheitshalber alle Bücher vernichten. Die andere war vielleicht auf der Suche nach den Büchern, um sie gegen den Papst einzusetzen. Es gab immer unterschiedliche Strömungen unter den Katholiken.

Diese Variante würde auch erklären, warum der Archivar gefoltert und danach getötet wurde. Wo hätten sie suchen sollen, wenn die Bücher schon brennen? Den Mann in die Nähe der Bibliothek zu bringen, sollte wohl den Verdacht in die falsche Richtung lenken.

Als Pius X. starb und der neue Papst Benedikt XV. seine Politik, die auf Frieden und Vermittlung zwischen den Völkern ausrichtete, verloren die katholischen Laienorganisationen ihren Fürsprecher und Finanzierer. Außerdem hatten sie keinen direkten Zugang mehr zum Papst, denn Rudolf von Gerlach wurde Geheimkämmerer.

Jeder, der zum Papst wollte, musste an ihn vorbei. Jeder Brief an den Papst wurde von ihm gelesen. Natürlich hatte er den gesamten

Briefverkehr von Papst Pius X. gelesen und stieß dabei auf den Brief von Friedrich Stein, der Mitglied einer dieser Organisationen war.

Für den Papst bestand die Gefahr, dass die Dokumente von Adrian VI. auftauchen könnten. Die herausgehobene Rolle der Frauen und die Ablehnung der Gewalt im Urchristentum hätten den Vatikan infrage gestellt. Da sein Vorgänger die Mariaviten verboten hatte, entschloss sich Papst Benedikt XV., die Jungfrau Maria als Miterlöserin anzuerkennen und die französische Nationalheldin Jeanne d'Arc heiligzusprechen. Seine Friedensbemühungen während und nach dem Krieg waren beispielhaft. Die Anerkennung von Polen als selbstständiger Staat ist dabei nur ein Puzzlestück."

Saskia sah Pieter erstaunt an. „Davon höre ich heute das erste Mal. Ich war mit meiner Großmutter vor zwei Jahren in Jasna Góra. Dort haben wir uns die Schwarze Madonna von Tschenstochau angesehen. Bei der Führung hat man stundenlang über den polnischen Papst gesprochen. Dass einer seiner Vorgänger die Marienverehrung verboten hat, wurde nicht gesagt."

Pieter entgegnete: „Dabei ist gerade die Geschichte dieser schwarzen Madonna außergewöhnlich und voller Legenden. So soll das Bild vom heiligen Lukas auf dem Zypressentisch der Heiligen Familie gemalt worden sein. Im Jahr 326 soll es die Mutter von Kaiser Konstantin nach Konstantinopel gebracht und im 14. Jahrhundert in die Hände einer byzantinischen Prinzessin und danach eines polnischen Prinzen gelangt sein. Diese Geschichte kennst du sicher."

Saskia sagte: „Ja, daran kann ich mich erinnern. Auch noch daran, dass Hussiten mit Säbel die Beschädigungen im Gesicht verursacht haben. Es wurde restauriert und kam später nach Jasna Góra. König Johann II. Kasimir habe die schwarze Madonna symbolisch zur Königin Polens gekrönt."

Pieter lachte: „So ist es mit Legenden. Sie graben sich tief in das Gedächtnis ein, wenn sie nur wundersam genug sind und man irgendwie auch daran glauben will. Jedes Märchen funktioniert nach diesem Prinzip. Dumm nur, wenn sich Wissenschaftler daran machen, es zu untersuchen. Sicher ist, dass es nicht auf Zypressenholz gemalt wurde. Es wurde auf Lindenholz gemalt. Jeder Tischler hätte das festgestellt. Zypresse passte aber besser in die Geschichte. Echt ist aber die dunkle Farbe der Gesichter von Maria und Jesus. Früher hatte man gern behauptet, dass die Farbe nachgedunkelt sei oder Umwelteinflüsse daran schuld wären. Manchmal ist aber das Naheliegende die Wahrheit. Die Hautfarbe war schon immer dunkel.

Interessant ist die Geschichte der schwarzen Sara. Sie soll eine Dienerin von Maria Magdalena gewesen sein, als sie mit der Mutter des Apostels Jakob, Maria des Kleophas, Maria Salome, Martha und Lazarus von Juden auf einem Schiff ohne Segel ausgesetzt wurde. Der Legende nach sollen sie in der Nähe von Marseille gelandet sein. Dort habe Sara missioniert. Diese Geschichte ist schon deswegen unglaubwürdig, weil das Schiff über 3500 Kilometer über das offene Meer treiben musste, um dort anzukommen.

Bei beiden Geschichten spielt der Heilige Lukas eine Rolle. Es gibt noch weitere Darstellungen von schwarzen Madonnen, bei denen er eine Rolle gespielt haben soll. In Italien gibt es eine Skulptur und auf Malta drei Bildnisse, die mit Lucas in Verbindung gebracht werden. Der Legende nach solle er auf Wunsch der frühen Christen ein Bild der Jungfrau Maria mit dem Jesuskind gemalt haben. Warum hat er aber schwarze Madonnen gemalt? Auch die Ikone der Heiligen Jungfrau Maria in der Katholischen Kirche des Markusklosters von Jerusalem, das von ihm gemalt worden sein soll, hat eindeutig dunkle Haut. Nach syrisch-orthodoxer Überzeugung fand das letzte Abendmahl von Jesus in einem Haus statt, das an dieser Stelle stand. Es soll sich dabei um das Haus der Mutter des Evangelisten Johannes Markus gehandelt haben. Hier soll sich Apostel Petrus nach seiner Befreiung aus dem Gefängnis aufgehalten haben. Auch diese Geschichte ist umstritten.

Das trifft aber auf die meisten abweichenden Legenden zu. Da die Kreuzritter das Kloster im 12. Jahrhundert erbaut haben, ist sie aber vielleicht nicht ohne Substanz. Die Ikone hängt über einer mit

Silber eingefasste Quelle. Der Heiligenscheine von Maria und Jesus wurden nicht vom Maler angebracht, sondern zusätzlich befestigt. Gerade deshalb bin ich der Überzeugung, dass die Legende einen wahren Hintergrund hat.

Es gibt mehrere schwarze Madonnen, die angeblich von Lucas gemalt worden sind. Wenn sie tatsächlich Maria zeigen, müssten alle späteren Darstellungen mit weißer Haut falsch sein. Allerdings frage ich mich, wie er Jesus als Kind malen konnte, wenn er ihn erst als Erwachsenen kennengelernt hat. Es gibt nur eine schwarze Madonna in Jerusalem, während es eine Häufung in Frankreich und Spanien gibt. Das kann kein Zufall sein. Vater hatte in Zaragoza auch eine schwarze Madonna auf dem Pfeiler gesehen. Auch sie wird bis heute mit kostbaren Kleidern angezogen, wie viele andere Madonnen.

Wie passen aber die Ereignisse in Spanien in das historische Umfeld? Vater wurde von Freimaurern aus Großbritannien nach Spanien geschickt. Winston Churchill soll die Aktion des britischen Geheimdienstes unterstützt haben. Warum passierte das erst so spät? Nachdem ich das Buch von Patin gelesen habe, verstand ich, dass die Briten erst zu diesem Zeitpunkt Rudolf von Gerlach als Spion geworben haben. Friedrich Stein hat den MI6 auf unsere Familie aufmerksam gemacht. Über Wilson konnten sie Verbindung zu Carlos herstellen.

Da Rudolf von Gerlach als Spion verbrannt war, ergab sich mit den Büchern eine neue Möglichkeit, zum Vatikan Verbindungen aufzubauen.

Opus Dei hatte sich zu dieser Zeit schon als Konkurrenz in Spanien etabliert, indem die Organisation wichtige staatliche Posten mit ihren Leuten besetzen konnten. Diese Politik widersprach den Interessen des Papstes, der bemüht war, möglichst viele diplomatische Beziehungen aufzubauen. Das Regime von Franco passte dort nicht hinein, denn dessen Verbrechen wurden mit dem Opus Dei auch der katholischen Kirche zugerechnet."

Saskia hatte aufmerksam zugehört. Dann sagte sie: „Es klingt alles ganz logisch, auch wenn sich manches in mir dagegen sperrt, dass gläubige Christen in Verbrechen verwickelt waren. Es ist wie eine Blockade in meinem Kopf.

Gibt es nicht auch positive Dinge, die du herausgefunden hast? Vielleicht über die Aktion in Polen. Die Geschichte hat mich sehr bewegt. Julien hatte sie auch so plastisch erzählt. Ich glaube, dass ich sie nie vergessen werde."

Saskia liefen Tränen über ihr Gesicht. Pieter reichte ihr ein Taschentuch.

„Ja, mich bewegt diese Geschichte auch immer wieder. Vater hat das Foto von der jungen Frau neben das von meiner Mutter aufgehängt. Ich bin ihm deswegen nicht böse. Luise sieht es sich manchmal an. Sie hatte Vater immer gebeten, die Geschichte einmal aufzuschreiben. Er hat sie immer vertröstet. Sicher will er manches Geheimnis mit ins Grab nehmen. Und das ist auch gut so. Das Leben verläuft eben nicht schnurgerade. Diese Frau hatte in der kurzen gemeinsamen Zeit einen tiefen Eindruck hinterlassen. Trotz der Tragik hat die Geschichte etwas Positives. Als Luise geboren wurde, hatten wir kurz die Idee, sie nach der polnischen Frau Alicja zu benennen. Dann aber haben wir gedacht, dass Vater sie allein für sich haben will. Trotzdem ist Luise sein Ein und Alles.

Noch einen Zusammenhang solltest du von Papst Johannes Paul II. wissen. Er lebte während des Krieges in Krakau. Gern hat er behauptet, dass er überlebt hat, weil es seine göttliche Vorsehung war, Papst zu werden. Allein dieser Gedanke ist für mich abstoßend, weil es den Holocaust relativiert. Während seine Professoren im Rahmen einer Sonderaktion verhaftet und in Konzentrationslager kamen, arbeitete Karol Józef Wojtyła beim Baudienst im Generalgouvernement. Er betonte zwar immer, dass er diese Arbeit zwangsweise angenommen hat. Es gibt keine Hinweise darauf, dass er im polnischen Widerstand aktiv war. Stattdessen trat er in das geheime Priesterseminar der Erzdiözese Krakau 1942 ein.

Er betont auch immer, dass die Zeit in Krakau sein Verhältnis zu den Juden beeinflusst hat. Als Papst hat er sich für die Aussöhnung von Christen und Juden mit den Juden eingesetzt. Warum hat er aber damals nichts für sie getan. Ich glaube, er war immer ein zerrissener Mann gewesen. Hast du dir schon mal das Wappen von Papst Johannes Paul II. näher angesehen?"

Saskia zögerte. Dann sagte sie: „Offen gesagt kann ich mich nur daran erinnern, dass der Hintergrund blau ist und im Vordergrund ein goldenes Kreuz und ein großes goldenes M abgebildet ist. An die Verzierungen kann ich mich nicht mehr erinnern."

Pieter nickte bestätigend. „Das ist auch das Wichtigste. Das Wappen birgt aber ein Geheimnis. Man könnte meinen, dass das Kreuz sich auf Jesus und ‚M' auf Maria bezieht. Welche Maria ist aber gemeint? Wenn er die Gottesmutter gemeint hatte, würde diese Darstellung im Widerspruch zur kirchlichen Heraldik stehen, da normalerweise ein Stern für sie benutzt wird.

Das Wappen erklärt sich aber, wenn man weiß, dass der Papst eine jahrzehntelange persönliche Beziehung zu einer amerikanischen Philosophin Anna-Teresa Tymieniecka mit polnischen Wurzeln unterhielt."

Saskia fragte erstaunt: „Heißt das, dass der Papst gegen das Zölibat verstoßen hat?"

Pieter hob abwehrend die Hände. „Ich war nicht dabei. Es gibt aber zahlreiche Indizien, die dafürsprechen, dass sie mehr als Freunde waren. Wojtyła lernte sie 1973 kennen, als er Erzbischof von Krakau war. Sie hatte ein Buch von ihm gelesen und war so begeistert, dass sie ihm schrieb und kurze Zeit danach in Krakau besuchte. Es begann ein intensiver Gedankenaustausch. Sie arbeitete mit ihm gemeinsam an dem Buch ‚Person und Tat'. Die Verbindung zwischen ihnen entwickelte sich auch auf persönlicher Ebene. Das war problematisch, schließlich war sie mit einem jüdischen Professor verheiratet und hatte drei Kinder.

Trotzdem schrieben und besuchten sie sich gegenseitig. Oft waren die Zusammenkünfte in einem sehr persönlichen Umfeld. Wie anders soll man das gemeinsame Zelten, Schifahren, Schwimmen oder Wandern bezeichnen.

Irgendwann hatte sie ihm vermutlich ihre Gefühle offenbart. Als Kleriker hätte er spätestens jetzt, den Kontakt abbrechen müssen, da das Zölibat weit über den sexuellen Verkehr hinausgeht.

Wojtyła brach den Kontakt nicht ab. Er machte ihr stattdessen ein sehr persönliches Geschenk. Es handelte sich dabei um eine Devotionale, ein Skapulier, das er als Kind von seinem Vater nach seiner ersten Kommunion erhalten hatte. Das Skapulier ist eine Art Amulett, dessen beiden Teile durch Bänder verbunden sind. Es ist aus brauner Wolle und zeigte ein Bild einer Madonna. Es soll durch das Wort der Jungfrau Maria verhindern, dass man das Feuer der Hölle erleidet.

Wojtyła hatte es seit seiner Kindheit ständig auf seiner Haut getragen. Es ist also etwas sehr Intimes, das mit seinem kirchlichen Amt nichts zu tun hatte. Wie eng die Verbindung zwischen den beiden war, zeigt auch der Umstand, dass sie den Papst noch einen Tag vor seinem Tod besucht hat. Danach hat der Vatikan versucht, alle ihre Spuren zu löschen.

Es existieren über dreihundert Briefe, die Anna-Teresa 2008 an die Polnische Nationalbibliothek verkauft hat, die die ganze Geschichte bezeugen könnten. Eine Nachlassverwalterin hatte sie vor dem Verkauf gesichtet und weitere Spezialisten hinzugezogen. In einem seiner Briefe schrieb Wojtyła, dass er über das Skapulier immer in der Lage sei, zu fühlen, ob sie ihm nah sei. Dieser einmalige Gegenstand befindet sich im Besitz der Nachlassverwalterin.

Anna-Teresa hatte eigentlich gewünscht, dass die Briefe der Öffentlichkeit zugänglich werden, doch niemand ist bereit, dieses Wagnis einzugehen."

Saskia sah ihren Freund an, der den Bericht aufmerksam gelauscht hatte. Dann wandte sie sich wieder Pieter zu. „Und was hat das mit dem Wappen des Papstes zu tun?"

„Zunächst solltest du wissen, dass Anna-Teresa den Papst nicht nur emotional unterstützte. Ihr Mann war Berater von zwei amerikanischen Präsidenten. Sie selbst hatte umfangreiche Verbindungen in einflussreiche politische und klerikale Kreise. Als Wojtyła sie in den USA besuchte, organisierte sie Treffen mit Menschen, die ihn nützlich sein konnten. Darunter waren auch Kardinäle, die ihn später zum Papst wählten. Anna-Theresa hatte ihm gesagt, dass sie ihm gehöre. Als er zum Papst gewählt wurde, nannte er als Wahlspruch ‚Totus tuus', der nichts anderes bedeutet als ‚Ganz dein'. Das M für Maria passt nicht zu einer Anrede für eine Mutter. In keinem Mariengebet finden sich solche Worte. Es ist die Anrede für eine Geliebte. Das M bezieht sich auf das Skapulier, das ein Marienbild zeigte. Er bezeichnete die Frau als Geschenk des Himmels, das er annehmen muss.

Die Namen der Glaubensgemeinschaft der Mariaviten, von denen ich vorhin erzählt habe, leitet sich von dem lateinischen Mariae vitam imitans, also ‚dem Leben Marias nacheifernd' ab. In der Glaubensgemeinschaft gibt es mystische Ehen zwischen Priestern und Nonnen. Außerdem können Frauen Bischof werden.

Nach der Papstwahl kühlte sich das Verhältnis etwas ab, da er unter Druck des Vatikans, von einigen seiner bisherigen Haltungen abwich. Andererseits veröffentlichte er einige außergewöhnliche Schriften, die sich mit Sexualität und Liebe beschäftigten. Schließlich söhnten sie sich aus. Über die ganzen Jahre schickte er ihr Karten zu ihrem Namenstag Theresa, zu Ehren von Teresa von Ávila. Diese spanische Heilige hatte sich intensiv mit Briefen von Hieronymus beschäftigt. Das ist der Mann, der die Inhalte der Bibel im vierten Jahrhundert infrage gestellt hatte.

Wojtyła hatte seine erste Doktorarbeit über den heiligen Johannes vom Kreuz geschrieben, der eine sehr enge Beziehung zu Teresa von

Ávila unterhielt. Beide wollten den Orden der Karmeliten reformieren. Johannes vom Kreuz schrieb spirituelle Liebeslyrik. Vielleicht sah er in seiner Beziehung zu Anna-Teresa eine ähnliche Situation.

Teresa von Ávila beschrieb in einem ihrer Gedichte von dem Besuch eines Engels, der ihr in leiblicher Form erschien. Es wird darin die Ekstase einer göttlichen Liebe geschildert. In seinen Schriften hatte sich Papst Johannes Paul II. mehrfach zum göttlichen Geschenk der Liebe geäußert.

Auffällig ist, dass Teresa 1515 geboren wurde. Wenige Jahre später wurde Adrian der VI. zum Papst gewählt. Das heißt, dass sie von seinen Reformbemühungen wusste. Mit Sicherheit hat auch Papst Johanns Paul II. diesen Zusammenhang erkannt und er kannte die Mariaviten.

Das enge Verhältnis zu einer Frau machte ihn erpressbar. In Rom war er Zwängen der unterschiedlichen Strömungen ausgesetzt.

Widersprüche zeigen sich in vielen Aussagen und Entscheidungen. Einerseits war er weltoffen, dann spricht er ausgerechnet den Gründer von Opus Dei, Josemaría Escrivá, der den Diktator Franco aktiv unterstützte und die Verbrechen Augusto Pinochets in Chile als ‚nötiges Blutvergießen' bezeichnete, heilig.

Oder er sprach ein ‚Mea culpa' für die Verfehlungen der Kirche wie Glaubenskriege, Judenverfolgungen und Inquisition aus, besuchte anschließend die Holocaust-Gedenkstätte Yad Vashem in Israel und betete an der Klagemauer.

Demgegenüber bestätigte Papst Johanns Paul II., dass sich Gläubige, die freimaurerischen Vereinigungen angehören, im Stand der schweren Sünde befinden und nicht die heilige Kommunion empfangen können.

Gerade im Vorfeld seiner Besuche in Lateinamerika hat er bestimmt erfahren, dass Freimaurer eine wichtige Rolle in den Freiheitsbewegungen spielten, während die katholische Kirche Nutznießer der Unterdrückung und Versklavung der indigenen

Bevölkerung war. Es hilft kein ‚Mea culpa', also ein Schuldbekenntnis, wenn ich anschließend den chilenischen Diktator besuche und Vertreter der Befreiungstheologie in den Entwicklungsländern bekämpfe. Er hat die Chance, in die Fußstapfen von Adrian VI. zu treten, verpasst. Während der Papst Taten der Mafia verurteilte, wusch die Vatikanbank fleißig ihre Drogengelder, mit dem Propaganda Due Politiker, Militärs und Unternehmer kaufte, um Terroranschlägen der 1970er-Jahre durchzuführen, bei denen 200 Menschen getötet und etwa 600 verletzt wurden. Zwischen 8.000 und 20.000 chilenische Kinder und Babys wurden während der Pinochet-Diktatur ihren Eltern geraubt. So wie es auch unter Franco geschehen ist. Und ein Papst besucht den Mann, der das alles zu verantworten hat.

Opus Dei kann bis heute junge Menschen ihren Familien entfremden und labile Menschen ihr Vermögen entziehen. Das hat nichts mit dem Sinn der Christen zu tun, die für Nächstenliebe und gegen Gewalt eintraten.

Wojtyłas Bekenntnis für Menschenrechte wurde zur Farce, als er sexuellen Missbrauch innerhalb der Kirche, von Kindern und Frauen zuließ. Und schließlich gab es keine Aufklärung der Rolle der katholischen Kirche bei der Flucht von Kriegsverbrechern und Verbrechern gegen die Menschlichkeit.

Auch meine Familie wurde damit Opfer der vatikanischen Politik, auch wenn eine persönliche Verantwortung des Papstes sicher nicht nachzuweisen ist. Wenn wir in Chile sind und die Gräber unserer Verwandten besuchen, spüren wir immer noch offene Wunden. Es gibt immer noch Vermisste und haben bis heute kein eigenes Grab."

Saskia saß, in sich gekehrt, als der Flieger zur Landung ansetzte. Sie rückte noch näher an ihren Freund heran, dann hob sie den Blick und sagte: „Viele hatten viel Hoffnung in den Papst gesetzt. Es waren nur leere Worthülsen in einer Welt von Macht und Lügen. Ich glaube auch, dass er die Geschichte von Adrian kannte. Vielleicht hatte er Hoffnung, das System zu ändern. Bei den vielen Reisen flüchtete er vor der Realität im Vatikan. Deshalb war Anna-Teresa zu Recht enttäuscht von ihm. Dass sie anschließend doch zu ihm hielt, beweist ihre Stärke. Ich glaube nicht, dass sie sich geändert hat. Wojtyła konnte vermutlich nur in den wenigen Momenten ihrer Zweisamkeit zu sich finden. Das Skapulier erinnerte mich an ein Tuch von meiner Mutter, dass ich als kleines Kind immer bei mir hatte. Ohne das Tuch konnte ich nicht einschlafen. Es war der Duft meiner Mutter, der mir beim Einschlafen half und mich ins Ferienlager begleitete. Bis heute trage ich es auf Reisen bei mir."

„Pieter, ich habe noch viele Fragen, aber die werde ich wohl erst stellen können, wenn ich wieder zu Hause bin. Eins möchte ich aber doch noch wissen: Regiert Wojtyłas Nachfolger als Papst besser als er?"

Pieter zeigte ihr seine leeren Handflächen: „Offen gesagt, kann ich das noch nicht beurteilen. Einerseits hat er einige offensichtlichen Fehlentscheidungen zurückgenommen. Andererseits hat er ihn heiliggesprochen. Das bedeutet, dass man ihn innerhalb der katholischen Kirche nicht mehr infrage stellen kann. Positiv ist, dass er das geheime Archiv des Vatikans öffnen will. Doch das hilft nicht viel, wenn wichtige Akten fehlen. Das beste Beispiel ist, dass Anna-Teresa totgeschwiegen wird.

Selbst innerhalb der Kirche wird bezweifelt, dass die Rolle der Päpste während und nach dem Zweiten Weltkrieg offengelegt wird. Und dann sind noch die vielen Skandale. Es wird Zeit, dass kirchliche Amtsträger genauso behandelt werden, wie normale Verbrecher, wenn sie sich sexuell vergehen oder sich mit der Mafia einlassen. Es ist kein Wunder, dass immer mehr Menschen sich von den Kirchen lossagen. Ich bezweifle, dass Jesus es akzeptiert hätte, wie Glauben missbraucht wird. Da gibt es keinen Zweifel.

Papst Benedikt XVI. wird bei Reformen stecken bleiben, wenn er nicht zu den Wurzeln zurückkehrt. Und das bezweifle ich, denn er kennt das Geheimnis der Kirche Santa Maria dell'Anima in Rom. Er hat während des Zweiten Vatikanischen Konzils im Priesterkolleg der Kirche gewohnt und fühlt sich der Kirche eng verbunden.

In diesem Zusammenhang ist es schon bemerkenswert, dass er dafür gesorgt hat, dass Papst Johannes Paul II. heiliggesprochen wurde, aber Adrian VI. dieser Ehre nicht vergönnt ist. Allein dieser Fakt spricht schon Bände. Und noch etwas ist bemerkenswert. Er hat umfangreiche Studien in der Kirche durchgeführt, in der das Grabmal von seinem Vorgänger geschändet wurde, als die Skulptur der Schwangeren von der Spitze entfernt wurde. Er hat keinen Finger für die Seligsprechung seines deutschen Vorgängers Adrian VI. gerührt. Bei Wojtyła hat er sich beinahe überschlagen und nach Wunderheilungen suchen lassen. So schnell wurde noch nie ein Papst heiliggesprochen."

In diesem Moment kündigte der Pilot die Landung der Maschine an.

Die Kassette

Am Flughafen in Lausanne wartete ein schwarzes Auto. Es sah wie ein überdimensionierter Jeep aus. Der Fahrer parkte direkt an der Gangway. Zügig fuhr er sie bis in die Innenstadt von Genf. An einem unscheinbaren Haus führte eine Durchfahrt in eine Tiefgarage. Der Wagen hielt an einem hell erleuchteten Eingang. Sie gingen durch eine Art Schleuse. Ein Lautsprecher forderte sie auf, in Kameraobjektive zu sehen. Pfeifend öffnete sich eine Schiebetür. Ein junger Mann mit einem strengen Gesichtsausdruck fragte nach ihren Wünschen.

„Wir möchten ein Schließfach einsehen", sagte Pieter.

„Einen Augenblick. Meine Kollegin wird Sie sofort in Empfang nehmen."

Eine ältere Dame kam auf sie zu.

„Bitte folgen Sie mir in den Wartebereich. Sie haben sicher alles Notwendige dabei?"

Sie erwartete keine Antwort. Großzügige Sesselgruppen waren hinter Sichtblenden angeordnet.

„Es dürfen nur zwei Personen gleichzeitig in den Schließfachbereich."

Pieter bat Lucas, mitzukommen.

An einem Tresen sah sie einen Mitarbeiter der Bank fragend an: „Offen oder geheim?"

„Geheim", sagte Pieter.

„Gut, ich benötige die Zeichenfolge."

„2508A16084C", antwortete Pieter.

Es waren die eingeritzten Zeichen aus dem Ring.

„Sie haben Ihren Schlüssel dabei?"

Pieter öffnete das Etui der Taschenuhr und entnahm den kleinen Schlüssel.

„Danke. Ich bringe Sie jetzt in den Raum mit den Schließfächern. Ich bitte Sie, Mobiltelefone hier abzulegen. Ihre Tasche können Sie natürlich mitnehmen."

Es öffnete sich eine Schiebetür. Dahinter ging es mit einem Fahrstuhl in die Tiefe. Der Bankangestellte legte vor einer Tür seine Hand auf eine Glasfläche. Grün tastete ein Scanner die Papillarlinien der Finger ab. Ein melodischer Ton erklang, gleichzeitig öffnete sich eine schwere Tür. Man sah zahllose Schließfächer. Zielgenau ging der Bankangestellte in die rechte hintere Ecke. Im unteren Bereich waren Schließfächer, die überdimensioniert schienen. Der Mann wies auf ein Schließfach und steckte seinen Schlüssel in eine Öffnung.

„Bitte stecken Sie den Schlüssel in das linke Schlüsselloch. Drehen Sie ihn im Uhrzeigersinn."

Mit einem leisen Klicken öffnete sich das Fach einen Spalt.

„Sie haben Ihren Zugang. Ich lasse Sie jetzt allein. Wenn Sie fertig sind oder ein Problem auftaucht, drücken Sie bitte auf den Knopf an der Tür. Ich bin dann in Kürze bei Ihnen. Wenn Sie fertig sind, reicht es, das Fach zuzudrücken. Es verschließt sich von allein. Vergessen Sie Ihren Schlüssel nicht." Er verließ den Raum.

Im Schließfach befanden sich eine altertümliche Kassette und einige Dokumente. Sie konnte nur mit Mühe aus dem Fach genommen werden.

Pieter sagte: „Wir nehmen alles mit."

Sie packten die Dokumente und die Kassette in ihre Reisetasche und klingelten.

Lucas fragte: „Woher wusstet ihr vom Ort des Schließfaches."

Pieter antwortete: „Der Schlüssel war im Etui der Uhr. Darin war auch eine Visitenkarte von Alain Moulinier. Carlos hatte unter den Namen ‚Verräter' geschrieben und seine Funktion in der Bank unterstrichen. Alles kein Hexenwerk. Moulinier musste doch einen Grund gehabt haben, unbedingt in dieser Bank zu arbeiten. Allerdings war ich mir erst sicher, nachdem ich vor dem Tod von Silvia einen Vertreter von P2 auf einem Foto mit ihm und Mario Vico gesehen hatte. Hätten wir in Paris die Schließfachnummer ermitteln können, hätte er versucht, den Schlüssel zu erschleichen. Carlos kam die schnelle Lösung des Problems in Paris verdächtig vor und hatte einen Privatdetektiv eingesetzt. Nachdem die Organisation enttarnt wurde, hat sich Moulinier nach Mexiko abgesetzt. Carlos glaubte, meinem Vater etwas schuldig zu sein. Vielleicht dachte er, dass der Schlüssel bei mir in den besten Händen wäre, nachdem er von seinen Brüdern hintergangen wurde."

* * *

Das Hotel befand sich im Zentrum der Stadt. Der Fahrer hatte sie direkt vor die Tür gefahren. Pieter nahm die Schlüsselkarten entgegen. Ihre Hotelzimmer waren in der obersten Etage und untereinander mit Türen verbunden.

Saskia stupste Lucas an. „Irgendwie ist das unwirklich. Erst fliegen wir in einem Privatjet und jetzt befinden wir uns in einem der besten Hotels von Genf. Hoffentlich gibt es kein böses Erwachen."

Sie sprang auf das große Hotelbett und machte sich lang.

„Das ist schön. Was hat Pieter gesagt? Wann gehen wir essen?"

„Wir gehen nicht essen. Man bringt es uns."

„Ich bin mir sicher, dass es keine Pizza ist."

„Ich glaube, er wollte nicht, dass wir zu viel zu sehen sind. Der Fahrer wohnt auch hier."

„Der braucht bestimmt ein übergroßes Bett."

„Pieter hat gesagt, dass er Basketballspieler war."

„Das erklärt alles. Ich glaube, dass er auf uns aufpassen soll."

Saskia lachte. „Solange er nicht bei uns im Zimmer aufpasst, ist alles gut. - Ich glaube, wir klopfen mal bei Luise."

Auf ihr Klopfen tauchte sie an der Tür auf.

„Wir wollten nur nachsehen, ob unser Fahrer hier wohnt."

„Nein. Der ist doch viel zu alt für mich. Außerdem hat er eine Frau und vier Kinder."

„Vielleicht hat er einen passenden Sohn."

„Die sind alle noch im Vorschulalter."

„Fliegt ihr eigentlich immer mit Privatjet und Sicherheitsmann in den Urlaub?"

„Nein. Das ist eher die Ausnahme. Großvater ist übervorsichtig, wenn wir nicht zu Hause sind."

„Warum?"

„Das habe ich jetzt auch erst verstanden, als mein Opa von der Ermordung meiner Oma erzählt hat. Früher hieß es immer, dass ihr Auto bei schlechtem Wetter von der Fahrbahn abgekommen ist."

„Das verstehe ich", sagte Saskia mitfühlend. „So etwas wirkt lange."

„Du hast nicht gewusst, dass deine Mutter bei Europol arbeitet?", fragte Saskia.

„Nein. Sie hat immer behauptet, dass sie bei der Europäischen Union beschäftigt ist. Mein Papa sagte immer, dass ich deswegen keine Geschwister habe. Sie sei zu wenig zu Hause. Wobei er auch nicht besser ist. Er treibt sich überall auf der Welt herum und hält Vorträge über Quantenphysik. Ich suche mir später einen Mann, der immer schön zu Hause bleibt und mich verwöhnt. Vielleicht ein Schriftsteller oder so. Mal sehen."

„Du hängst sehr an deinem Großvater."

„Ja. Er war immer für mich da. Leider ist er schon so alt."

Saskia nahm Luise in den Arm. „Ach du. Wenn ich studiere, suche ich dir einen Mann aus, der ganz dicke Bücher schreibt und den Haushalt schmeißt."

„Ja. Hat Lucas noch einen Bruder?"

„Nein, er ist ein Einzelkind und Mathematiker."

„Das wäre mir auch recht. Mathematiker haben ihre Welt immer im Kopf."

„Ja. Und er ist sehr anhänglich und ein paar Semester zu jung für dich."

„Stimmt. Ich wollte auch eigentlich einen Mann wie mein Opa in jung."

Lucas kam aus dem Bad. „Sprecht ihr über mich?"

„Nein. Luise meinte nur, dass wir zum Essen gehen sollten."

„Also, ich bin bereit."

Der Tisch war festlich gedeckt. Es klopfte. Zwei Kellner kamen ins Zimmer und drapierten das Essen vor den Gästen.

Als sie gegangen waren, stand Pieter auf und erhob das Sektglas.

„Manchmal passiert an einem Tag mehr als in einem Jahr. Es kann gut oder schlecht sein. Ich hoffe, dass es gut ist. Zum Wohl!"

Das Essen war abgeräumt. Alle standen um den Tisch herum. Pieter und Lucas bugsierten die Stahlkassette aus der Tasche. Luise hatte dicke Werbeprospekte auf die Tischplatte gelegt, um sie nicht zu beschädigen.

* * *

Pieter zog sich weiße Baumwollhandschuhe an. Dann nahm er die Dokumente aus der Tasche. „Die meisten sind versiegelt oder zugeklebt. Der vergilbte Umschlag scheint neu zu sein. Er ist auch nicht zugeklebt. Es war ein Kuvert, das heutiger Norm entspricht. Auf den ersten Blick würde ich meinen, dass es aus den fünfziger oder Sechzigerjahren ist. Ein Absender steht nicht drauf."

Vorsichtig entnahm er den Inhalt. „Es sieht wie eine alte Eintrittskarte für eine Veranstaltung in Rio de Janeiro aus. Scheinbar hat ein Jesuitenpater dazu eingeladen. Das Sonnenlogo ist eindeutig. ‚Dívida antiga' steht auf der Rückseite. Ich glaube, das heißt ‚alte Schuld' auf Portugiesisch. Vielleicht wurde jemand eingeladen, um eine alte Schuld zu begleichen. Wir werden die anderen Kuverts nicht öffnen."

Die Kassette bestand aus geschmiedeten Eisenplatten und hatte an beiden Seiten Griffe. Vorn gab es vier flache Scheiben, die wie ein Zahlenschloss angeordnet waren. Auf ihr befanden sich jeweils vier Räder mit Buchstaben und Symbolen.

„Lucas. Ich glaube, du solltest sie öffnen."

„Ich kenne aber die Kombination nicht."

„Du kennst sie! Sieh in den Ring!"

„Jetzt verstehe ich es. Nur die vier Symbole sind gefragt."

Er drehte die Scheiben so, wie sie im Ring angeordnet waren.

„Und nun?"

„Drücke auf den Löwenkopf!", sagte Julien.

Man hörte ein leises Klicken, als ob eine Kugel auf Stahl fällt. Der Deckel sprang auf.

Obenauf lag ein Dokument, das mit einem großen Siegel verschlossen war. Deutlich erkannte man das päpstliche Wappen von Adrian. Darunter befand sich eine von Leder umschlossene Kiste mit Taschen. Darin steckten weitere alte Papiere, die in Leder eingeschlagen waren und eine mit Wachs verschlossene bauchige Röhre aus Ton.

Behutsam zog Julien das Kästchen aus der ledernen Hülle und stellte es auf den Tisch. Sie erkannten es. Ein Abbild davon hatten sie auf dem Gemälde von Adrian gesehen.

„Es besteht überwiegend aus Elfenbein. Nur die Verzierungen und Intarsien wurden aus Gold, Silber und Bronze hergestellt. Das Relief vom Sensenmann ist aus Silber. Es ist nur schwarz angelaufen. Auch die Kreuze sind aus Silber."

Pieter wollte schon auf das Fabelwesen drücken. Julien hielt ihn zurück.

„Vorsicht. An Neugier ist schon mancher gestorben. Der Sensenmann ist nicht ohne Grund angebracht. Drücke ihn mit dem Kugelschreiber."

Messerscharfe Klingen sprangen heraus.

„Was ist das?", rief Pieter entsetzt.

„Die Klingen sind vielleicht vergiftet. So etwas habe ich schon einmal gesehen", sagte Julien.

„Wie bekommen wir sie auf?", fragte Lucas.

„Ich glaube, der Ring wird uns helfen. Irgendwo muss eine Vertiefung sein."

„Bestimmt unter dem Totenkopf", sagte Saskia.

Pieter drückte ihn mit dem Stein zuerst hinein.

Ein leises Surren ertönte. Der Deckel erhob sich. Dann klappten alle Seiten auf und gaben den Inhalt frei.

„Was ist das?", fragte Saskia. „Ein Stapel Plastik? Da bin ich etwas enttäuscht."

Pieter hob die erste Leiste hoch. „Nicht voreilig urteilen! Es ist bestimmt Elfenbein."

Pieter zog an der ersten Elfenbeinleiste. Klappernd kamen weitere Leisten zum Vorschein und bildeten eine Tafel.

Zwei goldene Schrägen trafen sich in der Mitte und bildeten ein großes ‚V'.

Innerhalb des Vs. waren drei Dreiecke angeordnet, deren Spitze nach unten zeigten. Das unterste ‚V' war mit Gold unterlegt und hatte im Zentrum ein Loch. Neben dem unteren Dreieck war eine Sonne mit einer Wolke sichtbar. Rechts war ein zunehmender Mond mit drei Sternen angeordnet, die aus Edelsteinen waren.

Julien zeigte auf das Loch. „Ich glaube, dort passt der Ring hinein."

Pieter steckte ihn hinein. Jetzt lösten sich weitere Leisten. Die Tafel verdoppelte sich. Die Diagonalen aus Gold führten jetzt bis zum unteren Rand. Aus dem ‚V' wurde ein großes ‚X'. Unter der Kreuzung befanden sich Symbole.

Pieter flüsterte: „Das sind die vier Symbole aus dem Ring".

Luise wies auf weitere Darstellungen. „Menschen mit Dreiecken auf den Körpern. Das sind Familien. Die Kinder strecken sich zu den Eltern. Das hier unten ist eine Landschaft mit Bäumen, Menschen und Tieren. Fische schweben im Wasser und Vögel fliegen in der Luft. Die Tafel ist ausgesprochen schön. Aber was hat sie zu bedeuten?"

François, der bisher ruhig war, sagte: „Menschen mit Dreiecken, wie auf der Tontafel in Zaragoza."

Als Pieter die Tafel in die Höhe hob, fiel eine letzte Leiste nach vorn. Auf ihr befanden sich vier flache Gefäße aus Gold mit Deckeln.

Julien sagte: „Sie erinnern an Öllampen. Die inneren haben durchbrochene Deckel. Vielleicht dienten sie für Mittel, die ihren Duft verströmen sollen."

Pieter bat Luise, ein kitschiges Bild von der Wand zu entfernen, damit er die Tafel aufhängen konnte. Dann suchte er auf die

Rückseite der Tafel eine Öse zum Aufhängen. Zögernd drehte er sie um. Die gesamte Rückseite war voller Zeichen und Symbole.

Lucas zeigte auf ein Symbol. „Ist das die Zeichnung von Leonardo da Vinci?"

Julien sagte: „Es sieht so ähnlich aus. Aber was soll das Dreieck auf seinem Körper bedeuten? Das sieht so aus, wie bei den Menschendarstellungen auf der Vorderseite."

Lucas zeigte auf andere Grafiken. „Das ist Geometrie. Es geht um die Berechnung von Dreiecken und Kreisen. Aber was ist das für eine komische Schrift?"

François rückte etwas näher heran. „Das ist Aramäisch."

Pieter ersetzte ein Hotelbild mit der Tafel. Vorher drehte er sie aber wieder so, dass man die vordere Seite sehen konnte. „Luise, ziehe mal die Vorhänge zu und schalte die Halogenstrahler an."

Der Ring glitzerte. Die Vergoldung warf das Licht zurück. Sie stellten die Sessel wie im Kino auf und bewunderten das Lichtspektakel. Die Reflexionen des Rings vervielfältigten sich durch den geriffelten Rahmen. Sie erinnerte an ein Auge, das eindringlich auf sie herunterblickte. Das goldene Kreuz und die Dreiecke schienen den Blick auf den Stein zu lenken.

„Wenn ich noch lange darauf sehe, werde ich zu einem Zombie." Luise hob die Arme, als ob sie schlafwandeln würde.

Lucas lachte: „Ich glaube, dass du recht hast. Mach mal bitte das Licht aus."

Nachdem sich die Augen an die Dunkelheit gewöhnt hatten, sah man den rot leuchtenden Stein im Dreieck. Die Reflexionen waren jetzt nicht mehr rund, sondern füllten das Dreieck aus.

Saskia lehnte sich an Lucas und küsste ihn sanft auf die Wange. Dann flüsterte sie: „Es ist ein Herz."

Julien wiederholte es laut. „Ja. Es ist ein Herz!"

Mehrere Minuten starrten alle auf die Tafel, dann stand Pieter auf und machte das Licht wieder an.

„Vater, was meinst du? Ist das christlich oder irgendetwas anderes. Aramäisch sprach man doch im gesamten östlichen Mittelmeerraum."

„Ich weiß es nicht. Wir denken heute immer, dass es dort nur Christen gab, als Aramäisch die Hauptsprache war. Es gab aber viele Religionen. Manche sind heute vergessen. Es wurden Hausgeister verehrt oder der Sonnengott. Das müssen wir noch untersuchen.

Als ich das Herz gesehen haben, fiel mir gleich die Frau mit den Kindern auf der Spitze von Adrians Grabmal ein. Ich bin mir sicher, dass Adrian genauso beeindruckt war wie wir."

Pieter meinte: „Ich weiß nicht, was Adrian darin gesehen hat. Die Vorderseite erinnert an eine Religion und die Rückseite an wissenschaftliche Darstellungen. Vielleicht steht in dem Dokument etwas darüber. Außerdem haben wir noch die Röhre." Vorsichtig nahm er die Röhre aus der Kassette.

„Weißt du, woran sie mich erinnert?", Pieter stellte sie auf seine flache Hand und hielt sie am oberen Ende mit der anderen Hand umschlossen. Dann setze er sich aufrecht hin.

„Du meinst die Darstellung von Maria Magdalena auf dem Mosaik in Jerusalem?"

„Ja. Dann bekommt das Bild einen anderen Sinn. Maria Magdalena will das Gefäß jemanden übergeben. Sie ist aber skeptisch, ob es der Richtige ist."

„Ich werde die Röhre unter Schutzgas öffnen. Wenn sie Pergamentrollen enthält, könnten sie zerfallen. Auch die Dokumente lasse ich lieber in Ruhe."

„Du hast recht. Das erledigen wir in Leuven", sagte Julien. „Mein Aramäisch reicht nicht aus. Außerdem müssen wir uns das weitere Vorgehen überlegen. Ich habe auch schon eine Idee."

Er wollte schon die Ledertasche schließen, als er merkte, dass eine Seite steifer als die anderen war. In einem schmalen Fach war eine Holztafel verborgen. Sorgsam zog Julien es heraus. Sie war so groß wie eine Hand.

Luise fand ihre Sprache wieder: „Es ist ein Bild. Eine schwarze Madonna."

Saskia sagte: „Ja, aber sie erinnert mich aber nicht an die Madonna auf dem Bild, das ich kenne."

Julien atmete schwer und flüsterte dann: „Sie sieht aus, wie die schwarze Madonna aus dem syrisch-orthodoxen Kloster des Heiligen Markus in Jerusalem, die der heilige Lucas gemalt haben soll. Es fehlen nur die goldenen Verzierungen. Vielleicht ist es eine Vorlage, nach der der heilige Lucas die anderen Madonnen gemalt haben soll, denn für eine Skizze ist sie zu fein gearbeitet.

Der Künstler hat sich viel Mühe gegeben. Jedes Haar der Wimpern ist zu sehen. Diese Maria erinnert nicht an die üblichen Madonnen-Gesichter. Sie hatte das Gesicht einer stolzen Mutter, die fürsorglich ihr Kind im Arm hält. Das Kind hat sanfte Züge. Es hält ein rundes Spielzeug in den Händen. Das Bild erinnert mich an?"

Pieter beendete den Satz: „... Das Bild, das du von mir auf deinem Schreibtisch zu stehen hast. Allerdings habe ich darauf ein Auto in der Hand."

Julian lachte und packte alles zusammen.

„Der untere Rand ist beschriftet. Kannst du das lesen und übersetzen?", fragte Saskia.

Julian nahm eine Lupe in die Hand, legte sie dann aber beiseite. „Es ist Aramäisch. Das erste Wort heißt ‚Maryam' also ‚Maria'.

Das andere ist undeutlich geschrieben. Ich muss es mir genau ansehen und überlegen, wie wir mit dem Fund umgehen. Er ist gefährlich für uns alle. Aber es ist auch ein bedeutsamer Schatz, der nicht verloren gehen darf."

Zusammenkunft in Buenos Aires

Am 15. November 2012 fuhr ein Luxusreisebus durch die Straßen von Buenos Aires. Die Fenster waren sorgfältig abgedunkelt. Zusätzlich trugen die Männer und Frauen Augenklappen, die jede Sicht auf die Umgebung verhinderten. Kopfhörer mit klassischer Musik ließen keine Umgebungsgeräusche an ihre Ohren gelangen.

Sie bogen auf ein Grundstück ein. Vor dem Haus wurden sie einzeln herausgeführt und über eine enge Treppe in einen Raum gebracht. Dann forderte sie eine Stimme auf, sich von den Augenklappen und Kopfhörern zu befreien. Der Raum war verdunkelt. Nur das Surren eines Projektors durchbrach die Stille. Auf einer Leinwand erschien ein alter Mann.

„Sehr geehrte Damen und Herren. Ich freue mich, dass Sie meiner Einladung gefolgt sind. Unter Ihnen sind Vertreter von unterschiedlichen Religionsgemeinschaften, Wissenschaftler und Politiker. Sie wurden ausgewählt, um Zeuge einer Offenbarung zu werden. Sicher waren Sie über die hohen Sicherheitsmaßnahmen verwundert. Sie dienen ausschließlich Ihrem Schutz. Ich bin mir sicher, dass Sie von den Ergebnissen unserer Forschung beeindruckt werden. Lehnen Sie sich zurück. Wir beginnen mit einer aufregenden Reise durch die Geschichte."

Auf dem Bildschirm erschien das Bild von Papst Adrian VI. auf der belgischen Briefmarke. Aus dem Off hörte man die Stimme eines Sprechers.

Adrians Vermächtnis

„Am 31. August 1959 veröffentlichte die belgische Post Briefmarken in den Werten 2,50 und 5 Franken sowie einen dazugehörigen Ersttagsbrief. Die Marken waren in roter und dunkelgrüner Farbe erhältlich. Die Vorlagen wurden von Jean De Bast nach einem Gemälde von Jan van Scorel anlässlich des 500. Geburtstags von Papst Adrian VI. graviert.

Dieser Vorgang ist an sich nicht außergewöhnlich. Aber warum druckte Belgien diese Briefmarken, wenn Adrians Geburtsstadt Utrecht in den Niederlanden liegt? Und warum unterscheidet sich das Bild in einem markanten Detail von der Vorlage?

Anders als auf der Marke trägt der Papst auf dem Originalgemälde keinen Ring.

War das ein Versehen?

Wer das Leben des Künstlers kennt, glaubt das nicht, denn er galt als äußerst zuverlässig und integer. Immerhin zeichnete der Staat Israel 1994 das Ehepaar Julie und Jean De Bast als ‚Gerechte unter den Völkern' aus. Sie hatten zwei von der Gestapo gesuchte jüdische Mädchen aus einem katholischen Institut geholt und bis Kriegsende unter falschem Namen bei sich aufgenommen.

Die einzige Verbindung zwischen dem Papst und dem heutigen Belgien besteht darin, dass Adrian VI. in Mechelen einige Zeit den Enkel von Kaiser Maximilian I. unterrichtete, der später Kaiser Karl V. wurde. Jener Herrscher, der in der Reformationszeit eine bedeutende Rolle spielen sollte.

Was hat das aber mit dem Ring auf einer Briefmarke zu tun?

Dazu müssen wir in die Zeit eintauchen, als Karl V. seinen ehemaligen Lehrer nach Spanien schickte. Adrian von Utrecht hatte an der Universität Leuven Philosophie und Theologie studiert. Hier trafen zahlreiche Humanisten zusammen.

Der Hof von Margarete von Österreich in Mechelen lockte Künstler und Philosophen an. Die Tochter von Kaiser Maximilian war ein Schöngeist und offen für neue Ideen. Ihre Neffen Karl und Ferdinand sowie deren Schwestern Eleonore, Isabella, Maria und Katharina sollten hier auf ihre hochherrschaftlichen Aufgaben vorbereitet werden.

Die kunstverständige, aber auch politisch und geistig hochbegabte Margarete verpflichtete namhafte Vertreter des Renaissance-Humanismus zur Wissensvermittlung. Für die Frömmigkeit ihrer Zöglinge sollte der Theologe und Dekan der Universität Leuven, Adrian von Utrecht, sorgen. Man nannte ihn auch ‚Orakel der Niederlande'. Er wurde als untadliger Ratgeber und Gutachter geachtet. Der Sohn eines Schiffszimmermanns hatte sich durch Fleiß und Zuverlässigkeit bis an die Spitze der Universität hochgearbeitet. Kaiser Maximilian war dieser Mann recht. Bescheiden, gewissenhaft und pedantisch erfüllte er seine Aufgaben.

Es passte ins Bild, dass er die ‚Devotio moderna' vertrat, eine religiöse Erneuerungsbewegung innerhalb der Kirche, die dem Humanismus näher lag als die dogmatische Auslegung der Bibel aus Rom. Karl hatte also das beste Umfeld, um nach dem Tod seines Vaters in die Fußstapfen des Großvaters zu treten und bei der Gelegenheit auch noch die katholische Kirche zu reformieren.

Unglücklicherweise schickte er 1516 Adrian von Utrecht nach Spanien, um seinen Herrschaftsantritt als spanischer König vorzubereiten. Vielleicht hätte die Geschichte einen anderen Verlauf genommen, hätte er das nicht getan."

Complutensische Polyglotte

„Am 17. April 1521 stand Martin Luther vor König Karl und erklärte ihm sowie einigen deutschen Fürsten und päpstlichen Dogmatikern seine Sicht auf die Bibel. Zumindest auf einigen Gebieten waren die Ansichten der ‚Devotio moderna' nicht weit von Luthers Meinung entfernt. Doch Karl sprach nur Französisch, Latein und Niederländisch. Seine Sprachkenntnisse in Deutsch waren so mangelhaft, dass er sich alles übersetzen lassen musste. Er verließ sich auf papsttreue Berater, denn sein treuer Lehrer hatte in Spanien zu tun.

Bisher hatte dort Francisco Jiménez de Cisneros seinen König vertreten. Er war Großinquisitor, aber auch ein Machtpolitiker. Mit Drohungen und drakonischen Strafen ging er gegen seine Gegner vor.

Persönlich leitete er 1499 eine Missionskampagne in Granada unter den Mudéjares, den spanischen Muslimen, die bisher ihre Religion weiter ausüben konnten, weil sie sich an ihre christliche Umgebung angepasst hatten. Cisneros ließ Bücher der islamischen Theologie, Philosophie, Geschichtsschreibung und Naturwissenschaften auf Scheiterhaufen verbrennen. Unter den Mauren führte das zu Aufständen und hätte fast zu seinem eigenen Tod geführt.

Es ist auffällig, dass er zur gleichen Zeit die Universität Alcalá gründete und ausgerechnet medizinische Bücher der Mauren als Grundstock der Bibliothek nutzte.

Von 1514 bis 1517 ließ er unter dem Namen ‚Complutensische Polyglotte', die vollständige Bibel übersetzen. Die Arbeiten wurden bereits 1502 von Jakobus Stunica begonnen, der über aramäische und arabische Sprachkenntnisse verfügte. Die Finanzierung durch Cisneros ermöglichte es den Übersetzern, die erste gedruckte Ausgabe des griechischen Neuen Testaments, die vollständige Septuaginta, das hebräische Alte Testament sowie das Targum Onkelos fertigzustellen.

De Cisneros rechnete aber nicht mit Adrian von Utrecht, der einen engen Freund mit einem ähnlichen Plan in den Niederlanden hatte. Obwohl Erasmus von Rotterdam noch nicht mit seiner Übersetzung fertig war, erwirkt er 1516, also im Jahr, als Adrian nach Spanien kam, ein Veröffentlichungsprivileg von Kaiser Maximilian I. und Papst Leo X. für seine lateinisch-griechische Ausgabe des Neuen Testaments.

Der Polyglott Cisneros hätte zu einem finanziellen Desaster bei Erasmus von Rotterdam geführt, wäre er vor seinem Werk erschienen.

So durften die Polyglotte nicht mehr zu Cisneros Lebzeiten veröffentlicht werden, obwohl sie durch die Gegenüberstellung von drei Sprachen wesentlich genauer recherchiert waren.

Adrian von Utrecht tauchte in Spanien auf, als Cisneros bereits achtzig Jahre alt war. Um den Ankömmling für seine Aufgabe zu ertüchtigen, wurde er zum Bischof von Tortosa ernannt und als Generalinquisitor für Aragonien, Navarra, León und Kastilien eingesetzt.

1517 erhob ihn Papst Leo X. zum Kardinal und machte ihn zum Kardinalpriester der Titelkirche Santi Giovanni e Paolo.

Cisneros hatte Probleme mit dem Emporkömmling. Trotzdem vermittelte er ihm die wichtigsten Informationen über das Land und drängte ihn, seine Politik fortzuführen, denn der König hatte veranlasst, dass sich beide die Aufgaben des Gouverneurs teilen.

Adrian war das genaue Gegenteil seines Vorgängers. Er lehnte jeden Prunk ab. Statt Gewalt bemühte er sich um Vermittlung. Wurde er vom spanischen Adel zunächst abgelehnt, fand er dadurch nach und nach Akzeptanz.

Leider kümmerte sich Karl V. nur ungenügend um die Situation in Spanien. Obwohl das Land durch Trockenheit und Ernteausfälle geschwächt war, erhöhte er die Steuern. Wie zu erwarten war, führte es zu großen Unmut unter der Bevölkerung. Adrian beklagte sich beim König und bat um dringende Unterstützung.

Weil sich die Lage nicht besserte, erhoben sich 1520 bürgerliche Kräfte. Sie hofften auf Unterstützung von Karls Mutter Johanna, die auf der Burg von Tordesillas von Karl gefangen gehalten wurde. Vertreter mehrerer Städte erklärten sich zur provisorischen Regierung Spaniens und setzten den von Karl V. eingesetzten königlichen Rat ab.

Die Bewegung radikalisierte sich. Bauern und die städtischen Unterschichten schlossen sich ihr an. Der Adel fürchtete um seine Macht und bemühte sich um einen Ausgleich mit dem König. In dieser Situation erhielt Adrian von Utrecht am 9. Januar 1522 von vatikanischen Kurieren die Nachricht, dass er nach dem Tod von Papst Leo X. zu dessen Nachfolger gewählt wurde. Die Wahl kam für ihn überraschend und zur Unzeit. Das hatte zwei Gründe: Einerseits wollte er nicht herrschen und andererseits hatte er in Spanien Zugang zu geheimem Wissen bekommen, dass seine christliche Weltsicht durcheinandergebracht hatte.

Bereits während seiner Zeit als Professor der Universität Leuven hatte sich Adrian angewöhnt, Gedanken und Beobachtungen in ein Notizbuch zu schreiben. In Spanien erwiesen sich diese Aufzeichnungen als sehr hilfreich, da alles neu war und er manche Namen, Daten und Orte nicht vergessen wollte. Einen Teil der Notizen übertrug er in eine Kladde und ergänzte den Text mit Bemerkungen und Verweisen. Einiges empfand er als so wichtig, dass er es besonders sicher aufbewahrte. Dadurch kann man heute gut nachvollziehen, wie er dachte und was er fühlte.

Als Inquisitor für Spanien war es seine Aufgabe, jede Abweichung vom Glauben zu erkennen und zu verfolgen. Durch die Kenntnis der Bibel und der Schriften berühmter Kirchenlehrer wähnte er sich sicher. Doch diesmal stieß er auf Quellen, die alles, was er gelernt hatte, auf den Kopf stellten. Er fühlte sich hilflos und ausgeliefert. Ausgerechnet jetzt sollte er das höchste Amt der katholischen Kirche übernehmen.

Im Nachlass von Francisco Jiménez de Cisneros hatte er Schriften von ihm gefunden, die bis in das Jahr 1499 zurückreichten und erklärten, warum er die Bücherverbrennung veranlasst hatte. Cisneros war auf einen Bestand historischer Dokumente gestoßen, die von maurischen, christlichen und jüdischen Gelehrten im achten Jahrhundert gemeinsam erarbeitet wurden. Sie bezogen sich auf aramäische Texte aus frühchristlicher Zeit und wichen deutlich von Darstellungen der Thora und dem Neuen Testament ab.

Er beauftragte Sprachgelehrte wie Diego López de Zúñiga und Hernán Núñez de Toledo y Guzmán mit der Übersetzung dieser Dokumente. Da sie in der Lage waren, aramäische, arabische, lateinische und hebräische Texte zu übersetzen, war der Umfang des nutzbaren Materials erheblich. Sie fanden immer wieder Material, das von der Lehrmeinung abwich. Cisneros sorgte aber dafür, dass diese in der Bibelübersetzung ‚Complutensischen Polyglotte' nicht berücksichtigt wurden.

Da es ihm nicht möglich war, die gesamte Bibliothek nach weiteren Dokumenten mit ähnlichem Inhalt zu durchsuchen, entschloss er sich, bis auf medizinische Bücher, alles den Flammen zu übergeben. Die übersetzten aramäischen Schriften wollte er vermutlich als Druckmittel gegen den Vatikan einsetzen, um seine Übersetzung doch noch veröffentlichen zu können. Vielleicht hatte er sogar gehofft, mit ihrer Hilfe zum Papst gewählt zu werden.

Francisco Jiménez de Cisneros starb im Jahr 1517. Als Adrian seine Unterlagen sichtete, fand er Fragmente der Übersetzungen in einem Papierstapel mit nicht erledigter Post. Der Inhalt war für ihn verstörend, da sie nicht in sein Weltbild passten. Vermerke von Cisneros belegten, dass er einige aramäischen Dokumente und einen Teil der Übersetzungen nach Rom geschickt hatte.

Bereits bei seinem Eintreffen in Spanien war ihm die Rolle von Jakobus der Schutzpatron aufgefallen, der in seiner niederländischen Heimat kaum bekannt war. Er kannte nur seine Rolle als Schutzpatron der Apotheker. In Spanien gab es demgegenüber zahlreiche Kirchen mit seinem Namen. Außerdem erfuhr er, dass es im Spanischen und Portugiesischen den Namen Santiago gibt, der sich von ‚saint', das bedeutet heilig und ‚Yago', die spanische Form von Jakob, ableitet. Er hörte von vielen Städten im Herrschaftsbereich von Spanien, die sich Santiago nannten.

Der Bischof von Santiago de Compostela hatte ihm gesagt, dass die Spanier darauf beharren, dass Jakobus gleich nach Christi Himmelfahrt in die römische Provinz Hispania, gegangen ist. Obwohl er bei der Missionierung nur mäßigen Erfolg hatte, wären ihm die Spanier sehr verbunden. Adrian wunderte sich, dass ein Versager nachträglich so viel Ehrerbietung bekam.

Merkwürdig fand er auch, dass zahllose Kirchen in Spanien Maria Magdalena ehrten, obwohl der Vatikan ein eher gespaltenes Verhältnis zu ihr hatte. Alle Bemühungen, das Verhältnis der Gläubigen zu Maria Magdalena zu stören, waren immer gescheitert. Im Nachlass von de Cisneros fand er einige Fragmente zu Jakob und Maria Magdalena, die er nicht zuordnen konnte.

Die darin benannten Zeugnisse empfand er als ketzerisch, war sich aber nicht im Klaren, ob es nicht vielleicht Übersetzungen alter Schriften waren, die zumindest geprüft werden sollten.

Er hielt es für merkwürdig, dass aramäische Schriften in Spanien aufgetaucht waren. Am naheliegendsten war für ihn, dass Mauren die Dokumente aus dem östlichen Mittelmeerraum mitgebracht hatten. Gelehrte hatten ihm berichtet, als sie Wissen aus aller Welt zusammengetragen hatten. Die Verbrennung von Büchern durch Francisco Jiménez de Cisneros erschien Adrian VI., als ehemaligen Universitätsprofessor, unverständlich. Ausgerechnet Alexander VI., der durch seine Korruption und sexuellen Eskapaden bekannt gewordene Papst, hatte de Cisneros dafür gelobt. Adrian von Utrecht wusste, dass im ganzen Reich nach Wissen antiker Denker gesucht wurde. Trotzdem hatte man hier aus lauter Ignoranz Bücher verbrannt.

Irgendwie fühlte er sich immer noch als Lehrer. Das bedeutete für ihn, dass er den Ungereimtheiten auf den Grund gehen musste. Deshalb nutzte er jede Gelegenheit, seine Fragen an den Mann zu bringen. Bei einem Besuch in Zaragoza fragte er örtliche Kleriker nach Jakob und Maria Magdalena. Statt der üblichen nichtssagenden Höflichkeitsfloskeln versprach man, sich seinen Fragen anzunehmen."

Das geheime Wissen des Alcántaraorden

„Nach der Papstwahl meldeten sich Angehörige des Alcántaraorden bei Adrian und übergaben ihm einige aramäische Texte mit lateinischen Übersetzungen. Außerdem boten sie ihm Zugang zu geheimem Wissen an, sofern er sich mit ihnen in einer rechtlichen Sache einigen würde. Sie bezeichneten Adrian als einzig geeigneten Kirchenführer, dem dieses Privileg eingeräumt werden konnte.

Die Ordensleute boten ihm die Teilnahme an einer Zeremonie an. Dabei würde ihm eine Reliquie gezeigt werden, die einen unermesslichen Wert habe und viele seiner Fragen beantworten könnte. Vorher musste er allerdings verbindlich erklären, dass er den Orden keiner Verfolgung aussetzt. Adrian zögerte zunächst. Nachdem sie ihm gesagt hatten, dass sie im Besitz einer Reliquie sind, die dem Jahr 40 stamme, sagte er zu. In einem Notizbuch beschrieb er den Ablauf sehr detailliert."

Der Bildschirm zeigte ein vergilbtes Dokument in lateinischer Schrift. Ein Sprecher las die Übersetzung vor:

„In der Kirche Iglesia de Santa María Magdalena von Zaragoza empfingen mich drei Vertreter vom Alcántaraorden. Sie trugen Gewänder mit einem grünen Kreuz auf der Brust. Einer von ihnen leitete die Zeremonie.

Völlig überraschend entledigten sie sich ihrer Gewänder bis auf ein Tuch, das ihr Gemächt verdeckte. Dann legten sie sich mit dem Bauch auf den Boden und breiteten die Arme und Beine aus. Es entstand dadurch ein Kreuz, das an ein ‚X' erinnerte. Der Bauchnabel bildete das Zentrum. Dann spreizten sie an beiden Händen die Zeige- und Mittelfinger.

Einige Zeit lagen sie regungslos da und sprachen kein Wort. Dann erhoben sie sich wieder, zogen sich an und schlugen ein Kreuz. Es ging von der Nasenwurzel aus und führte zum Bauchnabel. Schließlich wurden die rechte und die linke Brust berührt. Dabei flüsterten sie in einer Sprache, die ich nicht verstand. Am Ende falteten sie die Hände so, dass zwischen den Daumen ein Hohlraum blieb.

Der Zeremonienmeister bat mich, Platz zu nehmen, um den Vorgang zu erläutern. Er sagte, dass das Niederlegen auf den Boden und das Ausbreiten der Arme bedeute, dass alle Menschen nackt und arm geboren werden. Durch diese Pose spüre jeder die Verbindung zur Erde und finde Ruhe in sich.

Die gespreizten Finger bedeuten, dass sie neues Wissen empfangen können. Früher hätte man die gleichen Handlungen im Stehen vorgenommen. Unter den Mauren hätte dies aber zu Irritationen geführt. Deshalb sei man bereits vor Jahrhunderten zu dieser Form des Glaubensbekenntnisses übergegangen.

Das Bekreuzigen vor dem Körper habe nichts mit der üblichen christlichen Geste zu tun. Die Berührungspunkte Augen, Bauchnabel, linke und rechte Brust bedeuten: ‚Sehe und begreife. Du bist geboren. Du wurdest gesäugt. Du lebst.' Den Abschluss bildet mit der Faltung der Hände: ‚In deinen Kindern wirst du wiedergeboren.'

Jeder Finger symbolisiert dabei ein Kind und der Hohlraum zwischen den Händen den Schoß der Frau. Sie sprechen die Worte in Aramäisch.

‚Und wo ist Gott?', fragte ich.

‚Du bist Gott!', sagte er.

‚Weil ich Papst bin?', fragte ich erstaunt.

‚Nein. Du warst schon mit deiner Geburt Gott. So wie ich Gott bin und jeder Mensch. Wenn Gott den Menschen nach seinem Bilde geschaffen hat, dann ist jeder Mensch Gott.'

‚Aber in der Bibel wird doch immer vom Herrn gesprochen', widersprach ich.

‚Jehova gibt sich niemals als Mann oder Frau zu erkennen. Nicht ohne Grund ist es verboten, Bilder von Gott zu malen, denn dann wäre das Geschlecht erkennbar. Wenn wir selbst Gott sind, können wir einen Spiegel benutzen, um ihn zu sehen.'

‚Und die Wunder? Wie haltet ihr es mit Wundern?', fragte ich.

‚Das größte Wunder ist die Liebe zwischen Mann und Frau, aus der ein Kind gezeugt wird. In der Bibel steht, dass die Liebe über allem steht. Genauso ist die Gesundung einer Krankheit durch ein Kraut oder eine heilende Handlung ein Wunder. Das funktioniert aber durch den Menschen. Hast du dir nie die Frage gestellt, warum Cisneros die medizinischen Bücher nicht verbrannt hat?

Medizinisches Wissen verschafft Macht über Leben und Tod. Wenn ein Mediziner einen Menschen heilt, macht er das, was auch Jehova getan hat. Viel von diesem Wissen kam von den Mauren und den Indern, die einen anderen Glauben haben. Cisneros wollte das Wissen fremder Völker für sich nutzen. Deren Überlegenheit passte nicht in seine Weltsicht.

Sieh dir diese wunderbare Kirche an. Im Keller und im Turm sind überall Überreste von Bauten zu sehen, die in maurischer Zeit entstanden sind. Sie bilden mit den Steinen aus früherer und späterer Zeit eine Einheit, weil sie nach den gleichen Gesetzen funktionieren.'

Er zeigte mir die Steine und Ornamente.

‚Wir sind gleich. Alle Menschen sind gleich', sagte er und wies auf eine Malerei an der Decke. Dort sah man Dreiecke, zwischen deren Spitzen Kreise waren. Dann murmelte er die Formel.

‚Du wurdest geboren. Du wurdest gesäugt. Du lebst. Du wirst in deinen Kindern wiedergeboren. Das ist der Kreis des Lebens.

Sapere aude! Wage es, weise zu sein!'

Er ging mit mir durch das Portal. Dann zeigte er auf die Skulptur der Maria Magdalena und dann auf das Reliefband, das um das Kirchenschiff geschlungen war. Erst beim genauen Hinsehen erkannte ich, die Bedeutung. Es waren konstantinische Kreuze ohne ‚P'. Sie erinnerten an die Menschen mit den gespreizten Arme und Beine."

Auf dem Bildschirm hatte man die Gesten nachgestellt. Dann zeigte man das Reliefband. Der alte Mann kam wieder ins Bild.

„Ich kann mir vorstellen, wie verunsichert Sie jetzt sind. Sie können sich verstehen, wie es Adrian erging. Er lebte in einer Zeit ohne Radio, Fernsehen und Internet. Er kannte den Spruch ‚Sapere aude' und er wusste, dass ihn der römische Dichter Horaz zwanzig Jahre vor der Geburt von Jesus Christus veröffentlicht hatte. Es verwirrte ihn, die Worte in diesem Zusammenhang zu hören.

Nach der Zeremonie brachten die Ordensbrüder Gegenstände auf einem Tablett. Es handelte sich um ein Bild, eine Röhre aus Ton, ein Schmuckstück, einen Ring und eine Schatulle. Außerdem gaben sie ihm Schriftstücke in aramäischer Schrift.

Beim ersten Überfliegen erkannte er ihre Brisanz. Es war der offiziellen Lehre nach, reine Ketzerei. Doch wie konnte etwas den Glauben beleidigen, wenn es die Quelle des Glaubens war? Er hatte als Professor an der Universität oft über Glaubensfragen disputiert und immer gewonnen, weil er die Argumentationslinien geachteter Theologen genutzt hatte. Doch hier standen die Dinge anders.

Der Zeremonienmeister benutzte einen Vergleich: ‚Wenn in den Bergen eine Quelle reines Wasser spendet, dann wird daraus im Tal kein Wein. Es wird verschmutzt von dem, was am Grunde liegt oder von oben hineinfällt. Man muss zur Quelle gehen, um reines Wasser zu trinken.'

Adrian hatte ihn gefragt, warum in Spanien so viele Kirchen Maria und Maria Magdalena gewidmet sind. Auch dazu fand er ein Gleichnis:

‚Wenn ein Kind geboren wird, sucht es die Brust der Mutter. Niemand muss ihm sagen, dass er dort seine Nahrung findet. Wenn es größer wird und sich verletzt, läuft es zur Mutter, denn es hat zu ihr Vertrauen. Die Mutter tröstet ihn und bläst über seine Wunde. Oft verschwindet damit der Schmerz. Deshalb liegt es nahe, in der Not eine Frau anzubeten, die ihm die erste Liebe gab.

Die Menschen sehen sich in der Rolle von Jesus, der von seiner Mutter umsorgt wurde. Jesus sprach niemals von Gott in der männlichen Form. Er nutzte Umschreibungen, die die Liebe zu Jehova, der Mutter und Vater in sich vereint. Im Vordergrund stand immer die Liebe.

In Maria Magdalena sehen die Menschen die Mutter, Geliebte und Ehefrau. Selbst wenn sie unverheiratet sind oder ihre Frau verloren haben.

Liebe ist das größte Gefühl, zu dem der Mensch imstande ist. Aus ihr gehen Kinder hervor. Das ist ein Wunder, das Menschen selbst auslösen. Dazu benötigen sie nur Mann und Frau. Ein Priester ist dazu nicht erforderlich. Es ist die Sehnsucht der Menschen nach Liebe. Du wirst keine Darstellung von Maria Magdalena finden, bei der sie eine Waffe trägt. Jesus predigte Liebe und Mitgefühl gegenüber jedem Menschen und jedem lebenden Wesen. Deshalb hatten Krieger oder Jäger in seiner Glaubensgemeinschaft keinen Platz.

Du solltest unbedingt zur Basílica del Pilar gehen und die Säule mit der Figur ansehen. Auf der Säule findest du ein großes Herz. Die Figur zeigt eine Frau mit einem kleinen Kind. Wenn du die Reliquie angesehen und die Schriftstücke gelesen hast, wirst du verstehen, dass es nicht die Muttergottes ist, sondern Maria Magdalena.'

Bevor er sich verabschiedete, versprach Adrian, seine schützende Hand über den Orden zu legen. Der Ordensbruder sagte aber etwas Bemerkenswertes:

‚Das Kreuz unseres Ordens ist nicht ohne Grund grün. Ursprünglich war es rot vom Blut des Kampfes. Nachdem wir den Sinn der Reliquie verstanden hatten, färbten wir das Kreuz grün. Das ist die Farbe des Grases, das selbst nach trockenen Sommern und vernichtenden Bränden aus dem Boden sprießt. Es kommt immer wieder, weil die Kraft dahinter unsterblich ist.'

Adrian war völlig verunsichert. Er zeigte selten Gefühle. Doch an dieser Stelle fielen ihm Szenen aus seiner eigenen Kindheit ein, die ihn zu Tränen rührten.

Noch bevor er in seine Unterkunft zurückkehrte, besuchte er die Basílica del Pilar. Er erinnerte sich an eine Jugendliebe. Er war fünfzehn Jahre alt, als er mit einem Messer ein Herz in einen Baum geschnitzt hatte. Sie war eine entfernte Cousine. Als sie wenige Wochen später an einer Krankheit starb, vergrub er sich in Büchern, um seine Trauer zu bewältigen. Mit ihr hätte sein Leben einen anderen Verlauf genommen. Aus lauter Verzweiflung entschloss er sich, sein Leben Gott zu widmen.

Als er zur Skulptur aufsah, sah er in ihr jenes Mädchen mit einem Kind, das er gezeugt haben könnte.

Der Name ‚Unsere Liebe Frau auf dem Pfeiler' nannten die Spanier die Kathedrale. Nachdem er die Reliquie gesehen hatte, schien es, als falle ein Tuch von seinen Augen. Er sah klar. Wie viel Mühe hatte er sich beim Theologiestudium gegeben und jetzt stellte ein Ordensbruder seine Welt auf den Kopf? Oder wurde sie erstmals auf die Füße gestellt? Es war die einfache Argumentation, die ihn überrascht hatte.

Drei Wochen blieb Adrian in Zaragoza und ließ sich von den Ordensbrüdern erzählen, was sie von der Reliquie wussten. Penibel schrieb er alles in sein Notizbuch, um nichts zu vergessen.

Die Reliquie war offensichtlich echt und der Text glaubhaft.

Gegen die Zusage, ewig den Zugriff Roms auf alle spanischen Orden zu verhindern, erhielt er die Reliquie aus ihren Händen. Dabei versäumte er nicht, zu versprechen, dass er auf sie achten würde, wie sie es über die Jahrhunderte getan hatten.

Bevor er die Stadt verließ, ging er noch einmal in die Kirche Santa María Magdalena. Dort traf er auf einen verkrüppelten Bettler, der sich über sein Schicksal beklagte und Gott eine Mitschuld gab. Adrian sagte, dass er sich vorstellen solle, dass Gott in ihm sei und er bei sich selbst Hilfe suchen soll. Der Bettler war durch seine Worte verunsichert. ‚Wie kann er Gott sein, wenn er seine Kraft verloren hatte?'

Adrian sagte, dass er noch immer zu Menschen sprechen kann, die nicht sprechen können. Seine Hände könnten jenen helfen, die krank daniederliegen. Wenn er ihnen helfe, sei er Gott.'
Er begriff jetzt jedes Detail in der Gestaltung des Baues. Er war wie ein Buch, das man nur lesen konnte, wenn man die Bedeutung ihrer Buchstaben kannte. Dann trat er durch das Portal, über dem ein durchbrochener Giebel mit der Figur von Maria Magdalena stand. Er sah sie an und dachte an seine verstorbene Freundin. Beim Bekreuzigen sprach er leise die aramäischen Worte der Ordensbrüder. In diesem Moment bedauerte er, dass er nie Kinder haben würde."

Das Vermächtnis der Ordensbrüder

„Adrian schreibt in seinen Notizen: ‚In der Legende heißt es, dass Jakobus der Ältere Probleme hatte, in Hispania zu missionieren. Im Jahr 40 soll ihm Maria in Zaragoza erschienen sein. Vom Vatikan gab es immer Vorbehalte gegen diese Erzählung.

Nachdem ich die Reliquie zum ersten Mal in den Händen gehalten hatte, war ich mir sicher, dass es mehr als eine Legende war. Ich sah mir alles an. Nur die Textrollen ließ ich unberührt. Ich befürchtete, dass sie vor meinen Augen zu Staub zerfallen würden.

Warum soll man nicht an eine Legende glauben, wenn sie für die Einheimischen verständlich ist? Das bedeutete aber, dass eine wichtige Säule des katholischen Glaubens zu wanken droht.

Um die Geschichten zu prüfen, kroch ich in den Keller der Kirche Santa María Magdalena. Der Pfarrer zeigte mir Steine der Vorgängerbauten, die man als Fundament genutzt hatte. Ich sah die Steine der ehemaligen Römerstraße, die sich am Gotteshaus verzweigte und hinter ihr weiterführte. Er zeigte mir ein altes Hauszeichen mit Symbolen, die auch auf der Reliquie zu sehen waren.

Der Kirchturm zeichnete nach, wie Christen und Mauren Steine der Vorgänger genutzt hatten, um das imposante Bauwerk zu schaffen. Achteckige Sterne, die islamischen Symbole der Sonne und des Wissens, schmückten ihn. Die Außenmauern der des Kirchenschiffs zeigte hundertfach Zeichen des Avisorden. Unübersehbar sind aber Symbole, die ich auch auf der Reliquie gesehen hatte.'

Letztendlich war es der aramäische Brief, der den frisch gewählten Papst in den Selbstzweifel trieben. Er fragte sich, ob er sein ganzes Leben einer Lüge aufgesessen war. Er, der gottesfürchtige Kleriker und Lehrer eines Königs.

‚Du hast die Ehre, eine Reliquie zu behüten, die aus dem Mund von Maria Magdalena die Wahrheit über Jesus bezeugt', hatte man bei der Übergabe gesagt.

In seinem Notizbuch schrieb er: ‚Aus dem Mund der Frau, die in den schwersten Stunden an der Seite von Jesus stand und sein Wissen verwahrte, damit es nicht von den Lügnern missbraucht werden sollte. Man sagte von beiden, dass sie gleich und doch anders waren. Was sie nicht wusste, wusste er. Was er nicht sah, sah sie. Sie war die Frau vom Turm, in dem Geheimnisse ihres Volkes ruhten. Für viele war sie die Enkelin der Artemis und Göttin des Mondes. So wie Sonne und Mond die Welt teilen, waren Jesus und Maria Teil des Ganzen. Sie erkannten die Welt, weil sie das Wissen der Alten in sich trugen. Sie waren ein Geschenk an Menschen, die sich dessen nicht bewusst waren.'

Bevor er nach Rom reiste, besuchte er die Kathedrale Santa Maria in Tortosa. Dort sollte die Grabstelle eines Mannes sein, der Maria Magdalena über das Mittelmeer gebracht hatte. Tatsächlich fand er sie. Aufschriften in Lateinisch, Griechisch und Hebräisch fanden sich auf einem Stein. Er versprach diesen Ort als Papst besonders zu bedenken, weil der Mann Maria Magdalena vor Feinden beschützt hatte.

Im Bewusstsein, dass er eine bedeutende Reliquie transportieren würde, sorgte er sich um die Reise nach Rom. Er war sich, war er sich darüber im Klaren, dass es eine Herkulesaufgabe werden würde. Er musste seiner Bestimmung folgen und das Papsttum infrage stellen und zur Quelle des Glaubens zurückkehren. Die Forderungen von Martin Luther wären gegen den Sturm, den er anfachen würde, ein laues Lüftchen. Adrian musste verändern, was in den letzten Jahrhunderten die Menschen vom Wissen abgehalten hatte. Bewusst verzichtete er auf einen neuen Papstnamen, sondern nannte sich Adrian VI., denn er sah in ihm eine Vorsehung aus der frühchristlichen Zeit."

Die Zuhörer wurden unruhig. Einer rief: „Wo sind die Beweise?"

Ein anderer erhob sich von seinem Stuhl und schrie: „Ich höre mir diese Ketzerei nicht mehr an!"

Ein Ordner schaltete das Licht an: „Sehr geehrte Damen und Herren. Es steht Ihnen frei, den Raum zu verlassen. Ich würde Sie dann in ihr Hotel fahren. Beachten sie, dass Ihnen in diesem Fall die Präsentation der Beweise entgeht. Alles, was heute gesagt wurde, können Sie unkompliziert im Internet nachlesen oder vor Ort ansehen. Nur die Reliquie wird Ihnen auf absehbare Zeit nicht zugänglich sein."

Die Männer beruhigten sich. Der Ordner löschte das Licht. Der Film auf der Leinwand wurde wieder gestartet.

Das Schuldanerkenntnis

„Kaum in Rom angekommen, ließ sich Adrian die frühesten Dokumente des Christentums bringen und studierte sie. Bewusst konzentrierte er sich auf aramäische Schriften. Er verglich sie kritisch mit der Reliquie. ‚Sehe und begreife', hatte der Ordensbruder gesagt. Das war nur eine andere Interpretation von ‚Sapere aude', also ‚Wage es, weise zu sein!'

Mehr und mehr verstand Adrian, dass sich die Kirche von den ursprünglichen Werten entfernt hatte. Aus dem reinen Wasser war eine üble Kloake geworden. Macht und Gier hatten die Herrschaft übernommen.

Intensiv las er die Schriften von Hieronymus, den man einen Kirchenvater nannte, weil er viele Schriften übersetzt hatte. Ausgerechnet dieser heiliggesprochene Schriftgelehrte hatte festgestellt, dass die Schriften voller Widersprüche und Lügen bestanden. Bei ihm fand er Hinweise darauf, dass die Reliquie echt war.

In einem ersten Schritt entließ er sechshundert Bedienstete und stornierte alle Aufträge. Sein päpstlicher Vorgänger hatte das Vermögen mit seiner Familie und seinen Mätressen verprasst. Um ihn stolzierten immer noch zu viele Speichellecker herum, die kirchliche Ämter innehatten und Lügen verbreiteten. Da die Kleriker des Vatikans durch ihre Pfründe korrumpiert waren, konnte sich Adrian nur auf einen engen Kreis Vertrauter aus Holland verlassen. Er wusste, dass er handeln musste, aber seinen Plan nicht allein umsetzen konnte. Die notwendigen Reformen bedrohten das Gleichgewicht der Macht in der Welt und waren im Sinne der damals aktuellen Auslegung der Bibel Ketzerei.

Er schrieb an Erasmus von Rotterdam, der in seiner Schuld war. Es zeigte sich jedoch, dass Erasmus schreiende Angst vor der Verantwortung hatte. Ein Kurier, der ihm ein persönliches Schreiben mit Ansätzen des Planes zur Erneuerung der Religion und der Kirche überbrachte, berichtete, dass Erasmus nach dem Durchlesen des

Briefes verängstigt auf dem Stuhl saß und zitterte. Mehrfach hätte er das päpstliche Siegel überprüft und gefragt, ob es eine Prüfung sei. Er habe ein Kreuz vor sich gehalten und den Teufel verdammt. Letztendlich schickte er den Kurier ohne Antwort zurück. In späteren Schreiben forderte aber Adrian auf, sich mehr um Martin Luther zu kümmern.

Unbeirrt wagte Adrian einen ersten öffentlichen Schritt und gab vor dem Reichstag ein Schuldanerkenntnis ab. Obwohl allen klar war, dass Änderungen erforderlich waren, bekam er keine Unterstützung. Stattdessen wurde er angegriffen. Lediglich die Freunde aus seiner holländischen Heimat blieben ihm treu. Es waren zu wenige Unterstützer."

Adrians Grabmal

Das Licht erlosch. Der Eingang der Kirche Santa Maria dell'Anima in Rom wurde gezeigt. Die Kamera fuhr hinein und endete am Grabmal des Papstes. Daneben wurde ein Kupferstich gezeigt.

„Van Enckenvoirt hatte vorgesorgt. Er hatte in der Kirche Santa Maria dell'Anima in Rom entgegen dem ausdrücklichen Wunsch Adrians ein opulentes Grabmal für ihn errichten lassen. Es stellt sich die Frage, warum er das tat. Schließlich hatte man den Papst bereits im Petersdom beigesetzt.

Es ging darum, in den Besitz der Reliquie zu gelangen, die Adrians Anhänger im Sarkophag versteckt hatten. Durch das neue Grabmal gab es die Möglichkeit, den Leichnam umzubetten und mit ihm der Reliquie einen würdigen Platz zu geben. Extra dafür wurde ein Sakramentshäuschen in einem Tabernakel mit zwei Genien aus Marmor gefertigt, die jenen vom Grabmal Adrians ähnelten. Es wurde gegenüber aufgestellt, um als Platzhalter für sein eigenes Grabmal zu dienen. Willem van Enckenvoirt hatte diesen Platz gekauft, denn es sollte, als gespiegeltes Monument, Adrians Ruhestätte ergänzen.

Das heutige Grabmal von Adrian weicht an einigen Stellen massiv von der ursprünglichen Gestaltung ab. Deshalb zeige ich Ihnen zwei Kupferstiche von Matthias Greuter, die vor 1638 angefertigt wurden. Ohne auf jedes Detail im Einzelnen einzugehen, möchte ich Sie auf einige außergewöhnliche Gestaltungen hinweisen. Danach werden Sie die Geheimnisse des Kunstwerkes verstehen.

Beginnen wir mit der Tafel, die Auskunft über das Grabmal gibt. Neben seine Ämter wird besonders hervorgehoben, dass er dem Glanz irdischer Dinge äußerst abgeneigt war, unvergleichliche Kenntnisse in den heiligen Wissenschaften und der beinahe göttlichen Enthaltsamkeit einer überaus reinen Seele besaß.

Darüber sehen Sie ein Relief, das seinen Einzug in Rom darstellt. Eingerahmt von zwei Putten mit gesenkten Lebensfackeln werden in der nächsten Ebene sein Name mit päpstlichem Wappen gezeigt. Auffällig ist die Darstellung der Löwen und Wolfshaken, die seitenverkehrt zum offiziellen Papstwappen ist.

Auch bei der Skulptur des liegenden Papstes gibt es einige Ungereimtheiten. Zunächst befindet er sich in einer Haltung, als ob er jeden Moment von einem kurzen Schlummer erwachen könnte. Dann befindet sich auf dem kleinen Finger der linken Hand ein Ring, der auf keinen Fall der Fischerring sein kann, da dieser nach dem Tod eines Papstes zerstört wird.

Sehen wir uns die Figurengruppe direkt über Adrian an. Sie zeigt angeblich die Jungfrau Maria mit Jesus. Gemeinsam mit Petrus und Paulus befindet sie sich auf Wolken im Himmel.

Links und rechts wird das Ensemble von vier weiblichen Plastiken eingerahmt, die die Tugenden Adrians dokumentieren sollen. Skulpturen von Tugenden, zur Charakterisierung von Menschen, tauchten bereits im Griechenland des fünften Jahrhunderts vor Christi Geburt auf. Wichtig ist bei der Darstellung auf Adrians Grabmal, dass Platons Variante umgesetzt wurde, bei der die Weisheit die Frömmigkeit ersetzte. Dieses scheinbar belanglose Detail wird uns später noch beschäftigen. Jede Figur weist mit ihrem Zeigefinger auf die nächste Darstellung. Ausgehend von der Mäßigkeit, links in der zweiten Etage, gelangen wir zum Mut mit dem Löwen. Von dort kommen wir rechts unten zur Gerechtigkeit mit dem Storch und darüber schließlich zur Weisheit mit der Schlange. Die Weisheit zeigt wiederum zur Mäßigkeit.

Wenn wir davon ausgehen, dass das Kunstwerk über mehrere Jahre gestaltet wurde, kann man sicher sein, dass hier nichts dem Zufall überlassen wurde. Somit war es Absicht, dass bei drei der vier Frauengestalten Tiere vorhanden sind. Löwe, Storch und Schlange ergänzen sie.

Ich hatte schon auf die Darstellung des Himmels verwiesen, wo sich Jesus mit seiner Mutter, Petrus und Paulus befinden.

Doch warum schweben zwei Genien mit Palmzweigen über dem Himmel und tragen die päpstlichen Attribute, Schlüssel und der Papstkrone über den Himmel hinaus in eine höhere Ebene? Aufschluss geben uns drei weibliche Figuren, die ursprünglich die Spitze des Grabmals bildeten.

In heutigen Dokumentationen werden sie in der Regel nur aufgezählt: Fides, Spes und Caritas, also Glaube, Hoffnung und Liebe. Allein die Reihenfolge der Aufzählung suggeriert, dass der Glauben an der Spitze stand.

Doch das ist eine bösartige Fälschung. Der Kupferstich zeigt, dass der Glauben links unterhalb der Figur der Liebe steht. Zwar trägt die Skulptur des Glaubens ein Kreuz, doch weist sie mit ihrem Zeigefinger deutlich nach oben, wo die Liebe thront. Die Hoffnung auf der rechten Seite müsste mindestens mit einem Attribut - wie Taube, Anker, Krone, Schiff, Fahne - ausgestattet sein, ihre Augen zum Himmel gewandt haben und geflügelt sein. Nichts davon ist auffindbar. Man könnte sogar meinen, dass es sich dabei gar nicht um die Hoffnung handelt.

Und auch bei der Skulptur für die Liebe stellen sich Fragen. Warum steht sie auf der Giebelspitze und hält eine Taube in der Hand?

Es ist eine schwangere Frau mit einem Kleinkind. Zärtlich fühlt ihre rechte Hand das beginnende Leben. Ein vor ihr stehendes Kleinkind versucht, an ihrem Bein heraufzuklettern. Es strebt nach oben. Zweifellos repräsentiert sie die Liebe. In ihrer linken Hand hält sie eine Taube. Soll der Vogel den Heiligen Geist symbolisieren?

Nein! Das wäre unlogisch, da eine Taube dem Glauben zugeordnet sein müsste.

Wenn man aber ein griechisches Umfeld annimmt, das zeitlich mit den unteren Plastiken übereinstimmt, passt die Taube zur Liebe, da in der Antike die Taube der Liebesgöttin geweiht war. Sie bekräftigt an dieser Stelle, dass die Kinder aus Liebe gezeugt wurden. Neben der Liebe befinden sich rechts und links jeweils zwei brennende

Fackeln. Sie repräsentieren das Leben. Die ungewöhnliche Komposition lässt nur eine Schlussfolgerung zu: Die Liebe steht über allem. Auch über den Glauben!

Aber wie kann ein Papst die Liebe über den Glauben stellen?

Im 13. Kapitel des 1. Korintherbriefs finden wir die Antwort: ‚Als ich ein Kind war, da redete ich wie ein Kind und dachte wie ein Kind und war klug, wie ein Kind; als ich aber ein Mann wurde, tat ich ab, was kindlich war. Wir sehen jetzt durch einen Spiegel in einem dunklen Bild; dann aber von Angesicht zu Angesicht. Jetzt erkenne ich stückweise; dann aber werde ich erkennen, gleichwie ich erkannt bin.

Nun aber bleiben Glaube, Hoffnung, Liebe, diese drei; aber die Liebe ist die größte unter ihnen.'

Das ‚Hohelied der Liebe' wird Paulus zugeschrieben, der ein erfolgreicher Missionar des Urchristentums war und aber nie Jesus getroffen hat. Da er im Gegensatz zu Petrus keine Ambitionen hatte, die Stelle von Jesus einzunehmen, kann davon ausgegangen werden, dass die Aussage von ihm nicht aus persönlichen Gründen verfälscht wurde und so die Zeit überdauert hat.

Eindeutiger hätte man es nicht sagen können! Die Liebe wird über alles gestellt.

Wenn wir vor diesem Hintergrund den oberen Teil des Grabmals ansehen und die Skulpturen in der Reihenfolge der Fingerzeige betrachten, erkennen wir, dass die rechte Skulptur den Anfang bildet. Soll sie die Hoffnung darstellen? Aber warum hat sie einen abgewandten Blick und ist ihre rechte Hand leer?

Gehen Sie auf einen beliebigen katholischen Friedhof. Dort finden Sie ähnliche Skulpturen. Frauen mit gesenkten oder abgewandten Augen. Und auch von der Pieta von Michelangelo kennt man diesen abgewandten Blick und eine leere Hand. Da ist nichts von Hoffnung. Ihr ist nichts als der Leichnam von Jesus geblieben.

Die Skulptur auf dem Grabmal Adrians ist eine trauernde Frau, die nach dem Tod eines geliebten Menschen mit leeren Händen dasteht. Sie zeigt auf die Figur des Glaubens, sieht aber nicht in diese Richtung. Es scheint so, als ob sie ihr die Schuld am Tod gibt. Und wie reagiert sie. Traurig sieht sie zur Trauernden und weist mit dem Finger nach oben. Dort stehen vier brennende Fackeln als Symbole für das Leben und die Skulptur, die die Liebe repräsentiert. Trotz des Todes bleibt die Liebe und in den Kindern gibt es eine Wiedergeburt. Um falschen Interpretationen jeden Raum zu nehmen, wurde eine schwangere Frau mit einem Kind auf den Giebel gestellt. Im Unterschied zu Grabmalen mit einem gekreuzigten Jesus steht damit das Leben im Zentrum der Anbetung.

Das Grabmal von Adrian VI. bezieht sich ausdrücklich auf Paulus und damit dem Urchristentum. Aus diesem Blickwinkel erschließen sich auch weitere Details der vier Tugenden im unteren Teil. Die drei Tiere: Löwe, Storch und Schlange stehen stellvertretend für das Verhältnis der Menschen zu allen Tieren. Auch die Taube in der Hand der schwangeren Frau zeigt Fürsorge gegenüber dem Tier.

Den Urchristen war das Töten von Menschen und Tieren verboten. Damit konnten Soldaten und Jäger keine Christen werden. Das Essen von Fleisch war untersagt.

Erst nachdem Kaiser Konstantin das Christentum als Staatsreligion festgelegt hatte, wurde das Essen zum Fleisch nicht nur erlaubt, sondern sogar gefordert. Vegetarier wurden hart bestraft. Das Entscheidende war aber, dass Konstantin aus einer Religion der Liebe und des Lebens eine Totenanbetung formte, die mit Jesus Wirken für die Armen und Schwachen, in dem die Liebe im Zentrum stand, kaum etwas zu tun hatte. Als Krieger und Mörder hätte er niemals Zugang zu Jesus Gemeinschaft gefunden.

Schreibgelehrten, die das Neue Testament zusammenstellten, übernahmen nur Berichte zum Wirken von Jesus, die die Machtpolitik von Konstantin unterstützten. Zu diesem Zweck wurden Übersetzungen aus dem Aramäischen gefälscht und Aussagen hinzugefügt. Zahlreiche Textpassagen konnten Historiker mittlerweile als Fälschungen entlarven.

Nach seinen Erlebnissen in Zaragoza und den Studien in den Archiven des Vatikans hatten sich Adrians Zweifel verdichtet. Außerdem war er im Besitz einer Reliquie, die seine Zweifel unterstützten. Seine neue Sicht kündigte er mit dem Schuldanerkenntnis an.

Das Grabmal, das von Enckenvoirt errichten ließ, fasste Adrians Sicht zusammen, bei der die Liebe im Vordergrund steht. Die katholische Kirche entstellte das Grabmal, um diese Aussage zu entfernen. Allerdings konnte sie nicht verhindern, dass bis heute Kupferstiche vom ursprünglichen Grabmal existieren.

Um jeden Zweifel zu zerstreuen, hat der Kupferstecher Matthias Greuter zusätzliche Grafiken eingefügt. Es gibt zwei Varianten. In der einen Variante stellt er links das korrekte Wappen Adrians dar, damit der Unterschied leichter erkennbar wurde. Es folgten ein Bildnis des Papstes und eine Plakette, auf der die Taube Schlüssel und Tiara mit sich trägt, während sie aufsteigt. Zwei Bischofsmützen bleiben zurück. Geöffnete dicke Bücher weisen darauf hin, dass sie gelesen wurden.

Auf einem Kupferstich platzierte Greuter eine Mauer, auf der anderen Variante sogar zwei Mauern, die abgebrochen wurden. Im Vordergrund sieht man mehrere Bücher. Überschrieben werden die Darstellungen mit den Worten: ‚Ein Kapitel ist beendet'. Wenn man diese Wörter mit dem Textband: ‚Wie viel hängt davon ab, in welche Zeiten auch des besten Mannes Wirken fällt!' verbindet, wird deutlich, dass es darum geht, weitere Kapitel zu schreiben, die Adrian nicht mehr vollenden konnte.

Das Grabmal sieht heute verändert aus. Die drei oberen Skulpturen und Fackeln wurden entfernt. In offiziellen Dokumentationen nennt man die fehlenden Skulpturen Fides, Spes und Caritas, also Glaube, Hoffnung und Liebe. Wie sie feststellen konnten, passen die Bezeichnungen nicht zu den Figuren der Kupferstiche.

Offiziell heißt es, dass die Skulptur ‚Fides' statt der ‚Caritas' auf die Giebelspitze gestellt wurde. Diese Aussage ist falsch. Die Haltung, wie das Kreuz gehalten wird, und der fehlende, nach oben weisende, Zeigefinger beweisen, dass die heutige plump wirkende Figur eine völlig andere ist.

Die ‚Spes' soll in das gegenüberliegenden Jülich-Kleve-Bergschen Epitaph integriert worden sein. Auch diese Aussage ist falsch, wie man anhand der Kupferstiche von Greuter beweisen kann. Die Skulptur des gegenüberliegenden Epitaphs erinnert nicht im Entferntesten an die Figur vom Grabmal Adrians.

Und auch Behauptungen, wonach Papst Adrian VI. sich dieses opulente Grabmal gewünscht habe, ist falsch und widerspricht dem Geist Adrians.

Bevor jemand den Einwand vorbringt, dass diese Kupferstiche nicht die ursprüngliche Gestaltung darstellen, möchte ich darauf hinweisen, dass es einen Kupferstich von Nicolaus van Aelst aus dem Jahr 1591 gibt, der mit der Darstellung identisch ist. Kirchenhistoriker ziehen sich in der Beweisführung immer auf den Standpunkt zurück, dass es zwei unabhängige Quellen geben muss, wenn sie als glaubhaft angesehen werden sollen. Wir können also mit Bestimmtheit sagen, dass das Grabmal von Adrian VI. bewusst entstellt wurde. Dieser Umstand wird von den Verantwortlichen der Kirche bewusst verschwiegen.

Aber es geht noch weiter. In einer Nische gegenüber Adrians Grabmal ließ Willem van Enckenvoirt nachweislich ein Tabernakel mit einem Sakramentshäuschen für die von Adrian aus Spanien mitgebrachte Reliquie bauen. Nach dem Tod von Willem van Enckenvoirt im Jahr 1534 platzierte man hier sein Grabmal und integriert einen neuen Tabernakel aus Marmor. 1546 wurde das Tabernakel entfernt. Stattdessen verschloss man die Wand mit einem Relief, von dem man heute behauptet, dass es sich dabei um den segnenden Gott im Himmel handelt. Doch der auf Wolken schwebende Mann segnet nicht, denn Zeige- und Mittelfinger sind gespreizt. Seit dem

13. Jahrhundert wurde der Segensgruß durch ausgestreckten Daumen, Zeigefinger und Mittelfinger festgelegt. Warum ist der Künstler von dieser Regel abgewichen? 1579 wurde das Grabmal von seinem Platz an der Südwand entfernt und in Richtung Apsis verlegt. In der Mitte des 18. Jahrhunderts platzierte man es neben dem Hauptportal.

Heute wird behauptet, dass die Umzüge wegen der künstlerischen Gestaltung der Kirche erfolgten. Doch diese Argumentation ist äußerst zweifelhaft, denn der Platz für das Grabmal hatte Willem van Enckenvoirt mit Absicht gewählt. Wenn man sich die ursprüngliche Gestaltung ansieht, versteht man, dass es sich um ein Ensemble handelte, das den Sinn der Grabmale deutlich heraustreten lässt.

Die Gestaltung, Skulpturen und Säulen beider Grabmale ähneln sich. Nur der durchbrochene Giebelrahmen des Grabmals des Willem van Enckenvoirt weicht davon ab. Dies hat aber seinen Sinn, denn er entspricht dem Portal der Kirche Santa María Magdalena in Zaragoza, aus dem die Reliquie stammt, die im darunter aufgestellten Tabernakel platziert war."

Die Besucher starrten gebannt auf die Leinwand. Sie zeigte die beiden Grabmale der Anima und darunter das Portal von Zaragoza.

„Feinde sorgten dafür, dass das Grabmal des Papstes Adrian VI. verstümmelt und das seines Freundes Willem van Enckenvoirt von seinem Standort verschoben wurde.

Glücklicherweise liegen Kupferstiche von Adrians Grabmal in seiner ursprünglichen Form vor. Gemeinsam mit den Überresten des Grabmals Willem van Enckenvoirts können wir die ursprüngliche Gestaltung zeigen."

Eine Computeranimation zeigt dreidimensional die Grabmale von Adrian und Willem van Enckenvoirt nebeneinander, dann drehte man sie so, dass sie gegenüberstanden.

„Der Sinn dieser Konstruktion zeigt sich, wenn man beide Grabmale als Einheit betrachtet. Adrian und van Enckenvoirts ruhen nur.

Sie scheinen aber bereit zu sein, jederzeit aufzustehen. In der ursprünglichen Version lagen beide Skulpturen gegenüber, Kopf an Kopf. Warum ist Adrian dabei, sich zu erheben, und während sein Freund liegt? Die Pose zeigt, dass Adrian bereits auf dem Weg ist. Willem van Enckenvoirt hält die Hand offen, um seine Aufgabe zu übernehmen.

Auf der Seite von Adrian ist der Weg nach oben durch einen Himmelsbogen mit Maria und Jesus, Petrus und Paulus versperrt. Auf der Willem van Enckenvoirts Seite ist der Giebel offen. Hier können beide in eine grenzenlose Dimension aufsteigen, die über dem Himmelsbogen liegt. Dort wartet die Liebe."

Mord und Erbe

„Seine Feinde bezahlten Verräter, schickten Attentäter und veranlassten schließlich einen Arzt, ihn zu vergiften. Sie waren sich nicht einmal zu schade, ihn zu überfallen und auszurauben, als er im Krankenbett lag. Kurz vor seinem Tod entschloss sich Adrian, seinen Freund Willem van Enckenvoirt zum Bischof von Tortosa zu ernennen, um sein Versprechen einzulösen. Er ernannte ihn zum Testamentsvollstrecker, um das Geheimnis der Reliquie zu bewahren. Die Unabhängigkeit der spanischen Orden vom Vatikan hatte er bereits veranlasst.

Adrian von Utrecht starb als Papst. Die Blätter seiner Notizbücher, Teile des Schriftverkehrs mit Erasmus von Rotterdam sowie einige weitere Dokumente versteckten Freunde in Buchdeckeln alter Studienunterlagen und brachten sie nach Utrecht. Ein von Adrian gestiftetes Kolleg sollte sie aufbewahren. Von dort gelangten sie in die Universitätsbibliothek Leuven. In den Jahren 1567, 1914 und 1939 versuchte man, in Besitz der versteckten Dokumente zu kommen oder sie durch Brandstiftungen zu vernichten. Doch es gelang beherzten Leuten immer, sie vor dem Feuer zu bewahren.

Willem van Enckenvoirt wollte den Plan seines Freundes weiterverfolgen. Durch das Geheimnis Adrians wurde er Berater des Kaisers und glaubte, mit ihm die Ziele Adrians verwirklichen zu können. Tatsächlich ging Karl V. gegen Adrians Nachfolger auf dem Papststuhl, Clemens VII. vor. Nach dessen Gefangennahme bestand die Möglichkeit, die Kirche zu reformieren. Van Enckenvoirt vermutete hinter der Krönung Karls V. einen Handstreich, um das Papsttum abzuschaffen. Doch die Verlockung der Macht war zu groß. Clemens VII. wurde zwar vergiftet, doch dessen Nachfolger Papst Paul III. übernahm die Papstkrone. Außer halbherzigen Reformen änderte sich nichts."

Geometrie und Glauben

Die Kamera strich über Details der Grabmale und blieb bei der Skulptur der Liebe stehen, die sie im Großformat zeigte. Dann wurde ein grünes Dreieck eingezeichnet, deren Ecken der Bauchnabel und die Brüste der Skulptur der Liebe bildeten.

Eine Stimme sagte: „Alle Menschen sind gleich!"

Großaufnahmen verschiedener klassischer Skulpturen von Männern und Frauen mit nacktem Oberkörper wurden gezeigt. Bei allen wurden in gleicher Form Dreiecke eingezeichnet. Die Figuren verschmolzen schließlich zum vitruvianischen Menschen von Leonardo da Vincis. Ein riesiger Zirkel setzte am Bauchnabel an und zog einen Kreis, der die Fingerspitzen und Füße berührten. Dann wurde mit einem Winkelmaß ein Quadrat gezeichnet, der vom Kopf und Füßen und den ausgestreckten Armen begrenzt wurde. Schließlich wurden Linien gezogen, die von den Brüsten ausgingen, den Bauchnabel kreuzten und an den Füßen endeten. Durch die Verbindung der Endpunkte entstanden zwei Dreiecke, die sich im Bauchnabel trafen.

Die Stimme sagte: „Die Geometrie des Menschen! Wenn Gott gesagt hat, dass er ihn nach seinem Bilde geschaffen hat, sieht so Gott aus."

Unter den Zuhörern rumorte es. Ein Mann stand auf und brüllte aggressiv: „Das ist Blasphemie. Ich werde Sie verklagen!"

Ein Ordner unterbrach den Film und machte das Licht an. „Sehr geehrter Herr. Bitte bleiben Sie auf ihrem Platz. Wir akzeptieren Ihre Meinung. Beachten Sie aber, dass Sie sich auf privatem Gelände befinden. Sie haben sich schriftlich dazu verpflichtet, die Präsentation nicht zu stören. Sollten Sie kein Interesse an den Informationen haben, können Sie sich gern in dieser Zeit im Warteraum aufhalten. Sie können sich aber auch setzen und dem Film weiter folgen."

Da von den anderen Teilnehmern keine Reaktion gezeigt wurde, setzte sich der Mann wieder. Das Licht erlosch und das Video startete wieder.

Der alte Mann erschien wieder auf der Bildfläche. Er stand an einem Tisch, auf dem das Bild von Leonardo da Vinci, bunte Stifte, ein Zirkel und ein Winkelmaß lagen. Es war offensichtlich, dass er die Ergänzungen auf der Zeichnung vorgenommen hatte.

„Der vitruvianische Mensch ist keine Erfindung von Leonardo da Vinci. Er geht auf den römischen Architekten Vitruvius zurück, der bis ca. 10 vor Christi lebte. Ich habe sie mit einigen Strichen ergänzt, die später noch eine Rolle spielen werden.

Wie kam Willem van Enckenvoirt auf die Darstellung der Liebe auf dem Giebel?"

Ein Foto der Kirche Santa Maria Magdalena wurde eingeblendet.

„Wie gesagt, entspricht die Gestaltung an die Eingangspforte der Kirche Maria Magdalena in Zaragoza. Allerdings thront Maria Magdalena hier über einem offenen Giebel.

Achten Sie bitte auf die Ornamente unterhalb des Daches. Dort befinden sich fünf schräge Kreuze, über denen ein Stein hervorragt. Darunter ist ein Rechteck mit zwei Kreisen rechts und links platziert. Sie wirken so, als ob dazwischen etwas fehlt. Darunter ist wiederum ein Ornamentband gestaltet worden, bei dem Dreiecke in die Tiefe des Bauwerks gehen. Die gleiche Form wiederholt sich über den Kreuzen. Der Abschluss zum Dach bildet eine Kante von Dreiecken, deren Spitzen nach unten zeigen. Was die Dreiecke, Kreuze und Kreise bedeuten, werden wir später verstehen. Eins können Sie aber sofort erkennen, wenn Sie eines der fünf Kreuze als digitales Symbol ansehen. Aus dem oberen Dreieck des Kreuzes wird ein Herz."

Unter den Zuhörern wurde Gemurmel laut. Es wagte aber niemand, sich zu erheben.

„Über dem durchbrochenen Portal war ein kleiner Absatz, auf dem eine Skulptur von Maria Magdalena steht. Ich zeige Ihnen jetzt noch einmal die Skulptur aus der Basílica del Pilar, die die Jungfrau Maria auf dem Pfeiler zeigen soll.

Auch hier finden wir ein großes Herz.

Und jetzt ergänze ich die Bilder mit einem Ausschnitt vom Kupferstich des Grabmals. Auch hier sehen wir Maria mit Jesus als Kind. Daneben befinden sich Petrus und Paulus. Statt eines Herzens erkennt man das Symbol der Liebe auf dem Giebel. Es sind unterschiedliche Darstellungen mit gleichem Inhalt. Und sie sind erst auf den zweiten Blick verständlich. Wir wissen, dass Adrian VI. und Willem van Enckenvoirt ihren Plan, die Religion zu reformieren, nicht verwirklichen konnten. Was sollten ihre Anhänger mit dem Wissen über die bedeutsame Reliquie tun?"

Die Erben der Reliquie

„Als das Konzil von Trient 1545 begann und sich abzeichnete, dass Reformen nicht zu erwarten waren, entschieden sich Adrians Anhänger, Tabernakel und Reliquie aus Rom zu entfernen. Schottland schien für die Reliquie der geeignete Ort zu sein, weil der Arm des Papstes nicht bis auf die Insel reichte. In Anlehnung an die Kirchen in Zaragoza und Rom nannten sie ihre Kultstätte in Edinburgh ‚Marienkapelle', im Englischen: Mary's Chapel."

Auf der Leinwand erschienen wieder die Bilder aus Zaragoza und Rom. Daneben wurde ein Bild vom Logenhaus Mary's Chapel platziert. Im Veranstaltungsraum spürte man die Erregung der Anwesenden. Leise hörte man bereits ein Wort. Erst leise, dann immer lauter flüsterte man „Freimaurer".

„Heute sieht man über dem Gebäude ein Kreis mit einem Davidstern. Das Symbol des heute als ‚Davidstern' benannte Sechseck hat nichts mit Juden zu tun. Es stammt aus der hellenistischen Zeit. Unschwer ist zu erkennen, dass zwei Dreiecke miteinander verschmolzen sind, um die, wie bei der Darstellung des Menschen bei Leonardo da Vinci, ein Kreis gezogen wurde.

Die Freimaurer sprechen von der Arbeit am rauen Stein, wenn sie die Formung der Persönlichkeit des Charakters meinen. Im 5. Jahrhundert vor Christi taucht beim griechischen Philosophen Leukipp erstmals der Begriff Atom auf. Das sollten die kleinsten, nicht teilbaren Teilchen sein, aus denen alles in der Welt besteht. Glatte Gegenstände sollten nach dieser Theorie aus runden Atomen, raue aus eckigen Atomen aufgebaut sein.

Im Talmud wird die Frage gestellt: ‚Wer sind die erwähnten Baumeister?' Die Antwort lautet: ‚Es sind die Gelehrten, weil sie sich mit dem Aufbau der Welt beschäftigen.'

Sind nicht die Menschen Teile des großen Ganzen?

Sie sehen, wir landen immer wieder bei den griechischen Philosophen und Mathematiker.

Im Zentrum des Symbols der Freimaurer befindet sich ein weiterer Kreis mit einem Strahlenkranz, in dem sich ein großes ‚G' befindet. Oft wird behauptet, dass es sich dabei um ein Symbol für Gott handelt. Wenn wir aber davon ausgehen, dass Adrian VI., die Quelle der Bruderschaft war, müsste der Buchstabe aus dem Lateinischen kommen. Dann müsste ein ‚D' für ‚Deus' stehen. Das ‚G' steht für Geometrie und der Strahlenkranz für ihre herausragende Bedeutung.

Wichtige Symbole ihrer Gemeinschaft, wie die Säulen und Dreiecke, übernahmen sie aus dem Grabmal Adrians und der Reliquie. Trotz unterschiedlicher Strömungen in ihrer Gesellschaft sorgten sie dafür, dass ihr wichtigstes Geheimnis bis heute gesichert blieb.

Nur die höchsten Grade erfuhren vom Verbleib Adrians Dokumente und der Existenz der Reliquie."

Geheimnisse der Bilder

„Adrian hatte noch vor seinem Tod die Fertigung zweier Gemälde beauftragt. Beide wurden im Jahr 1525 unabhängig voneinander in Florenz fertiggestellt.

Das Bild von Jacopo Pontormo, sollte in der Herberge der Certosa del Galluzzo von Florenz bleiben. Wir kennen es unter dem Namen ‚Abendmahl in Emmaus'. Es soll die Stelle aus dem Lucas-Evangelium zeigen, als Jesus zwei seiner Jünger erschien. Sie sollen ihn daran erkannt haben, wie er das Brot brach und es ihnen gab.

Doch was sehen wir wirklich? Mit Sicherheit nicht diese Szene. Damit Sie unvoreingenommen an das Bild herangehen, stelle ich eine Behauptung auf: Das Bild zeigt eine McDonald's-Werbung. Man erkennt sie daran, dass auf dem Tisch offensichtlich zwei Gäste belegte Brote in der Hand halten und auf dem Boden eine Rechnung aus Thermopapier liegt.

Die Fakten stimmen scheinbar, aber Sie werden natürlich protestieren, weil Sie immer noch Jesus im Kopf haben.

Was sehen wir in Wirklichkeit? Zunächst fällt das Auge innerhalb eines nach-oben-zeigendem-Dreiecks auf. Jetzt bitte ich Sie zu prüfen, wie viele weitere Dreiecke auf dem Bild zu sehen sind? Nach meinem Hinweis erkennen Sie bestimmt vor der rechten Person im Vordergrund und in der Hand einer Person im Hintergrund Gläser, die an ein Dreieck erinnern. Sie sind leer und aus klarem Glas.

Ein Dreieck haben Sie aber bestimmt übersehen. Schauen Sie sich Jesus an. Das blaue Gewand ist geöffnet. Über der Brust, zum Bauchnabel zeigend, ist ein großes Dreieck sichtbar. Das Bild kann nicht mit der Bibelstelle zusammenhängen, da die Anzahl der handelnden Personen zu groß ist und das Brot nicht gebrochen wurde, da auf dem Tisch deutlich Messer zu sehen sind.

Ich spare mir weitere Interpretationen. Zum Vergleich zeige ich ein Foto, das erst wenige Wochen alt ist."

Jacopo Pontormo: Abendmahl in Emmaus, Foto: The Yorck Project (2002)

Auf der rechten Seite wird das Porträt eines Freimaurers gezeigt.

„Wie Sie sehen, trägt der Freimaurer eine Schärpe, die der Kleidung auf dem Gemälde ähnlich ist. Im Hintergrund sehen Sie eine Pyramide mit einem Auge. Die Schürze zeigt ein Dreieck. Vorhin sahen Sie die Säulen in Zaragoza, in Rom und in Edinburgh. Ich überlasse Ihnen die Schlussfolgerungen. Den wahren Inhalt des Bildes werden Sie selbst herleiten können."

Der Bildschirm wurde gelöscht. Aus der Tiefe erscheint ein neues Bild.

„Sehen wir uns jetzt das zweite Gemälde an. Es heißt ‚Papst Hadrian VI. als Priester'. Dieses Bild ist noch geheimnisvoller. Francesco Ubertini stellte es ebenfalls 1525 fertig. Vergessen Sie auch hier die Bezeichnung. Es gibt eine Inschrift. Sie lautet: ‚Die abgelaufene Stunde kehrt niemals zurück.'

Über der Schrift ist rechts eine Sanduhr zu sehen. Denken Sie bitte wieder in Symbolen. Die Sanduhr bilden zwei Dreiecke, deren Spitzen aufeinander zeigen. Der Priester macht mit beiden Händen eine deutliche Geste. Es wird auf einen Totenschädel gezeigt. Eine Hand trägt einen goldenen Ring mit einem tiefblauen Stein. Sehen wir ihn uns aus der Nähe an. Der Stein ist auffällig gefasst. Zwölf miteinander verbundene Haken halten ihn. An der Ringschiene vereinigen Sie sich. Wir haben den Ring mithilfe einer Computeranimation so gedreht, dass er in unsere Richtung weist. Unschwer ist zu erkennen, dass er an ein Auge erinnert.

Wenden wir uns jetzt dem Hintergrund des Gemäldes zu. Die Szene ist sehr klein gemalt. Wir sehen einen massiven Block, der mit Ornamenten, Kreuzen, Totenschädeln und gekreuzten Knochen verziert ist. Er wird von Fabeltieren gezogen. Ein Sensenmann steht obenauf und treibt die Tiere an. Unter ihm werden christliche Amtsträger, wohlhabende Männer und Frauen, aber auch ein Maure zerquetscht.

Ich löse das Rätsel auf. Adrian verlässt Rom als einfacher Kleriker mit Birett und Soutane. Er ist kein Papst mehr. Er gibt aber einen deutlichen Hinweis: Dort, wo der Schädel liegt, ist der Ring. Was bedeutet der seltsame Block, dessen Inhalt unbekannt ist. Offensichtlich hat er brutale Folgen für bestimmte Menschen. Das Bild wurde, wie die Reliquie, nach Schottland gebracht und hängt erst seit 1889 ziemlich unbeachtet in einem Museum in Kassel.

Am 16. März 1960 veröffentlichte die spanische Stadt Vitoria mehrere Ersttagsbriefe mit unterschiedlichen Darstellungen von Adrian VI. und einem dazu passenden Stempel.

Auffällig ist, dass die Herausgabe zum 500. Geburtstag des Papstes erfolgte, obwohl er am 2. März 1459 in Utrecht geboren wurde.

Vitoria spielte im Leben von Adrian nur einmal eine Rolle. Hier erhielt er am 22. Januar 1522 im Haus des Juan De Bilbao die Nachricht von seiner Wahl als Papst. Man könnte meinen, dass man sich im Datum geirrt hat, doch beim näheren Hinsehen, stellt man einen weiteren groben Fehler fest: Auf dem Stempel wird das Wappen des Papstes falsch dargestellt. Die normalerweise als Wolfsangeln bezeichneten Symbole im linken oberen und rechten unteren Feld wurden mit dem Buchstaben ‚Z' ersetzt.

Es ist unwahrscheinlich, dass es ein Zufall war, denn ein Ersttagsbrief zeigte das authentische Wappen. Außergewöhnlich sind auch zwei Briefmarken, mit denen die Ersttagsbriefe verkauft wurden. Sie bezogen sich auf zwei bedeutsame spanische Maler.

Eine Briefmarke zeigt den Ausschnitt des Bildes von Jusepe de Ribera, das Maria Magdalena zeigt. Der spanische Maler wurde 1591 in Játiva geboren. Er starb 1652 in Neapel. Der Künstler fertigte noch ein weiteres Bild mit Maria Magdalena, dass sie bei der Himmelfahrt zeigt. In beiden Fällen ist sie in ein rotes Tuch eingehüllt. Damit trägt sie die Farbe der Päpste. Ein Bild mit der Bezeichnung Maria Immaculata malte er 1635.

Justus de Ribera, Public Domain, Wikipedia

Es ist in mehrfacher Hinsicht außergewöhnlich, denn diese Maria besitzt die gleichen Gesichtszüge wie Maria Magdalena auf den beiden anderen Gemälden. Immaculata heißt in der Übersetzung unbefleckt, makellos oder rein. Stellt man diese Eigenschaften in den Zusammenhang mit Maria Magdalena, entsteht eine interessante Aussage. Die angebliche Sünderin wird zur Königin, die sich über den Petersdom, dem Symbol der katholischen Kirche, erhebt. Es stellt sich die Frage, warum Gott zur Taube sieht, wenn sie den Heiligen Geist darstellen soll. Wir kommen zum gleichen Schluss, wie bei Adrians Grabmal. Die Taube ist das Symbol der Liebe.

Maria ist in einen weiten blauen Umhang gehüllt und trägt eine weiße Tunika. Schützend hält sie ihre Arme gekreuzt vor ihrer Brust. Das sieht nicht nach einer Empfängnis aus. Über Marias Kopf schwebt ein Kranz goldener Sterne. Sie wird von hinten erleuchtet. Deutlich sind Sonnenstrahlen erkennbar. Auch der Mond über der Kuppel des Petersdoms wird von hinten, so wie bei einer Mondfinsternis, angestrahlt.

Das Bild zeigt ein Gleichnis. Jesus ist die Sonne und Maria Magdalena der Mond. Sie bilden eine Einheit. Mit diesem Bild erklärt sich die Darstellung Heiliger auf Millionen religiöser Bilder. Die Erkenntnis ist das Licht, das Jesus gebracht hat. Wie bei einer Mondfinsternis geht das Licht nicht von ihnen aus. 'Lebt als Kinder des Lichts; die Frucht des Lichts ist lauter Güte und Gerechtigkeit und Wahrheit.'

Die zweite Briefmarke ist ebenso erstaunlich, denn sie zeigt die „Heilige Familie" von Francisco José de Goya. Sie soll Maria, Josef, Jesus und ein weiteres Kind darstellen. Angeblich soll das zusätzliche Kind Johannes der Täufer sein. Doch dieser gehörte nicht zu Jesus Familie und wäre somit fehl am Platz. Beide Kinder sind nackt. Bei Jesus sind deutlich die Brustwarzen und der Bauchnabel zu sehen. Das Geschlecht der Kinder ist nicht bestimmbar.

Maria bildet die Spitze der Personengruppe. Ihr Haupt ist nicht bedeckt. Jesus und Maria haben sich dem vierten Kind zugewandt. Es dürfte kein Zufall sein, dass diese beiden Briefmarken in einen Zusammenhang gebracht wurden. Sie stehen im Widerspruch zur Lehrmeinung der Kirche.

Foto: W. A. Strauch

Bei Goya kann eine Verbindung zu Adrian VI. besonders deutlich hergestellt werden, denn er wurde 1746 in Fuendetodos geboren. Der Ort liegt nur 45 Kilometer südlich von Zaragoza. Goya schuf einerseits religiöse Fresken, andererseits wurde er von der Inquisition verfolgt und unterstützte den Unabhängigkeitskrieg der spanischen Bevölkerung gegen Napoleon. Für die Basílica del Pilar in Zaragoza malte er ein Bild, auf dem die Maria als Königin der Märtyrer dargestellt wurde. Schon die Bezeichnung passt nicht zur üblichen Darstellung der Gottesmutter. Das Gemälde ‚Erscheinung der Jungfrau von der Säule vor dem Heiligen Jakob' bezieht sich auf die Kirche in Zaragoza.

Foto: Adriano Lombardo, Detalle de la cúpula Regina Martyum en El Pilar, Goya. Wikipedia

Auf einem Bild für die Basílica del Pilar in Zaragoza finden wir das Dreieck als Symbol für Gott wieder. In hebräischen Buchstaben steht dort JHWH. Spätestens als er sich mit den Schrecken des Krieges auseinandersetzte, stand er im Verdacht Freimaurer zu sein oder mit ihnen zu sympathisieren.

Francisco Goya, Erscheinung der Jungfrau der Säule vor dem heiligen Jakobus', Wikipedia

Warum bezieht sich der Ersttagsbrief mit dem dazugehörigen Stempel auf den 16. Februar?

Der einzige bedeutsame Tag, der zu diesem Datum passt, ist der 16. Februar 1936 als eine Koalition aus liberalen Republikanern, Sozialisten, Kommunisten und Linkskommunisten einen Wahlsieg bei der letzten Parlamentswahl errang, bevor Franco seine Diktatur errichtete. Die Spanier konnten zwischen den Zeilen lesen. Wenn offiziell an diesem Tag den Opfern nicht gedacht werden durfte, war es mit Ersttagsbriefen und entsprechenden Briefmarken möglich.

Francisco Goya, Anbetung des Namens Gottes ('La gloria') (1772, Catedral-Basílica de Nuestra Señora del Pilar de Zaragoza, Zaragoza, Spanien. Wikimedia Commons

Adrian VI. hatte sich zu seiner Zeit gegen Gewalt ausgesprochen. Die Bilder auf den Briefmarken heben die Rolle der Frauen hervor. Es kann sein, dass diese Aktion von den spanischen Logen unterstützt wurde, denn es wurden ca. 10.000 Spanier während des Bürgerkriegs erschossen, weil sie Freimaurer waren."

Analyse der Reliquie

„Das sind ziemlich viele Symbole, Legenden und aufwendige Kunstwerke für einen Papst, der nur ein Jahr im Amt war. Warum dieser ganze Aufwand? Wir sind im Besitz der Reliquien und Dokumente, die uns die Antwort geben!"

In der linken Bildhälfte sah man jetzt, wie eine Röhre aus Ton und eine weiße Schatulle von einem Mann aus einer der Stahlkassette gehoben wurden. Er zog ein Pergament aus der Röhre. Dann stellte er das Kästchen aus Elfenbein im gleichen Winkel auf den Tisch. Auf dem Deckel wurde eine Intarsie sichtbar: ein Sensenmann. Rechts sah man den Bildausschnitt vom Sensenmann mit dem Block. Die Gemeinsamkeiten waren eindeutig. Ein Mann zog sich einen Ring vom Finger. Man sah die Einfassung des Steines und strahlenförmige Reflexionen. Der Ring wurde in eine Vertiefung des Blocks auf der Schatulle gedrückt. Das Gefäß gab seinen Inhalt frei. Miteinander verbundene Elfenbeinplatten lagen jetzt auf dem Tisch.

Proben wurden mit filigranen Instrumenten aus den Stirnseiten der Tafeln entnommen und vorsichtig in Reagenzgläser gegeben. Der Bildausschnitt vom Gemälde verschwand und zeigte jetzt, wie aus der Röhre ein aufgerolltes Pergament gezogen wurde. Eine winzige Stanze schnitt kreisrunde Proben aus dem Rand. Logos verschiedener Institute kamen ins Bild. Immer der gleiche Kurier gab Proben ab.

Ein Professor stellte sich kurz vor und teilte die Ergebnisse der Untersuchung mit:

„Das Alter des Elfenbeins der Tafel konnte mithilfe der Radiokarbonmethode auf ca. zweitausend Jahre bestimmt werden. Die Pergamentproben wurden auf das erste Jahrhundert nach Christi datiert", sagte ein greiser Mann, der durch seine Erscheinung Kompetenz ausstrahlte. Zwei weitere Professoren bestätigten die Aussagen.

Brief einer Mutter

Wieder kam der alte Mann vom Anfang des Films ins Bild.

„Bevor wir uns die Reliquie ansehen, möchte ich Ihnen die Übersetzung eines Pergaments vortragen. Es ist ein Brief in aramäischer Sprache."

Eine Großaufnahme zeigt den Brief.

„Mein lieber Sohn. Das Schicksal wollte, dass du ohne Vater aufwächst. Und nun scheint auch mein Leben zu Ende zu gehen. Jakob hat mir versprochen, dass ich in den Ruinen des alten Tempels begraben werde, in dem ich die letzten Jahre verbracht habe. Leider werde ich nicht mehr erleben, wie du aufwächst und ein Mann wirst. Aber ich kann mir gut vorstellen, wie du einmal aussehen wirst, denn du hast die Züge deines Vaters. Er hat dir einen Schatz hinterlassen, der sein Leben bestimmt hat. Es handelt sich nicht um Dinge, die man verkaufen kann, sondern um Wissen, das du unendlich vermehren kannst. Jakob wird dir zeigen, wie du damit umgehen sollst.

Die Tafel hat dein Vater bekommen, als er noch ein Kind war. Dein Vater hieß Jeschua. Sein Vater hieß Tiberius Julius Aptes Pantiera. Er war Phönizier, stammte aus Sidon und stand im Dienst der Römer. Als er wegging, ließ er deine Großmutter schwanger und mittellos zurück. Ein treuer Jugendfreund nahm sich ihrer an. Er hieß Josef, der Zimmermann.

Wegen einer Volkszählung befahl der König deiner Großmutter, in ihr Heimatdorf zurückzukehren. Josef begleitete sie, denn er hatte den gleichen Weg. Da viele Jahre vergangen waren, kannte sie niemand und wollte sie aufnehmen. Als sie und ihr Begleiter um Wasser und Brot baten, trafen sie auf eine Gruppe wohlhabender Reisender.

Sie kamen aus dem Land, wo der Tag aufgeht, und sagten, sie seien auf dem Weg zum Meer, damit ein Schiff sie nach Alexandria bringe. Sie hatten sich an dem blauen Stern im Dreieck orientiert und waren in Eile, weil die Sonnenwende bevorstand. Sie fürchteten, unverrichteter Dinge nach Hause zurückkehren zu müssen. In der Fremde hatten sie versucht, eine Schule zu gründen, in der sie ihr Wissen weitergeben konnten. Doch die Herrscher und Priester jagten sie fort, weil ihre Lehre Wissen vermittelte, das ihrem Interesse widersprach. Deshalb fanden auch keine Schüler, denen sie ihr Wissen weitergeben konnten.

Deine Großmutter zeigte auf ihren Bauch und sagte, dass sie gerade einen Schüler gefunden hätten. Sie sei zu arm, um ihr Kind unterrichten zu lassen. Der Vater sei im Krieg und habe sie verlassen. Auf die Frage, warum sie ihn nicht geheiratet habe, erklärte sie, dass der Vater kein Jude war und sie ihn deshalb nicht heiraten dürfte. Ihr Gefährte sei ein treuer Freund.

Weil dein Vater auf die Welt wollte, brachte deine Großmutter ihr Kind in einem Stall zur Welt. Die Reisenden sahen mit Sorge und Mitleid zu. Sie betrachteten das Kind. Trotz der widrigen Umstände schien er ihnen gesund, denn er war noch nicht von der Welt verdorben. Sie schlugen der jungen Mutter vor, das Kind in ihre Obhut zunehmen.

Die Großmutter lehnte ab. Sie sagte, das Kind sei ihr Fleisch und Blut. Sie könne es nicht für Worte hergeben. Sie wünschte sich zwar eine sichere Zukunft für ihr Kind, aber der Preis sei zu hoch, denn sie wisse nichts von den Fremden.

Die weisen Männer berieten sich. Schließlich sagten sie, dass sie das Kind nicht weggeben müsse. Sie solle nur dafür sorgen, dass die Gelehrten es unterrichten könnten. Dadurch, dass sie das Kind nicht hergegeben habe, habe sie bewiesen, wie sehr sie ihr Kind liebe. Solange sie noch in Bethlehem seien, würden sie beobachten, ob sie gut für ihr Kind sorge. In dieser Zeit sollte es ihr an nichts fehlen. Die Fremden bezahlten für die Unterkunft im Haus eines Kaufmanns und besuchten deine Großmutter jeden Tag.

Am siebten Tag erklärten sie, dass sie das Leben des Kindes als Paten begleiten wollten. Sie würden die Mutter finanziell unterstützen. Deine Großmutter vertraute den Fremden, die ihr geholfen hatten, während ihre eigene Familie sie im Stich gelassen hatte. Also willigte sie ein. Die Gelehrten gaben der Mutter Gold, damit sie für sich und das Kind genug zu essen kaufen konnte. Weihrauch und Myrrhe sollten die kleine Familie vor Krankheiten schützen. Jedes Jahr kamen die Gelehrten, um nach dem Kind zu sehen.

Als dein Vater sprechen konnte, war er bereit für den Unterricht. Abwechselnd brachten ihm die Fremden Lesen, Schreiben und Rechnen bei. Später die Wissenschaft des Denkens und der Sprache. Zum Abschied überreichten sie ihm jeweils ein geschnitztes Elfenbeinstück mit Aufgaben, die er bis zum nächsten Besuch üben sollte. Diese Teile wurden im Laufe der Jahre zu einer Tafel zusammengefügt.

Als er zwölf Jahre alt war, erklärten sie seine Ausbildung für abgeschlossen. Er habe das Wissen der Vergangenheit gelernt. Nun sei es an der Zeit, eigene Gedanken zu entwickeln.

Sie schickten ihn zu den Hohepriestern nach Jerusalem, um mit ihnen zu sprechen. Er beeindruckte die Thora Lehrer mit seiner Kenntnis der Heiligen Schrift und ihrer Auslegung. Je mehr er sich mit den Rabbinern unterhielt, desto mehr stellte er fest, dass sie keine Antworten auf seine Fragen fanden und sich nur auf das beriefen, was sie geschrieben hatten. Vor allem die Widersprüche zwischen den Aussagen Jehovas in der Heiligen Schrift und den Handlungen der Priester ließen ihn zweifeln. Immer öfter fragte er sich, ob ihr Gott auch sein Gott sei. Auf seine Frage, welches Geschlecht Gott habe, verstrickten sich die Hohepriester in Widersprüche. Denn wenn der Mensch ein Geschöpf Gottes und sein Ebenbild sei, dann müsse Gott männlich und weiblich zugleich sein. Deshalb nenne er sich Jehova. Die Hohepriester waren verärgert.

Er kehrte zu den Gelehrten zurück und beklagte sich, dass er keinen eigenen Gedanken gefunden habe. Zu seinem Erstaunen lobten sie ihn. Der Zweifel sei der Keim, aus dem neues Wissen entstehe. Er müsse den Mut haben, weise zu sein. Erkenntnis habe nichts mit dem Alter zu tun oder welche Robe man trage. Damit habe er die Prüfung bestanden. Er habe die Grenze zwischen Glauben und Wissen überschritten. Fortan könne er die Welt erkennen und sein eigenes Wissen schaffen.

Sie gaben ihm das letzte Stück Elfenbein, das die Tafel vervollständigte, und einen kostbaren Ring mit einem magischen Stein. Er hatte ein außergewöhnliches Muster. Zwölf Linien trafen sich in der Mitte und bildeten Dreiecke. Er kannte dieses Muster, denn es war das Symbol der ewigen Wiedergeburt.

Die Gelehrten fügten die Elfenbeinstreifen zusammen. Es zeigte die Welt, die Vergangenheit und die Zukunft. Er hatte von den Gelehrten gelernt, wie man die Welt erkennt und dass die Gedanken unendlich sind. So wie die gespreizten Finger einer Hand einen Anfang haben, aber ins Unendliche weisen.

Zum Abschied zeichneten sie mit Kreide ein Dreieck auf ihren Körper. Es verlief vom Bauchnabel über die Brustwarzen und wieder zurück. Er kannte das Symbol. Wenn man drei Stäbe an den Enden verband, wurden sie von selbst stabil. Sie ermahnten ihn, nicht zu vergessen, dass seine Mutter für die ersten beiden Schritte gesorgt hatte. Jetzt schlage sein Herz von selbst, aber der Weg führe hinunter zum Ursprung seines Lebens. Mit der Tafel könne er das Wissen an seine Kinder weitergeben und ewig in ihnen weiterleben. Sie sagten: ‚Sieh und verstehe. Du wurdest geboren. Du wurdest gesäugt. Du lebst. Du wirst in deinen Kindern wiedergeboren.

Sie berührten ihn zwischen den Augen, am Bauchnabel und schließlich an beiden Brüsten. Dann verschränkten sie ihre Hände und sagten: ‚Die Finger sind deine Kinder, geboren aus dem Schoß einer Frau.'

Zum letzten Mal ließen sie ihm Gold da, damit er bei seinem Pflegevater Josef einen Beruf erlernen konnte, in dem er sein Wissen sinnvoll anwenden konnte. Nach der Lehre arbeitet er bei ihm als Bauhandwerker.

Aber er war unzufrieden, weil er nur einen kleinen Teil seines Wissens anwenden konnte. Immer öfter ärgerte sich sein Stiefvater, weil dein Vater lieber mit den Leuten diskutierte, als die Bauarbeiten zu beenden. Nach dem Brauch hätte er das Erbe seines Vaters antreten und mit ihm für seine fünf Geschwister sorgen müssen: In den Augen seines Pflegevaters war er verrückt und lebte in einer anderen Welt.

Nur deine Großmutter konnte Josef davon abhalten, ihn auf die Straße zu setzen. Die Jahre vergingen. Jeden Tag hoffte dein Vater, dass seine Lehrmeister zu ihm kommen würden, um ihn mit sich zu nehmen, denn er hatte noch viele Fragen.

Nachdem sein Stiefvater gestorben war, machte sich dein Vater auf die Suche nach den Weisen. Aber niemand hatte von ihnen gehört. Auf seiner Reise arbeitete er als Lehrer und Heiler. Er las aus der Thora vor und gab den Menschen Ratschläge. Die Tafel der Weisen hatte er bei seiner Mutter gelassen, die sie sorgfältig aufbewahrte.

Als er dem Prediger Johannes begegnete, hatte er große Hoffnungen, denn manches, was dieser sagte, erinnerte ihn an die Worte der Gelehrten. Johannes hatte schon viele Schüler. Um in die Gruppe aufgenommen zu werden, ließ er sich von ihm taufen. Dann half er, weitere Anhänger zu finden. Aber Johannes' Ideen gefielen ihm nicht. Warum sollten sich Menschen quälen, Gott zu gefallen? Seiner Meinung nach hatte Jehova Männer und Frauen geschaffen, um die Gesetze der Welt zu verstehen. Sein Reich sei schon da, weil die Gesetze da seien.

Johannes widersprach, konnte aber keine überzeugenden Argumente vorbringen. Sein Vater verließ ihn und mit ihm ein Teil der Jünger.

Als Johannes hingerichtet wurde, bedauerte er es, sah darin aber auch den Beweis, dass der Prediger nicht in die Zukunft sehen konnte, sonst hätte er seinen Tod vorausgesehen. So sahen es auch die meisten Jünger des Johannes und folgten deinem Vater. Das bedeutete für ihn, dass er sich um seine Schüler kümmern musste.

Deine Großmutter war verärgert darüber, dass er seine Zeit mit Reden vergeudete und sich als ältester Sohn nicht um seine Familie kümmerte. Sie glaubte, er sei verwirrt, weil er seine Pflichten nicht erfüllte. Sie machten sich auf die Suche und fand ihn schließlich in Kafarnaum am See Genezareth, wo er in einem Haus predigte. Aber die Hoffnung auf eine Bekehrung war vergebens. Voller Zweifel kehrte sie nach Hause zurück und glaubte, ihn für immer verloren zu haben.

Obwohl dein Vater noch jung war, erwarb er sich den Ruf eines weisen Mannes. Immer mehr Menschen suchten bei ihm Rat, denn er besaß ein großes Wissen, obwohl er nicht die Schulen der Hohepriester besucht hatte. Er fällte keine Urteile, sondern vermittelte und suchte stets den Ausgleich. Er benutzte Geschichten, die er von den Rabbinern und Gelehrten kannte, weil sie den Menschen bekannt waren. Er erklärte den Sinn, damit die Menschen ihre eigenen Schlüsse daraus ziehen konnten.

Er lehnte jede Gewalt gegen Mensch und Tier ab, weil er davon überzeugt war, dass Worte und Einsicht alle Probleme lösen können. Er war aber auch ein Mensch, der sich über Ungerechtigkeiten ärgerte. In solchen Momenten zweifelte er, ob der Weg der Harmonie der richtige sei. Dann erinnerte er sich an die Worte seiner Lehrer. Alle Menschen sind gleich. Ob Mann oder Frau, arm oder reich, stark oder schwach. Sie werden nackt geboren und tragen das Dreieck des Lebens auf ihrer Haut.

Ich lernte ihn kennen, als schon viele Männer und Frauen zu ihm gekommen waren. Sie wollten von ihm lernen, aber sie blieben oft nur Wiederkäuer seiner Reden. Sie lernten seine Worte auswendig oder schrieben sie auf, ohne ihren Sinn zu verstehen.

Es ärgerte ihn, wenn sie seine Worte im falschen Zusammenhang zitierten und sich auf ihn beriefen, ohne die Richtigkeit der Aussage beweisen zu können. Er sagte: Wer keine eigenen Gedanken hat, muss sich auf die Worte anderer stützen. Wichtige Sätze sagte er in Versen, damit man sie sich besser merken konnte.

Als ich ihn kennenlernte, kam er aus Sidon. Dort hatte er seinen leiblichen Vater besucht, der ihm von den Schrecken des Krieges berichtet hatte. Auf dem Rückweg nach Nazareth verletzte er sich an einem Dorn. Seine Jünger brachten ihn zu mir nach Magdala, weil sie gehört hatten, dass er hier Heilung finden könnte. Die Menschen kannten mich als Heilerin. Mein Vater verkaufte Gewürze, Kräuter und Honig. Von ihm hatte ich gelernt, wie man Wunden behandelt. Die Entzündung war schlimm. Ich befürchteter, dass er seinen Fuß verlieren würde, wenn er nicht sofort behandelt würde.

Seine Schüler wollten nicht, dass eine Frau ihn behandelte. Er wies sie zurecht. Verärgert erinnerte er sie daran, dass eine Frau sie geboren habe. Das Wissen mache keinen Unterschied, in wessen Gefäß es sich sammle. Dabei hob er die Hände zum Himmel. Ich dachte, er huldige damit seinem Gott. Als ich ihn später nach dieser Geste fragte, sagte er mir, sie sei ein Zeichen für die Unendlichkeit des Wissens. Wenn man einen Berg besteigt, sieht man von unten nur wenig von dem, was man auf dem Gipfel sieht. Alles, was man sieht, hört, schmeckt und fühlt, sammelt sich im Kopf wie in einem Trichter. Wer denken kann, versteht.

Er schickte seine Schüler fort. Ich bestrich die Wunde mit Honig und Kräutern. Meine Behandlung half und sein Fuß heilte.

In der Zeit, als er in unserem Turm ruhte, sprach ich viel mit ihm. Er schien meine Gedanken zu lesen und meine Wünsche zu erraten. Dein Vater stellte viele Fragen und interessierte sich sehr für die Geheimnisse der Medizin. Auch ich habe viel aus seinen Worten gelernt. Es war eine neue Ebene, die über die Regeln und Verbote der Religionen, die ich kannte, hinausging.

Er sagte, er glaube an einen Gott, der weder Mann noch Frau sei, sondern beides zugleich. Das müsse so sein, wenn er die Menschen nach seinem Ebenbild geschaffen habe. Deshalb tragen Männer und Frauen von Geburt an das göttliche Dreieck.

Ein König und ein Sklave tragen es. Alle Menschen tragen es. Sein Vater war in der Fremde Menschen mit hellerer und dunklerer Haut begegnet. Aber eines war immer gleich: das göttliche Dreieck.

‚Kinder des Lichts' nannte er sich und seine Schüler. Die Frucht des Lichts sei Güte, Gerechtigkeit und Wahrheit. Und wirklich, wenn ich seine Worte hörte und ihren Sinn verstand, schien es mir, als ginge das Licht der Erkenntnis von ihm auf mich über.

Als sein Fuß vollständig verheilt war und seine Schüler ihn drängten zu gehen, zögerte er. Er erzählte mir, dass ihn eine schlimme Krankheit befallen habe, die ihn kaum schlafen lasse. Selbst das Sprechen falle ihm schwer. Schwermut halte ihn gefangen. Er schaute mich an und ich wusste, welche Krankheit er hatte, denn ich hatte die gleichen Anzeichen. Ohne Worte verstanden wir uns.

Der Abschied fiel schwer. Er versprach, mich zu besuchen. Zum Abschied gab ich ihm ein Amulett mit dem Zeichen des Turms mit zwei Fenstern vor einer aufgehenden Sonne. Ich erklärte ihm, dass ich aus einem der Fenster sehen könnte, wenn mein Vater nach Hause käme. Ich hätte jetzt einen Grund mehr, in die Ferne zu schauen.

Ein paar Tage später kam mein Vater. Ich erzählte ihm von dem ungewöhnlichen Patienten. Er lobte die Behandlung, bemerkte aber auch meine Begeisterung für deinen Vater. Statt mich zu tadeln, schlug er vor, dass wir ihn gemeinsam besuchen. Er wolle sich selbst ein Bild von ihm machen. Von einer Hausangestellten erfuhren wir, dass im Nachbarort ein weiser Mann eine Rede halten würde. Ich wusste sofort, dass es Joshua war. Wir gingen auf den Hügel, auf dem er sprechen sollte. Viele Menschen warteten auf ihn. Er stand auf einem großen Stein und überblickte die Menge.

Obwohl wir weit hinten standen, erkannte er mich und winkte mir zu. Wir gingen auf ihn zu und ich stellte ihn meinem Vater vor. Aus seinem Mund kamen kluge Sätze. Er gab den Menschen Hoffnung.

‚Die Welt wird sich nicht ändern, wenn wir uns nicht ändern. Gott ist unter uns, weil wir Gott sind', sagte er. Zum Beweis verband er drei Stäbe an ihren Enden und zeigte, wie stabil das Dreieck ist. ‚Jeder von euch kann so sein wie ich. Ganz gleich, ob ihr Männer, Frauen oder Kinder seid. Auch der Schwächste unter euch kann das Dreieck formen und eine starke Kraft erschaffen. Ihr seid Schöpfer, weil ihr den Verstand der Welt benutzt. Gott hat euch den Verstand gegeben, damit ihr ihn nutzt. Wenn ihr ihn nutzt, seid ihr Gott, denn er hat euch nach seinem Bild erschaffen.'

Die Menschen taten es und spürten die Kraft.

‚Jetzt, wo ihr dieses Wissen habt, könnt ihr es nutzen, auch wenn ich nicht dabei bin. Ihr müsst nicht daran glauben, denn ihr wisst davon.' Die Zuhörer sprachen seine Worte nach. Manche umarmten sich.

Mein Vater fragte mich, ob ich ihn als Mann wollte. Ich gestand ihm meine Gefühle. Obwohl er sagte, dass ein Leben an seiner Seite nicht einfach sein würde, entschied ich mich dafür und wurde eine Schülerin deines Vaters. Die Schüler merkten, dass dein Vater sich mehr um mich kümmerte als um sie. Es gab Neid und Eifersucht. Besonders Simon, einer der ältesten Schüler, äußerte seinen Unmut. Er bedrängte mich ständig. Ich wies ihn ab.

Die Zeiten wurden schwieriger, denn es hatte sich unter den Hohepriestern herumgesprochen, dass es einen Propheten gab, der beim Volk großen Anklang fand. Für sie war es aufrührerisch, wenn er von Freiheit und Gerechtigkeit sprach und Opfer ablehnte, von denen die Hohepriester lebten. Ihr Einfluss war seit Jahren im Schwinden begriffen. Sie hielten sich nur noch mithilfe der Römer an der Macht, die sich dafür bezahlen ließen.

Es kam eine Zeit, in der dein Vater wenige Spenden erhielt. Nur das Geld von Jehuda rettete uns vor dem Verhungern. Es gab Unruhe unter den Schülern. Sie stritten um den richtigen Weg. Einige drängten darauf, den Weg der Friedensliebe zu verlassen. Sie wollten die Hohepriester mit Gewalt vertreiben und ihre Tempel einnehmen. Andere bezweifelten, dass es überhaupt eine Zukunft geben könne. Es gab nur wenige treue Freunde, die deinem Vater beistanden.

In dieser schweren Zeit wurde ich schwanger. Dein Vater war überglücklich. Er sagte, damit habe er einen neuen Sinn im Leben gefunden. In diesem Kind vermischt sich mein Blut mit dem Blut seines Volkes. Er nannte mich oft die schwarze Schönheit und wünschte sich, dass du mir ähnlich wärst. Auch ich wünschte mir, dass man in dir sein Gesicht erkennen würde. Vor allem aber hofften wir, dass du klug und warmherzig wirst. Er gab mir ein kleines Schmuckstück, das ich immer bei mir tragen sollte. Weil er es mit seinen eigenen Händen gemacht hatte, zeigte er mir damit seine Liebe.

In dieser Zeit bedrückte ihn, dass er den Streit unter seinen Jüngern nicht beilegen konnte. Er wollte einen neuen Anfang machen. Bei einem Abendessen erfuhren sie, dass er nach Magdala gehen würde. Dort wollte er eine Schule eröffnen, die für alle offen sein sollte, denn dort lebten Menschen verschiedener Völker und Religionen friedlich zusammen.

Es kam anders als geplant. Wir erhielten einen Hinweis, dass die Hohepriester nach ihm und seinen Jüngern suchten. Es sei nur eine Frage der Zeit, bis sie ihr Versteck finden würden.

Dein Vater war traurig, denn er fühlte sich für seine Schüler verantwortlich. Schließlich waren sie seinen Worten gefolgt. Er beschloss, nicht zu warten, bis die Verfolger der Hohepriester sie fanden. Er wollte sich stellen und mit ihnen verhandeln. Ich wollte ihn davon abbringen, aber er hoffte auf Gerechtigkeit.

Um den Zeitpunkt seiner Übergabe selbst bestimmen zu können, suchte er einen Freiwilligen, der ein Treffen mit den Hohepriestern arrangieren sollte.

Alle schreckten davor zurück, weil sie fürchteten, gefangen genommen zu werden. Schließlich war es Jehuda, der diese Aufgabe übernahm. Er kannte sich in Jerusalem gut aus und war reich genug, um sich nach einer Gefangennahme freikaufen zu können.

Dein Vater bat Jakob, deine Großmutter und mich für ein paar Tage bei sich aufzunehmen. Er hoffte, dass sich die Lage beruhigen würde. Nach seiner Freilassung wollte er mit mir nach Magdala gehen. Als alles verabredet war, rief er seine Schüler zusammen und erklärte ihnen seinen Entschluss. Sie sollten sich verstecken, bis er alles mit den Hohepriestern geklärt habe. Viele waren verunsichert. Aber einige nutzten die Gelegenheit, um sich hervorzutun. Sie behaupteten, alles, was er gesagt habe, sei gelogen, und bedauerten, ihm gefolgt zu sein.

Er sah keinen Grund, sich zu rechtfertigen, verließ sie und ging zum vereinbarten Treffpunkt. Dort wartete Jehuda, um ihn den Vertretern der Hohepriester zu übergeben. Er hoffte, dass bei der Verhandlung alles zu seinen Gunsten ausgehen würde. Doch bei der Verhandlung waren fast nur Anhänger der Hohepriester anwesend. Obwohl der Richter das Vergehen für geringfügig hielt, veranlasste ihn der Tumult der Hohepriester, deinen Vater zur schwersten Strafe zu verurteilen. Wie ein Mörder sollte er gekreuzigt werden. Jehuda hatte sich in den hinteren Reihen versteckt.

Am Tag der Hinrichtung überlegte ich, ob ich dem Gericht meine Schwangerschaft offenbaren sollte. Ich hoffte auf Gnade für deinen Vater. Jakob riet mir davon ab. Die Hinrichtungsstätte war ein Hügel. Ich ging mit deiner Großmutter, deiner Tante und einigen anderen Frauen zum Richtplatz. Wir sahen, wie dein Vater durch die Straßen getrieben wurde. Seine Feinde demütigten ihn und versteckten sich in dunklen Ecken. Ich konnte nur seinen Johannes sehen, der aus der Ferne zusah.

Wie ein Mörder wurde er mit ausgebreiteten Armen an ein Kreuz genagelt. Schräge Streben verbanden den Querbalken mit dem in der Erde vergrabenen Balken. Wir sahen die Wunden der Folter. Seine Augen waren leer. Erst als er uns erblickte, schien ein Lächeln sein Gesicht zu erhellen. Dann bewegte er seine Nase auf und ab, nach rechts und links. Ich erinnerte mich, wie oft er dieses Symbol auf meinen Körper gezeichnet hatte, und ich spürte das Dreieck des Lebens auf meiner Haut, als wäre er bei mir. Ich war sicher, dass ich seine Rückkehr durch mein Kind erleben würde. Unmerklich bewegte er seine Lippen und sagte meinen Namen: Mirjam. Ich legte meine Hände auf meinen Bauch, denn da warst du.

Dein Vater ist so gestorben, wie er gelebt hat. Ohne Pathos und ohne sich seinen Gegnern zu beugen. Sein lebloser Körper hing herab.

Nach einiger Zeit kam Joseph. Er hatte durch ein Mitglied des Hohen Rates, das ihm wohlgesonnen war, beim Präfekten erreicht, dass dein Vater vom Kreuz genommen wurde. Männer hoben ihn herab. Mit einigen Frauen reinigte ich seine Haut von Schmutz und geronnenem Blut. Als wir ihn auf den Bauch drehten, sahen wir die Spuren der schrägen Streben und des Querbalkens, die ein V in die Haut des Rückens geritzt hatten.

Einige seiner Jünger kamen und sahen die Zeichen. Sie wussten, was das Symbol bedeutete. Oft genug hatte dein Vater seine Finger gespreizt, um die unbegrenzten Möglichkeiten der Erkenntnis zu verdeutlichen. Aber es gab noch eine andere Bedeutung. Die Spitze des Dreiecks zeigte nach unten, zur Quelle des Lebens und der Wiedergeburt. Wir sahen Entsetzen in den Augen einiger Jünger. Bis auf Josef entfernten sie sich von der Hinrichtungsstätte. Josef hatte deinem Vater erlaubt, in der Gruft seiner Familie zu ruhen. Zusammen mit deiner Großmutter, Jakob, Jehuda und engen Freundinnen brachten wir ihn zur Ruhestätte. Auf dem Weg dorthin begegneten wir Simon, der verschämt den Blick senkte und schnell das Weite suchte. In der Höhle legten wir deinen Vater in eine Nische. Ich blieb bis zum Morgengrauen bei deiner Großmutter.

Wir lagen uns in den Armen, weinten und erzählten uns Geschichten von der Zeit mit deinem Vater. Deine Großmutter strich mir liebevoll über den Bauch. Sie war voller Hoffnung, dass du so sein würdest wie er.

Josef drängte zum Aufbruch. Gemeinsam verschlossen wir den Eingang der Höhle mit einem Stein. Bevor wir gingen, markierten wir ihn mit dem Zeichen deines Vaters. Es waren zwei geschwungene Linien. An der einen Seite kreuzten sie sich, an der anderen Seite stießen sie zusammen. Irgendwann fragte ich ihn, ob das ein Fisch sei. Er lachte und fragte mich, ob ich einen Fisch kenne, der keine Augen hat und dessen Flosse offen ist. ‚Nein', sagte ich. Dann sagte er: 'Das ist das Zeichen meines Lebens.' Als er die vermeintliche Flosse mit einem Strich schloss, sah ich ein Dreieck. Dann erzählte er mir von den Weisen, die ihn unterrichtet hatten. Solange ich lebe, bleibt das Dreieck offen, denn so lange sammle ich Wissen. Dabei streckte er die geöffneten Arme nach oben. Jetzt verstand ich das Symbol. Es war sein Körper.

Jehuda war in der Stadt und kam mit beunruhigenden Nachrichten zurück. Er berichtete, dass Simon sich an die Spitze einer Gruppe gestellt hatte, die sich neuen Propheten nannte. Jehuda und Jakob befürchteten, dass sich diese Männer am Grab deines Vaters versammeln würden, um die Erinnerung an ihn auszulöschen. Wir entfernten den Leichnam von seiner Ruhestätte und versteckten ihn in der Grabhöhle von Jehudas Familie. Ich ging in das Haus, in dem sich Simon und einige andere Schüler versteckt hatten.

Wir sagten, wir hätten, die Höhle leer vorgefunden. Ich ging mit ihnen zu der Höhle, in deren Wand ich sein Symbol eingeritzt hatte. Dann behauptete ich, er habe vor seinem Tod gesagt, er gehe dorthin, wo sie ihn nicht erreichen könnten. Aber er würde zurückkommen und sich um diejenigen kümmern, die ihn verraten hätten. Diese Behauptung löste große Verwirrung aus.

Die Menge rannte erschrocken auseinander. Einige hatten das ‚V' auf seinem Rücken gesehen, das die Streben am Kreuz hinterlassen hatten. Sie deuteten es als göttliches Zeichen der Wiedergeburt.

In den folgenden Tagen häuften sich die Berichte, dass der Geist deines Vaters in verschiedenen Gestalten gesehen worden sei. Sie behaupteten, dein Vater habe ihnen vergeben. Wir nutzten die Zeit, um einen neuen Ruheplatz zu finden. Schließlich fand Jehuda für uns eine Höhle im Schatten eines Olivenbaums in der Nähe des Gartens Gethsemane. Sie war leicht zu finden, wenn man dem Stern im Himmelsdreieck folgte. Deine Großmutter ließ sich eine Bank zimmern, auf der sie oft saß und im Geiste mit ihrem Sohn sprach. Einige der Jünger waren verzweifelt, weil sie sich auf einem Lebensweg mit vielen Abzweigungen befanden. Ich forderte sie auf, ihren eigenen Weg zu finden. Zornig verlangte Simon von mir, dass ich den Jüngern die Geheimlehre Jesu anvertraue. Ich antwortete ihm, dass man lernen und prüfen müsse, bis die Seele im göttlichen Licht der Erkenntnis aufgehe.

Andreas antwortete, er glaube nicht, dass er das zu mir gesagt habe. Auch Simon war empört: 'Ich kann mir nicht vorstellen, dass er einer Frau Wissen anvertraut hat, das er uns nicht mitteilen wollte? Nur Levi nahm mich in Schutz: ‚Simon, du warst schon immer aufbrausend. Wie kannst du eine Frau wie eine Feindin angreifen, die doch eine von uns ist?'

Die Gruppe hatte sich nach langem Streit aufgelöst. Einige wollten sein wie dein Vater, aber sie hatten nicht den Verstand, um neue Erkenntnisse zu gewinnen. Sie wiederholten nur Sätze, die sie sich gemerkt hatten. Manche erfanden ihre eigenen Worte und behaupteten, dein Vater habe sie gesagt und deshalb wären sie wahr.

Immer öfter wurde deine Großmutter bedrängt, Schriftrollen deines Vaters herauszugeben. Sie sagte dann: ‚Er wird auferstehen und sein Werk fortsetzen.' Dabei dachte sie an das ungeborene Kind in meinem Leib. Diese Worte machten den untreuen Jüngern Angst. Seine Freunde aber hofften auf ein Wiedersehen.

Einer von ihnen war Thomas. Er gehörte immer zu den Zweiflern, die an jedem Wort zweifelten. Doch in der Not bewies er seine Freundschaft. Er riet mir, das Land zu verlassen. Simon würde nie Ruhe geben. Er fürchtete, seine Gewaltausbrüche könnten sich gegen mich richten.

Er versicherte mir, dass er trotz aller Zweifel fest daran glaube, dass die Worte deines Vaters voller Wahrheit wären: ‚Wer sucht, soll nicht aufhören, zu suchen, bis er findet. Und wenn er findet, wird er bestürzt sein. Und wenn er bestürzt ist, wird er erstaunt sein. Und er wird König sein über das All, das in ihm ist.'

Thomas sagte, dass dein Vater zwar ein Vorübergehender war. Er hätte aber eine Saat gestreut, aus der eine gute Frucht gedeihen werde. Ich verstand, dass er mein Geheimnis erraten hatte, denn er zeigte auf meinen Bauch und sagte: ‚Wenn er wiedergeboren ist, werde ich ihn erwarten.'

Zum Abschied zeichnete er das Zeichen deines Vaters in den Sand. Ich wäre glücklich gewesen, wenn er mit mir gegangen wäre. Aber er wollte dorthin, woher die Weisen gekommen waren, um zu lernen, was er nicht verstanden hatte, und um anderen von deinem Vater zu erzählen. Als die Sonne unterging, sah ich ihn auf dem Ölberg. Er ließ mich zurück, ohne sich noch einmal umzudrehen.

Jehuda hatte ein Schiff gekauft, weil er um unser Leben fürchtete. Zusammen mit Jakob, einer treuen Dienerin aus meinem Volk, und mir wollte er nach Hispania. Ich sollte erst nach der Geburt meines Kindes zurückkehren. Wir reisten über Sizilien und Sardinien. In der Hafenstadt Tortosa kamst du zur Welt. Dort blieb ich mit Jehuda einige Zeit, damit du zu Kräften kommen konntest. Jehuda hatte mir den Kelch geschenkt, aus dem dein Vater vor seinem Tod getrunken hatte. Ich nutzte ihn, um dein Gesicht zu waschen. Jehuda starb an einem Fieber. Von seinem letzten Geld ließ ich einen Grabstein anfertigen, der an ihn erinnern sollte. In den Sprachen der Römer, der Juden und der Griechen dankte ich ihm, denn das waren seine Sprachen. Seine Freunde sollten ihn erkennen, wenn sie diesen Ort besuchten.

Jakob zog weiter, um die Lehre deines Vaters zu verbreiten. Ich verließ mit dir die Stadt. Flussaufwärts führte uns der Iberus nach Zaragoza. Dort trafen wir Jakob wieder. Er war verzweifelt, denn er hatte als Lehrer versagt und war mittellos. Durch meine Heilkunst konnte ich Geld verdienen, obwohl ich die Sprache noch nicht verstand. Die Einheimischen nannten mich ‚Unsere Liebe Frau'.

Jakob hatte die Sprache der Einheimischen gelernt, aber ihm fehlte das Wissen, um die Fragen der Menschen zu beantworten. Ich unterrichtete ihn mit der Tafel deines Vaters. Unter ihnen waren viele Frauen, die ihre Männer im Krieg verloren hatten. Sie verstanden die Lehre von Frieden und Harmonie. Jakob schaffte es mit mir, die Zuhörer zu begeistern. Dann ging er seinen eigenen Weg.

Er wollte, dass ich ihn auf seinen Reisen begleite. Aber mir war es wichtiger, für dich da zu sein. In Zaragoza half ich den Menschen, ihre Krankheiten mit Honig und Heilkräutern zu heilen. Manchmal riefen mich die Bewohner, um einen Streit zu schlichten. Ich spürte ihre Dankbarkeit und wollte bei ihnen bleiben.

Nun ist meine Zeit gekommen. Jakobus eilte zu mir, als er von meiner Krankheit hörte. Er hat das Feuer entzündet. Das Harz verströmt seinen würzigen Duft. Es wird mir nicht mehr helfen. Mein treuer Freund wacht über mich. Er hat ein Bild von uns malen lassen, damit du eine Erinnerung an mich hast. Eine Kopie wird Jacob deiner Großmutter bringen. Sie soll wissen, wie du aussiehst und dass ich mich gut um dich kümmere.

Ich bin sicher, dass er alles tun wird, um dir mithilfe der Tafel die Welt zu erklären. In meiner Hand halte ich das Kleinod, das dein Vater für mich gemacht hat. Halte die Schale, aus der dein Vater getrunken hat, in Ehren.

Wenn du groß bist, besuchst du vielleicht die Orte, an denen dein Vater gelebt hat. Vielleicht wirst du dich an ihn erinnern. Du wirst seine Freunde daran erkennen, dass sie nicht nur seinen Namen kennen. Wenn du sein Zeichen in den Sand zeichnest, werden sie dir helfen. Das Dreieck wird offen sein, als lebte er noch.

Aber fürchte dich vor denen, die behaupten, die Worte deines Vaters zu sprechen, denn niemand kann für einen anderen sprechen. Sie haben seinen Tod gefeiert, weil er ihren Verrat nicht mehr aufdecken konnte. Wer den Tod eines anderen feiert, kann kein guter Mensch sein.

Wenn du nach Jerusalem kommst, gehe durch das Tor, das zum Ölberg führt. Du wirst es leicht erkennen, denn es hat einen spitzen Giebel und runde Säulen. Der Weg gabelt sich am Garten Gethsemane. Nimm den Weg, den dir der blaue Stern im Dreieck zeigt! Von der Anhöhe aus siehst du die Stadt. Auf halber Höhe bis zur Weggabelung steht rechts der Baum, hinter dem sich das Grab deines Vaters und zwölf Tonkrüge mit seinen Schriften befinden. Bitte lege dort einen Stein für mich nieder.

Das Reich Gottes ist nahe, wenn alle Menschen gleich sind.

Die einen feiern das Leben.

Die anderen feiern den Tod.

Lebe wohl und vergiss mich nicht."

Unter dem Brief befanden sich zwei kleine Zeichnungen. Die eine zeigte einen Turm mit zwei Fenstern vor einer aufgehenden Sonne. Die andere Zeichnung zeigte zwei sich kreuzende geschwungene Linien, die sich nur an einem Ende trafen. Plötzlich füllte sich der Bildschirm mit christlichen Zeichen auf allen möglichen Kirchenwänden, Särgen und Buchdeckeln.

Auf der linken Seite waren buchstabenähnliche Zeichen zu sehen. Rechts Kreuze in den verschiedensten Formen.

Zum Schluss erschien eine Schrift:

„Die einen feiern das Leben. Die anderen feiern den Tod."

Durch den Raum ging ein Raunen. Die Besucher sahen sich fragend an, wagten aber nicht zu sprechen. Der alte Mann kam wieder ins Bild.

„In zweitausend Jahren kann viel geschehen. Nicht jedes geschriebene Wort entspricht der Wahrheit. Es ist ja nur ein bisschen bunte Tinte auf einem saugfähigen Untergrund. Lügen werden durch Wiederholung nicht glaubwürdiger. Man kann sie bunt anmalen, man kann große Gebäude nach ihnen benennen, man kann versuchen, sie zu begründen. Es bleiben Lügen. Was aber tun, wenn die üblichen Mechanismen versagen?

Da hilft nur der gesunde Menschenverstand. Stellen Sie sich vor, das Neue Testament wäre unbekannt. Würden Sie die Geschichte für wahr halten?

Wenn ich die Namen und Orte ändern würde, hätten Sie sicher kein Problem damit, weil nichts Unmögliches passiert. Nur die Ähnlichkeit mit den Personen des Neuen Testaments lässt Sie zweifeln. Und das, obwohl alle bekannten Texte viel später entstanden sind und es keinen wissenschaftlichen Beweis für ihre Echtheit gibt.

Sie werden sich fragen, wie Papst Adrian VI. sich der Echtheit der Reliquie sicher sein konnte. Schließlich gab es damals noch keine wissenschaftlichen Methoden zur Altersbestimmung. Diese Gewissheit erhielt er durch eine kleine Holztafel.

Sie ist nicht viel größer als eine Handfläche und wurde zusammen mit der Reliquie gefunden. Auf der Rückseite steht in aramäischer Schrift: ‚Eine Kopie des Bildes, das ich deiner Großmutter nach Jerusalem geschickt habe.'

Das Schriftbild entspricht bis ins Detail dem des Briefes."

Cellomusik erklang. Ein Scheinwerfer beleuchtete eine kleine Tafel, die auf einem Teller stand und sich langsam drehte, bis ein kleines Bild zum Vorschein kam. Es zeigte eine farbige Frau mit einem Kleinkind. Unter den Porträts standen aramäische Schriftzeichen. Das Bild wurde auf den Leinwänden vergrößert dargestellt, sodass man jedes Detail erkennen konnte. Eine junge Frau steht mit ihrem kleinen Kind an einem Fenster. Ihr Kopf neigt sich liebevoll zum Kind. Ihr Blick ist voller Trauer und Sehnsucht. Die Mutter trägt ein rundes Metallion, auf dem ein Fisch mit dem Kopf nach unten und einer oben offenen Schwanzflosse abgebildet ist. Das Kind hält einen Ring in der Hand, mit dem es spielt. Die Frau steht am Fenster eines Turmes. Reich verzierte Säulen tragen einen Rundbogen. Hinter ihr befindet sich ein identisches Fenster, das eine fruchtbare Landschaft zeigt.

Unter dem Porträt sind aramäische Schriftzeichen. Es wird die Übersetzung der Worte eingeblendet. Eine sonore Stimme liest sie vor: „Maria aus Magdala mit ihrem Kind, dem Sohn des Jesus aus Nazareth, der in Jerusalem am Kreuz gestorben ist. Er ist die Wiedergeburt des Mannes, der uns eine Welt voller Liebe, Frieden und Gerechtigkeit bringen wollte."

Eine Pause verging. Der alte Mann kam wieder ins Bild: „Warum reichte Adrian dieses kleine Bild als Beweis? Zunächst hatte er bereits in Spanien mehrere schwarze Madonnen gesehen. Entscheidend war aber, dass es in Jerusalem im syrisch-orthodoxen Kloster des Heiligen Markus eine Ikone gab, die vom Evangelisten Lukas gemalt worden sein soll. Das Kloster soll von den Kreuzrittern auf den Überresten des Hauses der Mutter des Evangelisten Johannes Markus erbaut worden sein, die auch Maria hieß. Nach einer Überlieferung der syrisch-orthodoxen Kirche soll das letzte Abendmahl von Jesus in diesem Haus stattgefunden haben. Als früheste Evangelien des Neuen Testaments gelten die Schriften des Markus. Alle anderen Evangelien beruhen auf seine Aussagen.

Im Jahr 1471 war Ignatius III. Bischof der Kirche. Das heißt, dass zu diesem Zeitpunkt dem Vatikan die Existenz der Ikone bekannt war. Vergleichen wir das Bild aus Zaragoza mit der Ikone des Klosters, fallen sofort Übereinstimmungen auf. Beide Bildern zeigen die gleiche Szene. Die Haltung der Personen stimmt überein. Sogar die Säulen haben identische Verzierungen. Bei der Ikone fehlen allerdings an allen Seiten mehrere Zentimeter. Dadurch ist nicht zu erkennen, dass das Gebäude ein Turm ist. Außerdem wurde die Ikone mit Gold verziert. Entscheidend ist, dass die aramäische Inschrift am unteren Rand fehlt. Stattdessen wurden Schriftzeichen direkt ins Bild gemalt.

Die Ikone soll die Jungfrau Maria mit Jesus als Kind zeigen. Aber warum soll Lukas Maria und Jesus mit dunkler Hautfarbe gemalt haben? Wenn er Jesus kannte, ist ein Fehler bei der Hautfarbe unwahrscheinlich. Vermutlich wurde die aramäische Inschrift entfernt, als das Format des Bildes verändert wurde. Die geringfügige Änderung der Bezeichnung führte zu einem folgenreichen Irrtum. ‚Maria aus Magdala' wurde Maria. Aus ‚Jesus Kind', also das Kind von Jesus, wurde ‚Jesus Kind', also Jesus als Kind. Damit erklären sich die zahllosen Abbildungen von Maria mit dem Kind.

Und noch ein zweiter Fehler kann mit dem Bild erklärt werden: Auf vielen Bildern wird die Jungfrau Maria mit einem Mond und Sternen dargestellt, während Jesus mit der Sonne in Verbindung gesetzt wird. Auf dem Bild aus Zaragoza wird Maria Magdalena als farbige Frau gemalt. Der Mond passt zu ihrer dunklen Haut, wie die Sonne zur hellen Haut von Jesus. Damit erklären sich auch die zahlreichen schwarzen Madonnen, die besonders alt sind. Hellhäutige Marienbilder waren und sind nur Anpassungen an den Zeitgeschmack und der Unwissenheit der Autoren geschuldet."

Im Versammlungsraum wurde es unruhig. Die Teilnehmer sprachen erregt miteinander. Die Deckenbeleuchtung wurde angestellt.

Der Moderator trat ins Licht: „Sehr geehrte Damen und Herren. Mir ist klar, dass Sie großen Redebedarf haben. Sie sollten sich die Worte aber noch aufheben, denn es ist noch nicht alles gesagt und gezeigt."
Langsam beruhigten sich die Teilnehmer. Trotzdem spürte man die Anspannung. Das Licht erlosch und leise klassische Musik wurde eingespielt.

Maria Magdalena

„Ich möchte Sie nicht belehren. Erkenntnisse muss jeder für sich finden. Erlaubt sind aber Schlussfolgerungen. Dafür gibt es zwei schöne Worte. Es heißt ‚erkennen' und ‚begreifen'.

Man könnte auch sagen: Etwas zu sehen und mit den Händen fühlen. Damit kann man die Echtheit prüfen. Um das zu tun, haben wir Finger mit hochempfindlichen Sensoren, Augen, die ungefähr 20 Millionen Farben unterscheiden können, und Ohren, die Töne zwischen 20 und 20.000 Hertz hören. Schließlich können wir schmecken, riechen und die Neigung unseres Untergrundes empfinden. Vielleicht gibt es noch weitere Sinne, die wir noch nicht kennen. Das Gehirn versucht, aus diesen Informationen und Erfahrungen des Lebens die Wahrheit zu ermitteln. Es kann aber auch Vergangenes, Ungesehenes und Zukünftiges in Worte kleiden. Ich möchte Sie bitten, alle Ihre Sinne unvoreingenommen zu öffnen. Dann begreifen Sie, worum es geht.

Sollten Sie Zweifel an der Echtheit haben, möchte ich Sie auf einige Sachverhalte hinweisen. Im babylonischen und dem Jerusalemer Talmud wird Pantiera als Vater von Jesus bezeichnet. In der Römerhalle von Bad Kreuznach wird eine Grabstelle von einem römischen Soldaten ausgestellt, der Tiberius Julius Aptes Pantiera hieß, Phönizier war und aus Sidon kam. Zum Zeitpunkt der Geburt von Jesus war er 18 Jahre alt. Man kann davon ausgehen, dass es nicht wahrscheinlich ist, dass es mehrere Phönizier mit dem gleichen Namen zur gleichen Zeit am gleichen Ort gegeben hat.

Sidon wird auch im Matthäus Evangelium genannt. Dort habe Jesus einen Unbekannten besucht. Dann möchte ich Sie auf mehrere Mosaike hinweisen, die Jesus in der Darstellung als hellenistischer Sonnengott darstellen. Sie finden sie zum Beispiel direkt unter dem Petersdom in Rom in der vatikanischen Nekropole eine der ältesten Christusdarstellungen.

In dem einzigen rein christlichen Grab der Nekropole aus der zweiten Hälfte des dritten Jahrhunderts zeigt ein Mosaik mit Jesus als ‚unbesiegter Sonnengott'. Je nach Herkunft könnten die Menschen ihren Lehrer und Wohltäter gesehen haben. Die Verbindung zur griechischen Kultur ist naheliegend."

„Ähnliche Darstellungen findet man auch bei einem Mosaik, das in Bet Alpha, in Galiläa gefunden wurde. Ähnlich einem Tierkreiszeichen wurden zwölf Männer dargestellt. Doch im Zentrum der Darstellung sieht man einen Mann als Sonnengott und eine Frau als Mond. Sie sind ebenbürtig mit jeweils eigenem Zepter ausgestattet. Das Bild befindet sich auf dem Fußboden eines Klosters in Galiläa aus dem 6. Jahrhundert. Eine Inschrift besagt, dass die Kirche nach Maria, der Gründerin der Kirche benannt wurde.

Auffällig ist, dass Maria Magdalena im Neuen Testament mit der Entdeckung des leeren Grabes eine zentrale Rolle spielt und danach seltsamerweise nicht mehr auftaucht. Der Verdacht liegt nahe, dass ihre Geschichte getilgt wurde, weil sie nicht in die patriarchische Sicht von Kaiser Konstantin passte. Trotzdem tauchte sie hartnäckig immer wieder auf. Bekannt ist, dass in das Neue Testament nur eine Auswahl von Evangelien gelangte. Archäologische Ausgrabungen und Funde bringen aber immer mehr Belege ans Licht, die Maria Magdalena eine zentrale Bedeutung zumessen. Im Ägyptischen Zentrum in Berlin wird gerade eine Schrift ausgewertet, die die Szene zwischen den Jüngern und Maria nach dem Tod von Jesus beschreibt. Man fragt sich, ob und was der Vatikan über sie wusste.

Die Taufe ist der bedeutendste christliche Ritus. Nur wer getauft ist, ist ein Christ. Mit diesem Wissen sollten wir uns die älteste Taufkirche der Christenheit ansehen, die als ‚Prototyp aller Baptisterien' gilt. Jedes Jahr findet zum Fest des heiligsten Leibes und Blutes Christi vor der Kirche eine Heilige Messe in Anwesenheit des Papstes statt."

Es wird das Baptisterium gezeigt. Eine Kamerafahrt führt vom Eingang bis zu einem Altar. Ein Mosaik wird von ihm verdeckt. Die Kamera fährt um den Altar und zeigt das gesamte Mosaik.

„Das Baptisterium ist Teil der Lateranbasilika. Sie ist die Kathedrale des Bistums Roms, eine der sieben Pilgerkirchen und eine der fünf Papstbasiliken Roms. Dieser Gebäudekomplex ist seit der Zeit Konstantins I. der offizielle Sitz der Päpste.

Mit Sicherheit wurden im Baptisterium, das im 4. Jahrhundert von Konstantin erbaut und 315 nach Christi von ihm eingeweiht wurde, nur die hochgestellten Persönlichkeiten getauft. Obwohl die Kirche durch Brände, Erdbeben und Plünderungen immer wieder beschädigt wurde, restaurierte man sie immer wieder. Wenn das so war, sollte man annehmen, dass sich die Sicht auf den Glauben in der Gestaltung des Innenraumes widerspiegelt.

Eines der ältesten Kunstwerke ist ein Mosaik. Es wird heute von einem protzigen Altar verdeckt. Auf den ersten Blick meint man, dass hinter ihm nur eine Jesusdarstellung zu finden ist. In Wirklichkeit wurde hier versteckt, was niemand sehen sollte. Offiziell wird behauptet, dass das Mosaik Jesus mit der Muttergottes und Aposteln darstellt. Doch die gesamte Komposition des Bildes passt nicht zu dieser Argumentation.

Was sehen wir? Ein segnenden Jesus mit zwei Engeln und direkt unter ihm eine Frau mit einem leuchtend blauen Gewand. Ihre Geste ist selbstbewusst und eindeutig. Sie predigt. Männer stehen passiv neben ihr und hören zu.

Das Erstaunlichste ist aber ihre Kleidung. Die Falten ihres Mantels bildet ein ‚V'. Ich brauche Ihnen das Symbol nicht mehr erläutern. Aber was ist das? Sie trägt ein Pallium und rote Schuhe. Beides sind Amtsabzeichen des Papstes. Rotes Schuhwerk war über Jahrhunderte nur Königen und Päpsten erlaubt. Auch Papst Benedikt XVI. lässt sich heute oft mit rotem Schuhwerk sehen.

Nun könnte man behaupten, dass die Darstellung ein Zufall ist. Doch auch Darstellungen byzantinischer Meister aus dem frühen 11. Jahrhundert in der Sophienkathedrale von Kiew und weiteren Bildnissen in russisch- und griechisch-orthodoxen Kirchen zeigen Frauen in der gleichen Pose mit roten Schuhen. Zwar tragen sie andere Namen, doch es ist naheliegend, dass sie Kopien des Mosaiks aus Rom sind.

Diese Fakten bedeuten, dass mindestens seit über tausend Jahren bis heute alle Päpste vor Maria Magdalena als wichtigste Schülerin von Jesus gekniet haben.

Daraus ergibt sich noch eine weitere Frage: Beziehen sich vielleicht alle Darstellungen der Muttergottes auf Maria Magdalena?

Unabhängig von dem aramäischen Brief, den ich Ihnen vorgetragen habe, gibt es einige Umstände, die genau das unterstützen.

Die erste Marienerscheinung soll in Zaragoza im Jahr vierzig nach Christi stattgefunden haben. Den Überlieferungen zufolge soll die Mutter Gottes dem Apostel Jakobus dem Älteren am Ufer des Flusses Nebro erschienen sein. Sie soll ihn aufgefordert haben, eine Kirche an dieser Stelle zu bauen. Sie sollte ‚Unsere Frau der Säule' heißen. Der Legende nach, soll sie ihm eine Statue von sich und eine Säule aus Jaspis überreicht haben. Tatsächlich existierten eine Säule und eine Statue. Sie ist vierzig Zentimeter groß und aus Holz geschnitzt. Markant ist, dass sie eine Frau mit einem kleinen Kind auf dem Arm zeigt. Damit ist sie das Vorbild zahlloser Mariendarstellungen, die angeblich immer Maria mit einem Kind auf dem Arm zeigen. Die Figur wäre also das Urbild aller Darstellungen von Marienerscheinungen.

Warum aber soll Maria diesen seltsamen Namen für die Kirche gewählt haben und warum trägt sie ein Kind?

Es ist wesentlich naheliegender, von einem Übersetzungsfehler auszugehen. Die Ortsbezeichnung Magdala, dem Ort aus dem

Maria kam, kommt aus dem Hebräischen und bedeutet so viel wie ‚Turm'. Damit ist es naheliegend, dass die dargestellte Frau Maria Magdalena und das Kind, ihr Kind ist. Denn Jakobus kannte Jesus nicht als Kind.

Wenn wir jetzt kurz noch einmal zum Grabmal von Adrian zurückkehren, ergibt sich eine erstaunliche Aussage. Nehmen wir an, dass die Figurengruppe über dem Papst Petrus und Paulus als alte Männer, sowie Maria Magdalena mit einem kleinen Kind zeigt. Sie sitzt im Zentrum und stützt das Kind bei seinen ersten Schritten. Paulus sitzt entspannt da und scheint Vertrauen zu haben. Petrus scheint zurückgesetzt. Er blickt abschätzig auf die Frau und klammert sich an die Himmelsschlüssel, die er in der rechten Hand trägt, dessen Zeigefinger leicht abgespreizt zur Figur zeigt, die den Glauben darstellt. Der Zeigefinger der linken Hand zeigt aber zu Adrian, der sein Geheimnis kennt. Petrus und Paulus sind nur passive Statisten, wie auf den Mosaiken."

Gebannt sahen die Besucher auf den stark vergrößerten Bildausschnitt. Leise Musik erklang. Der alte Mann kam wieder ins Bild.

„Ich bin mir sicher, dass Sie trotz aller Vorbehalte, die Logik verstanden haben. Es ist nicht das erste Mal, dass die katholische Kirche die Geschichte verzerrt dargestellt hat. Oft genug musste sie aber auch ihren Fehltritt einräumen. Bisher hatten wir aus Notizen von Adrian zitiert und aus einem Brief vorgelesen, der vielleicht Maria Magdalena zugeschrieben werden kann. Kommen wir jetzt zur eigentlichen Reliquie, der Tafel."

Die Tafel

Wieder wurden Wappen von drei Universitäten gezeigt. Dann teilte sich das Bild. Links sprach ein Wissenschaftler. Rechts sah man, wie ein Gegenstand sorgfältig aus einem Tuch entnommen wurde. Die einzelnen Leisten entfalteten sich zu einer Tafel.

„Die Leisten bestehen aus Elfenbein, das etwas über zweitausend Jahre alt ist. Wenn man bedenkt, dass das Material sicherlich nicht sofort verarbeitet wurde, ist anzunehmen, dass es um die Zeit der Jahrtausendwende, also zu Christi Geburt, bearbeitet wurde. Festgestellte Überreste einiger Materialien unterstützen diese Annahme. Die Reliquie ist eine Tafel, die auf beiden Seiten mit Schriften und Symbolen versehen sind. Während eine Seite vorrangig mathematische Inhalte zeigt, hat die andere Seite religiösen oder philosophischen Charakter. Sehen wir uns zunächst die Rückseite an."

Die Darstellung der Tafel füllte die gesamte Leinwand aus.

„Die mathematische Seite ist leicht zu entschlüsseln. Von unten nach oben werden die Inhalte immer schwieriger. Zunächst erkennt man unten zwei Zeilen mit Buchstaben und Zahlen in aramäischer Schrift. Darüber sind Beispiele der Grundrechenarten von einfacher Addition über Multiplikation bis hin zu Potenzen dargestellt. Dann werden Verbindungen zur Berechnung von Dreiecken und Kreisen gezogen. Es werden Kreisberechnungen, die Sätze von Thales und Pythagoras symbolisiert.

Eine Grafik zeigt ein rechtwinkliges Dreieck. Die Eckpunkte werden als Sterne dargestellt. Einer davon ist etwas größer. Wir vermuten, dass es wegen der bläulichen Farbe die Wega sein soll. Eine Schlussfolgerung könnte sein, dass die Mathematik auf den Himmel projiziert wurde. Bei dem daneben dargestellten Objekt wurden gleichschenklige Dreiecke übereinandergelegt.

Durch die versetzte Wiederholung des Vorgangs erkennt man, wie daraus ein Kreis entsteht. Die Grafik entspricht Vorstellung von Atomen, aus der alles in der Welt besteht.

Die letzte Figur zeigt einen Mann, eine Frau und ein Kind. Alle tragen ein Dreieck, dessen Spitze nach unten auf den Bauchnabel zeigt. Die oberen Ecken bilden die Brustwarzen. Das Kind steht unter Mann und Frau. Es hat Arme und Beine gespreizt. Die Darstellung erinnert an den vitruvianischen Menschen von Leonardo da Vinci, denn der Bauchnabel bildet die Mitte eines Kreises, in dem der Körper liegt. Hier wurden zusätzlich drei Personen von einem Kreis umschlossen.

Die Darstellungen der Tafel bauen aufeinander auf. Über den eigentlichen Sinn hinaus ist ihre gemeinsame Botschaft, dass die Welt erkennbar ist. Indem auch Menschen als geometrische Objekte dargestellt werden, wird ein Bogen von der Mathematik zum Leben geschlagen. Die Inhalte entsprechen dem naturwissenschaftlichen Wissen in Griechenland zurzeit vor Christi Geburt. Die Aussagen passen in die Zeit von Euklid und Platon. Mit dem Hinweis auf den Bauchnabel als Mittelpunkt des Menschen gibt es aber einen klaren Bezug zu Vitruv, der im Jahr 10 vor Christi gestorben sein soll.

Wechseln wir auf die andere Seite der Tafel."

Unter den Besuchern wurde es unruhig. Einige zeigten mit ihren Fingern auf Details und flüsterten vor sich hin.

„Diese Seite ist wesentlich prunkvoller. Wir gehen davon aus, dass diese Seite die Betrachter vom ersten Moment an beeindrucken sollte. Auch wenn nicht alles von den Augen sofort erfasst werden kann, besitzt sie eine intensive Strahlkraft. Selbst wenn man sie nur einen Augenblick sehen würde, hätten sich sofort die gekreuzten Diagonalen aus Gold im Gedächtnis eingeprägt. Mit Sicherheit war das die Absicht der Künstler, denn alle anderen Darstellungen sind wesentlich sachlicher gestaltet.

Die zwei goldenen Diagonalen teilen die Flächen in vier Segmente auf.

Über dem Schnittpunkt befindet sich in einem Dreieck ein blauer Diamant mit einer strahlenförmigen Maserung. Er ist in einer flachen Schüssel aus Gold eingefasst, die den Stein optisch vergrößern. Zwölf Strahlen aus Golddrähten bilden einen Kranz. Ihre Enden sind miteinander verbunden, sodass sie schematisch einen Kreis mit zwölf Segmenten bilden. Vermutlich steht das Symbol für die 12 Monate. Der Stein ist Teil eines Ringes, der entnommen werden konnte.

Das linke Feld zeigt eine Sonne und eine Wolke, aus der es regnet. Zudem erkennt man einen zunehmenden Mond und das Sternbild des Dreiecks, das wir schon von der anderen Seite der Tafel kennen. Die Sterne werden aus drei Edelsteinen gebildet. Einer davon ist blau.

Somit haben wir die Monate, Tag und Nacht auf einer Ebene.

Über dem Dreieck mit dem blauen Stein befinden sich zwei weitere gleich große Dreiecke. Die drei Dreiecke entsprechen dem Symbol der dreifachen Schicksalsgöttin Moira. Auffällig bei dieser weiblichen Gottheit ist, dass sie unter unterschiedlichen Namen in der griechischen, etruskischen, römischen, slawischen, germanischen und baltischen Mythologie auftaucht. Bei den Etruskern im heutigen Italien stand sie über allen Göttern. Aus Moira wurde später der Name Maria abgeleitet.

Da das Schicksal vorbestimmtes Leben bedeutet, passt es in jede Religion. Sofern es mehrere Gottheiten gibt, muss das Schicksal zwangsläufig über allen Göttern stehen.

Unterhalb der gekreuzten Diagonalen befinden sich Plaketten, die vier Religionen repräsentieren.

Die erste Plakette zeigt einen Ring, das Symbol des ägyptischen Sonnengottes Aton. Dieser Gott beeinflusste das Schicksal. Die zweite Medaille ist ein Quadrat, auf dem in althebräischer Schrift

Jehova geschrieben ist. Wie Sie wissen, wird das Wort mit Gott oder Herr gleichgesetzt, obwohl diese Übersetzung nicht korrekt ist. In der jüdischen Lehre wird niemanden das Heil dieser kommenden Welt abgesprochen. Gleichzeitig bekennt sie, dass alle Menschen mit Gott verbunden sind und es deshalb nicht notwendig ist, zu missionieren.

Das dritte Symbol ist ein Dreieck, das Zeichen der Aphrodite, der Liebe, der Schönheit und der sinnlichen Begierde. Gleichzeitig ist sie Schutzherrin der Sexualität und Fortpflanzung.

Das vierte Symbol stellt einen Vogel in einem Rahmen dar. Es ist das Zeichen der ägyptischen Muttergottheit Hathor, der Göttin der Liebe, des Friedens, der Schönheit, des Tanzes, der Kunst und des Todes. Die Medaillen liegen auf einer Ebene und sind gleich groß. Ihre Bedeutung ist gleich oder ähnlich. Unter diesen Symbolen gibt es eine Reihe von Darstellungen, die Männer und Frauen mit je einem Kind zeigen. Sie sind unterschiedlich gekleidet. Bei allen Figuren sind jedoch Dreiecke zu erkennen, deren Spitze über Brust und Bauch auf den Bauchnabel zeigt.

Fasst man die gesamte Symbolik zusammen, könnte man schlussfolgern, dass alle Menschen unabhängig von der Religion einem Schicksal unterworfen sind. Die Dreiecke bei Eltern und Kindern könnten somit bedeuten, dass die Eltern Einfluss auf das Schicksal der Kinder haben. Für uns ist das eine Selbstverständlichkeit. Wir sorgen dafür, dass für unsere Kinder gesorgt ist. Gläubige und Atheisten tun dies gleichermaßen.

Der untere Teil der Tafel wird von einer Landschaft geprägt. Bäume bilden einen kleinen Wald, in dem sich Tiere befinden. Neben einer Hütte stehen drei Menschen mit erhobenen Armen. Rechts daneben schließt sich ein Gewässer an, in dem Fische schwimmen und über dem einige Vögel fliegen. Es ist eine Szene der Lebensfreude und Harmonie zwischen den Geschöpfen.

Am Fuße der Tafel kann man Schalen herausklappen. In ihnen konnten mikroskopisch kleine Reste von Myrrhen und Weihrauch nachgewiesen werden."

Ein Raunen ging durch den Raum.

„Jeder von Ihnen wird sich die gleichen Fragen stellen: Stammt die Tafel von den drei Weisen aus dem Neuen Testament? Wer waren die Weisen?

Da Vitruv ungefähr im Jahr 10 vor Christi starb und keine Erkenntnisse aus der Zeit danach auf der Tafel dargestellt wurde, könnte dies der Zeitpunkt der Entstehung der Tafel sein. Vielleicht waren die Gelehrten, Schüler des Vitruv, die versuchten, mit der Tafel die mathematischen und philosophischen Gedanken zusammenzufassen und weiterzugeben, nachdem ihr Lehrer gestorben war. Die genutzte Sprache ist Aramäisch, der Sprache von Jesus. Sie haben diese Sprache genutzt, da sie verbreiteter war als Griechisch.

Im Brief der Mutter ist von einem Stern die Rede, der auf der Tafel zweimal auftaucht. Wir gehen davon aus, dass es sich um die Wega im Sternbild Dreieck handelt, da er eine bläuliche Farbe besitzt.

Wenn die Weisen zur Wintersonnenwende aus dem Osten kamen, konnte die Wega über dem nordwestlichen Horizont ein geeigneter Orientierungspunkt gewesen sein. Es gibt noch einen weiteren Hinweis, dass es sich um die drei Weisen aus dem Neuen Testament handeln könnte."

Der Raum verdunkelte sich. Eine leise Melodie erklang. Die im Licht sichtbaren goldenen Symbole und Strukturen verschwanden. Der blau schimmernde Edelstein im Schnittpunkt der beiden Diagonalen wurde zu einem intensiv leuchtenden roten Punkt. Das umrahmende Dreieck leuchtete in einem sanften Grün. Der zentrale Stein beleuchtete den Rahmen. Sah er vorher wie die Iris eines Auges aus, verwandelte sich der Stein in ein rotes Herz.

Der Wissenschaftler wurde wieder sichtbar.

„Im Brief der Mutter heißt es: Zweifel sei die Saat, aus der neues Wissen entsteht. Damit hatte der Jüngling die Prüfung bestanden, denn mit dieser Erkenntnis überschreite er den Schnittpunkt zwischen Glauben und Wissen. Von jetzt ab könne er die Welt erkennen und eigenes Wissen schöpfen. Der Stein mit der wechselnden Farbe symbolisiert den Moment, indem man den Schnittpunkt zwischen Glauben und Wissen überschreitet.

Die Symbole alter Religionen sind nicht mehr zu sehen. Nur ein Dreieck der Schicksalsgöttin Moira bleibt sichtbar. Versteht man dieses Dreieck mit der Liebe, haben wir hier eine zentrale Aussage der Christen. Die Liebe steht über allem. Das Rot in dem Dreieck könnte man auch als Herz verstehen.

Zu den bekannten Legenden aus dem 1. Jahrhundert gehört die Geschichte vom ‚Stein der Weisen'. Unedle Metalle sollten durch ihn, in edle verwandelt und kranke Menschen geheilt werden. Vielleicht basiert die Geschichte auf diesen blauen Diamanten, der in der Dunkelheit rot leuchtet."

Die Tafel wurde wieder als Ganzes gezeigt. Die gekreuzten Diagonalen wurden hervorgehoben.

„Bei allen Details stellt sich aber die Frage: Was bedeutet das Kreuz?

Am unteren Rand gibt es eine aramäische Inschrift. Sie bedeutet sinngemäß:
Wie im Himmel, so auf Erden. Teil des Ganzen, Teil der Zeit.
Gleich und anders, anders gleich.

Die erste Zeile wird Ihnen bestimmt bekannt vorkommen. Sie taucht im Vaterunser auf. Es stammt aus dem Matthäusevangelium. Der Verfasser ist allerdings unbekannt. Es soll in einem judenchristlichen Milieu in Syrien ca. 80 nach Christi entstanden sein.

In der Übersetzung von Marin Luther heißt es:
Unser Vater im Himmel!

Dein Name werde geheiligt.
Dein Reich komme.
Dein Wille geschehe wie im Himmel so auf Erden.
Unser tägliches Brot gib uns heute.
Und vergib uns unsere Schuld,
wie auch wir vergeben unsern Schuldigern.
Und führe uns nicht in Versuchung,
sondern erlöse uns von dem Bösen.
Denn dein ist das Reich und
die Kraft und die Herrlichkeit in Ewigkeit.

Analysiert man diese Zeilen, stellt man unweigerlich unauflösbare logische Widersprüche fest:

Unser Vater im Himmel! - Gibt es noch einen anderen, den man nicht ansprechen will?

Dein Name werde geheiligt. - Wenn Gott über allem steht, erübrigt sich, den Namen zu heiligen, der im Übrigen nicht genannt werden darf.

Dein Reich komme. - Da Gott die Welt geschaffen haben soll, ist es automatisch sein Reich.

Dein Wille geschehe wie im Himmel so auf Erden. - Da Gott die Welt geschaffen hat, ist er Herr über die Ereignisse.

Unser tägliches Brot gib uns heute. - Soll der Gläubige passiv darauf warten, dass Gott ihm Nahrung gibt?

Und führe uns nicht in Versuchung, sondern erlöse uns von dem Bösen. - Diese Zeile suggeriert, dass Gott böse ist, denn er führt Menschen in Versuchung. Gleichzeitig soll er sich um das Böse kümmern.

Denn dein ist das Reich und die Kraft und die Herrlichkeit in Ewigkeit. - Die letzte Zeile bestätigt alle meine Aussagen.

Sehen wir uns jetzt noch einmal die drei Zeilen auf der Tafel an und denken daran, dass Griechen die Einflussnahme von Göttern auf das Leben ablehnten und sie an die Erkennbarkeit der Welt glaubten.

Wie im Himmel, so auf Erden. - Im Himmel und auf der Erde, also im Universum, gelten die gleichen Naturgesetze.

Teil des Ganzen, Teil der Zeit. - Der Mensch ist Teil des Universums.

Gleich und anders, anders gleich. - Bei aller Unterschiedlichkeit sind die Menschen gleich.

Das große Kreuz auf der Tafel symbolisiert das Universum mit Himmel und Erde, Monaten und Tagen, Tieren, Pflanzen und Menschen. Er ist nicht nur Teil, sondern aktiver Gestalter seines Schicksals. Die Liebe steht im Zentrum seiner Bemühungen.

Unter Einfluss von Kaiser Konstantin wurde die Bibel so gestaltet, dass alle Aktivitäten Gott übertragen wurden. Der Mensch ist ihm ausgeliefert. Deswegen ist es nicht verwunderlich, dass die wichtigste Botschaft von Jesus, die Liebe nicht auftaucht. Es ist widersinnig, dass der Mensch etwas tun soll, Gott zu gefallen, wenn Gott sein Handeln in der Hand hat.

Aber warum verschwanden die Symbole und Aussagen aus dem Bewusstsein der Menschen? Die Wahrheit ist, dass sie noch immer da sind, aber nicht als solche erkannt werden.

In der Legende heißt es, dass Kaiser Konstantin vor einer Schlacht ein Kreuz am Himmel gesehen und daraufhin zum christlichen Gott gebetet hat. Angeblich soll er das Christusmonogramm mit den übereinander geschriebenen griechischen Buchstaben X und P für die ersten beiden Buchstaben von Christus auf die Schilder seiner Soldaten malen lassen. Dieses Kreuz soll das Symbol der Christen gewesen sein. Diese Interpretation ist schon deswegen zweifelhaft, weil Jesus offensichtlich aramäisch sprach.

Diese Sprache war stark verbreitet und wurde als internationale Handels- und Diplomatensprache genutzt. Das traf zwar auch auf die griechische Sprache zu, doch lag deren Ursprung und

Verbreitung nördlich von Israel. Diese beiden Sprachen sind phonetisch so weit entfernt wie Arabisch und Französisch.

Wenn wir uns das Kreuz auf der Tafel ansehen und dies als Zeichen für das Universum oder auch die Natur verstehen, hat es seinen Sinn. Es wird der Mensch in Beziehung zu seiner Umwelt gezeigt. Selbst unterschiedliche Religionen haben ihren Platz und der Grundgedanke der Liebe wird besonders hervorgehoben.

Der Bauchnabel für das Heranwachsen im mütterlichen Leib, die rechte Brust als Zeichen für die Ernährung des hilflosen Säuglings und die linke Brust über dem Herzen als Lebenszeichen. Zieht man das Dreieck nach, endet man wieder beim Bauchnabel. Dort, wo alles begann.

Erwachsene können nicht mehr zu Kindern werden, aber sie können neue Kinder zeugen. Das Dreieck konnte damit auch als Sinnbild des ewigen Lebens herangezogen werden, weil in den Kindern das Leben der Eltern weitergetragen wird. Zeichnet man Dreiecke leicht versetzt übereinander, entsteht irgendwann ein Kreis. Mathematik und Mensch. Raum und Zeit. Alles wird eins.

Die griechischen Gelehrten stellten fest, dass alle Glaubensbekenntnisse immer den Lebenszyklus zum Zentrum haben. In dieser Lehre gibt es nur das Weiterleben in Form der Kinder. Die Ähnlichkeit mit Merkmalen der Eltern konnte von jedem Menschen nachvollzogen werden. Mädchen und Jungen wiesen Ähnlichkeiten mit Vätern und Müttern auf. Nur das Dreieck des Lebens war geschlechtsneutral.

Und selbst die Götter wiesen Ähnlichkeiten auf. In vielen Religionen wird ausdrücklich darauf hingewiesen, dass Gott die Menschen nach seinem Bilde schuf. Die naheliegende Schlussfolgerung ist: Wenn der Vater ein Gott war, ist auch sein Kind ein Gott. Aber nicht der Vater gebärt ein Kind. Es ist die Frau. Und schon sind wir wieder bei dem Sinnbild der Schicksalsgöttin.

Es stellt sich noch die Frage, wozu die Schalen für Weihrauch und Myrrhe auf der Tafel dienten. Es handelt sich dabei um Harze. Sie verströmen einen außergewöhnlichen Geruch. Düfte helfen, Erinnerungen zu verinnerlichen. Es kann sein, dass sie wie Psychodrogen wirkten und das Erlebnis, Teil etwas Größerem zu sein, unterstützten. In Verbindung mit dem rot leuchtenden Stein könnten sie auch hypnotische Wirkungen hervorgerufen haben.

Sicher gibt es noch viele Fragen, die im Kontext der Reliquie zu beantworten sind. Trotzdem möchte ich noch einmal zum Grabmal zurückkehren.

Bei Kunstwerken ist es oft so, dass man alles Mögliche hineininterpretieren kann. Kritiker werden behaupten, dass die Fingerzeige zufällig sind und der Zusammenhang zwischen Maria Magdalena und der ‚Gottesmutter' an den Haaren herbeigezogen sind. Doch spätestens dann, wenn sich Indizien häufen, muss man sich fragen, ob nicht doch etwas dran ist.

Die Existenz der Reliquie wird von der Kirche nicht bestritten. Und auch die Aussagen Adrians vor dem Reichstag sind aktenkundig, wie auch die Veränderungen am Grabmal. Ich weiß nicht, ob es noch ein Grabmal eines Papstes gibt, das so brutal verändert wurde. Wir konnten heute nur einen Teil der Indizien vorlegen, die eine direkte Spur von Jerusalem über Zaragoza, Rom, Leuven nach Edinburgh und zurück belegen.

Kennzeichen für Schutzhäftlinge

(Abbildung: International Tracing Service, Bad Arolsen)

Selbst ohne die Reliquie und den Brief gibt es zu viele Hinweise, die unsere Schlussfolgerungen stützen. Aber auch die Reaktionen der katholischen Kirche, die Brände der Bibliothek von Leuven, die Verfolgung der Freimaurer durch Vatikan und Nazis sprechen eine deutliche Sprache.

Bis heute gilt ein Freimaurer als exkommuniziert. Die Nazis trugen Tempel ab, um nach etwas zu suchen, was sie nicht fanden. War es die Reliquie, die sie als Beweis für ihren Germanenkult nutzen wollten?

Es gibt ein Detail, das dies vermuten lässt. Häftlinge in den Konzentrationslagern wurden ab 1936 mit Stoff-Dreiecken, deren Spitzen nach unten zeigten, markiert. Indem sie farblich unterschiedlich gestaltet wurden, verlor das Dreieck seinen Symbolwert der Gleichheit, das auf der Reliquie eine wichtige Rolle spielt."

Die verschwundenen Symbole

Das Video ging in die Totale und zeigte die gesamte Tafel. Statt einer Erklärung ertönte Johann Sebastian Bachs „Toccata d-Moll".

Der alte Mann erschien wieder auf dem Bildschirm:

„Jetzt fragen Sie sich sicher, wie passen die Symbole der Freimaurer in diesen Zusammenhang? Heißt es nicht immer, dass sie sich aus Handwerkergilden entwickelt haben? Das Problem ist, dass sie durch ihre Geheimhaltung immer in einer eigenen Blase lebten. Über die Jahrhunderte kamen immer neue Symbole hinzu und führten zu Verwirrungen. Vermutlich wissen viele Mitglieder der Bruderschaft nicht deren wahre Bedeutung.

Sind Freimaurer Feinde des Glaubens? Nein! Sie sprechen selbst vom ‚dreifach großen Baumeister der ganzen Welt'. Sie sprechen nicht von Gott oder dem Herrn. Viele wissen nicht, dass die Übersetzung des Eigennamens von JHWH oder Jehova als Namen des Gottes keine Übersetzung für Gott oder Herr ist. Selbst das Geschlecht wird nirgends genannt.

Im Talmud wird gefragt: ‚Wer sind die erwähnten Baumeister?'

Die Antwort lautet: ‚Es sind die Gelehrten, weil sie sich mit dem Aufbau der Welt beschäftigen.'

Damit beantwortet sich auch die Frage nach der Herkunft des Namens ‚Freimaurer'.

Ihre Ideale sind Freiheit, Gleichheit, Brüderlichkeit, Toleranz und Humanität.

Auch der Islam spricht von der Pflicht, Wissen zu erwerben und stellt Gelehrte über Märtyrer.

Unter den frühen Freimaurern finden sich keine Handwerker. Es sind überwiegend Gelehrte, Humanisten und Künstler.

Wer sich mit ihrer Weltsicht auseinandersetzen will, sollte ‚Nathan der Weise' von Gotthold Ephraim Lessing lesen, in dem die Gleichrangigkeit der Religionen in der Ringparabel dargestellt wurde. Johann Wolfgang von Goethe behandelt im ‚Faust' das Streben des Menschen nach Wissen. In seinem Gedicht Prometheus kritisierte er den Absolutismus. Beide Dichter waren Freimaurer.

Vielleicht hatte sich Adrian dazu berufen gefühlt, die Kirche zu verändern. Als Papst hätte er vielleicht Reformen anstoßen können. Es fehlte ihm aber eine breite Unterstützung. Die Niederländer hatten in Rom zu wenig Einfluss. Es ist unklar, ob Karl V. eingeweiht war. Er hatte eine große militärische und politische Macht, war aber in seinem riesigen Reich auf Landesherren angewiesen. Die wurden durch die katholische Kirche gestützt.

Nach dem Tod Adrians konnte Willem van Enckenvoirt das Erbe seines Freundes bewahren. Die Reformen einleiten konnte er nicht. Adrians Nachfolger, Clemens VII. wurde zwar von Karl V. gestürzt, doch nutzte er dessen Schwäche nur, um zum Kaiser gekrönt zu werden. Die Einberufung eines Konzils, um Reformen einzuleiten, lehnte er ab. Willem van Enckenvoirt starb am 19. Juli 1534. Zwei Monate später, am 25. September 1534, wurde Clemens VII. Opfer einer Pilzvergiftung."

Dreiecke und Kreuze

„Doch warum verschwanden die alten Symbole und wurden durch den gekreuzigten Jesus ersetzt?

Die Kirche Sant'Apollinare in Classe südöstlich von Ravenna birgt in sich eines der ersten Kreuze in der heutigen Form. Jesus wird als kleines Bild im Schnittpunkt eines Kreuzes gezeigt. Die Kreuzigung spielt hier keine Rolle, denn das Kreuz entsteht durch Rechtecke und Ovale, die nebeneinander und übereinander angeordnet sind. Über dem Kreuz steht das griechische Wort ‚ICHTYS', das Fisch bedeutet. Unter dem Kreuz erkennt man das Wort ‚SALUSMUNDI', das ‚Retter der Welt' bedeutet.

Das byzantinische Mosaik aus dem 6. Jahrhundert in der Apsis der Basilika Sant' Apollinare in Clas-se (Ravenna, Italien), Foto: Berthold Werner, https://en.wikipedia.org

Den Hintergrund bildet ein blauer Kreis mit 99 goldenen Sternen und die Zeichen für Alpha und Omega, der wiederum durch Ovale und Rechtecke abgegrenzt wird.

Umrahmt wird diese runde Fläche durch einen goldenen Himmel. Rechts und links erkennt man die Propheten Moses und Elias. Darüber ragt die Hand Gottes aus dem Himmel. Doch warum ist Jesus nicht im goldenen Himmel wie Moses und Elias?

Er öffnet den begrenzten Himmel, sodass man ohne Gottes Hilfe die Unendlichkeit des Weltalls erkennen kann.

Wie auf der Reliquie ist unten eine fruchtbare Landschaft mit Bäumen, Sträuchern, Felsen und Vögel zu erkennen. Ferner sieht man zwölf Schafe, die zu Apollinaris blicken. Drei Schafe, die weiter hinten stehen, haben ihren Kopf erhoben und sehen zum Sternenhimmel.

Interessant ist aber, wie der heilige Apollinaris von Ravenna dargestellt wurde. Er trägt ein Pallium, das bis heute von kirchlichen Amtsträgern genutzt wird. Diese Art Schal bildet vor seinem Körper ein ‚V'. Das Symbol wird noch durch die Haltung seiner Arme und der Hände unterstrichen. Sie bilden mit dem Überwurf ebenfalls ein nach oben offenes ‚V' und die Handflächen zeigen zum Himmel.

Ein Detail ist aber bemerkenswert. Das Ende des Pallium trägt ein Symbol. Deutlich ist hier ein ‚X' zu sehen.

Es ist nicht das Christusmonogramm mit dem ‚P'. Das Mosaik stammt vermutlich aus der Entstehungszeit des Bauwerkes, also 549 nach Christi. Wegen der Ähnlichkeit der mit der Reliquie, kann angenommen werden, dass ihr Aussehen und ihre Aussagen in Ravenna bekannt waren. Laut der Legende soll Apollinaris mit Petrus nach Rom gekommen sein. Dieser beauftragte ihn, in Ravenna das Christentum als Bischof zu verbreiten. Dort soll er von Heiden getötet worden sein.

Sieht man sich das Mosaik an, stellt man fest, dass Petrus mit seinen Schlüsseln zum Himmelreich nicht in Erscheinung tritt. In üblichen Darstellungen wird er in einem weißen Gewand mit schwarzem Kreuz dargestellt. Seine Insignien sind dabei ein Bischofsstab und eine Keule. Nichts von dem ist auf dem Mosaik zu sehen. Nur das Pallium verweist auf seinen Rang als Bischof und der Heiligenschein auf seine Erleuchtung.

Ich möchte an dieser Stelle an Hieronymus erinnern, der das Alte Testament übersetzte und dabei auf zahllose Widersprüche stieß. Er sagte: ‚Nichts ist wahr, was voneinander abweicht.'

Im Alten Testament verurteilte Moses den Tanz um die heilige Kuh. Warum soll der Himmel golden sein, wenn Reichtum nicht anstrebenswert ist? Das Mosaik zeigt einen anderen Himmel. Es ist der Sternenhimmel, wo der Anfang und das Ende zu finden sind. Ich bin mir sicher, dass jeder Wissenschaftler, dieser Aussage unterschreiben würde.

Jesus wird ‚Fisch' und ‚Retter der Welt' genannt. Es gibt hier keinen Hinweis darauf, dass er der Sohn Gottes ist. Er hat den goldenen Himmel hinter sich gelassen und ist dort, wo der Anfang und das Ende sind. In diesem Zusammenhang kann man auch Alpha und Omega verstehen. Es sind griechische und keine aramäischen Buchstaben. Die Griechen waren in der Wissenschaft viel weiter und gingen davon aus, dass die Welt erkennbar ist.

Ein Retter der Welt, der sich mit einem Fisch vergleicht, passt nicht in das Weltbild von Kaiser Konstantin, der als brutaler Mörder von Familienangehörigen in die Geschichte eingegangen ist, hatte sicherlich kein Interesse an einer Religion, die Mitgefühl gegenüber den Feinden zeigt. Betrachtet man die Bibel aus dieser Sicht, ist nachvollziehbar, dass bei der Zusammenstellung der Schriften jene ausgespart wurden, die seiner politischen Intention widersprachen. Deswegen tauchen immer wieder Evangelien auf, die in der Bibel nicht eingebunden waren. Das beste Beispiel ist das Thomasevangelium, in dem es keine Auferstehung von Jesus gibt.

Im Zentrum des Strebens der Kirche und mit ihren verbundenen Herrschern stand immer Macht. Dazu schickten sie ihre Soldaten in sinnlose Kriege und begründeten die Unterdrückung ganzer Völker mit der Verbreitung der christlichen Religion.

Papst Adrian VI. wollte es ändern und bezahlte dafür mit seinem Leben. Papst Pius XI. nannte Benito Mussolini 1919 einen ‚Mann der Vorsehung'. Sein Nachfolger, Papst Pius XII., sorgte nach dem Krieg dafür, dass Kriegsverbrecher sicher nach Südamerika auswandern konnten.

Die katholische Kirche verfolgt die Freimaurer. Katholiken, die als Freimaurer tätig werden, sind bis heute zu exkommunizieren. In Nazideutschland wurden sie aus dem Staatsdienst entfernt und in Konzentrationslager geschickt. Ihre Häuser und Vermögenswerte beschlagnahmte der Staat. Doch trotz aller Mühen und der Abtragung ganzer Tempel fanden die Nazis nicht die Geheimnisse, die sie seit Jahrhunderten vor fremden Zugriff bewahrt hatten.

Adrian wollte die urchristlichen Werte der Liebe und Toleranz in den Mittelpunkt der Kirche stellen. Er scheiterte, weil er nicht genügend Unterstützer fand. Seine Erben retteten die Reliquie und wichtige Schriften, konnten aber auch nicht seine Ziele verfolgen.

Die humanistischen Gedanken der Freimaurer gehen davon aus, dass der Mensch an sich selbst arbeiten muss. Auf den Freimaurer Friedrich II. von Preußen geht der Ausspruch zurück: ‚Jeder soll nach seiner Façon selig werden.'

Er nahm Verfolgte auf, die mit ihren handwerklichen Kenntnissen und Wissen kamen. Der Lohn war ein erheblicher wirtschaftlicher Aufschwung seines Landes. Unter den Gründungsvätern der USA und vieler lateinamerikanischer Staaten waren zahlreiche Freimaurer.

Sicherlich stellen Sie sich die Frage, warum das Geheimnis erst jetzt ans Tageslicht kommt. Im Oktober 380 nach Christi fand in Zaragoza eine Synode statt. Ein Thema war dabei der Umgang mit den Anhängern des Priscillian aus Ávila, der in seiner Gefolgschaft Frauen hatte. Die Synode unterstrich das Gebot, wonach Frauen in der Kirche zu schweigen haben. Es wurde ihnen untersagt, zu lehren oder zu lernen. Diese Festlegung widersprach der Praxis. Das frühe Christentum bestand aus vielen kleinen Gemeinden, die oft von Frauen geleitet wurden. Sie nannten sich nicht Christen, sondern ‚Kinder des Lichts'. Bis heute gibt es im Neuen Testament einige Spuren davon, Paulus zitiert: Lebt als Kinder des Lichts; die Frucht des Lichts ist lauter Güte und Gerechtigkeit und Wahrheit'. Bei Johannes sagt Jesus: Ich bin das Licht der Welt; wer mir nachfolgt, der wird nicht wandeln in der Finsternis, sondern wird das Licht des Lebens haben.

Es gab in den ersten 300 Jahren keine zentralistischen Strukturen. Das änderte sich erst, nachdem im Jahr 325 Kaiser Konstantin die Bewegung zur Staatsreligion gemacht hatte. Übrigens hat ausgerechnet seine Mutter ihn darin bestärkt. War das nicht auch eine Art Predigt? Erst danach stellten sich Männer an die Spitze der Gemeinden, denn diese Funktionen versprachen Macht und Geld.

Priscillian und seine Gefolgsleute wurden auf der Synode von Zaragoza wegen Häresie exkommuniziert. Trotz Berufung wurde er 385 in Trier hingerichtet.

Wäre durch die Reliquie und den Brief bekannt geworden, dass Männer und Frauen im Urchristentum gleichberechtigt waren, hätte das weitreichende Folgen gehabt. Auch die Freimaurer waren in ihrer Zeit gefangen. Sie ließen bis auf wenige Ausnahmen keine Frauen zu, weil auch sie dem patriarchalischen Denken verhaftet waren. Freiheit, Gleichheit und Brüderlichkeit wurden höher bewertet als die Rolle der Frau. Die Reliquie ist ohne Brief nicht zu verstehen. Der Besitz der Reliquie reichte jedoch aus, um sich vor der katholischen Kirche zu schützen.

Sicherlich fragen Sie sich, warum ich Ihnen die Erkenntnisse heute vermittle und warum es keine Veröffentlichung in den Medien gibt. Hätten wir das veranlasst, wären die großen

Religionen in eine tiefe Krise gefallen. Das war nie mein Ziel. Schließlich besteht Kirche nicht nur aus Klerikern. Sie sammelt in sich Millionen Gläubige, die es mit der Nächstenliebe ernst meinen.

Und auch die Freimaurer sind nicht meine Feinde, auch wenn von ihrem ursprünglichen Anspruch nur noch Legenden übrig geblieben sind. Sie glaubten durch ein Bündnis mit Königen, Humanisten, Künstlern und Philosophen die Welt zu verändern. Freimaurer, die auf eine Bibel, eine Thora, den Koran oder eine andere Heilige Schrift schwören und anschließend das Bündnis zum Machtausbau missbrauchen, verlieren ihre Unschuld. Es bleiben nur leere Worte und vertane Chancen. Der Mythos des humanistischen Bündnisses verklärt sich in Scharlatanerie und elitärem Mummenschanz.

Ob sie an einen Gott glauben oder nicht, spielt eine untergeordnete Rolle. Wenn Religionen von Menschen gegen Menschen eingesetzt werden, verlieren sie ihren Sinn. Immer dann, wenn Toleranz die Oberhand hatte, wurden Gedanken entwickelt, die die Zeit überdauerten. Griechischen Gelehrte haben uns einen Schatz an Wissen hinterlassen.

Millionen Menschen wurden Opfer religiöser Auseinandersetzungen, Rassismus und Nationalismus. Vielleicht fragen Sie sich, warum die Nationalsozialisten so ein großes Interesse am Geheimnis der Freimaurer hatten. Sehen Sie sich die Architektur dieser Zeit an. Sie ist geprägt von Anleihen griechischer Bauten. Nach Hitlers Überzeugung zeigten die altgriechischen Städte eine planmäßige, auf den Prinzipien von ‚Blutsreinheit', ‚Aufzucht' und ‚Ausmerzung' basierende ‚Rassenpolitik'. Sein Projekt der Welthauptstadt Germania dokumentiert seine Sicht anschaulich. Der Chefideologe der NSDAP, Alfred Rosenberg, sagte: ‚Die Ergebnisse der vorgeschichtlichen Forschung sind das Alte Testament des deutschen Volkes.'

Hätten die Nazis die Reliquien in die Hand bekommen, wären sie als archäologische Beweise für die Überlegenheit der arischen Rasse missbraucht worden. Vielleicht hätte man sie als schlagkräftige Argumentationen gegen Institutionen der Juden und Christen nutzen können. Andererseits hatten sie auch Angst vor der Wahrheit. Eine farbige Maria und ein farbiger Sohn von Jesus, passte nicht in ihre Rassenlehre. Hinzu kommt, dass die Beweise nachvollziehbar werden, wenn man den ersten Schritt wagt.

Wilhelm von Enckenvoirt hat uns mit dem Grabmal von Adrian VI. einen Fingerzeig gegeben, wie und wo wir suchen sollen. Nun werden Sie vielleicht fragen, wo beim Grabmal die schwarze Madonna zu sehen ist. Sie ist so offensichtlich, dass man sie leicht übersieht. Schauen sie sich bitte die Ikone der Maria im Markus Kloster von Jerusalem an.

Die Jungfrau Maria und das Kind befinden sich unter einem Rundbogen. Rechts und links sind rotbraune Säulen. Den Rundbogen und die Säulen beim Grabmal sind auch rotbraun und auch die Verzierungen sind ähnlich gestaltet. Rundbögen symbolisieren oft den Himmel. Hier unterstreichen Wolken das Symbol. In der jüdischen und christlichen Kultur spielen sie eine bedeutsame Rolle, sie beziehen sich auf König Salomons Tempel. Sie standen am Eingang des Tempels, sollen aus Bronze gegossen worden sein, hatten doppelten Kapitelle und besaßen Verzierungen in Form von Lotosblüten.

Diese Merkmale finden wir bei den Säulen auf der Ikone in Jerusalem und dem Grabmal. Auch in der Freimaurerei finden wir sie als Grundpfeiler der Humanität, auf die sich der Bund sich stützt. Unzweifelhaft verbindet das Grabmal griechische und biblische Symbole. Wenn man sich die Reliquientafel und den Brief hinzudenkt, hätte die Anima ein Zentrum, für eine erneuerte Kirche werden können.

Ikone Jungfrau Maria mit Kind in der St. Markuskirche im Armenischen Viertel, Altstadt Jerusalems - https://en.wikipedia.org/w/index.php?title=Monastery_of_Saint_Mark

Wir wissen nicht, wie oft die Anhänger Adrians versucht haben, seine Gedanken umzusetzen. Obwohl es nicht sicher ist, könnten zum Beispiel die ab Mitte des 20. Jahrhunderts aufgetauchten Textfragmente mit Hinweisen aus den Büchern von Adrian zusammenhängen. Auch das Textfragment vom Evangelium der Maria Magdalena, das sich in Berlin befindet, könnte vielleicht aus dem Umfeld von Papst Adrian VI. stammen.

Jesus Aussage am Anfang des Textes: ‚Alle Natur, alles Plasma, alle Schöpfung sind ineinander und miteinander und sie werden wieder in ihre eigene Wurzel aufgelöst werden. Denn die Natur der Materie ist es, sich in die zu ihrer eigenen Natur gehörigen Dinge aufzulösen.', passt zur Geschichte, die Maria Magdalena über die Ausbildung von Jesus geschrieben hat. Ein solches Thema passt mehr in die griechische Philosophie als in die Theologie. Diesen Satz würde heute jeder ernst zu nehmende Physiker unterschreiben. Für die Schüler von Jesus waren sie unverständlich.

Als Maria Jesus davon berichtete, dass sie ihn in einer Vision gesehen hat, antwortet Jesus auf die Frage, ob er sie durch die Seele oder durch den Geist sieht: ‚Er sieht sie nicht durch die Seele und nicht durch den Geist, sondern der Verstand, welcher in der Mitte von beiden ist, ist es, der die Vision sieht.' Er stellt den Verstand also über die Seele und den Geist.

Diese wenigen Worte sind der eigentliche Kern des Marien-Evangeliums. Alle Worte, die danach kommen, dienen der Erklärung des Gesagten. Das passt alles nicht zu Worten aus dem Mund eines Gottessohnes.

Adrian hatte ein großes naturwissenschaftliches Wissen und verstand die Aussagen der Tafel. Er begriff aber auch, dass es schwer sein würde, diese Ansichten zu verbreiten. Erasmus von Rotterdam war verständlicherweise erschreckt und lehnte die Zusammenarbeit ab. Die Zeit war nicht reif genug. Wir sind auch nicht sicher, ob jetzt der richtige Zeitpunkt ist.

Indem wir Ihnen die Reliquien und unsere Forschungsergebnisse offengelegt haben, wollen wir verhindern, dass sie von totalitären und extremistischen Kräften missbraucht werden. Gerade jetzt müssen Probleme gelöst werden, die die gesamte Menschheit betreffen. Die Sintflut des Klimawandels wird nicht durch Gebete aufzuhalten sein.

Sie können die heutige Veranstaltung verlassen, ohne Konsequenzen zu ziehen. Oder Sie besinnen sich auf die grundsätzlichen Werte, die die drei Weisen vor 2000 Jahren ihrem Schüler mitgegeben haben. Dabei ist es egal, ob Sie die Reliquien als echt anerkennen oder nicht.

Sehen Sie und begreifen Sie. Über Jahrhunderte haben Künstler, Philosophen und Freimaurer die Reliquien vor ihrem Missbrauch beschützt. Einige von ihnen bezahlten dafür, mit ihrem Leben. Es ist Zeit, dass die Lehren der drei Weisen Allgemeingut werden. Dann wird die Menschheit eine Chance haben, zu überleben."

Mit einem Mal senkten sich von drei Seiten Leinwände herab und wurden zu einem Panoramabild. Die Urtiere aus Francesco Ubertinis Gemälde begannen sich zu bewegen und zogen den riesigen Klotz vorwärts. Der Tod schwang die Sense wie eine Fahne. Menschen schrien, während sie zermalmt wurden. Die Häuser im Hintergrund änderten ihren Baustil.

Laute Musik dröhnte aus den Lautsprechern. Sie vermischte sich mit Schlachtenlärm, aus denen man die Ketten von Panzern und explodierende Bomben heraushören konnte.

Blut floss träge und färbte die Darstellung rot. In weißer Schrift erschienen Jahreszahlen großer Kriege und die Zahl der Opfer. Immer mehr Text lief über den Bildschirm, bis die Schrift von der roten Farbe verschluckt wurde.

Mit einem Mal wurde es leise. Ein Klavier spielte die Serenade „Leise flehen meine Lieder" von Franz Schubert.

Die rote Farbe veränderte sich. Sie bekam eine Struktur. Es war ein grober Stoff, bei dem man jede einzelne Faser sehen konnte.

Große Buchstaben in weißer Schrift füllten das Panorama.

Papst Adrian VI.:

„Die Schrift bezeugt, dass die Sünden der Menschen aus den Sünden der Priester hervorgehen. ‚Und darum', sagt Chrysostomus, ‚ist Christus, als er sich daran machte, die kranke Stadt Jerusalem zu heilen, zuerst in den Tempel eingetreten, um die Sünden der Priester zu berichtigen, wie ein guter Arzt, der zuerst anfängt, die Krankheit von Grund an der Wurzel zu heilen.'

Wir wissen, dass an diesem Heiligen Stuhl seit langer Zeit viele abscheuliche Dinge geschmiedet und praktiziert wurden; wie Missbräuche in spirituellen Angelegenheiten, und auch Exzesse im Leben und in Sitten, und alle Dinge kehrten sich klar ins Gegenteil. Und kein Wunder, wenn die Krankheit, zuerst an der Spitze beginnend, das heißt bei den hohen Bischöfen, später zu niedrigeren Prälaten übergegangen ist.

Wir alle, das heißt die Prälaten der Kirche, haben einen jeden auf seine Weise abgelehnt; es hat auch keinen gegeben, der Gutes getan hat, nein, nicht einer. Darum ist es notwendig, dass wir alle Gott preisen und unsere Seelen vor ihm demütigen, indem wir jeden von uns betrachten, von dem er gefallen ist; und dass jeder sich selbst richtet, bevor er von Gott mit der Rute seines Zorns gerichtet wird.

Wir selbst haben, wie Sie wissen, diese Würde nie gesucht, sondern, wenn wir es anders könnten, ein Privatleben führen und in Ruhe Gott dienen wollen; und hätte es auch ganz und gar abgelehnt, wenn uns nicht die Gottesfurcht und die Art und Weise unserer Wahl und der Irrtum über ein späteres Schisma dazu gedrängt hätten. Und so haben wir die Last auf uns genommen, nicht für irgendeinen Ehrgeiz nach Würde oder um unsere Freunde und Verwandten zu bereichern, sondern nur um dem Willen Gottes gehorsam zu sein, und für die Reformation der katholischen Kirche und für die Hilfe der Armen, und besonders für die Förderung von Gelehrten und gelehrten Männern, mit anderen Dingen, die mehr zu den Aufgaben eines guten Bischofs und rechtmäßigen Erben von St. Peter gehören.

Und obwohl alle Irrtümer, Verfälschungen und Missbräuche nicht sofort von uns korrigiert werden, sollten sich die Menschen darüber nicht wundern. Die Wunde ist groß und weit gewachsen und nicht einzeln, sondern von vielfältigen Krankheiten zusammengepresst; und deshalb müssen wir zu ihrer Heilung nach und nach vorgehen und zuerst damit beginnen, die Größeren und Gefährlichsten zu heilen, damit wir nicht alles zerstören, während wir beabsichtigen, alles zu bessern. ‚Alle plötzlichen Mutationen', sagt Aristoteles, ‚in einem Gemeinwesen sind gefährlich;' und wer zu sehr ringt, der reißt Blut heraus."

Nach und nach wurde die Schrift kleiner, bis sie verschwunden war. Die rote Fläche wich langsam zurück. Es wurde ein rotes Dreieck, das kleiner wurde, bis man erkennen konnte, dass es Teil einer Häftlingskleidung aus einem Konzentrationslager war. Das ausgemergelte Gesicht einer Frau mit abrasierten Haaren sah auf die Besucher herab. Vor ihr standen drei Kinder im beklagenswerten Zustand. Neben ihnen waren Berge von Leichen zu sehen.

Eine Schrift wurde eingeblendet:

„Ach, wie viel hängt doch davon ab, in welche Zeit auch des besten Mannes Wirken fällt! - Papst Adrian VI."

Eine Stimme erklang: „Er ging nicht gegen die von städtischen bürgerlichen Schichten getragene Erhebung in Kastilien vor und widersetzte sich Kaiser Karl V. Vor dem Reichstag gab er ein umfassendes Eingeständnis der Verantwortung seiner Kirche für viele Menschheitsverbrechen ab. Er wurde von seinen Gegnern vergiftet."

Großformatige Schrift nahm die gesamte Fläche ein:

„Alexander von Humboldt: Deutscher Naturforscher, Weltreisender und erster Umweltschützer - Freimaurer

Johann Wolfgang von Goethe: Deutscher Dichter, Naturforscher und Freimaurer.

René Charles Joseph Marie Lefebvre, ein französischer Unternehmer und Freimaurer schmuggelte Soldaten und geflohene Gefangene ins unbesetzte Frankreich und nach London. 1942 wurde er in Berlin verhaftet und zum Tode verurteilt. Er starb 1944 im KZ Sonnenburg. Sein Körper wurde nie geborgen."

Nach dem Verklingen der Musik erschien wieder der alte Mann auf dem Bildschirm.

„Es ist Zeit für Veränderung. Die Reliquie wird an einem sicheren Ort verwahrt. Ich bin zuversichtlich, dass ihr Zweck auch ohne ihre materielle Anwesenheit erfüllt werden kann."

Die Präsentation war beendet. Leinwände gingen surrend nach oben und das Licht ging an. Die Besucher wurden aufgefordert, die Kapuzen und Kopfhörer wieder aufzusetzen. Der Bus fuhr sie zu einem Parkplatz am Hafen. Niemand sprach. Bei einigen Frauen und Männern hatten Tränen Spuren hinterlassen, andere schienen erregt. Auf einer Freifläche, die mit Containern vor fremden Blicken abgeschirmt war, stiegen die Männer und Frauen in einen Bus, der sie zurück zum Hafen brachten. Von dort brachten Taxis sie in ihre Hotels.

Der Schlussstein

Pieter hob sorgfältig die Reliquie in den gepanzerten Transportbehälter. Luise half, die unförmige Kiste über die Wendeltreppe zu tragen. Vor der Villa hielt ein schwerer Jeep. Schwarz gekleidete Männer schoben den Behälter durch die Seitentür. Danach fuhren sie los.

„Warum fahren wir nicht gleich mit?", fragte Luise.

„Sie fliegen direkt nach Paris. Dort wartet deine Mutter, die die Reliquie an die französische Regierung übergibt."

„Wird sie dann im Louvre ausgestellt?"

„Nein. Sie wird für einige Jahre in einem extra dafür gebauten Gebäude aufbewahrt."

Erstaunt fragte Luise: „Wie konnte man so schnell ein solches Haus bauen. Es muss doch sicher sein. Wer sagt, dass es nicht wieder jemand darauf abgesehen hat."

Pieter nahm seine Tochter in den Arm: „Letztes Jahr haben wir in Paris doch die Nationalbibliothek besucht. Der Bau wurde von Präsident François Mitterrand veranlasst. Die vier Türme sollen offene Bücher darstellen und haben sogar Namen: ‚Turm der Zeit', ‚Turm der Gesetze', ‚Turm der Zahlen' und ‚Turm der Briefe'.

Wenn man aber weiß, dass Mitterrand Freimaurer war, versteht man die Symbolik. Es sind vier rechte Winkel. Vielleicht hat er gehofft, den Einzug der Reliquie noch zu erleben. Doch er starb vor der Fertigstellung der Bibliothek."

„Du meinst, dass der Bau für diesen Zweck errichtet wurde?"

„Nicht nur dafür. Ich bin mir sicher, dass die Bücher und Dokumente von Adrian VI. dort aufbewahrt werden. Dein Großvater wollte unbedingt, dass die Reliquie nicht missbraucht werden kann. Deshalb hatte er Verbindung zu einem Freund aus der Résistance aufgenommen, der wiederum zum Freundeskreis um

Mitterrand gehörte. Danach ging alles schnell. Wir allein hätten nie die technischen Möglichkeiten gehabt, in so kurzer Zeit die Untersuchungen durchzuführen. Ich glaube, die französischen Freimaurer hatten immerzu darauf gewartet. Es gibt einen speziellen, atombombensicheren Raum, wo die Reliquie ihren Platz finden wird. Das wäre in Belgien nicht möglich gewesen."

„Und wo ist er?"

„Man hat es mir nicht gesagt, aber ich denke, dass er sich unter dem Park zwischen den Türmen befindet. Ich hätte ihn jedenfalls dort platziert. Vielleicht in Anlehnung an den Garten Gethsemane in Jerusalem."

„Das gesammelte Wissen und im Zentrum ein Stück Natur. Schade, dass Großvater gestorben ist."

Pieter sah auf die Uhr. „Ja, das ist traurig. Wir haben aber noch eine Aufgabe."

„Welche Aufgabe? Großvater hatte doch gesagt, dass mit der Präsentation alles erledigt ist."

Pieter kratzte sich am Kopf. „Es ist nur eine kleine Sache. Sie ist aber wichtig. Ich habe es ihm kurz vor seinem Tod versprechen müssen. Er hat auch ausdrücklich festgelegt, dass du erst heute davon erfährst."

Luise kamen die Tränen: „Hatte er kein Vertrauen zu mir?"

Pieter nahm sie in den Arm. „Er wollte nur verhindern, dass durch einen dummen Zufall die Aktion scheitert. Deshalb hat er dich mit mir nach Argentinien geschickt."

„Also ist es doch gefährlich! Mir reicht es langsam mit den ganzen Heimlichkeiten!"

„Luise. Du kannst mir glauben, dass nichts Gefährliches dabei ist. Wir haben nur einen Schlussstein an die richtige Stelle zu bringen."

„Kannst du das nicht allein erledigen?"

„Nein. Das geht nicht. Ich habe es deinem Großvater versprochen. Es war sein letzter Wunsch."

„Und ich muss mitkommen?"

„Ja. Er hat mir aufgetragen, dass du den Schlussstein einsetzt."

Luise sah ihren Vater verärgert an: „Ich verstehe das nicht."

„Ich werde dir auf dem Weg zum Flugplatz alles erzählen."

Baumaschinen fuhren auf das Gelände. „Jetzt machen sie alles platt?", fragte Luise, während sie auf einen riesigen Bagger zeigte.

„Noch heute wird von der Villa kaum mehr etwas übrig sein. In zwei Tagen wollen sie bereits eine Betonplatte gießen und danach ziehen sie Bürohaus mit 8 Etagen hoch. Das Einzige, was stehen bleibt, ist der alte Baum, den Carlos Vorfahre gepflanzt hat. – Offen gesagt, will ich den Abbruch nicht sehen. Ich habe hier so viel erlebt. – Da kommt auch schon unser Taxi."

Ein etwas in die Jahre gekommener Mercedes brachte sie zum Flughafen. Sie stiegen in den Privatjet, der sie in drei Stunden nach Rio de Janeiro brachte. Unterwegs redeten sie nicht. Erst kurz vor der Landung zeigte Pieter auf die riesige Christusstatue: „Dort müssen wir hin!"

„Was? Zum Cristo Redentor? Willst du dir deine Sünden vergeben lassen?" Luise öffnete ihre Arme wie die Jesus-Skulptur und lachte dabei. Mit verstellter Stimme sagte sie: „Ich vergebe dir."

Pieter grinste. „Du weißt doch: Nichts ist so, wie es scheint. Nach der Landung fahren wir ins Hotel. Unser Termin ist erst nach der regulären Öffnungszeit. Vorher kläre ich dich auf."

„Aufklärung ist immer gut. Das Kamasutra kenne ich aber schon."

„Das hoffe ich doch stark."

Am Flughafen erwartete sie bereits ein Taxifahrer, der sie zum Excelsior-Hotel brachte. Luise freute sich: „Dann kann ich ja noch zur Copacabana gehen. Etwas Schwimmen täte mir gut."

Pieter winkte ab: „Wir bekommen gleich Besuch."

„Wer kommt denn?"

„Er heißt Dario Fernandes und wird uns auf die Statue bringen."

Es klopfte. Pieter sah auf die Uhr: „Er ist pünktlich …"

Dario war circa fünfzig Jahre alt und seine dunkle Haut verriet, dass er indianische Vorfahren hatte. Er begrüßte sie herzlich. Dann sah er Luise abschätzend an: „Sie sind ja eine Schönheit. Das hat mir Pieter nicht verraten."

„Na, na, na! Dario. Wenn du nicht artig bist, sage ich es deiner Frau."

Er griff in eine Sporttasche und holte beigefarbene Sachen heraus.

„Mann wird ja mal sehen dürfen, was einem entgeht. Aber ernsthaft. Ich habe nur mal geprüft, ob die Sachen passen könnten. Die Hose wird etwas zu groß sein. Na ja. Mit dem Gürtel wird es schon gehen."

Bei Pieter hielt er nur kurz die Hose an: „Passt."

„Wenn jemand danach fragt, seid ihr Gutachter aus Frankreich. Zieht euch die Sachen an, damit ich Fotos für die Besucherausweise machen kann."

Nach zehn Minuten hatten sie fertige Besucherausweise, die sie an die Latzhosen klemmten. Dario nickte zufrieden: „Ihr solltet gegen 20 Uhr auf dem Platz vor der Statue stehen. Ich hole euch ab."

Als er gegangen war, fragte Luise: „Was war das denn?"

„Na ja. Etwas Verkleidung ist für die Aktion notwendig. Wir machen aber nichts Verbotenes. Das hier ist unsere offizielle Erlaubnis vom Meister persönlich."

Er gab ihr einen vergilbten Zettel.

„Das ist doch die alte Eintrittskarte, die bei der Kassette lag."

„Sieh dir mal die Unterschriften und das Datum an."

„Heitor da Silva Costa, Paul Landowski und Carlos Oswald. 1931."

„Das sind die Schöpfer des Monuments. Sinngemäß steht dort, dass der Inhaber des Dokuments gemeinsam mit seiner Frau oder Tochter berechtigt ist, alle gesperrten Bereiche zu betreten. Die Personen sind von Dario Fernandes zu begleiten, damit sie eine wichtige Arbeit durchführen."

Luise schüttelte ungläubig den Kopf: „Dario Fernandes ist doch unmöglich so alt."

„Sein Großvater war gemeint. Er hatte seinen Namen und die Aufgabe von Generation zu Generation weitergegeben, damit wir gemeinsam den Schlussstein setzen. Denn bisher ist das Monument nicht fertiggestellt."

„Und wo ist dieser Schlussstein?"

Pieter griff in seine Tasche. „Das ist er!"

Ungläubig sah Luise auf den Gegenstand.

„Das ist doch das Tintenfass von Großvater. Es stand, solange ich denken kann, auf seinem Schreibtisch."

„Großvater hatte nach dem Tod von Moulinier zunächst die Uhr erhalten. Im Panzerschrank befanden sich noch ein paar persönliche Dokumente und ebendieses Tintenfass. Der Kommissar hatte es ihm überlassen."

„Und warum soll ein Tintenfass der Schlussstein sein."

„Großvater hat erst nach dem Fund der Reliquie begriffen, worum es sich handelt. Klappe mal den Deckel hoch. – Und jetzt nimm den Glaseinsatz heraus."

Luise musste etwas schütteln, bis sich der Glaseinsatz löste. „Darunter ist so etwas wie ein Stein oder Glas."

„Klopfe auf deine Hand, damit er herauskommt."

Mit einem Mal fiel ein Stein heraus. Er war aus weißem Speckstein, kreisrund und ungefähr drei Zentimeter im Durchmesser. Ein rechtwinkliges Dreieck füllte die Fläche aus. Bohrungen deutete darauf hin, dass er als Schmuckstück gedacht war.

„Jetzt drehe ihn um", sagte Pieter.

Luise drehte ihn um. „Das sieht wie die Marke des Herstellers aus. Nein! Ist es das, was ich glaube?"

„Ja es ist die Signatur von Jesus und der Turm von Maria Magdalena. Dein Großvater hatte das Tintenfass auseinandergenommen, weil Tinte übergelaufen war. Bei der Gelegenheit hatte er das Dreieck gesehen, aber nicht weiter beachtet."

Luise sah sich den Stein von allen Seiten an. Dann bemerkte sie: „Ich verstehe nicht, was daran besonders sein soll. Er sieht wie normaler weißer Speckstein aus. Die Symbole könnte jeder hineingeritzt haben."

„Nicht ganz. Ist dir eigentlich bei dem Video nicht aufgefallen, dass immer nur vom Brief der Maria Magdalena die Rede war."

Erstaunt sah Luise ihren Vater an. „Waren es denn noch mehr Briefe? Großvater hatte davon nichts gesagt."

„Es gab noch einen zweiten Brief. Wir hatten erst gedacht, dass es Leder zum Einwickeln der Hülse war. Irgendein Füllstoff eben. Sie haben ihn im Institut untersucht. Und das kam dabei heraus."

Pieter gab Luise ein Blatt Papier, auf dem nur schwach sichtbare Schriftzeichen zu sehen waren. Am unteren Rand zeichneten sich das Dreieck und spiegelverkehrt die Zeichen von Maria Magdalena und Jesus ab.

„Heißt das, der Stein war in dem Leder verpackt?"

„Ja. Wir haben das Ergebnis vermessen. Der Stein war ursprünglich darin eingewickelt. Durch die Radiokarbonmethode kamen wir beim Leder auf ein ähnliches Ergebnis, wie bei dem Brief von Maria Magdalena. Das heißt, er wurde vor Jesus Kreuzigung geschrieben."

„Vater, nun spann mich nicht auf die Folter. Was stand drin."

„Es ist ein kurzer Liebesbrief von Jesus an Maria Magdalena. Er schreibt, dass er sie immer lieben werde. Gemeinsam würden sie, wie das Dreieck in einem Kreis, vollkommene Harmonie symbolisieren. Es sei so, wie seine Lehrer gesagt haben. Aus vielen Dreiecken entsteht ein Kreis.

Der Stein ist ein Amulett, das er für sie gefertigt hat. Sogar eine Betriebsanleitung ist dabei: In die Löcher gehörte ein Lederband. Sie sollte den Stein mehrfach verdrehen und dann an den Bändern ziehen."

„Und was passiert dann?"

Pieter lachte: „Probiere es selbst aus."

Luise nahm ihre Kette vom Hals und fädelte sie in die Löcher. Dann verdrehte sie den Stein und zog an den Kettenenden.

„Toll! Die Symbole befinden sich jetzt im Dreieck."

„Meinst du nicht auch, dass es bedeutet, dass sie gemeinsam in einem Haus wohnen. Ist das nicht so etwas, wie ein Verlobungsring?"

„Also, wenn mir mein Freund so etwas schenken würde, dann wäre es für mich ein Liebesbeweis. Selbst gemacht und mit so viel Gefühl. Ich fange gleich an zu weinen."

Sie nahm den Stein in die Hand und befühlte ihn.

„Eine Fälschung ist nicht möglich?"

„Es ist eindeutig. Wir haben sogar Talkum im Leder festgestellt, dessen Zusammensetzung mit dem Speckstein übereinstimmt."

„Aber warum hat Großvater das nicht auch öffentlich gesagt. Das wäre doch eine Sensation."

„Er hatte sich das genau überlegt. Es ging ihm immer darum, dass seine Familie aus dem Kreislauf der Gewalt herauskommt. Alles stand unter diesem Vorzeichen.

Als der Deutsche mit seiner Freundin auftauchte, befürchtete er, dass alles wieder von vorn beginnt. Die Geheimnisse haben immer nur Unglück gebracht. Als er das Symbol der Jesuiten auf der Visitenkarte sah, wurde ihm mit einem Mal klar, dass die Reliquie nur das halbe Geheimnis war, um das es ging. Wir hatten die Symbole der Freimaurer, die alten Mosaike und die vielen Verweise aus der Antike gesehen. Großvater hatte zunächst nicht verstanden, warum so viel Aufwand betrieben wurde. Warum tauchte Moulinier auf und überredete ihn nach Paris zu kommen, um die Reaktionen auf die Briefmarken zu überwachen."

„Wollte er nicht die Reliquie und den Ring suchen?"

„Das war nur ein Ziel. Vermutlich wusste er von dem Jesusbrief. Es war immer wieder von einem Kleinod die Rede. Wenn man diese schwere Kiste mit der Reliquie ansieht, würde man sicher nicht von einem Kleinod sprechen. Der Ring passte da schon besser. Aber offen gesagt, kann man sich Jesus nicht mit einem wertvollen Ring vorstellen. So ein kleiner Stein ist da schon etwas anderes. Als wir mit dir früher an der See waren, hast du ungewöhnlich gestaltete Steine gesammelt. Dieser Speckstein, mit eingeritzten Symbolen, hatte für Jesus und Maria Magdalena einen tiefen emotionalen Wert."

„Und was haben die Jesuiten damit zu tun?"

„Sieh dir das Symbol der Jesuiten einmal genau an."

Pieter holte die alte Visitenkarte des Jesuitenpaters aus der Tasche, die bei der Reliquie gelegen hatte.

„Ich sehe eine Sonne und im Innenteil die Buchstaben ‚IHS' mit einem Kreuz und drei Nägel."

„Jetzt denke dir mal den Innenteil weg. Was siehst du?"

„Eine Sonne oder eher einen Sonnenkranz."

Pieter lachte: „Sonnenkranz oder Sonnenkorona ist richtig. Weißt du auch noch, wann man ihn sehen kann?"

„Oh. Ich weiß, was du meinst. Wenn der Mond die Sonne bei einer Sonnenfinsternis verdeckt."

„Sonne und Mond, die Symbole von Jesus und Maria Magdalena, wurden zusammengeführt. Sie werden zu einem Symbol, das jeder Mensch kennt. Kannst du dich noch an das Bild von Jusepe de Ribera erinnern? Offiziell heißt es ‚Die unbefleckte Empfängnis'. Dort war auch ein Mond mit einer Sonnenkorona dargestellt. Die Vereinigung von Sonne und Mond bei einer Mondfinsternis ist eine unbefleckte Empfängnis. Maria wird mit einem Heiligenschein gezeigt. Es ist naheliegend, dass der Mond mit der Sonnenkorona und Maria mit dem Heiligenschein ein und dasselbe Symbol darstellen. Maria kreuzt ihre Arme vor der Brust. Das ist eindeutig eine Schutzgeste. Das passt nicht zur unbefleckten Empfängnis im katholischen Sinn. Außerdem lässt sie offensichtlich das Symbol der katholischen Kirche, den Petersdom, zurück. Bösartig könnte man sogar in das Bild hineininterpretieren, dass Maria Magdalena Päpstin ist, denn über ihr schwebt eine Krone mit sechszackigen Sternen. Die Kirche hat das Bild nicht verstanden oder wollte es nicht verstehen.

Das Symbol der Jesuiten zeigt auch die Sonnenkorona. Und auch der innere Teil scheint verständlich. IHS ist angeblich das Kürzel für ‚Iesum habemus socium'. Sie haben dabei die griechische Schrift genutzt. Übersetzt soll es offiziell heißen: ‚Wir haben Jesus als Gefährten'. Die genaue Übersetzung lautet: ‚Wir haben Jesus als unseren Partner'. Das klingt nach Gleichberechtigung zwischen Menschen und Jesus. Es gibt aber auch andere Auslegungen für die

Buchstaben als griechische Kürzel. Dann sollen sie ‚Jesus, der Erlöser der Menschen' bedeuten. Es gibt kein Dokument, aus der sie hervorgeht. Es könnte auch heißen: ‚Wir kennen Jesus Gefährtin'. Warum nutzen die Jesuiten nicht den Fisch als Symbol für Jesus? Dafür muss es einen Grund geben.

Die katholische Kirche behauptet, dass die Buchstaben griechisch Fisch als Synonym für Jesus bedeuten. Das griechische Wort für Fisch lautet Ichthys. Angeblich hätten die frühen Christen Buchstaben I für Jesus, Ch für Christus, Theos für Gott, Y aus Hyios für Sohn , S für Soter das Erlöser heißt, zusammengesetzt. Diese Argumentation ist aber in mehrfacher Hinsicht nicht nachvollziehbar. Die frühen Christen sprachen Aramäisch oder Hebräisch. Das Neue Testament war eine Übersetzung aus dem Aramäischen. Warum sollten sie eine fremde Sprache für ein Kürzel benutzen? Hinzu kommt, dass die frühen Christen in der Regel Analphabeten waren. Sie kannten das griechische Alphabet nicht und kannten sicherlich auch nicht die griechischen Worte, um das Wortspiel zu verstehen.

Warum nutzten die Jesuiten nicht dieses Symbol? Vielleicht wollten sie sich von der Interpretation der katholischen Kirche des Symbols distanzieren. Naheliegend wäre auch, dass sie in ihm ihre spanischen Wurzeln zeigen. Es gibt aber auch eine andere Erklärung."

Luise überlegte: „Hängt das mit dem Kreuz und die drei Nägel zusammen?"

„Das Kreuz trägt keinen Jesus. Er wurde nicht angenagelt, denn die Nägel liegen unbenutzt auf dem Boden. Es gibt Leute, die behaupten, dass sie Armut, Ehelosigkeit und Gehorsam bedeuten. Das würde aber heißen, dass Jesus mit diesen Attributen ans Kreuz genagelt wurde.

Die Erklärung, dass sich die Jesuiten auf Jesus als lebendigen Menschen beziehen, ist naheliegend, denn dann ist er ihnen gleichgestellt. Die Jesuiten sagen von sich, dass sie Gott überall finden können. Auch in sich selbst.

Erinnert es dich nicht auch an die Geschichte von den Gläubigen in Zaragoza, die gesagt haben, dass sie Gott überall finden. Auch in sich selbst. Vielleicht sind die Nägel nur eine Umschreibung für das Dreieck. So wie die Freimaurer drei Rosen nutzen. Wenn man den mittleren Nagel nämlich nach oben schiebt und querstellt, erkennt man sofort das Dreieck."

„Dann waren die Leute aus Zaragoza Vorgänger der Jesuiten?"

„Manches spricht dafür, zumal Ignatius von Loyola, der erste Jesuit, sich in dieser Gegend zur gleichen Zeit aufhielt wie Adrian."

„Ist das belegt?"

„Es gibt viele Indizien, die die These unterstützen. Ignatius von Loyola war ein baskischer Adeliger, der sich dem Militär angeschlossen hatte. 1521 wurde er von einer Kanonenkugel verletzt und geriet in französische Gefangenschaft. Trotzdem ließ man ihn in seine Heimat auf das Schloss Loyola bringen. Bis dahin ist seine Geschichte belegt. Was danach kommt, basiert auf eine Legende, die er selbst in die Welt gesetzt hat.

Vermutlich diente vieles der Selbstdarstellung eines Mannes, der bisher als Frauenheld galt. Die Kriegsverletzung ließ ihn humpeln.

Während der Genesung wollte er Liebes- und Ritterromane lesen, fand aber nur ein Buch über Heilige und eines über das Leben Jesu. Diese Bücher beruhigten ihn. Vermutlich suchte er eine Alternative für sein Leben. Es ist nicht bekannt, was er gelesen hat. Meiner Ansicht nach könnte er dabei auf Schriften gestoßen sein, die sich am frühen Christentum orientierten. Vielleicht waren es sogar die gleichen Quellen, die auch Adrian gelesen hatte, denn er änderte radikal sein Leben.

Eine Episode könnte das belegen. Er wollte nach Jerusalem gehen und dort leben, wo Jesus gelebt hatte. Dazu musste er zunächst nach Barcelona. Der Weg vom Schloss Loyla nach Barcelona führt über Zaragoza.

Angeblich traf er unterwegs einen Mann, der behauptete, dass die Muttergottes keine Jungfrau war. Darüber regte er sich auf und wollte den Mann deshalb töten. Er entschloss sich aber, dies nur zu tun, wenn sein Esel an einer Weggabelung den gleichen Weg nehmen würde wie der Mann. Da sein Esel eine andere Richtung wählte, tötete er den Mann nicht. Er überließ also einem Esel eine folgenschwere Entscheidung, die er nicht selbst treffen wollte. Zumindest tat er das in seiner Erzählung. Ich bin kein Psychologe, aber das sagt viel über Ignatius von Loyola aus. Er war ein gebrochener Mann.

Der Weg nach Barcelona führte ihn zum Wallfahrtsort ‚Unser liebe Frau vom Montserrat'. Auch diese Episode passt in seine Situation. Dort gibt es auch eine schwarze Madonna mit einem Kind. Hier will er lange gebetet und anschließend seine Waffen abgelegt haben.

Die frühen Christen lehnten Waffengewalt ab. Soldaten durften nicht aufgenommen werden und das Streben nach Reichtum war ihnen suspekt. Ignatius von Loyola verschenkte seine teuren Kleider und zog nur mit Lumpen und Sandalen bekleidet weiter.

Warum er von dort fünfundzwanzig Kilometer zurück nach Norden ging, statt nach Barcelona, ist völlig unklar, zumal er zehn Monate in einer Höhle gewohnt haben soll und im Krankenhaus des Ortes gearbeitet haben will. Am Ufer des Flusses Cardoner soll er eine Erleuchtung bekommen haben, die sein späteres Leben beeinflusste."

Luise bemerkt: „Diese Geschichte passt zu der Marienerscheinung in Zaragoza."

Pieter nickt, überlegt etwas und sagt dann: "Vielleicht. Entscheidend ist aber etwas anderes. Adrian hielt sich zu diesem Zeitpunkt ungefähr zwei bis drei Monate lang Zaragoza und in Barcelona auf.

In vielen Schriften der katholischen Kirche wird behauptet, dass Ignatius von Loyola von Gott eine Eingebung bekommen hat. Doch er selbst hat nur von einer Erleuchtung berichtet. Das ist nur eine Umschreibung von Erkenntnis. Außerdem muss man berücksichtigen, dass es Literatur ist. Warum hat er nicht geschrieben, dass er mit Gott in Kontakt stand?"

Luise sah ihren Vater an: „Würdest du sagen, dass du Kontakt mit einem Außerirdischen hattest?"

„Nein. Aber angenommen, dass er Adrian begegnet ist, der ihm etwas erzählt hat, dass von der Inquisition nicht akzeptiert würde, jedoch aus dem Mund des künftigen Papstes kam. Dann wäre die Umschreibung als Erleuchtung, ein Kompromiss. Er schrieb nicht, worin die Erleuchtung bestand.

Dann macht auch die Geschichte Sinn. Ignatius von Loyola erfährt davon, dass die Muttergottes keine Jungfrau war, die frühen Christen Waffen ablehnten und es durchaus auch eine schwarze Jungfrau Maria gegeben haben könnte. Das passt alles nicht in sein Weltbild."

Luise nickte. Das kann ich mir vorstellen. Erst zerbricht sein bisheriges Leben. Er hat keine Chance auf einen militärischen Aufstieg und dann wird ihm eine Säule seiner Religion genommen. Unter normalen Umständen hätte er sich an die Kirche wenden können. Weil es aber direkt vom Papst kam, umschreibt er die Geschichte in einem Gleichnis."

Pieter stimmt ihr zu: „Das passt auch zu weiteren Auffälligkeiten in seinem Leben. Er fuhr nach Rom, suchte dort den Papst auf und pilgerte 1523 nach Palästina. Vielleicht sollte er in Jerusalem Angaben zur Reliquie überprüfen.

In Palästina erfuhr er vom Tod des Papstes und kehrte vermutlich über Rom nach Barcelona zurück. Nach zwei Jahren Schulbildung wurde er zum Studium der Philosophie und Theologie zugelassen. Wegen seiner aufrührerischen Reden wurde er von der Inquisition verfolgt und eingesperrt. Möglicherweise hatte er versucht, seine Erkenntnisse zu verbreiten, und stieß dabei auf Widerstand. Auch ein Wechsel der Universität half nicht. 1528 flüchtete er nach Frankreich und studierte an der Sorbonne.

Es heißt, dass Kaufleute aus Spanien, Frankreich und Flandern das Studium finanzierten. Wie kommen Kaufleute aus Flandern dazu, einem spanischen Aufrührer das Studium zu finanzieren? Wenn wir auf die Landkarte sehen, stellen wir fest, dass Leuven in Flandern liegt. Sein Philosophiestudium schloss er 1534 ab. Das Theologiestudium beendete er ohne Abschluss.

Gemeinsam mit sechs Kommilitonen gelobte er ausgerechnet am 15. August 1534, also ‚Mariä Himmelfahrt', in der Kapelle St. Denis am Montmartre ein Leben nach dem Vorbild von Jesus in Armut und Keuschheit zu führen. Das erklärte Ziel der Männer war die Missionierung in Palästina. Um nach Jerusalem zu gelangen, das von den osmanischen Türken besetzt war, ließ er sich zum Priester weihen. Doch wegen der politischen Lage in Palästina konnten er und seine Gesinnungsgenossen den Plan nicht realisieren.

1537 passierte wieder etwas Außergewöhnliches. Er fuhr mit seinen Freunden nach Rom. Gegenüber dem Papst Leo III. erklärten sie die Bereitschaft, in dessen Dienst zu treten, um in Gebieten zu missionieren, die die katholische Kirche durch die Reformation verloren hatte.

Zu diesem Zeitpunkt war Adrians Freund, Wilhelm von Enckenvoirt, der ihn hätte unterstützen können, schon drei Jahre tot. Wie war es Ignatius von Loyola möglich, den Papst zu bewegen, einer Gruppe, die eine eigene Ordenstracht ablehnte und straff militärisch organisiert war, anzuerkennen. Hinzu kam der Name: Compañía de Jesús – also Gesellschaft Jesu."

Luise fragte erstaunt: „Hatte sich Ignatius von Loyola mit einem Mal von seinen Idealen verabschiedet? Er wollte doch kein Soldat mehr sein und lehnte das Papsttum ab."

Pieter lächelte: „Nein. Es war offensichtlich ein taktisches Manöver. Die Gruppe orientierte sich zwar an militärischen Disziplinarvorschriften, doch lehnten sie eine eigene Ordenstracht ab und war neuen Formen der Predigt aufgeschlossen. In mancher Hinsicht gab es sogar Ähnlichkeiten mit den Protestanten. Ein Umstand unterschied sie von der katholischen Kirche. Die Mitglieder bezogen sich nicht auf Christus, also dem Gekreuzigten, sondern auf Jesus. Das ist bedeutsam, da bei ihnen der Mensch im Mittelpunkt stand.

Das größte Gebäude der katholischen Kirche trägt nicht den Namen von Jesus, sondern von Petrus, der von sich behauptet hat, im Auftrag von Jesus zu handeln. Das ist ungefähr so, als ob sich ein Brötchen zum König der Bäcker benennt.

Wie konnte der Papst, der wegen der Reformation in die Enge getrieben war, ein Angebot ablehnen, das die Reformation zurückdrängen wollte und sich ausdrücklich auf Jesus berief. Der Papst brauchte drei Jahre für seine Entscheidung. Richtig geheuer schien ihm die Sache aber trotzdem nicht, denn er begrenzte die Anzahl der Mitglieder auf maximal 60.

Ignatius von Loyola gewann völlige Unabhängigkeit von Rom, indem er gegenüber dem Papst absoluten Gehorsam gelobte.

Was ein Widerspruch zu sein scheint, führte dazu, dass der Orden unabhängig von kirchlichen Amtsträgern handeln konnte. Das betraf besonders seine Bildungsarbeit. In ihren Schulen lernte man alte Sprachen, Rhetorik, Grammatik, Dialektik, Arithmetik, Musik, Geometrie und Astronomie. Später sogar Physik, Medizin und Jura. Das überstieg den eigentlichen Zweck der Missionierung für das Christentum.

Wenn du jetzt an die Reliquie denkst, fallen dir sicher die Übereinstimmungen auf.

Eigentlich hätte der Papst das Angebot sofort zurückweisen müssen. Denn wie sollten Aufrührer, die offensichtlich gegen Rom arbeiteten, für ihn von Nutzen sein?

Doch er hatte zwei große Probleme. Zunächst fand er kein Mittel, um die Reformation zurückzudrängen. Und dann enteignete Heinrich VIII. die katholische Kirche von England und machte sich selbst zum Kirchenoberhaupt.

Als ob das nicht schon genug war, ließ sich der Papst dazu hinreißen, eine Allianz mit der Republik Venedig einzugehen, um sich am Türkenkrieg zu beteiligen, dem sich Ferdinand von Österreich und Kaiser Karl V. anschlossen.

Wenn du Kaiser Karl V. hörst, klingelt es bei dir bestimmt in den Ohren. Hatte der nicht einen Papst fast umgebracht, der ihn anschließend zum Kaiser krönte? Und war nicht bis zu seinem Tod Wilhelm von Enckenvoirt sein Berater?

Großvater hat die Zeitabläufe analysiert und kam zum Schluss, dass der Papst von Karl V. zu der Entscheidung gedrängt wurde. Es gibt darüber keine Unterlagen, aber wenn man sich die Aktionen von Papst Paul III. ansieht, fallen einige Merkwürdigkeiten auf. Seine halbe Familie versorgte er mit kirchlichen Ämtern. Das wäre für den Kaiser Grund genug gewesen, ihn aus dem Amt zu jagen. Dann verbot er 1537 die Versklavung der indianischen Ureinwohner von Amerika und aller anderen Menschen."

Luise sah ihren Vater ungläubig an: „Verstehe ich das richtig? Der Papst verurteilte eine Praxis, durch die Kaiser Karl reich geworden ist?"

„Ja. Irgendjemand muss ihm dazu geraten haben. Wie diese Entscheidung zustande kam, ist nicht überliefert. Nachträglich wurde behauptet, dass Karl V. ihn darin unterstützt hatte. Es gab aber noch mehr Kolonialstaaten, denen das nicht gefallen hätte. Sicherheitshalber richtete der Papst wieder eine Leibgarde ein, nachdem sie 1527 auf Betreiben des Kaisers aufgelöst worden war.

Wenn man diese Puzzlesteinchen sortiert, erkennt man, dass er eigentlich keinen Plan hatte und letztendlich das machen musste, was der Kaiser sagte. Deshalb kam dein Großvater zu dem Schluss, dass der Kaiser die Anerkennung der Gesellschaft Jesu durch den Papst veranlasste. Die Verurteilung der Sklaverei passt da auch ins Bild, denn die Jesuiten konnten dadurch unter anderem in Südamerika unter den Eingeborenen wirksam werden.

Es gibt noch einen Fakt, der eine direkte Verbindung zwischen Adrian VI. und den Jesuiten vermuten lässt. Kurz bevor er zum Papst gewählt wurde, wandte er sich gegen die Gewalt der Spanier gegenüber den Azteken in Mexiko. – Übrigens wurden später dort die Jesuiten sehr erfolgreich."

Luise wurde ungeduldig. „Jetzt hast du mir so viel über die Gesellschaft Jesu erzählt, dass ich fast dazu neige, dass sie mit den Freimaurern unter einer Decke steckten."

Pieter sagte: „Zu diesem Schluss kamen auch andere. Immer wieder wurde sogar behauptet, dass die Freimaurer, Teil der Jesuiten waren oder umgekehrt. Jesuiten und Freimaurer reagieren nur selten auf die immer wieder auftauchenden Unterstellungen. In einem deutschen Buch habe ich gelesen, dass Adrian festgelegt hat, dass sein niederländischer Besitz in Utrecht und Leuven für die Armen und für fromme Zwecke verkauft wird. Das Haus in Leuven sollte ein Heim für mittellose Studenten werden. Vielleicht ist das der Schlüssel dafür. Einerseits die Jesuiten mit ihren frommen Zielen und andererseits die Freimaurer, die unabhängig von der Religion handeln. Bei den mittellosen Studenten hatte er fromme Dienste nicht zur Bedingung gemacht.

Dadurch wurden beiden Strömungen zwei Seiten einer Medaille. Die Freimaurer versuchten die Eliten zu Humanisten zu entwickeln. Die Jesuiten gingen ihr Ziel breiter an, indem sie den Menschen mit dem christlichen Glauben auch Bildung brachten. In beiden Fällen geht es um das Wohl der Menschen. Einmal individuell und das andere Mal universell.

Siehe dir mal ein Symbol an der Hauswand der Freimaurer in Edinburgh an. Du kennst es schon aus dem Film. Warum heißt das Haus Mary's Chapel. Im Film haben wir nur die Verbindung zu Maria hergestellt. Aber es war, dem Namen nach, eine Kapelle. Das passt eher zu den Jesuiten. Und auch noch dieses Symbol ist ähnlich. Wenn man sich das G im Zentrum wegdenkt, haben wir wieder den Strahlenkranz. Sonne und Mond spielen immer wieder eine Rolle.

 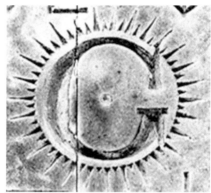

Die Gemeinsamkeiten zeigen sich aber auch in ihrer Verfolgung. Der Erfolg der Jesuiten brachten ihnen viele Neider ein. Etwas über zweihundert Jahre später verbot Portugals Außenminister Sebastiao Jose de Carvalho e Mello die erfolgreiche jesuitische Arbeit in Brasilien. Der Widerstand der indigenen Bevölkerung wurde von den Portugiesen blutig niedergeschlagen.

Das war der Anfang aller Repressalien gegen die Jesuiten. 1759 wird der Orden der Jesuiten verboten und seine Mitglieder aus Portugal vertrieben. 1764 müssen sie Frankreich verlassen, 1767 werden sie in Spanien und in den spanischen Kolonien verhaftet und deportiert. Frankreich, Portugal und Spanien drohen sich von Rom loszusagen. Papst Clemens XIV. ordnet schließlich 1773 die Aufhebung des Jesuitenordens an. Scheinbar verschwinden sie aus der Weltgeschichte. Doch Bildung wird nicht durch Anordnungen beseitigt. Im Geheimen existierten die Jesuiten weiter. Und die Freimaurer, was passierte mit Freimaurern? Auch sie wurden verfolgt und wie Jesuiten von den Nazis umgebracht.

Wenn man von den Jesuiten spricht, taucht immer ein Zitat auf: ‚Wir müssen, um in allem das Rechte zu treffen, immer festhalten: Ich glaube, dass das Weiße, das ich sehe, schwarz ist, wenn die hierarchische Kirche es so definiert.'

Das erscheint seltsam. Philosophisch gesehen ist es nicht so falsch, wie es scheint. Es erläutert nur, dass Glauben, nicht wissen ist. Die Aussage unterstreicht sogar, dass die Kirche irren kann. Eine andere Aussage des Ignatius von Loyola wird aber ungern zitiert. Darin hatte er sich gewünscht, ein Jude zu sein. Aber auch diese Aussage ist begreiflich, wenn er wie Jesus sein wollte, denn Jesus war ein Jude."

Luise sah sich die beiden Symbole an. „Das verstehe ich. Aber welche Rolle spielt dabei die Loge von Winston Churchill. Deren Symbol ist doch ein Stern. Wie passt sie da rein und warum hat sie unserer Familie geholfen?"

Pieter zeichnete das Symbol der Loge auf einen Zettel.

„Die Loge des Ancient Order of Druids ist schon etwas Besonderes. Ich habe seine Rolle auch erst verstanden, nachdem wir die Reliquie gefunden hatten.

Nachdem ich die Übersetzung des Briefes von Maria Magdalena gelesen hatte, wurde mir klar, worum es bei dem Stern und der Loge geht. Nach eigener Darstellung bedeutet der siebenstrahlige Druidenstern, die Ziele im Blick zu behalten. Wenn du an Weihnachten denkst, fallen dir sofort die drei Weisen ein. Sie folgten einem Stern. Die Weihnachtsgeschichte handelt von Menschlichkeit. Ausländer unterstützen eine Mutter in einer kritischen Situation, als Angehörige des eigenen Volkes das obdachlose Paar mit dem Säugling im Stich lassen.

Die das taten, waren keine Juden und schon gar keine Christen, da Christus gerade erst geboren wurde. Sie folgten einem Stern, wie die Anhänger der Loge. Es waren Druiden, die sich auf die Beobachtung der Natur und der Menschen verstanden. Wissenschaft und Humanismus sind viel älter als jede Kirche.

Die Loge unterstützte Angehörige zu einer Zeit, als es noch keine Sozialversicherungssysteme gab, bei Arbeitslosigkeit, Krankheit oder Tod. Dabei spielten soziale Herkunft, Nationalität, Hautfarbe und Weltanschauung keine Rolle. Sie bezeichnet sich selbst als druidischen Orden. Auch ihren Wahlspruch kennst du: ‚Habe den Mut, dich deines eigenen Verstandes zu bedienen!' Die Aufklärer nutzten ihn. Es ist eine freie Interpretation des Spruches ‚Sapere aude' des römischen Dichters Horaz durch Immanuel Kant. Unmündigkeit ist das Unvermögen, sich seines Verstandes, ohne Leitung eines anderen zu bedienen. Jetzt denke mal an die Auseinandersetzungen zwischen Jesus und den Hohepriestern. Wenn man das weiterdenkt, könnte man zum Schluss kommen, dass Homer, Horaz, Jesus und Kant eine Linie verbindet.

Denn Horaz schrieb ‚Sapere aude' als Reaktion auf die moralischen Lehren von Homer, der ungefähr im 7. Jahrhundert vor Christus gelebt hat. Wenn man die Bibel liest, findet man immer wieder humanistisches Gedankengut. Die Ablehnung von Gewalt und Mitgefühl gegenüber den Schwachen sind allgegenwärtig. Oft wird die Verantwortung für das Leben nicht auf Gott übertragen. Entscheidungen müssen die Menschen treffen. Der Begriff ‚gottgefällig' drückt dies aus. Die drei Weisen orientierten sich an einem Stern. Man könnte meinen, dass die Loge die Ziele der drei Weisen weitertragen will. Wenn Weihnachten Sterne aufgehängt werden, ehren die Christen auch den Akt der Barmherzigkeit der drei Weisen. Es wird als Fest der Liebe gefeiert."

„Aber auf der Reliquie habe ich keinen Stern gesehen. Wie kommst du auf diesen Zusammenhang."

„Winston Churchill gehörte zunächst einer Londoner Freimaurerloge an und wurde 1902 in der ‚Rosemary Lodge No. 2851' zum Meister erhoben. Seltsamerweise trat er sechs Jahre später der Albion Lodge des Ancient Order of Druids bei. Das passt scheinbar nicht. Wenn man aber den Wechsel als einen Aufstieg begreift, bekommt es einen Sinn. Offiziell wird immer behauptet, dass der Druidenorden nichts mit den Freimaurern zu tun hat. Es gibt jedoch zahlreiche Überschneidungen bei den Symbolen. Entscheidend für mich waren aber die ursprünglichen Wappen des Ordens. Es waren drei in einem Dreieck angeordnete Bäume. Die

Spitze zeigte nach unten. Das könnte ein Zufall sein. Aber ein weiteres Wappen zeigt deutlich eine Verbindung zur Reliquie."

Pieter griff in seine Tasche. Eine kleine Broschüre kam zum Vorschein. „Oben erkennt man das Hauptsymbol in Form eines Dreiecks, dessen Spitze nach oben zeigt. Innerhalb des Dreiecks befindet sich ein T-förmiges Symbol, das offenbar mit dem Dreieck verbunden ist. Die beiden Symbole erinnern an Werkzeuge, die Vermesser benutzt haben, um eine Richtung zu bestimmen. Das Dreieck zeigt also nicht nach oben, sondern nach vorn. Im unteren Teil des Wappens sind Blätter und Eicheln zu sehen. Oben ergreifen sich zwei Hände als Zeichen der Verbundenheit. Darunter sieht man einen Kreis mit zwei sich kreuzende druidische Stäbe. Davor ist eine Plakette mit einem brennenden Feuer platziert.

Das Entscheidende ist aber der Hintergrund. Man sieht viele Dreiecke. Aber nur die, deren Spitze nach unten zeigt, sind markiert. Ich denke, dass sie eine Anlehnung an die Dreiecke in der Reliquie darstellen. Wenn man will, könnte man auch meinen, dass die Plaketten genau in die Kreise der Jesuiten und Freimaurer passen. Die passen aber auch noch woanders hin." Pieter lachte. Dann zeigte er eine weitere Grafik.

Wikimedia: Order of Druids - archive – emblem 1858, Author Chartix, 2019

„Wie wichtig das nach unten zeigende Dreieck ist, zeigt die Darstellung der Sheffield Equalized Independent Druids. Ein Druide mit Harfe und ein keltischer Krieger zeigen auf eine Plakette mit einem Dreieck, in dem sich die Sonne befindet."

Luise gähnte: „Das ist mir im Moment alles etwas zu viel Theorie. Eigentlich wollte ich nur wissen, was wir an der Jesusstatue wollen?" Pieter erhob den Zeigefinger und lachte: „Das wird dir Dario Fernandes genau sagen."

Das Herz

Der Taxifahrer kannte sich gut im Gewirr von Rio aus. Trotzdem kamen sie erst wenige Minuten nach 20 Uhr auf dem Parkplatz der Christusstatue an. Dario Fernandes erwartete sie schon. Die Zahnradbahn brachte sie nach oben. Von dort mussten sie noch einige Stufen steigen, bis sie auf der Aussichtsplattform ankamen.

Ihr Begleiter sagte: „Sie können die Aussicht genießen. Ich brauche noch einen Augenblick."

Luise war überwältigt. „Das ist ja Wahnsinn. Ich kann mich nicht entsinnen, jemals eine solch schöne Aussicht genossen zu haben."

Pieter holte seine kleine Taschenkamera heraus und machte ein paar Fotos. Als Dario Fernandes kam, bat er, ab jetzt nicht mehr zu fotografieren. Er lehnte eine rote Leiter an den dunkelbraunen Sockel, kletterte nach oben und ließ ein Sicherheitsseil herunter. Acht Meter mussten sie erklimmen. Oben angekommen, wollte Luise kurz verschnaufen. Sie setzte sich auf den Fuß der riesigen Statue.

Mit einem Mal sprang sie auf: „Das glaube ich jetzt nicht. Hier sind lauter Dreiecke. Die ganze Skulptur besteht aus Dreiecken!"

Pieter lachte: „Es müssen Tausende Dreiecke sein."

Luise erinnerten sich an das Wappen der Druiden, aber noch an irgendetwas anderes. Sie wusste nur nicht, woran.

Dario Fernandes hatte die Reaktion erwartet: „Niemand kennt die genaue Zahl. Viele haben ein Geheimnis. – Ich erzähle nachher weiter. Wir müssen noch einige Etagen nach oben steigen."

Er öffnete eine schmale Tür. Sie schlüpften hinein. Schwaches Licht erleuchtete einen schmalen Treppenaufgang. Die Luft war warm und stickig.

„Es sind zehn Etagen. Gehen sie langsam und halten sie sich am Geländer fest. Wir müssen in das neunte Geschoss. Ich gehe voran und warte."

Die Treppe schien unendlich zu sein. Mühsam stiegen Luise und Pieter hinauf. Der Schweiß lief ihnen in Bächen den Körper hinunter. Endlich sahen sie das Licht von Dario Fernandes Stirnlampe. Er schien amüsiert zu sein.

„Alles klar. Trinkt erst einmal etwas. Inzwischen werde ich euch etwas von den Dreiecken erzählen. Es gibt die abenteuerlichsten Gerüchte darüber. Die meisten davon sind falsch. Man versteht sie nur, wenn man weiß, dass die Idee für die Skulptur 1859 von dem Lazaristen Pater Pedro Maria Boss stammt. Die Kronprinzessin Isabelle von Brasilien stimmte zwar zu, doch wurde das Projekt nicht weiterverfolgt. Das spielt insofern eine Rolle, als die Lazaristen nach dem Verbot der Jesuiten, deren Besitztümer übertragen bekamen. Damit erbten sie allerdings auch den Vorwurf, Nutznießer der Verfolgung der Jesuiten und der Indios zu sein.

Unter den Indios waren die Guaraní-Kriege nicht vergessen, bei denen 1511 Indios, aber nur vier Europäer starben. Die Jesuiten der portugiesischen Kolonien wurden interniert, später nach Portugal gebracht und für über 16 Jahre inhaftiert. Indios haben ein langes Gedächtnis. Es muss nicht alles aufgeschrieben werden.

Die Erfahrungen mit diesen anderen Europäern blieb tief verwurzelt. Katholizismus ist dadurch in Lateinamerika etwas anders. Im Neuen Testament sagt Maria: ‚Er stößt die Mächtigen vom Thron und erhebt die Niedrigen. Die Hungrigen füllt er mit Gütern und lässt die Reichen leer ausgehen.'

Das erste Projekt für eine Skulptur wurde nicht von den Armen getragen und musste dadurch scheitern. Ab 1912 gab es bereits Bestrebungen, die Idee neu aufzugreifen. Es war ein Jesuitenpater, der die Idee geäußert haben soll. Tröpfchen für Tröpfchen verteilte sich die Idee in der katholischen Gemeinde, bis keiner mehr wusste, von wem sie ausging.

Gleichzeitig bemühten sich die Jesuiten, einen wertvollen Ring gegen jenes religiöse Kleinod zu tauschen, das ihr mitgebracht habt. Der Tausch scheiterte am Ersten Weltkrieg.

In der Hoffnung, dass das Kleinod wieder auftaucht, wurde das Projekt der Jesusstatur weiterverfolgt. 1922 übergaben 20.000 Frauen dem Präsidenten eine Petition. Ein Jahr später konnte bereits so viel Geld gesammelt werden, dass damit die Hälfte der notwendigen Baukosten gesichert war.

Gern behauptet die katholische Kirche, die Skulptur finanziert zu haben. Das stimmt aber nicht. Es waren überwiegend die portugiesischen Bürger. An zweiter Stelle steht Frankreich. Erst später sah sich Rom genötigt, Geld bereitzustellen.

Wie ich schon gesagt habe, spielten Frauen beim Bau der Statue eine wichtige Rolle. Die Dreiecke aus Speckstein. Sie bedecken die gesamte Oberfläche und wurde von Frauen gefertigt. Auf der Unterseite tragen sie Namen von nahen Angehörigen und Familien."

Dario Fernandes Stimme zitterte. Er schaltete einen großen Scheinwerfer an. Mit einem Mal sahen sie es. Ein riesiges Herz, das mit grünlichen Dreiecken aus Speckstein bedeckt war, quoll förmlich aus der Wand heraus. Rechts und links waren dicke Adern zu sehen, die das Herz scheinbar mit Blut versorgten.

„Das Herz, das man von außen sieht, ist mit weißem Speckstein belegt. Das innere Herz ist hellgrün. Diese Dreiecke haben ausschließlich Guaraní-Frauen gefertigt. Auch meine Großmutter war unter den Frauen. Das Grün ist die Farbe des Dschungels, aus dem meine Vorfahren kamen. Das Herz wird aus dem Blut der brasilianischen Menschen gespeist, die unter den portugiesischen und spanischen Besatzern gelitten haben. Nur ein einziges Dreieck wurde für jene Männer reserviert, die als Jesuiten auf der Seite der Indianer gestanden haben und dafür leiden mussten."

Luise erinnerte sich mit einem Mal, wo sie viele Dreiecke gesehen hatte. Es war das Mahnmal für die Opfer des Konzentrationslagers in Wewelsburg, das sie noch mit ihrem Großvater besucht hatte. Dort waren Dreiecke in Form eines großen Dreiecks in die Erde eingelassen worden. Sie hatten dort Blumen niedergelegt.

Ihr schien es, als sei sie eine der trauernden Guaraní-Frauen. Trauer erfasste sie.

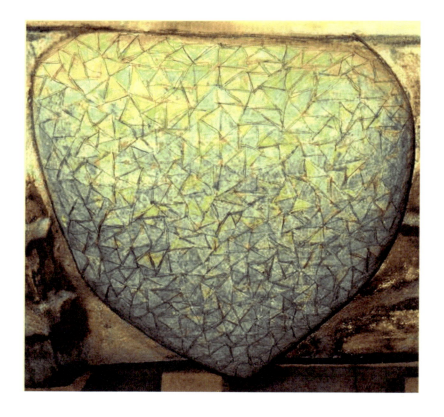

Inneres Herz des „Cristo Redentor" in Rio de Janeiro, © Grafik W. A. Strauch

Dario Fernandes zeigte auf ein Dreieck, dessen Spitze nach unten zeigte. Mit einem kleinen Hammer zerschlug er es. Es hinterließ eine Lücke, die ins Dunkle führte. Dann gab er Luise ein Skalpell.

„Bevor du den Schlussstein einsetzt, darfst du den Namen von einem Menschen in das Dreieck einritzen, der für dich und deine Familie wichtig war und bereits verstorben ist."

Während Luise etwas in den Speckstein einritzte, befreite Dario Fernandes die Lücke von Mörtelresten. Dann rührte er in einem Gummibehälter neue Masse an.

„Bitte stecke das Kleinod in den Schlitz."

Luise sah sich noch einmal die flache Scheibe mit dem Dreieck und den Symbolen von Jesus und Maria Magdalena an. Langsam schob sie das Objekt in die dreieckige Öffnung. Die Scheibe begann sich zu drehen und verschwand schließlich in der Dunkelheit.

Dario Fernandes holte aus der Tasche einen Gegenstand hervor. Es war ein Prisma aus Speckstein. Offensichtlich hatte man ihn passgerecht für die Öffnung angefertigt. Er gab ihn Luise, die sich die drei rechteckigen Flächen ansah. Bevor sie fragen konnte, sagte Dario Fernandes: „Auf der einen Seite steht in der Sprache meines Volkes: ‚Liebe ist das Höchste'. Was die anderen beiden Inschriften für eine Bedeutung haben, verstehe ich nicht."

Luise zeigte Pieter das Prisma. Sie sahen sich an und nickten nur, denn auf einer Seite hatte jemand Scribent eingeritzt. Auf der anderen erkannten sie die Symbole, die sie vom Ring kannten.

„Was soll ich damit machen?", fragte Luise.

„Schieben Sie bitte das Prisma in die Öffnung. Es wird den Schlussstein für immer verbergen."

Luise schob den Gegenstand in die Öffnung. Dario Fernandes verschloss die Ränder mit Mörtel und legte Metallgewebe obenauf. Dann gab er Luise eine dünne Nadel.

„Bitte stechen Sie sich in den Finger und verreiben Sie das ausgetretene Blut auf dem Dreieck."

Auf Luises Fingerspitze sammelte sich ein Tropfen Blut. Als sie es auf dem Stein verteilte, traten ihre eingeritzten Schriftzeichen hervor.

„Drücken Sie das Dreieck bitte fest in die Lücke."

Luise platzierte das Mosaikstück. Sie bekam etwas Mörtel, um die Ränder an die anderen Mosaikteile anzupassen. Mit einem feuchten Schwamm glättete sie die Oberfläche.

Dario Fernandes zeichnete auf seinem Körper ein großes Dreieck vom Bauchnabel zu den Brüsten und zurück. Wie aus einem inneren Zwang heraus taten es Pieter und Luise ihm gleich.

Sie warteten noch einen Augenblick, dann stiegen sie wortlos die Treppen herab und traten durch die kleine Tür ins Freie. Selbst nachdem sie wieder auf der Plattform waren, fühlten sich Luise und Pieter von der Situation tief berührt.

Dario Fernandes zeigte ihnen eine große Tür im Sockel des Monuments.

„Wenn Sie möchten, können Sie in die Kapelle ‚Unserer Lieben Frau von Aparecida' gehen. Dort finden Sie Ruhe und Besinnung."

Luise und Pieter setzten sich in den schlichten Raum im dunkelbraunen Sockel der Jesusstatue. Er war kaum beleuchtet. Nur eine Stelle an der Stirnseite erhellte eine Skulptur. Da sie mit einem bunten Gewand umhüllt war und eine übergroße Krone trug, war sie nur undeutlich zu erkennen. Luise ging näher heran. Die Skulptur zeige eine dunkelhäutige Frau, die ihre Hände zum Gebet aneinanderpresste. Sie sah selbstbewusst nach vorn. Mit einem Mal begriff Luise den Sinn.

Eine dunkelhäutige Maria in einem braunen Sockel, auf dem ein weißer Jesus steht, kann niemals die Mutter von Jesus zeigen. Es ist Maria Magdalena, die für ihn betet. Deshalb hat sie auch kein Kind im Arm. Hier ist sie Teil von Jesus.

Viele Gedanken durchströmten sie. Sie begriff, warum nicht ihr Vater, sondern sie das Privileg bekam, den Schlussstein zu setzen. In diesem Moment war sie die Vertreterin der vielen missbrauchten Frauen und Mütter unterschiedlicher Herkunft. Von Adrians Grabmal hatte man die schwangere Frau mit dem Kind entfernt.

Hier hatte das grüne Herz ihr Blut aufgenommen. Das Dreieck trägt den Namen ihres Großvaters und mit ihm all jener Menschen, die wegen der Reliquie gestorben waren. Irgendwie schien ihr alles voller Harmonie. Es war vollbracht.

Sie gingen hinaus. Von der Plattform sah Luise noch einmal zum riesigen, beleuchteten Monument. Ihr Blick verharrte auf dem Herzen, dessen Geheimnis sie kannte.

Sie sah ihren Vater an und flüsterte: „Es muss eine große Liebe gewesen sein."

Was danach geschah

11. Februar 2013. Papst Benedikt XVI. erklärte seinen Rücktritt als Kirchenoberhaupt zum 28. Februar 2013.

13. März 2013. Der Argentinier Jorge Mario Bergoglio wird zum Papst gewählt. Er nennt sich Franziskus und ist der erste Papst, der dem Orden der Jesuiten angehört.

2016. Der Vatikan wertet Maria Magdalena liturgisch auf. Ihr Gedenktag wird jetzt in der ganzen römisch-katholischen Kirche als „Fest" eingestuft.

7. April 2022. Ansprache von Papst Franziskus an die Gemeinschaft des Päpstlichen Instituts Santa Maria dell'Anima in Rom:

„In seinem kurzen, nur etwas über ein Jahr dauernden Pontifikat hat er sich vor allem um die Versöhnung in Kirche und Welt bemüht…"

08.04.2022. Katholischen SonntagsZeitung:

„Um die Geschichte des Kollegs im 20. Jahrhundert weiter aufzuarbeiten, wolle man Ende April eine Kooperation mit dem US Holocaust Memorial Museum in Washington vereinbaren, sagte Max der Katholischen Nachrichten-Agentur (KNA). Dabei geht es um den langjährigen Anima-Rektor Alois Hudal (1885-1963). Der aus Graz stammende Geistliche ist wegen seiner Nähe zum Nationalsozialismus als Fluchthelfer von NS-Verantwortlichen und Kriegsverbrechern nach dem Weltkrieg sehr umstritten. Mit der Kooperation wolle man Hudals ‚Nähe und Distanz zum Nationalsozialismus gut aufarbeiten', sagte Max."

31. Dezember 2022. Der Papst Benedikt stirbt. Er veranlasst, dass seine „privaten Aufzeichnungen jeder Art müssen vernichtet werden".

Nachwort

Der vorliegende Roman basiert zu wesentlichen Teilen auf tatsächlich existierenden Orten, Kunstwerken, Dokumenten und Personen. Trotzdem möchte ich ausdrücklich darauf hinweisen, dass die Geschichte der Familie Gaspard und ihres Umgangskreises frei erfunden ist.

Personen der Zeitgeschichte wurden in ihrer historischen Rolle eingebunden, ohne dass sie nachweislich Beteiligte waren.

Angaben zum Autor

Wolfgang Armin Strauch wurde 1953 geboren. Bereits in der Schule schrieb er erste Gedichte, mit denen er sich an lokalen und überregionalen Wettbewerben beteiligte. Er studierte Jura. Nach seinem Abschluss folgten Ausbildungen auf den Gebieten Organisation und Datenverarbeitung. Für öffentliche Verwaltungen entwickelte er Software. Einige seiner Programme sind bis heute bundesweit im Einsatz.

Ab 1990 schrieb er wieder Songs und trat mit ihnen als Solokünstler auf. Eine Auswahl seiner Titel nahm er 2010 im RedCube-Studio Hamburg auf und veröffentlichte sie 2011 auf dem Album „NESAYA – Wie soll ich Leben". 2012 bekam er den VDM-Award beim internationalen Grand Prix für Musikschaffende. Im selben Jahr wurde ein Titel bester Funk- und Soul- Song beim Deutschen Rock- und Pop-Preis. 2014 nahm er das Debütalbum von Denise Blum „Denise im Radio" auf. Der Titel „Radio" wurde zum Durchbruch für die junge Sängerin.

Eher zufällig stieß er beim Schreiben der Familiengeschichte auf interessante Schicksale. Sie veranlassten ihn, sich intensiv mit europäischer Geschichte zu beschäftigen. Im Ergebnis umfangreicher Recherchen in deutschen, polnischen, britischen und schwedischen Archiven veröffentlichte er 2018 die Biografie „Dr. Aegidius Strauch: Gefangener des Kurfürsten Friedrich Wilhelm von Brandenburg". Auch der Roman „Der dicke Mann" basiert auf Informationen aus deutschen und polnischen Archiven sowie Aussagen von Zeitzeugen.

„Scribent" ist das Ergebnis langjähriger, umfangreicher Recherchen.

Der Dicke Mann

1967. Ein brutaler Frauenmord erschüttert Krakau. Der junge Kriminalist Andrzej stellt schnell fest, dass der Fall mit der Spionagetätigkeit des Opfers im Zweiten Weltkrieg zu tun haben muss. Alina, die einzige Verwandte, kann nur wenig helfen. Doch dann findet sie den Brief ihrer Mutter, Namenslisten und ein Schreiben in hebräischer Schrift. Andrzej und Alina versuchen, das Puzzle zusammenzusetzen.

Sie erfahren von der großen Liebe zwischen der polnischen Mutter Alinas und ihrem deutschen Freund in einer schweren Zeit. Doch was hat das alles mit den Hinweisen auf den "dicken Mann" zu tun?

Der spannende und mitreißende Kriminalroman behandelt eine schwierige Problematik mit unkonventionellen Mitteln und ohne erhobenen Zeigefinger.

www.der-dicke-mann.de
ISBN:
Softcover   978-3-347-37807-0
Hardcover 978-3-347-37808-7
E-Book   978-3-347-37809-4

Seiten: 324

Hörbuch:
„Der dicke Mann"
gelesen von Kaja Sesterhenn

Dr. Aegidius Strauch:

Gefangener des Kurfürsten Friedrich Wilhelm von Brandenburg

Dr. Aegidius Strauch (* 1632 – † 1682) war Historiker, Mathematiker, Astronom, Astrologe und Theologe. Der berühmte Professor veröffentlichte zahlreiche Bücher und wurde durch den Kurfürsten von Sachsen gefördert. Nach dem Synkretistischen Streit gab er seine Stelle an der Universität Wittenberg auf, um Pastor der Trinitatiskirche und Rektor des akademischen Gymnasiums in Danzig zu werden.

Für die einfachen Bürger wurde er zum Hoffnungsträger. Die Patrizier im Stadtrat fürchteten den Verlust ihrer Privilegien und setzte ihn von seinen Ämtern ab. Nach massiven Unruhen musste der Stadtrat seine Entscheidung rückgängig machen. Als er nach Rufmord und Verrat nach Hamburg gehen wollte, wurde sein Schiff von Soldaten des Kurfürsten von Brandenburg gekapert und er selbst aufgrund falscher Verdächtigungen in der Festung Küsterin inhaftiert. Ohne Beweise sollte er „als königlich schwedischer Diener" „unbarmherzig zu Tode gemartert werden".

Der König von Polen, der König von Schweden, der Kurfürst von Sachsen, seine Verwandten und viele weitere Anhänger setzten sich für seine Freilassung ein. Erst eine Delegation aus Danzig erreichte das scheinbar Unmögliche. In Danzig empfangen ihn Zehntausende Anhänger. Alle evangelischen Kirchen hielten zu seiner Befreiung Gottesdienste ab und ließen die Glocken läuten.

Als er 1682 starb, begann eine beispiellose Folge von Diffamierungen, die durch Friedrich Wilhelm von Brandenburg ausgelöst wurde. Er ließ alle noch verfügbaren Leichenschriften vom Rat einsammeln, doch sie hatten sich schon längst unter seinen Anhängern verteilt. So schrieben Historiker die Geschichte kurzerhand um. Bis heute ist das Bild von Dr. Aegidius Strauch von diesen Fälschungen geprägt.

Die umfangreiche Biografie zeichnet ein lebhaftes Bild von einem der berühmtesten Gelehrten seiner Zeit und illustriert dabei das Leben von Herrschern, Patriziern und einfachen Handwerkern.

ISBN:
Softcover   978-3-7469-3406-8
Hardcover 978-3-7469-3407-5
E-Book   978-3-7469-3408-2

Seiten: 412

Der hölzerne Vogel - El pájaro de madera

Buch für Kinder ab 10 Jahren.

Im 19. Jahrhundert errichteten deutsche Einwanderer eine Kaffeefarm in Nicaragua. Sie nannten die Gegend „Selva Negra" nach ihrer Heimat „Schwarzwald". Das Buch erzählt die Geschichte eines Jungen, der aus Deutschland zu seinem Vater zieht und in Nicaragua eine neue Heimat und neue Freunde findet.

Der Text ist auf Deutsch und Spanisch geschrieben. Es kann parallel gelesen werden.

ISBN:
Softcover 978-3-347-96546-1
Hardcover 978-3-347-96547-8
E-Book   978-3-347-96548-5

Seiten: 40